青海省矿产资源勘查开发接替选区研究

韩生福　李熙鑫　曾广文　陆智平
宋恩玉　张　军　宋顺昌　编著

地震出版社

图书在版编目（CIP）数据

青海省矿产资源勘查开发接替选区研究/韩生福，李熙鑫，曾广文等编著．—北京：地震出版社，2012.5

ISBN 978－7－5028－3967－3

Ⅰ.①青…　Ⅱ.①韩…②李…③曾…　Ⅲ.①矿产勘探－可持续性发展－研究－青海省 ②矿产资源开发－可持续性发展－研究－青海省　Ⅳ.①F426.1

中国版本图书馆 CIP 数据核字（2011）第 258792 号

地震版　XM2545

青海省矿产资源勘查开发接替选区研究

韩生福　李熙鑫　曾广文　陆智平　宋恩玉　张　军　宋顺昌　编著

责任编辑：江　楚

责任校对：庞亚萍

出版发行：地震出版社

北京民族学院南路 9 号　　邮编：100081

发行部：68423031　68467993　　传真：88421706

门市部：68467991　　传真：68467991

总编室：68462709　68423029　　传真：68455221

专业部：68467982　68721991

http://www.dzpress.com.cn

经销：全国各地新华书店

印刷：北京天成印务有限责任公司

版（印）次：2012 年 5 月第一版　2012 年 5 月第一次印刷

开本：889×1194　1/16

字数：674 千字

印张：21.75

印数：0001～1000

书号：ISBN 978－7－5028－3967－3/F（4639）

定价：100.00 元

序

青海省地广人稀，矿产资源丰富，但基础地质工作薄弱，矿产勘查工作程度较低，难以满足经济社会快速发展的需要。为缓解这一制约瓶颈，矿产资源接替区选区研究显得尤为重要，其研究成果必将推进青海省矿产资源的勘查和开发。

本书全面收集、整理并系统分析、总结了青海省五十余年来矿产资源勘查、开发工作成果，特别是深入研究了1999年以来重要非能源矿产资源（重点为铁、铜、铅、锌、镍、锡、金和钾盐等8种矿产）的最新勘查评价成果和开发利用现状、资源潜力；分析、总结了全省及各地区经济社会发展概况、环境保护现状和基础设施建设情况，分析了矿产资源勘查、开发在经济社会发展中的地位，为科学、合理确定青海省矿产资源接替区奠定了坚实基础。

本书提出了青海省未来矿产资源勘查、开发工作的区域布局，优选出的4片开发接替区和6片勘查开发接替区符合青海省矿产资源现状、矿产资源勘查、开发潜力和未来发展趋势。对每个矿产资源接替区的综合评价和排序指标选择、权重确定基本合理，评价排序及其结果符合青海省情和矿情，对青海省矿产资源规划、部署和勘查、开发管理工作具有重要的借鉴、指导意义。

本书全面论述了每个接替选区和典型矿床的地理位置、交通、能源、水源条件，勘查工作程度，查明资源储量，矿床地质特征，勘查、开发现状，开采技术条件，经济效益；在此基础上，对勘查、开发利用工作提出了合理建议，为管理部门和矿业权人科学管理、合理勘查、开发提供了翔实的资料基础。通过各接替选区勘查、开发研究，提出了各接替选区内勘查、开发工作的政策建议及规划部署，对政府部门制定矿业政策和科学决策具有较强的实践应用价值。

总之，书中研究工作思路清晰，选区标准合理，选区依据充分，选区结果符合青海省情、矿情，研究成果对于指导青海省矿产资源勘查、开发及其管理工作具有重要意义。

2010年10月4日

目 录

第一章　经济社会发展背景

第一节　经济社会发展现状

"十一五"以来，我省国民经济和社会事业快速发展，综合经济实力明显增强。2010年全省生产总值达到1350亿元，年均增长13.1%；人均生产总值达到24000元，年均增长12.4%；全社会固定资产投资五年累计完成3359亿元，年均增长20.9%；财政一般预算收入达到205亿元，年均增长26.5%。"十一五"时期，是改革开放以来我省发展速度最快、发展质量最好、城乡面貌改善最明显、各族人民得到实惠最多的时期。

通过五十余年的发展，青海省依托优势资源的开发，形成了以盐湖化工、水电、石油天然气、有色金属为主体的四大支柱产业和以冶金、医药、畜产品加工、建材为主体的四大优势产业。四大支柱产业中的三大产业（石油天然气、有色金属、盐湖化工）和四大优势产业中的两大产业（冶金、建材）都是以矿产资源为依托的。

第二节　环境保护现状

青海省委、省政府高度重视环境保护工作，采取有效措施，切实加大环境保护工作力度，将环境保护指标纳入地方党政领导班子考核目标，全面推进了重点流域区域和重点行业企业的环境治理，生态保护建设取得积极实效，环境监督管理和辐射安全监管进一步加强，环境综合整治取得新进展，全社会的环境意识和公众参与度得到提高，环保基本国策的舆论氛围初步形成。在全省国民经济快速增长的形势下，环境质量总体保持稳定，部分地区环境质量有所改善。

一、污染防治工作全面推进

严格执行环境保护法律、法规，严把建设项目环评审批和"三同时"（环境保护设施与建设项目同时设计、同时施工、同时使用），竣工验收关，全省新上建设项目环评和"环境保护设施与建设项目同时设计，同时施工，同时使用"的"三同时"执行率分别达到100%和99%。开展了清理整顿不法排污企业保障群众健康环保行动、控噪、锅炉烟尘达标排放等专项检查。安全处置45个品种5.4t危险化学品。解决了一批社会关注的环境热点、难点问题，维护了广大群众的环境利益。

围绕重点区域、流域和重点行业、企业，认真组织开展污染防治工作。淘汰了3200kV·A以下硅铁矿热炉，加快了电解铝企业污染物达标排放和自焙槽改预焙槽步伐，加大民和地区硅铁厂热炉烟尘治理。在湟水流域率先实施了水污染物排放许可证制度。

按照《中华人民共和国放射性污染防治法》等法律法规，基本理顺了全省放射源统一安全监管职能，集中收储了全省闲置废弃放射源。对原国营二二一厂退役核设施及放射性污染物填埋坑进行了运行十年的环境影响综合评价，对主要城市移动通信基站、110kV 以上高压输变电设施和国内首条 750kV 超高压输变电示范工程开展了电磁辐射环境监管，确保了辐射环境安全。

二、生态保护与建设得到加强

省人大、省政府分别颁布了一系列关于保护生态环境的地方性环境保护法规和规范性文件。组织开展了生物物种资源保护、治理整顿矿业开采秩序、禁止开采砂金等执法检查行动。青藏铁路、公伯峡水电站建设项目被列入全国首批工程环境监理试点项目。青藏铁路建设过程中，签订了中国铁路建设史上第一份环境保护目标责任书，建立了有效的环境管理和生态环境监察工作体系，实施了严格的生态环境预防、保护和恢复技术措施，环境保护成效得到国内外公认。

完成了全省生态环境现状调查和生态功能区划研究。整合环保、水利、农牧、林业和气象等部门的生态监测资源，启动了“三江源自然保护区生态保护与建设生态监测项目”。

在加强对现有自然保护区监管和能力建设的同时，新建了三江源国家级自然保护区及大通北川河源区、诺木洪田格里、青海祁连山等省级自然保护区。“十一五”末，全省已建成国家级自然保护区 5 处、省级自然保护区 11 处，保护区面积达 21. 76 万 km^2，占全省国土面积的 30. 12%。《青海省三江源自然保护区生态保护和建设总体规划》已经国务院批准实施。扎陵湖—鄂陵湖被列入国际重要湿地名录。地质遗迹、森林公园、风景名胜区和农作物野生近缘植物原生环境等的保护取得积极成效。

第三节　基础设施建设情况

“十五”以来，青海省基础设施建设力度加大，人民生产生活条件明显改善，大规模矿产资源勘查、开发条件已经具备。目前全省电网覆盖率已达 90% 以上，建成了 750kV 的官亭—兰州西电东送线路，东部地区已经形成 330kV 的单环网网架，柴达木地区已经建成 330kV 的输电线路，南部地区的青藏铁路沿线和玉树、果洛州府也已经建成 110kV 的输电线路；“两横三纵三条路”主骨架公路网已基本形成，实现了省会到州府、州府到县城的油路化，所有乡镇和绝大多数行政村已通公路，公路通车里程已达 2. 97 万 km，并结束了高速公路零的历史；举世瞩目的青藏铁路全线铺通，兰青铁路、青藏铁路西格段和西宁、格尔木机场扩能改造工程顺利完成，货物运输能力已经达到 1500 万 t。

“十一五”期间，青海省将进一步加强电网建设和公路、铁路建设。电力对经济发展的保障能力将进一步提高，到 2010 年，全省发电装机总容量将达到 1275 万 kW，将建成 750kV、330kV 主网架和柴达木重点资源开发区、青南地区输供电线路。东部将实现 330kV 双环网，建成 750kV 西电东送通道，西部将形成通往柴达木双回路 330kV 输电线路；公路将形成横贯东西、纵贯南北、连接周边、出省通畅的三横四纵主骨架网，西宁—格尔木、格尔木—柳园的高速公路建设已经列入国家规划，到 2010 年，全省公路通车里程将达到 3. 95 万 km，其中高速公路 750km，实现省会至州府及 300km 以内的县城通二级公路，州府至县城通三级公路，90% 乡镇通油路，村村通公路。铁路将形成东接陇海铁路，北接兰新铁路，南通拉萨，西连新疆的铁路路网构架。完成兰青铁路和青藏铁路西格段增建二线电气化工程，且格尔木—龙岗和格尔木—库尔勒铁路建设也已经列入国家规划。到 2010 年，全省新建铁路 1500km，铁路营运里程达到 1644km，货物运输能力达到 3000 万 t。这些基础设施的改善，将为青海省矿产资源开发创造更加良好的环境和条件。

第四节　相关产业“十二五”规划目标

一、全省经济社会发展的总体目标

“十二五”时期，全省经济社会发展的总体目标是：综合经济实力上一个大台阶，基础设施不断完善，结构调整取得明显成效，现代特色产业体系基本形成，城市化进程稳步推进，科技支撑能力不断提升，自我发展和可持续发展能力显著增强；人民生活水平上一个大台阶，社会事业全面进步，基本公共服务均等化水平显著提高，扶贫开发取得重要进展，民生保障能力不断增强，同步实现全面小康目标的基础更加坚实；生态环境保护和建设上一个大台阶，建成国家重要的生态安全屏障和高原生态旅游名省，生态环境保护和建设成效更加显著；社会管理水平上一个大台阶，社会管理格局进一步完善，公共安全和社会治安保障能力进一步提升，成为全国民族团结进步的典范，社会更加和谐稳定。经过五年的努力，实现地区生产总值和财政收入翻一番以上，城乡居民收入大幅增加，人均经济总量、人均投资强度、城乡一体化、基本公共服务、绿色发展、生态保护与建设等六个方面走在西部前列。

经济发展实现新跨越。生产总值年均增长12%，财政一般预算收入年均增长15%，五年累计全社会固定资产投资达到9000亿元。

改善民生迈出新步伐。城镇登记失业率控制在5%以内，五年新增城镇就业25万人，五年累计转移农村劳动力500万人次。城乡居民收入大幅提高，年均分别增长10%和12%，收入差距比由3.6∶1缩小到3.3∶1。社会保障制度覆盖城乡全体居民，全面解决城乡困难群众住房问题，加快发展各项社会事业，着力推进基本公共服务均等化。保持价格总水平基本稳定。

生态保护和建设取得新进展。建成三江源生态保护综合试验区，生态补偿机制基本建立，青海湖、祁连山等生态工程取得重大进展，形成“一屏两带”生态安全格局，全省森林覆盖率达到6.28%，中度以上退化草地基本得到治理。

社会管理水平得到新提升。各族人民思想道德素质和科学文化素质不断提高。社会主义民主法制更加健全，人民权益得到切实保障。社会管理制度趋于完善，“平安青海”建设取得明显成效，社会更加和谐稳定。

转变发展方式取得新突破。科技研发经费支出占生产总值的比重达到1.5%，非公有制经济比重达到38%，服务业就业人员比重达到40%。循环经济增加值比重达到80%，可再生能源生产比重达到40%，单位生产总值能耗、二氧化碳排放量、主要污染物排放总量均控制在国家下达指标以内。

区域发展形成新格局。三江源生态保护综合试验区、东部城市群、海西城乡一体化示范区、海东现代农业示范区、海北海南生态畜牧业示范区、黄南生态文化旅游实验区等建设初具规模，“四区两带一线”分工合理、各具特色、优势互补、良性互动发展格局基本形成。城乡发展差距显著缩小，一体化进程明显加快，城镇化率达到50.5%。

二、工业发展目标

坚持走新型工业化道路，加快工业化进程。进一步做大做强水电、石油天然气、盐湖化工、有色金属四大支柱产业和冶金、医药、畜产品加工、建材四大优势产业，积极发展煤业、碱业和载电工业，培育新的支柱产业。大力发展循环经济，加速延长产业链，推进资源开发由单一开发向综合开发转型，由粗放开发向集约开发转型，实现产业的融合发展，提高资源的精深加工度和综合利用水平。“十二五”期间，在优化结构、提高质量和降低消耗的基础上，全省工业增加值年均增长15%。

建立资源有偿使用和合理补偿机制，增强资源开发的地表恢复和生态环境保护补偿能力。完善土地、矿产等资源配置机制，加强政府依法监管，规范资源市场秩序。加快建设柴达木循环经济实验区，开展循环经济示范试点，通过产业链的延伸和链接，形成油气化工、盐湖化工、煤化工、有色金属、建筑材料、钢铁产业等多产业融合的循环圈。

主要任务：一是要大力发展石油、天然气、盐湖、煤炭资源的综合开发利用；二是进一步延伸产业链，提高有色金属工业素质、延长有色金属产业链；三是推进黑色金属、建材非金属矿产规模开发；四是调整优化工业布局，培育大型企业和名优产品。

三、生态环境发展目标

到2015年，生态环境恶化趋势得到初步遏制，重要生态功能区的生态功能得到保护。三江源国家级自然保护区的生态功能得到初步恢复，柴达木盆地资源开发过程中的生态环境保护得到进一步加强，青海湖流域水环境和生态恶化的趋势得到有效控制，祁连山山地水源涵养功能得到有效保护，东部地区以防治土壤污染为重点，逐步改善农村环境质量。西宁市、海东地区、海西州和湟水流域的环境质量有所改善。重点城市空气质量和重点流域地表水水质明显好转，主要污染物排放总量控制在计划指标以内。环境法规、政策体系不断完善，环境监管能力进一步提高。

主要规划指标是：地表水国控断面达Ⅴ类水质标准以上的比例大于75%。长江、黄河干流出境水质保持在Ⅱ类，湟水流域70%规划控制断面水质达到水环境功能区要求，西宁市环境空气质量达到二级标准的天数大于292天/年，西宁市、格尔木市区域环境噪声平均值小于55dB，环境辐射水平保持在天然本底涨落范围内，二氧化硫排放量控制在14.6万t以内，化学需氧量排放量控制在8.5万t以内，氨氮排放量控制在1.36万t以内，工业粉尘排放量控制在15.6万t以内，烟尘排放量控制在14.3万t以内，危险废物和医疗废物得到安全处理、放射性废物得到安全处置，西宁市和格尔木市生活污水集中处理率分别达到80%和70%，全省县级以上城镇生活污水集中处理率达到45%，生活垃圾无害化处理率大于60%，工业固体废物综合利用率达到60%。治理水土流失面积0.35万km^2，治理草场退化面积13万km^2。

第五节　矿产资源在经济社会发展中的地位与展望

“十二五”时期是青海省全面建设小康社会、构建富裕文明和谐新青海的重要时期，也是贯彻中央加强地质工作决定、落实青藏高原地质矿产调查与评价专项地质工作的大发展时期。依托资源优势，青海省将坚持走新型工业化道路，重点发展柴达木、西宁两个重要工业经济区，建设成柴达木国家级循环经济试验区；加快建设油气化工、盐湖化工、煤化工、水电和有色金属等产业基地；大力开展盐湖、石油天然气、煤炭资源的综合开发利用，进一步延伸产业链；全面提升有色金属工业素质，做长做优有色金属产业链；发展壮大冶金、建材、医药、农畜产品加工产业链。因此，“十二五”期间青海省经济社会发展的重点将仍然以矿产资源开发及其后续加工业为主体。

随着我国工业化、城镇化进程的加快，矿产资源消耗和需求将进入持续高增长阶段，矿产资源供需矛盾日趋严峻，矿产资源供给不足已成为制约我国经济社会可持续发展的瓶颈因素。东部地区由于长期开发，资源紧缺的问题已经凸现，国家对原材料需求逐步向西部地区转移。为此，国家启动了青藏高原地质矿产调查与评价专项。青海作为矿产资源潜力巨大的省份，通过矿产资源勘查、开发，可以使巨大的资源潜力转化为资源优势和经济优势，从而缓解国家对矿产资源的供需矛盾，成为国家21世纪重要的矿产资源供给和储备基地。这是“十二五”期间青海省矿产资源工作面临的难得机遇和重要任务。

第二章　矿产资源勘查与开发利用现状

第一节　矿产资源勘查现状

一、基础地质调查评价

1:25 万区域地质调查已完成 30 幅，面积 45.69 万 km^2，其中省域面积约 38.98 万 km^2，占全省面积的 54.33%。1:20 万区域地质调查已完成 104 幅，面积约 67 万 km^2，占全省面积的 93.38%。1:5 万区域地质调查仅完成 125 幅，面积 5.14 万 km^2，占全省面积的 7.16%。

1:20 万航磁测量完成面积 36.51 万 km^2，占全省面积的 49.63%。1:10 万区域航磁测量完成面积 2.87 万 km^2，占全省面积的 4.00%。1:20 万区域重力测量完成面积约 16.28 万 km^2，占全省面积的 22.69%。

1:20 万区域地球化学调查已完成 77 幅，面积 40.38 万 km^2，占全省面积的 56.28%；1:50 万区域地球化学调查已完成 36 幅，面积 22.57 万 km^2，占全省面积的 31.46%。1:5 万化探扫面只在重要成矿带的部分地段，完成面积约 6.51 万 km^2，占全省面积的 9.07%。

1:20 万水文地质普查完成面积 31.29 万 km^2，占全省面积的 43.61%，已基本覆盖青北地区。青南地区仅完成了 4 幅。地质灾害调查与区划已完成 34 个县（市），1:20 万以及更大比例尺的地质灾害调查、地质环境调查工作刚刚起步，目前只完成了 1:20 万柴达木盆地北缘生态环境水文地质调查、黄河源区 1:25 万生态环境地质调查。

二、矿产资源勘查评价

（一）矿产资源勘查基本情况

近十年以来，青海省基础地质调查程度不断提高，基本实现了中比例尺区域地质调查覆盖全省、重要矿产资源勘查取得重大进展等重要目标。围绕重要成矿区带、重要经济区带和重大地质问题关键地区开展了区域矿产、物化探、遥感和环境地质调查评价，取得了一批新的地学成果；石油、天然气、煤炭、铜、铅、锌、金、钾盐等重要矿产资源的勘查取得了新的重要进展，发现了一批新的矿产地；老矿山外围和重要成矿区带发现了一批新的接替资源和重大找矿线索，有望形成新的矿产资源勘查开发接替区。公益性地质调查和战略性矿产资源勘查的推进，为商业性矿产资源勘查提供了大量基础信息，降低了勘查投资风险，许多成矿远景区成为商业性矿产资源勘查投资关注的热点，推动了商业性矿产资源勘查，进而加快了矿产资源开发的进程。

通过基础地质调查工作程度的提高，为青海省经济社会发展提供了大量的基础性地质资料，为小康社会建设、社会主义新农村建设、工业化、城市化和重大工程建设提供了基础地质数据和多元化、多方位服务。区域地质、区域地球物理、区域地球化学等成果数据，为国土规划、矿产资源勘查与开发、土地利用、城乡建设、生产力布局、基础设施和建设工程选址，以及农业、林业、水利、医疗卫生、旅游观光等诸多领域的发展，提供了有效的地质信息支持和科学依据，为经济社会可持续发展奠定了坚实的基础，特别是在“十五”期间的青藏铁路、黄河流域各类水电站、兰州—西宁高速公路等基础设施建设中发挥了巨大的作用。

“九五”期间，地勘行业资金投入严重不足，降到了历史最低点，广大地质技术人员发扬“四光荣”传统，坚持地质找矿不动摇，在油气勘查、盐湖资源勘查、岩金找矿方面取得全面突破。累计探明石油地质储量2.5亿t，累计探明天然气地质储量1472亿m^3。完成了柴达木盆地盐湖资源第二轮普查，对重要盐湖矿产开展了详查或勘探控制。利用化探手段在全省开展了岩金找矿工作并取得了重要进展：一是在柴达木盆地周边发现了野骆驼泉、千枚岭、红柳沟、滩间山、赛坝沟、巴隆、五龙沟、开荒北、小干沟、柴水沟等一批金矿产地，给柴达木聚宝盆镶了“金边”；二是在青海北部发现了铜厂沟、骆驼沟、红土沟、川刺沟等一批金矿产地；三是在青海南部发现了大场、上红科、达卡等金矿产地；此外，在省内其他地区，金矿产地也不断被发现。然而由于勘查投入不足，工作程度多为预查，提交的资源量类型较低，尚不能投入开发利用，但这些重大发现为后续工作提供了工作靶区和勘查基地，为“十一五”期间矿产勘查重大成果的取得奠定了基础。

“十一五”期间，重要矿产资源勘查取得重大进展，发现和查明了一大批重要矿种的矿产地，为矿产资源的开发打下了坚实基础，为经济社会发展提供了资源保障。新发现了瓦勒根金矿、加给龙洼金矿、大场金矿、纳日贡玛铜钼矿、东莫扎抓铅锌矿、旦荣铜矿、阿涌铜矿、扎查琼铜矿等大中型矿床，肯德可克铁矿、野马泉铁矿、尕林格铁矿等矿床的勘查工作也取得了新的进展，为全省的矿业开发提供了资源保障。

（二）矿产资源勘查现状

1:5万矿产资源远景调查评价刚刚启动，到2005年底，只完成9幅，面积3786 km^2，正在开展工作的有41幅，面积1.7万km^2，合计完成面积只占全省总面积的2.90%。按全部覆盖重要成矿带和成矿远景区的面积来计算，全省尚有30万km^2未开展工作。

截至2005年底，省内共发现各类矿床、矿点、矿化点3921处，其中145处开展了勘探工作，占3.70%；117处开展了详查工作，占2.98%；510处开展了普查工作，占13.01%；3149处工作程度仅为预查，占80.31%。从查明的各类矿产资源储量看，基础储量占4.44%，边际经济的基础储量占43.33%，资源量占52.23%。从各矿产地的勘查阶段、物化探异常的查证程度分析，所发现的3921处矿产地和1100余处化探异常大多数没有深入勘查和评价，绝大部分矿产地只开展了相当于预查—普查程度的工作，第一轮的地表找矿工作尚未结束，矿产资源勘查程度仍然偏低。煤炭、铜、铅、锌、金等重要矿种的资源查明率仅在3%～18%之间，巨大的资源潜力还没有转化为资源优势。

矿产资源勘查在不同的地区、矿种、成矿区带等方面存在着较大差异。从地域看，以往矿产勘查工作多集中于北纬36°以北的青海北部地区，广袤的青南地区开展的矿产勘查工作很少；从矿种看，已发现的矿产地中非金属矿产的勘查程度较高，而金属、能源以及水气矿产的勘查程度较低；从成矿区带看，全省26个Ⅲ级成矿区带中，除北祁连、柴北缘、柴达木盆地、东昆仑中东段、拉鸡山、鄂拉山等少数成矿区带矿产勘查程度较高外，其余成矿区带工作程度很低。

（三）矿产资源特点

青海省矿产资源总量丰富，种类齐全，潜在价值巨大。截至2007年底，全省共发现各类矿产132种，占全国已发现171种矿产的77.19%，其中探明有资源储量的矿产为107种，占全国已探明有资源储量矿产的68.2%，编入《青海省矿产资源储量简表》的矿产共有93种，其中能源矿产4种，金属矿产36种，非金属矿产50种，水气矿产3种。

截至2007年底，全省编入《青海省矿产资源储量简表》的矿区（井田）共356处。按单矿种计，矿产地总数为689处（不包括石油、天然气），按矿床规模划分，其中大型矿床128处，中型矿床165处，小型矿床396处。

全省有59种矿产的保有资源储量居全国前10位。其中钾盐、镁盐（有$MgSO_4$、$MgCl_2$两种）、锂矿、锶矿、芒硝、石棉、冶金用石英岩、玻璃用石英岩、电石用灰岩和化肥用蛇纹岩等11种矿产的保有资源储量居全国第一位。天然气、铬、镍、钴、锡、铅、铌钽等矿产的保有资源储量列全国前10位，石油、油页岩、铜、锌、钨、钼、锑、银、炼焦用煤等矿产的保有资源储量列全国前20位。石油、天然气、铅、锌、钾盐、石棉的开发在青海省已经形成一定规模，已成为国家重要的原材料供应基地。

截至2007年底，全省累计发现的各类矿床、矿点和矿化点约3921处（按产地统计），其中大型矿床82处，占2.09%；中型矿床145处，占3.70%；小型矿床237处，占6.04%；矿点1556处，占39.68%；矿化点1901处，占48.48%。可以看出，小型以上的矿床只占11.83%，矿点、矿化点达88.17%，占总矿产地数的绝大多数。从地区上来说，具有一定规模的矿床均分布于北纬36°以北地区，青南地区分布很少。除盐湖矿产外，有色金属、黑色金属、煤矿、建材非金属矿产探明有资源储量的大中型矿床，绝大部分分布于青北地区，青南地区只有屈指可数的个别矿床分布。从矿产地分布上看，东昆仑、北祁连、鄂拉山分布密集，在一定程度上说明青北地区的地质工作程度高于青南地区。其中海西州矿产地达到1567处，占全省的39.96%；其次依次是海北州596处，占15.20%；玉树州463处，占11.81%；海东地区421处，占10.74%；海南州261处，占6.66%；黄南州245处，占6.25%；西宁市208处，占5.30%；果洛州最少，仅160处，占4.08%。全省3921处矿产地中达到勘探程度的145处，占全省矿产地的3.70%；详查的117处占2.91%；普查510处，占13.01%；预查的3149处，占80.31%。

截至2007年底，全省编入《青海省矿产资源储量简表》的矿产地（矿区或井田）共356处，比上年增加了12处。已探明的矿产地主要分布于海西、海北和海东地区。已开发利用矿产地210个（其中停采52个，闭坑3个，基建8个），未利用矿产地146个。

全省包括石油、天然气在内的上表单矿种矿产地共715处（部分矿区是多矿种。伴生矿产地，按矿种统计为单矿种矿产地），编入《青海省矿产资源储量简表（截至2007年底）》单矿种矿区总数689处（不含石油、天然气）。当年新上表矿产地12个，其中煤炭3处、萤石2处、铁矿3处、有色金属矿3处、石墨1处。按矿床规模划分，小型矿产地396处，中型165处，大型128处。

对青海省经济社会发展贡献较大的优势矿产是石油、天然气、煤炭、铜、铅、锌、金、钾盐、锂矿、锶矿、硼矿、湖盐、石棉、水泥用石灰岩等。

具有资源优势和潜在开发效益的矿产是石膏、石英岩、镁矿（白云岩）、镁盐、芒硝、钴、硅灰石等。

工业发展的短缺矿产是铝土矿。

（四）勘查资金投入

2007年全省各类地质勘查（不含油气）实际投入4.11亿元，其中中央财政专项经费0.94亿元，占22.87%；省财政专项经费1.72亿元，占41.85%；社会资金1.45亿元，占35.28%。2001～2007年间，全省累计登记各类探矿权1269项次，投入各类地勘经费13.71亿元，地质勘查资金年均增长25.84%。“十五”以来中央财政地勘费在总地勘费中的比例具有逐年下降之势，所占比例从2000年的57.87%下降到2007年的22.87%；省财政地勘费用比例增加较快，所占比例从2000年的13.13%增加到2007年的41.85%；社会资金比例有所增加，所占比例从2000年的29.0%增加到2007年的35.28%。

三、“十五”以来取得的重大地质勘查成果

近十年来，重要成矿带的矿产资源调查评价与勘查取得重大进展，新发现和查明了一批重要矿种的矿产地，为经济社会可持续发展提供了资源保障。到2007年底，新发现重要矿种的矿产地54处（表2-1），累计探明石油地质储量3.28亿t，天然气地质储量3056亿m^3；新增加资源储量（表2-2）主要有：煤炭17.47亿t，铜42.71万t，铅锌602.08万t，铁4355.55万t，岩金131.03t，银1939.90万t，为全省的矿业开发和经济社会发展提供了资源保障。

表 2-1　2001～2007 年新发现矿产地情况一览表

序号	矿产类别	矿产地名称	工作周期	工作程度	估算资源储量
1	能源矿产	大柴旦鱼卡煤田东部煤矿	2002～2004	普查	资源储量 4.8 亿 t
2		大柴旦镇老高泉北露天煤矿外围	2003～2004	详查	资源储量 4777 万 t
3		门源县宁缠煤田东部	2003～2004	普查	资源量 1.4 亿 t
4		杂多县豹草沟煤矿	2002～2003	预查	资源量 3000 万 t
5		鱼卡煤田东部煤矿	2006	勘探	48891 万 t
6		木里煤田弧山煤矿	2007	详查	2.64 亿 t
7		天峻县聚乎更煤矿区四井田	2007	勘探	1.9 亿 t
8		阿仓河南煤矿	2007	普查	334 资源量 10602.85 万 t
9		共和盆地恰卜恰地区地热	2007	普查	资源量 10.27MW（D 级）
10	黑色金属矿产	都兰县占卜扎勒铁矿	2001～2002	普查	铁 172.55 万 t
11		格尔木市野马泉地区铁多金属矿	2006	普查	铁矿石 1183 万 t
12		格尔木市尕林格矿区Ⅱ矿群富铁矿	2006	普查	铁矿石 2274 万 t
13	有色金属矿产	杂多县旦荣铜矿普查	2002～2004	普查	铜 4.35 万 t
14		茫崖镇乌兰乌珠尔铜矿	2001～2003	普查	铜 0.77 万 t
15		祁连县辽班台铅锌银矿	1999～2000	普查	铅 2.9 万 t，锌 1.6 万 t，银 9.5t
16		都兰县哈图—督冷沟铜钴矿	1999～2001	普查	铜 3 万 t
17		都兰县黑石山铜多金属矿	2001～2002	普查	铜 + 铅 + 锌 3.51 万 t
18		格尔木市肯德可克钴铋金矿	1998～2005	普查	金 7.4t，钴 376t，铋 3020t
19		格尔木市驼路沟钴矿	2002～2004	普查	钴 2930t，其中基础储量 393.4t，资源量 2536.6t；金 153.81kg
20		锡铁山铅锌矿深部找矿勘探	2000～2004	普查	铅锌：266.68 万 t
21		格尔木市虎头崖多金属矿	2001～2002	普查	铜 1529t，铅 50080t，锌 55855t，银 102t
22	有色金属矿产	格尔木市卡尔却卡铜矿	2001～2002	普查	铜 1.27 万 t，铅锌 7.04 万 t
23		杂多县然者涌多金属矿	2002～2004	普查	铅锌 27.1 万 t，银 1429.4t
24		杂多县东莫扎抓多金属矿	2002～2004	普查	铅 5.66 万 t，锌 53.99 万 t
25		杂多县纳日贡玛钼铜矿	2007	普查	钼 10.6 万 t，铜 26.6 万 t
26		格尔木市四角羊沟 - 牛苦头多金属矿	2007	普查	铅 55.15 万 t，锌 62.43 万 t，铜 4.9 万 t，铁 726 万 t
27		杂多县莫海拉亨铅锌矿	2007	普查	铅 <10 万 t，锌 35 万 t
28		杂多县阿涌多金属矿	2007	普查	铅 7.4 万 t，锌 3.2 万 t，铜 0.67 万 t
29		杂多县扎查琼多金属矿	2006～2007	普查	铜 + 铅 + 锌 13.74 万 t
30		囊谦县解嘎银多金属矿	2002～2005	普查	银 450t，铜 9944t，铅 10.23 万 t，锌 1.40 万 t
31		沱沱河地区孔莫陇铅锌矿	2006～2007	普查	铅 + 锌 17.6 万 t
32		沱沱河地区茶曲怕查铅锌矿	2006～2007	普查	铅 + 锌 24.45 万 t

续表

序号	矿产类别	矿产地名称	工作周期	工作程度	估算资源储量
33	贵金属矿产	曲麻莱县加给龙洼金矿	2002～2004	普查	金 11.94t
34		曲麻莱县扎家同哪金矿	2006～2007	普查	金 6.9t
35		都兰县红旗沟—深水潭金矿	2000～2001	普查	金 2.04t
36		共和县加吾金矿	2006	普查	金 1.6t
37		兴海县鄂拉山口银及多金属矿	2002～2004	普查	银 51t，铅＋锌 4.16 万 t
38		曲麻莱县大场金矿	2006	普查	金 63.5t
39		泽库县瓦勒根金矿	2006	普查	金 13.5t
40		都兰县果洛龙洼金矿	2006	普查	金 24t
41	稀有金属矿产	兴海县石乃亥铌钽稀有金属矿普查	2002～2004	普查	氧化钽 925t，氧化铌 1115t，氧化铷 6552t，氧化铍 2117t
42		乌兰县夏日达乌地区铌钽矿普查	2002～2003	普查	五氧化二铌 5025.51t 万 t，五氧化二钽 15t，三氧化镧 8347.63t，氧化铈 9250.88t
43		海晏县大坂山长石稀有金属矿预查	2004～2005	预查	长石 109 万 t，氧化钽 300t，氧化铷 8500t
44		茫崖行委西部碱山锶矿	2000～2003	勘探	天青石 72359t
45	建材及其他非金属矿产	大通县尔麻软质高龄土矿	2000～2001	普查	软质高龄土 200 万 t
46		互助县柏木峡陶粒用黏土矿	2001～2002	普查	陶粒用黏土 943.3 万 t
47		格尔木市纳赤台钙质石英岩矿	2001～2002	详查	钙质石英岩 1498 万 m^3
48		大柴旦行委巴仑马海钾矿	2000～2003	普查	NaCl 66700kt，$MgSO_4$ 3313kt，MgCl 213868kt，KCl 2306kt
49	水气矿产	青海省国家重点风景名胜区“151”基地供水水源地	2003～2004	普查	允许开采量 0.26 万 m^3/d
50		鱼卡煤矿供水水源地	2003～2004	普查	地下水允许可开采量 12 万 m^3/d
51		青海省西台锂矿区供水水源地	2003～2004	普查	允许开采量 47.47 万 m^3/d
52		海晏县西海电厂供水马匹寺水源地	2006	勘探	B 级允许开采量 $2.4\times10^4 m^3/d$
53		大柴旦行委鱼卡水源地	2006	详查	C 级允许开采量 $12.10\times10^4 m^3/d$
54		大柴旦温泉沟热矿泉	2006	预查	C 级泉流可开采资源量 866 m^3/d

表 2－2　2001～2007 年新上《青海省矿产资源储量简表》的矿产地情况一览表

序号	名称	矿种	资源储量	工作程度
1	杂多县吉耐—其涌煤矿	无烟煤	2020kt	普查
2	曲麻莱县达哈煤矿	贫煤	3450kt	普查
3	大柴旦镇鱼卡煤田尕秀背斜西段	长焰煤、不粘煤	286920kt	普查
4	大柴旦镇老高泉煤矿北侧	不粘煤	1560kt	普查
5	大柴旦镇新高泉小煤矿	不粘煤	654kt	勘探

续表

序号	名称	矿种	资源储量	工作程度
6	茫崖行委柴水沟煤矿	不粘煤	1360kt	普查
7	大柴旦行委绿草沟煤矿	不粘煤	1000kt	普查
8	都兰县占卜扎勒铁矿	铁矿石	1083kt	普查
9	循化县谢坑铜金矿	铜	金属量663t	详查
10	祁连县赖都滩多金属矿	铜、铅、锌	铜金属量721t，铅金属量2042t，锌金属量1265t	普查
11	茫崖镇虎头崖多金属矿	铜、铅、锌、银	铜金属量1235t，铅金属量43076t，锌金属量39792t，银金属量53t	普查
12	都兰县督冷沟铜钴矿	铜	铜金属量20684t，钴金属量310t	详查
13	祁连县大二珠龙西段多金属矿	铅	金属量2289t	普查
14	同德县牧羊沟金矿	金	金金属量168kg	普查
15	同德县石藏寺金矿	金	金金属量3201kg	普查
16	大柴旦镇红柳沟金矿	金	金金属量1085kg	普查
17	大柴旦镇青龙沟金矿	金	金金属量4182kg	普查
18	冷湖镇野骆驼泉金矿	金	金金属量513kg	普查
19	都兰县白金沟金矿	金	金金属量874kg	普查
20	都兰县打柴沟金矿	金	金金属量414kg	普查
21	都兰县红旗沟—深水潭金矿	金	金金属量2040kg	普查
22	都兰县果洛龙洼金矿	金	金金属量4753kg	详查
23	称多县多曲砂金矿	砂金	金金属量3396kg	普查
24	柴达木盆地西部碱山锶矿	天青石	天青石72359t	普查
25	茫崖镇尕斯库勒钾矿	固体 NaCl，固体 KCl，液体硼矿	NaCl 2494178kt，KCl 14699kt，B_2O_3 346kt	普查
26	大柴旦行委巴仑马海钾矿	液体 NaCl，液体 $MgSO_4$，液体 $MgCl_2$，液体 KCl	NaCl 66700kt，$MgSO_4$ 3313kt，$MgCl_2$ 13868kt，KCl 2306kt	普查
27	柴达木西台吉乃尔湖锂矿	固体 $MgCl_2$，固体 KCl	$MgCl_2$23253kt，KCl 21260kt	初步勘探
28	大通县石山乡滴水滩矿区黏土矿	陶瓷土	陶瓷土矿石量2146kt，水泥配料用黏土矿石量1193kt	勘探
29	互助县柏木峡陶粒板岩矿	陶粒用黏土	矿石量9433kt	普查
30	大通县新田堡黏土矿	水泥配料用黏土	矿石量9172kt	普查
31	格尔木市纳赤台硅质大理岩石材矿	饰面用大理岩	矿石量6474km^3	详查
32	乐都县小泉石沟大理岩矿	水泥用大理岩	矿石量6110kt	勘探
33	河南县曲海饮用天然矿泉水	矿泉水	允许开采量590.98m^3/d	普查
34	青海省海北州西海电厂供水马匹寺水源地	地下水	允许开采量2.88万m^3/d	详查
35	青海省国家重点风景名胜区“151”基地供水水源地	地下水	允许开采量0.26万m^3/d	详查

续表

序号	名称	矿种	资源储量	工作程度
36	青海省西台锂矿区供水水源地	地下水	允许开采量 47.47 万 m^3/d	普查
37	青海省大柴旦行委马海钾矿区供水水源地	地下水	允许开采量 6.36 万 m^3/d	勘探
38	青海省大通县大三岔长石矿	碎云母	367800t	详查
		长石	6342kt	
		粉石英	6342kt	
39	青海省湟源县寺脑饰面花岗石材矿	饰面用花岗岩	2183km^3	普查
40	格尔木市大灶火西南山青玉矿	玉石	18542t	普查
41	青海省德令哈市桃斯图水泥用灰岩矿	水泥用灰岩	209314kt	普查
42	德令哈市莫合贝雷台铅锌矿	铅矿	13593t	普查
		锌矿	9918t	
		银矿	12t	
43	青海省鱼卡煤田东部	煤炭	65506kt	详查
44	大柴旦行委老高泉北露天煤矿外围	煤炭	47770kt	勘探
45	青海省门源县红沟萤石矿	普通萤石	90.3kt	普查
46	祁连县五林沟煤矿	煤炭	9810kt	普查
47	青海省祁连县托勒热水沟铁矿	铁矿	674.2kt	普查
48	海晏县三联萤石矿	普通萤石	17kt	普查
49	共和县孤山铁矿	铁矿	738.1kt	普查
50	兴海县鄂拉山口银多金属	铅矿	6580t	普查
		锌矿	2810t	
		银矿	34t	
51	玉树县卡实陇铅银矿	铅矿	48048t	普查
		银矿	122.3t	
52	治多县藏麻西孔铜银矿	铜矿	3183t	普查
		铅矿	2646t	
		银矿	341t	
53	囊谦县巴浪弄煤矿	煤炭	3140kt	找煤
54	德令哈市红山沟煤矿	煤炭	3460kt	普查
55	都兰县看巴勒木特尔石墨矿	石墨	128kt	普查
56	都兰县白石崖铁矿区外围	铁矿	7958kt	普查
		铅矿	3524t	
		锌矿	44512t	

近十年来，青海省取得的重大地质勘查成果主要有以下14项。

（一）柴达木盆地涩北气田勘查与开发

经过十余年的连续勘查，累计探明天然气地质储量3055.98×10^8 m^3，为柴达木盆地天然气产业的形成与发展奠定了坚实的资源基础。在涩北气田勘查成果基础上，对涩北气田进行了开发总体规划研究，设计了气田开发实施方案，并在“十五”期间有序实施，取得了良好的开发效果。

该项目的完成，改变了甘、青两省的能源结构，促进了青海省天然气工业的发展，为“全国西气东输”工程和甘、青两省特别是青海省的经济建设做出了较大贡献，促进了地区经济的快速发展，经济、社会效益显著。该项目获青海省“十五”期间重大地质找矿一等奖。

（二）青海省曲麻莱县大场金矿勘查

通过近十年的勘查，矿区资源储量规模不断扩大，估算金资源量100t（334以上），预测大场矿区金资源总量可达300t（334以上）。该矿床的开发利用将为青海省带来巨大经济效益。该项目获青海省“十五”期间重大地质找矿二等奖。

（三）青海省大柴旦锡铁山铅锌矿区深部普查找矿

从2001年开始，青海西部矿业地质勘查有限责任公司在以往深部勘探的基础上，持续开展了锡铁山铅锌矿床深、边部找矿工作。以海底喷流沉积成矿模式及成矿理论为指导，深、边部找矿取得重大突破，新增矿石储量1991.76万t，铅锌金属量209.88万t，伴生金金属量7680kg。使锡铁山铅锌矿由年处理矿石100万t扩能至150万t，2005年实际处理矿石量143万t，该矿目前已成为全国最大的铅锌生产矿山。通过深、边部找矿工作，延长了矿山服务年限，解决了6000多职工的就业问题，经济、社会效益显著。该项目获青海省“十五”期间重大地质找矿二等奖。

（四）青海省柴达木盆地东台吉乃尔湖锂、硼、钾矿勘探

经“九五”末至“十五”初的勘探证实，东台吉乃尔湖锂、硼、钾矿床是一个以锂为主，共（伴）生硼、钾、镁的综合性盐湖矿床。通过勘探工作，主矿种锂、硼、钾的资源储量均有较大幅度的增长，其中，氯化锂基础储量增加了229.45万t，三氧化二硼增加了130.65万t，氯化钾增加了1490.27万t。使该矿床锂资源储量达到特大型矿床规模，硼资源储量达到大型矿床规模。

勘探期间进行了矿石选矿扩大试验。通过扩大试验，卤水中锂、硼、钾的综合利用取得了新进展。

经对含矿卤水仅生产碳酸锂、硼酸、硫酸钾产品的初步测算，矿床的潜在价值已达947亿元，矿床远景极为可观。资源优势转化后，将会产生巨大的经济效益和社会效益。该项目获青海省“十五”期间重大地质找矿二等奖。

（五）青海省鱼卡煤田东部煤炭地质详查

从2002年开始，先后通过煤炭普查、详查工作，基本查明了可采煤层的展布特征和煤质情况，估算可采煤层资源储量3.2亿t，其中基础储量1.04亿t，占32.5%。目前，在详查区及普查区北山小窑一带共提交煤炭资源储量4.35亿t。该项目获青海省“十五”期间重大地质找矿三等奖。

（六）青海省格尔木市驼路沟钴多金属矿评价

驼路沟钴矿为全国重要的独立钴矿产地之一，目前已发现南北两条钴矿化带，四个矿段（长征沟矿段、玉女沟矿段、短沟矿段及驼路沟北矿段），共圈定钴矿体27条。经初步估算，钴资源储量3968.87t。矿床已达中型规模，尚有较好找矿前景。目前地质勘查工作还在进行中。

选矿表明，钴矿物的可选性很好，钴回收率97.18%，含硫钴精矿质量达到2BD41001—84标准的特级品。该项目获青海省“十五”期间重大地质找矿三等奖。

（七）青海省都兰县果洛龙洼金矿详查

“十五”以来，在矿区内共圈出金矿体6条。目前估算，金资源储量22t。现有工作表明，该矿尚具有较大的找矿潜力，地质勘查工作还在进行中。目前Ⅰ号矿体部分地段已由青海省有色地勘局进行开发，已取得了较好的经济效益。该项目获青海省“十五”期间重大地质找矿三等奖。

（八）青海省泽库县瓦勒根金矿普查

瓦勒根金矿是在前人工作基础上，通过2002年以来的异常查证、普查工作，找矿工作取得较大进展，圈定出4条金矿化带，28个金矿体，累计提交金资源量13.5t。该成果显示了本区良好的金矿找矿前景。据现有资料分析，进一步工作有望使本区的找金工作取得更大突破，预测金矿床规模可达大型以上。该项目获青海省“十五”期间重大地质找矿三等奖。

（九）青海省曲麻莱县加给龙洼金矿普查

2002～2003年，在对加给龙洼金矿开展普查工作后，圈定具一定规模的金矿体14条，初步估算金资源量10.54t，达到中型金矿规模。目前该矿区地质勘查还在继续，该矿床规模有望达到大型。该项目获青海省“十五”期间重大地质找矿三等奖。

（十）青海省格尔木市肯德可克铁多金属、尕林格矿区铁矿勘查

肯德可克矿区，共圈定铁矿体53个，钴铋金矿体35条，提交：铁矿石资源量7199.1万t，铅资源量58188t，锌资源量144085t，金资源量5.71t，钴资源量420t，铋资源量4229t。

肯德可克矿床是一个铁、金、铋、钴、铅、锌、镍、铜、钼、银等多种矿化叠加的矿床，其中铁矿和金矿规模均达中型。矿区内的矿石经初步可选性试验，可为工业利用，金、银、钴、镍、铜、钼回收率达90%以上，铋回收率85%以上。经初步测算，该矿潜在经济价值巨大。

目前，该矿由青海省庆华矿业有限责任公司进行规模性开发利用，生产规模将达到年处理矿石量250万t。

尕林格铁矿区通过进一步工作，Ⅴ矿群累计探获铁矿石资源量3954.8万t，并对该矿床成因有了新的认识，在此基础上对矿区矿体进行了重新圈连，共圈出铁矿体46条，重新估算铁矿石资源量为8551万t，伴生金资源量6982.8kg，钴资源量3379t，铜资源量1082t，锌资源量34285t，银资源量21000kg。根据现有工作成果，该矿床有望达到大型矿床规模。

根据选矿试验结果，可选出品位为67.95%的铁精矿，回收率为79.05%，潜在经济价值巨大。

该项目获青海省“十五”期间重大地质找矿三等奖。

（十一）青海省大柴旦镇滩间山金矿勘探

滩间山金矿是青海省在“九五”期间首次发现的大型岩金矿床。提交D+E级金金属量52.65t，“十五”期间，与加拿大的埃尔拉多黄金公司合作进一步加大了矿区的勘查力度，在1km^{2}的范围内，已发现金矿体31个，经进一步工作探明滩间山金矿的可采储量达35t以上，现已建成青海省最大的岩金矿开发基地，年产黄金3t的大型矿山于2006年10月正式投产。该项目获2005年国土资源部科技成果二等奖。

（十二）青海省茫崖行委大风山锶矿勘探

矿区共圈定主矿体5条，次要矿体94条，成因为内陆湖相沉积型。估算全矿区天青石矿物资源储量为2475.35万t，矿床规模达到超大型规模（大型矿床的下限为20万t），其中可利用的矿物储量（121b+122b）1777.64万t，矿石平均品位为31.60%，可利用的矿物资源量（333）697.71万t。另有目前尚难利用的矿物资源量（2S21+2S22）473.4万t。

青海金瑞矿业发展股份有限公司于2005年底建成30万t/a采选规模的矿山和选矿厂，年产含硫酸锶71%、精矿10万t的选厂，并在德令哈配套建成一期年产碳酸锶3万t的德令哈碳酸锶厂，于2003年试生产，2004年开采矿石7万t，2005年矿山因故停采。“十一五”期间选矿厂、碳酸锶厂均将扩大生产规模，资源优势转化为经济优势已成为可能，将为地方经济建设和发展做出积极贡献。

（十三）青海省鱼卡煤田尕秀西段煤炭地质勘探

全区共获122b+333+334资源/储量8.5917亿t，其中122b储量3.9504亿t，333资源量2.0849亿t，334资源量2.5564亿t，122b+333占70.25%，并且对全区地质构造、资源储量分布、煤质特征等有了更准确、深入的了解，目前该矿区已完成勘探工作。

（十四）青海省大柴旦镇西台吉乃尔湖锂矿勘探

西台吉乃尔湖锂矿矿区地质勘查始于20世纪50年代。2000年针对前人工作中在水文地质、卤水加工工艺途径和矿床开发可行性研究方面的不足之处，进行适当补充和提高，以使矿区地质勘查程度达到勘探阶段的精度。

矿区是一个以液体锂矿为主、固液共生的特大型矿床。卤水矿床主要组分孔隙度储量（121b+122b+2M21+2M22，此储量不包括湖水储量）分别为：氯化锂308.40万t、液体氯化钾2608.90万t、三氧化二硼163.33万t，液体氯化镁（331+332）18597.94万t，氯化钠（331+332）2.46亿t。此储量比前人计算的C+D级表内总资源储量分别增加了15.19%、36.03%、45.64%、44.73%和23.87%。低品位固体钾矿资源量：氯化钾≥3%者（平均品位3.61%）1647.63万t，资源量类别属332。该项成果相当于发现了一个中型规模的固体钾矿床。

四、矿产资源潜力分析

（一）优越的成矿地质条件

青海地处青藏高原东北部，南北跨越我国环太平洋、古亚洲洋和特提斯-喜马拉雅三大构造域中的后两部分。它是沟通和连接我国西部塔里木、藏滇、扬子和阿拉善四大陆块的纽带，这种独特的构造环境是形成独具特色矿产资源的前提条件。在我国的大地构造演化与区域成矿过程中发挥着十分重要的作用。

南华纪以来，古亚洲洋南部复杂陆块拼接区（西域板块）的大规模裂离，形成由一系列小洋盆与众多微陆块组成的秦祁昆多岛洋发展格局，早古生代末所有小洋盆关闭，转化为秦祁昆早古生代造山系。晚古生代时期，在藏滇北缘、扬子西缘和秦祁昆南缘三者叠接地带发生更大规模的大陆裂解与漂移，形成古特提斯大洋，晚二叠世至中二叠世形成以巴颜喀拉为中心的残留洋盆，三叠纪末古特提斯洋彻底闭合造山形成东昆仑、巴颜喀拉、唐古拉三大造山带。侏罗纪，特别是新生代之后受藏滇南特提斯洋和现代印度洋发展演化的强烈影响，在青海中南部地区造成构造岩浆热液叠加，中北部地区侏罗纪—第三纪的成盆效应和大陆内部盆山地形的分化与耦合。最终形成由北祁连、南祁连、柴北缘、祁漫塔格、东昆中、东昆南、金沙江、甘孜—理塘和澜沧江—双湖9条板（陆）块结合带与陆块镶嵌而成的复杂的青海陆壳结构。由此可见，青海的大陆动力学过程极为复杂，地壳经历了多次裂解与拼合，壳幔物质交换频繁、岩浆作用强烈、多阶段多旋回多成因成矿作用发育齐全，成矿大地构造环境极佳，包括两个可与冈底斯构造带成矿条件媲美的昆仑和唐古拉两大古特提斯活动陆缘型造山带、巴颜喀拉残留洋型造山带和北部祁连、柴北缘、祁漫塔格、东昆中等若干小洋盆与微陆块边缘成矿环境。这种大地构造格局和成矿构造环境是青海找矿重大突破的理论依据和条件。

这种独特的构造格局和成矿环境，造就了青海几个重要的成矿期、成矿系统、矿种组合和矿床类型，以及各具特色的重要成矿带。在古亚洲洋发展演化阶段，形成了加里东期与海相火山活动有关的火山—喷流型和喷流—沉积型的铜、铅、锌等有色金属矿床系列，构成了北祁连、柴北缘、祁漫塔格和东昆仑四条巨型海相火山岩成矿带，成为青海最重要的火山岩型铅、锌、铜成矿期。在华力西期古特提斯洋发展演化阶段，形成了东昆仑、巴颜喀拉和唐古拉三个岩浆弧带、阿尼玛卿、金沙江两条缝合带和苦海—兴海坳拉槽，与此相对应的成矿作用形成了阿尼玛卿火山—喷流型铜钴成矿带（德尔尼），唐古拉火山—喷流型铜矿带（旦荣），苦海—兴海喷流—沉积型铜矿带。该期是青海省最重要的火山岩型铜矿成矿期。印支期古特提斯洋彻底闭合，强烈的挤压造山、断裂和岩浆活动十分强烈，该期是青海岩金成矿的鼎盛时期，昆南、北巴和东昆仑的岩金成矿带就是该期形成的，其次是祁漫塔格—都兰的矽卡岩型铁多金属矿带和唐古拉北缘的赵卡隆—下拉秀弧后盆地喷流—沉积型铁、铜、铅、锌矿带和尕龙格玛—当江的滞后弧火山—喷流型铜、铅、锌矿带也是该期形成的；值得一提的是该期可能是青海斑岩型矿床形成的有利时期，在东昆仑北坡印支期侵入活动十分强烈，可能有碰撞期和陆内走滑两期斑岩存在，最近的调查研究表明该带埃达克质岩发育，在乌兰乌珠尔、鸭子沟、加当根等处已发现斑岩体的细脉浸染型铜、钼矿化。在唐古拉山北坡也发现类似的岩体和矿化。进入燕山喜山期后同受藏滇南特提斯和现代印度洋发展演化影响，青海中南地区陆内岩浆活动和热液叠加是青海斑岩型铜钼矿和层控热液型铅锌矿的重要成矿时期。

“青海省第三轮成矿远景区划研究及找矿靶区预测”项目依据最新的勘查研究资料，将全省划分为祁连、东昆仑、布喀达坂—青海南山、巴颜喀拉山、唐古拉山5个成矿省、26个三级成矿带、31个四级成矿亚带。其中，中北祁连、柴达木盆地北缘、东昆仑、三江北段成矿带是国内外著名的煤、有色金属、贵金属重要成矿带，具有大型、超大型矿床产出的地质条件。

（二）主要矿产资源总量预测

经过几十年的努力，青海已探明了丰富的、独具青海特色的矿产资源。钾盐、铅锌、石棉等矿产已成为全国重要的供应基地，矿产资源的开发极大地促进了青海经济的发展，为经济社会的发展做出了巨大贡献。但由于总体工作程度很低，目前已探明的资源储量只是青海巨大资源潜力中的很小一部分。目前青海省每万 km^2 发现的矿产地数只有6个，远远小于全国平均水平（21个/万 km^2），这也从另一个角度说明青海省的矿产资源潜力远未查明，需要进一步加大矿产资源勘查力度。

随着矿产资源调查评价与勘查工作的推进，在海底喷流成矿理论、成矿系列、成矿系统、大型超大型矿床等新的成矿理论的指导下，区域大地构造环境的研究取得重大突破，矿产勘查相继在东昆仑发现斑岩型、喷流—沉积型铁铜铅锌和钴矿，在巴颜喀拉北部发现了以大场为代表的造山型金矿，在三江北段发现了纳日贡玛为代表的斑岩型铜钼矿，在沱沱河地区发现了以茶曲怕查为代表的沉积叠加改造型铅锌矿等一批有大型、超大型规模前景的矿产地，今后随着勘查程度的不断提高，这种巨大的资源潜力将进一步显现出来。

“青海省第三轮成矿远景区划研究及找矿靶区预测”项目对重要矿种的资源总量进行了预测，预测结果显示，全省煤炭资源总量达到380亿t，铁资源总量超过13亿t，铜资源总量超过1500万t，铅资源总量超过1700万t，锌资源总量超过1800万t，钴资源总量超过9万t，钼资源总量超过127万t，岩金资源总量超过1300t，钾盐12亿t，资源查明率分别为煤13%、铁16%、铜14%、铅15%、锌17%、钴37%、钼6%，岩金4%，钾盐58%（表2-3），充分说明这些矿种进一步的找矿空间和潜力是十分巨大的。

表2-3　青海省主要矿种预测资源量及查明情况表

矿种	预测资源总量	上表资源储量	资源查明率/%	矿种	预测资源总量	上表资源储量	资源查明率/%
铜/万t	1508	214.7	14.24	银/t	14545	4705	32.35
铅/万t	1740	267.2	15.35	铁矿/亿t	13.87	2.31	16.65
锌/万t	1807	322.9	17.87	煤炭/亿t	380.42	49.71	13.07
钼/万t	127	7.5	5.9	氯化钾/亿t	23.38	7.25	31.01
钴/万t	9	3.4	37.8	氯化锂/万t	2263	1844.1	69.25
岩金/t	1348	49.1	3.64	硫酸锶/万t	4455	2681.8	60.19

经过深入分析和研究，“十一五”期间，优选了成矿条件好、找矿潜力大的4个重要成矿带（图2-1）、9个重点成矿远景区（图2-2），拟作为今后地质工作的重点。下面分别将4个重要成矿带、9个重点成矿远景区的基本情况简介于下。

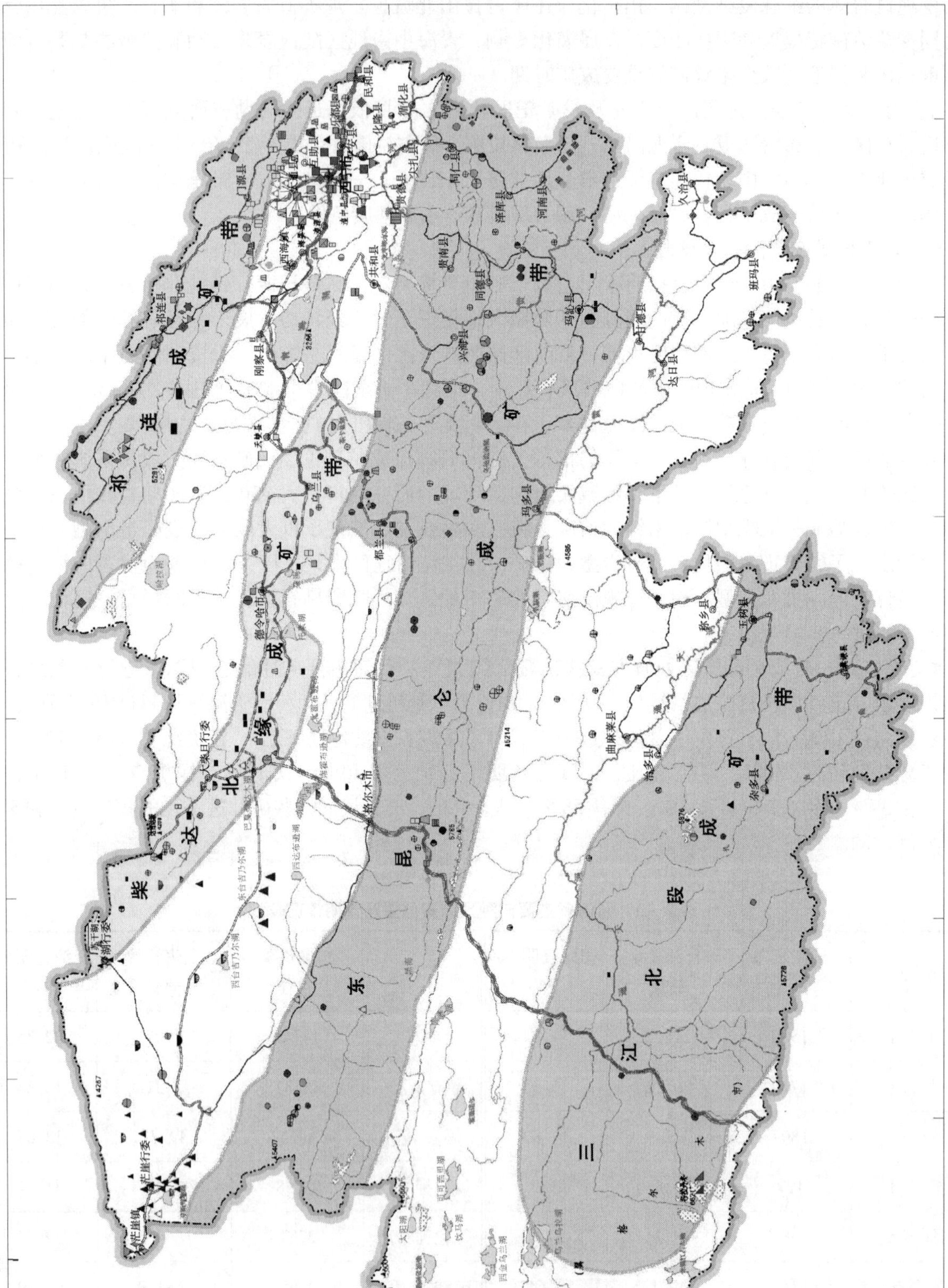

图2-1　青海省四个重要成矿带分布图

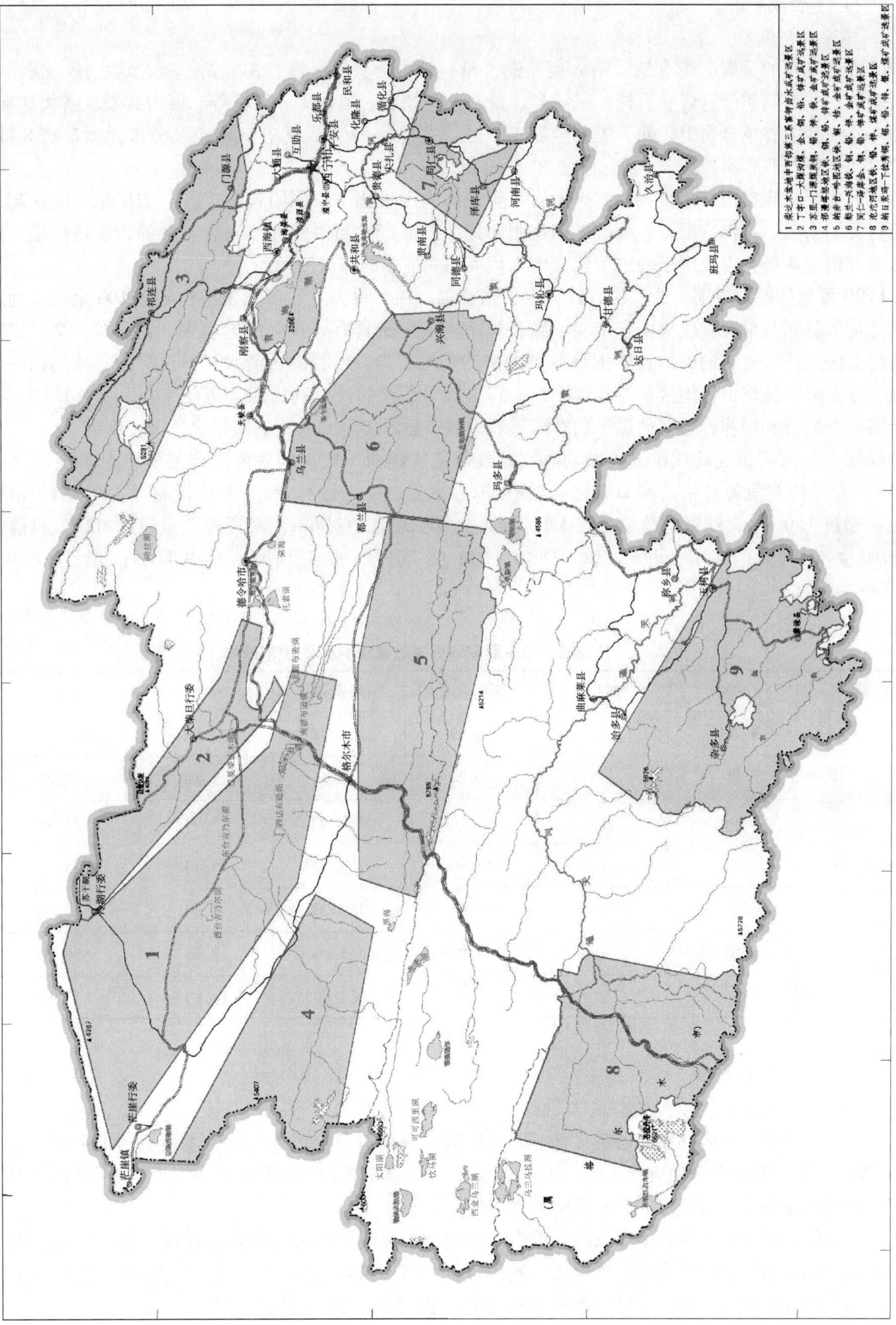

图2-2　青海省九个重要成矿远景区分布图

（三）主要成矿带

1. 祁连成矿带

区内已发现的金属矿产有铁、铬、锰、铜、铅、锌、金、钨、锡、钼、钴、镍、锑、汞、铌、钽等，能源、非金属矿产有煤、石棉、蛇纹岩、滑石、菱镁矿、硫铁矿、玉石等。区内共发现各类矿床、点924处，其中有色金属192处，黑色金属179处，贵金属89处，稀有、稀土及分散元素矿产8处，煤矿100余处，非金属矿产306处，水气矿产50处。

区内主要矿床类型有与早古生代火山岩系有关的火山喷流型铁铜铅锌矿产，与加里东中晚期超基性岩有关的铬矿、石棉、滑石、菱镁矿和化肥用蛇纹岩矿产；与中酸性侵入岩有关的岩浆热液型、矽卡岩型铜钨金矿产，以及产于晚古生代、中生代沉积盆地中的煤炭资源。

1∶20万化探圈出以铜、金、银、锌及铜、铬、镍、钴、汞为主的多元素组合异常100余处，地球化学异常的分布与早古生代火山岩带相一致，显示本成矿带具有寻找火山岩型铜、铅、锌、金、银矿和与岩浆侵入活动有关的铬、镍、铌等矿产的潜力；玉石沟—铁目勒、清水河—白柳沟、托勒山—大坂山、冷龙岭、拉鸡山等地区是寻找铜、铅、锌、镍等矿产的最有利地段。近年来在北祁连地区的有色金属矿产勘查和中祁连地区的煤矿勘查取得新进展，显示出巨大的找矿前景。

根据“青海省第三轮成矿远景区划研究及找矿靶区预测”对该区主要矿产的资源总量预测（表2-4），全区煤炭资源总量达到206亿t，铁资源总量超过2.4亿t，铜资源总量超过180万t，铅资源总量超过150万t，锌资源总量超过150万t，金资源总量超过60t，银资源总量超过400t，目前资源查明率分别为：煤19.68%、铁9.80%、铜18.04%、铅9.18%、锌9.80%、金18.89%、银3.86%。

表2-4 祁连成矿带主要矿种资源总量预测及潜力情况表

成矿带	矿种	单位	上表资源储量	预测资源量	查明率/%	资源潜力
北祁连	煤	亿t	40.69	206.74	19.68	166.05
	铁	亿t	0.24	2.45	9.80	2.21
	铜	万t	34.10	189.00	18.04	154.90
	铅	万t	14.60	159.00	9.18	144.48
	锌	万t	14.90	152.00	9.80	137.10
	银	t	16.00	415.00	3.86	399.00
	金	t	11.90	63.00	18.89	51.10

2. 柴达木北缘成矿带

柴达木北缘成矿带已发现的金属矿产有铁、铬、锰、铜、铅、锌、钨、锡、钼、金、银、镓、铟等，能源矿产煤等。区内共发现各类矿床、点542处，其中有色金属112处，黑色金属117处，贵金属76处，稀有、稀土及分散元素4处，煤矿96处，非金属123处，水气矿产14处。特别是锡铁山铅锌矿、盆地北缘的煤、滩间山的金矿都享誉省内外。

带内奥陶-志留纪裂谷环境形成的火山沉积—建造是金属矿产的主要含矿地层，早-中侏罗世山麓河湖相含煤建造是带内的主要含煤地层。晚华力西-印支的岩浆热液活动有关的构造蚀变岩型金矿是带内的主要金矿类型，形成了省内最重要的煤炭、铅、锌、岩金矿产集中区。

柴达木北缘的煤田实际上是柴达木盆地底部巨大聚煤盆地的组成部分，经勘查已成型的煤矿有鱼卡、绿草山、西大滩、大煤沟、石灰沟等，特别是鱼卡煤矿近年来的勘查工作取得重大突破，

"十五"时期新增煤炭资源储量10亿t。充分证明柴达木盆地北缘浅覆盖区（1000m以浅）找煤的巨大潜力。

该带有色金属产地以锡铁山为代表，是全国著名大型铅锌矿床，"十五"以来锡铁山铅锌矿在喷流沉积理论指导下的勘查又取得重大突破，新增铅锌资源量130万t，总资源量达到540万t，据预测，矿区深部外延还有1000万t的铅锌找矿潜力。这一成果充分展显出在奥陶－志留纪滩间山群分布地段寻找喷流沉积系列矿产的巨大前景。

该带贵金属矿产地以滩间山金矿为代表，1990年以来相继发现了构造蚀变岩型的滩间山、青龙沟大型金矿和红柳沟、野骆驼泉、千枚岭、求绿特等中小型金矿，使该区的金资源量达到60t，该带金矿的找矿潜力已初步显现。

根据"青海省第三轮成矿远景区划研究及找矿靶区预测"对重要矿产资源总量的预测，全区煤炭资源总量达到100亿t，铜资源总量超过50万t，铅资源总量超过500万t，锌资源总量超过500万t，金资源总量超过200t，银资源总量4500t，资源查明率仅分别达到：煤6.72%、铅40.00%、锌42.67%、金8.84%、银50.41%（表2－5）。

表2－5　柴达木北缘成矿带主要矿种资源总量预测及潜力情况表

成矿带	矿种	单位	上表资源储量	预测资源量	查明率/%	资源潜力
柴北缘	煤	亿t	6.88	102.45	6.72	95.57
	铜	万t	0.00	56.00	0.00	56.00
	铅	万t	200.80	502.00	40.00	301.20
	锌	万t	215.50	505.00	42.67	289.50
	银	t	2294.00	4551.00	50.41	2257.00
	金	t	19.90	225.00	8.84	205.10

3. 东昆仑成矿带

优越的成矿地质环境，必然形成丰富的矿产资源。带内共发现各类矿床、点1158处，其中有色金属454处，黑色金属215处，贵金属187处，稀有、稀土及分散元素4处，煤矿78处。主要矿种有铁、锰、铜、铅、锌、钨、锡、钼、汞、锑、金、银、铂、铌等14种。主要成矿类型有中新元古代—古生代火山喷流型、喷流沉积型铁铜铅锌矿、喷流沉积型钴矿，华力西期喷流沉积型铜矿，印支期与中酸性岩浆活动有关的矽卡岩型、斑岩型、热液型铁铜铅锌金矿等。

区内1∶20万化探圈出以金、钨、铋、铅、锑、砷、铜、钴、汞、锌、锡、银为主的多元素组合异常300余处，其中以铜、铅、锌、金、银为主元素的异常70余处。"十五"以来，加强了东昆仑成矿带的找矿工作，在东昆仑成矿带西段的祁漫塔格地区，以喷流沉积型、斑岩型铁、铜、铅、锌、锡、钴、铋、金等矿产为主；中东段纳赤台至清水河是重要的喷流沉积型铁、铜、钴、金成矿富集地段；昆南、北巴和东段发现了大型、超大型的构造蚀变岩型—石英脉型金矿；鄂拉山地区喷流沉积型大中型铜、铅锌矿床（点）众多，显示了东昆仑成矿带蕴藏着巨大的找矿潜力。

根据"青海省第三轮成矿远景区划研究及找矿靶区预测"对重要矿产资源的资源总量预测，全区铁资源总量达到8.45亿t，铜资源总量544万t，铅资源总量383万t，锌资源总量380万t，金资源总量853t，银资源总量3270t，目前资源查明率分别为：铁21.89%、铜20.28%、铅8.07%、锌17.99%、金1.51%，银44.16%（表2－6）。

表2－6　东昆仑成矿带主要矿种资源总量预测及潜力情况表

成矿带	矿种	单位	上表资源储量	预测资源量	查明率/%	资源潜力
东昆仑	煤	亿t	0.08	2.18	3.67	2.10
	铁	亿t	1.85	8.45	21.89	6.60
	铜	万t	110.30	544.00	20.28	433.70
	铅	万t	30.90	383.00	8.07	352.10
	锌	万t	68.20	379.00	17.99	310.80
	银	t	1444.00	3270.00	44.16	26.00
	金	t	12.90	853.00	1.51	840.10
	钼	万t	0.00	35.00	0.00	35
	钴	万t	0.03	4.00	0.75	3.97

4. 三江北段成矿带

三江北段成矿带经历了从晚泥盆世开始的裂解，石炭—二叠纪小洋盆与陆块间列、中晚二叠世汇聚、中三叠世末期弧—弧碰撞、弧—陆碰撞的地质演化历史。反映了华力西—印支期的活动大陆边缘成矿地质环境、上叠盆地的沉积—热液成矿作用和新生代陆内叠覆造山（走滑造山）成矿特点，形成了以火山喷流、喷流—沉积型和斑岩型为主的铜、钼、铅、锌、铁、银等系列矿床。

区内1:20万化探圈出以铜、钼、铅、锌、银、钨、砷、锑、镉为主的多元素组合异常200余处。异常在区域上总体呈北西向展布，具成群、成带、串珠状分布的特点，且元素组合极为复杂，强度高、面积大（多数异常面积达150～1000km^2）。从南到北可明显地划分出3个综合异常带（扎西尕日—尕龙格玛—赵卡隆铅、锌、银、铜异常带，沱沱河—纳日贡玛—东莫扎抓铜、铅、锌、银、钼、钨异常带，雁石坪—旦荣—解嘎铜、锌、钼、钨、铅、银异常带）。

区内已发现矿种有铜、钼、铅、锌、银、铁、银、钨、锡、金、铁、汞、砷、锑、石灰岩、煤等。共发现各类矿床、点386处，其中有色金属133处，黑色金属44处，贵金属22处，煤矿57处。

带内矿种繁多，类型多样，成矿类型主要有晚古生代、晚三叠世火山喷流、喷流沉积型铁、铜、铅、锌矿，典型矿床有尕龙格玛铜铅锌矿、然者涌铅锌银矿、东莫扎抓铅锌矿、旦荣铜矿、赵卡隆铁多金属矿、宗隆巴铅锌矿；喜山期构造岩浆活动有关的斑岩型、矽卡岩型、热液型及沉积热水叠加型铜钼铅锌矿，典型矿床有纳日贡玛铜钼矿、陆日格铜矿、众根涌铜矿，多陇巴铅锌矿。

此外，在开心岭一带，有上二叠统乌丽群海陆交互相煤系地层分布，已发现乌丽、开心岭、扎苏等小煤矿，但以往地质勘查工作程度很低，开展系统的煤炭资源普查，对于构建青藏铁路沿线新经济带、缓解青南地区煤炭资源极度短缺局面，减少当地居民以柴为薪对生态环境的破坏都具有重要意义。

《青海省第三轮成矿远景区划研究及找矿靶区预测》项目对重要矿种的资源总量进行了预测，预测结果显示，全区煤炭资源总量53亿t，铁资源总量约2.29亿t，铜资源总量超过650万t，铅资源总量超过630万t，锌资源总量超过680万t，钼资源总量约85万t，银资源总量超过5400t，岩金资源总量约50t，资源查明率分别为：煤0.15%、铁6.11%、铜1.82%、铅2.01%、锌0.47%、钼8.86%、银7.29%（表2－7）。

表 2-7　三江北段主要矿种资源总量预测及潜力情况表

成矿带	矿种	单位	上表资源储量	预测资源量	查明率/%	资源潜力
三江北段	煤	亿 t	0.08	53.26	0.15	53.18
	铁	亿 t	0.14	2.29	6.11	2.15
	铜	万 t	11.90	654.00	1.82	642.10
	铅	万 t	12.76	635.00	2.01	622.24
	锌	万 t	3.20	685.00	0.47	681.80
	银	t	400.00	5487.00	7.29	5087.00
	金	t	0.00	50.00	0.00	50.00
	钼	万 t	7.53	85.00	8.86	77.47

（四）重点成矿远景区

1. 苏里-门源煤、铜、铅、锌、铁、金矿成矿远景区

该区北部为北祁连缝合带，主体含矿地层为寒武—奥陶纪海相火山岩。区内矿产丰富，已知矿产主要有铬、铜、铅、锌、铁、金、石棉等，共有矿床、点623处。玉石沟—川刺沟铜、锌、钴、铬、金、汞、砷异常和大柳沟—尕大坂铜、铅、锌、金、银异常，巴拉哈图—松树南沟铜、铅、锌、钴、金异常规模大、强度高。具有较大找矿潜力的地段有大柳沟—弯阳河—下沟—尕大坂与中寒武世双峰式海相火山岩有关的铜、多金属矿，近年来尕大坂、赖都滩铜、多金属矿的发现使下柳沟—下沟矿田的找矿空间向东扩大了一倍；玉石沟—阴凹槽—铁目勒与早奥陶世洋脊型蛇绿岩有关的铜锌矿，其中阴凹槽铜锌矿的含矿带长度达到3km，近年来在矿区中西段的深部新发现厚大的富铜矿体，显示出进一步找矿前景良好；红沟—浪力克奥陶纪与细碧角斑岩有关的铜金矿，近年来在大坂山、冷龙岭地区的铜金矿勘查工作取得新进展，显示该区具有大型远景规模矿床的成矿条件和资源潜力。

该区南部的中祁连陆块上覆的石炭纪、晚三叠世和中下侏罗世的沉积盆地，是青海省最重要的煤炭资源富集区。近年来在聚乎更煤矿区的西段、江仓煤矿区的东段、瓦乎寺等地区的勘查工作取得新突破，这些地段有望通过进一步工作找到大型规模的煤矿。

本区通过加大勘查投入，预期可以获得以下成果：铜100万t，铅锌100万t，钨10万t，镍10万t，煤15亿t。

2. 丁字口—大煤沟煤、金、铜、铅、锌矿成矿远景区

区内共发现各类矿床、点248处，主要矿种有煤炭、铅、锌、金及少量盐湖矿产，是青海省最重要的铅、锌、煤炭、岩金矿集区。地球化学异常显示西段的野骆驼泉—滩间山金、银和中段的绿梁山—双口山铅、锌、铜的异常规模大、强度高，是区内最具有找矿潜力的地区，近年来在青龙沟、滩间山两个大型金矿的深部和外围找矿不断发现新的矿体，显示其深部和外围的找矿潜力巨大；东段的锡铁山超大型铅锌矿床深部和外围近年来的地质找矿工作取得突破性进展，新增铅锌资源储量130万t，且增储潜力仍然很大；在绿梁山—双口山也有很好的寻找铜铅锌矿的前景。近年来在鱼卡煤矿的尕秀西段、东部井田的煤矿勘查取得重大进展，初步工作就提交煤资源储量10亿t，预测在盆地北部边缘一带的石圈滩、高泉、大煤沟煤矿外围及第三系、第四系覆盖区的煤炭资源潜力仍然很大，有必要开展进一步勘查工作。

本区通过加大勘查投入，预期可以获得以下成果：铅锌700万t，金100t，煤30亿t。

3. 柴达木盆地中西部富钾卤水成矿远景区

经国土资源大调查对柴达木盆地西部南翼山地区4000km^{2}范围的工作证明：在柴达木盆地中西部

地区的第四纪现代盐湖中及其下部广泛分布的第三纪地层中存在有含钾硼锂碘等多种有益组分的卤水。预测其中潜在的氯化钾资源总量达11亿t，氯化锂1.21亿t，三氧化二硼4.05亿t，碘4880万t，显示出盆地内有极大的找矿潜力。

为避免对油气勘查开发的影响，首先优选现代盐湖区开展第三系富钾硼锂碘卤水的调查评价与勘查，在此基础上，逐步推进更大范围的找矿工作。

4. 祁漫塔格地区铁、铜、铅、锌矿成矿远景区

该区位于东昆仑成矿带西端的祁漫塔格缝合带中，出露有古元古界片岩和片麻岩，中元古界碳酸盐岩，上奥陶统火山岩和碳酸盐岩等。带内侵入岩，褶皱、断裂构造非常发育，岩浆活动频繁且强烈，成矿地质条件好。

区内地球化学异常可大致划分出三个带，北带为乌兰乌珠尔—小盆地铅、锡、金、铜、钴、镧异常带；中带为肯德可克—那陵郭勒河铋、锡、铅、银、镉、锑（钴、铜、锌）异常带；南带为喀雅克登塔格铋、锡、钨、铅（银、钡、钇、氟）异常带。其中中部异常带规模最大，异常元素及矿产信息最多，显示出巨大的找矿前景。

本区已发现的金属矿产有铁、铜、铅、锌、锡、钨、钼、铋、金、银、钴等，共有金属矿产地88处，已经发现中型以上的矿床有肯德可克铁钴铋金多金属矿、尕林格富铁矿、虎头崖铜多金属矿、四角羊铅锌铜多金属矿、卡尔却卡铜矿。矿产的分布总体上可分为南、北两个带，南带与化探异常中－南带范围吻合；北带位于乌兰乌珠尔，以铜、金、锡为主，与乌兰乌珠尔锡、铅、银、铜、铋、金及稀土元素异常带相吻合，是寻找金、铜、锡、铅等矿产很有前景的地区。南带位于景忍—野马泉—石头沟一带，已知矿产以铁、锡、铅、锌、铜、钴为主，与肯德可克—那陵郭勒河铋、锡、铅、银、镉、锑（钴、铜、锌）异常带相吻合，是寻找铁、锡、铅、锌、铜、钴矿产的重点地区。

该带属大陆边缘活动区，成矿作用具多期性和多样性特点，主要矿床类型是与印支—燕山期中酸性侵入岩有关的斑岩型、矽卡岩型、热液型和与早古生代滩间山群有关的喷流沉积型，主要矿种为铁、铜、铅、锌、钼、金等。

本区通过加大勘查投入，预期可以获得以下成果：铜100万t，铅锌100万t、钼20万t、锡20万t、铁5亿t。

5. 纳赤台—哈图铁、铜、钴、金矿成矿远景区

该区跨越五个重要的地质构造单元，构造演化漫长、岩石圈结构复杂、不同动力学标志的岩浆岩发育、成矿环境优越。区内有色金属、贵金属矿床、点众多，钴、铜、金等地球化学异常显著，成矿时代跨度大，成矿类型复杂，有喷流沉积型的驼路沟中型钴矿；沉积变质型的清水河、洪水河铁矿；构造蚀变岩型的五龙沟大型金矿、大场超大型金矿、加给龙洼中型金矿。近年来工作显示在驼路沟钴矿外围以及五龙沟、大场金矿深部和外围的找矿前景十分广阔，特别是与印支期中酸性岩体有关的斑岩型铜矿有重大发现，预示着本区寻找斑岩型铜矿的潜力巨大。本区已发现的金属矿产有金、铁、铜、铅、锌、锡、钨、钼、铋、金、银、钴等，共有金属矿产地319处。

本区通过加大勘查投入，预期可以获得以下成果：钴3万t，铜50万t，金600t。

6. 都兰—兴海铁、铜、铅、锌、金矿成矿远景区

该区地处青藏北特提斯造山系斜截东昆仑晚加里东造山带的结合部位，区内褶皱、断裂构造发育，岩浆活动非常强烈，成矿地质条件好，是铜、铅、锌、锡、金矿的成矿有利地段。区内已发现矿床、点373处，主要矿种为铜、铅、锌、金、银。

西段的都兰地区成矿类型有斑岩—矽卡岩—热液型铁、铜、铅、锌矿，构造蚀变岩型—石英脉型金矿。已知矿产主要为铁、铜、铅、锌、金等。典型矿床有果洛龙洼大型金矿、什多龙中型铅锌矿、白石崖富铁矿等。近年来工作显示，在果洛龙洼金矿、什多龙铅锌矿的深部和外围的找矿潜力仍然较大。

东段的鄂拉山地区成矿类型主要有喷流沉积型铜、铅、锌、锡矿床，典型矿床有铜峪沟、赛什塘

大型铜矿床、日龙沟中型锡矿床和索拉沟中型铜铅锌矿床；印支期与陆相火山活动有关的铅、锌、铜、金、银矿，典型矿床有鄂拉山口铜铅锌矿、满丈岗金矿、在日沟银矿。近年来工作显示，在铜峪沟、赛什塘铜矿的深部和外围以及苦海—赛什塘一带铜的找矿前景较好，有必要投入勘查工作。

本区通过加大勘查投入，预期可以获得以下成果：铜150万t，铅锌50万t，锡10万t，金50t。

7. 同仁–泽库金、铜、铅、锌矿成矿远景区

该区地处泽库弧后前陆盆地中，主体为一规模巨大的早中三叠世复理石沉积盆地，印支期岩浆侵入活动和晚三叠世火山活动强烈，断裂构造发育，成矿条件优越。地球化学金、砷、锑、铜、铅、锌异常规模大，强度高，异常受北部岩体的控制呈“半环”状分布，分为公钦隆洼异常、夏德日—多郎尕日寨异常、老藏沟—多禾茂异常。

区内已发现各类矿床、点209处，主要矿种为铜、铅、锌、金、砷，主要类型为喷流—沉积型、接触交代型和构造蚀变岩型。典型矿床有恰东铜矿、老藏沟铅锌矿、瓦勒根金矿。近年来新发现的瓦勒根金矿正在勘查，资料显示具有大型远景规模，恰东铜矿具有喷流—沉积型特征，其外围找矿前景看好。

本区通过加大勘查投入，预期可以获得以下成果：金资源量50t、铜100万t、铅锌50万t、钴2万t。

8. 沱沱河地区铁、铅、锌、煤矿成矿远景区

该区是近年来随着大调查1:20万化探扫面工作而逐步突现出来的一个崭新的成矿有利地区，位于青藏铁路沿线、长江上游沱沱河一带，青藏铁路从本区中东部通过，与以往相比，交通已大为改善，从而为本区矿产资源的勘查开发提供了相对较为便利的条件。

该区地处开心岭—杂多中晚二叠世岛弧带西段与雁石坪侏罗纪弧后前陆盆地的接合部位，以石炭系和二叠系的广泛出露为特征，其上叠覆了新生代陆内盆地，有上三叠统、中—上侏罗统、白垩系、第三系分布。以上叠盆地的沉积—热液成矿作用最具特色和远景。

1:20万化探扫面在区内圈定了15处高强度、大规模的多元素综合异常，异常呈近东西向密集分布，构成了巨大的地球化学块体。化探异常元素组合以锌、铅、银、镉、钡为主，伴生有钼、锰、铜、镧、磷等，主要异常自东向西有开心岭、宗陇巴、多才玛–茶曲怕查、那日尼亚、纳不才金、萨保、仓龙错切玛、雀莫错异常等。特别是沱沱河地球化学块体中的铅1、锌2块体规模大、浓集趋势显著，铅1面积18621km^2、锌2块体面积为11548km^2，这些块体内经初步工作均已发现铅锌工业矿体。

近几年的工作证实该区矿产资源丰富，矿化信息普遍，找矿潜力巨大，通过大调查及战略性矿产远景调查发现的铅锌等金属矿点10余处，矿种以铅锌为主，以宗陇巴锌矿、多才玛–茶曲怕查铅锌矿、桑玛日铁锰矿、纳保扎陇铅锌矿等为代表。成矿类型为沉积热液叠加型、矽卡岩型，由于成矿与沉积作用有关，故大多具一定规模，显示出大型–超大型的雏型。但由于目前地勘投入有限，工作程度低，大多数新发现的矿点尚未进行系统评价与深部验证，外圈异常尚未进行查证评价。

本区通过加大勘查投入，预期可以获得以下成果：煤5亿t，铅锌400万t，银2000t。

9. 纳日贡玛–下拉秀铜、钼、铅、锌、银、煤矿成矿远景区

该区位于三江成矿带北段近南北向向近东西向转折部位，是青藏高原晚古生代以来具有独特演化历程的一个多岛弧碰撞造山带。印支晚期—喜山期的火山岩和与俯冲—碰撞作用有关的重熔、同熔型钙碱性岩浆岩广泛分布，尤其是喜山期的含矿斑岩体分布广泛，北西向、北东向构造纵横交错，拥有独特的成矿地质背景。区内金属矿产资源极为丰富，其中铜、钼、铅、锌、银、铁矿等具有突出的优势，有望通过新一轮矿产勘查工作后，成为国家级有色金属矿产资源接替基地之一。

区内共发现矿产地228处，其中有色金属98处，黑色金属18处，贵金属10处，能源矿产42处。金属矿产以铜、铅、锌、钼为主。

1:20万、1:5万化探铜、钼、铅、锌、金、银、镉多元素异常发育，异常规模巨大，尤其是铜异

常呈串珠状近东西向带状分布，延伸达100km，构成一巨型铜异常带。根据地球化学异常分布特征，划分为纳日贡玛—陆日格铜、钼（铅、锌、银）异常，众根涌钼、钨、铋（铜、铅、锌、银）异常，然者涌铅、锌、银、镉（铜、钼）异常，东角涌—君乃涌铅、锌、银、镉（铜）异常，吉龙铜、钼（铅、锌、银、镉）异常和东莫扎抓铅、锌、银、镉异常等六处异常。

该区北部的尕龙格玛、当江铜铅锌铁等已具一定规模，但工作程度低，成矿类型为火山-喷流型，可与邻区呷村多金属矿床相类比。当江地区铜、铅、锌、银、钡等元素异常显示好，矿化信息丰富，可作为寻找呷村式多金属矿床的重要靶区。赵卡隆喷流—沉积型铁铜铅锌银矿近两年找矿有重大进展，特别是发现了厚大铜矿体，显示出巨大的找矿潜力。

中部成矿类型一是以斑岩型铜钼矿及其共生的矽卡岩型、热液型为特点，形成一个完整的斑岩成矿系列，典型矿床有纳日贡玛、陆日格、众根涌、打古贡卡等。勘查工作应以纳日贡玛斑岩铜钼矿床为突破口，与之呈等间距排列的打古贡卡、陆日格、哼赛青以及其周围的众根涌、乌葱察别为重要的找矿靶区。其南部吉龙地区亦有良好的铜、钼组合元素异常显示并发现一定规模的铜矿体，亦可作为该区重点找矿靶区。二是以与火山活动有关的火山—喷流型或喷流—沉积型铅锌银矿为特点，典型矿床有然者涌、东莫扎抓、莫海拉亨等。其中然者涌、东莫扎抓已经具有超大型铅锌银矿床的潜力，以此为突破口，与之成矿条件相似的莫海拉亨、卜忽卡、东角涌等可以做为重点找矿靶区。

南部解嘎—旦荣地区工作程度更低，通过初步异常检查即发现解嘎银多金属矿、旦荣铜矿、阿涌和扎查琼铜铅锌多金属矿。其中火山-喷流型旦荣铜矿、喷流-沉积型扎查琼铜铅锌多金属矿的找矿前景看好，外围新圈定的一批物化探异常尚未进行检查评价，有望获得找矿成果突破的空间很大。

本区主攻矿种：铜、钼、铅、锌、银，以寻找斑岩型矿体为主，兼顾火山—喷流、喷流—沉积及热液型多金属矿产。通过加大勘查投入，预期可以获得以下成果：铜600万t，铅锌300万t，银5000t，钼60万t，铁1亿t。

第二节　重要大中型矿产资源开发现状

一、矿产资源开发利用概况

矿业开发在青海省经济社会发展中的比重十分突出。近五年来，矿产资源采选业及其后续加工业总产值一直占全省工业总产值的50%～75%左右，占全省生产总值的20%～36%左右。矿产品出口在全省对外贸易中也占有很大比重，矿产品出口总值占全省出口总值的21%～59%左右。矿产资源开发作为支撑青海省经济社会发展的重要产业，在五十余年的青海省发展历程中做出了巨大的贡献，为改善青海省贫穷落后的面貌发挥了举足轻重的作用。

“十五”以来，青海省开发利用的矿种从2000年的48种增加到2007年的65种，年均增长4.43%，矿山数量从2000年的619家增加到2007年的865家，年均增长6.71%，矿石量从2000年的2856.05万t增加到2007年的7293.43万t，年均增长14.11%，采掘业产值从2000年的38.82亿元增加到2005年的200.34亿元，年均增长26.42%，利润总额从2000年的3.21亿元增加到2005年的84.33亿元，年均增长59.51%。

矿山开采规模、资源利用水平普遍有所提高。大、中、小型矿山所占比例由2000年的0.65:1.61:97.74调整为2007年的3.12:2.89:93.99。煤矿平均生产规模由2000年的1.17万t/a提高到2007年的7.54万t/a，铅锌矿由2.62万t/a提高到6.37万t/a。主要矿种的采选综合回收率提高了1～2个百分点左右：石油采收率21%，天然气采收率55%，煤炭矿井回采率50%，钾盐采选回收率

43%，铜采选回收率59%，铅锌采选回收率62%，岩金采选总回收率62%，水泥用灰岩采矿回采率85%。

矿山环境保护与恢复治理工作得到加强，禁止在自然保护区核心区、铁路和国道两侧直观可视范围内露天采矿，禁止砂金、汞等矿产的开发，最大限度地减少了对环境的破坏和污染。积极争取专项资金，开展矿山历史遗留的环境恢复治理工作，“十一五”期间共恢复治理矿山占用破坏土地面积1.45万亩，废水年治理量845.08万m^3，固体废弃物年综合利用量83.58万t。

二、2007年矿产资源开发利用情况

截至2007年底，青海省拥有各类矿山企业865家，其中大型矿山企业27家，中型25家，小型266家，小矿547家；从业人员67739人，年产固液矿石总量7022.36万t，其中液体矿（不含盐湖矿产）233.90万t，气体矿总量340188万m^3（合271.07万t）；工业总产值2003406.37万元，综合利用产值3449.32万元，销售收入1824894.59万元，利润总额843324.34万元。

全省865家矿山企业中，大型矿山27家，占3.12%，年产固液矿石总量2587.74万t，占全省固液矿石总量的36.85%；气体矿总量340188万m^3，占全省的100%；工业总产值1694563.50万元，占全省矿业总产值的84.58%；利润总额788683.94万元，占全省矿业利润总额的93.52%（表2-8和表2-9）。中型矿山25家，占全省矿山总数的2.89%；年产固液矿石量1365.32万t，占全省年产固液矿石总量19.44%；工业总产值185756.34万元，占全省矿业总产值的9.27%；利润总额35894.13万元，占全省矿业利润总额的4.26%。小型矿山266家，占全省矿山总数的30.75%；固液矿石产量2530.41万t，占全省固液矿石总量的36.03%；工业总产值87089.53万元，占全省矿业总产值的4.35%；利润总额15463.83万元，占全省矿业利润总额的1.83%。小矿547家，占全省矿山企业的63.24%；年产固液矿石总量538.89万t，占全省矿石总量的7.68%；工业总产值35997.00万元，占全省矿业总产值的1.80%；利润总额3282.44万元，占全省矿业利润总额的0.39%。

可以看出，青海省矿业经济中，大中型矿山的开发对全省经济社会发展贡献最大。而小型矿和小矿虽开采矿山多，但其矿石量、产值、利润所占全省的总量均很小，对矿业经济发展的贡献不大。由此分析，小型矿及小矿开发对地方经济的发展虽有贡献，但拉动力不足。

截止2007年底，青海省共开发矿种65种，年产矿石量100万t以上的有煤炭、石油、铅锌矿、盐矿（湖盐）、钾盐、锂盐、石棉、水泥用灰岩、建筑用砂、砖瓦用粘土10种；气体矿产只开采天然气一种，年采天然气340188万m^3（271.07万t）。

表2-8　青海省2007年矿产资源开发基本情况表

项目	大型	中型	小型	小矿	合计
矿山企业数/个	27	25	266	547	865
从业人员/人	30483	5781	14081	17394	67739
固体液体矿产年产矿石总量/万t	2587.74	1365.32	2530.41	538.89	7022.36
气体矿产年产矿石总量/万m^3	340188				340188
工业总产值/万元	1694563.50	185756.34	87089.53	35997.00	2003406.37
综合利用产值/万元	2165.80	127.00	448.60	707.92	3449.32
销售收入/万元	1529338.31	173473.47	86723.51	35359.30	1824894.59
利润总额/万元	788683.94	35894.13	15463.83	3282.44	843324.34

表 2－9　青海省各类规模矿山经济效益表

矿山规模	大型		中型	小型	小矿	全省	合计
矿山个数	27		25	266	547	865	
占全省矿山比例/%	3.12		2.89	30.75	63.24	100	
年产矿石量	固液：2587.74	气体：340188	固液：1365.32	固液：2530.41	固液：538.89	固液：7022.36	气体：340188
占全省年产矿石量比例/%	36.85	100	19.44	36.03	7.68	100	100
工业总产值	1694563.5		185756.34	87089.53	35997	2003406.37	
占全省工业总产值比例/%	84.58		9.27	4.35	1.8	100	
销售收入	1529338.31		173473.47	86723.51	35359.3	1824894.59	
占全省销售收入比例/%	83.8		9.51	4.75	1.94	100	
利润总额	788683.94		35894.13	15463.83	3282.44	843324.34	
占全省利润总额比例/%	93.52		4.26	1.83	0.39	100	

注：固液体矿石量单位为万 t，气体矿量单位为万 m^3，产值、收入利润单位为万元。

在青海省矿业开发活动中，石油、天然气、煤炭、钾盐、硼矿、铜、铅、锌、石灰岩、石棉、盐矿（湖盐）等矿产的支柱性地位突出，这些矿种的开发利用，不但支持全省矿业经济，同时也促进了青海省经济社会发展。而资源储量具有优势的石英岩、芒硝、石膏、镁盐、锶矿、锂矿等开发规模小，需要在“十一五”乃至更长时期内加大这些矿种的开发强度，使资源优势尽快转化为经济优势。

截至 2007 年底，青海省矿业总产值 2003406.37 万元（不含后续加工业）；总产值达 1000 万元以上的开发矿种有 16 种，依次是：石油、钾盐、锌、天然气、煤、盐、石棉、锂、铜矿、砖瓦用黏土、铅矿、铁矿、建筑用砂、水泥用灰岩、金矿、硼，由此形成了青海省以能源矿产（石油、天然气、煤炭）、盐湖矿产（钾盐、湖盐、硼、锂、盐、镁盐等），有色金属（铜、铅、锌等），建材非金属矿产（石棉、水泥灰岩等）为主体的四大矿业支柱产业。

三、“十五”以来矿产资源开发利用情况

“十五”以来，青海省开发利用的矿种从 2000 年的 48 种增加到 2007 年的 65 种，年均增长 4.33%，矿山数量从 2000 年的 619 家增加到 2007 年的 865 家，年均增长 6.71%，矿石量从 2000 年的 2856.05 万 t 增加到 2007 年的 7293.43 万 t，年均增长 14.11%，矿业产值从 2000 年的 38.82 亿元增加到 2007 年的 200.34 亿元，年均增长 59.51%，利润总额从 2000 年的 3.21 亿元增加到 2007 年的 84.33 亿元，年均增长 60.01%。2007 年全省矿产资源采选业及其后续加工业总产值达 678.71 亿元，占全省工业总产值的 74.90%；占全省生产总值的 36.00% 左右；利润总额 84.33 亿元，占全省工业总利润的 42.96%。

“十五”以来，青海省矿山数量有较大的发展变化，矿山总量由 2000 年的 619 家增加到 2007 年的 865 家，净增 246 家，增长率为 39.74%，年均增长 2.83%。各年度矿山总数增减情况见表 2－10 和图 2－3。

表 2-10　"十五"以来矿山数量变化情况

年份	2000 年	2001 年	2002 年	2003 年	2004 年	2005 年	2006 年	2007 年	备注
矿山数	619	585	783	752	683	778	832	865	"十五"期间矿山数
年增长率/%		-5.49	33.85	-3.96	-9.18	13.91	6.94	3.97	年均增长率为 2.83%

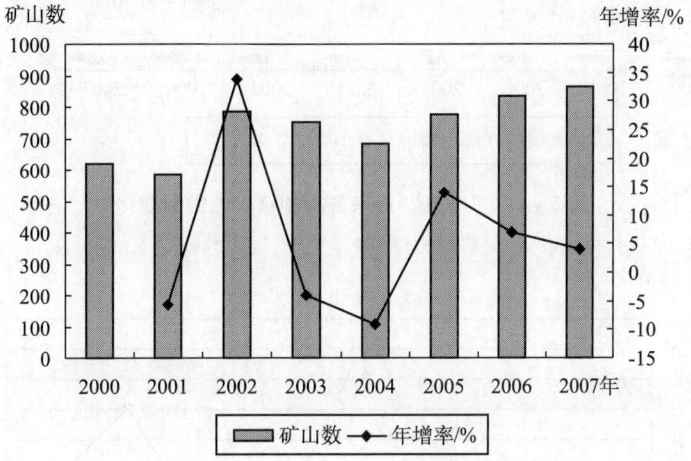

图 2-3　"十五"以来矿山数量变化图

"九五"末至"十五"初，青海省对矿产资源开发进行了清理整顿，2001 年矿山数量较 2000 年减少了 34 家，减幅 5.49%。2002 年因基础设施建设项目等拉动，砂石、黏土类矿山数量增加较多，各类矿山累计增加 198 家，增幅达 33.85%。2003～2004 年，全省对矿山再次进行了清理整顿，依法关闭了不合格小煤矿，并在全省范围内禁采砂金，使矿山数量有较大幅度下降，由 2002 年的 783 家下降到 2003 年的 752 家，再下降到 2004 年的 683 家，降幅分别为 3.96% 和 9.18%。全省矿山数量尽管经过了上述两个阶段的调整、下降，但总体上仍以年均 2.83% 的速度在增加，2007 年达到了 865 家。"十五"以来，青海省大、中、小型和小矿的矿山数量变化情况见表 2-11、图 2-4和图 2-5。

表 2-11　"十五"以来及各类规模矿山变化情况表

规模		2000 年	2001 年	2002 年	2003 年	2004 年	2005 年	2006 年	2007 年	平均增长率
大型	个数	4	5	8	12	18	22	25	27	平均增长率 17.25%
	增长率		25%	60%	50%	50%	22.22%	13.64%	8.00%	
中型	个数	10	10	7	17	19	13	23	25	平均增长率 7.93%
	增长率		0	-30%	142.86%	11.77%	-31.58%	76.92%	8.70%	
小型	个数				119	268	208	226	266	平均增长率 22.27%
	增长率					125.21%	-22.39%	8.65%	17.70%	
小矿	个数				604	378	435	558	547	平均增长率 -2.51%
	增长率					-37.42%	41.53%	28.28%	-1.61%	

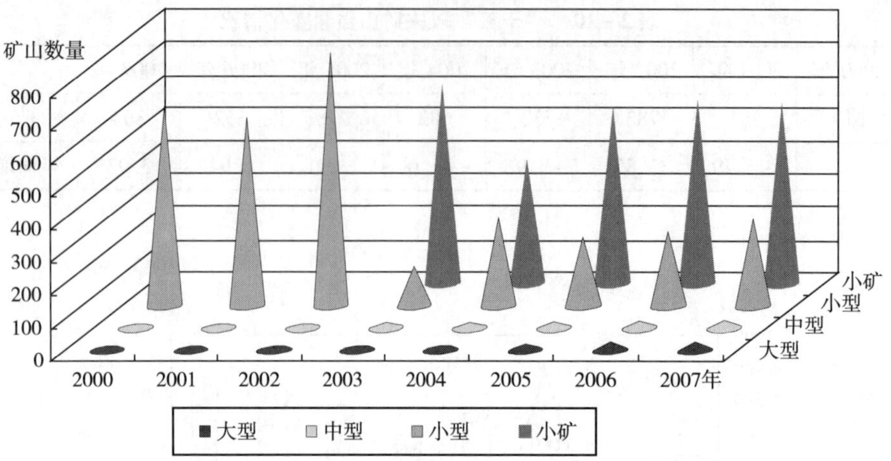

图 2－4　“十五”以来各类规模矿山数量变化图

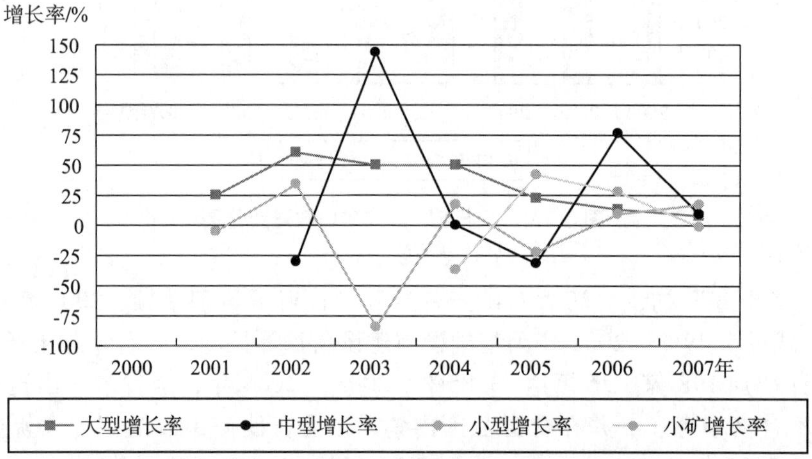

图 2－5　“十五”以来各类规模矿山数量年增长率图

“十五”以来，青海省矿产资源开发规模结构日趋合理。五年间，大型矿山由 2000 年的 4 个增加到 2007 年的 27 个，年均增长 17.25%；中型矿山由 2000 年的 10 个增加到 2007 年的 25 个，年均增长 7.93%；小型矿山由 2003 年的 119 个增加至 2007 年的 266 个，年平均增长率 22.27%；小矿山由 2003 年的 604 个减少至 2007 年的 547 个，年均减少 2.51%。通过规模结构调整，大、中、小型矿山的比例由 2000 年的 0.65∶1.62∶97.73 调整至 2005 年的 3.12∶2.89∶93.99，详见表 2－12。

表 2－12　“十五”以来矿山开发规模结构一览表（单位：%）

年份	2000 年			2001 年			2002 年			2003 年		
规模	大型	中型	小型	大型	中型	小型	大型	中型	小型	大型	中型	小型
规模结构	0.65	1.62	97.73	0.86	1.71	97.43	1.02	0.89	98.09	1.60	2.26	96.14
年份	2004 年			2005 年			2006 年			2007 年		
规模	大型	中型	小型	大型	中型	小型	大型	中型	小型	大型	中型	小型
规模结构	2.63	2.78	94.59	2.70	1.67	95.63	3.00	2.76	94.23	3.12	2.89	93.99

通过表2-12分析，大型矿山占年度矿山总数的比例由“九五”末的0.65%提高至“十五”末的2.70%；中型由1.62%提高至1.67%，小型由97.73%减少到95.63%，说明青海省矿山规模结构朝着趋于合理的方向发展。

青海省矿产资源开发利用集中分布于柴达木盆地及其周边，该地区的矿业总产值占全省矿业总产值的95.27%，主要开发矿种以石油、天然气、钾盐、铅锌、石棉、金为主。其次为西宁市（建材非金属为主）、海北州（煤、石棉、铜、铅锌为主）、海南州（铜、铅锌、金为主）。

四、矿产资源开发利用布局

（一）矿产资源勘查开发的区域布局

围绕青海省“四区、两带、一线”区域经济发展格局对矿产资源的需要，重点加强柴达木地区和东部地区的矿产资源勘查开发，适度开发环青海湖地区的矿产资源，加强三江源地区、青藏铁路沿线的矿产资源调查评价与勘查及其开发的环境承载力调查，为矿产资源规模开发和国家资源战略储备提供依据。

柴达木地区：进一步加大石油、天然气、煤炭、盐湖、有色金属、贵金属等矿产的勘查、开采力度，提高资源综合开发、循环利用和精深加工水平，形成国家级矿业经济区，为全省经济发展做出更大贡献。

东部地区：进一步加强煤炭、水泥用石灰岩的开采力度，积极拓展石英岩、石膏、芒硝的开采，强化矿产品精深加工和矿产品贸易的中心地位，形成省级矿业经济区。

环青海湖地区：充分利用承东启西、辐射青南的区位优势，加快煤、铜铅锌等优势矿产的勘查、开采，使资源优势尽快转化为经济优势。重点建设木里—热水煤炭资源开发带、赛什塘—德尔尼有色金属开发带。

三江源地区和青藏铁路沿线：在保护生态环境的前提下，以国家急缺的有色金属矿产规模开采为目标，加强大型超大型矿产地的调查评价与勘查、矿产开采的环境承载力调查与评价，为矿产资源规模开发提供依据，为国家对矿产资源的中长期需要提供资源基地。

（二）两大矿业经济区和两大矿产资源开发带

根据矿产资源分布特点、勘查开采现状和环境保护要求，结合青海省“四区、两带、一线”区域格局对矿产资源的需求，以优势矿产资源为依托，以中心城镇和矿产资源加工产业为纽带，以科技进步和技术创新为动力，调整和优化矿产资源开发的区域布局，力争到“十二五”末，形成柴达木国家级矿业经济区、东部矿业经济区和北部煤炭资源开发带、南部有色金属开发带，见图2-6。

1. 柴达木国家级矿业经济区

本地区有丰富的石油、天然气、煤炭、盐湖、铁、铜、铅、锌、金、石棉、制碱灰岩等矿产资源。石油天然气、盐湖、有色金属三类矿产开发已成为青海省的支柱性产业。“十二五”期间，围绕柴达木国家级循环经济实验区发展的要求，以集团化公司为龙头，以规模化、集约化生产为主要方式，加大本地区优势矿产的开发力度，形成以石油、天然气、煤炭、盐湖、铁、铜、铅、锌、金、石棉、制碱灰岩等矿产为主的7个矿产资源重点开采区和14个重点开发基地。延长矿产品产业链，以格尔木为中心，建成油气化工、盐化工、金属冶炼为主体的矿产品加工企业群。使柴达木盆地及其周边地区成为国家级矿业经济区和我国21世纪重要的矿产资源供应基地。

（1）茫崖—冷湖石油、天然气、钾盐、石棉重点开采区。

以尕斯库勒为主体的石油开发基地：石油250万t/a；

以涩北为主体的天然气开发基地：天然气100亿m^3/a；

茫崖石棉开发基地：石棉30万t/a。

（2）滩间山-大煤沟煤、金、钾盐、硼矿重点开采区。

鱼卡、大煤沟为主体的煤炭开发基地：425万t/a；

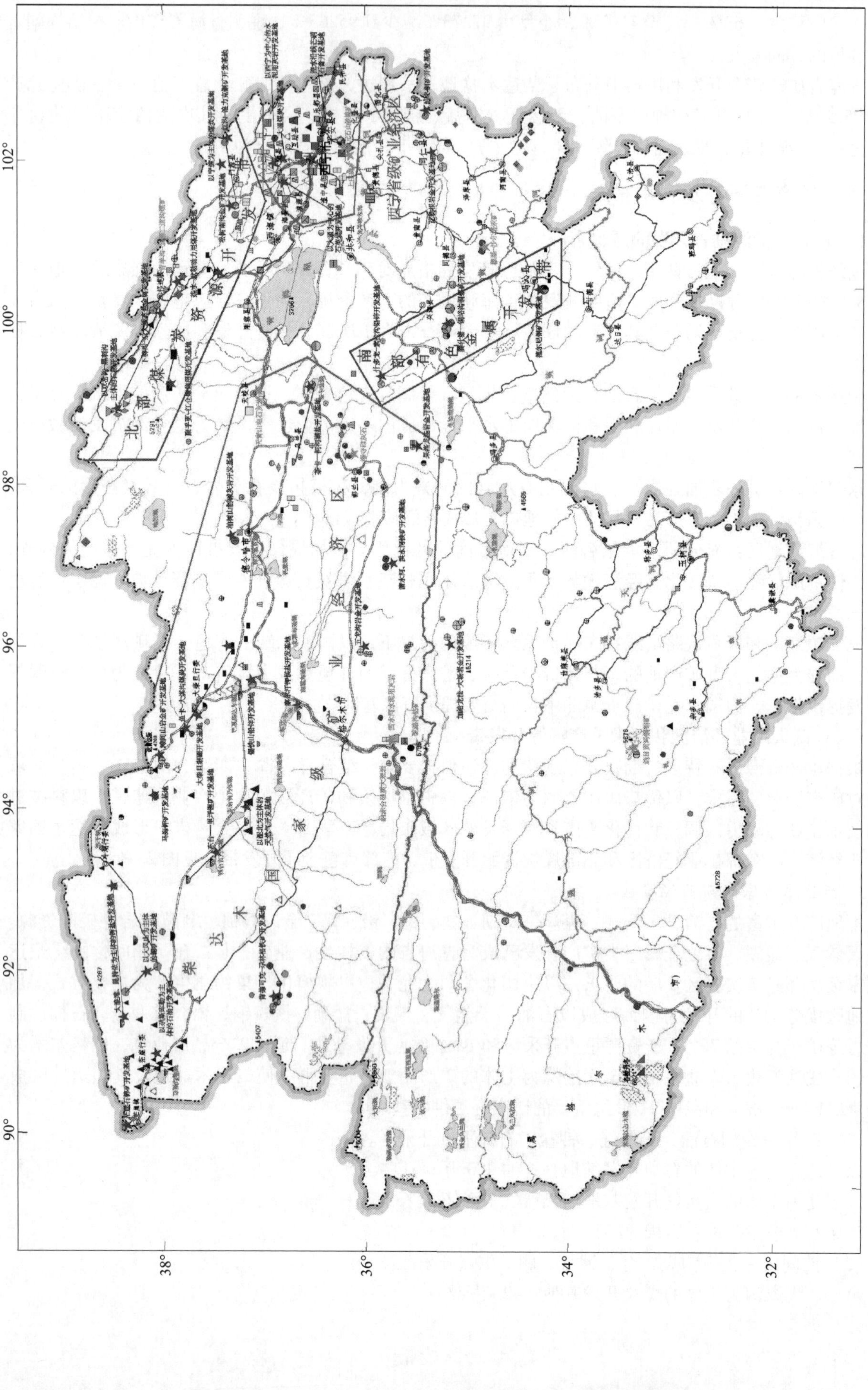

图 2-6　青海省矿业经济区分布图

滩间山岩金开发基地：金 500kg/a；

大柴旦湖硼开发基地：硼酸 7 万 t/a；

马海钾肥开发基地：氯化钾 50 万 t/a。

(3) 锡铁山铅锌矿重点开采区。

锡铁山铅锌开发基地：矿石：150 万 t/a，铅：57200t/a，锌：66800t/a。

(4) 柏树山－茶卡制碱灰岩、湖盐重点开采区。

柏树山制碱灰岩开发基地：300 万 t/a；

茶卡、柯柯湖盐开发基地：原盐 1010 万 t/a。

(5) 察尔汗钾镁盐重点开采区。

察尔汗钾镁盐开发基地：氯化钾 150 万 t/a，氯化镁 20 万 t/a。

(6) 五龙沟金重点开采区。

五龙沟金开发基地：金 250kg/a；

(7) 都兰地区铁、金重点开采区。

果洛龙洼金开发基地：金 250kg/a；

以清水河、洪水河为主的铁矿开发基地：铁矿石 110 万 t/a。

2. 东部省级矿业经济区

本地区区位条件好，是省内经济最发达的地区，有丰富的煤炭、石灰岩、石英岩、石膏、芒硝等矿产资源，矿产品精深加工基础较好，煤炭、建材非金属的开发和铝、镁、铅、锌等有色金属加工业已成为优势产业，矿产品贸易也集中于此。“十二五”期间，要继续做大做强煤炭、水泥、铅、锌、石膏等矿产开发及其精深加工，努力实现规模化生产，集约化经营；积极推进石英岩、钙芒硝、饰面石材、金属镁加工以及铁镍矿、磷矿等矿产的开发进程，努力形成新型矿业产业。形成以煤和非金属为主的 1 个矿产资源重点开采区和 4 个重点开发基地。通过矿产资源开发基地建设，带动和加强矿产品精深加工及其贸易，使东部地区成为青海省集矿产开发、矿产品精深加工及矿产品贸易为一体的第二大矿业经济区。

西宁－海东煤、水泥用灰岩、石英岩、石膏重点开采区：

以大通煤矿为主体的煤炭开发基地：120 万 t/a；

以西宁为中心的水泥用灰岩开发基地：730 万 t/a；

以大通为中心的石英岩开发基地：1155 万 t/a；

湟水河沿线石膏、芒硝开发基地：1884 万 t/a。

3. 木里—热水煤炭资源开发带

本地区有丰富的煤炭资源，铁、铜、铅、锌、金、石棉等矿产也较丰富，煤炭开发已成为青海省的优势产业。力争到“十一五”末，通过加大煤炭资源的勘查开发力度，形成以煤矿为主的 3 个矿产资源重点开采区和 7 个重点开发基地。通过煤矿开发基地建设，带动煤洗选、煤化工产业的发展，使本区成为全省重要的煤炭资源开发带。

(1) 黑刺沟－小八宝石棉、铜、铅、锌重点开采区。

以双岔沟－黑刺沟为主体的石棉开发基地：13.5 万 t/a；

小沙龙铁矿开发基地：55 万 t/a；

下柳沟－尕大坂有色金属开发基地：10 万 t/a。

(2) 聚乎更－热水煤炭重点开采区。

聚乎更－江仓炼焦用煤开发基地：2920 万 t/a；

热水－默勒动力用煤开发基地：120 万 t/a。

(3) 红沟－松树南沟铜金重点开采区。

松树南沟金矿开发基地：矿石 7 万 t/a；

红沟－浪力克铜矿开发基地：85 万 t/a。

4. 赛什塘—德尔尼有色金属开发带

本地区有丰富的铜矿资源，铅、锌、金等矿产也较丰富。力争到“十一五”末，形成以铜铅锌为主的两个矿产资源重点开采区和两个重点开发基地。通过铜铅锌开发基地建设，带动铜铅锌冶炼、加工业的发展，使本地区成为全省重要的有色金属矿产开发带。

（1）什多龙铜、多金属重点开采区。

什多龙－索拉沟铅锌开发基地：铜 1720t（矿石 30 万 t），铅 1980t（矿石 23 万 t），锌 5700t（矿石 23 万 t）。

（2）满丈岗金重点开采区。

满丈岗金矿开发基地：金 200kg/a。

五、大中型矿山开发情况

（一）大中型矿山开发矿种情况

2007 年底已设采矿权的 27 家大型矿山中，6 个矿山未生产，分别为青海省祁连县石棉工业总公司黑刺沟石棉矿、青海冷湖滨地钾肥有限责任公司大盐滩钾镁盐矿、格尔木庆华矿业有限责任公司肯德可克铁矿、青海中天硼锂矿业有限公司小柴旦湖硼矿、青海地矿集团公司共和县吾口大理岩矿、青海省第一地质矿产勘查大队红旗沟深水潭金矿。

已生产的 21 家大型矿山中，开采矿种有石油、天然气、石棉、钾镁盐、硼矿、湖盐、铅锌、金、铜、煤、长石。金属矿山数量少，所占比例仅为 19.05%，见表 2－13。

表 2－13　青海省大型矿山开发利用矿种情况表

矿种	矿山数	所占比例/%	开发现状	产值/万元	所占比例/%
石油、天然气	1	3.70	生产	1018327.20	60.09
煤	2	7.41	生产	29229.13	1.72
石棉	5	18.52	停产 1 个	16544.15	0.98
钾镁盐	4	14.82	生产	234878.50	13.87
铜	1	3.70	生产	20305.70	1.20
硼矿	2	7.41	停产 1 个	1077.2	0.05
湖盐	5	18.52	生产	38817.34	2.29
大理岩	1	3.70	停产		
金	3	11.11	停产 1 个	72284.00	4.27
铅锌	1	3.70	生产	263192.00	15.53
长石	1	3.70	生产	4.62	0.0003
铁	1	3.70	基建矿山		
合计	27	100	停产 6 个	1694563.50	100.00

由表 2－13 可以看出，青海省大型矿山开发利用的矿种以盐湖和石棉为主，在 27 家大型矿山中，

盐湖和石棉矿山分别有5家，分别占大型矿山总数的18.52%，产值分别为38817.34万元和16544.15万元，分别占大型矿山总产值的2.59%和1.72%；产值最高的为石油天然气，矿山虽然只有1家，但其产值达1018327.20万元，占大型矿山总产值的60.90%。

全省煤矿大型矿山只有2家，产能仅240万t/a，不能满足省内煤炭资源的需求，到目前尚有约20余处大型井田得不到有效开发。

全省大型矿山中，金属矿产只有4家，分别为锡铁山铅锌矿、滩间山金矿、红旗沟金矿和德尔尼铜矿，金属矿产的开发力度明显偏小。

25家中型矿山中，有煤矿6家、石灰岩3家、钾镁盐9家、铁2家，钠盐、锂盐、铜、金、矿泉水各1家。其中停产矿山6家，分别是钾镁盐2家、铁2家、锂盐、煤各1家。从中型矿山的开发矿种可以看出，开发利用的主要矿产仍以盐湖、能源矿产开发为主（矿山数量分别为9家和6家，矿业产值最高，分别达到7.76亿元和7.77亿元）；金属矿山只有4家且3家处在停产状态，开发力度显然不足。

全省已经开发的35座大中型矿山，基本上均是加工初级产品或原矿销售，后续加工能力不足。如钾盐生产，产品一直停留在氯化钾的初级产品阶段，精深加工转化工作不足；铜铅锌矿开发仅加工成精矿粉出售；此外，煤炭洗选业一直处于探索阶段，未能真正起步。

（二）主要大中型矿山开发利用情况

主要大中型矿山已开发利用的矿种有以下13种（表2-14）：

（1）石油天然气：为中国石油青海油田分公司开采，油气开采点达15个，设计生产能力为石油300万t/a，天然气70亿m^3/a。

（2）煤矿：矿山3处，设计生产能力为采选矿石290万t/a。

（3）石棉：矿山4处，设计生产能力为300万t/a。

（4）钾镁盐：矿山11处，设计生产能力为年生产氯化钾和氯化镁385万t。

（5）硼矿：矿山1处，设计生产能力为采选矿石80万t/a。

（6）钠盐：矿山5处，设计生产能力为年产氯化钠225万t。

（7）矿泉水：矿山2处，设计生产能力为15万t/a。

（8）金矿：矿山1处，设计生产能力为采选矿石80万t/a。

（9）铅锌矿：矿山1处，设计生产能力为采选矿石150万t/a。

（10）石灰岩矿：矿山2处，设计生产能力为采矿390万t/a。

（11）铜矿：矿山2处，设计生产能力为采选矿石（105～315）万t/a。

（12）铁矿：矿山1处，设计生产能力为采选矿石50万t/a。

（13）锶矿：矿山1处，设计生产能力为采选矿石30万t/a。

上述矿山的实际产能绝大多数均未达到设计规模，尚有增产潜力。主要矿山中，有8处正在开展开发前期工作，它们分别是：

（1）青海省祁连县石棉工业总公司黑刺沟石棉矿，设计生产能力为采选矿石35万t/a。

（2）冷湖滨地钾肥有限责任公司大盐滩矿床，设计生产能力为年产氯化钾和氯化镁盐20万t。

（3）青海量子高科生物工程有限公司格尔木市纳赤台矿泉水，设计生产能力为年产矿泉水10万t。

（4）青海大柴旦矿业有限公司滩间山金矿，设计生产能力为采选矿石80万t/a。

（5）青海威斯特铜业有限公司德尔尼铜矿，设计生产能力为采选矿石一期30万t/a，二期240万t/a。

（6）青海省地矿集团有限公司察尔汗盐湖霍布逊北矿段钾矿，设计生产能力为年产氯化钾10万t。

（7）都兰宏源实业有限公司清水河铁矿，设计生产能力为年采选矿石50万t。

（8）青海金瑞矿业发展股份有限公司大风山锶矿，设计生产能力为采选矿石30万t/a。

表2-14　青海省已开发主要大中型矿区基本情况一览表

序号	矿山名称	矿区名称	地理位置	开发规模	地质工作程度	查明资源储量及预测资源潜力	开发利用条件（水、电、路及其他）	设计生产规模/万t	实际生产规模/万t	工业总产值/万元	利润总额/万元	环境保护情况	扩大开发规模的潜力	备注
1	中国石油青海油田分公司	尕斯库勒、花土沟、油砂山、尕斯砂西、跃进二号、七个泉、乌南、尕斯跃西、尕斯跃东、狮子沟、冷湖、尖顶山、南翼山、南八仙、红柳泉	位于柴达木盆地北西缘，开采油气田主要隶属海西州茫崖行委管辖，个别隶属海西州冷湖行委管辖	大型	勘探	查明石油资源储量31753万t，其中可采储量6875.11万t；天然气资源储量3046.57亿m^3，其中可采储量1525.31亿m^3。柴达木盆地西缘储油地质条件好，勘查程度低，预测在柴达木盆地石油资源量21.5亿t、天然气2.5万亿m^3，资源潜力巨大	多数油气田均建有输油、输气管道，未建管道的油气田也有公路可通管道泵站。区内无电源，需自备发电。多数油气田缺淡水。区内海拔一般2800～3000m，最高可达3600m以上。气候属高原大陆性气候，寒冷、干旱、多风、少雨、温差大是其主要特点。总体上看，区内自然地理条件较差，社会经济发展较为落后	石油300，天然气70亿m^3	天然气212051万m^3、石油222.017万t	700828	125152	由于开采时间较短，开采深度大，开采量较小，尚未对周围环境产生大的影响	按设计生产规模，石油可采储量可保证生产20年左右，天然气可采储量也可保证生产20年。按目前实际生产规模，石油可采储量可保证生产30年，天然气可采储量可保证生产70年。如若扩大生产规模，则需加大勘查力度，提高勘查程度，新增可采储量	

续表

序号	矿山名称	矿区名称	地理位置	开发规模	地质工作程度	查明资源储量及预测资源潜力	开发利用条件（水、电、路及其他）	设计生产规模/万t	实际生产规模/万t	工业总产值/万元	利润总额/万元	环境保护情况	扩大开发规模的潜力	备注
2	青海煤业集团有限责任公司	大通县大通煤矿小煤洞井田、元术尔井田	位于西宁市北35km的北川河畔，大通县桥头镇西约2.7km	大型	勘探	查明煤炭资源储量16927万t，其中基础储量11240万t；保有资源储量10192.5万t，其中基础储量4505.5万t。大通煤矿虽然勘查程度高，但外围尚有进一步勘查潜力，预测外围煤资源量5701万t，可开展外围找煤工作。另外如果解决“三下压煤”问题，则还可以使得7113万t煤炭得以开发	矿区海拔2440～2600m。宁大铁路、宁张公路与矿区相通。属高原大陆性气候，年平均气温1.5～3.2℃，年降水量450～820mm。水、电资源充分，劳动力资源充足，物资供应充分	120	108.18	17936.7	164.44	大通煤矿开采历史悠久，开采较为规范，尚未对周围环境造成大的影响	按设计生产规模，保有煤炭基础储量可保证生产16年左右，按目前实际生产规模，保有煤炭基础储量可保证生产17年左右，不具备扩大开发规模的潜力	服务年限按备采系数1.4、回采率60%计算
3	青海祁连纤维材料有限责任公司双岔沟石棉矿	祁连县双岔沟石棉矿床	位于祁连县城西约150km的托勒山北侧，东西双岔沟之间的山梁及其两侧山坡地段，属野牛沟乡管辖	大型	小矿勘探	查明资源储量：矿石量3209万t，石棉246.5万t，其中基础储量：矿石量970万t，石棉85.9万t。矿区仅在局部开展了小矿勘探工作，没有整体勘查评价，深部及外围尚具有较大的找矿潜力。预测石棉资源量512.31万t	矿区经黑河草滩20km，与湟（源）—嘉（峪关）公路相接，交通方便。矿区无电源，需自备发电。生产生活燃料由青羊沟煤矿、默勒煤矿供给。生活及工业用水为双岔沟自流水或黑河水。生产、生活物资均需从祁连、西宁、甘肃张掖等地供给	矿石60，年产石棉2.62	4.5	1321.23	77.44	采取了一定措施，但对小范围内的大气和地表水体尚存在轻度污染，需采取进一步措施	按设计生产规模，矿区基础储量可勉强保证生产10年。若扩大开发规模，则需提高勘查程度，提供可供开发利用的基础储量	服务年限按回采率60%计算

续表

序号	矿山名称	矿区名称	地理位置	开发规模	地质工作程度	查明资源储量及预测资源潜力	开发利用条件（水、电、路及其他）	设计生产规模/万t	实际生产规模/万t	工业总产值/万元	利润总额/万元	环境保护情况	扩大开发规模的潜力	备注
4	青海祁连纤维材料有限责任公司小八宝石棉矿	祁连县小八宝石棉矿Ⅰ、Ⅱ、Ⅲ矿床	位于祁连县城东南约30km之小八宝河上游地区，属阿柔乡管辖。Ⅰ矿床位于矿田西部①号岩体中；Ⅱ矿床位于矿田中部②号岩体北西段；Ⅲ矿床位于矿田中部②号岩体的南东段	大型	Ⅱ矿床达勘探，Ⅰ、Ⅲ矿床仅为普查	累计查明资源储量：矿石量3234万t，石棉251.7万t，其中基础储量：矿石量2468万t，石棉208.7万t。保有资源储量：矿石量3122万t，石棉241.79万t，其中基础储量：矿石量2356万t，石棉198.79万t。 Ⅰ、Ⅲ矿床尚具有进一步勘查并扩大资源储量规模的潜力。预测资源量100万t	矿区往北有11km简易公路与祁（连）—俄（堡）公路相接，向西17km至祁连县城，向东55km至俄堡与宁张公路相接，交通方便。矿田内水系发育，有小东沟、石棉沟，皆有流水注入小八宝河，用水方便。距祁连县近，电力供应，生产、生活均较方便。矿区属高寒大陆性气候，年平均气温低于−2.5℃，年降雨量600～700mm	矿石65，年产石棉2.97	6.5	1687.1	81.45	采取了一定措施，但对选矿厂及附近的大气和地表水体尚存在轻度污染，需采取进一步措施	按设计生产规模，矿区保有基础储量可保证生产21年，不具备扩大开发规模的潜力	服务年限按回采率60%计算
5	青海省祁连县石棉工业总公司黑刺沟石棉矿	祁连县黑刺沟石棉矿床	位于祁连县以西托勒山中段分水岭北侧	大型	详查	查明资源储量：矿石量10515万t，石棉1026.4万t，其中基础储量：矿石量8326万t，石棉476.8万t。 矿区进一步扩大资源储量规模的潜力不大	矿区向东至祁连县城126km。矿区属高寒山区，海拔4200m以上。矿区内无常年流水，靠季节性流水解决生活生产用水，生产生活用电需自行解决，用煤可就近解决	矿石35	0	0	0	由于未开采，对环境没有造成影响	只要市场有需求，即可投入规模开发	服务年限按回采率60%计算

续表

序号	矿山名称	矿区名称	地理位置	开发规模	地质工作程度	查明资源储量及预测资源潜力	开发利用条件（水、电、路及其他）	设计生产规模/万t	实际生产规模/万t	工业总产值/万元	利润总额/万元	环境保护情况	扩大开发规模的潜力	备注
6	青海茫崖石棉矿	茫崖镇茫崖石棉矿	位于阿尔金山中段南缘青海省与新疆交界处，属海西州茫崖镇所辖	大型	东矿区勘探，西矿区详查	查明资源储量：矿石量92086万t，石棉4454万t，其中基础储量：矿石量27142万t，石棉1326.4万t。保有资源储量：矿石量87906.7万t，石棉4253.5万t，其中基础储量：矿石量22962.7万t，石棉1125.9万t。矿区进一步扩大资源储量规模的潜力不大	矿区经冷湖至甘肃柳园火车站840km，西行240km可达新疆若羌县，矿区到西宁1286km。矿区附近有西山煤矿，东约80km是尕斯油田，可为开发提供能源。工业用水及生活用水主要是靠东南91km的尕斯湖至矿区多级泵站及输水管道供给	矿石130	135.8	12831.42	1113.42	为生产老矿山，由于受选矿工艺的局限，对大气存在一定污染，有待加强治理	按设计生产规模，矿区保有基础储量可保证生产105年。扩大开发规模的潜力较大，主要是市场需求问题	服务年限按回采率60%计算
7	格尔木蓝天镁钾有限公司团结湖镁盐矿	格尔木市团结湖镁盐矿	位于柴达木盆地中部察尔汗盐湖南缘，属格尔木市管辖	大型	普查	查明资源储量：$MgCl_2$ 3046.25万t，卤水量8675.47万t，其中基础储量$MgCl_2$ 916.41万t，卤水量2613.30万t；LiCl 27395t，其中基础储量10134t；B_2O_3 63941t，其中基础储量23213t。矿区进一步扩大资源储量规模的潜力不大	矿区距格尔木市63km，西侧有青藏铁路和柳园至格尔木公路通过，交通方便。矿区地处青海省最大的盐化工基地内，能源、电源、水源方便。区内地势平坦，海拔2678～2696m。湖区为典型的内陆干旱气候，多风少雨、温差大，年平均气温4℃左右，最低气温-30℃	镁盐20	20	144.2	55.2	由于开采液体矿，不会对周围环境造成大的影响	矿区为察尔汗盐湖老卤排放区，保有资源储量连年增加，但矿山占有资源储量较少，暂不具备扩大开发规模的潜力	格尔木蓝天镁钾有限公司采矿权范围内占用资源储量$MgCl_2$ 167万t

续表

序号	矿山名称	矿区名称	地理位置	开发规模	地质工作程度	查明资源储量及预测资源潜力	开发利用条件（水、电、路及其他）	设计生产规模/万 t	实际生产规模/万 t	工业总产值/万元	利润总额/万元	环境保护情况	扩大开发规模的潜力	备注
8	北京昆龙伟业格尔木有限公司察尔汗盐湖钾镁盐矿	格尔木市察尔汉钾镁盐矿区察尔汗矿床	位于柴达木盆地中东部，属格尔木市管辖	中型	勘探	查明固体 KCl 1818.0 万 t，矿石量 64704.3 万 t，全部为资源量；液体 KCl 6559.0 万 t，卤水量 576529.0 万 m^3，其中基础储量 KCl 4742.5 万 t，卤水量 366268.2 万 m^3。固体 $MgCl_2$ 3548.4 万 t，固体 NaCl 1044749.7 万 t，LiCl 1704278.0t，B_2O_3 217.8 万 t，溴矿 140937.0t 碘矿 5666.0t。本区尚有一定的资源潜力和勘查前景，采用新的勘查评价理念和开发现状进行补充勘查评价，能够进一步扩大矿床资源储量规模	东距西宁 850km，铁路横穿矿区，为敦（敦煌）—格（格尔木）公路及青藏铁路的交通枢纽，矿区座落于广阔的沼渍平原上，无植被，属沙漠半沙漠区，海拔 2677～2680m，离格尔木市 65km，属高原大陆性气候，矿区生产生活用水靠格尔木市管道运输	钾镁盐 30	8	320	10	由于开采液体矿，不会对周围环境造成大的影响	矿山占有资源储量较少，不具备扩大开发规模的潜力	北京昆龙伟业格尔木有限公司采矿权范围内占用基础储量：液体卤水量 5144 万 m^3，KCl 38.9 万 t，$MgCl_2$ 591.2 万 t，NaCl 827.1 万 t，B_2O_3 1.4 万 t，LiCl 8521t

续表

序号	矿山名称	矿区名称	地理位置	开发规模	地质工作程度	查明资源储量及预测资源潜力	开发利用条件（水、电、路及其他）	设计生产规模/万t	实际生产规模/万t	工业总产值/万元	利润总额/万元	环境保护情况	扩大开发规模的潜力	备注
9	青海香江盐湖开发有限公司团结湖镁盐矿	格尔木市团结湖镁盐矿	位于柴达木盆地中部察尔汗盐湖南缘，属格尔木市管辖	中型	普查	查明资源储量：$MgCl_2$3046.25万t，卤水量8675.47万t，其中基础储量$MgCl_2$916.41万t，卤水量2613.30万t；LiCl 27395t，其中基础储量10134t；$B_2O_3$63941t，其中基础储量23213t。矿区进一步扩大资源储量规模的潜力不大	矿区距格尔木市63km，西侧有青藏铁路和柳园至格尔木公路通过，交通方便。矿区地处青海省最大的盐化工基地内，能源、电源、水源方便。区内地势平坦，海拔2678～2696m。湖区为典型的内陆干旱气候，多风少雨、温差大，年平均气温4℃左右，最低气温－30℃	镁盐30	1.3	10.4	2.8	由于开采液体矿，不会对周围造成影响	矿区为察尔汗盐湖老卤排放区，保有资源储量连年增加，但矿山占有资源储量较少，暂不具备扩大开发规模的潜力	青海香江盐湖开发有限公司采矿权范围内占用资源储量$MgCl_2$ 320万t
10	青海民镁科技股份有限公司团结湖镁盐矿	格尔木市团结湖镁盐矿	位于柴达木盆地中部察尔汗盐湖南缘，属格尔木市管辖	中型	普查	查明资源储量：$MgCl_2$3046.25万t，卤水量8675.47万t，其中基础储量$MgCl_2$916.41万t，卤水量2613.30万t；LiCl 27395t，其中基础储量10134t；$B_2O_3$63941t，其中基础储量23213t。矿区进一步扩大资源储量规模的潜力不大	矿区距格尔木市63km，西侧有青藏铁路和柳园至格尔木公路通过，交通方便。矿区地处青海省最大的盐化工基地内，能源、电源、水源方便。区内地势平坦，海拔2678～2696m。湖区为典型的内陆干旱气候，多风少雨、温差大，年平均气温4℃左右，最低气温－30℃	镁盐50	10	24	3.6	由于开采液体矿，不会对周围造成影响	矿区为察尔汗盐湖老卤排放区，保有资源储量连年增加，但矿山占有资源储量较少，暂不具备扩大开发规模的潜力	青海民镁科技股份有限公司采矿权范围内占用资源储量$MgCl_2$157万t

续表

序号	矿山名称	矿区名称	地理位置	开发规模	地质工作程度	查明资源储量及预测资源潜力	开发利用条件（水、电、路及其他）	设计生产规模/万 t	实际生产规模/万 t	工业总产值/万元	利润总额/万元	环境保护情况	扩大开发规模的潜力	备注
11	青海盐湖钾肥股份有限公司察尔汗盐湖钾镁盐矿	格尔木市察尔汗钾镁盐矿区达布逊矿床	位于柴达木盆地中东部，属格尔木市管辖	大型	勘探	查明资源储量：固体 KCl 120.0 万 t，矿石量 1198.4 万 t，其中基础储量 KCl 76.0 万 t，矿石量 760.5 万 t；液体 KCl 327.0 万 t，卤水量 11746.3 万 m^3，全部为基础储量。固体 $MgCl_2$ 228.0 万 t，液体 $MgCl_2$ 2156.5 万 t，固体 NaCl 459.0 万 t，液体 NaCl 1041.0 万 t，LiCl 24500.0t，B_2O_3 39.0 万 t。本区尚有一定的资源潜力和勘查前景，采用新的勘查评价理念和开发现状进行补充勘查评价，能够进一步扩大矿床资源储量规模	东距西宁 850km，铁路横穿矿区，为敦—格（格尔木）公路及青藏铁路的交通枢纽。矿区座落于广阔的平原上，无植被，海拔 2677 ~ 2680m，属典型高原大陆性气候。生活、生产用水来自格尔木（管道输送），电力能源由龙羊峡电网供给，煤炭来源就近	氯化钾 60	580	101000	48200	由于开采液体矿，不会对周围环境造成大的影响	矿山占有资源储量较少，不具备扩大开发规模的潜力	采矿权范围内占用资源储量：LiCl 22783t，固体 NaCl 412.5 万 t，液体 NaCl 968 万 t，固体 $MgCl_2$ 205.9 万 t，液体 $MgCl_2$ 2156.5 万 t，固体 KCl 107.9 万 t，液体 KCl 304.1 万 t，B_2O_3 36t

续表

序号	矿山名称	矿区名称	地理位置	开发规模	地质工作程度	查明资源储量及预测资源潜力	开发利用条件（水、电、路及其他）	设计生产规模/万t	实际生产规模/万t	工业总产值/万元	利润总额/万元	环境保护情况	扩大开发规模的潜力	备注
12	青海盐湖钾盐科技发展有限公司察尔汗钾矿	格尔木市察尔汗钾镁盐矿区察尔汗矿床	位于柴达木盆地中东部，属格尔木市管辖	大型	勘探	查明固体 KCl 1818.0万t，矿石量64704.3万t，全部为资源量；液体KCl 6559.0万t，卤水量576529.0万m^3，其中基础储量KCl 4742.5万t，卤水量366268.2万m^3。固体$MgCl_2$ 3548.4万t，固体NaCl 1044749.7万t，LiCl 1704278.0t，B_2O_3 217.8万t，溴矿140937.0t，碘矿5666.0t。本区尚有一定的资源潜力和勘查前景，采用新的勘查评价理念和开发现状进行补充勘查评价，能够进一步扩大矿床资源储量规模	东距西宁850km，铁路横穿矿区，为敦(敦煌)—格(格尔木)公路及青藏铁路的交通枢纽，矿区座落于广阔的沼渍平原上，无植被，属沙漠半沙漠区，海拔2677～2680m，离格尔木市65km，属高原大陆性气候，矿区生产生活用水靠格尔木市管道运输	氯化钾100	卤水800万t/a	148500	61850	由于开采液体矿，不会对周围环境造成大的影响	按设计生产规模，矿区保有基础储量仅可保证生产9年，不具备扩大开发规模的潜力	青海盐湖钾盐科技发展有限公司采矿权范围内占用基础储量：液体卤水量120859.5万m^3，KCl 2355万t，$MgCl_2$ 35091.3万t，NaCl 5108.9万t。服务年限按回采率40%计算

续表

序号	矿山名称	矿区名称	地理位置	开发规模	地质工作程度	查明资源储量及预测资源潜力	开发利用条件（水、电、路及其他）	设计生产规模/万t	实际生产规模/万t	工业总产值/万元	利润总额/万元	环境保护情况	扩大开发规模的潜力	备注
13	冷湖滨地钾肥有限责任公司大盐滩矿床	冷湖镇昆特依钾矿区大盐滩矿床	矿区位于柴达木盆地西北部，冷湖镇西20～40km，北起阿尔金山山前，南至俄博梁构造北侧，西自俄博梁Ⅰ号构造东侧，东到冷湖长垣西侧，属冷湖镇管辖	大型	详查	查明固体盐矿矿石10706561.6万t，NaCl 7494253.0万t；固体钾盐矿石1528.2万t，KCl 87.0万t；芒硝矿石131476.6万t，Na_2SO_4 40674.3万t。液体矿卤水量793084.6万m^3，其中NaCl 148652.2万t，$MgSO_4$ 33372.1万t，$MgCl_2$ 21296.9万t，KCl 9061.8万t。本区尚有一定的资源潜力和勘查前景，采用新的勘查评价理念和开发现状进行补充勘查评价，能够进一步扩大矿床资源储量规模	矿区北有当茫公路，东有茶冷公路，区内有冷大公路，交通方便。大盐滩矿床距冷湖镇30km，距大柴旦镇350km。海拔2735m左右。属典型的内陆干旱气候，干燥多风少雨，日温差大，植被稀少，水系不发育。矿区内无工业电网，冷湖镇有火力发电，生产生活用水可从冷湖水源地及盐湖西北水源地解决，物资均需外部供给	钾镁盐 20	0	0	0	由于尚未开采，对环境没有造成影响。若开采，由于主要开采液体矿，对周围环境不会造成大的影响	改善区内基础设施条件和解决淡水资源后，即可投入规模开发	

续表

序号	矿山名称	矿区名称	地理位置	开发规模	地质工作程度	查明资源储量及预测资源潜力	开发利用条件（水、电、路及其他）	设计生产规模/万 t	实际生产规模/万 t	工业总产值/万元	利润总额/万元	环境保护情况	扩大开发规模的潜力	备注
14	青海中天硼锂矿业有限公司大柴旦湖硼矿	大柴旦镇大柴旦湖硼矿床	位于柴达木盆地东北的大柴旦盆地西南部，面积约 $240km^2$	大型	勘探	查明固体矿 B_2O_3 501.4 万 t，Na_2SO_4 15164.1 万 t，NaCl 57939.8 万 t。液体矿 B_2O_3 60.9 万 t，LiCl 394479t，NaCl 7685.0 万 t，$MgSO_4$ 1362.7 万 t，$MgCl_2$ 1993.5 万 t，KCl 373 万 t，Br 14072t。矿区进一步扩大资源储量规模的潜力不大	矿区北东距大柴旦镇 4km，交通方便。湖盆内地势平坦，海拔 3200～3600m，最低处 3148m。为典型的大陆性气候，气温低，日温差大，降水量少，蒸发量大。矿区生活用水需从大柴旦运入，生产生活物资可从大柴旦或其他地区运入	矿石 80	9.1	1077.2		矿区地处大柴旦湖湖底，采选矿石量不大，对周围环境没有造成大的影响	矿区固体矿基础储量保有矿石量 15503.7 万 t，按设计生产规模，可保证生产 116 年。若有市场需求，扩大开发规模的潜力较大	服务年限按回采率 60% 计算
15	青海省盐业股份有限公司柯柯盐厂	乌兰县柯柯盐矿	位于乌兰县城西约 25km 的希里沟柯柯盐湖	大型	勘探	查明 NaCl 99425.8 万 t，矿石量 149215.4 万 t。保有 NaCl 98586.7 万 t，矿石量 148069.8 万 t，其中基础储量 50160.6 万 t，矿石量 70068.0 万 t。矿区进一步扩大资源储量规模的潜力不大	矿区地处 315 国道西侧，交通、水、电方便	氯化钠 50	26	5077.57	300	矿区位于柯柯盐湖湖底，对环境没有造成大的影响	按设计生产规模，矿区保有基础储量可保证生产 51 年。扩大开发规模的潜力较大，但因消费市场有限，不需扩大开发规模	采矿权范围内占用基础储量 4326.5 万 t，矿石量 5968.7 万 t。服务年限按回采率 60% 计算

续表

序号	矿山名称	矿区名称	地理位置	开发规模	地质工作程度	查明资源储量及预测资源潜力	开发利用条件（水、电、路及其他）	设计生产规模/万 t	实际生产规模/万 t	工业总产值/万元	利润总额/万元	环境保护情况	扩大开发规模的潜力	备注
16	青海省盐业股份有限公司茶卡制盐分公司	乌兰县茶卡盐矿	位于乌兰县茶卡镇南约 4km 的茶卡盐湖	大型	勘探	查明固体 NaCl 44813.0 万 t，矿石 54027.8 万 t。保有基础储量 NaCl 25811.7 万 t，矿石 30444.2 万 t。矿区进一步扩大资源储量规模的潜力不大	矿区北约 4km 为 109 国道及 315 国道交通枢纽茶卡镇，有专用铁路通矿区，交通、用水、用电均较方便。茶卡镇基本能解决生产、生活物资	氯化钠 80	30	5464.43	300	矿山开采对周围环境尚未造成大的影响	按设计生产规模，矿区保有基础储量可保证生产 193 年，扩大开发规模的潜力较大，但由于消费市场有限，不需扩大开发规模	服务年限按回采率 60% 计算
17	青海省碱业有限公司柯柯盐湖东部盐矿	乌兰县柯柯盐矿	位于乌兰县城西约 25km 的希里沟	大型	勘探	查明 NaCl 99425.8 万 t，矿石量 149215.4 万 t。保有 NaCl 98586.7 万 t，矿石量 148069.8 万 t，其中基础储量 50160.6 万 t，矿石量 70068.0 万 t。矿区进一步扩大资源储量规模的潜力不大	矿区地处 315 国道西侧，交通、水、电方便	氯化钠 150	19.577	1957.74	50	矿区位于柯柯盐湖湖底，对环境没有造成大的影响	按设计生产规模，矿区保有基础储量仅可保证生产 13 年，不具备扩大开发规模的潜力	采矿权范围内占用资源储量 10474.7 万 t，矿石量 15016.6 万 t，其中基础储量 3334.1 万 t，矿石量 4234.8 万 t

续表

序号	矿山名称	矿区名称	地理位置	开发规模	地质工作程度	查明资源储量及预测资源潜力	开发利用条件（水、电、路及其他）	设计生产规模/万t	实际生产规模/万t	工业总产值/万元	利润总额/万元	环境保护情况	扩大开发规模的潜力	备注
18	格尔木盐化（集团）有限责任公司察尔汗盐矿	格尔木市察尔汗钾镁盐矿区察尔汗矿床	位于柴达木盆地中东部，属格尔木市管辖	大型	勘探	查明固体 KCl 1818.0 万 t，矿石量 64704.3 万 t，全部为资源量；液体 KCl 6559.0 万 t，卤水量 576529.0 万 m^3，其中基础储量 KCl 4742.5 万 t，卤水量 366268.2 万 m^3。固体 $MgCl_2$ 3548.4 万 t，固体 NaCl 1044749.7 万 t，液体 NaCl 49569 万 t，LiCl 1704278.0 t，B_2O_3 217.8 万 t，溴矿 140937.0t，碘矿 5666.0t。本区尚有一定的资源潜力和勘查前景，采用新的勘查评价理念和开发现状进行补充勘查评价，能够进一步扩大矿床资源储量规模	东距西宁 850km，铁路横穿矿区，为敦（敦煌）—格（格尔木）公路及青藏铁路的交通枢纽，矿区座落于广阔的沼渍平原上，无植被，属沙漠半沙漠区，海拔 2677～2680m，离格尔木市 65km，属高原大陆性气候，矿区生产生活用水靠格尔木市管道运输	氯化钠 20	27.8	8366.86	766.09	由于区内自然环境恶劣，无植被，开采不会对周围环境造成大的影响	由于矿山占有资源储量规模大，扩大开发规模的潜力大，主要是市场需求问题	格尔木盐化（集团）有限责任公司采矿权范围内占用资源量：固体＋液体 NaCl 43296.4 万 t，约合矿石量 76971.4 万 t

续表

序号	矿山名称	矿区名称	地理位置	开发规模	地质工作程度	查明资源储量及预测资源潜力	开发利用条件（水、电、路及其他）	设计生产规模/万t	实际生产规模/万t	工业总产值/万元	利润总额/万元	环境保护情况	扩大开发规模的潜力	备注
19	青海量子高科生物工程有限公司格尔木市纳赤台矿泉水	格尔木市纳赤台矿泉水水源地	位于格尔木市西约90km的纳赤台兵站，行政区划隶属格尔木市管辖	大型		允许开采量1.73 $\times 10^4 m^3/d$。矿区进一步扩大资源储量规模的潜力不大	矿泉北距109国道约10余米，南距青藏铁路约100余米，交通十分方便。格尔木市基本能解决生产、生活所需物资	10	0	0	0	矿泉开采对周围环境不会造成影响	矿泉曾进行过开采，因市场问题而停采。若市场有需求，即可投入规模开发	
20	青海碱业有限公司柏树山石灰岩矿	德令哈市柏树山石灰岩矿床	位于德令哈市北约12km的柏树山	大型	勘探	查明制碱用灰岩矿石量17987.4万t，其中基础储量15559.4万t；保有矿石量17801.3万t，其中基础储量15373.3万t。矿区外围具有一定的资源潜力和勘查前景	自矿区至德令哈市有公路。海拔3400～4000m，切割深度达500多米，属中高山。气候属大陆高原性气候，多风、少雨、干旱、冰冻期长，最大冻土深度2.04m。矿区附近白水河有水源，德令哈有电源	300	13.6	366.57	31.99	目前开采量不大，尚未对周围环境形成大的影响	按设计生产规模，矿区保有基础储量可保证生产47年，但碱厂用量有限，不需扩大开发规模	服务年限按回采率90%计算

续表

序号	矿山名称	矿区名称	地理位置	开发规模	地质工作程度	查明资源储量及预测资源潜力	开发利用条件（水、电、路及其他）	设计生产规模/万t	实际生产规模/万t	工业总产值/万元	利润总额/万元	环境保护情况	扩大开发规模的潜力	备注
21	青海大柴旦矿业有限公司滩间山金矿	大柴旦镇滩间山金矿金龙沟矿区	位于大柴旦镇北西约75km处，属滩间山南东段。矿区东西长1.3km，南北宽近0.9km，面积约1km^2	大型	普查、详查	查明资源储量矿石量340.5万t，金金属量17853kg，其中基础储量矿石量260.1万t，金金属量13694kg；保有资源储量矿石量195.6万t，金金属量14039kg，其中基础储量矿石量137.0万t，金金属量11438kg。伴生银15t。矿区深部和外围还有进一步扩大资源储量规模的潜力，预测可新增金资源量30t	敦—格公路（215国道）从矿区北侧经过，矿区至大柴旦镇运距为104km。矿区海拔3200～3500m。气候属典型大陆性高原型气候，干燥寒冷、多风少雨、温差大，年平均气温0.8～2.3℃。矿区地处荒漠，植被稀少。嗷唠河水水质较差，但尚可供生产生活用水。矿区周围燃料矿产丰富，但电力缺乏，矿山需自备发电	80	0	0	0	未对周围环境造成大的影响	矿山曾经开采，目前正在进行新的矿山建设，即将投入规模开发	

续表

序号	矿山名称	矿区名称	地理位置	开发规模	地质工作程度	查明资源储量及预测资源潜力	开发利用条件（水、电、路及其他）	设计生产规模/万t	实际生产规模/万t	工业总产值/万元	利润总额/万元	环境保护情况	扩大开发规模的潜力	备注
22	西部矿业股份有限公司锡铁山铅锌矿	大柴旦镇锡铁山铅锌矿床锡铁山矿区、中间沟矿区、断层沟矿区	位于柴达木盆地北缘锡铁山西段南坡	大型	勘探	查明资源储量铅矿石量5802.6万t，金属量2181238t，其中基础储量矿石量4051.1万t，金属量1944675t；锌矿石量5617.2万t，金属量2727732t，其中基础储量矿石量4051.1万t，金属量2413777t；伴生金33067kg，银2881t，铟1180t，镉7670t，硫761.6万t，镓92t。矿区深部及外围均具有一定的资源潜力和勘查前景，预测可新增铅锌资源量300万t	矿山距大柴旦镇75km，距格尔木市137km，青藏铁路在矿区东南9km处通过，有支线直达矿区，敦格公路（215国道）在矿区西5km处通过，有公路相连，交通方便。矿区海拔3100～3700m。气候属典型的高原大陆气候，干燥少雨多风，温差大。矿山运输以汽车和火车为主，生活用煤购自绿草山煤矿，生产、生活用水取自小柴旦湖水源地，矿山用电也已解决。锡铁山镇为矿山建成的生产、生活小区	150	124.5	108189.04	34576.68	据2006年8月“环境影响报告书”评价，矿山对废水、废气、粉尘、废渣、噪声等均采取了较好的防护、治理措施，对污染物年排放总量赋予了控制指标，并对环境进行监测，目前尚未对周围环境造成大的影响	按设计生产规模，保有基础储量仅可保证生产12年，不具备扩大开发规模的潜力	服务年限按回采率80%计算

续表

序号	矿山名称	矿区名称	地理位置	开发规模	地质工作程度	查明资源储量及预测资源潜力	开发利用条件（水、电、路及其他）	设计生产规模/万t	实际生产规模/万t	工业总产值/万元	利润总额/万元	环境保护情况	扩大开发规模的潜力	备注
23	青海水泥股份有限公司石灰石矿	大通县毛家沟石灰岩矿床	位于大通县桥头镇78°方向直距8km处	中型	勘探	查明水泥用灰岩资源储量7526万t，其中基础储量5735万t；保有资源储量6353.2万t，其中基础储量4562.2万t。矿区进一步扩大资源储量规模的潜力不大	自桥头镇有公路直通矿区，运距14km。毛家河常年流水可供工业及生活用水，矿区有110kV输电线路通过，桥头镇煤炭资源丰富	90	86.47	290	71.2	目前矿山开采尚未对周围环境产生大的影响	按设计生产规模，矿区保有基础储量可保证生产45年。由于用量有限，不需扩大生产规模	服务年限按回采率90%计算
24	青海高原特色资源开发有限责任公司	化隆县昂思多矿泉	矿泉位于拉脊山南侧，化隆县昂思多乡北呈北东向展布的沟谷边缘	中型	普查	允许开采量121.39m^3/d。矿区进一步扩大资源储量规模的潜力不大	矿泉距化隆县城26km，距兰青铁路平安站50km。矿泉处于拉脊山南侧，海拔3000～4000m。区内属高原半干旱气候区，以温差大、干寒多风、冰冻期长、降水量集中、蒸发量大于降水量为特征	5	0.15	58.38	6.31	矿泉开采对周围环境不会造成影响	若市场有需求，即可扩大开发规模	

续表

序号	矿山名称	矿区名称	地理位置	开发规模	地质工作程度	查明资源储量及预测资源潜力	开发利用条件（水、电、路及其他）	设计生产规模/万t	实际生产规模/万t	工业总产值/万元	利润总额/万元	环境保护情况	扩大开发规模的潜力	备注
25	青海省西海煤炭开发有限责任公司柴达尔矿	刚察县热水煤矿柴达尔井田	位于刚察县北部与祁连县相邻地带，属青海省热水煤矿管辖，行政区划分属于刚察县哈尔盖乡和祁连县默勒乡	大型	勘探	查明煤炭资源储量13524.7万t。其中基础储量13454.7万t，资源量70万t。保有资源储量10484.3万t，其中基础储量10414.3万t，资源量70万t。 矿区深部和外围还有进一步扩大资源储量规模的潜力，预测可新增煤资源量4306万t	湟（源）嘉（峪关）公路通过矿区，至矿山有专线铁路，交通方便。区内海拔高程3700～3900m，属半干旱大陆性气候，冬季严寒多风，夏季多雨湿润，年平均气温－4～2.4℃。热水煤矿有装机容量为9000kW的自备电厂，水源取自哈尔盖	120	16.63	1862.56	73.6	矿山开采对周围环境尚未造成大的影响，矿山也采取了一定的环保措施	按设计生产规模，矿区保有基础储量可保证生产37年，不具备扩大开发规模的潜力	服务年限按备采系数1.4，回采率60%计算
26	青海省西海煤炭开发有限责任公司海塔尔矿	祁连县海德尔煤矿	位于祁连县城152°方向60km的海德尔，北洞距默勒乡约14km	中型	勘探	查明煤炭资源储量4231.0万t，其中基础储量4092.0万t。保有资源储量3942.0万t，其中基础储量3803.0万t，矿区进一步扩大资源储量规模的潜力不大	矿区距宁热铁路柴达尔站22km且有公路可通。供水地为海德尔沟，距离约1km，电源可由柴达尔车站输送	60	39.8	4314.44	200.4	矿山开采对周围环境尚未造成大的影响	按设计生产规模，矿区保有基础储量可保证生产27年，不具备扩大开发规模的潜力	服务年限按备采系数1.4，回采率60%计算

续表

序号	矿山名称	矿区名称	地理位置	开发规模	地质工作程度	查明资源储量及预测资源潜力	开发利用条件（水、电、路及其他）	设计生产规模/万t	实际生产规模/万t	工业总产值/万元	利润总额/万元	环境保护情况	扩大开发规模的潜力	备注
27	青海赛什塘铜业有限责任公司赛什塘铜矿	兴海县赛什塘铜矿床	矿床位于兴海县城195°方向直距约39km处，属兴海县温泉乡管辖	中型	勘探	查明铜金属储量444868t，其中基础储量152160t；铅20168t；锌3.9万t；硫40.8万t，其中基础储量31.2万t；铁矿石量683.4万t；金15033kg；银898t。此外，尚有未上表资源量镉1570t、镓397t、硒114t、砷6506t。 矿区深部及外围均具有一定的资源潜力和勘查前景，预测可新增铜资源量50万t	从兴海县城到矿区68km有简易公路，交通尚属方便。矿区海拔3350～3750m。为高原大陆性气候，年均气温1℃，年降水量389mm，6～8月为无霜期，10到翌年4月为冰冻期。区内人烟稀少，以藏胞为主，多从事牧业	矿石75	45.7	9203.7	2823	矿区按设计方案组织生产，且生产尚未达产，对周围环境尚未造成大的影响	按设计生产规模，矿区保有铜基础储量矿石量1168.1万t，仅可保证生产12年。若要扩大生产规模，必须提高控制程度	服务年限按回采率80%计算
28	青海威斯特铜业有限公司德尔尼铜矿	玛沁县德尔尼铜钴矿床	矿床位于玛沁县大武镇境内，矿区北东35°方向直距15km即为玛沁县城	大型	详查（勘探）	查明铜金属储量578487t，其中基础储量338152t；钴28367t；锌162156t；硫1510.3万t，其中基础储量887.3万t；金29.29t；银275t；硒1247t；镉704t；镓237t；铟115t。 矿区深部及外围均具有一定的资源潜力和勘查前景，预测可新增铜资源量50万t	从矿区沿德尔泥河出峡谷与大武－甘德公路相通，交通较方便。矿区海拔3700～4370m。属高原大陆性气候，平均气温－1.2℃，年降水量733mm，年蒸发量1100mm。矿区地表为高山草甸，无木本植物，自然条件较差。区内人烟稀少，仅有少数从事牧业的藏族群众。附近无电源需自备发电设备	矿石一期30，二期240	0	0	0	矿区尚未开采，正在开展矿山基建工作，对环境尚未造成影响	按设计一期生产规模，矿区保有可利用资源储量矿石量3867万t，可保证生产103年；按设计二期生产规模，可保证生产12年；按规划开发规模80×10^4t/a，可保证生产38年	服务年限按回采率80%计算

续表

序号	矿山名称	矿区名称	地理位置	开发规模	地质工作程度	查明资源储量及预测资源潜力	开发利用条件（水、电、路及其他）	设计生产规模/万t	实际生产规模/万t	工业总产值/万元	利润总额/万元	环境保护情况	扩大开发规模的潜力	备注
29	青海昆仑矿业有限责任公司察尔汗盐湖钾镁矿	格尔木市察尔汗钾镁盐矿区察尔汗矿床	位于柴达木盆地中东部，属格尔木市管辖	中型	勘探	查明固体KCl 1818.0万t，矿石量64704.3万t，全部为资源量；液体KCl 6559.0万t，卤水量576529.0万m^3，其中基础储量KCl 4742.5万t，卤水量366268.2万m^3。固体$MgCl_2$ 3548.4万t，固体NaCl 1044749.7万t，LiCl 1704278.0t，B_2O_3 217.8万t，溴矿140937.0t碘矿5666.0t。本区尚有一定的资源潜力和勘查前景，采用新的勘查评价理念和开发现状进行补充勘查评价，能够进一步扩大矿床资源储量规模	东距西宁850km，铁路横穿矿区，为敦（敦煌）—格（格尔木）公路及青藏铁路的交通枢纽，矿区座落于广阔的沼渍平原上，无植被，属沙漠半沙漠区，海拔2677～2680m，离格尔木市65km，属高原大陆性气候，矿区生产生活用水靠格尔木市管道运输	氯化钾20	卤水200	21177.71	6808.15	由于开采液体矿，不会对周围环境造成大的影响	按设计生产规模，矿区保有基础储量可保证生产22年，不具备扩大开发规模的潜力	青海昆仑矿业有限责任公司采矿权范围内占用基础储量：液体NaCl 12231.5万t，卤水量77151.5万m^3；液体$MgCl_2$ 9333.1万t，卤水量77151.5万m^3；液体KCl 1135.7万t，卤水量113414.6万m^3

续表

序号	矿山名称	矿区名称	地理位置	开发规模	地质工作程度	查明资源储量及预测资源潜力	开发利用条件（水、电、路及其他）	设计生产规模/万 t	实际生产规模/万 t	工业总产值/万元	利润总额/万元	环境保护情况	扩大开发规模的潜力	备注
30	青海省地矿集团有限公司察尔汗盐湖霍布逊北矿段钾矿	格尔木市察尔汗钾镁盐矿区察尔汗矿床	位于柴达木盆地中东部，属格尔木市管辖	中型	勘探	查明固体 KCl 1818.0 万 t，矿石量 64704.3 万 t，全部为资源量；液体 KCl 6559.0 万 t，卤水量 576529.0 万 m^3，其中基础储量 KCl 4742.5 万 t，卤水量 366268.2 万 m^3。固体 $MgCl_2$ 3548.4 万 t，固体 NaCl 1044749.7 万 t，LiCl 1704278.0 t，B_2O_3 217.8 万 t，溴矿 140937.0t，碘矿 5666.0t。本区尚有一定的资源潜力和勘查前景，采用新的勘查评价理念和开发现状进行补充勘查评价，能够进一步扩大矿床资源储量规模	东距西宁 850km，铁路横穿矿区，为敦（敦煌）—格（格尔木）公路及青藏铁路的交通枢纽，矿区座落于广阔的沼渍平原上，无植被，属沙漠半沙漠区，海拔 2677～2680m，离格尔木市 65km，属高原大陆性气候，矿区生产生活用水靠格尔木市管道运输	氯化钾 10	0	0	0	对周围环境未造成大的影响	占用的基础储量可保证规模化生产	青海省地矿集团有限公司采矿权范围内占用基础储量：液体卤水量 108095.1 万 m^3，KCl 839.3 万 t，$MgCl_2$ 13225.2 万 t，NaCl 17257.5 万 t，B_2O_3 28.2 万 t，LiCl 214000t

续表

序号	矿山名称	矿区名称	地理位置	开发规模	地质工作程度	查明资源储量及预测资源潜力	开发利用条件（水、电、路及其他）	设计生产规模/万t	实际生产规模/万t	工业总产值/万元	利润总额/万元	环境保护情况	扩大开发规模的潜力	备注
31	青海省冷湖钾肥集团有限公司马海钾矿	冷湖镇马海钾矿区	位于柴达木盆地东北部，北起赛什腾山前，南至茶冷口，南八仙，西北至冷湖，东至马海，面积约3700km^2。属冷湖镇和大柴旦镇管辖，矿区大部分在冷湖镇境内	中型	普查（详查）	查明固体矿 KCl 931.5 万 t，NaCl 2966166.0 万 t，$MgCl_2$ 537.9 万 t；液体矿 KCl 5756.5 万 t，NaCl 88899.0 万 t，$MgCl_2$ 26330.6 万 t，$MgSO_4$ 4356.1 万 t。矿区进一步扩大资源储量规模的潜力不大	矿区南有茶冷公路，东有柳格公路，北缘有便道通冷湖镇，矿区距冷湖镇约 160km，距大柴旦镇约 110km。马海小盆地属盐渍平原区，海拔 2728 ～ 2765m。区内属典型的大陆荒漠气候。用电需自备，用水可在河、泉抽水自给，用煤可在鱼卡高泉煤矿采购，其他生产、生活物资亦需从外地购入	氯化钾 25	卤水 220	13680	618.2	矿区地处戈壁荒漠，目前仅开发利用固体钾盐和镁盐，对周围环境没有造成大的影响	矿区固体钾、镁盐基础储量保有矿石总量 2945.3 万 t，按目前生产规模，可保证生产 5 年。但尚保有资源量矿石量 22316.1 万 t，提高控制程度后，可保证生产 24 年左右，不具备扩大生产规模的潜力	服务年限按回采率 60%、资源量可信度 40% 计算

续表

序号	矿山名称	矿区名称	地理位置	开发规模	地质工作程度	查明资源储量及预测资源潜力	开发利用条件（水、电、路及其他）	设计生产规模/万t	实际生产规模/万t	工业总产值/万元	利润总额/万元	环境保护情况	扩大开发规模的潜力	备注
32	青海省茫崖海丰钾肥开发有限责任公司大浪滩梁中钾矿	茫崖镇大浪滩钾矿区梁中矿床	大浪滩钾矿区（田）位于柴达木盆地西部，长约140km，宽约70km，面积8800km²。梁中矿床位于矿田西部是以小梁山为中心的环形凹地构成	中型	详查	查明固体KCl 2152.4万t，液体KCl 17754.7万t；固体NaCl 13684045.6万t，液体NaCl 398061.3万t；芒硝矿Na_2SO_4 516553.7万t；固体$MgSO_4$ 2660.2万t，液体$MgSO_4$ 111684.6万t；固体$MgCl_2$ 48.7万t，液体$MgCl_2$ 53671.0万t；液体LiCl 72898.0t。本区尚有一定的资源潜力和勘查前景，采用新的勘查评价理念和开发现状进行补充勘查评价，能够进一步扩大矿床资源储量规模	区内有冷茫、茶茫、青新公路通过。矿区海拔2700～2900m。区内地表水系极不发育，土地高度盐化，寸草不生，荒无人烟。区内属典型内陆干旱大陆性气候，多风少雨，温差大。区内生活条件较差，用水需从老茫崖、冷湖、花土沟等地拉运，其他生产生活物资均需由外部供给	氯化钾 10	卤水 150	15620	560	矿区地处戈壁荒漠，目前仅开发利用固体钾盐，对周围环境没有造成大的影响	矿区固体钾盐基础储量保有矿石量61090.6万t，按目前生产规模，可保证生产162年。若改善区内基础设施条件和淡水资源后，扩大开发规模的潜力较大	服务年限按回采率40%计算

续表

序号	矿山名称	矿区名称	地理位置	开发规模	地质工作程度	查明资源储量及预测资源潜力	开发利用条件（水、电、路及其他）	设计生产规模/万t	实际生产规模/万t	工业总产值/万元	利润总额/万元	环境保护情况	扩大开发规模的潜力	备注
33	青海海西蒙西联碱业有限公司柯柯盐矿	乌兰县柯柯盐矿	位于乌兰县城西约25km的希里沟	中型	勘探	查明NaCl 99425.8万t，矿石量149215.4万t。保有NaCl 98586.7万t，矿石量148069.8万t，其中基础储量50160.6万t，矿石量70068.0万t。矿区进一步扩大资源储量规模的潜力不大	矿区地处315国道西侧，交通、水、电方便	氯化钠24	4.8	76.8	0.97	矿区位于柯柯盐湖湖底，对环境没有造成大的影响	按设计生产规模，矿区保有基础储量可保证生产88年。有一定扩大开发规模的潜力，但因消费市场有限，不需扩大开发规模	采矿权范围内占用基础储量3552.4万t，矿石量4496.9万t。服务年限按回采率60%计算
34	都兰宏源实业有限公司清水河铁矿	都兰县清水河铁矿床	位于柴达木盆地南缘昆仑山清水河中游西侧，属都兰县宗家乡管辖	中型	详查	查明铁矿石资源量2505.2万t。矿区深部及外围均具有一定的资源潜力和勘查前景，预测可新增铁资源量5000万t	从109国道有便道可达矿区，交通方便。矿区北有330万V高压线路通过，南东4km处的清水河有水源。生产、生活物资需到香日德镇或都兰县城才能解决	50	0	0	0	由于尚未开采，对环境没有造成影响	提高控制程度后，可进行规模开发	

续表

序号	矿山名称	矿区名称	地理位置	开发规模	地质工作程度	查明资源储量及预测资源潜力	开发利用条件（水、电、路及其他）	设计生产规模/万t	实际生产规模/万t	工业总产值/万元	利润总额/万元	环境保护情况	扩大开发规模的潜力	备注
35	青海金瑞矿业发展股份有限公司大风山锶矿	茫崖镇大风山锶矿田Ⅰ、Ⅱ、Ⅲ、Ⅳ矿区	位于柴达木盆地西部，属茫崖镇管辖	中型	勘探	查明矿石量11883.6万t，天青石矿物量24753544t，其中基础储量：矿石量5568.1万t，天青石矿物量17776438t。保有矿石量11830万t，天青石矿物量24580236t，其中基础储量：矿石量5568.1万t，天青石矿物量17603130t。 矿区深部及外围均具有一定的资源潜力和勘查前景，预测可新增锶资源量4000万t	矿田距花土沟镇166km，东距冷湖镇128km，当茫公路从矿区经过，矿田至青藏铁路饮马峡火车站468km，至兰新铁路柳园火车站523km。矿区地处风蚀夷平丘陵地带，一般海拔2780～2815m。气候干燥、少雨、气温低、温差大、风大、水源缺乏。人烟稀少，工业用水和生活用水需从距矿区60km的老茫崖解决	30	0	0	0	矿区地处戈壁荒漠，采选矿石量不大，对周围环境没有造成大的影响	已建成采选30万t/a的矿山，目前因选矿成本过高而停产。改善矿山基础设施条件和选矿工艺、降低选矿成本后，可恢复进行规模开发	

（三）大中型矿山开发利用特点

（1）52家大中型矿山支撑着全省矿业经济的发展。2007年52家大中型矿山年产矿石总量4224.13万t，矿业总产值1880319.84万元，实现利润824578.07万元。虽然只占全省矿山总数的6.01%，但却占年产矿石总量的57.92%，矿业总产值的93.86%，全省矿业利润的97.78%。

（2）大中型矿山主要分布于海西州（36家），其次为海北州（9家）、西宁（3家），海南州（2家），海东地区和果洛州各1家。

（3）开发矿种主要有石油、天然气、钾镁盐、煤、铅锌、铜、铁、盐矿、锶矿、硼矿、石棉、石灰岩、矿泉水等。其中以盐湖矿产为主，有钾镁盐矿山13家，钠盐矿山6家；次为煤矿，有矿山8家，其余矿种的矿山在1～3家之间。金属矿山有8家，石棉矿山54家。

（4）52家大中型矿山中，矿业产值、利润最高的是中国石油青海油田分公司（101.83亿元，62.30亿元），其次为西部矿业股份有限公司锡铁山铅锌矿（26.32亿元，2.17亿元）和青海盐湖钾肥股份有限公司察尔汗盐湖钾镁盐矿（16.84亿元，10.75亿元）。其余矿山产值多在6亿元以下，利润多在2亿元以下。

六、矿山环境影响及恢复治理

（一）主要矿山环境问题

矿产资源开发过程中，影响环境的现象主要有：矿产资源浪费与破坏、土地和植被的占用与破坏、疏干排水破坏地下水均衡系统以及地质景观遭到破坏等。产生的矿山次生地质灾害主要有崩塌、滑坡、泥石流、地面塌陷及地裂缝、河流塌岸等。矿山地质环境污染以水环境污染为主，即选矿废水未经处理直接排入河道或渗入地下，对水环境构成污染；其次为空气污染和土壤污染。主要污染物是采矿废渣、尾矿、选矿废水废液等；空气污染以粉尘为甚；土壤污染以金属毒害物质居多。

（二）矿山环境保护措施及治理成效

近年来，青海省加强了矿山环境的保护工作和有关矿山环境保护的法律法规的贯彻与落实。对矿山出现的环境问题和地质灾害，采取了相应保护、治理措施。主要有：

（1）建立了严格的矿山环境保护制度。建立了新建矿山企业的严格审查制度，必须有符合国家规定的矿产开发利用方案、环境影响评价报告、生态环境治理方案，必须有经过主管行政部门批准的环境影响评价报告和矿山生态环境保护方案；实行了矿山建设与生态环境保护设施的“三同时”制度、矿山环境影响评价报告制度、排污收费制度、矿山环境恢复制度和监督检查制度，使矿山生态环境恶化的趋势开始得到了控制。

（2）加强了对现有矿山环境保护和监督管理力度。禁止在自然保护区核心区、铁路和国道两侧直观可视范围内露天采矿；依法关闭破坏环境的小煤窑、土法炼铜、铅、锌、金等矿山；发布了全省禁止开采砂金的通知；对察尔汗盐湖的开采，实施了“四统一”工作。对造成生态破坏和环境污染的矿山企业，责令限期补做、整改、达标，逾期不能达标的，实行限产或者关闭。

（3）改革生产工艺、建尾矿库、减少污染物排放总量。大中型矿山配置了尾矿库，使矿山废水经库内自净后溢流到沟河之中，从而使大部分有害重金属控制在尾矿库内；改革生产工艺、更新设备，推广水的重复利用技术，减少废水和污染物排放总量。

（4）积极争取专项资金，开展历史遗留矿山的环境恢复治理工作。曲麻莱白的口金矿、称多县扎朵金矿、班玛县多卡、吉卡金矿过采区已进行治理恢复。

通过近年来的矿山环境恢复治理工作，矿山环境保护工作已初见成效。2001～2007年间共恢复治理矿山占用破坏土地面积1.45万亩，生态恢复良好；废水、废渣综合利用和综合治理开始见到成效，废水年治理量达到845.08万m^3，固体废弃物年综合利用量达到83.58万t；矿山次生地质灾害得到有效控制。

七、未开发利用的大中型矿床开发潜力分析

由于青海省基础设施条件差、地质工作程度较低、开发利用工艺水平低，致使一些矿床长期以来得不到有效开发。主要有以下几种情况：一是勘查程度低，使得这些矿床得不到有效开发。如青海省的江仓、聚乎更煤矿区是青海省仅有的两个大型矿区，共划分有11个大型井田，但因工作程度低，无法投入开发；铜峪沟铜矿、日龙沟锡矿也因勘查程度低而不能开发；二是因基础设施条件较差，一些大中型矿床无法进行规模开发。如肯得可克铁矿床、纳日贡玛、尕林格铁矿床、赵卡隆铁多金属矿等；三是受加工工艺技术制约，使得部分矿床得不到开发。如元石山铁镍矿床的铁镍分离、上庄磷矿的综合利用等难题制约了这部分矿床的开发；四是矿床开发利用条件不好而导致矿床得不到及时开发。如柴达木盆地西部的钾镁盐矿床因给水度条件较差而不能开发；而第三系富钾卤水因开发利用工艺研究不足制约了勘查开发的进程。

随着省内基础设施条件的改善，只要提高地质勘查工作程度，加大开发利用工艺研究的力度，有效改善矿床开发利用条件，青海省巨大的矿产资源开发潜力必将得到有效发挥，变资源潜力优势为经济、社会效益优势。

由于种种原因，目前青海省矿产资源的开发力度不大，资源开发仍有较大的潜力，主要表现在以下几个方面：

（一）盐湖矿产

盐湖矿产是青海省最富特色、也最具有前景的矿产资源。在多种元素共、伴生的盐湖矿床中，目前只有钾盐初步实现了规模开发，湖盐的开发稍具规模，而其他共、伴生的锂、硼、锶、镁及芒硝矿开发刚刚起步，开发潜力较大。

液体钾盐矿的开发规模已基本接近规划期内资源储量能够保证的开发规模，开发潜力主要体现在三个方面：一是多种共、伴生有益组分综合回收利用，提高资源综合回收利用率；二是产品向多元化发展；三是通过科技攻关，探寻开发固－液转化的产业化工艺，使大量固体钾盐资源得以开发；四是要加强第三系富钾锂卤水矿的勘查工作和开发工艺研究工作，使第三系卤水中的钾锂盐矿能够早日得到开发利用。

锂、锶及硼矿的用途比较广泛，市场有较大需求，开发潜力在于通过完善提取、转化工艺，研制生产系列产品。

镁盐开发可充分利用提钾后老卤富镁的特点，加速研制无水氯化镁的生产工艺，开发系列产品。

湖盐的开发潜力在于改变单一生产食盐的传统，走转化、合成的盐化工新路，开发纯碱、烧碱及氯酸盐等产品。

（二）能源矿产

青海省主要能源矿产有煤、石油及天然气，除石油外，煤、天然气的总体开发规模较小。

从资源条件看，石油现有的开发规模已接近最大规模，扩展开发规模的空间不大，开发潜力主要在于改进工艺、提高采收率。

天然气资源储量较为丰富，随着下游耗气产业的发展，开发潜力较大。

青海省煤炭资源总量虽然有限，但优质焦煤的资源储量较为丰富，在发展煤焦化及煤化工方面具有明显优势，有较大的开发潜力。

（三）金属矿产

铅锌矿开发一直是青海省金属矿产开发的主体，锡铁山铅锌矿年开采处理矿石能力已达到150万t，但进一步扩大开采规模的余地不大。省内其他已查明的铅锌矿规模均很小，分布零星，难以规模开发。

在铜矿开发方面，祁连山铜矿闭坑后，新建的赛什塘铜矿已投产。目前，铜峪沟和德尔尼两个大型铜矿床正在分别进行补充勘探和矿山筹建工作。

近年来，在青南地区的矿产勘查中，已发现了一批有前景的铜、铅、锌矿产地，因而铜、铅、锌矿的开发还具有一定潜力。

德尔尼铜矿共生大型钴矿，近年来又在东昆仑地区发现了驼路沟、督冷沟等钴矿，随着提钴工艺的改进、完善和产业化，钴矿开发将成为青海省矿业开发的新亮点。

青海省已初步查明的大场、加给龙洼、果洛龙洼、瓦勒根等岩金矿，由于勘查程度低、基础设施差，而未能规模开发，开发潜力较大。

（四）非金属矿产

青海省非金属矿产非常丰富，除盐湖矿产外，主要有石棉、石英岩、石灰岩及蛇纹岩等。

青海省的石棉资源储量和年开采量均位居全国第一，但由于市场竞争力不足，造成需求不旺，扩产潜力不大。

青海省石英岩资源储量居全国第一，但由于受全国玻璃市场供需基本平衡及硅铁的发展受产品市场需求等因素制约，开发规模受到一定限制。

水泥用灰岩资源可满足近期水泥工业发展的需求，但保证较长时间可持续开发的资源储量不足。电石用灰岩的开发主要受市场需求限制，近期很难规模开发。

总体来看，青海省矿产资源开发的规模偏小，许多领域具有较大的开发潜力，随着基础设施条件的改善和地质勘查程度的提高，矿产资源的开发力度将不断加大，将为全省经济社会发展做出更大贡献。

第三章　矿产资源勘查开发利用存在的问题

第一节　矿产资源勘查中存在的问题

受各种因素影响，历年来国家对青海的地质勘查投入相对较少。虽然青海省地质矿产勘查工作从20世纪50年代起步，60年代中后期发展较快，70年代达到鼎盛，但80年代中后期开始下滑，90年代步入低谷，21世纪才开始有所回升，可以说青海地质矿产勘查工作的黄金时段不足20年。这种情况导致青海省的地质工作程度相对于全国其他省份明显偏低，基础地质和矿产勘查工作严重滞后。现在查明的矿产资源只是目前工作程度的反映，矿产资源家底尚未查清，巨大的资源潜力还没有转化为资源优势。

1. 基础地质工作程度低，基础性、先行性作用发挥不够

目前青海省1:20万～25万区域地质调查基本覆盖全省；1:5万区域地质调查只完成125幅，占全省面积的7.16%；1:20万航磁测量完成面积占全省面积的49.63%，1:10万航磁测量完成面积占全省面积的4.00%；1:20万区域重力测量完成面积占全省面积的22.69%；1:20万区域地球化学调查完成面积占全省面积的56.28%；1:50万区域地球化学调查完成面积占全省面积的31.46%；1:5万地质、物探、化探工作更是零星，完成面积只有3%～8%左右。

可以看出，青海省中比例尺区域地球物理、区域地球化学、区域水文地质调查只完成大部分，还有空白区存在，需要加速完成；大比例尺区域地质、矿产资源调查评价和物探、化探工作以及地质灾害、地质环境调查工作刚刚起步。这种结果造成矿产资源勘查的基础非常薄弱，增大了矿产勘查工作的盲目性和风险性，从而直接影响了找矿效果的提高。

2. 矿产资源勘查程度低，不能满足矿业开发的需要

“十五”期间，青海省地质勘查投入（5.12亿元）只占全国的0.7%，只相当于陕西、甘肃、新疆的75%、80%、4%；钻探工作量（17.03万m）只占全国的1.36%，只相当于陕西、甘肃、新疆的30%、45%、17%；平均钻探深度只有300m，不到全国平均水平（500～800m）的一半；每万km^2的钻探进尺（2400m/km^2）、地勘费投入（700元/km^2）也都是全国最低的省份。可以看出，青海省的地质勘查无论在经费投入或钻探工作量上，还是在勘探深度上，均远远低于兄弟省区和全国平均水平。但是青海省地质勘查投入与发现的矿床数的比值（0.14亿元/个）却远远低于兄弟省区和全国平均水平（0.71亿元/个），充分说明青海省的找矿几率和找矿潜力是非常大的，应当进一步加大矿产资源勘查的力度（表3－1、表3－2和图3－1）。

表3－1　“十五”期间青海省地质勘查投入及实物工作量一览表

项目	陕西	甘肃	青海	新疆	全国
机械岩芯钻探/万m	55.73	37.87	17.03	101.37	1254.37
地勘投入/亿元	6.75	6.35	5.12	131.25	730.22

续表

项目	陕西	甘肃	青海	新疆	全国
坑探/万米	7.68	3.82	2.80	1.48	91.21
新发现矿产地/处	43	26	37	53	1027
每万 km^2矿床数/处			6.4		21
地勘投入/矿床数/亿元	0.16	0.24	0.14	2.48	0.71
每万 km^2钻探进尺/万 m	2.79	0.84	0.24	0.63	1.30
每万 km^2地勘投入/亿元	0.34	0.14	0.07	0.82	0.76

资料来源：2000～2005 年中国国土资源年鉴、中国矿业年鉴。

表 3-2 "十五"期间青海省地质勘查投入及主要实物工作量占各省比例（单位%）

项目	陕西	甘肃	新疆	全国
机械岩芯钻探	30.55	44.96	16.80	1.36
地勘投入	75.86	80.59	3.90	0.70
坑探	36.45	73.32	188.97	3.07
新发现矿产地	86.05	142.31	69.81	3.6

资料来源：2000～2005 年中国国土资源年鉴、中国矿业年鉴。

3. 矿产资源勘查中的科技进步与创新滞后

矿产资源勘查中的科技支撑能力有限，对勘查工作支持力度不够。由于资金短缺，设备更新改造困难，钻探、物探、化验等设备落后，新的成矿理论以及新的勘查技术方法引进应用不足，科学研究滞后，基础数据库和信息建设步伐缓慢，科技支撑能力不强。

第二节 矿产资源开发利用中存在的问题

1. 开发规模较小，矿产资源的总体优势未充分发挥

一是矿产资源开发的总量较小，与全省矿产资源的丰厚家底不相称，全省采选固体、液体矿石总量不多，总产值较低，矿山数量、矿产品产量及矿业产值仅占全国总量的 0.5%～0.8%，矿山数量与其对矿业的贡献极不相称，矿山开采规模与资源储量不匹配，规模结构调整的任务还非常繁重；二是大型骨干矿山企业少，2005 年青海省的 778 家矿山企业中，矿业总产值超过 1000 万元的只有 24 家，小型矿山和小矿多达 743 家，占全省矿山总数的 95.5%，但其生产矿石量、总产值及利润仅分别占总量的 27.4%、4.6% 及 1.6%，是名副其实的多、小、散。特别是非金属矿产的开发规模小、层次低，资源优势远未转化为经济优势。

2. 采选水平相差悬殊，部分小矿山采选工艺落后，综合回收利用水平普遍较低

从总体水平看，青海省无论在采掘技术及装备水平上，还是选矿工艺及资源利用率上，都明显低于全国平均水平。尤其是部分小型矿山及小矿，基本上还处于原始的采掘状态，开发方式粗放、集约化程度低，矿产资源利用水平低，对尾矿、贫矿、共伴生矿产、低品位矿产的利用不够，开采回收率、选矿回收率和综合利用水平低。

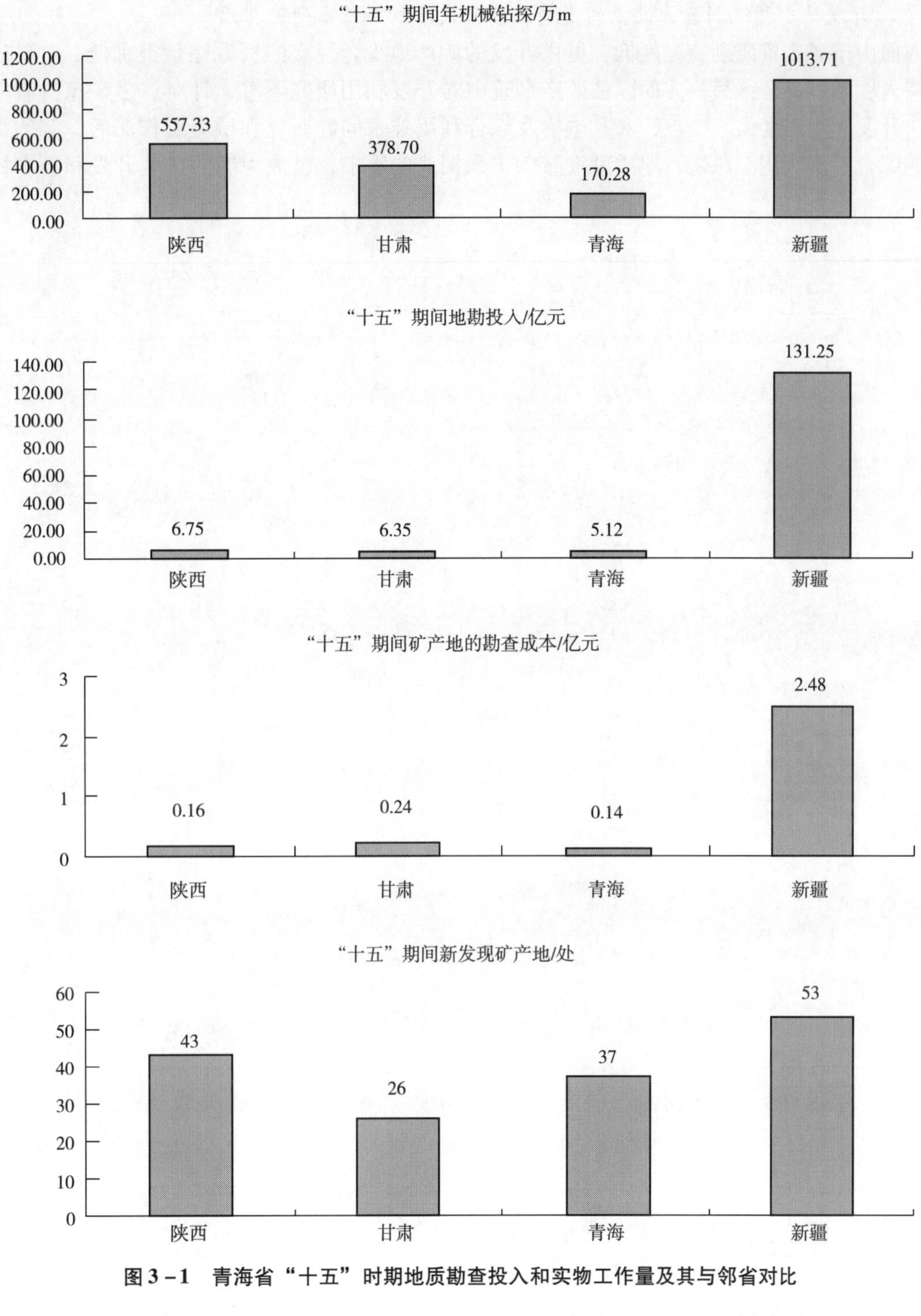

图3-1　青海省"十五"时期地质勘查投入和实物工作量及其与邻省对比

3. *矿业结构不合理，加工业普遍滞后*

省内大多数矿山企业产品单一，且多为初级产品，矿产品精、深加工严重滞后，尤其是不少小型矿山直接出售原矿。矿业结构不合理，采掘业与后续加工业的比例仅为1∶1.73，矿产品单一，且多为初级产品，矿产资源精、深加工普遍滞后，总体上处于加工业发展的初级阶段。

省内大中型矿山企业一般都能做到采选兼备、总量平衡，而大部分小矿山多直接出售原矿，开采时往往采富弃贫，且大量原矿要通过中长途运输，既浪费资源，也影响矿山效益。此外，部分产业，如铅锌冶炼能力大大超过精矿供应水平，出现了选冶失衡。

4. 资源开发缺少高级别资源储量的支持，矿产选冶加工技术研究滞后

一方面由于矿产资源勘查程度低，可供开发的矿产地少，提交的资源储量类别低，对矿产资源开发的支持力度明显不足。另一方面以往矿产勘查中对开发利用研究不够，针对许多矿床具有多种元素共伴生、开发利用难度大等特点，对其选冶及综合利用技术问题研究和试验工作滞后，制约了这些矿产资源的综合开发利用。总之，地质勘查滞后于采掘业的需求，已成为制约矿业开发和经济社会发展的瓶颈。

第四章　矿产资源重点勘查开发接替区选区建议

第一节　矿种择选

根据青海省矿产资源勘查开发利用现状、矿产资源潜力和成矿条件，主要研究重要非能源矿产资源，重点研究矿种为铁、铜、铅、锌、镍、锡、金和钾盐等8种矿产。

第二节　选区原则、标准和结果

一、选区原则

矿产资源接替区就是潜在的矿产资源接替基地，它是指重要矿产资源相对分布集中、但目前尚未开发或尚未形成规模开发、通过努力在近期到不远的将来（5～15年，即2010～2020年）可以达到规模开发、实现对中东部已耗竭或接近耗竭资源基地进行接替的矿产资源集中的区域。矿产资源接替区必须拥有丰富的资源储量或资源潜力，具备可发展成为大型、特大型矿山基地的潜力，同时外部条件要相对较好。

矿产资源接替区必须满足以下条件：

（1）矿产资源勘查开发潜力大并相对集中，有利于发挥规模开发的整体效益。

（2）基础设施基本或大体配套、开发条件基本具备。

（3）生态环境条件适于规模和绿色开发。

（4）接替区资源矿种为国家急需或国家急缺，随着规模开发将会对国家的资源供给产生积极影响和对省域区域经济产生较大的经济效益和社会效益。

二、选区标准

矿产资源接替区面积一般为几千km^2，最大不超过2万km^2。根据资源探明程度，划分为探明资源丰富的开发接替选区和未探明大量资源但潜力较大的勘查开发接替选区二类。选区参考标准如下：

（1）查明资源或潜力资源分布。

①开发接替选区。分布两个以上探明的大型规模矿床；分布1个大型矿床和两个以上中型矿床，或中型矿床密集分布区。

②勘查开发接替选区。分布1个经预查的超大型远景规模矿床或两个经预查的大型远景规模矿床；分布有1个经预查的大型远景规模矿床和若干中型远景规模矿床，或中型远景规模矿床密集分布区。

（2）资源接替选区的开发预期总规模可以达到一定的资源开发利用接替产能。

（3）接替选区内主要资源开发经济技术上可行。

（4）接替区内主要资源开发对环境影响不大或消除开发对环境的负面影响在技术上是成熟可行的。

三、选区方法

首先由项目组成员根据青海省矿产资源特点和勘查、开发现状，根据选区标准，在全省进行初步筛选。在此基础上，对初选的矿产资源接替区，组织专家进行反复论证和筛选，最终确定开发接替区和勘查开发接替区。

四、选区结果

依据上述矿产资源接替区的选区原则和标准，经过一年来的调查、分析、研究工作，全省共初步优选出4片开发接替区和6片勘查开发接替区。

6片勘查开发接替区是：元石山—拉水峡铁镍铜磷矿勘查开发接替区、瓦勒根—恰冬金铜矿勘查开发接替区、加给龙洼—大场金矿勘查开发接替区、沱沱河地区铅锌矿勘查开发接替区、纳日贡玛—赵卡隆铁铜钼铅锌银矿勘查开发接替区、旦荣—解嘎铜铅锌银矿勘查开发接替区，见图4－1。

4片开发接替区是：大浪滩—昆特依钾盐锶矿开发接替区、一里坪—东西台钾盐锂矿开发接替区、肯德可克—尕林格铁多金属矿开发接替区、赛什塘—德尔尼铜铅锌钴矿开发接替区，见图4－1。

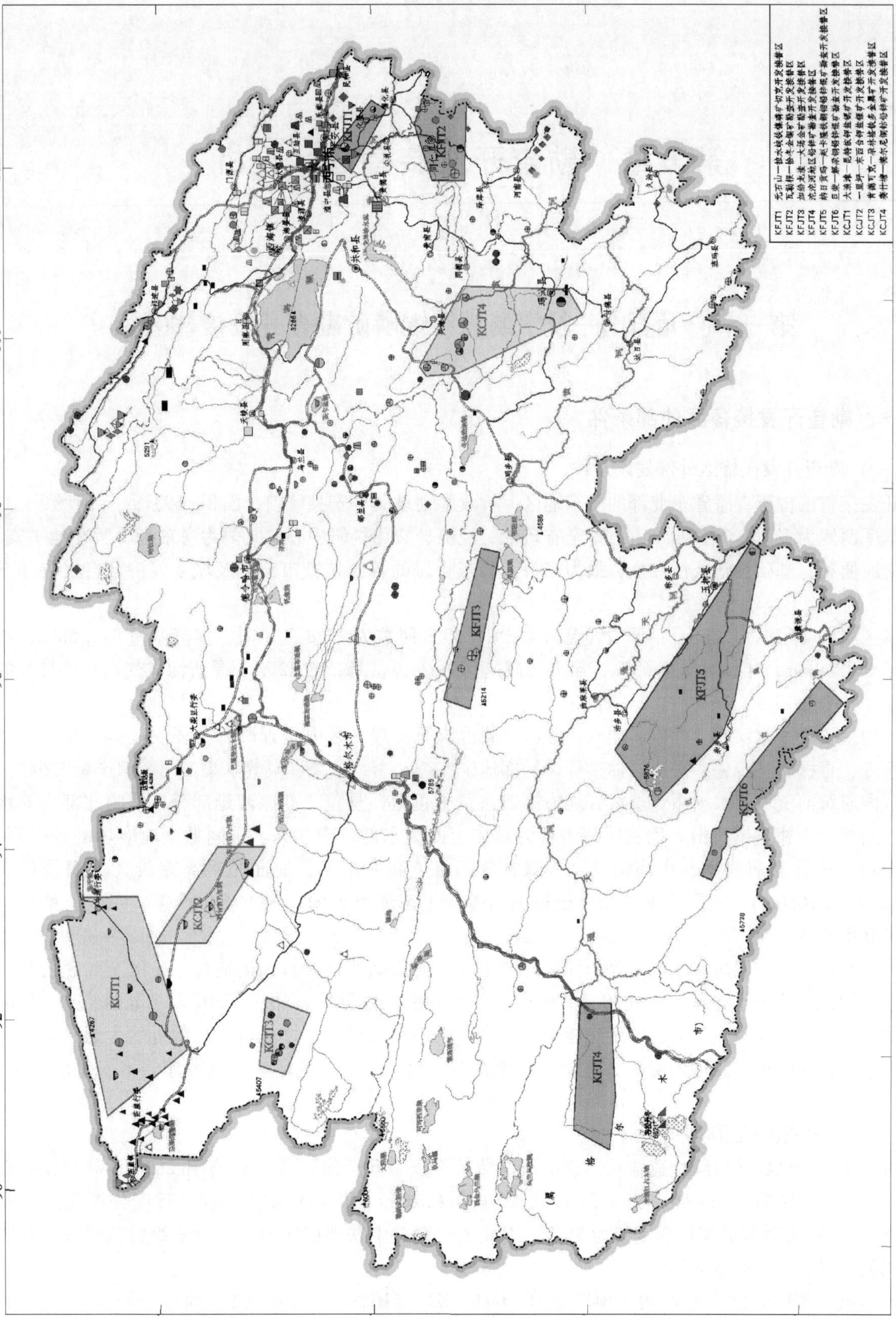

图4-1　青海省矿产资源勘查开发接替区选区图

第五章　勘查开发接替选区分析

第一节　元石山—拉水峡铁镍铜磷矿勘查开发接替区

一、勘查开发接替区外部条件

（一）勘查开发接替区外部建设条件

开发接替区位于青海省东北部的海东地区，行政区划隶属平安县管辖，面积1693km^2（附图3）。

本区西侧为青海省省会西宁市，是全省政治、经济、文化科研中心，北侧为海东行署所在地平安。区内交通便利，基础设施条件在全省最为完备，海东行署的各县城城市建设及城乡经济社会发展在全省最好。

本区属大陆寒温带气候，年平均气温为4.2℃，年日照数为2738.7小时，年降水量411.6mm，年蒸发量1188.9mm，年相对湿度63%，年平均风速0.9m/s，雷暴日数42天，是青海省气候条件最好的地区。

区内主要居民有汉族、回族、土族、藏族、蒙古族等民族。区内是青海省主要农业区，农产品主要有小麦、青稞、马铃薯、蚕豆、油菜等，局部地区有杏、李、苹果、梨等水果产出，但产量较少。

区内属黄河流域湟水水系，湟水谷地为第四系黄土覆盖，是黄土高原西延部分，境内北部为湟水谷地，南部为南祁连拉鸡山。地貌特征表现为总体上西高东低，南北高、中间低，地形切割较强烈，在高山峡谷中分布有耕地、中高山草甸、森林等。由于高寒干旱，地面相对高差较大（海拔最高4484m，最低1650m），表层土质疏松、植被覆盖差，生态环境脆弱，水土流失严重，多数土地质量差，可利用率低。

区内经济相对较发达，水电路等条件良好。平安—阿岱高速公路自区内通过，矿区至高速公路有简易公路相通，北至平安驿火车站30～100km，交通方便。各矿区均有国家330kV/A电网经过，用电较方便。二淌河、大沟溪等流经矿区，能满足生产、生活用水需要。燃料可以从附近的大通、热水等煤矿供给。矿区附近属浅山农业区，有较多的剩余劳动力，生产、生活物资从西宁、平安供应容易、充足。

（二）矿产资源供需形势

近年来，我国经济持续快速增长，铁矿石消费量稳步攀升。预计到2010年和2020年需要铁矿石（品位35%）分别为13.83亿t和12.51亿t，2010年和2020年国内铁矿石的保证程度分别仅为65%和72%。镍在2020年的保证程度仅为55%。因此加快元石山铁镍矿床的开采对于缓解我国铁矿石紧缺的局面，具有一定的推动作用。

我国铜资源形势也十分严峻。预测2010年和2020年国内铜资源的保证程度分别仅为28%和18%。因此开展拉水峡地区的铜镍矿勘查，具有十分重要的意义。

我国磷资源集中分布在云南、贵州、四川、湖南、湖北五省山区，特别是仅占全国总储量10%的富磷矿储量，主要分布在云南和贵州两省偏远的山区，西北地区磷资源短缺，从内地购入的运输成本高。因此加快上庄磷矿的开发对于缓解西部地区磷资源短缺局面，具有十分重要的意义。

（三）经济社会发展状况

"十五"末，海东地区实现国内生产总值74.19亿元，其中一、二、三产业分别为15.29亿元、28.66亿元和30.24亿元。2007年实现国内生产总值101.81亿元。经济社会发展及基础设施建设在全省处于领先地位，仅次于西宁市。

通过"九五"特别是"十五"期间投资力度加大，基础设施条件大为改善，构成以省会为中心辐射各州、地、市、县的公路交通网络，货运能力进一步提高，目前正在加速建设青藏铁路兰青线复线工程，为青海东部地区的资源开发提供了便利条件。

"十一五"期间，海东地区生产总值年均增长13%以上，争取实现比"十五"末翻一番，达到148亿元的目标。其中工业年均增长22.5%。为此，海东地区将坚持走新型工业化道路，以发展壮大优势产业和培育骨干企业为重点，努力提升工业化水平。积极发展将水泥、玻璃、建筑涂料、陶粒等建材工业发展成为资源开发优势产业；大力发展硅铁、碳化硅、金属镁、电解铝、建筑钢材、多晶硅等高载能冶炼及加工业；建成20万t平安铝板带项目和抓好延伸加工业发展；建成400万t煤焦化厂，做好相配套的洗煤厂、发电厂和30万t煤焦油前期工作和开发建设，延伸产业链；加大盐化工、天然气化工等的开发利用；使矿产资源开发、加工成为地区经济社会发展的支柱产业。

二、勘查开发现状

（一）勘查现状

接替区内共发现各类矿产地88处，查明的矿床主要有三个，它们是元石山铁镍矿床、上庄磷矿床和拉水峡铜镍矿床，前两个分别达勘探、详查程度；后者达到勘探程度，且已经开发。

三个矿床的查明、保有资源储量见表5－1。

表5－1　主要矿床查明、保有主要矿产资源储量一览表（单位：万t）

矿种	矿区名称	查明资源储量				保有资源储量			
		资源储量		基础储量		资源储量		基础储量	
		矿石量	金属量	矿石量	金属量	矿石量	金属量	矿石量	金属量
铁矿	元石山	701.1		329.9		701.1		329.9	
镍矿		3018.4	15.6126	388.7	3.0017	3018.4	15.6126	388.7	3.0017
钴矿		1170.1	0.5742	388.7	0.1841	1170.1	0.5742	388.7	0.1841
磷矿	上庄	51128		6045.1		51128		6045.1	
轻稀土氧化物		51128	34.6136	6045.1	5.835	51128	34.6136	6045.1	5.835
透辉石矿		401.7				401.7			
铜矿	拉水峡	54.4	0.28	20.4	0.12	22.2	0.1		
镍矿		54.4	1.90	29.6	1.32	22.2	0.53		
钴矿		54.4	4.65×10^{-2}	29.6	3.25×10^{-2}	22.2	1.126×10^{-2}		

（二）开发现状

元石山铁镍矿床已办理采矿许可证，目前正在开展开发前期试验研究工作及其他准备工作；上庄磷矿床曾经开采，因亏损下马后，至今尚未再度开发。拉水峡铜镍矿于1980年开发，自2000年以来资源面临枯竭，目前处于勉强维持阶段。

（三）矿产资源勘查开发及选区依据

该区处于拉鸡山加里东期铁、镍、钴、金、稀土、磷（铜、钛、铂）成矿带（Ⅲ级）中。已知金属矿产有铁、镍、铜、铅、锌、金、钼、稀土等，能源、非金属矿产有煤、磷、透辉石等。已发现各类矿产地80余处，但多数规模不大，以矿点、矿化点为主。成型矿床有7处，其中大型矿床两处，即上庄磷矿床和元石山铁镍矿床。拉水峡铜镍矿为小型。

该区处在早古生代陆缘裂谷带，区内火山活动及岩浆侵入活动比较强烈，断裂构造发育。成矿作用主要发生在加里东期，矿化较普遍，形成了两个成矿系列：一是与海相火山岩有关的铜、铅、锌、金矿床成矿系列，矿床类型包括VHMS型（容矿岩石为火山岩）和SEDEX型（容矿岩石为火山沉积岩），该类多为铜铅锌金等矿种为主的矿点。二是与镁铁质基性—超基性岩有关的铁、镍、铜、钴、金、稀土、磷矿床成矿系列，矿床类型有岩浆型、热液型、渗滤交代型等，该类矿床在本成矿带占有重要的位置，以元石山铁镍矿床、上庄磷铁矿床为代表。

拉水峡铜镍矿床（点）在空间上分布于化隆地块北西边缘和南东边缘，尤其是铜镍矿床（点）集中分布于地块北西边缘，铜镍硫化物矿体主要产于基性—超基性岩脉边缘或地层不同岩性界面。在成矿时代上处于地质历史时期的边缘，晋宁晚期或加里东早期。这与国内外著名的大型铜镍硫化物矿床均产于稳定地盾（台、块）边缘带的成矿效应相吻合。成矿物质构成、金属矿物组合、矿床成因也均与甘肃金川镍矿相似，表明该地区具有寻找金川式大型铜镍硫化物矿床的潜力。根据《青海省第三轮成矿远景区划研究及找矿靶区预测》预测，拉水峡地区资源总量为：铜50万t，镍68万t。而目前拉水峡地区发现的资源储量仅为：铜0.28万t，镍1.9万t。资源查明率很低，因此找矿前景非常乐观。

四、典型矿床

（一）元石山铁镍矿床

1. 地理位置、交通、能源、水源条件

矿床位于拉脊山中段北麓，行政区划隶属平安县古城乡管辖。

矿区地处拉脊山中段北麓，海拔2858～3256m，比高200～300m。具半干旱大陆性气候，年最高气温23℃～25℃，最低气温-26℃～28℃，年均气温0℃，11月至翌年2月为冰冻期。年降水量738mm，5～9月为雨季，占全年降水量的80%。

临平公路自矿区东侧通过，北至平安驿火车站28km，交通方便。平安附近有国家电网经过，用电较方便。二淌河流经矿区东侧，能满足生产、生活用水需要。矿区附近属浅山农业区，经济相对较发达，劳动力和物资供应比较充足。

2. 勘查工作程度

该矿床于1958年大炼钢铁期间，经当地群众报矿发现，省地质局东部地质队于当年9月组织普查，年底即转入勘探，于1959年底提交了《湟中县元石山铁矿区地质勘探最终报告》，探明铁矿石储量182万t，伴生镍金属储量0.5万t，认为伴生镍应引起注意。1969～1973年间，根据钢铁工业发展的形势要求，省地质局第十三地质队对该矿进行铁矿补充勘探。工作过程中发现镍、钴含量较高，且可圈出单独镍矿体。1971年，根据物质成分研究及湿法选冶试验结果，认为该矿以氧化镍为主，镍、钴能被利用的可能性极大，且镍、钴价值远高于铁的价值，从而将矿区评价由以铁为主正式转为以镍为主，并对矿体围岩进行补充工作，以扩大储量。1973年野外地质工作全部结束，1977年提交了《青海省湟中县元石山铁镍矿区总结勘探报告》，1980年又提交了补充说明书。

元石山铁镍矿床经过断断续续15年的勘查工作，从小型铁矿扩大成为一个以镍为主的大型矿床，勘查程度较高，达勘探要求，可作为工业部门规划开发的设计依据。

3. 查明资源储量（333 及以上）

累计查明资源储量为：镍金属量 156126t，其中基础储量 30017t；钴金属量 5472t，其中基础储量 1841t；铁矿石量 701.1 万 t，其中基础储量 329.9 万 t 见附表 3。此外，尚有铬金属量 18.51t、钴金属量 465t 未上表。

4. 矿床地质特征

矿床位于拉脊山优地槽带中段北缘的超基性岩体中，岩体受东西向深大断裂控制，侵位于寒武系地层。矿体产于辉石岩、辉橄岩、纯橄岩等超基性岩与全硅化超基性岩之间及其邻近部位。有些矿体产于全硅化超基性岩内部，部分全碳酸盐化超基性岩本身就是矿体。

矿床由上、下两条含矿带组成，共有 5 个矿带 34 个矿体。上部含矿带分布在超基性岩体的中上部，仅赋存了由 3 个矿体组成的 V 号矿带。其中 V_1 矿体长 472m，平均厚 37m，平均延深 295m，镍平均品位 0.61%。镍、铁储量分别占全矿区的 48% 和 36%，是全矿区规模最大的矿体。下部含矿带分布于岩体北部底缘，由Ⅰ、Ⅱ、Ⅲ、Ⅳ四个矿带 31 个矿体组成，各矿带之矿体数分别为 8 个、2 个、15 个和 6 个。其中 I_1 矿体长 481m，平均厚 8.5m，平均延深 145m，倾角上陡下缓，镍平均品位 0.48%，镍、铁储量分别占全矿区的 3% 和 11%。$Ⅲ_1$ 矿体长 853m，平均厚 13.5m，平均延深 397m，镍平均品位 0.46%，镍、铁储量分别占全矿区的 39% 和 44%。

矿体呈似层状、透镜状及脉状，走向 250°～290°，倾向南，倾角变化较大，一般为 20°～60°。

矿石工业类型有铁镍矿石、硅镍矿石、镁镍矿石和铁矿石四种，各种镍矿石的选冶性能相差甚大。

铁镍矿石：呈黄褐—红棕色，具土状或土块状构造。矿石矿物以针铁矿、水针铁矿为主，赤铁矿、水赤铁矿次之；脉石矿物有石英、蛇纹石、高岭石、滑石等。镍平均含量为 0.97%，TFe 31.52%，钴 0.075%，Cr_2O_3 2.66%，矿石量占全矿区的 22%。

硅镍矿石：由含镍的全硅化、褐铁矿化及碳酸盐化等蚀变超基性岩组成。矿物组合以含大量石英、蛋白石及玉髓为特点，并含有铁菱镁矿、菱镁矿、针铁矿及水针铁矿等。镍平均含量 0.38%，TFe 9.72%，Co 0.02%，Cr_2O_3 <1%，矿石量占全矿区的 41%。

镁镍矿石：由褐铁矿化、碳酸盐化及硅化蚀变超基性岩组成，以碳酸盐化发育为特点。矿石成分以铁菱镁矿、菱镁矿、方解石为主，其次为针铁矿、水针铁矿、赤铁矿、石英、蛋白石等。镍平均含量为 0.41%，TFe 10.73%，Co 0.021%，Cr_2O_3 <1%，矿石量占全矿区的 36%。

铁矿石：由针铁矿、水针铁矿、赤铁矿、水赤铁矿组成。脉石矿物由硅质和碳酸盐类矿物组成，与铁镍矿石的主要区别在于针铁矿、水针铁矿较少，不含镍的赤铁矿和水赤铁矿却显著增多。矿石品位低，镍平均品位 0.29%，TFe 26.98%，Co 0.011%，Cr_2O_3 2.44%，矿石量占全矿区的 1%。

矿石中主要伴生有益组分为钴、铬和锰，有害元素砷、硫、磷等均低于限量规定。矿床中至今未发现任何镍的独立矿物，镍的赋存状态可能是部分镍被针铁矿、水针铁矿、铁菱镁矿、锰矿物和钴矿物吸附而成凝胶状态，另一部分则以铁的类质同象存在于铁菱镁矿中。铁主要为针铁矿和水针铁矿（主要产于铁镍矿石中）或赤铁矿和水赤铁矿（主要产于铁矿石中）。钴呈独立钴矿物（纤维状水钴矿）或氧化物嵌赋于胶状铁矿物中。铬主要为硬铬尖晶石、铬铁矿及少量锌铬尖晶石。矿石结构以胶状、显微粒状、环状和同心层状最常见，局部可见到压碎结构；矿石构造则以土状、土块状及块状为主，条带状次之。

全矿床矿石平均含 Ni 0.83%，TFe 31.24%，Co 0.047%；铁矿石中伴生铬的含量为 Cr_2O_3 2.65%。

关于该矿床成因，原勘探报告认为属热液交代叠加风化—淋滤型矿床；《青海省区域矿产总结》则认为矿床具有典型的浅成低温热液成矿特点，划为渗滤交代型矿床。

5. 开发现状

1958～1959 年大炼钢铁期间，西宁附近各县及古城钢铁公司曾在 I_1 矿体东段露头处采掘铁矿石

（即铁镍矿石）约 4 万 t。1970～1971 年间，青海钢铁厂也曾拟用此矿石，采用还原焙烧—氨浸法提取镍钴，尾渣炼铁，后均因故中止。

2006 年，平安县鑫海资源开发有限公司办理了该矿采矿权，目前正在进行开发前期准备工作。

6. 开采技术条件

基于主矿体埋藏不深，倾角中等，故其浅—上部矿段以露采为宜；2900m 标高以下的矿体尾部，以坑采为宜。

采用还原焙烧—氨浸法进行选矿试验结果：铁镍矿石镍浸出率 > 80%，伴生钴同时可回收，硅镍矿石镍浸出率 75%～80%，钴浸出率 60%～75%；镁镍矿石镍浸出率仅 50%～60%，钴浸出率 < 50%，效果较差，采用离析—磁选法试验，镍钴回收率得到明显提高。

7. 开发利用建议

元石山铁镍矿以镍为主，共、伴生铁、钴矿，其中镍矿资源量已达大型矿床规模。该矿床经勘查后一直因铁镍分离及钴资源综合回收利用难以解决而一直未能开发。“十五”期间，通过技术攻关，铁镍分离技术取得了很大进展，目前矿床开发的工艺技术研究工作已经完成，有望在“十一五”投入开发。元石山铁镍矿资源情况及开发规划见表 5－2。

表 5－2　元石山铁镍矿保有资源储量及开发规划表

矿床规模	勘查程度	矿种	资源储量单位	基础储量	资源量	可利用储量	资源储量能够保证的开发规模		规划开发规模	
							服务年限	开发规模	矿石	镍金属量
大型	勘探	镍	镍：吨 / 矿石：万吨	30017 / 3887	126109 / 2629.7	105682 / 1966	30	2640 / 55	55	2640
		钴	钴：吨 / 矿石：万吨	1841 / 388.7	3631 / 781.4	4019 / 857	30	100 / 25		综合回收钴、铁
		铁	矿石：万吨	329.9	371.2	552	20	20		

注：①资源量可信度 60%，矿石回采率 85%，金属量综合回收率 75%。

②表中横线上方数字为金属量，单位 t；线下数字为矿石量，单位万 t。

③开发规模单位：金属量 t/a，矿石量万 t/a。

元石山铁镍矿已达大型规模，资源储量能够保证的开发规模为：在 30 年服务年限内开发规模可达 55×10^4t（矿石）/a。但矿山在开展可行性研究时确定的设计生产规模为采选矿石 24×10^4t/a，为了提高开发效益，更好地服务于当地经济社会的发展，建议在确定合理开发规模时，本着规模开发的原则，生产部门在进行矿山建设时要酌情设置合理生产规模。

（二）上庄磷矿床

1. 地理位置、交通、能源、水源条件

矿床位于西宁市东南约 35km 的拉脊山北坡，行政区划隶属平安县石灰窑乡管辖。

矿区海拔 3100～3800m，山势陡峻。属半干旱大陆性气候，年最高气温 25℃，最低气温 －28℃，平均气温 0℃，年降水量 738mm，年蒸发量 1126mm。

矿区位于西宁市南东约 34km 处，北距兰青铁路平安驿火车站 32km，有公路相接，交通方便。矿山用水可就近从大沟溪流汲取，用煤也可就近解决，高压输电线路已架至矿区 1km 处。矿区附近属浅山农业区，经济相对较发达，劳动力和物资供应比较充足。

2. 勘查工作程度

1970 年省地质局第十三地质队在验证物探队所发现的上庄磁异常时发现有磷灰石，1971～1975

年该队对矿区东矿段进行详勘，同期省地质局第三地质队对矿区西矿段进行详查；并于1978年提交了《上庄磷矿区东段总结勘探地质报告》，青海省地质局第十三地质队1978年8月以青地13地审字［78］10号文批准了该报告。东矿段B+C级储量占总储量的32.31%，勘查程度较高；西矿段全为D级储量，勘查程度较低。

1999年青海省第一地质矿产勘查大队对上庄透辉石矿进行了普查，并提交了《青海省平安县上庄透辉石矿普查报告》，且通过了队审。

3. 查明资源储量（333及以上）

累计查明资源储量为：磷矿石量51128万t，平均品位3.17%，其中基础储量6045.1万t；伴生轻稀土氧化物346136t，平均品位0.0677%，其中基础储量58350t；透辉石资源量（矿物量）401.7万t（附表3），透辉石平均含量62.6%。此外，尚有磷矿石资源量34608.8万t未上表。

4. 矿床地质特征

矿床地处拉脊山优地槽带中段，含磷超基性岩体产于拉脊山北缘断裂南侧。含磷超基性岩体共4个，成矿好者两个。矿床产于黑云母单斜辉石岩体中，矿区内的两个单斜辉石岩体呈北西西向斜列分布，东西长5075m，宽25～700m（平均400m）。共划分五个矿带，51条矿体。现按东、西两个岩体将矿带划分如下：

西岩体矿带：带内共分布有11个矿体，存在矿区东段的矿体为41、42两个，其中41号矿体为全矿区最大的矿体。

东岩体中划分四个矿带：

上部矿带：位于岩体上部。西起15线西，东至西峡沟，南以F_2为界，其北包括2号矿体范围。呈北西西向分布，长2260m，宽30～155m。带内有8个矿体。

中部矿带：分布在岩体中部，上、下矿带之间，分布着16个矿体。

下部矿带：位于岩体下部。矿带南包括15、14号矿体范围，北至岩体底界，呈北西西向分布，长1795m，宽5～80m，分布有6个矿体。

西矿带：分布在岩体西部。南到岩体顶界，北至F_2南的28号矿体，东起3线，西至岩体西端，呈北西西向分布，长920m，宽90～280m。分布有10个矿体。

以上矿体中以矿区东段1、2、5、6、41号等五个矿体规模较大。

矿体多呈似层状及透镜状，少数呈扁豆状，产于黑云母次透辉石岩中。矿体走向255°～320°，倾向南，倾角40°～80°。

矿石的有用矿物为磷灰石、磁铁矿及蛭石化黑云母。其他矿物有次透辉石、角闪石、榍石、黄铁矿、长石、绿帘石、方解石等。矿石可划分为黑云母次透闪石磷灰石矿、角闪次透辉石磷灰石矿和黑云母次透辉石磷灰石矿等自然类型。矿石工业类型分为铁磷矿石和磷矿石两种。矿石主要呈半自形—他形粒状结构，块状构造。

有益组分除磷、铁外，尚伴有轻稀土元素（TR_2O_3）。

矿石有益组分：铁磷矿石：P_2O_5 3.39%、SFe 10.74%、TR_2O_3 0.106%、K_2O 2.28%。磷矿石：P_2O_5 3.54%、SFe 5.60%、TR_2O_3 0.033%、K_2O 3.15%；矿石有害组分：铁磷矿石：Fe_2O_3 11.57%、Al_2O_3 5.15%、TiO_2 1.61%、MgO 11.65%、CO_2 0.37%。磷矿石：Fe_2O_3 5.33%、Al_2O_3 6.37%、TiO_2 1.08%、MgO 13.68%、CO_2 0.046%。

矿石平均品位：东矿段 P_2O_5 3.46%，SFe 8.35%，TR_2O_3 0.095%；西矿段 P_2O_5 3.03%，SFe 6.11%，TR_2O_3 0.0542%。

矿床成因属晚期岩浆分异矿床。

透辉石矿赋存于加里东期超基性岩体中，主要由黑云母透辉石岩及黑云母次透辉石岩组成。超基性岩体呈透镜状近东西向展布，东西总长5000余米，南北最宽处约700m。划分两个大矿体。Ⅰ号矿体分布于3～10线间并继续向东、西两侧延伸，长700m，宽32～75m，平均宽40m。矿体走向300°

左右，倾向南西，倾角 40°～60°。矿体以中细粒黑云母透辉石岩为主，其余为中粗粒或伟晶黑云母透辉石岩。该矿体矿物量 2737276t，其中表内矿占 30%，其余 70% 为表外矿。Ⅱ号矿体位于矿体中南部，分布于 1～10 线间，东西延伸部分未予圈定，长 600m，宽 130～190m，平均 160m。矿石类型以伟晶黑云母透辉石岩为主，其次为中粗粒黑云母透辉石岩、条带状黑云母透辉石岩及中细粒黑云母透辉石岩。该矿体矿物量为 7554057t，其中表内矿占 36%，表外矿占 64%。矿石主要矿物成分为透辉石、次透辉石、黑云母及少量榍石、磷灰石、磁铁矿等，透辉石含量一般为 40%～70%，矿石以灰—灰绿色为主，个别为暗绿色，半自形—它形柱、粒状结构，块状构造。透辉石矿按结构、构造划分为：条带状黑云母透辉石岩、透辉石平均含量 50.70%；中细粒黑云母透辉石岩，透辉石平均含量 51.06%；中粗粒黑云母透辉石岩，透辉石含量 47.42%～60.14%；伟晶黑云母透辉石岩、透辉石含量为 61.42%～68.13%。有害组分含量：Fe_2O_3平均 4% 左右，条带状、中细粒、中粗粒及北带伟晶状黑云母透辉石岩 Fe_2O_3 含量 2.96%～6.27%；南带伟晶状黑云母透辉石岩 Fe_2O_3 含量 1.04%～1.74%。TiO_2含量一般为 0.4%。

5. 开发现状

1971 年省化学工业局投资 1200 万元建成露天矿山及选矿厂，生产磷精矿约 1000t，由于未走综合开发利用道路，加上管理混乱，矿山亏损严重，于 1978 年被迫下马。目前矿床仍未开发利用。

6. 开采技术条件及矿石加工技术性能

区内水文地质条件比较简单。矿坑充水来源主要是大气降水、红墙峡溪流、第四系冲—洪积物孔隙水、含矿岩体及其顶、底板裂隙潜水与局部裂隙承压水，虽对矿坑充水有影响，但不至于产生较大的危害。

矿区主要矿体均出露地表，呈陡倾斜的似层状，矿体围岩主要为黑云母透辉石岩，节理裂隙较少，稳固性较好。对矿体稳固性有影响的断层主要为北西西向纵向断层 F_1、F_2、F_4、F_6等，开采时应多加注意。对标高 3200m 以上的 1、2 号矿体适于露采，对坡角 53°～62°、坡长 12.8m 的人工露采破碎带应加强防护以避免塌方。

青海省科委委托原地矿部青海省中心实验室开展了“青海省平安县上庄磷矿综合利用新工艺中间试验”，旨在通过重选—磁选联合工艺流程，解决上庄磷矿综合利用选矿问题。通过试验，获得磷灰石精矿 P_2O_5含量为 29.43%，回收率为 72.63%；粗粒黑云母精矿中黑云母矿物含量为 92.87%，细粒黑云母精矿中黑云母矿物含量为 94.76%；铁精矿中 SFe 含量为 64.57%（TFe 含量为 65.50%、磁铁矿回收率为 84.85%），回收率为 47.46%；透辉石精矿中透辉石含量为 90%。取得了较好的经济技术指标，达到了综合利用的目的，且工艺流程不会造成环境污染。

7. 开发利用建议

上庄磷矿资源储量规模较大，与铁、稀土、透辉石共、伴生，但磷矿品位较低，单一开采经济上不合算，但全部综合回收利用，其工艺和技术尚存在一定困难，在“十一五”需要加大技术攻关力度，尽快对经济可行的工艺进行研究，并逐步产业化，使资源能够早日得到开发。上庄磷矿的资源储量情况及规划开发规模见表 5－3。

表 5－3　上庄磷矿床保有资源储量及开发规划表

勘查程度	规模	矿种	基础储量	资源量	可利用储量	资源储量能够保证的开发规模		规划开发规模
						服务年限	开发规模	
勘探	大型	磷	6045.1 万 t	45082.9 万 t	33095 万 t	60	380 万 t/a	矿石：150 万 t/a
		轻稀土	58350t	287786t	231020t	60	2695t/a	
		透灰石		401.7 万 t	240 万 t	60	3 万 t/a	

注：资源量可信度 60%，回采率 70%。

从磷矿石量计算分析，在60年服务年限内，资源储量能够保证的开发规模为矿石380万t；在进行开发时，应根据市场条件及加工利用技术条件进行分析论证，以确定经济合理的开发规模。在制定合理开发规模时应考虑以下因素：一是该矿床品位低，东段及西段磷品位分别为 P_2O_5 3.46%和3.03%，平均3.16%，均低于“勘查规范”中推荐的边界品位（5%～6%），属低品位磷矿石，因此，需要进行规模开发才能取得经济效益。二是矿床中共、伴生组分多，综合利用回收难度大，将可能影响各矿种的综合回收率。将开发规模适当增大，可以保证产品数量以取得综合经济效益。

（三）拉水峡铜镍矿床

1. 地理位置、交通、能源、水源条件

化隆县拉水峡铜镍矿床位于拉鸡山南坡，行政区划隶属化隆县巴燕镇管辖。

矿区地处拉脊山中段南麓，海拔2858～3256m，比高200～300m。具半干旱大陆性气候，年最高气温23℃～25℃，最低气温-26℃～28℃，年均气温0℃，11月至翌年2月为冰冻期。年降水量738mm，5～9月为雨季，占全年降水量的80%。

矿区位于化隆县城东南约11km处，西宁至循化公路经过矿区，交通方便。矿点海拔高程2550m，本地属农业区。矿区已开发，水、电供应条件良好，自然、经济环境亦较好。

2. 勘查程度

1959年青海省地质局东部地质队发现镍后，引起重视，1960年转入勘探，共投入钻探4839.49m，平峒619.8m，浅井5m，槽探436.10m^3。1961年12月提交《青海省化隆县拉水峡矿区最终地质勘探报告》。共探明 C_1+C_2 级表内矿石储量44.98万t，其中硫化矿石36.15万t（镍金属量15230t），氧化矿石8.83万t（金属量2255.94t）。

1989年，青海省地质九队对本区进行铜镍矿普查时在关藏沟铜镍矿点完成1∶1000地质草测2km^2，1∶1000～1∶500实测地质剖面2.28km，钻探500.57m，槽探3042m^3，浅井52m，化学样73件，光谱样63件，提交了《青海省化隆县关藏沟及外围铜镍普查报告》，在关藏沟矿点提交了E+D级镍矿石量7200t，并对关藏沟西、雅恰尔、沙家矿点进行了检查。

1995年地矿部地球物理地球化学研究所和青海省地球化学勘查院，在拉水峡—关藏沟地区进行了1∶2.5万地气地球化学测量和壤中气汞测量，圈出Cu、Ni等多元素综合异常6处。

1996年地矿部地球物理地球化学研究所和青海省地球化学勘查院，进行了拉水峡地气地球化学找矿模式研究，在Ⅰ、Ⅱ号异常区进行1/5000地气测量详查，对关藏沟矿点进行了解，分析异常与矿化关系，分别在Ⅰ、Ⅱ号异常区内进一步圈出Hg、Ni、钴、铜、锰、银、锌、铅元素异常，并通过筛选，选出找矿靶区三处。

3. 查明资源储量

累计查明资源储量为：铜矿石量54.4万t，金属量2832t，其中基础储量矿石量20.4万t，金属量1194t；镍矿石量54.4万t，金属量18987t，其中基础储量矿石量29.6万t，金属量13246t，见附表3。此外尚有以下资源量：硒6.34t，碲2.55t，铂族0.30t，硫2.80万t未上表。

4. 矿床地质特征

拉水峡铜镍矿在地质构造上处于祁连褶皱系东南边缘的日月山—化隆晚元古代隆起带化隆地块中部，矿区出露地层为下元古界化隆（岩）群的关藏沟组中、下岩性段，岩性主要为片麻岩、斜长角闪岩、花岗质混合岩、各类片岩夹大理岩、石英岩。

矿区中部为NW—SE走向，且为一NW倾伏的倒转背斜，背斜核部由石英岩构成，在背斜两翼的地层中次一级的褶皱和揉皱构造发育。矿体产于背斜近轴部的NE翼。

矿区侵入岩较发育，有早期侵入的基性—超基性岩脉，后期侵入的花岗岩及伟晶岩脉，但侵入体规模甚小，一般顺层贯入于关藏沟组片岩带内。其中晋宁早期基性—超基性岩与铜镍矿有关，特征如下：

晋宁早期基性-超基性侵入体，区内出露零星，规模小，呈透镜状、似层状，大致以顺层的方式，较集中地侵入在化隆（岩）群关藏沟组下岩段（Pt_1g^1）及中岩段（Pt_1g^2）底部。岩体（脉）规模一般长十余米至数十米，最长百余米，宽数米至十余米。岩体（脉）常与斜长角闪片岩在空间关系上十分密切。与围岩大多数表现为构造接触关系，界线清楚，岩体（脉）边部显示片理化或强烈破碎。岩体（脉）蚀变强烈，早期主要是阳起石化、透闪石化、黑云母化；晚期主要是绿泥石化、碳酸盐化、褐铁矿化等。

区域内有拉水峡铜镍矿、关藏沟铜镍矿、乙什春铜镍矿点、沙家铜镍矿点等共19处矿（化）点，其中拉水峡矿区及外围铜镍矿（化）点有14处，形成东西两个矿带，东矿带有拉水峡、关藏沟、雅恰尔、小窑沟，西矿带自沙家—加家等，共有10个铜镍矿点。

矿区共有两个具工业价值的矿体（Ⅰ、Ⅱ号）及三个矿化蚀变带。

矿区内共有两个工业矿体，主矿体Ⅰ号矿体赋存于拉水峡背斜北东翼。石英岩构成矿体底板。条纹状钾长混合岩构成矿体顶板。矿体长150m，平均宽10m左右，产状基本与地层一致。深部长68m，最厚22m，延深160m。为一上缓下陡，上窄下宽的规则板柱状体。矿体地表氧化成铁帽。氧化带深约70m。Ⅱ号矿体位于Ⅰ号矿体南西240m处，赋存于背斜南西翼关藏沟组第三岩层的角闪片岩中，矿体上宽下窄呈楔形，长40m，宽15m，延深63m。原生矿石矿物主要是紫硫镍铁矿、辉铁镍矿，次为镍黄铁矿、辉镍铁矿和针镍矿。其他金属矿物有黄铁矿、黄铜矿等。原生矿石主要是他形粒状结构、块状构造。据1981年在该山三个中段采集的14个光片，主要矿物紫硫镍矿2%～50%，平均27.4%；黄铁矿<50%，平均20.7%；黄铜矿0%～38%，平均16%。次要矿物闪锌矿0～5%，平均1%。据57个光谱样分析在三个生产中段（高程）镍、铜平均品位分别为：2510m，镍1.88%、铜0.72%、Ni：铜=2.6∶1；2456m，镍2.63%、铜0.56%、Ni：铜4.7∶1；2403m，镍3.65%、铜0.81%、Ni：铜=4.5∶1。围岩蚀变主要为透闪石化、绿泥石化和碳酸盐化。主要找矿标志是铁帽。

矿床成因类型以“具热液特征的晚期岩浆贯入型”为主，风化壳型为次。

5. 开采技术条件

矿体埋深大于200m，矿区内断裂发育，F_4断层位于矿区中部，对矿体起着较大的破坏作用。矿床顶、底板较稳定，唯风化蚀变带及破碎带开采时需加注意。工业矿体主要是Ⅰ号矿体，其产状上缓下陡，并受断裂控制，适宜用井筒开拓，井位布于矿床下盘之尖灭处，并于沟侧较高处。氧化矿宜用充填法，原生矿石宜用留矿法。选矿方法为浮选法。

6. 资源潜力预测

（1）深部找矿潜力。

主要为矿区深边部。据前人普查勘探资料，拉水峡、关藏沟、沙家、乙什春、下什堂等矿床（点）的矿体走向为NW—NNW，倾向N，或NE，倾角50°～65°。区内NNW和NW—NWW向构造极为发育，据资料反映，这两组构造形成时代早，NNW向构造早于NW—NWW向构造，均属成矿前构造。NNW向构造为导矿构造，NW—NWW向构造为赋矿构造。资料还反映，矿体走向长度小于倾向延深，而且在倾向上膨缩变化较大，呈尖灭再现的串珠状，由此推断矿液从深部向上充填形成，而这些矿（床）点的勘查深度都比较浅，拉水峡158.91～296.57m，最深384.72m，关藏沟98m，沙家82m，亚曲277.07～335.00m，下什堂70.02～86.45m，可见勘查深度尚未到位，深部矿体还未能找到。

（2）矿床（点）边部找矿替力。

主要为沙路湾Ⅲ号异常区和关藏沟Ⅳ号异常区，有1∶2.5万地气异常和NW向、近南北向控矿构造及基性—超基性岩脉是寻找铜镍矿的有利靶区。1997年对拉水峡—关藏沟进行1∶2.5万地气测量，发现一批综合异常，但因第三系覆盖和当时工作方法所限地表工作未能展开。拉水峡部分异常后经1∶5000加密和2405中段坑道验证，在拉水峡Ⅰ号矿体东发现含矿蚀变带（坑道验证尚未彻底）和黄铁矿等硫化物矿体。从前人工作成果看，在已知矿（床）点边部，只要发现地气异常、基性—超基性岩脉、含有斜长角闪岩、斜长角闪片岩的地段以及NW向、NWW向断层破碎带就有矿化或不同规模的矿体存在。在上述矿点普遍发育NW向、NWW向构造，基性—超基性岩脉以及斜长角闪岩、斜长角闪片岩，只因第三系覆盖，未能追索控制，如果采用地气地球化学测量对异常地段进行深部钻孔验证，对已知矿体或矿化带走向上追索控制，这些矿床（点）的边部有较好的找矿潜力。

（3）矿床（点）外围找矿潜力。

该区包括东矿带拉水峡—小窑沟、西矿带沙家—亚曲、加家三个靶区。面积165km^2，成矿地质背景好，控矿因素明显，并有已知矿点。

对东带拉水峡—雅恰尔、西带德恒隆—加家进行整体分析研究认为，拉水峡铜镍矿床为赋存于化隆（岩）群关藏沟组基性火山岩建造，后经晋宁早期基性—超基性岩脉侵位改造以及晋宁晚期酸性岩浆（γ_2）同化混染铜镍硫化物多次富集成矿。

基性—超基性岩脉中在各矿（床）点的分布受近南北向（或北北西向）构造线控制，是剪切作用形成张应力的产物，矿体受NW—NWW向构造裂隙和层间裂隙控制，是与张应力对应的扭性构造的产物，构造、基性岩脉、化隆（岩）群斜长角闪片岩是本区主要的控矿因素。区内各铜镍矿床（点）所处的地质背景和成因类型与拉水峡铜镍矿床一致，都有利在深边部找矿。

以尕吾山—鲁满山为中央北斜，各矿床点平行中央背斜轴，近南北向分布在中央背斜两翼的次级褶皱带及断裂、层间破碎带中，这也能说明是同一地质作用下，同期形成的同一类矿床，它们在空间上、时间上具有整体性，在物质构成上具有同一性。因此，应用先进的成矿理论和先进的找矿手段，对本区开展新一轮整体勘查开发，本区的铜、镍硫化物矿床（点）在规模上将有成为矿田的可能。

（4）资源总量预测。

本次资源潜力调查预测区主要有3个：一是采矿权矿区范围内的矿区深、边部资源潜力预测，预测镍金属资源量为21.3万t；二是矿区近外围的资源潜力预测，矿区近外围沙路湾Ⅲ号区和关藏沟已知矿点可预测333镍金属量10.3万t；三是矿区远外围的资源潜力预测，预测镍资源潜力36.3697万t。

7. 勘查工作建议

首先，以地气找矿模式和成矿模式为指导，运用地质、地气测量方法，以拉水峡矿区为突破口，寻找铜镍硫化物盲矿体，重新分析研究拉水峡铜镍硫化物矿床的成矿特征，建立成矿模式，开展矿区深、边部找矿工作。

其次，在矿区近外围沙路湾、关藏沟一带展开1∶5000地气地球化学测量和1∶5000磁法测量，选择异常地段进行工程验证和大比例尺地质测量，以期发现新的铜镍矿体。

第三，在矿区远外围开展1∶2.5万地气地球化学和磁法普查，选择重点异常区和成矿有利地段进行1∶5000地气和磁法普查，并配以适量的深部工程进行异常验证，发现矿体后，马上进行大比例尺地质测量，查明成矿规律及条件。

（1）矿区工作。

重点在拉水峡矿区Ⅰ号矿体东部首先充分利用已有2406m坑道工程，拉开穿脉，进一步查明2406m中段平面地质要素（包括地层分布特征、脉岩规模、形态、产状、构造性质、产状、与成矿有关的围岩蚀变特征），通过穿脉取样，基本查明矿化规模、形态、产状、厚度、品位变化等特征及岩石地球化学特征，解剖地气异常，寻找成矿有利地段，为布置深部钻探工程作准备。

在基本查明2406m中段情况的基础上，首先布置一个钻孔，一方面坑道通风，另一方面查明矿体在不同深度的变化情况。

如果先期施工的钻孔见矿效果好，则按50×100的网度布置其他钻孔，进一步追索控制，探明资源量。

如果东部找矿较果好，则用同样的方法对Ⅰ号矿体西部200～400m地段的Ⅰ-3号综合异常（即Ⅰ号矿化带）进行钻探验证，以求发现新的矿体。

（2）矿区近外围工作

在拉水峡矿区西部Ⅰ号区、沙路湾北Ⅲ号区关藏沟矿点东Ⅳ号区重点进行1∶5000地气地球化学测量，收集地质、测绘、物探、化探、遥感地质资料的基础上，展开1∶1万地质测量，初步查明地形地貌、地层、构造、岩浆岩等地质情况，配以适当的钻探工程，用地、物、化探综合剖面，解剖地气化探异常，寻找矿化有利地段，并通过适量的取样工程，大致查明矿（化）体的分布、规模、产状和矿石质量等，评价该区是否存在有进一步工作价值的矿体，为进一步工作提供依据。

（3）矿区大外围工作。

为了进一步查明本区铜镍矿床的成矿地质背景，研究铜镍岩浆硫化物矿床的成矿机制，对本区进行1∶5万地质图修测、空白区补测是非常必要的，同时由于本区新生界覆盖面积大，覆盖厚度10～80m，对区内矿产调查极为不利，传统的手段、方法很难有进展。因此，选择矿床（点）分布比较集中的东西两个矿带进行1∶2.5万地气地球化学测量、1∶5万遥感地质解译是最为可行的矿产调查方法，调查的元素应该选择与铜镍岩浆硫化物矿床有相关关系并且渗透性较好的指示元素组合，如汞、砷、碘、硒、碲、铜、镍等，同时异常的检查主要采用钻探和井中物、化探，搞清立体地质晕，对矿产的预测或指导找矿发挥积极作用。具体工作建议如下：

东矿带拉水峡—小窑沟72km^2范围内进行1∶5万地质修测和补测，并进行1∶5万遥感地质调查和补做1∶2.5万地气地球化学测量和磁法测量。

西矿带沙家、亚曲82km^2范围和加家8.6km^2范围同样进行1∶2.5万地气地球化学测量和磁法测量，并选择成矿有利地段进一步进行1∶5000～1∶2000地质测量，开展铜镍（铂族）矿普查工作。

五、资源接替区矿产资源经济效益评价

（一）矿产资源储量潜在价值

1. 计算说明

矿产资源潜在价值指接替区内探明的某种或某几种可利用资源某初级产品价格折算的价值总和。这一指标从宏观上反映一个单元（国家或地区）矿产资源经济价值。

单一矿种的潜在价值测算公式如下：

$$SV_i = R_i \times P_i \times G_i \times \zeta_i \qquad i = 1, \cdots, n$$

式中，SV_i为第i种矿产资源潜在价值；R_i为第i种矿产资源的资源储量；P_i为第i种矿产资源所生产的主要矿产品价格；G_i为第i种矿产的品位调整系数；ζ_I为第i种矿产的统一计算单位系数；n为矿种数。

上式中，评价利用的资源储量（R_i）=∑（基础储量+各级别的资源量×该级别资源量的可信度系数）。各级别的资源量的可信度系数由矿产勘查阶段和利用情况确定，具体取值如表5-4所示。

（1）矿产品价格（P_i）：选用近3～5年平均价格作为计算参数。

表5-4　潜在价值评价的资源量可信度系数

勘查阶段	利用情况	资源量的可信度系数
预查阶段	情形Ⅰ	0.5
	情形Ⅱ	0.5
普查阶段	情形Ⅰ	0.5
	情形Ⅱ	0.6

续表

勘查阶段	利用情况	资源量的可信度系数
详查阶段	情形Ⅰ	0.6
	情形Ⅱ	0.7
勘探阶段	情形Ⅰ	0.7
	情形Ⅱ	0.8

注：情形Ⅰ是指近期不宜进一步工作的矿区或近期难以利用的矿区；情形Ⅱ是除情形Ⅰ以外的矿区，包括开采矿区、基建矿区等。计算时分上表储量和未上表储量分别计算。

（2）品位调整系数（G_i）：品位调整系数是单位矿产储量与单位矿产品之间的品质换算系数，它是由单位储量和矿产品质（即选用的矿产品价格的矿产品度）之间的关系决定的，其换算公式为：

$$\text{品位调整系数} = \text{矿产储量平均品位} \div \text{单位价格的矿产品品位}$$

经查询矿产的价格，青海省只有铁矿需要品位系数换算，矿床平均品位÷矿产品品质65%。其他矿产品均为金属t和矿石量的价格，与矿床资源储量一致，品位调整系数为1。

（3）统一计算单位系数：由于矿产品价格的单位统一规定为元/t，矿产储量的单位按储量表的规定有多种，如：t、千t、万t、亿t等，为了避免计算过程中因计算单位不同引起数字定位错误，采用统一计算单位系数进行预测处理。若矿产储量是吨，则ζ_i为1，若储量单位是10^3t，则ζ_i为1000，若储量单位是万t，则ζ_i为10000。

2. *矿产品价格*

本次各接替区内矿产资源潜在价值估算的矿产品价格采用综合项目组2008年12月5日《关于西部资源接替选区经济评价中矿产品价格参照指标的通知》中“2002～2008年11种重要非能源固体矿种产品平均价格”进行，对于《通知》中未列出的其他矿种，其价格查阅了《全国矿产品产供销综合统计与价格通报》、中国能源网、ATK金属报价网、中华商务网、化工世界网、五洲化工在线，矿产交易网以及根据市场实际调研成果确定，其中钾盐价格按KCl近几年的实际价格平均计算确定，详见表5-5。

表5-5　矿产品平均价格表

矿产品	单位	价格	规格
铜	元/t	41250	
锌	元/t	17676	
铅	元/t	11062	
钼	元/t	423000	
锡	元/t	85838	
镍	元/t	186884	
铁	元/t	789	Fe：65%
钴	元/t	763890	
镉	元/t	55000	
砷	元/t	11000	
硒	元/t	800000	

续表

矿产品	单位	价格	规格
混合稀土金属	元/t	35000	
硫矿	元/t	1330	
芒硝	元/t	300	
五氧化二磷矿石	元/t	21	
透辉石	元/t	260	
钾盐	元/t	2700	
MgCl	元/t	720	
$MgSO_4$	元/t	410	
NaCl	元/t	168	
五氧化二硼	元/t	3100	
天青石	元/t	19652	
LiCl	元/t	7832	
银	元/kg	3620	
铟	元/kg	3600	
镓	元/kg	6900	
锗锭	元/kg	1275	
金	元/kg	131000	

3. 潜在价值计算结果

接替区内已查明主要矿产资源储量的潜在价值为490.68亿元，全部为上表资源储量的潜在价值，详见表5－6。

表5－6　矿产资源潜在价值测算结果表

接替区名称	矿种	矿区	基础储量/万t	资源量/万t	工作程度	品位/%	资源量可信度系数	价格/(元/t)	品位系数	潜在价值/元	上表状态	合计/亿元
元石山—拉水峡铁铜镍磷矿勘查开发接替区	铁矿	元石山	329.9	371.2	勘探	31.24	0.8	789	0.48	2377087838	上表	490.68
	镍矿	元石山	3.0017	12.6109	勘探		0.8	186884	1	24463900513		
		拉水峡		0.5228	勘探		0.8	186884	1	781623642		
	钴矿	元石山	0.1841	0.3748	勘探		0.8	763890	1	3625269162		
		拉水峡		0.01126	勘探		0.8	763890	1	68811211		
	磷矿	上庄	6045.1	45082.9	详查		0.7	21	1	7896657300		
	轻稀土氧化物	上庄	5.835	28.7786	详查		0.7	35000	1	9093007000		
	透辉石矿	上庄		401.7	详查		0.7	260	1	731094000		
	铜	拉水峡		0.0933	勘探		0.8	41250	1	30789000		

（二）年矿业产值增量预测

2005年，接替区内仅有拉水峡铜镍矿在小规模开采，年产值约0.1亿元。

预测到2010年，接替区内各主要单矿种年产金属量分别为：镍0.0955万t，铁1.1万t，钴22.9t。

预测到2015年，接替区内各主要单矿种年产金属量分别为：镍0.3446万t，铁4.0万t，钴82.7t，磷0.39万t，轻稀土0.0655万t。

2010年矿业产值$Gm=\sum$（预测单个矿种年产量×该矿种价格）=镍0.0955万t×186884元/t+铁1.1万t×1214元/t+钴22.9t×76.389万元/t=17847.42万元+1335.4万元+1749.34万元=20932.13万元≈2.09亿元。

2015年矿业产值$Gm=\sum$（预测单个矿种年产量×该矿种价格）=镍0.3446万t×186884元/t+铁4.0万t×1214元/t+钴82.7t×76.389万元/t+磷0.39万t×640元/t+轻稀土0.0655万t×35000元/t=64400.23万元+4856万元+6317.37万元+249.6万元+2292.5万元=78115.7万元≈7.81亿元。

2010年较2005年的年矿业产值增量=2.09亿元-0.1亿元=1.99亿元。2015年较2010年的年矿业产值增量=7.81亿元-2.09亿元=5.72亿元。

（三）矿产资源开发利用的社会效益评价

1. 矿产资源开发对地区经济发展的贡献

开发接替区位于海东地区境内，根据《青海省海东地区国民经济和社会发展“十一五”规划纲要》统计及预测，海东地区2005年地区生产总值74.19亿元；预测2010年地区生产总值148亿元，较2005年增加73.81亿元；2015年地区生产总值296亿元，较2010年增加148亿元。

2010年矿业对经济发展的贡献率=接替区矿业产值增量/接替区所在区域国内生产总值增量=1.99亿元/73.81亿元=2.70%。

2015年矿业对经济发展的贡献率=接替区矿业产值增量/接替区所在区域国内生产总值增量=5.72亿元/148亿元=3.86%。

2. 矿产资源开发对经济增长速度的贡献

2010年接替区矿业产值占接替区所在区域国内生产总值的比重=2.09亿元/140亿元=1.49%。

2010年与2005年比较，接替区矿业产值增长率=1.99亿元/0.10亿元=1990.00%。

2010年与2005年比较，接替区所在区域国内生产总值增长率=73.81亿元/74.19亿元=99.35%。

2015年接替区矿业产值占接替区所在区域国内生产总值的比重=7.81亿元/296亿元=2.64%。

2015年与2010年比较，接替区矿业产值增长率5.72=亿元/2.09亿元=273.68%。

2015年与2010年比较，接替区所在区域国内生产总值增长率=280亿元/280亿元=100%。

2010年矿业经济增长贡献率=接替区矿业产值占接替区所在区域国内生产总值的比重×接替区矿业产值增长率/接替区所在区域国内生产总值增长率=1.49%×1990.00%/99.35%=29.84%。

2015年矿业经济增长贡献率=接替区矿业产值占接替区所在区域国内生产总值的比重×接替区矿业产值增长率/接替区所在区域国内生产总值增长率=2.64%×273.68%/100%=7.23%。

（四）矿产资源开发技术经济评价

（1）从成矿条件、资源储量、资源前景、矿床规模、矿石品位、采选性能、潜在价值、矿业贡献等八个方面，聘请7位专家对开发接替区内部开发条件分别评分，经汇总平均，元石山—拉水峡铁镍磷矿开发接替区内部开发条件综合评分结果为60.43分（表5-7），在六个勘查开发接替区中排名第六。

表 5-7　元石山—拉水峡铁镍磷矿开发接替区内部开发条件评分表

评价指标	评分 1	评分 2	评分 3	评分 4	评分 5	评分 6	评分 7	合计	平均
成矿条件（10 分）	4	5	7	6	6	4	10	42	60.43
资源储量（20 分）	8	16	16	15	16	6	18	95	
资源前景（15 分）	7	12	9	7	10	4	14	63	
矿床规模（15 分）	8	12	12	12	15	4	14	77	
矿石品位（10 分）	2	8	7	3	4	3	8	35	
采选性能（10 分）	2	5	8	2	3	3	8	31	
潜在价值（15 分）	2	12	11	6	12	4	14	61	
矿业贡献（5 分）	1	2	3	2	3	3	5	19	
合计	34	72	73	53	69	31	91	423	

（2）从市场需求、交通条件、供水条件、供电条件、自然条件、区域经济等六个方面，聘请 7 位专家对开发接替区外部开发条件分别评分，经汇总平均，元石山—拉水峡铁镍磷矿开发接替区外部开发条件综合评分结果为 80.29 分（表 5-8），在六个勘查开发接替区中排名第一。

表 5-8　元石山—拉水峡铁镍磷矿开发接替区外部开发条件评分表

评价指标	评分 1	评分 2	评分 3	评分 4	评分 5	评分 6	评分 7	合计	平均
市场需求（20 分）	6	15	12	16	17	11	20	97	80.29
交通条件（16 分）	15	15	15	15	15	9	16	100	
供水条件（16 分）	12	13	15	12	13	15	15	95	
供电条件（16 分）	16	13	15	14	10	15	14	97	
自然条件（16 分）	10	5	14	15	14	9	16	83	
区域经济（16 分）	11	13	13	15	14	9	15	90	
合计	70	74	84	87	83	68	96	562	

六、资源接替区勘查开发环境影响评价

（一）环境影响分析评价

1. 政策环境影响分析

近年来，我国经济持续快速增长，铁矿石消费量稳步攀升。预计到 2010 年和 2020 年国内铁矿石的保证程度分别仅为 65% 和 72%，铜资源的保证程度分别仅为 28% 和 18%，镍在 2020 年的保证程度仅为 55%。因此加快元石山铁镍矿床的开采和拉水峡地区铜镍矿的勘查，对于缓解我国铁铜镍矿紧缺的局面，具有一定的推动作用。我国磷资源虽然较丰富，但西北地区磷资源短缺，从内地购入的运输成本高。因此加快上庄磷矿的开发对于缓解西部地区磷资源短缺局面，具有十分重要的意义。

元石山—拉水峡地区位于海东地区，几个矿床均不在自然保护区内，青海省经济社会发展规划、青海省工业发展规划中，将本地区列为青海省重点开发区之一，是未来矿产资源开发的重点区域。铁、铜、磷是鼓励开采的矿种。青海省矿产资源总体规划将本区列为东部省级矿业经济区，通过开发丰富的铁、铜、磷等矿产，带动铜铅锌冶炼、加工业的发展，力争使本地区成为全省重要的省级矿业经

济区。

对矿山环境保护的要求是：矿产开发要求矿山环境保护要贯穿于矿产资源开发的全过程，遵循“谁开发谁保护，谁污染谁治理，谁破坏谁恢复，谁使用谁补偿”的原则，实行矿山建设与生态环境保护设施的“三同时”制度，足额缴纳矿山环境恢复治理保证金，做好矿山环境的恢复治理，最大限度地减轻矿业活动对生态环境造成的污染和破坏。

2. 自然环境影响分析

矿区地处拉脊山中段北麓和南麓，海拔2858～3256m，比高200～300m。具半干旱大陆性气候，年最高气温23℃～25℃，最低气温-26℃～-28℃，年均气温0℃，11月至翌年2月为冰冻期。年降水量738mm，5～9月为雨季，占全年降水量的80%。总的来看，本地区生态环境承载力一般，在矿产开发中要加强生态环境保护措施和恢复治理，争取将开发对生态环境的影响降到最低。

矿体埋藏深度不等，埋深浅的矿体以露采为宜，深的矿体以坑采为宜。

区内水文地质条件比较简单。大部分矿体位于当地侵蚀基准面之上。矿坑充水来源主要是大气降水、溪流、第四系冲—洪积物孔隙水、含矿岩体及其顶、底板裂隙潜水与局部裂隙承压水，虽对矿坑充水有影响，但不至于产生较大的危害。

矿区工程地质条件简单，顶底板围岩较稳定。岩石抗拉、抗压强度均较大，硐室一般稳定，局部破碎地段需支护。

矿区附近均有河水通过，水质良好，可作为生产生活用水，电力需自备。总之矿床开发条件一般。

青海省已开采的有色金属类矿山，环境地质问题主要为废渣、尾矿压占荒漠型草地、不合理堆放、选矿废渣废水污染水源等。因此各矿山在建设初期就必须进行环境影响评价工作，并按评价要求落实环保措施；同时改革生产工艺、构建尾矿库、尽可能减少污染物排放总量；严格按要求开展矿山环境恢复治理工作，使矿山环境地质问题的影响程度降到最低。

3. 社会环境影响分析

截至“十五”末，平安县、化隆县总人口34.4万人；地区生产总值207246.6万元，其中第一产业31626.4万元，第二产业106532万元，第三产业79089万元；财政总收入12602万元；工业总产值125222.0万元；固定资产投资完成185212万元。2007年实现地区生产总值31.49亿元。

元石山—拉水峡地区通过元石山、拉水峡等铁、铜、镍矿及上庄磷矿的开发，主要矿种资源储量能够保证的开发规模可以达到：铁镍55×10^4t/a、磷380×10^4t/a。预测到2010年，接替区内各主要单矿种年产金属量分别为：镍0.0955万t，铁1.1万t，钴22.9t；矿业产值可增加1.99亿元，矿业产值占地区生产总值的1.41%，并将带动300以上的人员就业，对地区经济社会发展将产生极大的推动作用。

4. 矿产资源勘查、开发的环境保护和恢复程度

地质勘查工作只是临时性占用土地，而且只是在部分点段上进行勘探施工或路线穿越，也不会对生态环境造成严重破坏。因此只要在地质勘查工作中加强对环境的保护，对一些槽探、硐探、钻探场所进行适当填平、恢复，合理堆放废渣，就能够最大限度地降低对生态环境的影响，做到地质勘查与生态环境的保护协调进行。

在矿产资源开发中，主要会产生废气和粉尘、废水、废渣、噪声等环境污染因素，预测通过一定的环境保护措施及恢复治理工作，对环境的影响是有限的。

大气污染物：露天采场大气污染物主要是凿岩爆破粉尘和自卸汽车运输的道路扬尘，均为无组织短时间排放。凿岩粉尘采用湿式凿岩或干式捕尘器作业。爆破后采用喷雾洒水降尘，运输道路的扬尘采用洒水车定期洒水降尘。厂区采暖锅炉房烟囱排放的烟尘采用旋风除尘器收尘，使排放达标。

废水：根据现有地质资料所反映的矿区水文地质情况，在矿山露天开采揭露矿体后，水质将会有所变化。但该地区水资源匮乏，应充分利用采场地下涌水，将采场内涌水全部泵送到选矿厂水处理系统经处理后再用于选矿生产用水。生活废水均采用生化处理达标后外排。

固体废弃物：矿山所产生的固体废弃物主要是露天开采剥离排弃的岩土及生活垃圾等，岩土由自卸汽车运到排土场堆存，生活垃圾就地掩埋。在露天开采结束后，采坑应按要求进行植草、恢复植被，保护水土不流失。锅炉产生的煤渣可作为建筑材料使用或厂区铺路，不会造成环境污染。

噪声：噪声源主要为凿岩机、电铲作业时产生的机械噪声，操作人员配带耳塞进行个人防护。由于露天采场周围无居民区、不会对居民产生影响。

综上所述，在矿山生产过程中，矿山主要采用露天开采加井下开采的工艺，虽然会引起局部地段地形地貌的变化，但由于生产规模不大，并在露天开采结束后采取植被恢复措施。通过采取较有效的环境保护措施，预测矿山开发对该地区的大气环境、水环境、声环境以及生态环境不会产生明显的影响。因此本矿山开发对该地区的生态环境不会产生明显的影响。

5. 环境影响综合指标评估排序

根据上述四方面的影响分析，采取因子分析方法，制定环境影响预测评价方案，再根据选区实际，对选区进行权重计算，进行环境影响综合指标评估排序。

根据环境影响预测评价要求，聘请7位专家分别评分，经汇总平均，元石山—拉水峡铁镍磷矿勘查开发接替区环境影响综合评分结果为69.14分（表5－9），在6个开发接替区中排名第三。

表5－9 元石山—拉水峡铁镍磷矿勘查开发接替区环境影响综合评分表

规划评价要素（权重%）	评价指标	评分1	评分2	评分3	评分4	评分5	评分6	评分7	合计	平均
矿产资源开发利用与保护的目标和方针－政策环境（25）	符合政策（10）	8	10	4	10	7	5	10	54	69.14
	当地经济需求（10）	10	10	10	10	9	5	10	64	
	与当地其他产业的协调一致性（5）	5	4	5	5	5	3	5	32	
矿产资源开发利用布局－自然环境（25）	降雨量（8）	6	7	5	8	5	4	8	43	
	地形地貌－坡度（8）	6	3	5	4	5	4	6	33	
	构造和岩性（9）	6	5	5	4	5	4	6	35	
矿产资源开发利用的规模－社会经济环境（25）	矿业产值占总经济产值的比率（6）	6	4	5	6	5	1	5	32	
	人口密度（6）	6	4	4	6	5	3	6	34	
	交通密度（6）	7	3	6	6	5	1	6	34	
	技术开发条件（7）	6	7	2	7	5	1	5	33	
矿山环境保护恢复治理－难易程度（25）	恢复治理率（7）	0	3	5	3	5	3	4	23	
	三废综合利用率（6）	0	3	5	4	6	2	2	22	
	尾矿综合利用率（6）	0	3	2	4	6	2	1	18	
	万元产值GDP环保投资额（6）	6	3	4	4	5	1	4	27	
累积		72	69	67	81	78	39	78	484	

（二）减轻资源开发对环境影响建议

1. 政策法规建议

本区不属于自然保护区，是国家省确定的重点勘查区。在矿产资源勘查中，要充分考虑环境因素，对生态环境脆弱地段和生态环境保护地段尽量不布置或者少布置勘查工作。矿产资源开发中，要认真贯彻国家关于环境保护的方针、政策，矿山环境保护贯穿于矿产资源开发的全过程，必须坚持“在保护中开发、在开发中保护”和“事前预防、事中治理、事后恢复”的原则，把矿产资源开发活动对环境的影响和破坏减少到最低限度。坚持“预防为主、防治结合”、“全面规划、合理开发、充分利用、化害为利、变废为宝”及“谁开发，谁保护”、“谁污染，谁治理”、“谁破坏，谁恢复”、“谁使用，谁补偿”的方针。明确矿山环境评估、监测、恢复治理、保护等各个环节的法律责任制。实行矿山环境保护的相关法规和政策、制度，力争把矿业开发对环境的影响降到最低点。

2. 行政管理建议

努力做好矿山环境保护的宣传教育，使各级领导干部和广大群众全面认识发展与环境的关系，树立矿业可持续发展的战略目标。

建立健全矿山环境保护的法规体系，明确矿山环境评估、监测、恢复治理、保护等各个环节的法律责任制。建立矿山环境保护的行政首长责任制，实行矿山环境保护的行政部门负责制和考核制。

（1）新建（扩建）矿山必须符合环境保护准入条件。实行环境保护一票否决制，对于采矿活动对环境影响和破坏较大或难以恢复治理的采矿权申请，一律不批准。签订矿山环境保护责任书，足额缴纳矿山环境恢复治理保证金，加强矿山环境恢复治理和被破坏土地的复垦。

（2）生产矿山必须严格按照批准的开发利用方案、矿山环境保护与综合治理方案和土地复垦方案的要求，从事采掘活动和矿山环境保护与恢复治理，切实履行矿山环境保护与土地复垦义务。

（3）闭坑矿山要提交矿山环境恢复治理计划。做好闭坑、关停前的土地复垦、生态修复、尾矿库保护、废渣堆填、废水处理等环境保护工作。并按规定提交相关报告。

3. 技术方法建议

加强矿山环境的监测及预测、预报，掌握矿山环境的动态，及时采取有效的防治措施。

努力发展矿产资源领域的循环经济。将“减量化、再利用、资源化”应用到矿产资源勘查、开采中。提高矿山固体废弃物综合利用水平，实现矿山固体废弃物的资源化。

加强与矿山环境保护有密切关系的矿山环境地质调查评价及研究。研究矿业开发过程中引起的地质环境的各种变化，提出对矿山环境的影响及防治技术，研究、推广矿业三废的处理和废弃物回收与综合利用技术、装备。

加强人才培训，学习矿山环境保护的先进技术和经验，提高矿山环境保护工作的能力和水平。

4. 经济手段建议

完善经济刺激手段。对环境保护工作做得好的矿山企业实行减税或免税，对破坏与污染严重的实行加税，提高矿产资源废弃物综合利用的利润留成率，以及征收排污费及罚款等。

建立矿山环境保护与恢复治理保证金制度。保证金专项用于因开采矿产资源引发的矿山环境恢复治理。对逾期没有按要求治理或治理达不到要求的矿山，由国土资源主管部门使用该矿山缴纳的保证金，组织矿山环境恢复治理。

5. 公众参与的方式和跟踪监测评估的内容和方法建议

一是加强防减灾和保护环境的宣传教育，提高政府部门、企业、职工和全民的环境保护意识与防灾减灾意识。二是加强矿山环境的监测及预测、预报，掌握矿山环境的动态，及时采取有效的防治措施。三是加强执法检查并加大行政监察力度，建立矿山环境保护与治理工作的行政监督管理机制和行政、法律责任追究机制。限期整顿污染环境、破坏环境的矿山企业。

七、资源接替区勘查开发利用评述

（一）保有资源储量

本勘查开发接替区是根据已查明的上庄磷矿和元石山铁镍矿两个大型矿床和南部的拉水峡铜镍矿床划定的。其中上庄磷矿是西北地区规模最大的磷矿床，它的开发将有效缓解西北地区磷矿资源短缺局面；元石山铁镍矿的开发也将会对东部拉水峡地区因镍资源枯竭而形成的供应能力不足的局面产生积极影响；拉水峡地区具有寻找金川式大型铜镍硫化物矿床的潜力，因此建议开展该地区的深部和外围找矿工作。

区内保有资源储量为：镍金属量161354t，其中基础储量30017t；钴金属量5685t，其中基础储量1841t；铁矿石量701.1万t，其中基础储量329.9万t；磷矿石量51128万t，其中基础储量6045.1万t；伴生轻稀土氧化物346136t，其中基础储量58350t；透辉石资源量（矿物量）401.7万t，见附表3。此外，尚有资源量：铬18.51t，硒6.34t，碲2.55t，铂族0.30t，硫2.80万t未上表。区内丰富的保有资源储量为资源开发奠定了良好基础。

（二）资源储量能够保证的开发规模

（1）元石山铁镍矿床的保有资源储量在30年服务年限内，能够保证矿石55万t/a的开发规模，理论上可年产镍金属量2640t，同时应综合利用矿石中的铁和钴。

（2）上庄磷矿床的保有资源储量在60年服务年限内，能够保证矿石380万t/a的开发规模。规划一期建设规模为采选矿石150万t/a，视矿床进一步工作后的资源储量情况和选矿工艺条件再合理扩产至300万t/a左右。

（三）开发利用条件

（1）开发接替区内保有镍、磷资源储量丰富并具有进一步找矿潜力，具备进行规模开发的前提条件。

（2）区内交通方便，各矿床均有公路可通汽车。平安附近有国家电网经过，用电较方便。水源充足，能满足生产、生活用水需要。区内属浅山农业区，经济相对较发达，劳动力和物资供应比较充足。

（四）经济技术可行性

上庄磷矿和元石山铁镍矿两个矿床经可行性评价或经济可行性分析，均获得了矿山开发后能取得较好的经济效益的结论，是经济可行的。目前国家要求在未来要依靠自己的力量保障粮食供给，因而我国农业生产对磷肥的需求量也会随之增加，所以开发上庄磷矿床，将会对西北地区的农业生产做出积极贡献。

（五）资源潜力分析

上庄磷矿和元石山铁镍矿勘查程度已经具备开发条件，矿区深部和外围进一步找矿的潜力不大，可直接进入开发。

拉水峡地区进一步找矿的潜力巨大，研究证明，该地区具有寻找金川式大型铜镍硫化物矿床的潜力。预测拉水峡地区资源总量为：铜50万t，镍68万t。因此，应当尽快开展拉水峡地区已知矿床深部和外围的找矿工作。

（六）存在问题

（1）元石山铁镍分离及钴资源综合回收利用一直得不到解决，直到“十五”期间通过技术攻关才取得了进展，但尚未应用于生产工艺，有待继续研发。

（2）上庄磷矿床品位低，平均品位为P_2O_5 3.17%，低于《勘查规范》推荐的一般工业指标的边界品位（5%～6%），属特低品位磷矿石。矿石中有轻稀土、铁、透辉石共、伴生，综合利用回收难度大，一定程度上给开发工作带来了困难。

（3）拉水峡铜镍矿床经过二十多年的开采，其资源已经面临枯竭，急需新的资源接替区。但本地区工作程度很低，且找矿潜力巨大，具有寻找金川式大型铜镍硫化物矿床的潜力，因此建议尽快开展该地区的深部和外围找矿工作。

（七）工作建议

（1）加大元石山铁镍矿床的铁镍分离及钴资源综合回收利用研究力度，尽快获得能够应用于生产工艺的研究成果。

（2）加强上庄磷矿床的低品位矿开发利用及共、伴生矿产的综合回收研究工作，在生产中提高开发利用及综合回收水平。

(3) 加强拉水峡地区的深部和外围找矿工作。以地气找矿模式和成矿模式为指导，运用地质、地气测量方法，首先以拉水峡矿区为突破口，寻找铜镍硫化物盲矿体，重新分析研究拉水峡铜镍硫化物矿床的成矿特征，建立成矿模式，寻找金川式大型铜镍硫化物矿床。

第二节 瓦勒根—恰冬金铜矿勘查开发接替区

一、资源接替区外部条件

(一) 资源接替区外部建设条件

勘查开发接替区位于黄南藏族自治州境内，行政区划隶属黄南藏族自治州同仁县和泽库县管辖，面积3395km^2 (附图4)。

区内山脉总体呈 NW—SE 向延伸，地势总体上北西高南东低，海拔最高为4635m，最低处海拔3200m 左右。地形地貌复杂多样，西部东部属高山深切割区，地形复杂，山高坡陡，冰斗发育，河谷多为“U”字形，中部的双朋西一带地形较平缓，为低山丘陵。

本区气候属高原大陆性气候，以气温低、昼夜温差大、冰冻期长、多风为特征。据泽库县气象站资料，该区年平均气温 0℃左右，最高气温为 29℃～34.3℃ (6 月下旬)，最低气温为 -19℃～-23.8℃ (1 月下旬)。年平均降水量为 252.2～434mm。年平均风速 1.4～2.4m/s，最大风力 8 级。雨季主要集中于6～8 月，多雷雨冰雹。霜冻期为 8 月中下旬至翌年 6 月上旬。3700m 以下为林区、草甸，植被覆盖广。

区内无大中型工矿企业，主要以林业、牧业生产为主，有零星耕地分布。出产牛、羊、马等畜产品。

西宁—同仁—泽库—河南有203 省道相通，从公路—瓦勒根矿区有简易公路通达，矿区距兰青铁路平安驿火车站 220km，交通较为方便。恰东矿区有简易公路至瓜什则接同仁至夏河省级公路，往北约 170km 可达兰青铁路的平安驿车站，交通亦较为方便。

区内能源较为匮乏，煤炭需从大通、热水煤矿解决。接替区附近有 110kV 电网通过，可以解决电源问题。瓦勒根河、交合隆瓦河是区内最大的常年流水河，可以作为矿区主要的生产、生活供水水源地。

矿区地处藏族游牧区，地广人稀，劳动力缺乏；矿区附近无大型工矿企业，当地的经济建设主要为林业和畜牧业，同仁、双朋西有少量农业。经济文化、基础设施较落后。矿山生产所需劳动力、生产和生活物资均需从西宁供给。

(二) 矿产资源供需形势

我国查明金矿资源储量按当前产金产量计算，保证年限不足 10 年。资源接替问题相当严峻。铜矿需求旺盛，铜矿供需矛盾加剧，国内供应能力仅能满足消费的 25%～30%。预计到 2020 年我国精炼铜的需求量将进一步增加，国内铜资源形势更为严峻。因此加快瓦勒根—恰冬地区的金、铜矿勘查，发现和查明一批可供开发的金、铜矿产地，对于缓解国家金、铜资源紧缺的局面，具有十分重要的意义。

(三) 经济社会发展状况

截至“十五”末，黄南州辖区内总人口 22.0 万人；地区生产总值 227459 万元，其中第一产业 63808 万元，第二产业 103613 万元，第三产业 60038 万元；财政总收入 12274 万元，其中地方财政一般预算收入 5165 万元；工业总产值 11451.1 万元；固定资产投资完成 72536 万元；参加失业保险人数

7687 人，参加最低生活保障人数 6828 人，参加农村合作医疗人数 153018 人。2007 年实现地区生产总值 27.99 亿元。

“十一五”期间，黄南州经济总量目标为：地区生产总值年均增长 10%，到 2010 年末达到 36.6 亿元，人均地区生产总值 15700 元。其中，第一产业年均增长 3%，第二产业年均增长 15%，第三产业年均增长 10%。三次产业比例达到 19:54:27；全州地方财政一般预算收入年均增长 7%；全社会固定资产投资五年累计达到 110 亿元，年均增长 17%；全社会消费品零售总额达到 3.3 亿元，年均增长 10%。

“十一五”期间，黄南州将坚持“工业强州”的发展战略，积极跻身于省级沿黄工业区的开发和建设行列，吸引省内外大型企业来我州开发优势资源，壮大水电产业，恢复铝业生产，加快矿产开发，做深农畜产品加工业，做大蒙藏药产业，发展民族手工业。在进一步扩大总量的同时，大力发展资源开发型循环经济，构建节约型产业结构，走出一条符合黄南实际的新型工业化道路。加快矿产资源的勘查和开发步伐，以金矿资源勘查开发为突破口，实施泽库瓦勒根岩金矿、同仁恰东铜金矿、尖扎洛洼铅锌矿、河南西倾山岩金矿等矿产资源开发，逐步形成具有一定采矿规模和选矿能力的勘查、采矿、精深加工为一体的综合产业群体。到“十一五”末，全州矿产资源开发总产值达到 10 亿元。

二、矿产资源勘查开发现状

黄南州境内发现的矿产地较多，截至 2005 年已发现矿床（点）245 处，其中接替区内 130 处，但以往工作程度较低，发现的大部分矿床（点）未进行系统评价和深入工作，致使全州的矿产资源开发规模、效益均很低。

“十五”期间，青海省加大了对黄南地区的勘查投入。通过勘查，“十五”期间初步评价了瓦勒根金矿，通过工作，瓦勒根金矿的资源储量规模已达中型规模，通过进一步工作，该矿床的资源储量规模有望进一步扩大。据调研，该矿床的勘查单位青海第一地质大队认为该矿床有望在“十一五”期间投入开发。“十五”期间，青海省有色地勘局在该区评价了一处中型铜矿—恰冬铜矿，也可供“十一五”进行规模开发。

区内查明的矿产地主要有金属矿床（点）7 处，非金属矿产两处，水气矿产 1 处。其中中型矿床 3 处（瓦勒根、恰冬、多郎尕日寨），多隆尕日色的砷虽达大型规模，但未上表，其余均为小型矿床。

区内已开发的矿种主要为铁、铜、铅、锌、金、砷等，其中经过评价和工作的主要有铜、铅、锌、金、砷等。

区内上表的矿床除多郎尕日寨外，其余均为小型矿床。两个最重要的矿床瓦勒根金矿床和恰冬铜矿床均未上表。根据已有资料和调研情况，其资源储量情况如表 5-10。

区内资源储量上表情况不能反映区内真实的资源储量情况。谢坑铜金矿的资源量经勘查已有较大幅度提高，但未上资源储量表，恰冬铜矿勘查后也未提交报告，而瓦勒根正在勘查，据第一地质大队预测，其资源潜力较大，有望达到 20t，多郎尕日寨经过勘查后，仅上表砷资源量，而多金属资源量均未上表。因此，本处统计的资源储量难以准确代表该区已查明资源储量的真实情况。

区内矿产资源开发历史悠久，但规模较小，整个黄南州没有中型以上的矿山企业。20 世纪七八十年代，曾经对老藏沟、夏卜楞铅锌矿进行过小规模民采，开采浅部富矿；浅部富矿开采完后，时断时续地有民营采矿者开采，但产量甚微。如夏卜楞矿区有两个采矿权，分别为启鑫升夏卜楞铅锌矿和鸿鑫矿业有限公司夏卜楞铅锌矿，开采矿石约 0.15 万 t。

恰冬铜矿由黄南州华帝矿业有限责任公司筹建开采。双朋喜铜金矿床 20 世纪 90 年代开始开采地表铁帽型金矿，至本世纪初，资源量消耗殆尽，开始开采原生铜矿，并在同仁县建有 150t/d 选厂，2003 年后停采，2007 年仍未恢复生产。区内小矿山开发较正规的是循化县谢坑铜金矿，2007 年采选矿石 1.6 万 t，生产铜精粉 0.1 万 t，金属量不详，并综合利用了金、铁等有益元素。区内其他矿床均未开发利用。

表 5-10　瓦勒根—恰冬地区矿产资源储量情况表

矿种	矿床	矿床规模	勘查程度	累计查明			保有			备注
				基础储量	资源量	资源储量	基础储量	资源量	资源储量	
铜矿	谢坑	小型	详查	499	164	663	254	164	418	上表
	双朋喜	小型	详查		8770	8770		8492	8492	
	恰冬	中型	普查		108400	108400		108400	108400	未上表
	合计			499	117334	117833	254	117056	117310	
铅矿	夏布愣	小型	详查	1493	24634	26127		23260	23260	上表
	老藏沟	小型	详查		80763	80763		80763	80763	
	合计			1493	105397	106890		104023	104023	
锌矿	夏卜愣	小型	详查	1575	9337	10912		9165	9165	上表
	老藏沟	小型	详查		49785	49785		49785	49785	
	合计			1575	59122	60697		58950	58950	
锡矿	老藏沟	小型	详查		432	432		432	432	上表
金矿	瓦勒根	中型	普查		13500	13500		13500	13500	未上表
砷矿	多郎尕日寨	中型	详查		19466	19466		19466	19466	上表
	老藏沟	中型	详查		19771	19771		19771	19771	
	合计				39237	39237		39237	39237	
银矿	老藏沟	小型	详查		262	262		262	262	上表
铟矿	老藏沟	小型	详查		10	10		10	10	上表
硫矿	老藏沟	小型	详查		26.2	26.2		26.2	26.2	上表
镉矿	老藏沟	小型	详查		191	191		191	191	上表

注：金矿单位为千克，硫矿为万吨，其他矿种单位为吨。

三、选区依据

本区位于东昆仑成矿带东端的同仁、泽库地区。处于东端的泽库弧后前陆盆地中，主体为一规模巨大的早中三叠世复理石沉积盆地，印支期岩浆侵入活动和晚三叠世火山活动强烈，断裂构造发育，成矿条件优越。

地球化学金、砷、锑、铜、铅、锌异常规模大，强度高，异常呈不均匀分布，主要集中于北部，并受岩体的控制呈“半环”状分布，分为公钦隆瓦异常、夏德日—多朗尕日寨异常、老藏沟—多禾茂异常。

区内已发现各类矿床、点130处，主要矿种为铜、铅、锌、金、砷，主要类型为陆相火山岩型、喷流—沉积型、接触交代型和构造蚀变岩型。典型矿床有恰冬铜矿、老藏沟铅锌矿、瓦勒根金矿。

区内地质工作程度较低，仅完成1:5万区域地质调查两幅，面积840km^2，尚未开展1:5万矿产综合调查（包括1:5万矿调、1:5万化探、1:5万磁法和1:5万遥感）工作。

该区南西段是金、砷富集地段，瓦勒根构造蚀变岩型金矿就产于其中。瓦勒根金矿区地层属隆务河群中部层位，岩性为砂板岩互层夹灰岩，矿体受近东西向构造破碎带及北西向次级构造控制，沿破碎带断续有石英斑岩脉侵入，金矿化与石英斑岩关系密切。矿区圈出了近东西向金矿化带和北西向金矿化带两组金矿化带，其中近东西向金矿化带根据矿体展布和空间位置又进一步划分出Ⅰ、Ⅱ、Ⅲ、Ⅳ号四个金矿化带，北西向金矿化带进一步划分出Ⅴ、Ⅵ、Ⅶ号三个金矿化带。

瓦勒根金矿区目前正在进行普查工作，初步估算金资源量13.5t。矿体在地表和深部均未完全控制，矿体向深部有厚度增大品位变富的趋势，矿区西部和南部化探异常经初步检查，发现数条金矿体和较多的矿化线索，显示了该区在面上还具有很大的找矿空间，具备大型矿床的潜力。

该区北东段是铜、铜金矿富集地段，恰冬喷流沉积—改造型铜矿就产于其中。恰冬铜矿赋存于隆务河群凝灰质砂板岩中、次为大理岩与凝灰质砂板岩交界处。矿床内已圈出4个较大的含矿层，估算铜资源量10.84万t，矿床成因类型应为产于早三迭世含火山物质的碎屑岩、灰岩夹安山岩层中的喷流沉积—改造型铜矿床。在矿区北西恰冬同一层位发现欠隆铜矿点，已控制矿带长300m，宽13～30m，初步圈定4个矿体，平均含铜1.06%～1.56%。欠隆铜矿点与恰冬铜矿属于同一成矿带上，在恰冬铜矿床—欠隆铜矿点一带，具有找到类似成因矿床的潜力。此外，兰采、古浪堤一带地质环境相似，有多处铜（金）矿点、矿化点及重砂、化探异常出现，待进一步工作后，很有可能成为青海省新的铜（金）矿田。

另外，该区印支期花岗岩、花岗闪长岩十分发育，岩体内、外接触带矽卡岩化、角岩化、硅化十分强烈，与此相应的铜矿化、铜金矿化、铜铁矿化也十分普遍，大小矿点、矿化点星罗棋布，化探异常紧紧相随。因此，该区是寻找矽卡岩型、热液型和斑岩型矿床的有利地区。

本地区根据《青海省第三轮成矿远景区划研究及找矿靶区预测》预测，预测资源总量为：铜60万t，铅锌50万t、金50t。而目前该区已经发现的资源储量为：铜11.78万t，铅锌16.76万t，金13.5t。资源查明率很低，因此找矿前景较为乐观。

四、典型矿床特征

（一）老藏沟多金属矿床

1. 地理位置、交通、能源、水源条件

矿床位于泽库县北东直距约52km处，行政区划隶属泽库县多福顿乡管辖。

矿区海拔3200～3600m，地形陡峻。属高原大陆性气候，年最高气温32℃，最低气温-24℃，年降水量385～590mm，年蒸发量1206～1667mm。矿区森林密布，植被广厚，覆盖率达80%。

矿区东距麦秀林场7km，有简易公路相通，林场往北33km到达同仁县，向南65km到达泽库县，均有省级公路，交通方便。矿区生产生活用水方便，用电需从林场引入，生产用煤需从180km外的西宁地区运入。矿区周围无工业，劳动力必须从外地引进，生产及生活物资均需从外地运入。

2. 勘查工作程度

1958年黄南地质队在矿区外围护林点两侧发现方铅矿、闪锌矿细脉。1968～1969年第七地质队、物探队、地质部第三物探大队采用重砂、电法、岩石、土壤测量等方法圈定了异常区。1969～1970年地质七队、物探队进行物化探详查，对护林点西侧矿点进行检查。1976～1982年地质七队进行普查，1982～1986年地质七队进行详查。

3. 查明资源储量（333及以上）

累计查明资源量：铅80763t，锌49785t；伴生银262t，锡432t，砷19771t，硫26.2万t，铟10t，镉191t，见附表3。

4. 矿床地质特征

矿区大地构造位置属松潘—甘孜印支褶皱系青海南山冒地槽带。出露地层为

（1）中三叠统古浪堤组一岩段，岩性为长石砂岩，局部夹粉砂质板岩或板岩。

（2）上三叠统麦秀群：

①英安质火山岩组一岩段，岩性为英安岩夹少许英安质火山角砾岩和英安质火山集块角砾岩。

②安山质火山岩组一岩段，岩性为安山岩、安山质火山角砾岩、安山岩夹少许安山质火山角砾岩及角砾凝灰岩、安山质火山角砾岩夹少许安山岩及角闪安山岩夹少许安山质火山角砾岩、安山质火山集块角砾岩。

（3）下白垩统多福顿群：

①基性火山岩及碎屑岩组二岩段，岩性为紫红色砂砾岩夹紫黑色安山玄武岩。

②上碎屑岩组一岩段，岩性为紫红色砂砾岩夹粗砂岩及泥岩。

（4）上第三系中新统，岩性为橘红色砂砾岩、泥岩、偶夹薄层石膏。

（5）第四系：

①古河床冲洪积。

②残坡积及冲洪积。

构造包括导发火山喷发的基底断裂、火山构造和早白垩世时期断裂复活形成的断陷盆地构造，这三大部分构成矿区构造的基本格局。岩浆岩广布，主要有：

（1）火山管道相侵入岩，主要有斜长花岗斑岩、潜英安岩、潜黑云母安山岩等。

（2）潜火山岩相侵入岩，主要有潜安山岩、潜石英安山岩、黑云母石英闪长斑岩、黑云母石英正长闪长斑岩、潜辉石安山岩、隐爆角砾岩等，其中特殊潜火山岩—隐爆角砾岩与成矿关系密切。

矿床主矿体产于老藏沟上三叠统中酸性火山岩内的浅成安山质隐爆角砾岩及电气石石英岩构成的火山机构东侧。矿床按产出地段自北向南有：瓦窑沟一带铜矿化、老藏沟斜长花岗斑岩及潜英安岩中的铜、锡多金属矿体、拨雾沟铅锌矿群、史赫郎卡矿段铅、锌、硫、锡矿群等，银未形成单独矿体，其他伴生元素有锑、In、镉、砷等。大致以老藏河为界，河西以铜矿化为主，构成铜矿化带，河东为铅锌、硫、锡成矿带，构成铅锌（硫、锡）矿床。铜矿化带：瓦窑沟铜矿化，仅发现规模较小的铜矿化体，地表控制长90m，宽1.2～7.85m，含铜 0.32%～0.58%，工程控制平均最高0.37%，深部控制矿化体视厚度1～5m，含铜 0.3%～0.79%；老藏沟火山通道相斜长花岗斑岩及潜英安岩中铜、锡、铅锌矿，仅有微弱的黄铜矿化，局部形成一些铜矿体，规模小，不具工业意义，此外有G115锡矿体、G116铅锌矿体、G97铅锌矿体。铅锌（硫、锡）矿，分为拨雾沟和史赫郎卡两个矿体，拨雾沟矿段有矿体24个，其中主矿体8个、小矿体16个，均为盲矿体，称G2矿体群，规模最大的矿体G2-5长165m，倾斜沿深287m。主矿体品位：铅0.50%～2.68%，锌0.06%～1.47%。史赫郎卡矿段为矿区主要矿段，多为盲矿体，矿体一般长200～300m，斜深60～350m，由两个矿体群即G1—G3—G6矿体群（49个矿体）和G4—G5矿体群（23个矿体）组成。矿石品位Pb 0.66%～1.34%，Zn 0.03%～0.65%，Sn 0.1%～0.98%，S6.17%～17.1%。矿体形态为透镜状、脉状、不规则状，并有分枝复合尖灭再现现象。矿石中主要金属矿物有方铅矿、闪锌矿、砷硫锑铅矿、黄铁矿、白铁矿、锡石、毒砂、辉锑矿、黄铜矿、辉铜矿、斑铜矿等，脉石矿物主要有电气石、石英、绢云母、白云石等，矿石主要为原生硫化矿石。矿区平均品位 Pb 1.27%，Zn 0.77%，S 9.01%，Sn 0.35%，As 0.40%，Ag 36.33g/t，Cd 0.012%。

成因类型据矿区详查报告认为属火山型气液中低温锡石硫化物多金属矿床，三轮区划据其受陆相火山机构及其同生的环状隐伏断裂隙控制，将其划归为以铅锌（锡、银）为主的陆相火山岩型矿床。

5. 开采技术条件

矿区位于老藏河的中游，F_1断裂带以东地带。主要矿体群埋藏在史赫郎卡分水岭一带，绝大部分矿体位于当地侵蚀基准面之上，且远离地表水体，矿体与基岩裂隙水关系密切，而且与松散岩类孔隙水也有一定水力联系。总体为水文地质条件中等的断裂带充水型矿床。

矿区围岩主要为蚀变安山岩、安山质隐爆角砾岩和电英岩，属坚硬、半坚硬岩石。工程地质条件简单，但断裂发育，采矿需支护。

对原生硫化矿石进行了选矿试验，经浮选得铅精矿回收率 Pb 82.3%，Ag 65.5%；锌精矿回收率 Zn 78.1%，Ag 3.7%；硫精矿回收率 S 77.4%，Ag 21.3%，为易选矿石，银主要富集于铅精矿中，回收率较高。

6. 资源勘查潜力

根据目前工作程度和认识水平，认为向东至史赫郎东山、向北至龙那合一带仍有希望发现新的工业矿体，矿床规模仍可进一步扩大。

矿区外围已发现有脉状铅锌矿体及铜铅锌化探异常以及锡石、辰砂等重砂异常多处，其中护林点铅锌矿点发现三条矿体，长 60～105m，宽 0.4～6.0m，含 Pb 一般 1.43%～2.06%，Zn 一般 0.82%～3.21%，此外，尚含银 179g/t 左右，钯 0.01～0.02g/t，且水系沉积物、重砂及岩石地球化学均有较好的异常显示，显示有较好的找矿潜力；在矿区北部龙那合火山机构上亦有物化探异常显示，是否存在与潜火山岩（隐爆角砾岩）有关的气成热液多金属矿床，尚待进一步工作。

7. 勘查开发建议

（1）对矿区东部的史赫郎东山一带加大综合研究和勘查力度，查明矿化的地表特征及矿石质量，利用钻探工程择优进行深部验证，了解变化趋势。

（2）对火山机构的含矿性进行研究和调查，针对火山机构特点加大勘查力度，验证是否存在与潜火山岩（隐爆角砾岩）有关的气成热液多金属矿床。

（3）对外围已发现的矿化线索进行系统控制，利用钻探工程进行深部验证；对化探、重砂异常加大查证力度，查明远景规模。

（4）在上述工作的基础上，开展可行性研究和环境影响评价工作，确定合理的开发方案和开发规模，进行整体开发。

（二）瓦勒根金矿床

1. 地理位置、交通、能源、水源条件

矿区位于泽库县北东直距约 60km 处的瓦勒根河北侧的卡拉莫—席地龙洼一带，东西长 4.0km，南北宽 0.9km，面积约 3.6km^2，行政区划属泽库县麦秀镇管辖。

区内最高海拔 4635m，最低处的瓦勒根河道海拔为 3320m，比高 1300 余 m，属高山深切割区。本区气候属高原大陆性气候，以气温低、昼夜温差悬殊、冰冻期长、多风为特征。据泽库县气象站资料，年平均气温 0℃左右，最高气温为 29℃～34.3℃（6 月下旬），最低气温为 -19℃～-23.8℃（1 月下旬）。年降水量为 252.2～434.0mm。年平均风速 1.4～2.4m/s，最大风力 8 级。雨季主要集中在 6～8 月，多雷雨和冰雹。霜冻期为 8 月中下旬至翌年 6 月上旬。

平安—扎毛沟口—麦秀镇有 203 国道（阿—赛公路）相通，扎毛沟口—矿区北东的席地龙洼沟口（距矿区东界 4km）、麦秀镇—矿区南侧的尕让村（距矿区南界 8km）均有简易公路通达，席地龙洼沟口至矿区有小汽车可通行的便道，矿区所处的山岳地带已修筑供运输的矿区简易公路。矿区距兰青铁路平安驿火车站 220km，交通较为方便。

区内能源较为匮乏，煤炭需到西宁地区才能解决。勘查区附近无电网通过，距最近电源地约 20km，矿区的供电暂无法解决，矿山开发必须用自备发电机组供电。瓦勒根河是勘查区最大的常年流水河，是矿区主要的供水水源地，丰水期（6～8 月）最大流量达 50m^3/s，枯水期（11 月至翌年 5 月）最小流量 1m^3/s，年平均流量 3～5m^3/s。

矿区地处藏族游牧区，地广人稀，劳动力缺乏；矿区附近无大型工矿企业，当地的经济建设主要为林业和畜牧业，经济文化、基础设施较落后。矿山生产所需劳动力、生产和生活物资均需从外地供给。

2. 勘查工作程度

1994 年，青海省第九地质队在瓦勒根地区（$As^{42}_{乙1}$综合异常分解出的 8 个金子异常）进行异常 II 级查证时，发现了瓦勒根金矿，于1995年4月提交了《青海省泽库县瓦勒根地区金异常Ⅱ级查证报告》。

2002～2006年，青海省第一地质矿产勘查大队一直在区内开展金矿普查工作。

3. 查明资源储量（333及以上）

估算金资源量13.5t。

4. 矿床地质特征

矿区圈出了近东西向金矿化带和北西向金矿化带两组金矿化带，其中近东西向金矿化带根据矿体展布和空间位置又进一步划分出Ⅰ、Ⅱ、Ⅲ、Ⅳ号四个金矿化带，北西向金矿化带进一步划分出Ⅴ、Ⅵ、Ⅶ号三个金矿化带。

Ⅰ号金矿化带控制长600m，矿体赋存于近东西向层间破碎带及裂隙中，共圈出7个金矿体，其中$Ⅰ_2$号金矿体长78m，平均厚1.49m，最高品位4.82g/t，最低品位3.36g/t，平均品位3.77g/t；$Ⅰ_3$号金矿体长180m，平均厚1.89m，最高品位21.40g/t，最低品位2.95g/t，平均加权品位10.55g/t。

Ⅱ号金矿化带长近1800m，宽100～200m，圈定11个矿体，其中$Ⅱ_4$金矿体长90m，厚3.76m，平均品位4.88g/t；$Ⅱ_7$金矿体长320m，厚0.91～3.77m，金品位在1.01～25.2g/t之间，平均品位4.53g/t；$Ⅱ_8$金矿体长360m，平均厚4.48m，金品位在1.88～12.0g/t之间，平均品位4.86g/t。

Ⅲ号金矿化带长300余m，圈定1个金矿体，长320m，平均厚1.85m，金品位在1.0～4.84g/t之间。

Ⅳ号金矿化带长1800m，宽100～300m，圈定7个矿体，其中$Ⅳ_1$、$Ⅳ_2$、$Ⅳ_6$、$Ⅳ_7$号为主要矿体。$Ⅳ_1$矿体长165m，厚3.75m，平均品位2.05g/t；$Ⅳ_2$矿体长480m，厚3.74m，平均品位2.13g/t；$Ⅳ_6$矿体长610m，厚为3.40m，平均品位为4.33g/t；$Ⅳ_7$矿体长达1700m，地表规模较大的分支有四个，平均品位1.64～8.79g/t。

Ⅶ号金矿化带圈出两个金矿体，其中$Ⅶ_2$矿体产于北西向断裂破碎带中，赋矿岩石为黄铁矿化、毒砂矿化杂砂岩碎裂岩，长570m，平均厚度2.62m，平均品位3.94g/t。

矿物组分简单，主要金属矿物有黄铁矿、毒砂、辉锑矿、黄铜矿、磁黄铁矿、褐铁矿；脉石矿物主要有石英、斜长石、方解石、白云石、绢云母。

矿石类型划分为破碎蚀变砂板岩型金矿石、石英斑岩型金矿石、蚀变砂板岩型金矿石、辉锑矿脉型金矿石四类。

成因类型属“地下（卤）水溶滤金矿床”中的亚类“碎屑岩系中的金矿床”。工业类型属微细粒浸染型金矿床。

5. 开采技术条件

矿区水文地质条件简单，工程地质条件简单—中等。矿区属草甸—岩石裸露区，地广人稀，人类工程活动主要是矿产勘查及开发，目前尚无规模性开采活动，因此地质环境基本处于天然状态。但矿区内滑坡、泥石流等地质灾害时有发生，对矿业开发有一定影响。

全泥氰化试验中同一试样粒度大的（20目）比粒度小的（200目）浸出率高，其原因可能是由于试样磨细后碳质较大程度的裸露，产生与氰根“抢夺”金的现象。全泥氰化20目试样浸出率平均值可达78.25%，该类型矿石属于中等可浸矿石，矿石并非粒度越小浸出率越高。

柱浸试验中漂白粉对金的浸出无明显作用，考虑到漂白粉对氰化钠的消耗和自身成本，认为生产过程中勿需使用漂白粉进行预氧化处理。试样中银含量很低（9g/t）无获利基础；铜、锌含量也很低（分别为0.01%和0.05%），无法判定对氰化浸金过程的影响；铅和铁参与了氰化反应过程，这两种元素一般在量小的情况下对氰化浸金是有益的（试样中铅含量为0.046%，铁含量为3.69%）；本矿样中有较多的砷、锑（分别为0.88%和0.045%）和少量的硫（0.23%），这些元素一般会严重干扰金的浸取，而柱浸试验中这些元素并没有干扰金的浸取，这可能与矿石结构和赋存状态有关。试样中碳质在氰化浸金过程中表现出较强的“抢夺”金现象，控制矿石入堆粒度和贫液中金的浓度可以有效地扼制这种现象的出现。柱浸试验20mm粒度矿石浸出率平均值达81.75%，此类型金矿石可采用堆浸方式回收金。

柱浸试验结果为生产过程推荐下列资料：入堆矿石粒度30mm，氰化钠浓度0.07×10^{-6}，浸液pH值11.5，贫液中金浓度<0.30mg/L，金浸出率>75%。试样全泥氰化试验和综合条件柱浸试验结果见表5-11。

表5-11　全泥氰化试验、条件柱浸试验结果表

试验方法	矿石类型试验条件	破碎带蚀变岩型（氧化矿石）	
全泥氰化试验	粒度/目	200	20
	PH值	11	11
	NaCN浓度/%	0.1	0.1
	固液比	1∶2	1∶2
	浸出时间/h	24	24
	浸出率/%	74.03	78.25
综合条件柱浸试验	粒度/目	10	20
	pH值	11.5	11.5
	NaCN浓度/%	0.07	0.07
	柱径/mm	300	300
	柱高/mm	1200	1200
	喷淋强度/L/d	14	14
	温度/℃	18±3	18±3
	湿度/%	58±5	58±5
	浸出率/%	79.85	81.75

6. 资源勘查潜力

瓦勒根金矿床位处青藏北特提斯成矿域（I_2），布喀达坂—青海南山成矿省（$Ⅱ_3$），同德—泽库印支期汞、砷、铜、铅、锌、金（锑、钨、铋、锡）成矿带（$Ⅲ_{16}$），同仁印支期铅、锌（金、银、锡）成矿亚带（$Ⅳ_{18}$），区域上与甘肃境内合作、夏河金矿化带相连，其成矿背景与枣子沟金矿、夏河金矿及南部玛曲—南坪金成矿亚带的大水、忠曲金矿非常相似，成因同属微细粒浸染型金矿床。瓦勒根金矿区仅在1∶1万土壤测量AP2号金异常分布区东西长2500m范围内做了找金工作。深部尚未穿透Ⅳ号矿化带；在4252m中段有两个平硐工程控制（0、8线），3822m中段有一个平硐工程控制（69线），尚未穿透Ⅰ号矿化带。目前，初步查明金矿床达中型规模（估算金资源量13.5t）。AP2号金异常东、西两端及APl、AP4、AP6号的金异常未做检查验证；矿区矿头所处的最高标高为4480m，最低标高为3822m，比高达660m；矿体向深部有厚度增大品位变富的趋势；矿床剥蚀程度低。从区域成矿背景、矿床本身特征及找矿线索分析，本区具备找到大型金矿床的条件和潜力。

7. 勘查开发建议

（1）对矿区已圈出的四条近东西向金矿化带和Ⅶ号北西向金矿化带，采用钻探工程进行系统控制，查明资源远景。在此基础上，提高矿体的控制程度和研究程度，查明资源储量，提供可供开发利用的基础储量。其总体思路是：勘查工作以中段Ⅳ矿带为主，兼顾两侧，尽快结束Ⅳ矿带详查及全矿区的普查评价，提交20t金资源量，为下步Ⅳ矿带开发和全矿区详查工作奠定基础。近期重点工作建议如下：

对56线以西地段，地表工程以80m×8m的网度系统揭露、追索新发现的金矿体，查明其地表特征，进而利用钻探工程了解深部变化情况。

对56～15线之间，以80m×80m的工程网度系统控制Ⅳ矿化带，查明资源储量。

对15线以东地段，在已建立69线典型剖面的基础上，加强控矿构造和后期构造截切关系的研究，围绕矿体集中分布的39线在成果上寻求突破。

(2) 面上找矿工作重点为隆务河群c岩组2岩段中的金异常分布地段。对AP2号金异常东、西两端及AP1、AP4、AP6号金异常加大查证力度，发现并圈定新矿体，扩大矿区远景规模。

(3) 在上述工作的基础上，开展可行性研究和环境影响评价工作，确定合理的开发方案和开发规模，进行整体开发。

（三）恰冬铜矿床

1. 地理位置、交通、能源、水源条件

矿区位于青、甘两省交界处西端7km，行政区划隶属同仁县瓜什则乡管辖。

矿区地处高寒山区，附近海拔高程一般3800～4200m左右，最高4298m，矿区范围内海拔最高点3648m。矿区无大的溪流，气候属相对较好的高原性气候。矿区为冬季牧场，主要居民为藏族，以放牧为主。

矿区有简易公路至瓜什则接同仁至夏河主干公路，可达同仁、循化、夏河等地，往北约170km可达兰青铁路的平安驿车站，交通较为方便。矿区供水方便。东距瓜什则乡10km，可提供电源。能源匮乏，需到西宁地区才能解决煤炭资源。矿区为夏季牧场，周围无工业，劳动力必须从外地引进，生产及生活物资均需从外地运入。矿区外围有隆务峡小型水电站，近年建有同仁铝厂和双朋喜金矿选矿厂。双朋喜地区有少量农业。

2. 勘查工作程度

1987年由有色七队发现，1988年地表揭露，1989～1992年进行普查找矿。投入的主要工作量：钻探8188.82m、槽探13502.73m、1:2千地形地质草测5.2km^2，1:5千地形地质草测2.3km^2，各类样品2114个。

3. 查明资源储量（333及以上）

对Ⅱ、Ⅲ含矿层中7个主矿体估算了铜资源量，铜金属量10.84万t，平均品位0.92%；伴生银金属量150t，平均品位12.78g/t；均未上表。

4. 矿床地质特征

矿床位于松潘—甘孜印支褶皱系青海南山冒地槽带。出露地层主要为三叠系下统b组，岩性为长石石英砂岩、凝灰质板岩夹凝灰质砂岩，其次为第三系含砾砂岩及第四系残坡积层，其中凝灰质板岩夹凝灰质砂岩是矿区的主要含矿层。褶皱构造为加吾力吉背斜的北翼，为走向近北西向的单斜构造，局部形成小型褶皱；断裂构造有纵向断层和横向断层，其中横向断层较为发育且不同程度地破坏矿体。岩浆活动强烈，多为浅成侵入岩，其次是喷出岩，主要岩体有加吾力吉花岗闪长岩体，分布于矿区南西部，恰冬铜矿床及欠隆铜矿点均位于岩体北接触带或其附近。此外还有石英闪长玢岩、闪长玢岩、石英钠长斑岩。

矿体（矿化）主要产于凝灰质砂岩中，其次产于大理岩与凝灰质砂岩、板岩交界处。共圈出四个大的含矿层（Ⅰ、Ⅱ、Ⅲ、Ⅳ），其中Ⅱ、Ⅲ含矿层为主要含矿层。Ⅱ、Ⅲ含矿层有主矿体7个（Ⅱ1、Ⅱ2-1-1、Ⅱ2-2-1、Ⅱ2-1-2、Ⅱ2-2-2、Ⅲ1、Ⅲ2），其中Ⅲ、Ⅱ1为规模较大的主矿体。单矿体走向长一般225～400m，控制倾斜延深250～320m，单矿体平均厚度一般为1.41～6.11m，单工程矿体最大厚度23.68m。矿区平均铜品位一般为0.67%～0.92%，最高为1.46%。矿体多呈似层状、透镜状产出，多相互平行分布于矿化层中并具多层性。

矿石自然类型划分为氧化矿、硫化矿两种。主要金属矿物为黄铁矿、磁黄铁矿、黄铜矿、自然铜、毒砂；氧化矿物有孔雀石、褐铁矿；脉石矿物有石英、长石、方解石、绿帘石、透闪石、石榴石等。

硫化矿铜品位一般 0.52% ~1.75%，个别为 3.56%，氧化矿铜品位一般为 0.54% ~2.00%，个别达 4.08%，矿石银品位一般 10 ~26g/t，个别 50g/t，全矿铜平均品位 0.92%，银平均品位 12.78g/t。

成因类型属喷流沉积—改造型。

5. 开采技术条件

矿体多呈透镜状、似层状产出，主矿体最大埋深 250 ~270m，矿体倾角多在 45°~50°左右，需采用小竖井进行坑采。

主矿体多分布于当地侵蚀基准面以上，矿区水文地质条件简单。

矿体顶底板围岩较为稳固，一般可不用支护。

交通方便，供水方便，东距瓜什则乡 10km，可提供电源。

6. 资源勘查潜力

矿区矿体的控制程度较低，矿区北部矿体仅有地表工程控制，钻探工程控制深度普遍偏浅，矿体深部远未完全控制，若加强深部找矿，则有望扩大矿区资源储量规模，甚至获得新的找矿突破。

矿区圈定三个找矿意义明朗的物化探综合异常：

Ⅱ -1 物化探综合异常：分布于矿区东南部位，异常区与第 1 含矿层大体吻合。宏观上激电异常近东西走向，Fs 最高值 5.2%，以 2% 圈定异常范围总长 2200m，宽 300 ~150m，这个带上磁异常 12 个，有 10 个落在激电异常区内。化探次生晕铜、砷异常较明显。

该异常经两个钻孔验证，均见到了铜矿体。

Ⅱ -2 物化探异常：异常位于测区中部（7 线—18 线），宏观上激电异常走向东西，Fs 极大值 5.9%，以 2% 圈定异常断续长 2000m，平均宽 300m，激电异常以 50γ 圈定磁异常 14 个，磁异常最大值为 300γ。该异常区内次生晕铜、砷、铅异常组合较好，异常中心部位与Ⅲ含矿层基本吻合。

异常经 7/ZKl、0/ZKl、8/ZKl、8/ZK2、12/ZKl、12/ZK2 等工程验证均见工业矿体。

Ⅲ号异常：异常位于矿区西部（F_2断层以西地段），异常分布范围 1.2km^2，呈不规则的椭圆形。激电、磁法、自电和化探次生晕异常相互重合。异常峰值高，磁法为 1300γ，自电 200mV，激电 18%，化探次生晕 Cu 85g/t，Pb 35g/t，Zn 85g/t。异常位于矿区西部Ⅱ、Ⅲ含矿层分布地段。Ⅱ含矿层地表见有小规模的工业矿体，Ⅲ含矿层地表为较大范围的矿化，在Ⅲ含矿层以西地段（相当于Ⅳ含矿层）多处见有铅、锌、铜矿化及含铜毒砂脉分布。

异常经 39/ZK1 孔验证，未见到具规模的工业矿体。

上述Ⅱ -1、Ⅲ号异常验证力度不够，尚有一定找矿潜力。

矿区外围尚有欠隆、团娄来、阔合隆洼等铜矿点或找矿线索，若加强外围普查工作，完全有望扩大资源远景。

7. 勘查开发建议

（1）加大矿区勘查工作力度，特别要加强矿区深部探矿，查明资源远景；择优查明浅、深部矿体的变化情况，扩大资源远景，提高控制程度，提供可供开发利用的基础储量。

（2）加大物化探异常的验证力度，寻找新的成矿有利地段，扩大找矿前景。

（3）对外围铜矿点或找矿线索，要加大普查工作力度，寻找新的勘查基地，力争获取新的找矿突破。

（4）在上述工作的基础上，开展可行性研究和环境影响评价工作，确定合理的开发方案和开发规模，进行整体开发。

五、资源接替区矿产资源经济效益评价

（一）矿产资源储量潜在价值

区内矿产资源潜在价值的计算公式等均与元石山—拉水峡铁铜镍磷矿勘查开发接替区的计算公式等一致，矿产品价格见表 5 -5；接替区内已查明主要矿产资源储量的潜在价值为 63.08 亿元，其中上表资源储量的潜在价值为 25.64 亿元，未上表资源储量的潜在价值为 37.44 亿元，详见表 5 -12。

表 5－12　矿产资源潜在价值测算结果表

接替区名称	矿种	矿区	基础储量/t	资源量/t	工作程度	资源量可信度系数	价格（元/吨）	品位系数	潜在价值/元	上表状态	合计/亿元
瓦勒根－恰冬金铜矿勘查开发接替区	铜矿	谢坑	254	164	普查	0.6	41250	1	14536500	上表	25.64
		双朋喜		8492	普查	0.6	41250	1	210177000		
	铅矿	夏布愣		23260	普查	0.6	11062	1	154381272		
		老藏沟		80763	普查	0.6	11062	1	536040184		
	锌矿	夏卜愣		9165	普查	0.6	17676	1	97200324		
		老藏沟		49785	普查	0.6	17676	1	527999796		
	锡矿	老藏沟		432	普查	0.6	85838	1	22249210		
	砷矿	多郎尕日寨		19466	普查	0.6	11000	1	128475600		
		老藏沟		19771	详查	0.7	11000	1	152236700		
	硫矿	老藏沟		262×10^5	详查	0.7	1330	1	243922000		
	镉矿	老藏沟		191	详查	0.7	55000	1	7353500		
	铟矿	老藏沟		10	详查	0.7	3600	1	25200000		
	银矿	老藏沟		262	详查	0.7	3620	1	663908000		
	铜矿	恰冬		108400	普查	0.6	41250	1	2682900000	未上表	37.44
	金矿	瓦勒根		135	普查	0.6	1.31×10^8	1	1061100000		

（二）年矿业产值增量预测

2005 年，接替区内个别矿山小规模开采铜矿、金矿，累计产值约 0.17 亿元。

预测到 2010 年，接替区内各主要单矿种年产金属量分别为：铜 0.02 万 t，金 1.0t。

预测到 2015 年，接替区内各主要单矿种年产金属量分别为：铜 0.5 万 t，金 1.0t。

2010 年矿业产值 $Gm=\sum$（预测单个矿种年产量×该矿种价格）＝铜 0.02 万 t×41250 元/t＋金 1.0t×13100 万元/t＝825 万元＋13100 万元＝13925 万元≈1.39 亿元。

2015 年矿业产值 $Gm=\sum$（预测单个矿种年产量×该矿种价格）＝铜 0.5 万 t×41250 元/t＋金 2.5t×13100 万元/t＝20625 万元＋32750 万元＝55375 万元≈5.54 亿元。

2010 年较 2005 年的年矿业产值增量＝1.39 亿元－0.17 亿元＝1.22 亿元。

2015 年较 2010 年的年矿业产值增量＝5.54 亿元－1.39 亿元＝4.15 亿元。

（三）矿产资源开发利用的社会效益评价

1. 矿产资源开发对地区经济发展的贡献

开发接替区位于黄南州境内，根据《青海省黄南州国民经济和社会发展“十一五”规划纲要》统计及预测，黄南州 2005 年地区生产总值 22.74 亿元；预测 2010 年地区生产总值 36.6 亿元，较 2005 年增加 13.86 亿元；2015 年地区生产总值 58.94 亿元，较 2010 年增加 22.34 亿元。

2010 年矿业对经济发展的贡献率＝接替区矿业产值增量/接替区所在区域国内生产总值增量＝1.22 亿元/13.86 亿元＝8.80%。

2015 年矿业对经济发展的贡献率＝接替区矿业产值增量/接替区所在区域国内生产总值增量＝4.15 亿元/22.34 亿元＝18.58%。

2. *矿产资源开发对经济增长速度的贡献*

2010 年接替区矿业产值占接替区所在区域国内生产总值的比重 = 1.39 亿元/36.6 亿元 = 3.80%。

2010 年与 2005 年比较，接替区矿业产值增长率 = 1.22 亿元/0.17 亿元 = 717.65%。

2010 年与 2005 年比较，接替区所在区域国内生产总值增长率 = 13.86 亿元/22.74 亿元 = 60.95%。

2015 年接替区矿业产值占接替区所在区域国内生产总值的比重 = 5.54 亿元/58.94 亿元 = 9.40%。

2015 年与 2010 年比较，接替区矿业产值增长率 = 4.15 亿元/1.39 亿元 = 298.56%。

2015 年与 2010 年比较，接替区所在区域国内生产总值增长率 = 22.34 亿元/36.6 亿元 = 63.93%。

2010 年矿业经济增长贡献率 = 接替区矿业产值占接替区所在区域国内生产总值的比重 × 接替区矿业产值增长率/接替区所在区域国内生产总值增长率 = 3.80% ×717.65%/60.95% = 44.74%。

2015 年矿业经济增长贡献率 = 接替区矿业产值占接替区所在区域国内生产总值的比重 × 接替区矿业产值增长率/接替区所在区域国内生产总值增长率 = 9.40% ×298.56%/63.93% = 43.90%。

（四）矿产资源开发技术经济评价

（1）从成矿条件、资源储量、资源前景、矿床规模、矿石品位、采选性能、潜在价值、矿业贡献等 8 个方面，聘请 7 位专家对开发接替区内部开发条件分别评分，经汇总平均，瓦勒根—恰冬金铜矿勘查开发接替区内部开发条件综合评分结果为 64.71 分（表 5 – 13），在六个勘查开发接替区中排名第四。

表 5 – 13　瓦勒根—恰冬金铜矿勘查开发接替区内部开发条件评分表

评价指标	评分 1	评分 2	评分 3	评分 4	评分 5	评分 6	评分 7	合计	平均
成矿条件（10 分）	5	8	10	9	8	7	10	57	64.71
资源储量（20 分）	8	12	8	12	12	11	12	75	
资源前景（15 分）	12	12	15	15	13	11	14	92	
矿床规模（15 分）	12	12	4	8	8	8	10	62	
矿石品位（10 分）	7	7	5	6	9	7	9	50	
采选性能（10 分）	8	5	5	6	7	5	9	45	
潜在价值（15 分）	7	9	12	6	9	4	6	53	
矿业贡献（5 分）	1	3	3	3	2	3	4	19	
合计	60	68	62	65	68	56	74	453	

（2）从市场需求、交通条件、供水条件、供电条件、自然条件、区域经济等 6 个方面，聘请 7 位专家对开发接替区外部开发条件分别评分，经汇总平均，瓦勒根—恰冬金铜矿勘查开发接替区外部开发条件综合评分结果为 47.00 分（表 5 – 14），在 6 个勘查开发接替区中排名第五。

表 5 – 14　瓦勒根—恰冬金铜矿勘查开发接替区外部开发条件评分表

评价指标	评分 1	评分 2	评分 3	评分 4	评分 5	评分 6	评分 7	合计	平均
市场需求（20 分）	15	14	15	16	16	20	20	116	47.00
交通条件（16 分）	10	7	8	4	4	5	1	39	
供水条件（16 分）	8	15	15	12	12	5	15	82	
供电条件（16 分）	9	3	4	2	2	4	1	25	
自然条件（16 分）	12	6	4	2	4	4	3	35	
区域经济（16 分）	6	5	4	2	7	4	4	32	
合计	60	50	50	38	45	42	44	329	

六、资源接替区勘查开发环境影响评价

(一) 环境影响分析评价

1. 政策环境影响分析

我国目前查明金铜矿资源储量不能保证经济社会发展的需要。预计到2010年和2020年国内金的保证程度分别仅为68%和60%，铜资源的保证程度分别仅为28%和18%，资源接替问题相当严峻。因此加快瓦勒根—恰冬地区的金、铜矿勘查，发现和查明一批可供开发的金、铜矿产地，对于缓解国家金铜资源紧缺的局面，具有十分重要的意义。

瓦勒根—恰冬地区位于同仁县、泽库县境内，几个矿床均不在自然保护区内，金、铜是鼓励开采的矿种。青海省矿产资源总体规划将本区列为重点勘查区，通过金矿勘查，提交一批可供开发的金矿产地，力争使本地区成为全省重要的金铜矿开发基地。

2. 自然环境影响分析

本区气候属高原大陆性气候，以气温低、昼夜温差大、冰冻期长、多风为特征。年平均气温0℃左右，年平均降水量为252.2～434mm。年平均风速1.4～2.4m/s，最大风力8级。雨季主要集中于6～8月，多雷雨冰雹。霜冻期为8月中下旬至翌年6月上旬。3700m以下为林区、草甸，植被覆盖广。总的来看，本地区生态环境承载力一般，在矿产开发中要加强生态环境保护措施和恢复治理，争取将开发对生态环境的影响降到最低。

矿区属草甸—岩石裸露区，地广人稀，人类工程活动主要是矿产勘查及开发，目前尚无规模性开采活动，因此地质环境基本处于天然状态。绝大部分矿体位于当地侵蚀基准面之上，且远离地表水体，矿体与基岩裂隙水关系密切，而且与松散岩类孔隙水也有一定水力联系。水文地质条件简单—中等。矿体顶底板围岩较为稳固，但有的矿区断裂发育，采矿需支护，工程地质条件简单—中等。

青海省已开采的有色金属类矿山，环境地质问题主要为废渣、尾矿压占荒漠型草地、不合理堆放、选矿废渣废水污染水源等。因此各矿山在建设初期就必须进行环境影响评价工作，并按评价要求落实环保措施；同时改革生产工艺、构建尾矿库、尽可能减少污染物排放总量；严格按要求开展矿山环境恢复治理工作，使矿山环境地质问题的影响程度降到最低。

3. 社会环境影响分析

截至“十五”末，黄南州总人口22.0万人；地区生产总值227459万元，其中第一产业63808万元，第二产业103613万元，第三产业60038万元；财政总收入12274万元，其中地方财政一般预算收入5165万元；工业总产值11451.1万元；固定资产投资完成72536万元。2007年实现地区生产总值27.99亿元。

瓦勒根—恰冬接替区通过瓦勒根金矿、恰冬铜矿的开发，主要矿种资源储量能够保证的开发规模可以达到：金矿石20万t/a，铜矿石150万t/a。预测到2010年，接替区内各主要单矿种年产金属量分别为：铜0.02万t，金1.0t；矿业产值可增加1.22亿元，矿业产值占地区生产总值的3.80%，并将带动200以上的人就业，对地区经济社会发展将产生极大的推动作用。

4. 矿产资源开发的环境保护和恢复程度

地质勘查工作只是临时性占用土地，而且只是在部分点段上进行勘探施工或路线穿越，也不会对生态环境造成严重破坏。因此只要在地质勘查工作中加强对环境的保护，对一些槽探、硐探、钻探场所进行适当填平、恢复，合理堆放废渣，就能够最大限度地降低对生态环境的影响，做到地质勘查与生态环境的保护协调进行。

在矿产资源开发中，主要会产生废气和粉尘、废水、废渣、噪声等环境污染因素，预测通过一定的环境保护措施及恢复治理工作，对环境的影响是有限的。

废气、粉尘的产生及治理：地下采场的凿岩、爆矿为主要产尘点，需采取湿式凿岩、喷雾洒水等降尘措施，并采用机械通风排除巷道内有害气体。矿石在破碎、筛分、输送过程中产生大量矿石粉尘，为此，除对各工艺设备采取有效的设备密闭外，在各产尘点均需设计除尘系统，分别选用气箱脉冲袋

式除尘器、脉冲单机除尘器，对含尘空气进行净化，使净化后的空气含尘浓度达到国家排放标准。对产生有毒、有味、烟气的污染源，如磨浮车间的药台及药剂搅拌槽、化验室的化验柜等均应设计局部机械排风或自然排风系统。采、选厂锅炉烟尘经高效多管旋风除尘器除尘后，使排放浓度达到国家标准。

废水的产生及治理：采矿排出的废水主要是凿岩喷雾废水及坑内涌水，因其排水量不大，暂可不考虑回用。该类废水除浊度偏高外，不含有害物质，经坑内沉淀后，可直接排放。选矿工艺排出的废水主要是随精矿、尾矿进入精矿堆存库、尾矿库的废水。该部分废水在尾矿库内经风吹、日晒，氧化分解后，有害物质浓度大大降低。因当地蒸发量大，此部分废水在库内经渗漏、蒸发后，损失较多，无法返回工艺重复利用。采场生活污水量很少，经沉淀处理后直接排放，自然蒸发。选厂生活污水排放经简单处理后，用潜污泵排至矿尾矿库，进行自然净化处理。

废渣的产生及治理：企业投产后的废渣主要是采场排出的废石、选矿工艺排出的尾矿、锅炉产生的煤渣及生活垃圾等。废石运至废石场集中堆存；尾矿通过管道送入尾矿库堆存；生活垃圾及其他废碴运至山谷有组织排放或填埋处理。

噪声的产生及治理：矿山主要是地下开采，凿岩和爆破产生的噪声受围岩和矿体阻隔，对外界环境没有影响。生产中要求操作人员配戴防护用具。选矿厂的碎矿、磨浮等设备产生的噪声，通过常规减振、降噪措施可对其进行有效控制。鉴于矿区人烟稀少，噪声又不能远距离传播，经厂房围护结构隔音后，对外界环境影响甚小。生产中操作人员应加强个人防护。

总之，对企业排出的废水、废气、废渣及噪音等污染物均可采取有效治理措施，且矿山地处偏远山区，周围人烟稀少，环境容量大，只要环保工程和措施很好发挥作用，并加强环保监测工作，矿山建成投产后，对该地区的大气、水、声以及生态环境不会产生明显的影响。

5. 环境影响综合指标评估排序

根据上述四方面的影响分析，采取因子分析方法，制定环境影响预测评价方案，再根据选区实际，对选区进行权重计算，进行环境影响综合指标评估排序。

根据环境影响预测评价要求，聘请7位专家分别评分，经汇总平均，瓦勒根—恰冬金铜矿勘查开发接替区环境影响综合评分结果为67.57分（表5－15），在6个开发接替区中排名第五。

表5－15　瓦勒根—恰冬金铜矿勘查开发接替区环境影响综合评分表

规划评价要素（权重/%）	评价指标	评分1	评分2	评分3	评分4	评分5	评分6	评分7	合计	平均
矿产资源开发利用与保护的目标和方针－政策环境（25）	符合政策（10）	9	8	4	10	8	10	8	57	67.57
	当地经济需求（10）	8	8	10	10	8	10	10	64	
	与当地其他产业的协调一致性（5）	4	4	5	5	4	4	5	31	
矿产资源开发利用布局－自然环境（25）	降雨量（8）	6	7	6	8	3	4	5	39	
	地形地貌—坡度（8）	8	5	5	4	3	4	2	31	
	构造和岩性（9）	9	4	5	4	3	5	4	34	
矿产资源开发利用的规模－社会经济环境（25）	矿业产值占总经济产值的比率（6）	6	4	6	6	6	1	1	30	
	人口密度（6）	6	4	3	6	5	3	1	28	
	交通密度（6）	6	1	2	6	5	1	1	22	
	技术开发条件（7）	7	4	5	7	5	5	6	39	

续表

规划评价要素（权重/%）	评价指标	评分1	评分2	评分3	评分4	评分5	评分6	评分7	合计	平均
矿山环境保护恢复治理－难易程度（25）	恢复治理率（7）	0	3	6	3	6	6	3	27	
	三废综合利用率（6）	0	3	5	4	5	3	1	21	
	尾矿综合利用率（6）	0	3	5	4	4	3	1	20	
	万元产值GDP环保投资额（6）	6	3	5	4	6	2	4	30	
累计		75	61	72	81	71	61	52	473	

（二）减轻资源开发对环境影响建议

1. 政策法规建议

本区不属于自然保护区，是国家省确定的重点勘查区。在矿产资源勘查中，要充分考虑环境因素，对生态环境脆弱地段和生态环境保护地段尽量不布置或者少布置勘查工作。矿产资源开发中，要认真贯彻国家关于环境保护的方针、政策，矿山环境保护贯穿于矿产资源开发的全过程，必须坚持“在保护中开发、在开发中保护”和“事前预防、事中治理、事后恢复”的原则，把矿产资源开发活动对环境的影响和破坏减少到最低限度。坚持“预防为主、防治结合”、“全面规划、合理开发、充分利用、化害为利、变废为宝”及“谁开发，谁保护”、“谁污染，谁治理”、“谁破坏，谁恢复”、“谁使用，谁补偿”的方针。明确矿山环境评估、监测、恢复治理、保护等各个环节的法律责任制。实行矿山环境保护的相关法规和政策、制度，力争把矿业开发对环境的影响降到最低点。

2. 行政管理建议

努力做好矿山环境保护的宣传教育，使各级领导干部和广大群众全面认识发展与环境的关系，树立矿业可持续发展的战略目标。

（1）新建（扩建）矿山必须符合环境保护准入条件。实行环境保护一票否决制，对于采矿活动对环境影响和破坏较大或难以恢复治理的采矿权申请，一律不批准。签订矿山环境保护责任书，足额缴纳矿山环境恢复治理保证金，加强矿山环境恢复治理和被破坏土地的复垦。

（2）生产矿山必须严格按照批准的开发利用方案、矿山环境保护与综合治理方案和土地复垦方案的要求，从事采掘活动和矿山环境保护与恢复治理，切实履行矿山环境保护与土地复垦义务。

（3）闭坑矿山要提交矿山环境恢复治理计划。做好闭坑、关停前的土地复垦、生态修复、尾矿库保护、废渣堆填、废水处理等环境保护工作。并按规定提交相关报告。

3. 技术方法建议

加强矿山环境的监测及预测、预报，掌握矿山环境的动态，及时采取有效的防治措施。

努力发展矿产资源领域的循环经济。将“减量化、再利用、资源化”应用到矿产资源勘查、开采中。提高矿山固体废弃物综合利用水平，实现矿山固体废弃物的资源化。

加强与矿山环境保护有密切关系的矿山环境地质调查评价及研究。研究矿业开发过程中引起的地质环境的各种变化，提出对矿山环境的影响及防治技术，研究、推广矿业三废的处理和废弃物回收与综合利用技术、装备。

加强人才培训，学习矿山环境保护的先进技术和经验，提高矿山环境保护工作的能力和水平。

4. 经济手段建议

完善经济刺激手段。对环境保护工作做得好的矿山企业实行减税或免税，对破坏与污染严重的实行加税，提高矿产资源废弃物综合利用的利润留成率，以及征收排污费及罚款等。

建立矿山环境保护与恢复治理保证金制度。保证金专项用于因开采矿产资源引发的矿山环境恢复治理。对逾期没有按要求治理或治理达不到要求的矿山，由国土资源主管部门使用该矿山缴纳的保证金，组织矿山环境恢复治理。

5. 公众参与的方式和跟踪监测评估的内容和方法建议

一是加强防震减灾和保护环境的宣传教育。提高政府部门、企业、职工和全民的环境保护意识与防灾减灾意识，二是加强矿山环境的监测及预测、预报，掌握矿山环境的动态，及时采取有效的防治措施。三是加强执法检查并加大行政监察力度，建立矿山环境保护与治理工作的行政监督管理机制和行政、法律责任追究机制。限期整顿污染环境、破坏环境的矿山企业。

七、资源接替区勘查开发评述

（一）资源潜力分析

本区南西段的瓦勒根构造蚀变岩型金矿具有大型远景规模，目前普查工作正在进行，矿体在地表和深部均未完全控制；矿区外围还具有很大的找矿空间，具有大型远景规模的潜力。本区北东段的恰冬喷流—沉积型铜矿已经达到中型规模，矿区外围还具有很大的找矿空间。在恰冬铜矿床—欠隆铜矿点一带，具有找到类似成因矿床的潜力。此外，外围的兰采、古浪堤一带地质环境相似，有多处铜（金）矿点、矿化点及重砂、化探异常出现，很有可能成为青海省另一具规模的铜（金）矿田。

本地区预测资源总量为：铜 60 万 t，铅锌 50 万 t，金 50t。资源查明率很低，因此找矿前景非常乐观。

（二）勘查开发建议

1. 已知矿床补充勘查

首先，需对已知矿体深部进行系统控制，扩大矿体规模，查明资源储量，为开发提供资源保障。

其次，由于区内已知矿床恰东铜矿、老藏沟铅锌矿、瓦勒根金矿等勘查工作程度不高，缺乏可供开发利用的基础储量，若要规划规模开发，尚需提高矿床勘查工作程度。

2. 矿区外围及深部勘查

对外围矿点及找矿线索加大预查、普查工作力度，扩大资源远景，为矿业开发提供后备基地。区内铜、铅锌、金矿的资源潜力大、找矿前景较好，有望找到大中型远景规模的矿床。由于以往地勘工作投入有限，资源家底尚查明，因此要加强本地区的矿产资源勘查工作，寻找新的矿产地，扩大资源储量规模，为规模开发提供依据。

第三节　加给龙洼—大场金矿勘查开发接替区

一、资源接替区外部条件

（一）资源接替区外部建设条件

勘查开发接替区位于玉树藏族自治州曲麻莱县大场河北侧，行政区划隶属玉树藏族自治州曲麻莱县管辖，面积 $3888km^2$（附图 5）。

接替区地处黄河源区，海拔 4300～4650m，以气候寒冷、年温差和日温差大、多风少雨、蒸发量大为特征，属典型的内陆高寒山区气候。年平均气温 0℃以下，霜冻期长，冻土发育。年降水量 180～440mm，多集中在 6～8 月份，每年 5～9 月为暖季，10 月份至翌年 4 月份为寒冻期。矿区所在地经济落后，人烟稀少，矿区周边为牧民夏季牧场。

接替区南距曲麻莱县城 280km，东距玛多县城 230km，北西距格尔木市 320km，均有便道可达矿区。干旱季节交通尚属方便，雨雪季节交通十分困难。

区内无电力、煤炭资源，电力需要自行柴油发电解决，煤炭需要从都兰、大通、热水等煤矿区运进。区内水系不发育，多为季节性河流。区内大场河、格涌曲为常年流水，水质和水量均能满足未来矿山生产、生活用水需要。

区内属牧业区，人口稀少，自然条件恶劣，干旱寒冷、草场贫瘠，除夏秋季节有少数牧民从事放牧活动外，人迹罕见，经济文化落后，所需生活、生产物资均依靠外地供给，属亟待脱贫的少数民族不发达地区。

（二）矿产资源供需形势

我国查明的金矿资源储量按当前矿山金产量计算，保证年限不足10年。资源接替问题相当严峻。因此加快加给龙洼—大场地区的金矿勘查进程，发现和查明一批可供开发的金矿产地，对于缓解国家金资源紧缺的局面，具有十分重要的意义。

（三）经济社会发展状况

截至“十五”末，玉树州辖区内总人口29.7万人；地区生产总值140126.8万元，其中第一产业101849.8万元，第二产业16343.0万元，第三产业21843.0万元；财政总收入43188.0万元，其中地方财政一般预算收入2512.0万元；工业总产值3845.4万元；固定资产投资完成102560.0万元；参加失业保险人数5372人，参加最低生活保障人数21833人，参加农村合作医疗人数211895人。2007年实现地区生产总值15.94亿元。

“十一五”期间玉树州经济社会发展的主要目标是：国民经济持续快速增长，效益提高。2010年全州地区生产总值达到18.18亿元以上，年均增长7%以上，人均5770元以上；地方财政一般预算收入2573.7万元，年均增长4%；全社会固定资产投资五年累计完成52亿元以上，比“十五”累计增长一倍。城乡居民收入增加，人民生活明显改善，贫困人口基本解决温饱。

“十一五”期间玉树州加强矿产资源勘查力度，坚持在保护中开发，在开发中保护的原则，正确处理经济社会发展与生态环境保护的关系，有序开发利用优势矿产资源，积极争取国家和省上加大对州域内矿产资源的勘查力度，重点做好优势成矿带的勘查工作，加大煤炭资源勘查力度，改变玉树州能源紧缺状况，为经济建设和社会发展提供资源保障。

曲麻莱县在“九五”期间是青海省砂金开采规模最大的县，曾经有上万人在县域内开采砂金，在全省属矿业经济强县，砂金开采曾为当地经济做出了很大的贡献。玉树州随砂金禁采后，矿业经济在全省最不发达，2005年全州年产固体矿石总量1.35万t，产值686.09万元，矿业利润75.61万元，2005年底拥有的14个矿山，全部为小型，主要开采砂石、盐矿及铅锌等。到2005年，曲麻莱县仅有小煤矿一座，年产原煤0.2万t，年产值仅16万元。由于该区农业发展受气候影响无法向规模化产业化方向发展，而畜牧业因过度放牧，草原退化严重，牧业生产停滞不前，而该区因人口稀少，工业商业及服务业发展受到制约，因此，加快大场、加给龙洼金矿的勘查开发进程对当地经济社会发展具有极其深远的意义。

二、矿产资源勘查开发现状

1996年在大场地区开展了1∶5万水系沉积物测量工作，面积约340km^2，共圈出金异常7个，并与砷、锑、铜、铅、锌等元素异常套合较好。其中金1号异常规模最大，面积102km^2，形态呈不规则带状，近NW－SE向展布，浓度分带清晰，有6个浓集中心。金元素第一浓度带（$(4\sim12)\times10^{-9}$）与砷、锑元素套合较好，第二浓度带（$(12\sim36)\times10^{-9}$）和第三浓度带（$>36\times10^{-9}$）与砷、锑、铜等元素套合，从外到内可分为金、砷、锑、金、铜、铅、锌二个多元素组合水平带。从元素分带可以看出，砷、锑元素可作为金的前缘指示元素，铜、铅、锌为近矿元素，金异常与多种热液成矿元素组合相关。该异常对应的矿床为大场金矿床。金3异常下限4×10^{-9}，峰值21×10^{-9}，异常点数16，衬度1.80，面积8.5km^2，金异常与砷、锑元素异常套合最好，局部与铜、铅、锌元素的低缓异常套合。该异常对应的矿床为加给龙洼金矿床。

2004年开展了扎拉依幅、阿棚鄂一幅1∶5万水系沉积物测量工作，面积800km²。全区共圈出各类综合异常32处。其中砷$_{乙1}$^{25}金（砷、锑）异常与扎家同哪金矿区对应。该异常以金为主，特征组合为砷，伴生有锑异常。金异常呈北西向展布，各元素套合较好，异常外带形态不规则，中内带呈条带状及椭圆状，三带具全，浓集中心明显。金异常点数65个，峰值35.5×10^{-9}，面积12.5km²，衬度2.47，平均值为12.37×10^{-9}，异常平均值超过1/4浓幅分位值，规模30.87；砷异常峰值110×10^{-6}，面积3.75km²，平均值70×10^{-6}。砷$_{乙2}$^{18}金 、砷$_{乙2}$^{6}金异常与格涌尕玛考相对应。砷$_{乙2}$^{6}金异常面积约3.75km²，特征组合为钡、锑、锡，伴生有零星的锰异常，异常元素组合稍复杂。金异常形态呈葫芦形，走向近南北向，金与锑套合，与钡、锡呈局部套合，具外中两带，金峰值45.4×10^{-9}，规模7.27。$S_{乙2}$^{18}金异常面积约1.88km²，特征组合为，伴生有砷 、钼异常。金异常形态呈近似椭圆状，总体走向呈北西向，同时也兼有南北向展布特点，元素组合简单，浓集中心明显，三带齐全。金峰值大于48.2×10^{-9}，规模3.9。

在旁海圈定有砷$_{乙2}$^{115}金（钨、铜、砷、钼、锑）异常是开展“青海省东昆仑开荒—错尼23幅1∶5万水系沉积物及地磁测量”工作中圈定的。该异常以金为主，特征组合还有锑、砷、钨、钼等元素，有该地区最具特征的金、砷、锑组合。异常整体呈不规则条带状北西向展布，面积较大，各元素异常套合紧密且浓集趋势明显。金异常具三级浓度分带，峰值达300×10^{-9}（表4－3），且这样的点达到4个之多，均值44×10^{-9}。内带形成含量在20×10^{-9}以上的超强带，面积5km²左右，是最有可能富集成矿的地段。砷、锑等元素异常虽然强度稍弱，但面积较大，且与主元素套合紧密，具有较好的指示作用。

大场金矿床在前人工作的基础上，于2002年开展了普查工作，2003年开展了详查工作。

2002年经部分钻探和浅井工程验证，证实大场矿区地层、矿体均向南倾，为下一步工程布置提供了可靠的地质依据。大场矿区39～135线间9、10、11号矿体地表工程间距达到40～200m外，其余矿体地表工程间距160～1000m不等；深部工程仅对9、10、11号矿体39线以西进行了系统控制（320m×80m），其他6、14、15、18、21号等矿体作了单工程钻孔控制，本年度工作基本达到了普查目的。部分土壤异常经少量工程验证，有矿化显示，为下一步工作提供了依据。工作程度属前期普查。2002年大场矿区圈定金矿体28条，经对24条矿体估算333＋334金资源量80t，其中9、10、ll号矿体探求333金资源量27t。

2003年工作重心为详查，绝大多数工程集中在详查区。详查范围为151线至39线间。地表基本工程间距80m，深部工程间距160m，以控制主矿体斜深40m、80m两个中段对9、10、11、12四条矿体进行了系统控制，详查区外主要对1、3、6、14、15号等矿体进行了普查，外围发现矿体5条。2003年大场矿区矿体数增加至45条，通过对区内32条（段）工业矿体估算资源储量，结果金金属量达到63.5t，矿床平均品位5.85g/t。其中详查区122b金金属量8.97t，平均品位6.39g/t，矿区122b＋333金金属量19.88t，平均品位6.34g/t。

此外尚开展了1∶2000地形地质测量、钻孔原生晕测量及井中电法工作，开展了水、工、环地质调查，进行了选矿试验、预可行性研究工作。通过上述工作，基本查明了成矿地质条件，基本查明了主矿体的分布空间、连续性及其矿体特征，基本查明了矿石矿物成分、矿石质量、矿床的开采技术条件，对矿石加工选冶性能作出了分析，对矿床工业价值作出了评价。勘查成果显著，圆满完成了工作任务及成果目标。

由于受气候、交通等自然条件因素影响，加之探矿手段制约，2002年设计的钻探和浅井、2003年设计的探槽工作量未能全部完成，造成对部分矿体地表控制不系统、深部了解不全面。

由于矿床规模大，投入有限，多数矿体控制程度低，两端未圈闭，规模不详。

矿区东西两端第四系覆盖厚度大，使用槽探工程部分地段将难以达到地质目的，今后工作中应慎重选择探矿方法和手段。

化探土壤测量是工区较可行的找矿方法之一，但在清水沟以东80～200线间第四系广厚区效果不佳；由于永冻层的存在，大场地区曾做过的多种物探电法方法试验效果都不佳，致使物探方法在本区起不到有效的指导作用。

2004～2006年青海省地质调查院与加拿大Inter－Citic公司合作，成立了“中国青海大场中加合作矿业有限公司”，在其矿权范围内先后开展了约200km^2的1∶2.5万地质填图、1∶1万高精度磁测、1∶1万土壤测量，累计施工探槽150000m^3、钻探49319m。除对大场金矿区主带重新进行了详查外，并在矿区外围开展了普查工作。

加给龙洼矿床于1998年青海省化勘院对加给龙洼金3号异常进行Ⅱ级查证时发现，共投入槽探2000m^3，1∶1万土壤测量4.5km^2，1∶1万地质草测6km^2，圈出土壤异常带3条，其中对中带浓集部位经工程验证，发现和圈定了金矿（化）体5条，辉锑矿体1条（锑平均品位达34%），提交金资源量1t，证实异常为矿致异常。

2002～2006年青海省地质调查院利用省地质勘查基金和国家资源补偿费资金连续对加给龙洼金矿进行了普查工作，共投入1∶1万土壤测量3.6km^2，槽探30851.9m^3，钻探9880.79m，硐探160.5m，浅井30m，1∶1万地质草测12km^2，并采集可选性试验样1件。同时在本区进行了高精度GPS控制，D级控制点14个，E级控制点6个，控制面积约14km^2，对所有工程进行了定测。通过工作，矿区圈定金矿体18条。

2006～2007年，针对扎家同哪$AS_{乙1}{}^{25}$ Au（As）、$AS_{乙3}{}^{27}$金异常开展了查证及普查工作，投入工作量为1∶1万土壤测量7km^2，1∶1万土壤剖面12km，槽探11430m^3，钻探2823m，圈定出破碎蚀变带4条，矿体13条。

区内经过近十年各类不同程度的勘查工作，共发现各类矿产地16处，累计查明金资源储量28.51t，其中基础储量8.97t，此外尚估算出334资源量53.83t，详见表5－16。查明的资源储量均未上青海省矿产资源储量简表。

表5－16　加给龙洼—大场金矿勘查开发接替区查明资源储量一览表　（单位：t）

矿区	查明资源储量		备注
	资源储量	基础储量	
加给龙洼	3.65		尚估算出334资源量8.29
大场	19.88	8.97	尚估算出334资源量43.62
扎家同哪	4.98		尚估算出334资源量1.92
合计	28.51	8.97	尚估算出334资源量53.83

三、选区依据

接替区位于昌马河印支褶带与北巴颜喀拉造山亚带的接合部位南侧。区内广泛出露的厚大的三叠系复理石沉积岩，代表了松潘—甘孜海盆向西伸出的一个分支海盆沉积环境，北侧的东昆仑含金建造提供了重要的金物质来源，导致该区三叠系分布区成为金、砷、锑元素的高背景场。印支晚期海盆自东向西逐步闭合造山，导致三叠系复理石沉积岩变质、褶皱和强烈变形，并形成大规模的逆冲、走滑断裂和韧—脆性剪切带，即玛多—甘德断裂和旁侧次级褶皱和断裂、裂隙系统。同时形成变质水（热流体）沿区域断裂迁移，并不断萃取成矿物质，沉淀于次级断裂、裂隙中而形成金矿体。近年来工作表明，加给龙洼—大场矿区及外围成矿条件优越，物化探异常强度高、规模大，加给龙洼、大场金矿已经达到或接近大型规模，外围也有众多的成矿事实，找矿潜力巨大，具有找到大型乃至超大型矿床的条件。

1. 大场矿区

截至目前已圈定矿体45条，矿体规模大，最长者达3240m，矿体集中分布于1∶1万土壤异常中，而该异常两端均未圈闭。近年来在异常西段已发现极具规模的金矿体，该异常东端很有可能与大东沟、扎家同哪的矿致异常相连，大场矿区主矿带东西长可达10km。另外在大场以北扎拉依还有金异常和金矿体存在，在大场河以南近几年工作也发现了具有价值的金矿化体，使该矿区找矿面积扩大，也显示出矿区找矿的巨大潜力。

大场矿区外围还有规模较大、峰值较高的金、砷、锑1:5万水系沉积物综合异常5处，异常区成矿条件与大场和加给龙洼类似，目前投入的工作量有限。其找矿潜力也不可低估。

2. 加给龙洼矿区

已控制6条含金蚀变带长3.5～5km，宽2～35m。圈定矿（化）体18条，估算14条矿体资源量11.94t，矿石类型与大场矿区类似，为金属硫化物矿化蚀变碎裂岩型金矿石，已知矿体与土壤异常相扣合。目前控制矿体斜深一般在50～150m之间，最深达312.5m，金矿体向深部仍有延深。矿体集中分布于土壤异常北带和中带，而土壤异常南带还未进行检查。尤其土壤异常中带和北带东西两端均未圈闭，从其成矿条件分析还具有一定的找矿潜力。另外，分布于大场矿区北侧的金2号异常，其构造部位恰处于复式背斜北翼，玛多—甘德断裂北侧，从异常的走向趋势看有可能与加给龙洼矿床相连，如此推断矿化带延长约15km，其找矿潜力巨大，有找到大型矿床的可能。

3. 扎家同哪矿区

共圈定出破碎蚀变带4条，破碎蚀变带长560～1600m，宽度5～40m；破碎蚀变带中均存在不同程度的金矿化，金品位最低0.12g/t，最高达22.3g/t，已具有金矿化蚀变带特征。共圈出一定规模的金矿体13条，矿体总体走向与破碎蚀变带一致，一般在130°～310°。矿体长度一般在160～240m之间，最长为1100m；厚度一般在0.81～5.5m之间，最厚达7.8m，平均厚度为1.5m；品位一般在1.0～5.0g/t之间，最高80.0g/t，平均品位为3.0g/t；控制矿体斜深一般在50～80m之间，最深达到300m。近年来工作发现矿体向深部均有一定的延伸，同时矿区外围又发现有新的矿（化）体出现。目前的首要任务是对控制程度低的矿体开展进一步控制工作，扩大矿区规模，提高控制程度，增加金资源量。

2007年通过对扎家同哪金矿区Ⅲ号矿带以槽探及钻探工程追索控制，矿体沿走向延伸稳定，深部亦有一定的延伸，同时该矿带具有向东继续延伸的趋势，新发现的Ⅳ矿带地表品位较高，但工作程度较低，对矿体深部控制程度不够，有必要开展进一步的普查工作。

对矿区圈出的13条矿体中的4条矿体进行了资源量估算，共获得333+334金资源量约6.90t，其中333金资源量4.98t，334金资源量1.92t。

扎拉依地区位于加给龙洼矿区北侧，紧邻加给龙洼金矿区，经2007年水系沉积物测量工作，金、锑异常显示较好，该地区工作程度低，与大场、加给龙洼金矿床处于同一成矿带上，区内寻找类似大场金矿床类型的金矿床有很好的前景。

照大额地区位于加给龙洼金矿区西侧，为加给龙洼金矿的西延部分，地质背景相同，已圈出水系异常多处，且发现了金的矿化线索，具有寻找类似大场金矿的潜力。

旁海金矿根据2006年1:5万水系沉积物测量结果，该区存在一高强度金异常，峰值达300×10^{-9}，高于20×10^{-9}的异常点达到24个，且浓集中心明显，形成约3km^{2}左右的超强浓集带。砷、锑等元素异常面积较大，强度略低，但与金异常套合好，与带内已发现矿床的水系沉积物异常组合特征基本一致。

本区根据《青海省第三轮成矿远景区划研究及找矿靶区预测》预测，预测资源总量为金500t，而目前本地区查明的资源储量仅为28.51t，资源查明率很低，因此找矿潜力巨大。

四、典型矿床特征

（一）加给龙洼金矿床

1. 地理位置、交通、能源、水源条件

矿区行政区划隶属曲麻莱县麻多乡管辖。

矿区地处北巴颜喀拉山中段，黄河水系与柴达木盆地内陆水系的分水岭北侧。区内地形总体北高南低，西高东低，海拔4450～4800米，相对高差不大。区内气候属典型的内陆高寒山区气候。天气寒冷、年温差和日温差大，多风少雨、蒸发量大，年平均气温在0℃以下，霜冻期长，冻土发育（1.5m以下，属多年冻土层）。年降水量180～440mm，多集中于6～8月份，每年5～9月份为暖季，10月至翌年4月为冰冻期。

矿区南距曲麻莱县城约280km，北西距格尔木市约300km，北东距都兰县香日德镇约260km，东距玛多县城约250km，均有便道到达工区。干旱季节交通尚属方便，雨季交通十分困难。区内无电力、煤炭资源。区内水系不发育，多为季节性河流，一年中大部分时间处于断流状态，即使是在雨季，流水时间也只有4个月（6～9月）。河流由南往北汇入秀沟河，最终注入柴达木盆地，属盆地内陆水系。矿区西部有常年流水，水质和水量均能满足未来矿山生产、生活用水需要。

矿区属纯牧业区，人口稀少，自然条件恶劣，干旱寒冷、草场贫瘠，除夏秋季节有少数牧民从事游牧活动外，人迹罕见，经济文化落后，所需生活、生产物资均依靠外地供给，属亟待脱贫的少数民族不发达地区。

2. 勘查工作程度

1998年省化勘院对加给龙洼金3号异常进行Ⅱ级查证，圈出土壤异常带3条，其中对中带浓集部位经工程验证，发现和圈定了金矿（化）体5条，辉锑矿体1条（锑平均品位34%），提交金资源量1t，证实异常为矿致异常。

2002～2003年省地调院对加给龙洼金矿进行了普查工作，圈定金矿体14条，矿体长度大于1000m的有6条，小于1000m的有8条。矿体厚度一般在1～5m左右，最厚达6.8m；品位一般在3～10g/t之间，最高达18.4g/t。估算333+334金资源量10.54t。

2004～2006年，省地调院继续对加给龙洼金矿开展普查工作，重新估算333+334金资源量11.94t。

3. 查明资源储量（333及以上）

估算333资源量3.65t。另外有334资源量8.29t。

4. 矿床地质特征

矿区共圈定大小含矿破碎带20余条，其中具一定规模的含矿破碎带有9条，每条破碎带中均有矿化体存在，矿化体的规模和矿化程度差异较大。破碎带总体走向110°～130°，分布于甘德—玛多主断裂带北侧。破碎带空间展布间距200～250m，最大500m，基本呈等间距平行分布，长度3.5～5km不等，地表出露宽度一般在2～5m左右，最窄1m，最宽10m。深部岩石具糜棱岩化现象，与原岩间的界线划分较为困难，但通常具有毒砂矿化、黄铁矿化现象。

矿区共圈定矿体17条，矿体长度一般在100～1100m之间，最长为1162m；厚度一般在1.0～5.0m之间，最厚达7.26m，平均厚度为1.72m；品位一般在1.0～15.0g/t之间，最高18.40g/t，平均品位为3.97g/t；控制矿体斜深一般在50～150m之间，最深达到312.5m。矿体均赋存于巴颜喀拉山群变砂岩夹板岩组中，矿体严格受破碎蚀变带的控制，破碎蚀变带的规模框定了矿体的规模（破碎蚀变带的宽度一般大于矿体宽度，个别地段破碎蚀变带宽度与矿体宽度一致），这些控矿破碎蚀变带与甘德—玛多深大断裂平行展布，系深大断裂派生的次级断裂，矿体走向120°，倾向北东，倾角30°～70°。

金属矿物主要为毒砂和黄铁矿，另外见少量磁铁矿、针铁矿等。脉石矿物一般为石英、长石、方解石、绢云母、绿泥石、高岭土等。

矿石自然类型有氧化矿石，产于近地表，其下为原生矿石，未发现明显的混合矿石。原生矿石可划分为硫化物蚀变岩型金矿石和石英脉型金矿石两大类型。

矿床成因属中低温热液型。

5. 开采技术条件

普查区地处青藏高原腹地，高寒干旱，降雨少，地表及地下水的补给有限，地表水体不发育，仅平缓地带冻结层上水涌水较大（$0.41m^3/s$），其余地段地层涌水量很小，对开采影响甚微。

矿体顶底板岩石大多为软质—半坚硬岩石，完整性差，工程地质条件中等复杂，开采时需支护。

6. 资源勘查潜力

加给龙洼矿区已控制 6 条含金蚀变带长 3.5～5km，宽 2～35m。圈定矿（化）体 17 条，估算资源量 11.94t，其矿石类型与大场矿区类似，为金属硫化物矿化蚀变碎裂岩型金矿石，已知矿体与土壤异常相扣合。矿体长度一般在 100～1200m 之间，最长为 1162m；厚度一般在 1.0～5.0m 之间，最厚达 7.26m；品位一般在 1.0～15g/t 之间，最高 18.4g/t；目前控制矿体斜深一般在 50～150m 之间，最深达 312.5m，绝大部分矿体的控制深度均在 200m 以内，金矿体向深部仍有延深。而且只有 8 号和 16 号矿体工作程度较高达到普查阶段，其他 16 条矿体的工作程度相对较低（部分矿体只是单工程控制），资源量的提升还有一定的空间，扩大矿区资源量的潜力较大，通过进一步工作，有望达到大型规模，具有良好的找矿前景。

矿体集中分布于土壤异常北带和中带，而土壤异常南带还未进行检查。尤其土壤异常中带和北带东西两端均未圈闭，从其成矿条件分析还具有一定的找矿潜力。另外，分布于大场矿区北侧的金 2 号异常位处于复式背斜北翼、玛多—甘德断裂北侧，从异常的走向趋势看有可能与加给龙洼矿床相连，如此推断矿化带延长约 15km，找矿空间巨大，有找到大型矿床的可能。

该区外围的西藏大沟、盖寺由池、错尼、扎塔风地区已发现含金矿化蚀变带，矿化蚀变特征以及成矿条件与大场、加给龙洼类似，目前工作程度底，所取得的成果与化探异常规模极不相称，为此认为上述地区仍具有一定的找矿潜力，应选择成矿有利地段重新开展找矿工作。

7. 勘查开发建议

（1）对已知矿体沿走向和倾向进行系统控制，尤其是加强深部控制，提高控制程度，查明资源储量并提升其类型。

首先在地表以 80m 工程间距系统控制已知矿体，尤其是 8 号、18 号矿体，尔后再加密控制；同时对 8 号、18 号、16 号矿体（适当兼顾 11 号、12 号矿体）的深部采用钻探工程控制其远景；若见矿较好、资源潜力较大时，则对已知矿体的深部进行系统控制，对具备一定规模的矿体或矿段作为首采地段进行系统勘探，提升资源储量类型，提供可供开发的基础储量。

对勘查程度较低的扎家同哪地区，一是对主要矿体开展深部远景控制；二是完成矿区普查工作，查明破碎带的含金性；三是在潜力大、远景好的情况下，完成矿区详查工作。

（2）系统控制已知含金蚀变带，发现新的矿体，扩大矿区规模。

对矿区已知和新发现的含金破碎带采用槽、井探工程进行揭露和控制，查明含金性及其地表规模、形态、分布、产状和友谊组分的含量、变化情况，评价远景潜力，为深部验证提供依据。

（3）加强土壤异常的查证工作，尤其是查证力度较弱的土壤异常南带；要充分吸收区内已往土壤异常查证工作的经验，选择切实有效的方法手段，力争获取新的找矿突破。

（4）加大对矿区外围已发现的含金矿化蚀变带（如扎拉依等）和 1:5 万水系沉积物异常的勘查、查证力度，寻求区域找矿突破，形成省内乃至全国最大的岩金矿勘查、开发基地。

（5）在上述工作的基础上，开展矿区水工环地质调查、预可行性研究、可行性研究和环境影响评价工作，确定合理的开发方案和开发规模，进行整体开发。

（二）大场金矿床

1. 地理位置、交通、能源、水源条件

矿区地处北巴颜喀拉山中段，行政区划属曲麻莱县麻多乡管辖。

矿区地处北巴颜喀拉山中段，区内地形总体北高南低，西高东低，最低海拔高度大于 4300m，但相对高差不大。区内气候属典型的内陆高寒山区气候。天气寒冷、年温差和日温差大，多风少雨、蒸发量大，年平均气温 0℃以下，霜冻期长，冻土发育（1.5m 以下，属多年冻土层）。年降水量 180～440mm，多集中于 6～8 月份，每年 5～9 月份为暖季，10 月至翌年 4 月为冰冻期。

矿区南距曲麻莱县城 280km，东距玛多县城 230km，北西距格尔木市 320km，均有便道可达矿区。干旱季节交通尚属方便，雨雪季节交通十分困难。区内无电力、煤炭资源。区内水系不发育，多为季节性河流。但矿区南侧的大场河为常年流水，水质和水量均能满足未来矿山生产、生活用水需要。

矿区属牧业区，人口稀少，自然条件恶劣，干旱寒冷、草场贫瘠，除夏秋季节有少数牧民从事放牧活动外，人迹罕见，经济文化落后，所需生活、生产物资均依靠外地供给，属亟待脱贫的少数民族不发达地区。

2. 勘查工作程度

1997 年省第四地质队在 1∶5 万水系沉积物测量的基础上，选择大场金 1 异常进行了 II 级查证，共圈出金矿（化）体 18 条，求得金金属量 8. 88t。

1998 年省第四地质队继续对大场金 1 号异常进行普查，累计求得表内金金属量 8. 2t，矿床平均品位 6. 36g/t。

2001 年省矿勘院开展了《青海省曲麻莱县大场—琼走金矿普查》专案，圈定金矿体 33 条。

2002～2003 由省金星矿业责任有限公司投资，省地调院对大场金矿进行了普查和部分矿（体）段的详查工作，圈定金矿体 45 条，估算 122b +333 +334 资源储量 63. 5t，平均品位 5. 85g/t。

2004～2006 年中国青海大场中加合作矿业有限公司除对大场金矿区主带重新进行了详查外，还在矿区外围开展了普查工作，发现了 12 条金矿体，新增资源量 18 余 t。

3. 查明资源储量（333 及以上）

估算 122b 基础储量 8. 97t，平均品位 6. 39g/t；333 资源量 10. 91t，平均品位 6. 31g/t。另有 334 资源量 43. 62t。

4. 矿床地质特征

矿区位于两湖复式背斜南翼，玛多—久治区域性断裂从矿区北侧通过。出露地层主要为巴颜喀拉山群板岩夹砂岩组，矿体往往赋存于该岩组板岩、砂岩易发生形变的虚脱部位，即甘德—玛多深大断裂派生的次级断裂中。

大场金矿体主要分布于大场河以北宽 6km，长 10km 的范围内，呈 NW 向或 NWW 向展布，与区域构造线方向基本一致。矿体严格受破碎蚀变带控制，破碎蚀变带的规模框定着矿体的规模，破碎蚀变带中矿体的宽度与破碎带中岩石的矿化蚀变程度成正比，矿化蚀变宽度越大，矿体宽度越大。

区内共圈定金矿体 45 条。矿体长度 70～2460m 不等，平均 530m，其中长度 70～160m 的有 12 条，170～320m 的有 11 条，380～640m 的有 6 条，700～1200m 的有 4 条，1300～2460m 的有 5 条，矿体厚度 0. 47～19. 32m 不等，沿倾向最大控制深度 187m。矿体沿走向具分枝复合、膨大缩小现象。矿体形态单一，多为薄层状或似板状。矿体含金品位单样最高 110g/t，矿床平均品位 4. 79g/t，是目前省内最具前景的金矿床之一。

矿石以原生矿为主。据少数钻孔数据，氧化淋滤带深 3～40m，氧化矿石中金以自然金形式赋存，砷、锑含量低并多流失。矿石矿物以黄铁矿、毒砂为主，其次有辉锑矿、褐铁矿、锑华等；脉石矿物有石英、长石、方解石等。自然金、黄铁矿、毒砂呈自形、半自形分散于脉石矿物中；矿石具碎裂、碎斑结构，浸染状、角砾状构造。矿石类型主要为碎裂岩型、（硫化物）石英脉型两大类。

围岩蚀变强烈，主要有硅化、绢云母化、黄铁矿化、褐铁矿化、碳酸盐化，其中绢云母化、硅化与金锑矿化关系密切，某些地段常形成黄铁矿化、绢英岩化蚀变碎裂岩型金锑矿石。

矿石的工业类型单一，为硫化物碎裂蚀变岩型。目前石英脉型矿石尚不具规模，其工业意义不明。成因类型目前认为属于构造破碎蚀变岩型。

5. 开采技术条件

普查区地处青藏高原腹地，高寒干旱，降雨少，地表及地下水的补给有限，地表水体不发育，矿区开采基本不受影响。根据钻孔简易抽水试验，地层均呈干水状态，地下无明显的含水层存在，不会有大量涌水出现。

由于层间断裂的影响，岩体稳定性差，工程地质条件相对复杂。在开采过程中，应注意层间弱夹层对边坡、坑道等稳定性的影响而引起崩塌、滑塌等工程地质现象，需做好必要的支护工作。

6. 资源勘查潜力

大场金矿产于巴颜喀拉山群板岩夹砂岩组层位，与甘德—玛多深大断裂派生的次级断裂关系极为密切。矿体往往赋存于该岩组板岩、砂岩易发生形变的虚脱部位，即次级断裂中，这种断裂分布相对密集，其规模大小、走向延伸、产状特征等常常表现出矿体规模的大小，走向延伸及产状形态，是区内唯一的成矿容矿构造。

破碎带分布于甘德—玛多主断裂带南侧。破碎带空间基本呈等间距平行展布，长度 200 ～5000m 不等，地表出露宽度一般 10m 左右。由于地表露头少，多以石英转石以及褐铁矿化砂岩、板岩转石做为判断其存在和规模大小的依据，部分地段地表破碎带的宽度是多条破碎带的总体宽度。经地表工程揭露，宽度一般 1 ～10m 左右，最宽可达 20m，最窄处为几十厘米，沿走向呈舒缓波状且具膨大缩小现象。

含矿破碎带均由不同原岩（板岩、粉砂岩、砂岩、石英脉）碎块及粉末组成，大多数破碎带与围岩间界线清楚，少数与围岩间没有明显的界线呈渐变过渡关系，破碎带产状由陡变缓或由缓变陡特征较为明显；破碎带中的构造角砾多呈棱角状，不具定向排列。岩石破碎强烈，多呈粉末状及泥状。破碎带地表褐铁矿化强烈，常见黄褐色、桔红色、土黄色等色调；深部多见毒砂、黄铁矿化。不论在地表还是深部均发育石英脉，但规模较小，多以细脉形式产出。

大场金矿体主要分布于大场河以北宽 6km，长 10km 的范围内，呈 NW 向或 NWW 向展布，与区域构造线方向基本一致。矿体严格受破碎蚀变带控制，破碎蚀变带的规模框定着矿体的规模，破碎蚀变带中矿体的宽度与破碎带中岩石的矿化蚀变程度成正比，矿化蚀变宽度越大，矿体宽度越大。区内圈定的金矿体共 45 条。矿体长度 70 ～2460m 不等，平均 530m，其中矿体长度 70 ～160m 的有 12 条，170 ～320m 的有 11 条，380 ～640m 的有 6 条，700 ～1200m 的有 4 条，1300 ～2500m 的有 5 条，矿体厚度 0.47 ～19.32m 不等，沿走向具分枝复合、膨大缩小现象。矿体形态单一，多为薄层状或似板状。矿体在走向上连续性较好，沿矿体倾向控制斜深已达 187m。

大场金矿区经前期普查工作，虽然取得了显著的找矿成果，但矿床规模尚未查明，部分金矿体两端未圈闭，通过进一步工作矿体规模有望继续扩大。矿区除对 9、10、11 号矿体 143 ～39 线间 1200m 作了系统控制外，其余矿体（段）仅作了大间距或单工程控制，矿体沿倾向变化特征尚不完全清楚。已施工的钻探工程多数均不同程度地见矿，尤其详查区一带深部与地表见矿较为对应。因此，矿区开展深部找矿的前景可观。

大场河 99 ～56 线间多处发现含明金石英脉，但由于埋深大，施工困难，一直没有做工作。如果采用有效的探矿手段，极有可能揭露并控制到富矿体，增加一种极具工业价值的矿石类型。

大场矿区以东至大东沟金矿点长达 4km 未作进一步普查，矿点前景不明，进一步工作的意义很大。

由于历年来地质找矿工作投资力度的严重不足，工作量有限，矿区对圈定的土壤异常部分地段未作检查，且大部分土壤异常沿走向未封闭，致使历年工作不系统，相应的综合研究工作滞后。如进一步加强全区综合研究，合理圈定找矿靶区，通过对土壤异常的进一步追索和验证，尚存在扩大矿床规模的可能。

大场矿区及其周边一带成矿潜力巨大，已圈出的 1∶5 万水系沉积物异常，目前多数尚未查证，如格涌尕玛考的两异常（$砷_{乙2}{}^{6}$金、$砷_{乙2}{}^{18}$金）及新圈定的旁海异常（$砷_{乙2}{}^{115}$金）尚未验证，尚可能找到新的勘查基地；或查证程度不够，异常的找矿意义不清；若对所有异常进行查证检查，将会扩大整个成矿带的规模；1∶5 万水系沉积物测量部分异常尚未封闭，如金 1 异常以东、金 2 异常以西，如果扩大测量范围，或者进行系统的 1∶5 万矿产调查，尚有发现新的找矿靶区的可能。然而由于历年来投入有限，工作不系统、不全面，同时受勘查手段制约等因素影响，许多地段至今仍未投入工作，或工作不到位，留下了广阔的勘查空间。

7. 勘查开发建议

(1) 对矿区已知矿体，尤其是控制深度在200m以浅的矿体进行系统控制，尤其是加强深部控制，了解深部远景，提高控制程度，查明资源储量，提供可供开发利用的基础储量。

(2) 对99～56线间发现的多处含明金石英脉以及矿区以东至大东沟金矿点长达4km的范围内，采用切实有效的勘查工作方法手段进行普查，查明矿化规模，评价找矿潜力。

(3) 加强矿区土壤异常和外围1:5万水系沉积物异常的查证工作，扩大矿区找矿远景，寻找新的找矿靶区。

工作重点是对矿区尚未得到查证的1:1万土壤异常及格涌尕玛考砷$_{乙2}^{18}$金、砷$_{乙2}^{6}$金异常和旁海地区砷$_{乙2}^{115}$金（钨、铜、砷、钼、锑）1:5万水系沉积物异常开展查证工作。在异常查证取得较好进展的基础上，对所发现的含矿破碎带或矿（化）体进行普查工作，对资源远景作出评价。

(4) 加强综合研究工作，建立适合本区特点的成矿模式和找矿模式，指导后续找矿工作的开展。

(5) 在上述工作的基础上，开展矿区水工环地质调查、预可行性研究、可行性研究和环境影响评价工作，确定合理的开发方案和开发规模，进行整体开发。

大场金矿区矿床规模大，矿体延伸（深）稳定，产状较陡，矿区水文地质工程地质条件相对简单，利用浮选工艺回收率可达96.82%，经济效益可观。但由于矿区交通不便，地形平缓，加之矿石一般较贫，首采地段品位与矿床平均品位之间差距不是很大，造成矿山投产后前几年几乎没有利润，投资偿还期长达7年，近占122b矿山服务年限的一半。因此，只有规模开发才能获得好的经济效益，也只有上规模才能彻底解决开发与保护之间的矛盾。

五、资源接替区矿产资源经济效益评价

1. 矿产资源储量潜在价值

区内矿产资源潜在价值的计算公式等均与元石山—拉水峡铁铜镍磷矿勘查开发接替区的计算公式等一致，矿产品价格见表5-5；接替区内已查明主要矿产资源储量的潜在价值为69.42亿元，全部为未上表资源储量的潜在价值，详见表5-17。

2. 年矿业产值增量预测

2005年，接替区内各矿床均未开发，矿业产值为零。

预测到2010年，接替区内金年产量为1.0t。

预测到2015年，接替区内金年产量为3.0t。

2010年矿业产值 $Gm=\sum$（预测单个矿种年产量×该矿种价格）=金1.0t×13100万元/t=13100万元≈1.31亿元。

2015年矿业产值 $Gm=\sum$（预测单个矿种年产量×该矿种价格）=金3.0t×13100万元/t=39300万元≈3.93亿元。

2010年较2005年的年矿业产值增量=1.31亿元。

2015年较2010年的年矿业产值增量=3.93亿元-1.31亿元=2.62亿元。

（三）矿产资源开发利用的社会效益评价

1. 矿产资源开发对地区经济发展的贡献

开发接替区位于玉树州境内，根据《青海省玉树州国民经济和社会发展“十一五”规划纲要》统计及预测，玉树州2005年地区生产总值12.96亿元，预测2010年地区生产总值18.18亿元，较2005年增加5.22亿元；2015年地区生产总值25.50亿元，较2010年增加7.32亿元。

2010年矿业对经济发展的贡献率=接替区矿业产值增量/接替区所在区域国内生产总值增量=1.31亿元/5.22亿元=25.10%。

2015 年矿业对经济发展的贡献率 = 接替区矿业产值增量/接替区所在区域国内生产总值增量 = 2. 62 亿元/7. 32 亿元 = 35. 79%。

2. *矿产资源开发对经济增长速度的贡献*

2010 年接替区矿业产值占接替区所在区域国内生产总值的比重 = 1. 31 亿元/12. 96 亿元 = 10. 11%。

2010 年与 2005 年比较，由于 2005 年接替区矿业产值为零，因而接替区矿业产值增长率无意义。

2010 年与 2005 年比较，接替区所在区域国内生产总值增长率 = 5. 22 亿元/12. 96 亿元 = 40. 28%。

表 5 – 17　矿产资源潜在价值测算结果表

接替区名称	矿种	矿区	基础储量/t	资源量/t	工作程度	资源量可信度系数	价格（元/kg）	品位系数	潜在价值/元	上表状态	合计/亿元
加给龙洼—大场金矿勘查开发接替区	金矿	大场	8. 97	54. 53	普查	0. 6	131000	1	5461128000	未上表	69. 42
		加给龙洼		11. 94	普查	0. 6	131000	1	938484000		
		扎家同哪		6. 9	普查	0. 6	131000	1	542340000		

2015 年接替区矿业产值占接替区所在区域国内生产总值的比重 = 3. 93 亿元/25. 5 亿元 = 15. 41%。

2015 年与 2010 年比较，接替区矿业产值增长率 2. 62 亿元/1. 31 亿元 = 200. 00%。

2015 年与 2010 年比较，接替区所在区域国内生产总值增长率 = 7. 32 亿元/18. 18 亿元 = 40. 26%。

由于 2010 年与 2005 年比较，接替区矿业产值增长率无意义，因而 2010 年矿业经济增长贡献率也无法计算。

2015 年矿业经济增长贡献率 = 接替区矿业产值占接替区所在区域国内生产总值的比重 × 接替区矿业产值增长率/接替区所在区域国内生产总值增长率 = 15. 41% ×200. 00%/40. 26% = 76. 55%。

（四）矿产资源开发技术经济评价

（1）从成矿条件、资源储量、资源前景、矿床规模、矿石品位、采选性能、潜在价值、矿业贡献等 8 个方面，聘请 7 位专家对开发接替区内部开发条件分别评分，经汇总平均，加给龙洼—大场金矿勘查开发接替区内部开发条件综合评分结果为 84. 86 分（表 5 – 18），在 6 个勘查开发接替区中排名第一。

表 5 – 18　加给龙洼—大场金矿勘查开发接替区内部开发条件评分表

评价指标	评分 1	评分 2	评分 3	评分 4	评分 5	评分 6	评分 7	合计	平均
成矿条件（10 分）	8	9	10	9	10	8	10	64	84. 86
资源储量（20 分）	16	18	18	20	19	17	17	125	
资源前景（15 分）	11	13	15	9	13	14	14	89	
矿床规模（15 分）	9	14	15	15	13	12	15	93	
矿石品位（10 分）	8	9	8	8	8	8	9	58	
采选性能（10 分）	8	9	7	9	8	8	10	59	
潜在价值（15 分）	7	11	12	8	14	12	12	76	
矿业贡献（5 分）	3	4	4	5	5	4	5	30	
合计	70	87	89	83	90	83	92	594	

(2) 从市场需求、交通条件、供水条件、供电条件、自然条件、区域经济等6个方面，聘请7位专家对开发接替区外部开发条件分别评分，经汇总平均，加给龙洼—大场金矿勘查开发接替区外部开发条件综合评分结果为61.14分（表5-19），在6个勘查开发接替区中排名第三。

表5-19　加给龙洼—大场金矿勘查开发接替区外部开发条件评分表

评价指标	评分1	评分2	评分3	评分4	评分5	评分6	评分7	合计	平均
市场需求（20分）	16	18	20	16	17	20	20	127	
交通条件（16分）	14	8	8	12	13	9	5	69	
供水条件（16分）	9	15	15	12	9	15	9	84	
供电条件（16分）	13	4	4	2	8	8	2	41	61.64
自然条件（16分）	14	4	10	6	10	5	5	54	
区域经济（16分）	12	6	4	6	12	5	8	53	
合计	78	55	61	54	69	62	49	428	

六、资源接替区勘查开发环境影响评价

（一）环境影响分析评价

1. 政策环境影响分析

我国目前查明金矿资源储量按当前矿山金产量计算，保证年限不足10年。预计到2010年和2020年国内金的保证程度分别仅为68%和60%，资源接替问题相当严峻。因此加快加给龙洼—大场地区的金矿勘查，发现和查明一批可供开发的金矿产地，对于缓解国家金资源紧缺的局面，具有十分重要的意义。

加给龙洼—大场地区位于曲麻莱县，几个矿床均不在自然保护区内。金是鼓励开采的矿种。青海省经济社会发展规划、青海省工业发展规划中，青海省矿产资源总体规划将本区列为重点勘查区，通过勘查金矿，提交一批可供开发的金矿产地，力争使本地区成为全省重要的金矿开发区。

2. 自然环境影响分析

矿区地处北巴颜喀拉山中段，黄河水系与柴达木盆地内陆水系的分水岭北侧。区内地形总体北高南低，西高东低，海拔4450～4800m，相对高差不大。区内气候属典型的内陆高寒山区气候。天气寒冷、年温差和日温差大，多风少雨、蒸发量大，年平均气温在0℃以下，霜冻期长，冻土发育（1.5m以下，属多年冻土层）。年降水量180～440mm，多集中于6～8月份，每年5～9月份为暖季，10月至翌年4月为冰冻期。总的来看，本地区生态环境承载力一般，在矿产开发中要加强生态环境保护措施和恢复治理，争取将开发对生态环境的影响降到最低。

矿区水文地质条件简单，绝大部分矿体位于当地侵蚀基准面之上。矿体顶底板岩石大多为软质—半坚硬岩石，完整性差，工程地质条件中等复杂，开采时需支护。地表水体不发育，仅平缓地带冻结层上水涌水较大（$0.41m^3/s$），其余地段地层涌水量很小，对开采影响甚微。

矿区附近均有河水通过，水质良好，可作为生产生活用水，电力需自备。矿床开发条件一般。

青海省已开采的有色金属类矿山，环境地质问题主要为废渣、尾矿压占荒漠型草地、不合理堆放、选矿废渣废水污染水源等。因此各矿山在建设初期就必须进行环境影响评价工作，并按评价要求落实环保措施；同时改革生产工艺、构建尾矿库、尽可能减少污染物排放总量；严格按要求开展矿山环境恢复治理工作，使矿山环境地质问题的影响程度降到最低。

3. 社会环境影响分析

截至2005年底，曲麻莱县辖区内总人口2.6万人；地区生产总值16558.3万元，其中第一产业11171.3万元，第二产业1956万元，第三产业3431万元；财政总收入5311万元，其中地方财政一般预算收入168万元；工业总产值144.3万元；固定资产投资完成14432万元。2007年实现地区生产总值2.13亿元。

加给龙洼—大场地区通过加给龙洼、大场金矿的开发，预测到2010年，接替区内金年产量为1.0t；矿业产值可增加1.31亿元，矿业产值占地区生产总值的7.21%，并将带动百余人就业，对地区经济社会发展将产生极大的推动作用。

4. 矿产资源开发的环境保护和恢复程度

地质勘查工作只是临时性占用土地，而且只是在部分点段上进行勘探施工或路线穿越，也不会对生态环境造成严重破坏。因此只要在地质勘查工作中加强对环境的保护，对一些槽探、硐探、钻探场所进行适当填平、恢复，合理堆放废渣，就能够最大限度地降低对生态环境的影响，做到地质勘查与生态环境的保护协调进行。

在矿产资源开发中，主要会产生废气和粉尘、废水、废渣、噪声等环境污染因素，预测通过一定的环境保护措施及恢复治理工作，对环境的影响是有限的。

（1）废气、粉尘的产生及治理：地下采场的凿岩、爆矿为主要产尘点，需采取湿式凿岩、喷雾洒水等降尘措施，并采用机械通风排除巷道内有害气体。矿石在破碎、筛分、输送过程中产生大量矿石粉尘，为此，除对各工艺设备采取有效的设备密闭外，在各产尘点均需设计除尘系统，分别选用气箱脉冲袋式除尘器、脉冲单机除尘器，对含尘空气进行净化，使净化后的空气含尘浓度达到国家排放标准。对产生有毒、有味、烟气的污染源，如磨浮车间的药台及药剂搅拌槽、化验室的化验柜等均应设计局部机械排风或自然排风系统。采、选厂锅炉烟尘经高效多管旋风除尘器除尘后，使排放浓度达到国家标准。

（2）废水的产生及治理：采矿排出的废水主要是凿岩喷雾废水及坑内涌水，因其排水量不大，暂可不考虑回用。该类废水除浊度偏高外，不含有害物质，经坑内沉淀后，可直接排放。选矿工艺排出的废水主要是随精矿、尾矿进入精矿堆存库、尾矿库的废水。该部分废水在尾矿库内经风吹、日晒，氧化分解后，有害物质浓度大大降低。因当地蒸发量大，此部分废水在库内经渗漏、蒸发后，损失较多，无法返回工艺重复利用。采场生活污水量很少，经沉淀处理后直接排放，自然蒸发。选厂生活污水排放经简单处理后，用潜污泵排至矿尾矿库，进行自然净化处理。

（3）废渣的产生及治理：企业投产后的废渣主要是采场排出的废石、选矿工艺排出的尾矿、锅炉产生的煤渣及生活垃圾等。废石运至废石场集中堆存；尾矿通过管道送入尾矿库堆存；生活垃圾及其他废碴运至山谷有组织排放或填埋处理。

（4）噪声的产生及治理：矿山主要是地下开采，凿岩和爆破产生的噪声受围岩和矿体阻隔，对外界环境没有影响。生产中要求操作人员配戴防护用具。选矿厂的碎矿、磨浮等设备产生的噪声，通过常规减振、降噪措施可对其进行有效控制。鉴于矿区人烟稀少，噪声又不能远距离传播，经厂房围护结构隔音后，对外界环境影响甚小。生产中操作人员应加强个人防护。

总之，对企业排出的废水、废气、废渣及噪音等污染物均可采取有效治理措施，且矿山地处偏远山区，周围人烟稀少，环境容量大，只要环保工程和措施很好发挥作用，并加强环保监测工作，矿山建成投产后，对该地区的大气、水、声以及生态环境不会产生明显的影响。

5. 环境影响综合指标评估排序

根据上述四方面的影响分析，采取因子分析方法，制定环境影响预测评价方案，再根据选区实际，对选区进行权重计算，进行环境影响综合指标评估排序。

根据环境影响预测评价要求，聘请7位专家分别评分，经汇总平均，加给龙洼—大场金矿勘查开发接替区环境影响综合评分结果为70.57分（表5-20），在6个开发接替区中排名第二。

表 5-20　加给龙洼—大场金矿勘查开发接替区环境影响综合评分表

规划评价要素（权重/%）	评价指标	评分1	评分2	评分3	评分4	评分5	评分6	评分7	合计	平均
矿产资源开发利用与保护的目标和方针-政策环境（25）	符合政策（10）	10	9	9	10	9	10	10	67	70.57
	当地经济需求（10）	10	9	10	10	9	8	10	66	
	与当地其他产业的协调一致性（5）	5	4	5	5	5	4	5	33	
矿产资源开发利用布局-自然环境（25）	降雨量（8）	5	5	6	8	4	3	5	36	
	地形地貌—坡度（8）	6	2	6	4	3	4	3	28	
	构造和岩性（9）	6	3	6	4	4	4	2	29	
矿产资源开发利用的规模-社会经济环境（25）	矿业产值占总经济产值的比率（6）	6	6	6	6	6	1	5	36	
	人口密度（6）	6	4	3	6	5	3	1	28	
	交通密度（6）	7	2	2	6	5	4	2	28	
	技术开发条件（7）	6	4	4	7	5	7	6	39	
矿山环境保护恢复治理-难易程度（25）	恢复治理率（7）	0	3	6	3	6	6	4	28	
	三废综合利用率（6）	0	3	5	4	5	3	3	23	
	尾矿综合利用率（6）	0	3	5	4	4	3	1	20	
	万元产值GDP环保投资额（6）	6	3	5	4	6	4	5	33	
累计		73	60	78	81	76	64	62	494	

（二）减轻资源开发对环境影响建议

1. 政策法规建议

本区不属于自然保护区，是国家省确定的重点勘查区。在矿产资源勘查中，要充分考虑环境因素，对生态环境脆弱地段和生态环境保护地段尽量不布置或者少布置勘查工作。矿产资源开发中，要认真贯彻国家关于环境保护的方针、政策，矿山环境保护贯穿于矿产资源开发的全过程，必须坚持“在保护中开发、在开发中保护”和“事前预防、事中治理、事后恢复”的原则，把矿产资源开发活动对环境的影响和破坏减少到最低限度。坚持“预防为主、防治结合”、“全面规划、合理开发、充分利用、化害为利、变废为宝”及“谁开发，谁保护”、“谁污染，谁治理”、“谁破坏，谁恢复”、“谁使用，谁补偿”的方针。明确矿山环境评估、监测、恢复治理、保护等各个环节的法律责任制。实行矿山环境保护的相关法规和政策、制度，力争把矿业开发对环境的影响降到最低点。

2. 行政管理建议

努力做好矿山环境保护的宣传教育，使各级领导干部和广大群众全面认识发展与环境的关系，树立矿业可持续发展的战略目标。

（1）新建（扩建）矿山必须符合环境保护准入条件。实行环境保护一票否决制，对于采矿活动对环境影响和破坏较大或难以恢复治理的采矿权申请，一律不批准。签订矿山环境保护责任书，足额缴纳矿山环境恢复治理保证金，加强矿山环境恢复治理和被破坏土地的复垦。

（2）生产矿山必须严格按照批准的开发利用方案、矿山环境保护与综合治理方案和土地复垦方案的要求，从事采掘活动和矿山环境保护与恢复治理，切实履行矿山环境保护与土地复垦义务。

(3) 闭坑矿山要提交矿山环境恢复治理计划。做好闭坑、关停前的土地复垦、生态修复、尾矿库保护、废渣堆填、废水处理等环境保护工作。并按规定提交相关报告。

3. *技术方法建议*

加强矿山环境的监测及预测、预报，掌握矿山环境的动态，及时采取有效的防治措施。

努力发展矿产资源领域的循环经济。将“减量化、再利用、资源化”应用到矿产资源勘查、开采中。提高矿山固体废弃物综合利用水平，实现矿山固体废弃物的资源化。

加强与矿山环境保护有密切关系的矿山环境地质调查评价及研究。研究矿业开发过程中引起的地质环境的各种变化，提出对矿山环境的影响及防治技术，研究、推广矿业三废的处理和废弃物回收与综合利用技术、装备。

加强人才培训，学习矿山环境保护的先进技术和经验，提高矿山环境保护工作的能力和水平。

4. *经济手段建议*

完善经济刺激手段。对环境保护工作做得好的矿山企业实行减税或免税，对破坏与污染严重的实行加税，提高矿产资源废弃物综合利用的利润留成率，以及征收排污费及罚款等。

建立矿山环境保护与恢复治理保证金制度。保证金专项用于因开采矿产资源引发的矿山环境恢复治理。对逾期没有按要求治理或治理达不到要求的矿山，由国土资源主管部门使用该矿山缴纳的保证金，组织矿山环境恢复治理。

5. *公众参与的方式和跟踪监测评估的内容和方法建议*

一是加强防减灾和保护环境的宣传教育。提高政府部门、企业、职工和全民的环境保护意识与防灾减灾意识，二是加强矿山环境的监测及预测、预报，掌握矿山环境的动态，及时采取有效的防治措施。三是加强执法检查并加大行政监察力度，建立矿山环境保护与治理工作的行政监督管理机制和行政、法律责任追究机制。限期整顿污染环境、破坏环境的矿山企业。

七、资源接替区勘查开发评述

（一）资源潜力分析

大场矿区圈定的矿体规模大，矿体两端均未圈闭。矿区东、北、南端还有规模较大、峰值较高的金、砷、锑异常，初步工作已经发现了金矿化体，目前投入的工作量有限，显示出矿区深部和外围找矿的潜力巨大。另外矿区还有1∶5万水系沉积物综合异常5处，异常区成矿条件与大场类似，其找矿潜力也不可低估。

加给龙洼矿区已发现的矿（化）体东西两端均未圈闭，控制矿体斜深一般在50～150m之间。且集中分布于土壤异常北带和中带，而南带还未进行检查。从其成矿条件分析还具有一定的找矿潜力，有找到大型矿床的可能。

在加给龙洼—大场外围的西藏大沟、盖寺由池、错尼、扎塔风地区已发现含金矿化蚀变带，成矿条件和特征与大场、加给龙洼类似，目前工作程度底，具有较大的找矿潜力。

加给龙洼—大场地区预测资源总量为：金500t。而目前本地区资源查明率很低，因此找矿潜力巨大。

（二）勘查工作建议

接替区勘查开发工作建议大致按以下三个层次进行：

首先对矿床择优详查乃至勘探，提高已知矿体的控制程度和研究程度，查明资源储量及开采技术条件，提供可供规模开发的基础储量，并对矿石加工技术性能进行试验研究。

其次对整个矿区及外围矿点和找矿线索进行普查评价，查明和扩大资源远景，提供资源勘查开发后备资源基地。

在上述工作的基础上，开展可行性研究和环境影响评价工作，确定合理的开发方案和开发规模，进行整体开发。同时对所探获的资源量提升其类型，为开发提供后备资源。

第四节　沱沱河地区铅锌矿勘查开发接替区

一、资源接替区外部条件

（一）资源接替区外部建设条件

勘查开发接替区位于青海省西南部的长江上游沱沱河一带，行政区划隶属格尔木市管辖，面积 $5312km^2$（附图6），拐点地理坐标为34°14′22″N、91°03′10″E；34°13′16″N、92°26′44″E；33°56′12″N、92°27′29″E；33°51′23″N、91°26′36″E；33°53′09″N、90°51′17″E。

区内地形切割较弱，地貌上南高北低，一般海拔4700m左右，最高海拔为5337.6m，相对高差600m左右。气候属高原型寒冷半湿润气候带，年平均气温在－4.9℃，最高气温20℃，最低气温可达－30℃，以低温干燥、空气稀薄、日照充足、昼夜温差大、垂直分带明显为特征，气候变化无常，四季不分明，冰冻期长。每年10月至翌年5月为寒冻期。

区内水系发育，密度较大，一般为常年流水，水量充沛，水流急；补给以冰雪融水和地下水为主，流量随着季节变化而异。区内湖泊、沼泽发育，主要分布于主水系两侧地形平缓及河谷地段，沼泽地分布大小不一。

青藏铁路、青藏公路从接替区东部通过，与以往相比，交通已大为改善，从而为本区矿产资源的勘查开发提供了极为便利的条件。因区内河流纵横、湖沼发育，从青藏铁路、青藏公路到达各工作区的简易公路，夏季路面翻浆，加之河水较大，交通不甚方便。

区内居民少而分散，主要集中在唐古拉山乡。唐古拉山乡是本区内政治、经济、文化活动中心，是通往西藏自治区的交通要道。全乡人口仅1130人，主要为藏族，其次为汉族和回族。藏族多游牧在沱沱河、通天河流域，放牧牦牛、羊和马匹，畜牧业是本区主要的经济来源；汉族、回族多居住在公路沿线，从事运输、商业等工作。区内已有110kV电网拉至沱沱河。居民燃料以牛粪为主，距沱沱河二十多千米的开心岭煤矿，可以供应。沱沱河东南28km处产有食盐，可供当地和西藏居民食用。区内劳动力匮乏，以后的矿产资源开发所需劳动力、生产、生活物资主要依靠格尔木市、西宁市供给。

（二）矿产资源供需形势

我国铅锌查明资源储量相对不足，难以满足未来需求，预测到2010年我国所需铅锌资源分别为150万t和420万t，2020年分别为150万t和490万t。从资源保障看，以2005年的产量和基础储量分析，铅、锌矿的静态保证年限分别只有12年和16年，资源形势不容乐观。因此，加快沱沱河地区铅锌矿勘查，发现和查明一批可供开发的铅锌矿产地，对于缓解国家铅锌资源紧缺的局面，具有十分重要的意义。

（三）经济社会发展状况

本区为少数民族游牧区，没有工、农业生产，商业也极不发达，经济十分落后。截至“十五”末，本区所在的格尔木市辖区内总人口11.4万人；地区生产总值567250.5万元，其中第一产业6097.5万元，第二产业396291万元，第三产业164862万元；财政总收入149408万元，其中地方财政一般预算收入25365万元；工业总产值325964.7万元；固定资产投资完成179948万元；参加失业保险人数12399人，参加最低生活保障人数10255人，尚未开展农村合作医疗工作。2007年实现地区生产总值90.20亿元。

“十一五”期间格尔木的经济发展目标是：全市生产总值年均增长18%左右，力争“十一五”末达到129亿元以上；工业增加值年均增长22%左右，“十一五”末达到86亿元以上；全市财政一般预算收入年均增长16%左右，力争“十一五”末突破31亿元，地方财政一般预算收入年均增长16%，力争“十一五”末达到5.25亿元；全社会固定资产投资五年累计完成300亿元以上；社会消费品零售总额年均增长13%左右，“十一五”末达到23亿元。

“十一五”期间，格尔木市工业增加值将年均增长22%。为此，将全面实施循环经济发展战略，着力发展盐湖化工、石油天然气化工，积极培育黑色有色金属及下游产品加工业。依托特色资源、优势资源，优化生产力布局，全面促进产业升级；大力发展循环经济，加快资源的联合开发和产业融合，着力推进副产品、废弃物的循环利用，进一步促进资源的有效配置，走出一条科技含量高、经济效益好、资源消耗低、环境污染少、人力资源优势得到充分发挥的新型工业化路子，努力将格尔木建成青海省的新兴工业基地、青藏两省区的资源加工转换中心。

二、矿产资源勘查开发现状

该区是近年来随着大调查1:20万化探扫面工作而逐步显现出来的一个崭新的成矿有利地区，共发现各类矿产地10处。

区内地质工作程度很低，1:5万矿产地质调查完成14幅，面积5880km^2；1:5万化探完成12幅，面积5040km^2；1:5万磁法完成10幅，面积4200km^2；1:5区调和1:5万遥感尚未开展工作。近年来，国土资源大调查及战略性矿产远景调查在本区开展了宗陇巴锌矿、多才玛-茶曲怕查铅锌矿、桑玛日铁锰矿、纳保扎陇铅锌矿等预查工作。

三、选区依据

区内成矿地质背景较好。该区地处开心岭—杂多中晚二叠世岛弧带西段与雁石坪侏罗纪弧后前陆盆地的接合部位，位于三江成矿带北西段纳日贡玛—沱沱河铜、钼、铅、锌、银成矿带，以上叠盆地的沉积—热液成矿作用最具特色和远景。五个构造单元在本区交汇，构造发育，岩浆活动特别是火山活动强烈，各时代地层中微量元素含量高，为进一步富集成矿提供了重要的物质基础，地质成矿条件有利。该成矿带是青海重要的有色金属与贵金属成矿带，也是青海南部地区资源评价工作的重点。

1:20万化探扫面在区内圈定了23处高强度、大规模的多元素综合异常，异常呈近东西向密集分布，构成了巨大的地球化学块体。化探异常元素组合以Zn、Pb、Ag、Cd、Ba为主，伴生有Mo、Mn、Cu、La、P等，主要异常自东向西有开心岭、宗陇巴、多才玛-茶曲怕查、那日尼亚曲、纳不才金、萨保、仓龙错切玛、雀莫错异常等。特别是沱沱河地球化学块体中的Pb1、Zn2块体规模大、浓集趋势显著，Pb1面积18621km^2、Zn2块体面积为11548km^2，这些块体内初步工作均已发现铅锌矿体。进一步通过1:5万地物化综合调查，异常重现性好，分解后的异常强度增高，浓集中心更为明显，异常特征组合为Zn、Pb、Cd、As元素，伴有弱小Ag、Co、Cu等元素。

2005～2007年通过工作圈出了宗陇巴锌矿段、多才玛铅锌矿点、茶曲怕查铅锌矿段及孔莫陇铅锌矿段，估算铅锌资源量40万t以上。

（1）宗陇巴评价区圈定规模较大构造破碎蚀变带3条，初步圈定了五条锌矿体（单工程控制），深部经少量工程验证，见矿不理想，分析由于推覆构造，矿体产状可能与预想的相反。

（2）多才玛评价区发现一条规模较大的硅化碳酸盐岩构造破碎蚀变带，经单工程控制已发现多条铅锌矿体，与西段的茶曲怕查含矿构造破碎蚀变带可能连为一体，具有较好的含矿性和找矿前景。

（3）茶曲怕查评价区初步圈出铅锌矿（化）体17条，经钻探验证，见到厚大的铅锌矿体。主矿体经初步估算，铅锌（333+334）金属量约24.45万t。初步认为该区铅、锌矿成矿特征可与云南金顶式铅锌矿床特征相类比，具有形成特大型矿床的前景。

（4）孔莫陇评价区主构造破碎蚀变带（F_1）的西段圈出孔莫陇（M1）铅锌矿段，经地表及深部工程控制初步估算铅+锌334资源量17.6万t，已达到中型矿床规模。具向东、向西进一步扩大资源前景的空间较大。

（5）纳保扎陇4号异常区发现矿化带3条，宽约2～30m，延长大约为2～2.5km。矿化带北部以铜矿化为主，南部以铅锌矿化为主，目前工作程度很低，矿化带找矿前景广阔。

（6）那日尼亚2、4异常区发现多条矿化蚀变带，其中已经发现多条铅锌矿体，目前工作程度很低，进一步找矿的潜力巨大。

目前沱沱河地区已发现矿床点的成矿类型均属于沉积热液叠加型、矽卡岩型，由于成矿与沉积作用有关，故大多具一定规模，显示出大型-超大型的雏型。只是目前地勘投入有限，工作程度低，大多数新发现的矿点尚未进行系统评价与深部验证，外圈异常尚未进行查证评价，资源远景不明。

本区根据《青海省第三轮成矿远景区划研究及找矿靶区预测》预测，预测资源总量为：铅+锌200万t，银2000t。而目前本地区发现的资源储量仅为：铅+锌41.15万t。资源查明率很低，找矿潜力大。

四、典型矿床特征

（一）茶曲帕查—多才玛矿区

1.1:5万水系沉积物异常特征

2005年，通过1:5万水系沉积物测量，将1:20万区化异常$AS^{15}_{甲1}$、$AS^{16}_{甲1}$分解为AS1～AS9九个异常，异常展布总体趋势与构造线方向一致，浓集梯度变化大，形态及分布总体与1:20万区域异常吻合。2005年对AS3、AS4异常进行了初步查证。

（1）AS1异常：此异常为Pb、Zn、Ag、As组合异常，异常位于仓龙错切玛北东3km处，呈不规则状近东西向延伸，主异常元素为Pb、Zn，伴有Ag、As异常。其中Ag异常比较完整，Pb、Zn异常较零星。

（2）AS2异常：位于扎碎达改曲东侧，异常呈不规则椭圆形北西向展布，异常组合元素为Pb、Zn、Ag、Cd、As、Hg等，以Pb、Zn为主，面积较大，形态规整，相互套合较好，延伸长约7km。以Pb、Zn异常较完整，Ag、Cd异常局部套合，其他异常零星分布。

（3）AS3异常：位于茶曲帕查西侧，异常呈近东西向不规则、宽条带状延伸，为Pb、Zn、Ag、Cd、As组合异常，以Pb、Zn为主元素异常，Ag、Cd、As异常与之套合紧密，有多处浓集中心。

（4）AS4异常：位于茶曲帕查东侧，为Pb、Zn、Ag、Cd、As、Sb组合异常，Pb、Zn异常为主元素异常，呈不规则状，近东西向延伸，Ag、Cd异常与其套合较好，形态较规整，强度亦较高。As、Sb异常面积较小，分布于其他元素异常中。

（5）AS8异常：位于茶曲帕查沟脑处，异常组合元素为Zn、Cd、As、Ag等，呈近东西向不规则状展布，主异常元素为Zn、Cd、Zn、Cd异常较规整，As异常零星分布。

2. 土壤地球化学异常特征

多才玛土壤剖面显示的高含量区段与1:5万水系沉积物测量所圈定的化探异常范围吻合程度较高，且强度有所提高。土壤地球化学异常具有以下特征：

从剖面上反映出，成矿元素Pb、Zn、Ag含量较高，在平面上，异常多呈条带状东西向展布，反映出次级断裂构造控矿的迹象。

根据异常所处的地质环境与矿化类型的关系，组分中Pb、Zn、Ag含量较高，异常受控因素为地层和构造，其中构造为主要控制因素。

经山地工程验证，证实异常是由铅锌矿（化）体所引起，佐证了以铅为主的组合异常及潜在的找矿意义。

茶曲帕查剖面土壤测量结果分析，锌元素在测区的东南部呈条带状，以物探异常JD4、JD5带为中心，形成一近EW向条带，带宽150～900m，平均宽400～500m，长约3000m的锌元素异常带，带中锌元素含量大多数大于2500×10^{-6}，最低为1000×10^{-6}，异常带所处的地层为第三系沱沱河组紫红色砾岩、复成分砾岩夹泥钙质粉沙岩，带中铅异常零星，个别地段上铅元素含量高达2500×10^{-6}。

在第三系泥晶灰岩、泥灰岩中铅锌元素的含量曲线呈跳跃不连续状，分布不均匀，在二叠系灰岩中铅锌元素含量很低，基本上无异常，只有个别地段元素含量在 1000×10^{-6}～2500×10^{-6}之间。

总体看来，在茶曲帕查地区以茶曲去布沟为界，东边地层中的铅锌元素含量均稍高于西边，但铅锌元素含量曲线均具跳跃性和不连续性，其中在JD1、JD2、JD4、JD5所形成的物探异常带中已发现铅锌矿（化）体，铅平均品位0.33%～1.21% $\times10^{-2}$，锌平均品位6.07%～11.85 $\times10^{-2}$，与1:5万水系沉积物测量所圈出的异常套合较好，且显示出铅锌元素异常曲线在走向上具带状展布的特点。

3. *矿化特征*

茶曲帕查—多才玛区段通过几年的工作，发现一条宽约500～1000m，自东向西从多才玛—茶曲帕查—加阿切、总长大于20km的成矿带。该带出露于古近纪沱沱河组和下二叠纪九十道班组地层及其接触带附近，由近东西向的数组断裂所组成，旁侧多发育次级构造。

该带的形成是由于下二叠纪地层向第三纪地层的逆冲推覆而形成的，在走向上多处被近SN向或NE向平移断层错断，带中岩性为碎裂岩化硅化泥晶含生物屑砂屑灰岩、碎裂岩化白云石化硅化含生物屑泥晶灰岩、碎裂（石英、方解石）蚀变岩，浅青灰色碎裂结晶灰岩，泥晶灰岩等为主，受构造挤压作用岩石破碎，泥化强烈，同时沿裂隙充填后期的方解石细脉，呈树枝状、雪花状花纹分布，带内褐铁矿化、碳酸岩化、网脉状菱锌矿化、硅化、高岭土化等较强。

目前，带内经过地表地物化工作，结合槽探工程揭露，沿区内出露的第三纪地层与下二叠纪地层的逆冲推覆带和该带旁侧发育的次级构造带内发现多处初具规模的铅锌矿（化）体，初步圈定三个矿化地段，分别是多才玛矿段、茶曲帕查矿段和孔莫陇矿段。其中多才玛矿段目前只发现零星的铅矿化线索，而孔莫陇和茶曲帕查矿段则圈定出铅锌矿化带及矿体。

（1）孔莫陇矿段。

孔莫陇矿段位于1:5万水系沉积物AS3异常中，矿段地表出露地层为二叠纪结晶灰岩、侏罗纪紫红色长石石英砂岩、灰黑色生物碎屑灰岩及第三纪砾岩以及第四系。孔莫陇矿体赋存于二叠纪九十道班组（P_1j）地层及其与第三纪沱沱河组地层接触带附近的近东西向构造破碎带中，矿体的形态及产状受其控制，呈脉状—细脉产出，岩石中脆性剪切作用形成的裂隙发育，其间见有方铅矿细脉充填，破碎带褐铁矿化比较强烈，大部分受应力作用发生碎裂，呈棱角状碎粒。矿化带倾角45°～65°，宽度为80～230m，贯穿全区，呈波状弯曲，地表多数地段为负地形，在靠近结晶灰岩的一侧见断层面，并见有磨擦、挤压的痕迹。带内褐铁矿化、硅化、高岭土化强烈，受其影响，在该带旁侧多发育次级构造，通过地表探槽控制，发现这些次级构造破碎带与区内铅锌矿（化）体关系密切。

孔莫陇铅锌矿段M1矿体由地表工程CWTC1—CWTC6及深部CWZK01钻探工程控制，地表工程控制间距为100～200m。地表铅锌矿体长820m，走向近EW向，铅矿体平均品位0.5%～2.72%之间，铅矿体厚度为64.46m，锌矿体平均品位1.24%～3.44%之间，锌矿体厚17.28m，含矿岩性为方铅矿化碎裂结晶灰岩，围岩为碎裂结晶灰岩，地表蜂窝状、粉末状褐铁矿化较强，并见有少量的方铅矿化。

在CWZK01中的48.37～55.37m、74.40～86.45m、89.45～96.07m、99.07～102.07m、112.57～118.36m、125.77～133.27m、163.43～167.93m处见7层铅锌矿体，其中铅矿体平均品位0.48%～5.12%，累计厚度21.06m，锌矿体平均品位3.22%，累计厚度9.06m，含矿岩性为方铅矿化碎裂结晶灰岩。

经初步估算，该矿体铅+锌334资源量达17.6万t，已达到中型矿床规模。

（2）茶曲帕查矿段。

茶曲帕查矿段矿体赋存于第三纪沱沱河组地层中的近EW向构造破碎带中，矿体的形态及产状受其控制，呈脉状产出，破碎带褐铁矿化比较强烈，呈黄褐色，岩性主要为含生物碎屑泥晶灰岩，由于受挤压作用形成构造角砾岩，其近矿围岩蚀变为碳酸盐化。

在茶曲帕查矿区已圈出的矿化破碎蚀变带SbⅠ、SbⅡ内，累计圈出铅锌矿（化）体17条。

在SbⅠ号带内圈出铅锌矿（化）体（M_1、M_4、M_5）3条，其中M_1矿体位于SbⅠ西段，M_4、M_5位于SbⅠ号带东段；各矿体特征如下：

M_1矿体长100m，由CWTC2和CWTC3两条地表探槽控制，工程间距100m，该矿体为铅锌复合矿体，铅矿体平均厚度32.52m、平均品位0.99%，锌矿体平均厚度28.09m、平均品位4.12%，含矿岩性为浅青灰色碎裂结晶灰岩及构造角砾岩。

M_4矿体由CTC27702、CTC26701、CTC26702、CTC26101、CTC25701和CTC25703共6条探槽控制，工程间距100～200m，矿体为铅矿体，分为三段，即M_{4-1}、M_{4-2}、M_{4-3}三条矿体。M_4铅矿体厚度变化系数为87.84%～117.49%，品位变化系数29.09%～38.68%。M_{4-1}铅矿体长50m，厚度0.37m，品位0.37%；M_{4-2}铅矿体长730m，最小厚度1.08m，最大厚度7.93m，平均厚度3.44m，最低品位0.42%，最高品位0.77%，平均品位0.63%；$M_{4-3铅}$矿体长640m，最小厚度1.47m，最大厚度9.32m，平均厚度4.32m，最低品位0.30%，最高品位0.55%，平均品位0.34%，含矿岩性为浅青灰色碎裂结晶灰岩。

M_5矿体为铅锌矿体由两条铅矿体（M_{5-1}、M_{5-2}）和一条锌矿体组成，厚度变化系数84.35%～104.75%，品位变化系数0%～55.91%。M_{5-1}铅矿体长450m，最小厚度2.16m，最大厚度14.5m，平均厚度8.33m，平均品位0.74%。M_{5-2}铅矿体长450m，最小厚度1.81m，最大厚度7.16m，平均厚度4.48m，平均品位1.46%。锌矿体（M_{5-2}）长350m，平均厚度7.16m，平均品位1.73%；含矿岩性均为浅青灰色碎裂结晶灰岩。

SbⅡ号带位于测区的中东部，长约2.6km，宽50～200m，走向EW，地表圈出铅锌矿体（M_8）和锌矿体（M_9）各一条，铅锌矿体（M_8）分别由一条锌矿体和四条铅矿体（M_{8-1}、M_{8-2}、M_{8-3}、M_{8-4}）组成。

M_8锌矿体由CZK9501、CZK8701、CTC8701、CTC9501和CTC9901控制，矿体长450m，厚度最小13.93m，最大54.38m，平均厚度36.30m，品位最低4.99%，最高5.96%，平均品位5.27%；M_8锌矿体厚度变化系数105.34%，品位变化系数54.44%。其中在CZK9501的17.9～35.99m处见铅锌矿，铅品位0.66%，累计厚度17.42m，锌品位5.49%，真厚度1.68m，含矿岩性为浅紫红色—黄褐色褐铁矿化泥晶灰岩；在CZK8701中见有三层矿，即0.6～25.14m处见铅锌矿，铅品位0.79%，真厚度5.56m，锌品位3.83%，真厚度19.32m；140.05～149.53m处见锌矿，锌品位1.65%，真厚度6.05m；172.20～212.96m处见锌矿，锌品位1.65%，真厚度26.03m，含矿岩性为复成分砾岩和浅紫红色—黄褐色褐铁矿化泥晶灰岩。

四条铅矿体（M_{8-1}、M_{8-2}、M_{8-3}、M_{8-4}）中，M_{8-1}矿体由CTC9901和CTC9501控制，矿体长100m，控制斜深25m，平均厚度3.60m，平均品位0.56%；厚度变化系数91.54%，品位变化系数145.21%。M_{8-2}矿体由CTC9901和CTC9501控制，矿体长100m，控制斜深25m，平均厚度1.20m，平均品位0.65%；M_{8-3}矿体由CTC8701、CTC9901、CTC9501、CZK9501和CZK8701控制，矿体长350m，控制斜深80m，最小厚度0.67m，最大厚度25.56m，平均厚度13.12m，平均品位9.50%；M_{8-4}矿体由CTC8701和CTC9501控制，矿体长100m，矿体斜深25m，平均厚度17.59m，铅矿体平均品位1.08%；含矿岩性均为复成分砾岩和浅紫红色—黄褐色褐铁矿化泥晶灰岩。

M_9锌矿体由CTC9501、CTC8701和CZK8701控制，长200m，控制斜深245m，平均厚度13.760m，平均品位1.64%，含矿岩性均为黄褐色褐铁矿化泥晶灰岩。

另外，在SbⅡ号带西段CTC17501探槽中圈出铅锌矿体1条，其中铅矿体厚度13.27m，平均品位10.4%；锌矿体厚度25.52m，平均品位10.02%。含矿岩性浅灰白色—浅紫色泥晶灰岩。在SbⅡ号带东段CTC9701中圈出M_7地表锌矿体一条，厚度5.22m，平均品位1.90%，含矿岩性为复成分砾岩。

通过对SbⅠ、SbⅡ两条矿化带内圈出的17条铅锌矿（化）体进行资源量估算，获334+333铅+锌矿石量823.67万t，铅+锌金属量244507.01t，显示出茶曲怕查良好的找矿潜力。

（3）多才玛矿段。

多才玛矿体赋存于第三纪五道梁组（E_2N_1W）地层及其与下二叠纪九十道班组地接触带附近中的近东西向构造破碎带中，破碎带岩性为泥晶灰岩，矿体形态及产状受其控制，肉眼可见星点状及细脉状方铅矿。在多才玛通过对褐铁矿化蚀变破碎带进行槽探揭露圈出了以铅为主的铅锌矿体四条及和二个铅矿点。

M_{10}铅锌矿体：由 DTC11 控制，矿体赋存于第三纪沱沱河组地层中的近 EW 向构造破碎带中，矿体的形态及产状受其控制，呈脉状产出。破碎带褐铁矿化比较强烈，呈黄褐色，岩性主要为含生物碎屑泥晶灰岩。由于受挤压作用形成构造角砾岩，其近矿围岩蚀变为碳酸盐化、硅化，矿体倾向为30°，倾角为35°。矿体为单工程控制，Pb 矿体厚度 1.02m，品位 1.50%，Zn 矿体厚度 4.10m，品位 3.82%，含矿岩性为含生物碎屑泥晶灰岩。

M_{11}PbZn 矿体：由 DTC10 控制，矿体赋存于二叠纪九十道班组（P_1j）地层中东西向构造破碎带中，矿体的形态及产状受其控制，呈脉状产出。破碎带褐铁矿化比较强烈，呈黄褐色—褐红色，岩石较为破碎，部分成泥状，大部分受应力作用发生碎裂，呈棱角状碎粒。近矿围岩蚀变为碳酸盐化、硅化，矿体倾向 30°，倾角 65°。矿体为单工程控制，Pb 矿体厚度 1.29m，品位 0.53%，Zn 矿体厚度 3.87m，品位 4.8%，含矿岩性为深灰色中薄层状碎裂结晶灰岩。

M_{12}PbZn 矿体：由 DTC9 控制，矿体赋存于二叠纪九十道班组（P_1j）结晶灰岩中，矿体的形态及产状受地层控制，岩石中脆性剪切作用形成的裂隙发育，其间见有方铅矿细脉充填，脉宽 1cm 左右，围岩蚀变为碳酸盐化、硅化，矿体倾向 30°，倾角 65°。矿体为单工程控制，Pb 矿体厚度 9.86m，品位 1.95%，Zn 矿体厚度 4.93m，品位 0.99%，含矿岩性为深灰色中薄层状结晶灰岩。

M_{13}Pb 矿体：由 DTC4 控制，矿体赋存于二叠纪九十道班组（P_1j^2）结晶灰岩中，矿体的形态及产状受地层控制，岩石中脆性剪切作用形成的裂隙发育，其间见有方铅矿细脉充填，脉宽 1～2cm，近矿围岩蚀变为碳酸盐化、硅化，矿体倾向 30°，倾角 71°。矿体为单工程控制，厚度 1.89m，品位 0.82%，含矿岩性为深灰色中薄层状碎裂结晶灰岩。

1 号 Pb 矿点：由 03TC4 控制，矿体赋存于 EW 向构造破碎带中，肉眼可见方铅矿呈他形粒状、星点状分布。矿体为单工程控制，厚度 4.07m，平均品位 1.72%，含矿地层岩性为灰白色中薄层含生物碎屑泥晶灰岩。

2 号 Pb 矿点：由 03TC5 控制，矿体赋存于第三纪五道梁组（E_2N_1W）地层中的近东西向构造破碎带中，破碎带岩性为泥晶灰岩。矿体形态及产状受其控制，矿体产状倾向 165°，倾角 15°，肉眼可见星点状及细脉状方铅矿，近矿围岩蚀变为碳酸盐化、硅化。矿体为单工程控制，厚度 5.18m，品位为 0.57%，含矿岩性为灰白色碎裂中薄层含生物碎屑泥晶灰岩。

区内铅锌矿石结构为自形—半自形—他形晶粒状结构、生物碎屑结构、碎裂结构；角砾状、细脉状、星点状、稀疏浸染状等构造。

矿石矿物为菱锌矿、方铅矿、毒砂、褐铁矿、臭葱石，脉石矿物主要为石英、方解石、少许绢云母。菱锌矿、方铅矿矿物呈脉状、网脉状、稀疏浸染状充填于岩石裂隙中，矿化强弱与裂隙发育程度有关，裂隙密集且宽时，形成矿脉较多，含矿品位亦较高。菱锌矿粒度多 0.02mm × 0.03mm ～ 0.60mm × 1.30mm 间；方铅矿粒度多在 0.5 ～1.5mm 间。

按组分和结构构造可大致分为角砾状锌矿石、网脉状、浸染状、星点状铅锌矿石等几种主要类型。

（二）宗陇巴矿区

1. 1∶5 万水系沉积物异常特征

根据 1∶20 万化探扫面成果，2003 年对 46km^2 范围进行了 1∶5 万水系沉积物测量（4.15 点/km^2）后发现，异常重现性好，异常特征组合为 Zn、Pb、Cd、As 元素，伴有弱小 Ag、Co、Cu 等元素，且各元素异常值有明显增高。该异常以 Zn 为主元素异常，Zn 平均值 912.59 × 10^{-6}，峰值 14600 × 10^{-6}；Pb 平均值 135.13 × 10^{-6}，Cd 平均值为 9.22 × 10^{-6}，As 平均值为 182.03 × 10^{-6}；原有异常被分解，浓集中心进一步明确，并分解成 AS14 - 1、AS14 - 2、AS14 - 3 等 3 个以 Zn 为主的多元素组合异常，其中以 AS14 - 3 组合异常最为显著，亦是主要的矿致异常。

AS14 - 3 组合异常是宗陇巴锌矿形成的矿致异常；组合异常以 Zn 元素异常为主，伴有 Pb、Cd、As、Co、Ag 等元素异常；元素组合较为简单，具有异常面积大，强度高的特点。Zn 异常面积 12.5km^2，平均值 1033.58 $\times 10^{-6}$，有两个近 EW 向排列的浓集中心，以西侧浓集中心为最大，面积近 2km^2，峰值由东至西分别为 2330 $\times 10^{-6}$ 和 14600 $\times 10^{-6}$，浓集中心走向明显与近 EW 向断裂破碎蚀变带相一致，且均具三级浓度分带。Pb 异常面积 13.5km^2，平均值 141.23 $\times 10^{-6}$，亦有东西两个浓集中心，具三级浓度分带，峰值为 1350 $\times 10^{-6}$；Cd 异常面积较小，有一处明显浓集中心，峰值 103 $\times 10^{-6}$，平均值 9.47 $\times 10^{-6}$。Zn、Pb、Cd 异常浓集中心完全吻合。特征组合中各元素异常套合紧密，呈近 EW 向带状展布，浓集中心明显，且向西未封闭，有明显延伸趋势。

经查证，证实了 AS14 - 3 异常内存在近 EW 向弧形展布的断裂含矿破碎蚀变带，目前已在其中圈出 4 条锌矿体。AS14 - 3 异常主要与该蚀变带矿化密切相关，是寻找锌矿的主要远景地段。

2. 岩石地球化学特征

各元素在不同的岩石中有不同程度的富集，而且不同的岩石中各元素分配有很大的差异，若与地壳丰度相比较，各元素含量比地壳丰度高出几倍至几十倍。各元素含量的分配在一定程度上反映出引起矿化富集的地球化学内在因素，也反映了不同岩性中各元素分配分布的富集特征。

2005 年宗陇巴地区在已发现的东、西矿（化）段上按 400m 的基本间距系统地测制了 10 条地物化综合剖面，剖面中所显示的铅锌元素地球化学异常不仅与物探激电异常相吻合，而且也与含矿构造破碎带一致。

西矿段 ZPⅦ剖面：Zn 高含量地段宽 440m，均分布在近东西向的断裂带中，Zn 平均含量 1756 $\times 10^{-6}$，最低含量 700 $\times 10^{-6}$，最高均大于 2500 $\times 10^{-6}$，Zn 与 Pb 异常套合较好，Pb 的最高值大于 2500 $\times 10^{-6}$。在 Zn 高含量地段施工 Tc3901 探槽揭露出锌矿体。此处高含量地段对应的水系沉积物样品 Zn 含量最高值达 2330 $\times 10^{-6}$，中间部位有较强的激电异常，宽约 150m，视幅频率峰值达 8.6%，视电阻率在 200Ω · m 左右，显示低阻高极化特征。ZPⅧ剖面：靠近剖面南段有一处宽 100m 的 Zn 高含量地段，与在 TC5501 中揭露出的含矿层位基本一致。该剖面基本无激电异常显示，在剖面中间视幅频率略有升高，对应剖面敷设地段主要岩性为构造角砾岩，说明该处视幅频率的增高为构造破碎带所引起。ZPⅪ剖面：在剖面的北段有宽 160m 的 Zn 高含量地段，最小值 900 $\times 10^{-6}$，最大值大于 2500 $\times 10^{-6}$，铅异常套合较好，且在铅锌高含量套合处施工 TC7101，见锌矿体，锌矿化产于褐铁矿化碎裂结晶灰岩中。ZPⅨ剖面：剖面上锌高值地段位于构造破碎蚀变带中，高含量地段宽约 80m，最小值 1250 $\times 10^{-6}$，最大值大于 2500 $\times 10^{-6}$，与铅套合较好，铅含量在 900 $\times 10^{-6}$～2500 $\times 10^{-6}$ 之间，此处施工 TC2301 见到锌矿体。剖面的高值地段有较强的激电异常，异常峰值达 4.5%，异常背景值在 1.0% 左右。剖面激电异常同样位于构造破碎蚀变带中，与已发现的铅锌矿体相吻合。

东矿段 ZPⅩⅢ剖面：剖面北段有一处宽 80m 的锌高含量地段，锌均大于 2500 $\times 10^{-6}$，此段内其铅含量在 430 $\times 10^{-6}$～980 $\times 10^{-6}$ 之间，套合较好，岩性为褐黄色蚀变构造角砾岩，在 TC3001 中揭露到锌矿体。ZPⅩⅣ剖面：剖面的中北段只有单样锌含量为 1875 $\times 10^{-6}$，其余元素均无异常，岩性为褐黄色蚀变构造角砾岩。ZPⅩⅢ剖面、ZPⅩⅣ剖面在与其相对应的部位有一较弱的激电异常存在，幅频率最高值为 1.3%，异常背景值在 0.5% 左右，视电阻率达 200Ωm 左右：推断该异常为蚀变破碎带中较弱的锌矿体所引起。ZPⅩⅤ剖面：发现两处锌高含量地段，一处宽度为 120m，锌含量在 530 $\times 10^{-6}$～2500 $\times 10^{-6}$ 之间；另一处高含量地段宽度约为 60m，锌含量大于 2500 $\times 10^{-6}$，此高含量地段岩性为褐黄色蚀变构造角砾岩，其他元素均无明显异常。激电异常的幅频率最高值为 2.1%，异常背景值在 0.6% 左右，异常地段位于构造破碎蚀变带部位，宽度 120m 左右，同属褐黄色蚀变构造角砾岩。

上述特点表明，本区铅、锌等元素异常的分布与区内近东西向构造破碎带的空间展布基本一致，而且带内的蚀变构造角砾岩、碎裂灰岩等的铅、锌元素含量明显较高，因此该区构造破碎带控矿特征较为明显，是今后的主要找矿标志之一。

3. 矿化特征

在区内发现的近东西向弧形展布的断裂含矿构造破碎蚀变带中发现 3 条含矿带，其中 Sb1 长约 400m，宽约 30m；Sb2 长约 1km，宽约 30m；Sb3 长 >6km，宽 >100m。三条含矿构造蚀变带在走向上延伸稳定。带内蚀变以碳酸盐化为主，伴随有高岭土化、褐铁矿化等，金属矿物以菱锌矿为主。Sb3 被一平移断层将其错断，断距 260m 左右。在 Sb2 西北方向的褐铁矿化碎裂结晶灰岩中发现有锌矿体。

三条含矿构造蚀变带以 Sb3 最具规模，且严格受断裂控制。其中圈出锌矿体两个：ZnⅣ、ZnⅤ，矿体由 ZTC5501、ZTC3901、ZTC2301、ZTC1101、ZTC3001、ZTC5201、ZTC6401、ZZK3901 等工程控制长度约 1640m，ZTC3901 中矿体最宽 36.42m。矿体形态主要呈带状，呈 NE 或近 EW 向展布。

Sb2 规模相对较小，但 ZTC3901 探槽揭露见锌矿体两层，宽度分别为 3.14m、6.08m，平均品位分别为 16.09%、8.40%。

Sb1 规模最小，经 ZTC7101 探槽揭露见锌矿体两层，宽度分别为 5.16m、7.74m，平均品位分别为 1.58%、8.90%。

经地表工程揭露后，锌矿体主要产于构造破碎蚀变带中，并初步圈出锌矿体 5 条，矿体严格受断裂破碎带控制。

ZnⅣ矿体：为区内规模最大的锌矿体，由 ZTC5501、ZTC3901、ZTC2301、ZTC1101、ZTC3001、ZTC5201、ZTC6401、ZZK3901、ZZK3001 槽探及钻探工程控制，矿体呈 NWW 向或近 EW 向，赋存于 F_2构造破碎带中，其形态和产状受其控制，呈脉状，被 NW 向平移断层 F_3错断成东西两段，断距达 260m。东矿段长 416m，由 ZTC3001、ZTC5201、ZTC6401、ZZK3001 控制；西矿段长 1220m，由 TC3、TC7 槽探控制。矿体总长约 1640m，两端均有探槽工程控制。矿体产状为（145°～210°）∠（53°～68°），沿走向厚度变化较大，在 4.41～36.42m 之间，平均厚度 14.21m，Zn 含量最高 18.22×10^{-2}，最低 0.70×10^{-2}，平均 5.18×10^{-2}，品位变化系数为 117.46%。该矿体中伴生有铅，铅矿体长度 100m，品位 2.94×10^{-2}～3.38×10^{-2}，平均 3.12×10^{-2}，由 ZTC5201 控制，品位变化系数 7.33%。

ZnⅤ矿体：该矿体赋存于 F_2构造蚀变破碎带中，矿体呈 NE—SW 向，由 ZZK3901 控制，锌品位最高为 16.3×10^{-2}，最低为 0.71×10^{-2}，平均为 4.35×10^{-2}，品位变化系数为 95.57%。平均厚度为 5.71m，产状 155°∠65°，含矿岩性为构造角砾岩。

ZnⅡ矿体：矿体呈 NE—SW 向，由 ZTC3901 控制，锌品位最高为 16.34×10^{-2}，最低为 15.84×10^{-2}，平均为 16.09×10^{-2}，品位变化系数为 41.9%。平均厚度为 3.18m，产状 148°∠53°，含矿岩性为构造角砾岩。

ZnⅢ矿体：矿体呈 NE—SW 向，由 ZTC3901 控制；锌品位最高为 14.54×10^{-2}，最低为 4.78×10^{-2}，平均为 8.41×10^{-2}，品位变化系数为 49.7%。平均厚度为 6.36m，产状 148°∠53°，含矿岩性为构造角砾岩。

ZnⅠ矿体：矿体呈 NE—SW 向，由 ZTC7101 控制；锌品位最高为 11.15×10^{-2}，最低为 4.28×10^{-2}，平均为 8.90×10^{-2}，品位变化系数为 28.28%。平均厚度为 7.74m，产状 160°∠65°，含矿岩性为褐铁矿化碎裂结晶灰岩。

目前宗陇巴矿区已估算锌金属资源量 9.02 万 t，已初具规模。

锌矿石结构为自形—半自形—他形晶粒状结构、生物碎屑结构、碎裂结构；角砾状、细脉状、局部浸染状等构造。矿石矿物为菱锌矿、白铅矿、毒砂、褐铁矿，臭葱石，脉石矿物主要为石英、方解石、少许绢云母。菱锌矿、白铅矿呈脉状、网脉状充填于岩石裂隙中，矿化强弱与裂隙发育程度有关，裂隙密集且宽时，矿脉分布较多、品位亦较高。菱锌矿粒度多在 0.02mm×0.03mm～0.60mm×1.30mm 间。矿石含铅，单样品位 0.05×10^{-2}～3.38×10^{-2}，平均 1.02×10^{-2}。

矿石类型按组分和结构构造可大致分为角砾状锌矿石、网脉状、浸染状锌矿石等几种主要类型。

（三）纳保扎陇矿区

化探异常组合元素为 Pb、Zn、Ag、Hg、Cu 等，近 EW 向展布，异常主元素为铅、锌。各元素异常套合好、强度高，规模较大，异常范围内尚伴有规模较大的磁异常。

在纳保扎陇砷 4 异常区圈定三条矿化蚀变带：

（1）近 SN 向铅矿化带长约 2km，宽度 2～30m，最宽处约 50m 左右，方铅矿呈致密块状、浸染状、星点状和细脉状分布在蚀变带中。

（2）NE 向褐铁矿化带长约 2.5km，宽 60m 左右，经探槽揭露，见有星点状、细脉状方铅矿富集于构造角砾岩和方解石脉中。

（3）EW 向褐铁矿化蚀变带在 TC21 探槽褐黄—褐红色蚀变带中见有细脉状、星点状方铅矿，矿化带宽约 9m，推测长度 400m。

经探槽揭露，在 TC1 中见矿视厚度大于 50m，铅平均品位 2.36%，最高 13.1%，其中有 20m 铅平均品位 5.05%；锌平均品位 0.61%～1.57%。

TC5 中见矿 6 层，累计视厚度 58.5m，单层宽 4～18m，铅平均品位 0.50%～2.60%，单样最高 5.49%；锌平均品位 0.81%～1.26%，单样最高 2.21%。

在纳保扎陇铅锌矿南侧，尚发现一条铜矿化带，铜矿化带受构造控制，带内褐铁矿化、孔雀石化、铜兰矿化强烈，且局部伴随有铅锌矿化。矿化带呈近南北向延伸，带宽约 20m，延长大约为 3km。对铜矿化带采集了 16 个拣块样品控制，经野外快速分析，矿化带北部以铜矿化为主，且具有一定的规模，南部以铅锌矿化为主。从 16 个拣块样化学快速分析结果，铜最高品位为 10.85%，铅最高品位为 39.34%，锌最高品位为 17.2%，银最高品位为 592.1g/t，初步表明该矿化带广阔的找矿前景。

在周琼玛鲁有两个化探异常分布，AS7 异常组合元素为 Pb、Zn、Ag、Hg、As，近东西向展布。异常主元素为 Pb、Zn。Pb 异常峰值为 8980×10^{-6}、Zn 异常峰值为 1700×10^{-6}、Ag 异常峰值为 3200×10^{-9}。AS9 异常组合元素为 Zn、Pb、Sb、As、Cd 等，呈 NW 向不规则状展布，异常主元素为 Zn。已发现了 3 处铁锌矿化带：第一条矿化带呈 SN 向展布，带宽 20m，长 300m；锌品位 1%～2%，铁品位 30%～34%。第二条矿化带呈 NW－SE 向展布，带宽 20～30m，长 400m，锌品位 0.5%～2%。锌铁矿化产出于闪长岩与灰岩、变钙质砂岩的外接触带。矿化表现为褐铁矿、赤铁矿、磁铁矿、菱铁矿矿物集合体呈胶结状、蜂窝状、条带状、似层状等形式集中分布于外接触带矽卡岩中，表现出该区具有形成矽卡岩型铁锌铅矿的良好地质条件，进一步工作后，有望取得重大找矿突破。

在桑玛日地区，AS5 异常为 W、Hg、Sb、Pb、As、Ag 组合异常，呈 NW 向延伸，形态不规则，异常主元素为钨、锑，其中钨异常规模最大。初步发现 1 条铁锰帽带，地表呈不规则状分布，长 1000m 左右，宽 300～400m。铁品位 45.27%，锰品位 54.7%，探槽中有连续 15 个样品的锰品位在 20% 以上。矿石呈灰褐色，具角砾状、蜂窝状结构，块状、条带状构造。原岩岩性为碎裂角砾状次火山岩。矿石矿物成分为褐铁矿、软锰矿、白钨矿、黑钨矿等。初步分析其成因类型可能属次火山热液型。

此外，通过踏勘检查，在纳保扎陇附近及外围的玛章错钦—周琼玛鲁一带尚发现以下找矿线索：

（1）AS1 号异常区内发现 1 条锌矿化带，推测长度 200m，宽 12m，锌品位 2.15%～3.8%。

（2）AS5 号异常区内发现 1 条铁锰矿化带，推测长度 1000m，宽 22m，铁品位 14.6%～53%，锰品位 10.34%～46%，铅品位 0.1%～0.25%，锌品位 0.11%～0.38%。

（3）AS6 号异常区内发现两条矿化蚀变带，推测长度 200m，宽 2～10m，锌品位 0.7%～2.1%。

（4）AS7 异常区发现 1 条锌矿化带，推测长度 200m，宽 2m，锌品位 1%。

（5）AS9 号异常区内发现 7 条锌矿化带，推测长度 300～3500m，宽 1.5～15m，锌品位1.04%～2.0%。

（6）AS13 号异常区内发现 1 条锌矿化带，推测长度 400m，宽 9m，锌品位 0.14%～0.26%。

（四）那日尼亚区段

在那日尼亚地区的2、4号异常区内，发现了多条矿化程度不同的破碎蚀变带，这些矿化蚀变带的展布方向总体与区内的主构造线展布方向基本一致——近NEE向延伸，地表呈黄色、褐黄色和褐色，带内高岭土化、褐铁矿化、黄钾铁钒矿化强烈，并伴随有不同程度的锰矿化和重晶石化，局部可见铅锌矿化。

（1）2号异常：经初步踏勘检查，发现1条含矿破碎蚀变带，地表呈黄色、褐黄色。含矿破碎蚀变带呈NW—SE向延伸，经探槽工程揭露，圈定出两条铅矿体，呈NW—SE向延伸，矿石矿物主要为方铅矿。

Ⅰ1号矿体长200m，平均厚12.33m，铅平均品位0.55%。

Ⅰ2号矿体长669m，平均厚16.29m，铅平均品位0.64%，单样最高2.80%。

（2）4号异常：发现了3条破碎蚀变带（Ⅰ、Ⅱ、Ⅲ），带内普遍具褐铁矿化、高岭土化、锰矿化，局部地段可见零星的方铅矿化和镜铁矿化。其中对Ⅱ号破碎蚀变带进行了揭露，圈出了2条铅矿体，呈NW—SE向延伸，矿体地表呈褐黄色，方铅矿呈细脉状、星点状分布于蚀变碎裂英安岩中。

Ⅱ1号矿体长200m，平均厚度15.70m，铅平均品位0.69%。

Ⅱ2号矿体长623m，平均厚度14.02m，铅平均品位0.99%。

五、勘查开发工作建议

（一）勘查工作思路建议

（1）以区域1∶20万化探异常及找矿远景区为对象开展1∶5万战略性矿产远景调查：本区工作程度较低，比较系统的工作主要是近年进行的1∶20万、1∶5万化探扫面和1∶25万区调。该项工作获得的资料从宏观上展示了本区铜、铅、锌、银多金属矿资源潜力，同时也为进行资源远景评价工作提供了切入点。2005～2007年已经进行的12幅矿调工作发现了众多的异常及有远景的矿点，为进一步评价提供了靶区，同时也积累了宝贵的找矿经验，因此应在此基础上向东、向北扩展，实现对重点成矿远景区找矿潜力的系统评价。

以现代板块构造、造山带及地质异常、成矿系列等地质成矿理论为指导，以地、物、化、遥综合调查方法为手段，充分应用数字填图技术，以基本查明调查区内地质矿产特征、区域矿产的成矿环境、成矿作用、控矿因素以及主要矿床（点）的矿化特征、成因类型、成（找）矿潜力和空间分布为目的，在已有矿带向NW延伸方向及区域北部的扎多日—旁仓贡玛异常带，开展1∶5万矿产远景调查工作。

应用新的成矿理论，对取得的地质、矿产、物化探资料进行综合研究，深化成矿地质背景研究，提高对成矿规律的认识，大幅度提高调查区的地质矿产调查程度和研究水平，取得地质矿产研究和找矿的新突破。

（2）以已圈定的找矿靶区或已发现的铜铅锌银多金属矿点为突破口开展检查评价：本区通过2005～2007年工作，在宗陇巴、孔莫陇、茶曲怕查等异常区已发现了较好的矿化线索，虽然工作及控制程度较低，但为我们提供了进一步工作的突破口。进一步工作应以此为立足点，在前期工作的基础上，对宗陇巴、多才玛—茶曲怕查地区已有铅锌矿带以地物化及地表工程等手段进行系统的检查工作，圈定矿化带、矿体，为进一步深部验证提供依据。

（3）对茶曲怕查异常区经工作新发现的铅、锌多金属矿带及矿体采用1∶1地质草测、1∶1万地物化剖面、槽井探等手段进行地表系统评价，为开展深部工程验证提供依据。

结合区内矿产远景调查成果，优选找矿靶区采用大比例尺地、物、化综合方法进行检查，发现新的矿化富集地段或矿产地，扩大资源前景。

通过点上及面上不同层次的工作，重点解剖评价已知矿体，查明其规模，提交铅锌资源量；同时寻找、发现新的含矿地段和矿（化）体，扩大资源远景，提交新的勘查基地。

（二）勘查工作部署建议

勘查工作部署建议分为两个层次开展：

1. 面上展开

在综合分析已有地质资料的基础上，在本区西北部的约改、坎巴塔钦、那日胸玛、郭仓勒玛一带开展区域矿产地质调查，系统进行1:5万区域地质调查、地面高精度磁测、水系沉积物测量等工作，基本查明评价区成矿地质背景及矿产分布、成矿条件、控矿因素，圈定物化探异常及找矿有利地段，提交找矿靶区和新发现矿产地。

1:5万水系沉积物测量：在已有1:20万化探异常、已有成矿事实的基础上，明确测试元素，进行系统的水系沉积物地球化学测量，圈定异常，为地质找矿指明方向和目标。

1:5万高精度磁测：突出磁法工作探测深度较大的特点，选择重点找矿区开展磁法测量工作，加强对覆盖区、及隐伏岩体等的研究，对整体找矿潜力预测发挥磁法工作的不可替代作用，使其能与地质、化探等方法优势互补。根据磁测结果，圈定地磁异常，结合地质、化探资料，进行地磁异常解释推断和综合研究，划分成矿预测区。

1:5万遥感地质解译及异常提取：遥感地质解译首先进行初步解译，在野外工作前完成详细解译工作。而后进入遥感异常提取阶段，主要提取羟基为主的基团异常和铁染为主的变价元素异常，该项工作与上述几项工作同步进行。

矿产检查：在上述几项工作的基础上，对所圈定的综合找矿靶区、异常，尤其是化探、物探异常套合较好的地段和地质矿产路线调查工作中新发现的矿化蚀变带、矿化点采用地化剖面、槽探工程等手段择优进行查证和检查、控制，以了解和控制异常的含矿性、矿化层位、矿化范围、规模、产状、地表出露形态、矿石特征、矿化蚀变及控矿因素和矿床类型等。对异常的成矿意义和潜力进行评价，对矿化蚀变带、矿点的资源远景进行评述。

2. 点上重点评价

对已圈出的矿体和矿化蚀变带（孔莫陇、茶曲怕查、纳保扎陇、玛章错钦、周琼玛鲁、那日尼亚、宗陇巴等）利用大比例尺地、物、化探等综合手段，配合槽井探工程进行系统的地表检查与评价，初步查明地表矿体的数量、分布、形态、规模、产状和矿石有益、有害组分的含量及其变化趋势。在此基础上，选择矿化富集地段利用钻探工程进行深部验证，新发现一批具有大、中型以上规模的铜、铅、锌、银等勘查基地和矿产地，对区内矿产资源潜力做出评价，为进一步开展勘查工作提供依据。

（1）孔莫陇矿段。对已圈定的孔莫陇M1铅锌矿体在加强地表槽探工程控制（间距200m）的同时，进行深部钻探验证。

对孔莫陇矿段西部，继续采用1:1万地物化剖面进行走向追索含矿破碎蚀变带延伸，并对砷2、1号异常进行查证，寻找新的矿化富集地段，为进一步深入验证提供新的依据。

（2）查曲怕查矿段。主要进行地表少量物化探剖面控制（工作量5千米），深部进行钻探验证。

（3）宗陇巴矿区。以深部钻探验证为主，少量地表物化探剖面测制工作，为深部验证提供依据。

（4）对于其他矿段，首先采用轻型山地工程或浅钻沿其延伸方向进行系统控制，初步查明地表矿体基本特征及矿石质量，尔后进行钻探验证。

对规模、潜力较大的矿区，择优采用钻探工程、配合坑探工程基本查明浅、深部矿体的基本特征和矿石质量及其变化情况，提供可供开发利用的基础储量。

加强综合研究工作，研究控矿因素、找矿标志，总结成矿规律，探讨矿床成因，建立适合本区特点的成矿模式和找矿模式，指导后续找矿工作的开展。

（三）开发工作建议

在上述工作的基础上，开展可行性研究和环境影响评价工作，确定合理的开发方案和开发规模，进行整体开发。

六、资源接替区矿产资源经济效益评价

（一）矿产资源储量潜在价值

区内矿产资源潜在价值的计算公式等均与元石山—拉水峡铁铜镍磷矿勘查开发接替区的计算公式等一致，矿产品价格见表5－5；接替区内已查明主要矿产资源储量的潜在价值为44.03亿元，全部为未上表资源储量的潜在价值，详见表5－21。

表5－21　矿产资源潜在价值测算结果表

接替区名称	矿种	矿区	资源量/万t	工作程度	资源量可信度系数	价格/（元/t）	品位系数	潜在价值/元	上表状态	合计/亿元
沱沱河地区铅锌矿勘查开发接替区	铅锌	孔莫陇	17.6	普查	0.6	14369	1	1517366400	未上表	44.03
		茶曲怕查	24.45	普查	0.6	14369	1	2107932300		
		宗陇巴	9.02	普查	0.6	14369	1	777650280		

由于本区工作程度偏低，估算的资源储量级别也偏低，资料查询也存在困难，矿产资源储量数据是合量，如孔莫陇、茶曲怕查矿区的铅锌等无法具体分开单矿种的资源储量，因此这些矿床潜在价值估算中矿产品的价格采用各矿种价格的平均值。

（二）年矿业产值增量预测

2005年，接替区内各矿床均未开发，矿业产值为零。

预测到2010年，接替区内各矿床仍不能开发，矿业产值仍然为零。

预测到2015年，接替区内各主要单矿种年产金属量分别为：铅1.2万t，锌2.0万t。

2015年矿业产值 $Gm=\sum$（预测单个矿种年产量×该矿种价格）＝铅1.2万t×11062元/t＋锌2.0万t×17676元/t＝13274.4万元＋35352万元＝48626.4万元≈4.86亿元。

预测2015年较2010年的年矿业产值增量为4.86亿元。

（三）矿产资源开发利用的社会效益评价

1. 矿产资源开发对地区经济发展的贡献

开发接替区位于海西州境内，根据《青海省海西州国民经济和社会发展“十一五”规划纲要》统计及预测，海西州2005年地区生产总值134.34亿元；预测2010年地区生产总值280亿元，较2005年增加145.66亿元；2015年地区生产总值560亿元，较2010年增加280亿元。

2010年矿业对经济发展的贡献率为零。2015年矿业对经济发展的贡献率＝接替区矿业产值增量/接替区所在区域国内生产总值增量＝4.86亿元/280亿元＝1.74％。

2. 矿产资源开发对经济增长速度的贡献

由于2005年接替区内未开展矿产开发工作，预测到2010年也不能投入开发，因而矿业经济增长贡献率无法计算。

（四）矿产资源开发技术经济评价

（1）从成矿条件、资源储量、资源前景、矿床规模、矿石品位、采选性能、潜在价值、矿业贡献等8个方面，聘请7位专家对开发接替区内部开发条件分别评分，经汇总平均，沱沱河地区铅锌矿勘查开发接替区内部开发条件综合评分结果为72.71分（表5－22），在6个勘查开发接替区中排名第三。

表 5－22　沱沱河地区铅锌矿勘查开发接替区内部开发条件评分表

评价指标	评分 1	评分 2	评分 3	评分 4	评分 5	评分 6	评分 7	合计	平均
成矿条件（10 分）	7	6	8	9	9	7	10	56	
资源储量（20 分）	14	15	11	12	15	11	16	94	
资源前景（15 分）	12	10	12	13	12	8	13	80	
矿床规模（15 分）	11	8	9	10	13	11	13	75	
矿石品位（10 分）	8	7	7	6	9	7	8	52	72.71
采选性能（10 分）	9	8	8	6	9	7	9	56	
潜在价值（15 分）	6	10	11	7	14	11	12	71	
矿业贡献（5 分）	1	2	4	3	5	5	5	25	
合计	68	66	70	66	86	67	86	509	

（2）从市场需求、交通条件、供水条件、供电条件、自然条件、区域经济等 6 个方面，聘请 7 位专家对开发接替区外部开发条件分别评分，经汇总平均，沱沱河地区铅锌矿勘查开发接替区外部开发条件综合评分结果为 68.29 分（表 5－23），在 6 个勘查开发接替区中排名第二。

表 5－23　沱沱河地区铅锌矿勘查开发接替区外部开发条件评分表

评价指标	评分 1	评分 2	评分 3	评分 4	评分 5	评分 6	评分 7	合计	平均
市场需求（20 分）	16	17	20	18	17	20	20	128	
交通条件（16 分）	13	13	13	8	12	10	14	83	
供水条件（16 分）	13	14	15	8	11	15	10	86	
供电条件（16 分）	14	6	4	2	7	15	10	58	68.29
自然条件（16 分）	13	3	12	6	9	5	15	63	
区域经济（16 分）	9	9	8	6	11	4	13	60	
合计	78	62	72	48	67	69	82	478	

七、资源接替区勘查开发环境影响评价

（一）环境影响分析评价

1. 政策环境影响分析

随着我国经济社会发展对铜、铅锌的需求量不断增加，国内铜、铅锌矿石供应缺口越来越大。预测 2010 年和 2020 年我国国内铜矿的保证程度分别仅为 28% 和 18%。铅、锌矿的保证程度分别仅为 55%、47% 和 48%、31%。因此，加快沱沱河地区铜、铅锌矿勘查，发现和查明一批可供开发的铅锌矿产地，对于缓解国家铅锌资源紧缺的局面，具有十分重要的意义。

沱沱河地区位于格尔木市唐古拉山乡，几个矿床均不在三江源自然保护区内，铜、铅、锌是鼓励开采的矿种。青海省矿产资源总体规划将本区列重点勘查区，通过开发丰富的铜、铅、锌、金等矿产，带动铜铅锌冶炼、加工业的发展，力争使本地区成为全省重要的有色金属矿产开发带。

对矿山环境保护的要求是：矿产开发要求矿山环境保护要贯穿于矿产资源开发的全过程，遵循“谁开发谁保护，谁污染谁治理，谁破坏谁恢复，谁使用谁补偿”的原则，实行矿山建设与生态环境

保护设施的“三同时”制度，足额缴纳矿山环境恢复治理保证金，做好矿山环境的恢复治理，最大限度地减轻矿业活动对生态环境造成的污染和破坏。

2. 自然环境影响分析

区内地形切割较弱，地貌上南高北低，一般海拔4700m左右，最高海拔为5337.6m，相对高差600m左右。气候属高原型寒冷半湿润气候带，年平均气温在-4.9℃，最高气温20℃，最低气温可达-30℃，以低温干燥、空气稀薄、日照充足、昼夜温差大、垂直分带明显为特征，气候变化无常，四季不分明，冰冻期长。每年10月至翌年5月为寒冻期。总的来看，本地区生态环境承载力不高，在矿产开发中要加强生态环境保护措施和恢复治理，争取将开发对生态环境的影响降到最低。

矿体埋深在15～350m，除个别地段可露天开采外，余者皆需地下开采。大部分矿体位于当地侵蚀基准面之上。矿区水文地质条件中等，矿区工程地质条件简单—中等，顶底板围岩较稳定，局部破碎地段需支护。

矿区附近均有河水通过，水质良好，可作为生产生活用水，电力需自备。总之矿床开发条件一般。

青海省已开采的有色金属类矿山，环境地质问题主要为废渣、尾矿压占荒漠型草地、不合理堆放、选矿废渣废水污染水源等。因此各矿山在建设初期就必须进行环境影响评价工作，并按评价要求落实环保措施；同时改革生产工艺、构建尾矿库、尽可能减少污染物排放总量；严格按要求开展矿山环境恢复治理工作，使矿山环境地质问题的影响程度降到最低。

3. 社会环境影响分析

截至“十五”末，本区所在的格尔木市辖区内总人口11.4万人；地区生产总值567250.5万元；2007年实现地区生产总值90.20亿元；财政总收入149408万元，其中地方财政一般预算收入25365万元；工业总产值325964.7万元；固定资产投资完成179948万元。

沱沱河地区通过宗陇巴锌矿、多才玛—茶曲帕查铅锌矿、桑玛日铁锰矿、纳保扎陇铅锌矿的开发，预测到2015年（预测到2010年，接替区内各矿床因工作程度低而不能开发），接替区内各主要单矿种年产金属量分别为：铅1.2万t，锌2.0万t；矿业产值可增加4.86万元，矿业产值占当时地区生产总值的0.87%，并将带动数百人的就业，对地区经济社会发展将产生极大的推动作用。

4. 矿产资源开发的环境保护和恢复程度

地质勘查工作只是临时性占用土地，而且只是在部分点段上进行勘探施工或路线穿越，不会对生态环境造成严重破坏。因此只要在地质勘查工作中加强对环境的保护，对一些槽探、硐探、钻探场所进行适当填平、恢复，合理堆放废渣，就能够最大限度地降低对生态环境的影响，做到地质勘查与生态环境的保护协调进行。

在矿产资源开发中，主要会产生废气和粉尘、废水、废渣、噪声等环境污染因素，预测通过一定的环境保护措施及恢复治理工作，对环境的影响是有限的。

（1）大气污染物：露天采场大气污染物主要是凿岩爆破粉尘和自卸汽车运输的道路扬尘，均为无组织短时间排放。凿岩粉尘采用湿式凿岩或干式捕尘器作业。爆破后采用喷雾洒水降尘，运输道路的扬尘采用洒水车定期洒水降尘。厂区采暖锅炉房烟囱排放的烟尘采用旋风除尘器收尘，使排放达标。

（2）废水：根据现有地质资料所反映的矿区水文地质情况，在矿山露天开采揭露矿体后，水质将会有所变化。但该地区水资源匮乏，应充分利用采场地下涌水，将采场内涌水全部泵送到选矿厂水处理系统经处理后再用于选矿生产用水。生活废水均采用生化处理达标后外排。

（3）固体废弃物：矿山所产生的固体废弃物主要是露天开采剥离排弃的岩土及生活垃圾等，岩土由自卸汽车运到排土场堆存，生活垃圾就地掩埋。在露天开采结束后，采坑应按要求进行植草、恢复植被，保护水土不流失。锅炉产生的煤渣可作为建筑材料使用或厂区铺路，不会造成环境污染。

（4）噪声：噪声源主要为凿岩机、电铲作业时产生的机械噪声，操作人员佩戴耳塞进行个人防护。由于露天采场周围无居民区，不会对居民产生影响。

综上所述，在矿山生产过程中，只要采取较有效的环境保护措施，矿山开发对该地区的生态环境不会产生明显的影响。矿山主要采用露天开采加井下开采的工艺，虽然会引起局部地段地形地貌的变化，但由于生产规模不大，并在露天开采结束后采取植被恢复措施，预测矿山开发对该地区的大气环境、水环境、声环境以及生态环境不会产生明显的影响。

5. 环境影响综合指标评估排序

根据上述四方面的影响分析，采取因子分析方法，制定环境影响预测评价方案，再根据选区实际，对选区进行权重计算，进行环境影响综合指标评估排序。

根据环境影响预测评价要求，聘请7位专家分别评分，经汇总平均，沱沱河地区铅锌矿勘查开发接替区环境影响综合评分结果为71.71分（表5－24），在6个开发接替区中排名第一。

表5－24　沱沱河地区铅锌矿勘查开发接替区环境影响综合评分表

规划评价要素（权重/%）	评价指标	评分1	评分2	评分3	评分4	评分5	评分6	评分7	合计	平均
矿产资源开发利用与保护的目标和方针－政策环境（25）	符合政策（10）	10	8	9	10	9	10	10	66	71.71
	当地经济需求（10）	10	8	10	10	9	8	10	65	
	与当地其他产业的协调一致性（5）	5	4	5	5	4	4	5	32	
矿产资源开发利用布局－自然环境（25）	降雨量（8）	6	4	6	8	3	3	7	37	
	地形地貌—坡度（8）	6	2	5	4	4	4	4	29	
	构造和岩性（9）	6	4	5	4	8	4	6	37	
矿产资源开发利用的规模－社会经济环境（25）	矿业产值占总经济产值的比率（6）	6	6	5	6	5	1	5	34	
	人口密度（6）	6	4	3	6	6	3	5	33	
	交通密度（6）	7	3	2	6	6	1	5	30	
	技术开发条件（7）	6	4	5	7	6	6	6	40	
矿山环境保护恢复治理－难易程度（25）	恢复治理率（7）	0	3	6	3	7	5	4	28	
	三废综合利用率（6）	0	3	5	4	5	3	2	22	
	尾矿综合利用率（6）	0	3	4	4	4	3	1	19	
	万元产值GDP环保投资额（6）	6	3	5	4	6	2	4	30	
累计		74	59	75	81	82	57	74	502	

（二）减轻资源开发对环境影响建议

1. 政策法规建议

本区不属于自然保护区，是国家省确定的重点勘查区。在矿产资源勘查中，要充分考虑环境因素，对生态环境脆弱地段和生态环境保护地段尽量不布置或者少布置勘查工作。矿产资源开发中，要认真贯彻国家关于环境保护的方针、政策，矿山环境保护贯穿于矿产资源开发的全过程，必须坚持“在保护中开发、在开发中保护”和“事前预防、事中治理、事后恢复”的原则，把矿产资源开发活动对环境的影响和破坏减少到最低限度。坚持“预防为主、防治结合”、“全面规划、合理开发、充分利用、化害为利、变废为宝”及“谁开发，谁保护”、“谁污染，谁治理”、“谁破坏，谁恢复”、“谁使用，谁补偿”的方针。明确矿山环境评估、监测、恢复治理、保护等各个环节的法律责任制。实行矿山环境保护的相关法规和政策、制度，力争把矿业开发对环境的影响降到最低点。

2. 行政管理建议

努力做好矿山环境保护的宣传教育，使各级领导干部和广大群众全面认识发展与环境的关系，树立矿业可持续发展的战略目标。

（1）新建（扩建）矿山必须符合环境保护准入条件。实行环境保护一票否决制，对于采矿活动对环境影响和破坏较大或难以恢复治理的采矿权申请，一律不批准。签订矿山环境保护责任书，足额缴纳矿山环境恢复治理保证金，加强矿山环境恢复治理和被破坏土地的复垦。

（2）生产矿山必须严格按照批准的开发利用方案、矿山环境保护与综合治理方案和土地复垦方案的要求，从事采掘活动和矿山环境保护与恢复治理，切实履行矿山环境保护与土地复垦义务。

（3）闭坑矿山要提交矿山环境恢复治理计划。做好闭坑、关停前的土地复垦、生态修复、尾矿库保护、废渣堆填、废水处理等环境保护工作。并按规定提交相关报告。

3. 技术方法建议

加强矿山环境的监测及预测、预报，掌握矿山环境的动态，及时采取有效的防治措施。

努力发展矿产资源领域的循环经济。将“减量化、再利用、资源化”应用到矿产资源勘查、开采中。提高矿山固体废弃物综合利用水平，实现矿山固体废弃物的资源化。

加强与矿山环境保护有密切关系的矿山环境地质调查评价及研究。研究矿业开发过程中引起的地质环境的各种变化，提出对矿山环境的影响及防治技术，研究、推广矿业三废的处理和废弃物回收与综合利用技术、装备。

加强人才培训，学习矿山环境保护的先进技术和经验，提高矿山环境保护工作的能力和水平。

4. 经济手段建议

完善经济刺激手段。对环境保护工作做得好的矿山企业实行减税或免税，对破坏与污染严重的实行加税，提高矿产资源废弃物综合利用的利润留成率，以及征收排污费及罚款等。

建立矿山环境保护与恢复治理保证金制度。保证金专项用于因开采矿产资源引发的矿山环境恢复治理。对逾期没有按要求治理或治理达不到要求的矿山，由国土资源主管部门使用该矿山缴纳的保证金，组织矿山环境恢复治理。

5. 公众参与的方式和跟踪监测评估的内容和方法建议

一是加强防灾减灾和保护环境的宣传教育。提高政府部门、企业、职工和全民的环境保护意识与防灾减灾意识，二是加强矿山环境的监测及预测、预报，掌握矿山环境的动态，及时采取有效的防治措施。三是加强执法检查并加大行政监察力度，建立矿山环境保护与治理工作的行政监督管理机制和行政、法律责任追究机制。限期整顿污染环境、破坏环境的矿山企业。

八、资源接替区勘查开发评述

（一）资源潜力分析

该区地处开心岭—杂多中晚二叠世岛弧带西段与雁石坪侏罗纪弧后前陆盆地的接合部位，以上叠盆地的沉积—热液成矿作用最具特色和远景。1∶20万化探扫面在区内圈定了15处高强度、大规模的多元素综合异常，异常呈近东西向密集分布，构成了巨大的地球化学块体，这些块体内经初步工作均已发现可供工业利用的铅锌矿体。

近几年的工作发现的铅锌等金属矿点有宗陇巴锌矿、多才玛－茶曲怕查铅锌矿、桑玛日铁锰矿、纳保扎陇铅锌矿等。成矿类型为沉积热液叠加型、矽卡岩型，由于成矿与沉积作用有关，具有大型－超大型远景规模的雏型。只是目前地勘投入有限，工作程度低，大多数新发现的矿点尚未进行系统评价与深部验证，外圈异常尚未进行查证评价。预测本地区资源总量为：铅锌200万t，银2000t。而目前本地区资源查明率很低，因此找矿潜力巨大。

（二）勘查工作建议

接替区由于工作程度低，勘查工作尚需一个相对较长的过程，建议大致按以下步骤开展（详情前已述及）：

首先完成已知矿区的普查工作，查明资源储量规模；尔后择优详查乃至勘探，提供可供开发利用的基础储量。此项工作需要在“十一五”、“十二五”甚至更长的时间才能完成。

面上继续开展1∶5万水系沉积物测量和矿产调查工作，寻找新的找矿靶区；对已知找矿靶区和新发现的找矿靶区进行调查、检查，评价找矿前景；在此基础上，择优开展普查工作，查明资源远景。

区内资源开发工作可能要等到“十二五”以后才能规划开展，建议在上述工作的基础上，开展可行性研究和环境影响评价工作，确定合理的开发规模和开发方案，进行整体开发。

第五节　纳日贡玛—赵卡隆铁铜钼铅锌银矿勘查开发接替区

一、资源接替区外部条件

（一）资源接替区外部建设条件

勘查开发接替区位于玉树藏族自治州杂多县城北部，行政区划隶属玉树藏族自治州杂多县（西段）和玉树县（中段和南段）管辖，面积15747km^2（附图7）。

接替区北侧有玉（树）—治（多）公路通过，其余地区远离交通干线，交通极为不便，杂多县至扎青乡有简易乡级公路（砂石路42km），路面狭窄、弯度大、坡度陡。扎青乡至昂纳村为村级土路，昂纳村至区内为山间便道，途经泛浆、沼泽路段，且需涉水过河，设备可勉强运入矿区，但雨季经常塌方，洪水阻隔，造成交通中断。

接替区地处唐古拉山东段，地势西北高东南低，属中浅切割的高山—极高山区，西部和西北部有现代冰川覆盖，最高海拔5800m，最低点托吉曲沟谷4600m，相对高差1200m，平均海拔5200m。

区内水系发育，主水系有托吉曲、众根涌曲、查日涌曲等澜沧江源头支流，河水流向总体由北向南，主要为冰川融水，渗出泉水持久性地补给，暖季大量的积雪融化加上大气降水，形成河水汛期。

区内属高山—极高山的半湿润寒冻气候区。年平均气温－4℃～6℃，每年5～9月为暖季，10月至翌年4月为冰冻期，年降水量600mm左右，每年6～8月下旬为雨季，区内在距离地表1.5～－2m以下存在冰冻层。

区内属高山草甸带，植物以草本为主，为天然牧场。区内畜牧业较发达，为纯牧区，无工、农业生产。普查区人口稀少，居民多为藏族。经济发展落后，日用物资从省会西宁、玉树州及治多县城运入。劳动力资源不足。近年来，随着西部大开发战略的实施，区内经济建设和社会发展水平有了较大提高，普查区的交通条件也逐步得到了改善，有利于矿业勘查开发工作的开展。

西宁至玉树县结古镇有214国道相连，距离西宁813km；结古镇向西北到治多县（160km）、向西到杂多县（240km）、向东至玉树县巴塘镇（50km）均有省级公路相通。由治多县—多彩乡、杂多县—扎青乡、巴塘镇—相古村均有县级公路相通，由多彩乡、扎青乡、相古村到各矿区则有15～35km的简易乡级公路相通，大部分矿区交通尚属方便。

区内属长江水系，水资源丰富，水质良好，完全能够满足生产、生活用水需要。野外生产、生活用电须自备燃油发电机，煤炭须到杂多县城才能解决，通讯需无线电台或卫星电话。

区内区内人口稀少，有藏族牧民零星居住，主要以游牧生活为主，在河谷地带从事季节性放牧，无工、农业可言，经济十分落后，生产、生活物资全部依赖外地长途运入，是一个亟待开发的少数民族贫困地区。科学、合理、有序开发矿产资源是推动当地经济社会发展的必由之路。

（二）矿产资源供需形势

未来5～10年间，我国铁矿石、铜矿、铅锌矿供需矛盾将日益加剧，可供储量和可供能力增长十分有限，难以保障需求，且保障程度逐年下降，需长期依靠进口以弥补不足。因此，加快纳日贡玛—赵卡隆地区的铜钼铅锌矿勘查，发现和查明一批可供开发的铜钼铅锌矿产地，对于缓解国家铜钼铅锌资源紧缺的局面具有十分重要的意义。

（三）经济社会发展状况

截至“十五”末，玉树州辖区内总人口29.7万人；地区生产总值140126.8万元，其中第一产业101849.8万元，第二产业16434万元，第三产业21843万元；财政总收入43188万元，其中地方财政一般预算收入2512万元；工业总产值3845.4万元；固定资产投资完成102560万元；参加失业保险人数5372人，参加最低生活保障人数21833人，参加农村合作医疗人数211895人。2007年实现地区生产总值15.94亿元。

“十一五”期间全州经济社会发展的主要目标是：国民经济持续快速增长，效益提高。2010年全州地区生产总值达到18.18亿元以上，年均增长7%以上，人均5770元以上；地方财政一般预算收入2573.7万元，年均增长4%；全社会固定资产投资五年累计完成52亿元以上，比“十五”累计增长一倍。城乡居民收入增加，人民生活明显改善。2010年城镇居民人均可支配收入达到12643元，年均增长8%以上；新增城镇就业人员6000人，农牧民人均纯收入达到2400.64元，年均增长6%以上。贫困人口基本解决温饱。

玉树州“十一五”规划对矿产资源勘查、开发的规划是：加强矿产资源勘查力度，为发展地区经济提供资源保障。坚持在保护中开发，在开发中保护的原则，正确处理好经济社会发展与生态环境保护的关系，有序开发利用优势矿产资源，积极争取国家和省上加大对玉树州矿产资源的勘查力度，重点做好优势成矿带的勘查工作，为经济建设和社会发展提供资源保障。加大煤炭资源勘查力度，以改变玉树州能源紧缺的状况。可以看出，玉树州“十一五”规划对矿产资源勘查、开发寄予厚望。

二、矿产资源勘查开发现状

区内共发现各类矿产地111处，但工作程度均较低，勘查工作投入相对较多的地段主要有下列五处：

（一）尕龙格马铜矿

青海省玉树地质队于1961年1月提交了治多县尕龙格马含铜多金属矿东矿区初步评价地质报告；青海省十五地质队于1978年12月提交了青海省治多县尕龙格马铜矿床地质普查评价报告，共提交D级储量铜表内16229t，表外2730t；铅表内17243t；锌表内19457t。2003年青海省有色地质矿勘院对多彩地区铜及多金属矿进行了普查，对区内的尕龙格玛矿床作了重新分析和评价。通过1∶1万地物化剖面测量和少量探槽工程，圈出了矿化蚀变带和两个激电异常带。在拉迪欧玛地区发现了3条具褐铁矿化、黄铁矿化的构造蚀变带，在蚀变带西段发现了黄铜矿化，并在地表拣块样中发现了金矿化线索。2007年以来，青海省有色矿勘院在多彩地区开展了新一轮铜多金属矿普查工作，取得了较好的找矿成果。

（二）当江铜多金属矿

中化地质矿山总局陕西地质勘查院于2007年10月提交了青海省治多县当江一带铜多金属矿普查报告，通过1∶1万地质草测（修测）、槽探、浅井及硐探，在征毛涌铁铜矿点圈定出矿化带4条，铁（铜）矿体34条，估算了资源量，取得了较好的找矿成果。

（三）赵卡隆铁多金属矿

青海省十五地质队于1980年提交了玉树县赵卡隆铁多金属矿床普查地质报告，共发现两个含矿层，7个矿体。下含矿层包括1、2、6、7四个矿体，上含矿层包括3、4、5三个矿体，矿体之间大致平行，并与地层产状基本一致。矿体呈层状，透镜状产出，长18～297m，宽10～50m。5号矿体地表形态近圆形，产状不清。出露面积约 165m×140m。1、2 号矿体含 TFe 36.2%～41.96%，Cu 0.2%～0.45%，并含少量 Ag。4 号矿体含 TFe 47.12%。5、7 号矿体含 TFe 31.82%～36.74%，Pb 2.8%～4.12%、Zn 0.65%～1.02%，Ag 100.89～191.45g/t。3 号矿体含 TFe 35.94%～39.2%，Pb、Zn、Ag 含量较低，部分矿石中含锰和镉。矿石自然类型有菱铁矿，含铜磁铁矿、方铅矿、闪锌矿四种，前三者为主要类型。矿石矿物主要为菱铁矿、磁铁矿、黄铜矿、方铅矿、闪锌矿、黝铜矿、黄铁矿等。矿石呈细晶结构，致密块状构造，少数角砾状构造。矿床成因类型为火山沉积—热液变质型。2001～2005 年 12 月青海有色地质勘查局七队，在矿区开展以铜为主、兼顾 Te、铅、锌、银等多金属矿的普查工作。2006 年探矿权转让青海诺贝尔矿业有限公司，矿产勘查工作继续由青海有色地质勘查局七队承担。2006～2007 年主要以钻探工程为主要手段对Ⅰ、Ⅱ矿群进行详查，对区内的其他它矿体开展普查工作，资源量增幅较大，但尚未评审上表。

（四）纳日贡玛铜钼矿

青海省地质局十五队于 1981 年提交有纳日贡玛铜钼矿床普查报告，经以往普查，发现矿体 4 个，主矿体Ⅳ号矿体长 912m，宽 75～171m，厚度 80～170m，可供露天开采。经 1983 年青海地矿局审查，提交资源量铜 103917t，钼 75296 万 t，铜资源量已达中型规模，并有进一步扩大远景的潜力。21 世纪初，青海省地勘局在纳日贡玛及外围进行了进一步普查，资源储量增加幅度较大。

（五）东莫扎抓铅锌银矿

东莫扎抓铅锌银矿是青海省在“十五”期间发现的一处具有大型成矿远景规模的矿床，目前共发现 5 条矿化带，圈定铅锌矿体 12 条，其中 MⅠ矿化带中圈定矿体 5 条，MⅢ矿化带中圈定矿体 4 条，MⅡ、MⅣ、MⅤ矿化带中各圈定矿体 1 条。预计 2007 年能够结束普查转入详查。

其余矿点，如陆日格、哼赛青、莫海拉亨、众根涌、乌葱察别、东脚涌、然者涌、吉龙、叶霞乌赛、麦多拉、阿姆中涌、耐千硖日能、阿阿牙赛等，除个别矿点开展了普查工作外，均仅开展了预查工作，找矿潜力大。

区内由于工作程度低，资源的查明量很少，仅查明铜金属量 17.12 万 t，钼金属量 8.72 万 t，锌金属量 22.97 万 t，铅金属量 13.59 万 t，其中东莫扎抓查明的资源量未上表，详见表 5－25。

表 5－25　纳日贡玛—赵卡隆勘查开发接替区查明资源储量一览表　（单位：万 t）

矿种	矿区	资源量	备注
铜矿	纳日贡玛	17.12	尚估算出 334 铜金属量 9.45
钼矿	纳日贡玛	8.72	尚估算出 334 钼金属量 1.91
铅矿	东莫扎抓	0.85	尚估算出 334 铅金属量 4.81
锌矿	东莫扎抓	19.74	尚估算出 334 锌金属量 34.25
铁矿	赵卡隆	1068	
铜矿	尕龙格码	1.1364	
铅矿	赵卡隆	11.1076	
	尕龙格码	1.6342	
	合计	12.7418	
锌矿	赵卡隆	2.2671	
	尕龙格码	0.9672	
	合计	3.2343	

三、选区依据

该区位于三江成矿带北段近SN向向近EW向转折部位，青藏高原晚古生代以来具有独特演化历程的一个多岛弧碰撞造山带。印支晚期—喜山期的火山岩、与俯冲—碰撞作用有关的重熔、同熔型钙碱性岩浆岩广泛分布，尤其是喜山期含矿斑岩分布广泛，NW向、NE向构造纵横交错，拥有独特的成矿地质背景。区内金属矿产资源极为丰富，其中铜、钼、铅、锌、银、铁矿等具有突出的优势。有望通过新一轮矿产勘查工作后，成为国家级有色金属矿产资源接替基地之一。

区域上共发现矿产地228处，其中有色金属98处，黑色金属18处，贵金属10处，能源矿产42处。金属矿产以铜、铅、锌、钼为主。

1∶20万、1∶5万化探Cu、Mo、Pb、Zn、Au、Ag、Cd多元素异常发育，异常规模巨大，尤其是Cu异常呈串珠状近EW向带状分布，延伸达100km，构成一巨型铜异常带。根据地球化学异常分布特征，划分为纳日贡玛—陆日格Cu、Mo、（Pb、Zn、Ag）异常，众根涌Mo、W、Bi、（Cu、Pb、Zn、Ag）异常，然者涌Pb、Zn、Ag、Cd（Cu、Mo）异常，东角涌—君乃涌Pb、Zn、Ag、Cd（Cu）异常，吉龙Cu、Mo（Pb、Zn、Ag、Cd）异常和东莫扎抓Pb、Zn、Ag、Cd异常等6处异常。

（一）尕龙格玛—赵卡隆地区

该区北部的尕龙格玛、当江铜铅锌铁等已具有一定规模，工作程度低，其成矿类型为火山-喷流型，可与邻区呷村多金属矿相类比。目前由于工作程度低，加之以往的主导思想过多偏重于霏细岩中的热液矿，没有重视霏细岩与火山岩接触带、火山岩与含炭板岩的接触面或旁侧的沉积岩中的层状矿的寻找。2007年钻孔中发现厚度达39.62m的富铜矿，品位5%～10%，显示其巨大的找矿潜力。尕龙格玛—拉迪欧玛铜、铅、锌、银化探异常面积较大，并且矿区外围已有成矿事实，其找矿潜力很大，应扩大范围进行找矿。当江地区铜、铅、锌、银、钡等元素异常显示好，矿化信息丰富，可作为寻找呷村式多金属矿床的重要靶区。

赵卡隆矿床产于弧后前陆盆地之中，属于喷流—沉积型铁铜铅锌银矿。近两年找矿有重大进展，特别是发现了厚大铜矿体，显示其巨大的找矿潜力，为该区寻找喷流-沉积型铁、铜、铅锌矿提供了依据。矿床工作程度还很低，目前还在工作。另外在赵卡隆矿床东西两侧经化探扫面，圈出长57km、呈带状分布的赵卡隆、格亥拉、想恩大增和章卜等以铜、铅、锌、锰为主的异常带，除赵卡隆异常外，其余异常均未检查、评价，其找矿前景广阔。

尕龙格玛—赵卡隆地区根据《青海省第三轮成矿远景区划研究及找矿靶区预测》预测，预测资源总量为：铜150万t，铅锌150万t，银2000t。而目前本地区发现的资源储量仅为：铜1.14万t，铅锌15.98万t。资源查明率很低，因此找矿潜力巨大。

（二）纳日贡玛—东莫扎抓地区

中部纳日贡玛—东莫扎抓地区，成矿类型有两种。一是以斑岩型铜钼矿及其共生的矽卡岩型、热液型为特点，形成一个完整的斑岩成矿系列；二是以与火山活动有关的火山—喷流型或喷流—沉积型铅锌银矿为特点。

1. 斑岩型

典型矿床有纳日贡玛、陆日格、众根涌、打古贡卡等。勘查工作应以纳日贡玛斑岩铜钼矿床为突破口，与之呈等间距排列的打古贡卡、陆日格、哼赛青以及其周围的众根涌、乌葱察别为重要的找矿靶区。其南部吉龙地区亦有良好的Cu、Mo组合元素异常显示并发现一定规模的铜矿体，亦可以作为该区重点找矿靶区之一。

高精度磁测表明，纳日贡玛斑岩体在深部有向西、向北延伸的趋势，近年对矿区西侧-纳日俄玛地区的工程施工发现其含矿与矿区相当，在矿区西段隐伏岩体地表出露的小岩枝中发现有较好的钼矿化线索；西侧纳日俄玛沟中亦发现斑岩体及铜钼矿化，表明矿区内还有很大的找矿潜力。通过进一步工作，矿床有望达到超大型规模。

陆日格地区的成矿地质环境、物化探异常特征与纳日贡玛一致。地表圈定的花岗斑岩中已圈出两个铜矿化带和纳日贡玛铜钼矿床特征相似的厚大铜钼矿体，本区相对于纳日贡玛铜钼矿区其剥蚀程度较浅，主要斑岩体没有出露地表，展示了本区进一步寻找斑岩型铜矿的找矿前景。

众根涌及乌葱察别地区围绕色的日岩体有众多的矿点、矿化点及物化探异常密集分布，成矿类型以矽卡岩型为主，斑岩型铜矿体亦有分布，反映出斑岩型成矿系列的两个重要端员共存的特点。地球化学异常存在从色的日似斑状花岗岩体向南东呈 Cu、Mo－Pb、Zn、Ag、Cu 水平分带趋势。除了众根涌矿点目前正在进行深部硐探工程验证外，其余矿点工作及研究程度均较低，找矿潜力很大。

东脚涌地区也发现了热液交代矽卡岩型铜矿（化）体和花岗斑岩脉，从蚀变—矿化分带上看，认为该区深部有一隐伏的矿源体存在，矽卡岩化作为寻找斑岩型铜钼矿床的重要标志，推测在矽卡岩带的两侧或深部有发现斑岩型铜钼矿床的可能性。

2. 火山—喷流型或喷流—沉积型

典型矿床有然者涌、东莫扎抓、莫海拉亨等。其中然者涌、东莫扎抓已经具有超大型铅锌银矿床的潜力，以此为突破口，与之成矿条件相似的莫海拉亨、卜忽卡等可以做为重点找矿靶区。

然者涌地区已圈定铅锌银含矿带 7km，控制矿体地表长 3000 余米，初步判断矿床成因类型为沉积－热液叠加改造型。矿体深部尚未控制，物探异常显示其深部的金属硫化物富集程度要比浅部高。矿区东、西两段处于同一含矿层位，中间尚未进行查证评价。南侧尚有吉那铜矿点分布，显示该区深部、东段及外围具有极大的找矿潜力，通过进一步工作有可能成为大型以上的矿床勘查基地。

东莫扎抓主元素异常为铅、锌、银、砷、锑、Hg 等，元素组合复杂，浓度梯度变化明显，异常规模大、强度高，展布总体与构造线方向一致，形态完整，条带清晰，已圈定铅锌矿化带五条，铅锌矿体 12 条，矿体向深部延伸稳定（已控制 320m 斜深），铅锌资源量达大型。近年来工作显示，MI 矿化带向东还有较大的延伸。

莫海拉亨地区共圈定 3 条矿带、10 个铅锌矿体，沿矿带和矿体走向、倾向均未控制，有较大的找矿前景，1∶5 万水系沉积物异常主要为铅、镉、锌、银、锑、金、Hg 等，各元素均具三级浓度分带，其中铅、锌、镉、银元素强度高，规模较大，连续性好，各元素套合好，且各元素密切相关伴生，目前的勘查工作仅限于地表和异常的局部，异常的大部分地段没有完成检查工作，该区具有很好的找矿前景。

纳日贡玛—东莫扎抓地区根据《青海省第三轮成矿远景区划研究及找矿靶区预测》预测，预测资源总量为：铜 400 万 t，铅锌 300 万 t，银 3000t，钼 80 万 t。而目前本地区发现的资源储量仅为：铜 17.12 万 t，铅锌 20.59 万 t，钼 8.72 万 t。资源查明率很低，因此找矿潜力巨大。

四、典型矿床特征

（一）纳日贡玛铜钼矿床

1. 地理位置、交通、能源、水源条件

矿床位于青海省南部，唐古拉山脉东段，澜沧江源头，行政区划隶属杂多县扎青乡管辖。

矿区地处唐古拉山东段，地势西北高东南低，属中浅切割的高山—极高山区，西部和西北部有现代冰川覆盖，最高海拔 5800m，最低点托吉曲沟谷 4600m，相对高差 1200m，平均海拔 5200m。区内水系发育，主水系有托吉曲、众根涌曲、查日涌曲等澜沧江源头支流，河水流向总体由北向南，主要为冰川融水，渗出泉水持久性地补给，暖季大量的积雪融化加上大气降水，形成本区河水的汛期。矿区属高山—极高山的半湿润寒冻气候区。年平均气温－4℃～6℃，每年 5～9 月为暖季，10 月至翌年 4 月为冰冻期。年降水量 600mm 左右，每年 6～8 月下旬为雨季。区内在距离地表 1.5～2m 以下存在冰冻层。矿区自然景观属藏东青南川西北半湿润高山亚高山草甸区—青藏高山草甸亚带，植被、土壤及风化作用随气候的变化而出现垂直分带。

矿区远离交通干线，交通极不方便，杂多县至扎青乡有简易乡级公路（砂石路 42km），路面狭窄、弯度大、坡度陡，高底盘、短汽车可半载行驶。扎青乡—昂纳村约 100km 为村级土路，昂纳村—矿区约 35km 为山间便道。途经泛浆、沼泽路段，且需涉水过河，钻探设备可勉强运入矿区，但雨季经常塌方，洪水阻隔，造成交通中断。区内水资源丰富，水质良好，完全能够满足生产、生活用水需要。电力需自备，煤炭须到杂多县城才能解决。

区内有藏族牧民在河谷地带从事季节性放牧，无工、农业可言，经济十分落后，生产、生活物资全部依赖外地长途运入，是一个亟待开发的少数民族贫困地区。科学、合理、有序开发矿产资源是推动当地经济社会发展的必由之路。

2. 勘查工作程度

纳日贡玛矿床于 1965 年由群众报矿发现，先后进行了矿点检查及矿产初步普查工作，主要有：

1967 ～1968 年，青海省地质局第九地质队在开展套寄涌—布当曲一带（1∶20 万）普查找矿工作中，对其进行了踏勘检查，测制了 1∶5000 地形地质草图，同时进行了地表露头和残积层的连续拣块取样，认为钼矿化较好，将该矿点定为细脉浸染型铜钼矿点，属高—中温气成热液型。

1978 ～1980 年，青海省地质局第十五地质队在该区开展普查找矿工作，圈定了 4 个钼矿体，6 个铜矿体，估算铜金属量 10. 39 万 t，钼金属量 7. 53 万 t。初步查明纳日贡玛矿床为高—中温热液型斑岩铜钼矿床。

2001 ～2006 年，青海省地质调查院在纳日贡玛矿区，以钼为主攻对象，以钻探工程为主要探矿手段，继续在矿区开展普查工作。

3. 查明资源储量（333 及以上）

累计估算出 333 资源量：铜矿石量 5422. 56 万 t，金属量 17. 12 万 t，平均品位 0. 32%；钼矿石量 11675. 49 万 t，金属量 8. 72 万 t，平均品位 0. 075%。

4. 矿床地质特征

纳日贡玛铜钼矿床受喜山早期黑云母花岗斑岩控制，矿体赋存于岩体内部及其与围岩的接触带部位，形态呈层状、厚板状、透镜状、不规则状。共圈定 4 个矿带，13 个铜矿体、13 个钼矿体、两个铜钼共生矿体。

Ⅰ矿带分布在矿区西部斑岩体的西南分支与围岩接触带附近，长 1000m，宽 50 ～300m；目前圈出铜矿体两个、钼矿体两个。Ⅱ矿带分布在纳日贡玛斑岩体北东分支西侧的玄武岩中，长 1200m，宽 30 ～300m；共圈定 4 个铜矿体、两个钼矿体。Ⅲ矿带分布在纳日贡玛斑岩体北东分支的岩体内部，主体位于岩体的顶部靠近接触带部位，矿带长 1500m，地表宽度变化较大，100 ～400m 不等；共圈出铜矿体 3 个，钼矿体 4 个，铜钼共生矿体 1 个；矿区工业钼矿石 85% 集中于主矿体 MⅢ -2 中，铜以共、伴生形式产出。Ⅳ矿带分布于斑岩体东接触带，主体在围岩中，地表出露规模较小，长 500m，宽 20 ～100m，在 4 线出露完整，向北、向南多呈隐伏状态；共圈定有 4 个铜矿体、5 个钼矿体、1 个铜钼共生矿体。

铜矿体长 100 ～1200m，平均厚 4. 98 ～59. 40m，控制延深 50 ～460m，平均品位 0. 24%～0. 56%。

钼矿体长 100 ～1200m，平均厚 3. 07 ～50. 94m，控制延深 50 ～450m，平均品位 0. 034% ～0. 092%。

两条铜钼矿体分别为：长 300m、700m，平均厚 4. 74m、39. 65m，控制延深 250m、490m；平均品位：Cu 0. 26%、0. 33%，Mo 0. 042%、0. 041%。

矿石中主要有益组分为 Mo、Cu，伴生 Pb、Zn、S、Ag、稀土等有用组分。矿石矿物主要为黄铁矿、辉钼矿、黄铜矿，局部见少量辉铜矿、兰辉铜矿、铜兰等次生硫化矿物，偶见钼华、孔雀石等氧化物。脉石矿物主要以石英、斜长石、黑云母、高岭土为主，次为角闪石、绿帘石、辉石、绿泥石等。矿石呈半自形—他形粒状结构，稀疏浸染状、微—细脉状构造。矿石的工业类型主要为辉钼矿矿石、黄铜矿矿石、含黄铜矿辉钼矿矿石、辉钼矿黄铜矿矿石，以前两种为主。

矿床成因为斑岩型。

5. 开采技术条件

矿区主要发育多年冻土区地下水和融区地下水。进一步划分为松散岩类冻结层上水、基岩类冻结层上水、基岩类冻结层下水和构造带融区地下水。其中松散岩类冻结层上水的冲洪积层泉流量0.033L/s左右、残坡积层泉流量可达0.221 L/s、冰川、冰水堆积物泉流量一般为1.046L/s；基岩类冻结层上水富水性较差；基岩类冻结层下水主要赋存于各类侵入岩接触带的构造裂隙之中；构造融区地下水多富集在断裂的复合部位，涌水量为2.6L/s。

矿区平均海拔5200m，为多年冻土区，冰蚀地貌发育，随季节变化和反复交替的冻融作用，产生一系列冻胀—融陷地质现象，往往破坏地基（冻胀融沉）、形成边坡失稳（融冻滑塌）等不良地质现象。矿体直接顶、底板多为玄武岩和花岗斑岩。其中玄武岩岩石较坚硬，花岗斑岩岩石坚硬，稳定性较好。

6. 资源勘查潜力

纳日贡玛铜钼矿体产于斑岩体内的轻微蚀变的黑云母花岗斑岩、细粒花岗斑岩和强烈蚀变的绢云母化黑云母花岗斑岩中，铜矿体主要产于靠近斑岩体外接触带的蚀变玄武岩、斑岩体内的硅化黑云母花岗斑岩及蚀变玄武岩捕虏体中，具大型—超大型规模。

纳日俄玛—纳日贡玛—陆日格Cu、Mo异常带：西起昂纳涌，东止托吉涌，南起醒极龙，北至纳日贡玛雪山主脊，面积约300km^2。

异常主元素为Cu、Mo，组合元素有Pb、Zn、Ag、Cd、Cr、Ni、Co、Ti、W、Bi、F等。Cu异常出现的是$>45\times10^{-6}$含量的中高浓度带，$>80\times10^{-6}$的高浓度带面积220km^2，$>110\times10^{-6}$的强异常面积180km^2，异常峰值625.1×10^{-6}（单点最高强度为925×10^{-6}），已达矿石级含量水平。异常形态呈近圆形，是一个面积巨大，强度极高，形态非常规整的铜异常。Mo异常和Cu异常相似，两者中心位置相同，中高浓度带异常面积比Cu异常面积略小，有纳日贡玛和陆日格两个强浓集中心。纳日贡玛强浓集中心，$>4.2\times10^{-6}$的面积约80km^2，异常峰值15×10^{-6}，达富矿级含量水平；陆日格浓集中心，$>4.2\times10^{-6}$的面积20km^2，异常峰值10.9×10^{-6}，高浓度带异常形态呈近园形，与铜异常形态一致。Pb、Zn、Ag异常的中、高浓度带总体分布在纳日贡玛、陆日格Cu、Mo异常外侧的北部及北东部，呈半环形包围着Cu、Mo异常的浓集中心部位，分布于岩体外围青盘岩化，黄铁矿化蚀变带中，在平面位置上有所分离，形成异常元素的水平分带现象。综合上述异常特征，可以得出如下认识：

（1）异常元素组合非常复杂，各元素的异常面积较大，具有很好的浓度分带现象，但是从异常强度上分析，达到矿化级强度的元素只有Cu、Mo、Pb、Ag四个元素，Cu、Mo元素异常均具高强浓集地带和浓集中心，两者相互套合共同出现。根据国内、外已有的地质化探找矿经验，认为这是斑岩型Cu、Mo矿床化探异常特征组合之一。经过异常检查证实纳日贡玛地区有喜山期花岗斑岩体存在，在斑岩体中存在Cu、Mo矿全岩矿化，在岩体周围的二叠系中亦存在强烈的铜矿化，探明大型Cu、Mo矿床一处，化探异常的解释推断结论得到证实与公认。

（2）异常组分含有Cr、Ni、Co、Ti和W、Bi、Mo、Cu等元素，这些元素的异常形态为近圆形，与地层展布方向有所不同。前者为上地幔源的基性岩浆物质元素，后者为岩石壳重熔岩浆所富有的元素，综合两者认为纳日贡玛斑岩体属同熔型岩浆岩，上地幔含矿热源在此上升，熔化上岩石壳岩石后形成斑岩体和斑岩型矿床。

（3）在平面上，Pb、Zn、Ag异常分布在斑岩体和Cu、Mo异常高浓度带外围呈现水平分带现象。Pb、Zn、Ag异常分布在纳贡玛斑岩体北侧、北东侧和纳日贡玛雪山主脊的高山地带，纳日贡玛斑岩体和Cu、Mo异常的高浓度浓集部位处在纳日贡玛沟谷的低洼地段，两者在垂直高度上，表现了元素的垂直分带现象——上部Pb、Zn、Ag，中部Cu、Mo，中下部Cu、Mo、W、Sn、Bi。

（4）从异常面积和强度分析：Cu的强异常带面积220km^2，达巨大型异常规模，异常强度达富矿级—矿石级含量水平；Mo的强异常面积80km^2，达中型异常规模，异常强度达富矿级含量水平，据此认为纳日贡玛Cu、Mo异常区内找矿潜力巨大，存在寻找大型—超大型矿床的可能。今后的地质调查工作，应离开铜钼强烈矿化的岩体中心部位，在岩体的其他部位及其内、外接触带，证实这些部位铜钼的含量情况，相信会探明更多的铜钼金属工业储量。本异常区是成矿远景区内最具找矿希望的地区。

遥感、磁法、化探等资料均显示，纳日贡玛斑岩体在深部有向西、向北延伸的趋势，近年对矿区西侧—纳日俄玛地区的工程施工发现其含矿与矿区相当，在矿区西段隐伏岩体地表出露的小岩枝中发现有较好的钼矿化线索；西侧纳日俄玛沟中亦发现斑岩体及铜钼矿化，表明矿区内还有很大的找矿潜力。通过进一步工作，矿床有望达到超大型规模。

斑岩体西接触带存在较好物、化探异常，经 ZK403、ZK303 钻孔验证发现其深部存在着富钼矿体，证明西接触带是成矿最有利地段，应进一步加强深部控制，有望找到超大型钼矿。

根据 7、12 线部分钻孔的资料，表明主矿体向北、向南仍有一定的延伸，只是控制程度低，尤其是 3 线、7 线部分钻孔未控制住钼矿体，因此应加强深部控制，扩大资源规模。

纳日贡玛南东部新发现有含铜钼斑岩体，与矿区的斑岩体成因类型及矿化蚀变基本一致，也是扩大资源前景的重要地段。

总体上看，该区已知地球物理、地球化学异常尚未得到全面验证，矿体深部尚未得到系统控制，外围矿点尚未详细检查；根据钻探工程验证，矿体向西部有厚度变大、品位变富的趋势，矿区及外围尚有较大的找矿潜力。

根据现有工作程度尚估算出 334 资源量：铜矿石量 2793. 32 万 t，金属量 9. 45 万 t，平均品位 0. 34%；钼矿石量 3122. 20 万 t，金属量 1. 91 万 t，平均品位 0. 061%。

7. 勘查开发工作建议

（1）加大矿区勘查工作力度。对东部 15～20 线进行详查，查明可供开发利用的基础储量，同时进行矿石选冶性能试验，初步查明矿石加工技术性能。对 ZK407 以西—纳日俄玛地区先进行大间距的稀疏工作验证，逐步达到普查，查明矿区资源远景规模；区内 MⅠ矿带是矿区内铜矿化较好地段，目前只有 ZK801 控制；纳日俄玛地区可能有降伏的含矿斑岩体存在，是本区扩大资源远景的主要地段；首先在地表投入 1∶2 万重力测量、1∶1 万地质草测、1∶1 万激电测量、1∶5000 土壤剖面测量以及槽井探揭露为主的预查工作，在此基础上，在 4 线自 ZK407 开始按 400m 间距系统施工探索孔，进行深部验证，查明该区资源远景；然后视成果情况进行加密，逐步达到普查工作程度。对矿区东部 7 线以北及 8 线以南地段，由于以往只进行了稀疏的钻探工程验证，工作程度极低；根据 2006 年成果，主矿体向北、向南仍然有延伸的趋势，故应逐步进行地表及深部验证；除地表进行必要的槽井探揭露、控制外，深部首先在 11 线、12 线、16 线、20 线等施工远景孔，了解铜钼矿资源远景；在此基础上逐步加密控制，达到详查程度，扩大矿床规模。

（2）加大矿区外围已知矿点的勘查力度，尤其是要加强近外围含矿斑岩体的评价工作，扩大资源远景规模；在此基础上对矿体深部进行控制，了解矿体变化情况。

（3）借鉴区内以往找矿工作经验，加大区内已知物、化探异常的查证力度，对已发现的矿化信息和线索进行揭露、追索和控制，寻找新的找矿靶区，扩大找矿远景。

（4）加强综合研究工作，研究控矿因素、找矿标志，总结成矿规律，探讨矿床成因，建立适合本区特点的成矿模式和找矿模式，指导后续找矿工作的开展。

（5）在上述工作的基础上，开展可行性研究和环境影响评价工作，确定合理的开发方案和开发规模，进行整体开发。

（二）东莫扎抓铅锌银矿床

1. 地理位置、交通、能源、水源条件

矿区位于青海省南部，唐古拉山脉东段，澜沧江源头，子曲河食宿站北西东莫涌曲一带，行政区划隶属杂多县扎青乡管辖。

普查区地处唐古拉山东段，属深切割的高山—极高山区，最高海拔 5355m，最低子曲河 4500m，相对高差 800 余米，平均海拔 5000m。

普查区位于澜沧江流域高山深谷区，水系发育，主要有子曲河、东莫涌等，流向总体由西往东，流量及水位受季节控制明显，冬季水量减小，流速缓慢，上游地区可涉水而渡，夏季冰雪融化，河水较大，给运输和工作带来了极大不便。区内海拨高，属典型高寒大陆性气候，总的特点是寒冷干旱、气候多变、四季不明、温差大、冰冻期长。全年除6～8月份外，基本都为冰冻期，冻土层深度可达189m，年平均气温在0℃以下，年极端温差达39℃，日极端温差达35℃。

矿区距玉树州—杂多县公路约30km，距玉树州政府240km，距杂多县城70km。从公路有便道可抵达普查区，交通尚属方便。区内水资源丰富，水质良好，完全能够满足生产、生活用水需要。电力需自备，煤炭需到杂多县城才能解决。

区内人口稀少，有藏族、蒙古族零星居住，主要以游牧生活为主，经济、文化等十分落后，生产、生活物资均需从杂多县城运入。科学、合理、有序开发矿产资源是推动当地经济社会发展的必由之路。

2. 勘查工作程度

2002年青海省地质调查院通过1∶5万水系沉积物测量工作发现了东莫扎抓铅锌异常。

2003年青海省地质调查院开展了东莫扎抓1∶5万水系沉积物异常查证工作，初步了解了区内地层、构造、岩浆岩分布特征，在东莫扎抓异常区圈定了铅、锌、银矿体4条。

2004年青海省地质调查院开展了东莫扎抓地区铅锌银矿预查工作，通过1∶1万地质草测、1∶1万地物化综合剖面测制、槽（井）探、硐探工程揭露，初步查明了预查区内地质特征，含矿破碎带的分布范围及其含矿特征；确定了含矿层位、控矿因素、找矿标志等，取得了较好的找矿效果。

2005～2006年青海省地质调查院开展了东莫扎抓地区铅锌银矿普查工作，找矿成果显著。

3. 查明资源储量（333及以上）

累计探获333资源量：Zn 19.74万t，Pb 0.85万t。

4. 矿床地质特征

东莫扎抓地区共圈定5条矿化带，五条矿化带中圈定铅锌矿体12条，其中MⅠ矿化带中圈定矿体5条，MⅢ矿化带中圈定矿体4条，MⅡ、MⅣ、MⅤ矿化带中各圈定矿体1条。

MI矿化带呈EW向长条带状赋存于上三叠统结扎群波里拉组（T_3b）灰岩中，长度大于8km，宽约20～300m，是目前区内规模最大的矿化带之一。矿化带倾向10°～25°，倾角40°～55°，具膨大缩小及波状弯曲现象。

Ⅱ矿化带呈透镜状赋存于下二叠统尕笛考组碎裂灰岩与玄武安山岩的接触带部位，长约400m，宽约50～100m，倾向10°，倾角43°。

Ⅲ矿化带呈透镜状赋存于下二叠统尕笛考组灰岩与长石石英砂岩的接触部位，长约850m，宽约120m，倾向约340°，倾角49°。矿化带在中部厚度大于140m，沿走向逐渐变薄并趋于尖灭。

MⅣ矿化带赋存于下二叠统尕笛考组灰岩中，由于部分地段残坡积覆盖大且厚，矿化带在地表展布特征不甚明显，根据槽、井、硐探及物探剖面资料分析，矿化带走向呈近EW向，长约550m，倾角50°，宽度变化较大。

单个矿体长200～1780m，厚度1.50～27.16m，控制延深40～235m；平均品位：Pb 1.84%～20.24%、Zn 1.22%～7.21%、Ag 51.0～83.8g/t。

矿石矿物主要为黄铁矿、闪锌矿、方铅矿，磁黄铁矿。矿石结构以半自形—他形晶粒状结构、交代假像结构、似斑状结构为主。矿石构造以脉状、稀疏浸染状、星点状为主，少数呈斑杂状、土状构造。矿石类型有黄铁矿化闪锌矿方铅矿矿石、黄铁矿化方铅矿矿石和黄铁矿化闪锌矿矿石三类。

初步推测成因类型属层控热液改造型。

5. 开采技术条件

矿区主要发育多年冻土区地下水和融区地下水。进一步划分为松散岩类冻结层上水、基岩类冻结层上水、基岩类冻结层下水和构造带融区地下水。其中松散岩类冻结层上水的冲洪积层泉流量0.033L/s左右、残坡积层泉流量可达0.221L/s、冰川、冰水堆积物泉流量一般为1.046L/s；基岩类冻结层上水富水性较差；基岩类冻结层下水主要赋存于各类侵入岩接触带的构造裂隙之中；构造融区地下水多富集在断裂的复合部位，涌水量为2.6L/s。

矿区平均海拔5000m左右，为多年冻土区，冰蚀地貌发育，随季节变化和反复交替的冻融作用，产生一系列冻胀—融陷地质现象，往往破坏地基（冻胀融沉）、形成边坡失稳（融冻滑塌）等不良地质现象。但矿体直接顶、底板岩石稳定性较好。

6. 资源勘查潜力

东莫扎抓矿区处于三江囊谦—昌都—兰坪—思茅成矿带上，出露的主要含矿地层为尕笛考组灰绿色、紫红色中细粒中厚层状长石石英砂岩、灰色巨厚层状灰岩、含生物碎屑灰岩，凝灰岩等，为一套海陆交互相—海相沉积的碎屑岩建造和碳酸盐岩建造。

矿区断裂构造相当发育，按其展布方向可分为NW向、NE向、SN向、EW向四组，但以NW向断裂为主。褶皱构造也较普遍，多构成向斜构造或背斜构造。岩浆岩活动较弱。

目前该矿区MI-1、MI-2、MI-3、MI-4四个主矿体远景资源量达100万t以上，显示出超大型铅锌矿床远景。

东莫扎抓Pb、Zn、Ag、Cd异常面积约120km^2。异常由Pb、Zn、Ag、Cd异常组成，有As、Hg异常分布，异常元素组合比较简单。Pb异常面积129.8km^2，形态为扁圆形，呈NW向展布，具三级浓度分带，异常平均强度51.41×10^{-6}，异常峰值114.4×10^{-6}，内浓度带面积12.39km^2，形状为椭圆形，近EW向展布。Zn异常面积112.6km^2，椭圆形，NW向展布，具外、中、外三级浓度分带，异常平均值169.82×10^{-6}，异常峰值317.4×10^{-6}，内浓度面积8.99km^2，形状为椭圆形，有EW向展布趋势。Ag-3异常面积52.81km^2，扁圆形，NW向展布，为弱异常，异常峰值154×10^{-9}，不具浓度分带和浓集中心。Cd-4号异常面积232km^2，形似哑铃，NW向展布，延伸长度30km，异常平均强度469.25×10^{-9}，异常峰值1453×10^{-9}，具外、中、内三级浓度分带，有浓集中心，内浓度带面积14.03km^2，形状为扁圆形，近EW向展布。AS异常在东莫扎抓地区出现$>32\times10^{-6}$的中、内浓度带异常，面积120km^2，为扁圆形，EW向展布，长16km，$>47\times10^{-6}$的内浓度带异常面积45km^2，形状仍为扁圆形，其展布方向变为NW向，与中浓度带异常延伸方向相交叉。Hg在本地区呈低缓异常分布，总体延伸方向为NW向。

从上述各元素异常特征可知：

（1）在东莫扎抓地区以Pb、Zn、Ag、Cd为主元素，4元素的异常范围相近，形态相似，外浓度带异常为NW向展布，内浓度带异常呈EW向展布，各元素异常均具浓度分带，浓集中心部位相同。从异常强度上看Pb、Zn、Cd元素具有发现地表矿化和工业矿体的希望，这一认识和判断，已被地调院化探异常检查的见矿事实予以证实。

（2）从Pb、Zn、Cd、As元素的中外浓度带异常具有不同展布特征分析，认为东莫扎抓异常的产出部位是EW向与NW向两组断裂构造的交汇部位，控晕控矿的地质条件是断裂构造的热液活动，导矿构造为NW向断裂、储矿构造为EW向的稍早期断裂带。

区内尚有多处成矿地质条件与已知矿区成矿地质条件极为相似的土壤异常、激电异常没有查证，通过1:1万地物化综合剖面测量，在征莫沟、甘藏沟、叶龙达等地区均发现了铅锌异常带，与地表发现的铅锌矿（化）体位置吻合，这些地区是进一步扩大该区找矿远景的靶区。

矿体深部控制程度较低，找矿潜力较大。

根据现有工作程度，累计探获334资源量：锌34.25万t，铅4.81万t。远景资源量在100万t以上，具有大型铅锌矿床潜力。

7. 勘查开发工作建议

（1）加大矿区普查工作力度，主要对东莫扎抓铅锌矿区MⅠ矿化带东段、MⅣ矿化带利用钻探工程进行深部验证，初步查明矿体规模、产状及深部延伸、厚度、品位变化情况，扩大矿体规模，探求资源量，查明资源远景；提高4条主矿体的控制程度和研究程度，尤其要加大勘查深度，查明资源储量，提供可供开发利用的基础储量。

（2）借鉴区内以往找矿工作经验，加大区内已化探异常的查证力度，对征莫沟、甘藏沟、叶龙达等地区已发现的矿化信息和线索进行揭露、追索和控制，寻找新的找矿靶区，扩大找矿远景。对EW向与NW向两组断裂构造的交汇部位出现的化探异常应特别引起重视。

（3）加强综合研究工作，研究控矿因素、找矿标志，总结成矿规律，探讨矿床成因，建立适合本区特点的成矿模式和找矿模式，指导后续找矿工作的开展。

（4）在上述工作的基础上，开展可行性研究和环境影响评价工作，确定合理的开发方案和开发规模，进行整体开发。

（三）其他具有大中型远景规模找矿潜力的靶区

通过对化探异常的检查和查证工作，在成型矿床外围尚发现以下3个较好的找矿靶区：

1. 陆日格找矿靶区

通过各项地质找矿工作的开展，不仅对区内的地层、构造、岩浆岩等地质体的产出特征进行了进一步认识和了解，同时新发现了多处矿化地段，为初步评价陆日格地区的找矿方向、成矿类型及找矿前景等方面提供了较为直接的地质依据。

通过各项找矿工作的开展，目前初步圈定钼矿化带3条，钼矿体两条，钼矿化体3条，其中：

Ⅰ号矿带位于靶区西侧，走向12°～192°，控制长度240m，远景长度大于600m，宽17.45m。岩性为硅化、碎裂岩化玄武岩、玄武安山岩、石英脉等，金属矿化为黄铁矿、辉钼矿、褐铁矿等，辉钼矿呈浸染状、细脉状产出。在该带圈定钼矿体1条，矿化体两条。

Ⅱ号矿带位于靶区东侧，走向160°～340°，控制长度910m，远景长度大于1200m，宽20.83m，控制深度80～120m。岩性为硅化、碎裂岩化玄武岩、玄武安山岩、灰白色花岗斑岩、碎裂岩等，金属矿化为黄铁矿、辉钼矿、褐铁矿等。在该矿带圈定钼矿化体一条。

Ⅲ号矿带位于托吉曲东，由TC11号槽探控制，圈定钼矿体、铅矿化体各一条。钼矿体宽1.8m，含矿岩性为碎裂岩化硅质岩，辉钼矿化呈稀疏浸染状、细脉状分布，钼品位1.54%；铅矿化体宽1.8m，赋矿岩性为碎裂岩化硅质岩，铅锌矿物呈星点状沿岩石裂隙面分布，局部富集成宽5mm左右的细脉，铅品位0.65%。

2. 哼赛青找矿靶区

哼赛青一带目前发现的矿体规模较小，且通过物探剖面测量，未见有明显的富导电地质体分布，但区内1∶5万水系异常强度较高、规模大，并在地表发现了花岗斑岩体分布的证据——火烧皮现象，据此我们该地段应具有进一步工作的意义。

对区内新发现的两处铅锌矿化地段采用槽探工程进行了揭露，控制铅锌银矿体1条，宽2m，长200m。赋矿岩性为碎裂岩化凝灰质砂岩、砾岩，金属矿化有黄铁矿、褐铁矿、方铅矿、闪锌矿等，多呈浸染状沿岩石碎裂面产出。铅品位2.48%，锌品位1.63%，银品位146g/t。此外尚圈定铅锌银矿体1条，宽1.8m，长约200m，赋矿岩性以碎裂岩化英安岩为主，黄铁矿化较强，零星见方铅矿、闪锌矿分布。铅品位1.33%，锌品位0.10%，银52.5g/t。

此外，通过对叶霞乌赛一带矿产检查，初步查明了区内矿化规模及矿化特征，发现矿化与构造关系密切，均产于断裂带上，成矿类型为构造热液型。

地表找矿工作发现孔雀石化转石分布较为普遍，通过槽探工程初步揭露，地表初步圈定铜铅锌矿化带、铅锌银矿体各1条。铜铅锌矿化带宽3～15m，长200m左右，远景长度达2000m以上，铜最高品位0.28%，铅最高品位7.35%，锌最高品位4.06%。含矿岩性为灰褐色碎裂岩化、硅化长石石英砂岩、硅化矽卡岩等；铅锌银矿体宽18m，长大于200m，铅平均品位1.71%，最高3.85%；锌平均品位1.01%，最高2.06%；银平均品位280g/t，最高438g/t。含矿岩性为灰褐色碎裂岩化、硅化长石石英砂岩、石英脉等。

3. 莫海拉亨找矿靶区

（1）MⅣ矿化带。

MⅣ矿化带控制长度约2000m，宽80～140m，呈NW—SE向带状展布，赋存于下石炭统杂多群上部灰岩组中，矿化带展布方向与主构造线方向（地层产状）基本一致，地表矿化清晰可见，含矿岩性为灰岩，矿化以褐铁矿化、铅锌矿化为主，局部地段还伴有少量铜蓝、孔雀石等铜矿化，围岩蚀变以硅化、碳酸盐化、白云岩化为主。依据化学样品分析结果，矿化带中大致圈出的两条矿体以锌为主，分别简述于下：

MⅣ-2锌矿体（主矿体）长约1600m，厚度3～11.5m，平均厚度5.8m，呈长条带状NW—SE向展布，产状（20°～45°）∠（45°～60°），最高品位15.87%，平均品位2.64%，矿化不均匀，矿体在平面上表现出膨大缩小的复杂现象。矿石类型以黄褐色褐铁矿化灰岩为主，呈蜂窝状产出，沿蜂窝（孔洞）边缘可见细脉状铅锌矿化；次为灰黑色铅锌矿化灰岩，铅锌矿化呈星点状、团块状分布于岩石中，局部裂隙发育处可见块状铅锌矿石。

MⅣ-1锌矿体长约1200m，厚1.5～6.1m，平均厚度4.1m，大致平行于MⅣ-2矿体呈长条带状展布，产状也基本一致，最高品位21.50%，平均品位3.25%，矿体在平面上表现出分支复合的复杂现象，说明矿化在局部地段较为集中，矿石类型与MⅣ-2基本一致。

MⅣ矿化带中铅矿体展布特征总体表现为规模较小，且不连续，主要集中分布于MTC3、TC15、TC16一线，最高品位13.62%。

MⅣ矿化带反映出的激电异常明显呈NW—SE向带状展布，异常带强度亦表现为南东强北西弱，与MⅣ矿化带往南东端延伸较好极为吻合。

（2）MⅠ矿化带

矿化带呈近EW向长条带状展布，通过工程控制，长度大于2700m，宽70～160m，赋存于下石炭统杂多群上灰岩组（C_1z_2）中，含矿岩性为灰岩，展布方向与主构造线方向（地层产状）基本一致，产状（18°～30°）∠（40°～55°）。

从现有数据来看，MⅠ矿化带中仍以锌矿体为主，矿化较为集中分布于矿化带东、西两段。东段以MTC12、7-TC27一线为中心，长约1000m，矿体平均厚度5m，矿化类型以铅锌矿化为主，伴有少量褐铁矿化，局部地段可见块状铅锌矿石，锌最高品位3.37%，平均品位2.08%，铅最高品位3.14%，平均品位1.21%（均以现有资料为依据），矿化在地表呈灰黑色条带状分布，标志较明显；西段以MTC8-MTC9、11为中心，长约300m，矿体平均厚度3.6m，矿化类型以氧化矿为主，局部地段见少量星点状黄铁矿化和原生铅锌矿化，锌最高品位18.4%，平均品位4.62%，铅最高品位2.06%，平均品位1.03%，矿化在地表明显呈一条黄褐色氧化带，出露较好，找矿标志也很明显。

矿化带东段有很好的激电异常显示，异常带展布方向呈近EW向，与MⅠ矿化带较为吻合，延伸大于1000m。

另外，在MⅠ矿化带（MTC12、7所控制矿化地段）北侧约50m处发现一条NNW向（335°方向）延伸的激电异常带，长约600m，宽约80m，与MⅠ矿化带斜交，经工程（TC33）揭露后，有铅锌矿（化）体产出，矿体宽约23.3m，铅锌矿化多呈团块状，自形晶程度较高，晶粒大者大于2cm，目估铅锌品位达10%以上，物探中梯激化率在该地段达17.6%。由于矿（化）体北西端未进行工程控制，矿（化）体延伸情况不明。

在MⅠ矿化带TC27南西侧约200m处，通过槽探工程揭露（TC25），发现有铅锌矿（化）体产出，厚约13m，呈近EW向展布，产状180°∠45°，由于覆盖较大，加之该地段褶皱构造发育，矿体延伸情况不明。矿（化）体中含矿岩性为灰岩，方铅矿化在岩石中多呈团块状产出，自形晶程度很高，晶粒大者达2cm以上，铅最高品位6.84%，锌最高品位0.78%，并伴有银矿化，银最高品45g/t，表现为以铅为主的矿（化）体。

此外，以下地段尚有大的找矿潜力：

众根涌及乌葱察别地区围绕色的日岩体有众多的矿点、矿化点及物化探异常密集分布，成矿类型以矽卡岩型为主，斑岩型铜矿体亦有分布，反映出斑岩型成矿系列的两个重要端员共存的特点。地球化学异常存在从色的日似斑状花岗岩体向南东呈铜、钼-铅、锌、银、铜水平分带趋势。除了众根涌矿点目前正在进行浅部硐探工程验证外，其余矿点工作及研究程度均较低，找矿潜力大。

东脚涌地区也发现了热液交代矽卡岩型铜矿（化）体和花岗斑岩脉，从蚀变—矿化分带上看，认为该区深部有一隐伏的矿源体存在，矽卡岩化作为寻找斑岩型铜钼矿床的重要标志，推测在矽卡岩带的两侧或深部有发现斑岩型铜钼矿床的可能性。

然者涌地区已圈定铅锌银含矿带7km，控制矿体地表长3000余米，初步判断矿床成因类型为沉积-热液叠加改造型。矿体深部尚未控制，物探异常显示其深部的金属硫化物富集程度要比浅部高。矿区东、西两段处于同一含矿层位，中间尚未进行查证评价。南侧尚有吉那铜矿点分布，显示该区深部、东段及外围具有极大的找矿潜力，通过进一步工作有可能成为大型以上的矿床勘查基地。

4. 勘查开发工作建议

（1）对陆日格、哼赛青、莫海拉亨、众根涌、乌葱察别、东脚涌、然者涌、吉龙、叶霞乌赛、麦多拉、阿姆中涌、耐千硖日能、阿阿牙赛等等矿点，利用1∶1万地质草测、地物化综合剖面、槽井探工程等进行查证，初步查明该区地层、构造、矿化蚀变分布特征，寻找新的富集地段，圈定矿带及矿体，为深部工程验证提供依据。在此基础上采用轻型山地工程沿其延伸方向进行系统控制，初步查明地表矿体的数量、分布、形态、规模、产状和矿石有益、有害组分的含量及其变化趋势。其中对哼赛青已知矿化地段及新发现的矿化线索进行槽探工程揭露，对异常区进行面积性1∶1万地磁测量工作，初步确定深部是否存在隐伏斑岩体；对吉龙铜矿点已知矿体利用槽井探工程按200～400m间距系统控制，选择M7、M8矿体进行深部钻探工程验证，初步查明矿体规模、产状及深部延伸、厚度、品位变化情况，扩大矿体规模，探求资源量。

（2）借鉴区内以往找矿工作经验，加大区内所圈出的一系列找矿意义明朗的化探异常以及莫海拉亨激电异常的查证力度，对已发现的矿化信息和线索进行揭露、追索和控制，寻找新的找矿靶区，扩大找矿远景。

（3）对规模、潜力较大的矿区，择优采用钻探工程、配合坑探工程基本查明浅、深部矿体的基本特征和矿石质量及其变化情况，提供可供开发利用的基础储量。

（4）加强综合研究工作，研究控矿因素、找矿标志，总结成矿规律，探讨矿床成因，建立适合本区特点的成矿模式和找矿模式，指导后续找矿工作的开展。

（5）在上述工作的基础上，开展可行性研究和环境影响评价工作，确定合理的开发方案和开发规模，进行整体开发。

（四）尕龙格玛铜铅锌矿床

1. 地理位置、交通、能源、水源条件

矿床位于治多县多彩乡北西方向约15km处，行政区划隶属玉树藏族自治州治多县多彩乡管辖。

矿区地形复杂，山势北低南高，海拔一般在4500～5300m，最高可达5600m，相对高差一般为700～900m。由于接近现代雪线，冰川地形发育，属侵蚀高山亚区。区内降水主要集中于6～9月，降水方式以雨、雪、雹为主，年降水量400～600mm。全年无霜期短，年均气温0℃以下，干燥度1～1.5，径流系数40%～60%。区内气候多变，四季不明，温差大，冰冻期长。每年6～9月气候较好，较适宜开展各项工作。

西宁到治多县城有公路相通。矿区距西宁约1072km，治多县至多彩乡有三级公路相通（19km），多彩乡至矿区有简易公路相连（约30km），交通尚属方便。区内水系发育。主要河流为多彩曲、日啊日曲等，属长江水系。地表径流多斜交两曲展布，其流量随季节变化很大。区内水资源丰富，水质良好，完全能够满足生产、生活用水需要。

区内人口稀少，居民以藏族为主，主要从事牧业生产，无农业生产和工业企业，生产和生活物资大多由西宁市运抵。野外生产、生活用电需自备燃油发电机，煤炭需到杂多县城才能解决，通讯需无线电台或卫星电话。

2. 勘查工作程度

该矿于1959年据群众报矿发现。1960年玉树地质队进行东矿区的初步评价，1961年玉树地质队提交《治多县尕龙格马含铜多金属矿东矿区初步评价地质报告》，经青海省地质局1962年5月第35号意见书复审核实，批准D级储量铜矿表内10797t，表外567t；铅矿表内16342t；锌矿表内9672t。1968年，第九地质队与物探队配合采用自然电场、联合剖面及土壤地球化学测量等方法，圈出电法化探综合异常，推测含矿带。1976年8月至1978年10月青海省地质局第十五地质队初步普查，1978年12月提交了青海省治多县尕龙格马铜矿床地质普查评价报告，并通过了队审。共提交D级储量铜表内16229t，表外2730t；铅表内17243t；锌表内19457t。

2003年青海省有色地质矿勘院对多彩地区铜及多金属矿进行了普查，对区内的尕龙格玛矿床作了重新分析和评价。通过1∶1万地物化剖面测量和少量探槽工程，圈出长6.7km（两端未控制）、宽20～150m的矿化蚀变带和两个长度大于2km、宽100～200m激电异常带。在拉迪欧玛地区发现了3条具褐铁矿化、黄铁矿化的构造蚀变带，长约7km，宽10～20m。在蚀变带西段发现了黄铜矿化，并在地表拣块样中发现了金矿化线索。

2007年青海省有色地质矿勘院多彩地区开展了新一轮的铜多金属矿普查工作，重点利用少量钻探工程对尕龙格玛矿床进行深部远景资源评价，同时利用地质修测、激电剖面、槽探工程等对尕龙格玛、拉迪欧玛矿区及外围的成矿有利地段进行查证。通过本项目的实施取得了较好的找矿成果，显示出该区具有巨大的找矿潜力。目前矿区普查工作正在进行中。

3. 查明资源储量（333及以上）

20世纪70年代普查工作累计探获333资源量为：铜矿石量65.1万t，金属量11364t；铅矿石量55.6万t，金属量16159t；锌矿石量37.3万t，金属量9672t，见表5－26。

表5－26　尕龙格玛查明、保有（上表）资源量一览表　（单位：万t）

矿种	查明资源量		保有资源量	
	矿石量	金属量	矿石量	金属量
铜	65.1	1.1364	64.2	1.1247
铅	55.6	1.6342	55.1	1.6159
锌	37.3	0.9672	37.3	0.9672

4. 矿床地质特征

矿床位于韧性剪切带内，矿体产于巴塘群第二岩组角砾熔岩之上的灰白色绢英片岩（糜棱片岩，原岩为英安质凝灰岩即前人所称的霏细岩）中。矿床受地层和拉迪欧玛－色谷丛龙韧性剪切带双重控制。

目前在本矿区圈出了24条矿体，地表13条矿体，其余11条为盲矿体。矿体一般呈透镜状，单个矿体长50～1000m，厚2～15m，铜品位：0.31%～2.34%。

其中Ⅳ号含锌铜矿体是矿区内规模最大的矿体，该矿体产于英安质凝灰岩（即前人所称的霏细岩）中，矿体走向NW，倾向NE，倾角65°～80°，矿体长1000m，平均厚度12.63m（其中TC1中控制地表最大厚度30.54m）。深部主要由ZK2702、ZK3101、ZK3502、ZK3901、ZK4302号钻孔控制，控制倾向延深分别为160m、80m、110m、160m、90m。矿体厚度：25线地表4.19m，深部未控制；27线地表厚0.94m，孔内0.5m；31线地表厚30.54m，2007年通过ZK3101钻孔控制，深部共发现5条矿化体，其中Ⅳ号矿体厚16.1m，加权平均品位铜0.56%、锌0.39%，另外有3条锌矿体，1条银铅矿体；35线地表厚13.89m，孔内3.34m；39线地表厚25m，2007年深部通过ZK3901钻孔控制矿体厚39.62m，为铜伴生铅锌金银矿体，控制倾向延伸160m，加权平均品位分别为：Cu 0.486%、Pb 0.105%、Zn 0.596%、Au 0.173g/t、Ag 5.498g/t，最高品位分别为：Cu 2.70%、Pb 1.49%、Zn 4.37%、Au 2.093g/t、Ag 47.55g/t。另外在钻孔底部新发现一条铜锌矿体，为单样控制，由于钻孔出现事故而未控制住矿体底板，视厚1.76m，品位Cu 0.76%、Pb 0.016%、Zn 2.21%、Au 0.11g/t、Ag 2.83g/t。43线（ZK4302）地表覆盖，厚度未能控制，孔内厚0.66m，矿体品位：Cu 0.26%～2.70%，平均0.40%；Zn 0.63%～4.37%，平均1.79%；Pb 0.24%～1.49%。另在孔深26.30～57.60m为一锌矿体，矿体厚为10.7m，品位0.33%～1.13%，平均品位0.55%。

其次为Ⅷ号铜矿体，长370m，平均厚9.27m（地表最大厚度为20m），矿体走向NW，倾向NE，矿体亦产于英安质凝灰岩中。地表43线厚5.00m；45线厚10.00m；47线厚20m；49线厚2.07m。49线深部由ZK4901控制，控制倾向延深140m，孔内矿体厚度1.75m；47线深部2007年通过ZK4701钻孔控制，深部已发现多条矿体。Ⅷ号铜矿体Cu：0.23%～0.58%，平均0.38%；单样Pb、Zn分别为：0.77%，2.44%。

XⅣ-XX号矿体为隐伏矿体。其中XⅣ号矿体为铜锌矿体，由ZK4302钻孔控制，厚4.17m，平均品位为：Cu 0.27%；Zn单样品位0.45%。XⅤ-XX号矿体均由ZK4901钻孔控制，其中XⅤ号矿体为铜矿体，厚7.01m，平均品位为0.44%；XⅥ号矿体为铜锌矿体，铜厚2.29m，平均品位为0.44%；锌厚3.44m，平均品位为0.44%；XⅦ号矿体为铜锌矿体，厚4.26m，平均品位为Cu 0.25%，Zn 0.29%；XⅧ号矿体为铜矿体，厚2.8m，平均品位为Cu 0.21%；XⅨ号矿体为铜铅锌矿体，厚8.53m，平均品位为Cu 0.20%，Zn 0.51%，Pb 0.14%；XX号矿体为锌矿体，厚13.06m，平均品位为0.99%。

另外，在东矿区进一步检查中发现Ⅰ、Ⅱ、Ⅲ号矿体在规模和品位上均有较大的变化，有变大变富的趋势：其中Ⅰ号矿体长大于200m，厚度为27m，平均品位：Cu 3.79%（最高11.01%），Pb 4.35%（最高9.91%），Zn 3.31%（最高5.13%），另外还发现了Au、Ag，其中Au 1.48g/t，Ag 114.03g/t；Ⅱ号矿体长大于200m，厚为12.2m，平均品位：Cu 0.786%（最高1.3%）。另外在Ⅲ号矿体中还发现了Pb、Au矿体，矿体长大于200m，厚为4m，矿体走向NW，倾向NE，平均品位：Pb 1.15%（最高品位3.80%），Au 5.25g/t。金在具褐铁矿化、破碎的铅矿体中品位较高。矿体类型包括铜矿体、含铅锌铜矿体、含锌铜矿体和铅矿体。矿体产在英安质凝灰岩、绢英片岩和千糜岩中，沿走向出现分枝复合现象，矿体与蚀变围岩之间既有截然的接触关系，也有渐变过渡的接触关系。矿体产状与地层片理或韧性剪切带产状一致，向NE方向陡倾。

矿石类型主要有黄铁矿黄铜矿矿石、黄铁矿闪锌矿矿石、方铅矿矿石、闪锌矿黄铜矿矿石等。矿石多为细粒粒状结构和交代结构，浸染状、条带状、微脉状、块状构造。矿石矿物成分比较简单，主要为黄铁矿（10%～30%）、黄铜矿（1%～7%）、闪锌矿（0%～15%）、方铅矿（0%～10%）、黝铜矿（0%～2%），次生矿石矿物为辉铜矿、铜蓝和孔雀石（0%～5%）。矿石矿物至少属于两个世代，早期多呈细粒浸染状，晚期主要为细脉状、微脉状、条带状。脉石矿物主要为绢云母、石英，其次为方解石、钠长石、重晶石。

矿床成因属海相长英质火山岩容矿的火山喷气（沉积）加后期动力改造型矿床，成矿时代为印支晚期。

5. 开采技术条件

矿区主要发育多年冻土区地下水和融区地下水。进一步划分为松散岩类冻结层上水、基岩类冻结层上水、基岩类冻结层下水和构造带融区地下水。其中松散岩类冻结层上水的冲洪积层泉流量0.033L/s左右，残坡积层泉流量可达0.221L/s，冰川、冰水堆积物泉流量一般为1.046L/s；基岩类冻结层上水富水性较差；基岩类冻结层下水主要赋存于各类侵入岩接触带的构造裂隙之中；构造融区地下水多富集在断裂的复合部位，涌水量为 2.6L/s。

矿区平均海拔 4900m，为多年冻土区，冰蚀地貌发育，随季节变化和反复交替的冻融作用，产生一系列冻胀—融陷地质现象，往往破坏地基（冻胀融沉）、形成边坡失稳（融冻滑塌）等不良地质现象。矿体直接顶、底板多为绢英片岩（糜棱片岩，原岩为英安质凝灰岩即前人所称的霏细岩），稳定性较好。

6. 资源勘查潜力

矿区已圈出长 6.7km（两端未控制）、宽 20～150m 的矿化蚀变带和两个长度大于 2km、宽 100～200m 激电异常带。在拉迪欧玛地区发现了 3 条具褐铁矿化、黄铁矿化的构造蚀变带，长约 7km，宽 10～20m。在蚀变带西段发现了黄铜矿化，并在地表拣块样中发现了金矿化线索。

由于成矿带东段基岩裸露，所以物化探异常显示较好，工作程度较高，而西段岩石覆盖严重，异常不明显，但从零星的露头上仍可见到黄铁绢英岩化等蚀变现象，因此尕龙格玛矿区西段至拉迪欧玛矿区之间及外围地区具有巨大的找矿潜力，具有形成大型乃至超大型铜多金属矿的潜力。

通过对矿区已有资料的分析，结合现场调查，发现尕龙格玛矿区已施工的钻孔主要布设在蚀变带南西部（上部层位），而蚀变带北东侧被向南西逆冲的角砾熔岩以及后期崩塌的块石覆盖。从成矿地质条件分析，紧靠角砾熔岩一侧的凝灰岩中成矿会更好一些，很有可能找到厚大的新矿体，而至今这个部位没有深部工程控制。因此，有必要在含矿层与角砾熔岩接触带，利用相对较深的钻孔进行深部验证。

本区通过新一轮铜多金属矿普查工作，取得了较好的找矿成果，不仅在尕龙格玛矿区深部的找矿工作中取得了重要进展，发现矿体无论在规模还是品位上往深部均有变大变富的趋势，而且还发现了多种金属共、伴生的现象，且发现了较好的金银矿体。其中在 ZK3901 钻孔中发现Ⅳ号矿体深部厚达 39.62m，初步估算 333 + 334 铜金属资源量 8.7 万 t；同时在拉迪欧玛矿区也发现了较好的锌铅矿体，显示出该区具有巨大的找矿潜力，并为今后的勘查工作指明了方向。

7. 勘查开发工作建议

（1）利用钻探工程对尕龙格玛矿区Ⅳ、Ⅷ号主矿体沿走向进行深部验证，同时兼顾对矿体厚大部位沿倾向进行控制，大致查明矿体的分布、规模、产状和矿石质量。由于以往的找矿目标偏重于英安质凝灰岩中，对英安质凝灰岩与围岩接触带和旁侧具火山岩夹层的沉积层的全岩含矿性评价不足，因此今后工作中应统筹兼顾，初步控制矿床远景规模。

（2）利用激电剖面以及槽探工程对尕龙格玛矿区工作相对薄弱地段进行检查控制，兼顾其他矿体的深部验证工作，大致查明矿体的赋存及分布规律、规模、产状及矿石质量，以及共（伴）生有益、有害元素等。

（3）重点对Ⅳ主矿体较厚大部位沿倾向继续进行远景控制，同时兼顾对尕龙格玛西矿区及外围新发现的矿体，利用少量钻探工程进行深部验证。

（4）加强综合研究工作，研究控矿因素、找矿标志，总结成矿规律，探讨矿床成因，建立适合本区特点的成矿模式和找矿模式，指导后续找矿工作的开展。

（5）在上述工作的基础上，开展可行性研究和环境影响评价工作，确定合理的开发方案和开发规模，进行整体开发。

（五）当江铜多金属矿

1. 地理位置、交通、能源、水源条件

矿区位于治多县城东南部，行政区划隶属玉树藏族自治州治多县加吉博洛格镇管辖。

矿区地处青藏高原中部唐古拉山东段北坡，属高原中山区，地形复杂，山势陡峻，水系发育，气候寒冷，空气稀薄。海拔高度一般为 4500～5200m，最高可达 5327m，最低 4450m，相对高差一般 500～700m。本区属寒冷气候带湿润气候区。受高空西风气流影响，气候多变，温差大，冰冻期长，全年除6～9月份外，基本都为冰冻期。四季不分，仅有寒暖两季，6～9月为暖季，气温0.7℃～16.7℃，10月至次年5月为寒季，气温-23.4℃～-2.0℃，最大冻土深度可达180cm。日温差一般15℃，年极端温差39℃。相对湿度平均55%。年均降水量427.8mm左右，7～8月以降雨为主夹雪及冰雹，其余时段以降雪为主。

矿区至S308省道三岔口约25km，有便道相通。从三岔口西至治多县58km，东南至玉树州约130km，均有省道相连。玉树州至西宁市有214国道相通，距离816km，交通尚属方便。矿区水系属长江水系，水系流量随季节变化很大，夏季雨水多，雪溶水及冰川溶水丰富，水量较大，冬季水量较小。矿区地处松莫茸上游，有征毛涌、牙涌等主要支流，水质未受污染，可以满足生产、生活用水需求。普查区西北侧山顶有中国移动通迅信号。区内尚无电力供应，燃料由西宁经玉树或经青藏铁路不冻泉站运入，运距较大。

矿区属高山草甸带，植物以草本为主，为天然牧场。区内畜牧业较发达，为全牧区，无工、农业生产。区内人口稀少，居民多为藏族，劳动力资源缺乏。经济发展落后，日用物资从省会西宁、玉树州及治多县城运入。

2. 勘查工作程度

1967年，青海省区测队发现Ⅰ、Ⅱ、Ⅲ号露头，并对其做过检查，采取连续拣块化学样11个，称为征毛涌铁矿点。

1978年第二区测队二分队再度检查，新发现一含矿露头，编为Ⅳ号，并确认为含铜磁铁矿点。该队认为：矿点矿体小，总的含矿范围也小，规模达不到国家工业要求。矿点可作为找矿线索，矿点上无需再做更多的工作。

2003～2005年，中化地质矿山总局陕西地质勘查院开展预查工作并提交《青海省治多县当江一带铜多金属矿预查报告》，通过了中化地质矿山总局的评审。

2005～2006年，青海省地质调查院在矿区西北开展了“青海省治多县当江地区铜矿预查”工作。在1∶5万水系扫面的基础上，对局部地段进行了1∶1万地质填图和1∶1万高精度磁测，在区内测制了1∶1万土壤地化剖面，同时用槽探工程对已发现的矿化线索进行了揭露，最终完成了《青海省治多县当江地区铜矿预查报告》。

2006～2007年，中化地质矿山总局陕西地质勘查院开展当江一带铜多金属矿地质普查工作。以Ⅱ矿带为重点区段，对矿体深部用平硐进行了控制。2007年8月底提交《青海省治多县当江一带铜多金属矿普查报告》，并通过了青海省国土规划研究院矿产资源储量评审中心的评审。

3. 查明资源储量（333及以上）

由于勘查工作程度低，未能探获333资源量。

4. 矿床地质特征

本区大地构造位置属松潘甘孜褶皱系巴颜喀拉印支褶皱带与三江褶皱系的交接部位。矿区出露地层主要有晚三叠世巴塘群砂板岩夹灰岩，中部为中基性火山岩。岩浆活动主要为印支期闪长岩及花岗斑岩。区内褶皱及断裂构造都较发育，主要表现为NWW向征毛涌复向斜和同向逆断层。矿体产于巴塘群第二岩组第一及第二岩性段，岩性为安山岩及安山质火山碎屑岩，上部夹板岩及灰岩。矿点构造为征毛涌复向斜之次级褶皱—牙涌背斜，轴部为巴塘群第二岩组第一岩性段，两翼依次为第二及第三岩性段。沿背斜轴部有印支期闪长岩及花岗闪长岩侵入。

矿区内共划分为四个矿带，一、二矿带位于牙涌背斜北翼，三、四矿带位于背斜南翼。现已圈定铁矿体27个，铁铜矿体4个，铜矿体3个。单个矿体长77.50～542.00m，平均厚度1.04～7.91m，呈似层状及透镜状沿NWW向顺层产出。

Ⅰ矿带分布于矿区北部征毛涌东北侧，西段延伸至征毛涌西南侧。其中圈定铁矿体6个，均赋存于牙涌背斜北翼巴塘群第二岩组第二岩性段中上部。矿带长大于3.5km，宽100～210m，岩性为板理化安山岩、凝灰质板岩、沉凝灰岩夹薄层泥灰岩。

Ⅱ矿带分布于矿区北东部，东南段位于征毛涌北东侧，北西段位于征毛涌西南侧山坡。赋存于牙涌背斜北翼巴塘群第二岩组第一岩性段中上部，长度大于800m，宽度110～160m，主要岩性为安山岩夹安山质火山碎屑岩。该带圈出铜矿体4个。

Ⅲ矿带分布于矿区中南部，位于牙涌背斜南翼巴塘群第二岩组第一岩性段中上部，闪长岩体的西南侧。长度大于2.5km，宽约670m，主要岩性为安山岩夹安山质火山碎屑岩。该带中圈出6个铁矿体。

Ⅳ矿带分布于矿区南西部，牙涌背斜南西翼。赋矿地层为巴塘群第二岩组第二岩性段中上部的板理化安山岩、沉凝灰岩夹安山质凝灰岩。矿带走向北西，矿带内产出$Ⅳ_{1-Fe}$、$Ⅳ_{2-Fe}$、$Ⅳ_{3-Fe}$三个铁矿体。

铁矿体矿石以磁铁矿为主，其次为赤铁矿及褐铁矿，含微量黄铁矿及黄铜矿。矿体平均品位TFe 20.52%～58.40%，部分矿体伴生少量金、银。铜矿体矿石矿物以黄铜矿、黄铁矿为主，其次为磁黄铁矿，矿体平均品位Cu 0.75%～4.86%。

围岩蚀变主要有青盘岩化、硅化、绿泥石化及黄铁矿化。

矿床成因为经后期含矿热液叠加改造的海相次火山—热液型。

5. 开采技术条件

矿区水文地质条件简单，以裂隙充水为主。矿层及其顶底板岩石致密坚硬，稳固性较好。在硐采过程中靠近地表部位可能会出现片帮冒顶等灾害，应采取相应的技术及安全措施解决。

6. 资源勘查潜力

矿区地处西金乌兰—玉树印支—燕山期铜、铅、锌、金、银、铁、锰、石灰岩成矿带通天河印支期铜、铅、锌成矿亚带东端，成矿地质条件优越，矿产资源潜力丰富。

区内共圈定1∶20万综合异常3处，编号分别为AS$^{11}_{乙3}$、AS$^{15}_{乙3}$、AS$^{18}_{乙3}$。

（1）AS$^{11}_{乙3}$异常：分布于半前弄沟脑一带，呈不规则状，面积82km^2。异常主元素为Cr、Ni，特征组合Co、Au、Ti、V。主元素峰值分别为Cr 440.10×10^{-6}，Ni 226.67×10^{-6}，均大于四分之一浓幅分位值。主元素均具外、中、内三个浓度分带，浓集中心明显，其余元素仅具外带。

（2）AS$^{15}_{乙3}$异常：分布于当江科北西一带，近似长柱状，面积80km^2。异常主元素为Cr、Ni，特征组合V、Co，主元素Cr，Ni峰值分别为Cr 308.27×10^{-6}，Ni 101.13×10^{-6}，均大于四分之一浓幅分位值。

（3）AS$^{18}_{乙3}$异常：分布于征毛涌一带，面积18km^2。主元素为Pb，特征组合Zn、Cu，主元素Pb具外、中两个浓度分带，峰值为118.7×10^{-6}，超过四分之一浓幅分位值。

对上述三个异常进行了1∶5万水系沉积物加密测量，分解为10处异常，编号分别为AS1、AS2、AS3、…、AS10。总体展布方向与构造线方向一致，浓集梯度变化大，形态及分布总体与1∶20万区域异常完全吻合。根据元素组合及所处地质背景，异常呈现出两个分带：即由AS1、AS2、AS3、AS4、AS5组成的Cr、Ni、Co、Cu异常带（北带）和AS6、AS7、AS8、AS9、AS10组成的Ba、Ag、Pb、Zn异常带（南带）。其中以AS2、AS3、AS6、AS8、AS9异常面积较大，强度相应也最高。

（1）北带异常（AS1、AS2、AS3、AS4、AS5）。

AS1异常为Cr、Ni、Co、Cu、Au组合异常，异常位于耳弄沟近沟口，呈不规则长方形，近EW方向延伸，主异常元素为Cr、Ni，于主元素异常的东部套合有Cu、Co异常。其中Co异常比较完整，Cu异常较零星，局部套合有Au、Ti异常。

AS2异常：异常组合元素为Cr、Ni、Co、Cu、Au、Ag等元素，位于半前弄中上游，呈长椭圆形NW向展布，组合异常以Cr、Ni为主，面积大，延伸长（13km），Co、Cu、Au、Ag等异常分西、中、东部套合于其中，以Co、Cu异常较完整，Ti异常局部套合，其他异常零星。

AS3异常：为Ni、Cu、Ag、Zn组合异常，位于当江科中上游的北岸山坡上，呈NW向窄条带状延伸，组合异常以 Ni、Cu 为主，套合有 Ag、Zn 异常。

AS4 异常：位于当江涌沟脑及缅前弄沟脑的分水岭附近，为 Cr、Ni、Co、Cu、Ti、Ag 组合异常。主元素异常为 Cr、Ni、Co。其余异常均较零星，Cu 异常分三个小异常套合于主元素异常之上。

AS5 异常：位于扎龙尕莫附近，异常呈长条带状近 SN 向延伸，主异常元素为 Cr、Au，其中金异常规模较大。

（2）南带异常（AS6、AS7、AS8、AS9）。

AS6 异常：位于当江涌近沟脑南侧，异常组合元素为 Ba、Ag、Pb、Zn 等，近 EW 向展布，向西未封闭。主异常元素为 Ba 和 Ag，Ba 异常峰值为 3688.5×10^{-2}，Ag 异常峰值为 1254.1×10^{-9}，并套合有 Pb、Zn 异常。在异常区投入了 1:1 万地质草测和高精度磁测，发现铜、铅、锌矿化点两处，矿化产于灰岩与火山碎屑岩接触带外侧的矽卡岩化灰岩和火山岩裂隙中，近矿围岩具褐铁矿化、赤铁矿化蚀变。通过 1:1 万高精度磁测，圈定磁异常 5 处，呈东西向条带状，异常走向基本与该区地层走向一致。南部异常规模较大，北部的异常规模较小。向西未封闭，仍有延伸的趋势，异常中心最大宽度约 400m，向西异常幅值较高，梯度较大，曲线呈激烈的锯齿状跳跃状态，最高幅值为 1339nT。曲线南冀较缓，北冀较陡，北冀一侧出现较弱的负值，但负值向北延伸较远，由此判断磁性体产状南倾。

从通过异常的壤剖面成果分析，主元素 Cu 平均含量 25×10^{-6}，曲线平缓稳定，未形成明显的浓集区。Pb 平均 46×10^{-6}，最高 1020×10^{-6}；Zn 平均 130×10^{-6}，最高 2375×10^{-6}；Ag 平均 140.59×10^{-9}，最高 $>2500\times10^{-9}$，形成明显的高值域。从 YP1 岩石剖面成果来看，Cu 等元素在凝灰岩中的含量较之灰岩中的要高。异常区内有 NW 向 F_4 断裂通过，属区域性大断裂形成的次级断裂构造，表现为其旁侧后期热液作用下的硅化、碳酸盐化、矽卡岩化等，特别是褐铁矿化较普遍。而这些蚀变地段，局部往往产出 Pb、Zn 等金属矿化，初步认为断裂构造和热液蚀变矿化是引起异常的主要因素。

AS7 异常：位于当江科南侧支流谷足俄玛地区，异常组合元素为 Ba、Ag、Pb、Zn、Au、Cu、Cr 等种元素，近 EW 向展布，主异常元素为 Ba、Ag、Pb、Zn，Ba 异常峰值为 2936.3×10^{-2}，Zn 异常峰值为 726.0×10^{-9}，Pb 异常峰值为 481.8×10^{-2}，并套合有 Au、Cu、Cr 等异常。

AS8 异常：位于当江科与征毛涌的分水岭地区，异常组合元素为 Ba、Ag、Pb、Zn 等，呈近 NW—SE 向带状展布，主异常元素为 Ba、Ag。Pb 异常较规整，Zn 异常零星。

AS9 异常：位于格莫托贡的西侧，异常组合元素为 Pb、Ba、Zn、Ag 等，呈近 NW—SE 向带状展布，向东延出测区范围而使异常向东未封闭。主异常元素为 Pb、Ba、Pb、Zn 异常规模较大，Ag 异常较小。

（3）AS10 异常。

异常位于征毛涌沟口附近，异常组合元素为 Ag、Zn、Cu 等，呈椭圆形近北西—北东南东向带状展布。

1:1 万磁测在 AS6 异常区内圈定了 5 个规模不等的磁异常，呈 EW 向条带状展布。根据成果初步分析认为，磁性体向下延伸较大，呈 NW 向展布，与区域构造线方向一致，说明区内火山碎屑岩与灰岩接触蚀变带、NW 向构造带可能是引起异常的主要原因。

对 AS6、AS7 两个异常进行了初步检查，新发现矿化点 3 处：

1 号矿化点：AS6 异常内发现铜铅锌矿化体 1 条，由 TC2 控制，铅灰色铅锌矿石，呈细脉状，脉宽 0.2m，产状 208°∠55°，品位 Cu 1.34×10^{-2}，Pb 7.06×10^{-2}，Zn 19.35×10^{-2}，Ag 36.5×10^{-6}；赋矿岩性为浅灰色石灰岩，处于灰岩与火山碎屑岩接触带外侧的灰岩层中，近矿围岩具褐铁矿化蚀变，矿脉大致顺层产出，沿走向经 TCl、TC3 控制未见延伸。

2 号矿化点：产于灰岩与火山碎屑岩接触带矽卡岩化灰岩中，铅、锌矿化断续宽 9.8m，产状 214°∠69°，矽卡岩化范围大致呈透镜体，局部铅锌可达工业品位，经 TC4 控制连续刻槽取样，Pb 最高

0. 26%，Zn 最高 0. 74%。

3 号矿化点：位于 AS7 异常内，灰岩夹泥钙质板岩与火山碎屑岩（流纹质凝灰岩）的接触带处，为铜矿化蚀变带，地表转石中可见孔雀石化、铜蓝、黄铜矿化为主的铜矿石。蚀变碎裂岩化带宽约 62m，产状为 225°∠30°，走向上延伸稳定。在以凝灰岩为主的火山碎屑岩裂隙中可见孔雀石化为主的铜矿化，表明了地层中具有后期含矿热液活动。

上述异常大多尚未进行查证，有望成为新的找矿靶区。

矿区 1∶1 万高精度磁测圈出两个面积较大的磁异常，异常部位均有致密磁铁矿出露，由此可判定两异常均由磁铁矿引起，根据异常特征判断深部有存在厚大盲矿体的可能性。由于磁测面积较小，上述磁异常向西尚未封闭，说明向西仍有找矿空间。

矿区在约 4km^{2}范围内已圈定 34 个矿体，其中铁矿体 27 个，铜矿体 4 个，铜铁矿体 3 个。仅对个别矿体的浅部进行了了解，证明矿体延深稳定，深部尚未验证。

综上所述，普查区矿化信息丰富，成矿事实明显，物化探异常显著，成矿条件优越，具有巨大找矿潜力。

7. 勘查开发工作建议

（1）加大矿区普查工作力度，主要对已知矿体用钻探工程进行深部验证，初步查明矿体规模、产状及深部延伸、厚度、品位变化情况，扩大矿体规模，探求资源量，查明资源远景；提高主矿体的控制程度和研究程度，尤其要加大勘查深度，查明资源储量，提供可供开发利用的基础储量。其次对两个磁异常进行深入查证，并用钻探工程进行深部验证。

（2）借鉴区内以往找矿工作经验，加大矿区外围已知化探异常的查证力度，对已发现的矿化信息和线索进行揭露、追索和控制，寻找新的找矿靶区，扩大找矿远景。

（3）加强综合研究工作，研究控矿因素、找矿标志，总结成矿规律，探讨矿床成因，建立适合本区特点的成矿模式和找矿模式，指导后续找矿工作的开展。

（4）在上述工作的基础上，开展可行性研究和环境影响评价工作，确定合理的开发方案和开发规模，进行整体开发。

（六）赵卡隆铁铜铅锌银矿床

1. 地理位置、交通、能源、水源条件

矿区位于玉树县巴塘乡相古村南西约 9. 5km，行政区划隶属玉树县巴塘乡相古村管辖。

矿区海拔 4800～5139m，属侵蚀、冰蚀高山区。本区为高原大陆性气候，年平均气温 3℃，年降雨量 519. 1mm。10 月至翌年 5 月为冰冻期。矿区附近改宰弄沟 5～10 月有地表水体，距矿区 1km 的卓阿龙沟常年有水，水质尚好，可以饮用。

西宁至玉树县结古镇有 214 国道相连，距离 813km；自结古镇至巴塘乡相古村距离 50km，其中约 20km 为 214 国道，30km 为简易公路；从相古村至矿区有 15km 便道，汽车可以通行，交通尚属方便。区内水资源丰富，水质良好，完全能够满足生产、生活用水需要。电力需自备，煤炭需到玉树县城才能解决，矿区用电需自备或从县电厂拉线解决，距离 33km

当地人烟稀少，居民为藏族，为半农半牧区，劳动力少，农作物种植在 3500m 以下的相古河谷两岸，主要有油菜、青稞等。区内除相古村有一座小型水电站外，无任何工业企业，经济落后。经济、文化等十分落后，生产、生活物资均需从玉树县城运入。科学、合理、有序开发矿产资源是推动当地经济社会发展的必由之路。

2. 勘查工作程度

赵卡隆矿床为原玉树地质队 1959 年发现，先后（1959～1960 年、1967 年，1979～1980 年）有原青海省地质局第九地质队、一区调队、物探队、十五队对矿床进行了不同程度的检查、普查评价工作，投入主要实物工作量：探槽 9163. 41m^3，浅井 496. 55m，平巷 279. 45m，1∶2000 地形草测 4. 02km^2，1∶5000 电法磁法 3. 60km^2，1∶5000 充电 0. 20km^2。获 D 级储量：铁矿石 891. 61 万 t；含锰铁矿石 140.25 万 t；铅金属量 11.1 万 t；银金属量 399.17t；锌金属量 2.27 万 t；镉金属量 0.0197 万 t。

2001～2005 年 12 月青海有色地质勘查局七队在矿区开展以 Cu 为主、兼顾 Fe、Pb、Zn、Ag 等多金属矿的普查工作。投入主要工作量：槽探 8986.3m^3，浅井 142.3m，钻探 1026.91m，1∶5 万遥感解译 2150km^2，1∶5 万水系沉积物测量 200km^2，1∶5000 地质草测 5km^2，1∶1 万土壤测量 4km^2，1∶1 万激电中梯扫面 1.5km^2，1∶1 万高精度磁测扫面 2.8km^2。

2006 年探矿权转让青海诺贝尔矿业有限公司后，矿产勘查工作仍由青海有色地质勘查局七队承担。2006 年以来主要以钻探为主要工作手段对 Ⅰ、Ⅱ 矿群进行详查，对区内的其他矿体开展普查工作。投入主要工作量：槽探 2152.65m^3，硐探 102m，钻探 7493.79m，1∶2000 地形地质正测 1.2km^2，1∶5000 水工环地质调查 10km^2，1∶2000 激电中梯扫面 4.7km^2，1∶2000 磁法测量 0.12km^2。目前详查工作正在进行中；据勘查单位介绍，详查后的资源量较普查阶段有大幅度增加。

3. 查明资源储量（333 及以上）

普查阶段累计探获 333 资源量：铁矿石量 1680 万 t，伴生铅金属量 11.1076 万 t，锌金属量 2.2671 万 t，银金属量 400t，镉金属量 197t，见表 5－27。

表 5－27　赵卡隆矿床查明、保有（上表）资源量一览表

矿种	查明资源量		保有资源量	
	矿石量	金属量	矿石量	金属量
铁矿/万 t	1680		1680	
铅矿/万 t		11.1076		11.1076
锌矿/万 t		2.2671		2.2671
银矿/t		400		400
镉矿/t		197		197

4. 矿床地质特征

矿区出露地层为上三叠统巴塘群下部碎屑岩组上部碎屑岩夹火山岩段和碳酸盐岩段。岩性有杂色砂岩、板岩、灰岩夹安山岩、凝灰岩及巨厚层状灰岩。区内地层组成一轴向 NW 的向斜，矿体主要分布于向斜南翼。断裂构造主要有 NW 与 NE 两组，前者为区域性走向断层，延伸达几十千米，二者皆为成矿后断裂，错断了矿体。

依据岩性、岩相空间分布，矿化类型差异及成矿元素分布规律和物化探异常等特征，划分出三个矿化带。

一号铜矿化带位于矿区西南部，呈 NW—SE 向展布，长大于 800m，宽 80～200m，产于粉砂岩、板岩夹灰岩、薄层硅质岩透镜体的相变部位，蚀变以硅化、碳酸盐化较强为特征，其次为黄铁矿化，硅化与矿化关系甚为密切。黄铜矿主要呈团块状、细脉状分布。该带地表目前已圈出两个矿群（Ⅵ、Ⅶ）。

二号矿化带分布于第一、第二层安山岩之间，断续长 1.5km，宽 100～300m，产于粉砂岩、板岩夹硅质岩、白云岩透镜体相变部位。磁铁矿、赤铁矿、菱铁矿、黄铜矿、方铅矿、闪锌矿等呈细粒浸染状、碎屑状、细脉浸染状分布于白云岩、泥硅质岩及砂板岩中。该带地表圈出 3 个铁多金属矿群（Ⅰ、Ⅱ、Ⅳ）。

三号铅锌银矿化带分布于第二层安山岩上部。走向 NW—SE 向，长大于 1.1km，宽 40～160m，矿体产出于含菱铁矿、方铅矿、闪锌矿的白云岩、粉砂岩和炭质板岩相变部位。该带中圈出两个矿群

(Ⅲ、Ⅴ)。

各矿化带内的矿体，矿物组分、矿石组合及其含量变化均有所差异：一号铜矿化带以铜为主。二号矿化带内的Ⅰ、Ⅱ矿体，地表以赤铁矿、磁铁矿、菱铁矿为主，铜含量较高，含微量铅、锌、银、镉、锰；深部则以铁、铜为主。Ⅳ矿体地表以褐铁矿、方铅矿、闪锌矿、赤铁矿、菱铁矿为主；深部以赤铁矿、磁铁矿为主，含少量铅、锌。三号矿化带内的Ⅲ、Ⅴ矿体，地表以磁铁矿、方铅矿、闪锌矿为主，伴生银、镉；深部以赤铁矿、磁铁矿、黄铜矿为主，含少量铅、锌、银、镉。各矿体有害元素含量基本一致，二氧化硅、硫、钡含量均高，含磷微量。

矿区共圈定矿体47条（其中隐伏矿体29条），分为7个矿群。

Ⅰ矿群地表圈出1条矿体（Ⅰ-1），深部圈出11条矿体（Ⅰ-2～Ⅰ-12）；Ⅱ矿群地表圈出两条矿体（Ⅱ-1、Ⅱ-2），深部圈出12条矿体（Ⅱ-3～Ⅱ-14）；Ⅲ矿群地表圈出3条矿体（Ⅲ-1～Ⅲ-3）；Ⅳ矿群地表圈出1条矿体（Ⅳ-1）；Ⅴ矿群地表圈出3条矿体（Ⅴ-1Fe铅锌银、Ⅴ-1铜、Ⅴ-1铅锌）；Ⅶ矿群圈出6条矿体（Ⅶ-1～Ⅶ-6）。Ⅰ、Ⅱ、Ⅳ、Ⅵ和Ⅶ5个矿群地表圈定的矿体赋存在黑色碎屑岩夹火山岩层内，Ⅲ、Ⅴ矿群地表圈定的矿体赋存于火山碎屑岩、白云岩夹黑色砂板岩层内。

Ⅵ、Ⅶ矿群分布于25～07线地段，矿体地表出露标高4718～4942m，最低控制标高4655m，主矿体分布于标高4720m以上；Ⅰ矿群分布于03～08线地段，矿体地表出露标高4686～4748m，最低控制标高4585m；Ⅱ矿群分布在Ⅰ矿体群北侧且平行展布，矿体地表出露标高4706～4767m；Ⅲ矿群分布于00～44线之间，矿体地表出露标高4812～4940m；Ⅴ矿群分布于32～40线地段，矿体地表出露标高4656～4686m。

目前控制单个矿体走向长一般135～450m，最长829m，控制倾斜延伸190～300m，单个矿体的平均厚度为6.33～16.92m，单工程矿体最大厚度大于45.1m（Ⅴ矿群出露宽度100m）。矿体呈层状、似层状、透镜体产出。铁矿体多呈层状、似层状；铜铅锌矿与铁矿共生者，多呈似层状、透镜状，矿体形态受岩性控制明显。矿体平均品位：Fe一般为20.52%～43.08%，单样最高为58.80%；Cu一般为0.3%～3.05%，单样最高为6.27%；Pb一般为1.02%～3.38%，单样最高为14.57%；Zn一般为0.55%～2.08%，单样最高为4.35%；Ag一般为46.25～100.89×10^{-6}，单样最高为607×10^{-6}。主要矿体特征如下：

Ⅶ矿群矿体产于一号矿化带安山岩底部、凝灰岩上部及硅化灰岩地层中，该矿群划分出3条矿体即$Ⅶ_1$～$Ⅶ_3$，其中铜矿体1条，铁铜矿体3条，铁矿体1条，铜矿体1条。矿体呈似层状，长一般100～150m,均为单工程控制，其中铁矿体累计斜厚度13.5m，矿体平均品位TFe 27.84%～37.24%，单样最高品位TFe 58.8%。铜矿体累计斜厚度10.9m，矿体平均品位Cu 0.21%～0.48%，单样最高Cu 1.2%。矿体产状与岡岩产状一致，走向150°～155°，倾向NE，倾角65°～72°。

Ⅵ矿群矿体呈似层状、透镜状产于一号矿化带透镜状灰岩中，主要有$Ⅵ_1$Cu、$Ⅵ_2$Cu两条铜矿体，其中$Ⅵ_1$Cu为主矿体。矿体长200～450m，厚度6.38～15.95m，平均厚度10.48m，单个工程最厚15.95m，控制斜深190m，铜平均品位1.34%，单样最高4.80%。矿体产状与围岩产状一致，走向155°，倾向NE，倾角72°。

Ⅰ矿群矿体产于二号矿化带泥硅质岩和板岩的过渡部位，地表圈定矿体1条，由$Ⅰ_1$FeCu、$Ⅰ_1$Cu组成。该矿体深部分为3条矿体。$Ⅰ_1$矿体为Fe、FeCu组合，Fe累计斜厚度19.75～30.79m（ZK0701），Cu累计斜厚度2.2～30.79m（ZK0401），平均品位TFe 30.8%～41.59%，Cu 0.22%～0.41%，单样最高TFe 59.02%，Cu 1.35%；$Ⅰ_1$矿体地表以$Ⅰ_1$FeCu为主，呈层状，长450m，平均厚度16.92m，单工程最大厚度30.79m，控制斜深160m。$Ⅰ_2$矿体为Cu矿体，斜厚度7.5m，平均品位0.22%，单样最高为0.41%；$Ⅰ_3$矿体为Fe、FeCu组合，Fe累计斜厚度25.1m，铜累计斜厚度3.9m，平均品位TFe 25.1%，Cu 2.17%，单样最高TFe 47.4%，Cu 3.09%；$Ⅰ_4$矿体为Fe、FeCu组合，Fe累计斜厚度96m，Cu累计斜厚度72.3m，平均品位TFe 31.35%，Cu 0.66%，单样最高TFe 54.4%，

Cu 1.75%；铜矿体分布在铁铜矿体的底部或顶部。矿体产状与围岩产状一致，走向155°，倾向NE，倾角62°～72°。

Ⅱ矿群矿体呈层状产于二号矿化带泥硅质岩、板岩、砂板岩相过渡部位，共圈定1条矿体，由$Ⅱ_1$Fe铅锌、$Ⅱ_1$Fe、$Ⅱ_1$FeCu、$Ⅱ_1$CuPb矿体组成。铅锌矿体产于铁矿体北西段，铅铜矿体产于铁矿体（$Ⅱ_1$）南东段底部。铁铅锌银及铁铜复合矿体（$Ⅱ_1$FePbZn、$Ⅱ_1$Fe、$Ⅱ_1$FeCu）呈层状，长365m，平均厚9.48m，单工程最大厚度12.83m。平均品位：铁33.5%，单样最高45.82%；铜0.26%，最高0.43%；铅0.71%，最高3.38%；锌3.01%，最高12.1%；产状：走向155°，倾向NE，倾角70°左右。

Ⅲ矿群矿体产于三号矿化带白云岩与炭质板岩的过渡部位，共圈出矿体两条，其中由铁及其多金属组成主矿体。铜矿体分布在铁矿体底部，铅锌矿产于铁矿体中部或上部。铁多金属矿北西段厚大，向南东逐渐变薄。铁及铁铅锌银复合矿体（$Ⅲ_1$Fe、$Ⅲ_1$FePbZnAg、$Ⅲ_1$FePbZn、$Ⅲ_1$FeZn、$Ⅲ_1$FeCu、$Ⅲ_1$FePb）长879m，平均厚度12.38m，单工程最大厚度39.64m，平均品位：铁35.13%，最高56.39%；铜0.57%，最高0.95%；铅1.53%，最高5.60%；锌0.91%，最高2.55%；银55.31×10^{-6}，最高94.5×10^{-6}。矿体产状与围岩产状一致，走向155°，倾向NE，倾角50°～89°，矿体产状NW陡，SE缓。

Ⅴ矿群矿体产于三号矿化带板岩与白云岩过渡部位，主要包括地表的铁铅锌银复合矿体和深部的隐伏铁铜矿体及铜矿体。V_1FePbZnAg铁铅锌银复合矿体，据物探测深结果，矿体产状向北倾。钻探验证（ZK3603），矿体深部变为FeCu、Cu组合，斜厚度大于31.6m。平均品位：铁36.00%，最高53.50%；铅2.80%，最高14.57%；锌0.65%，最高4.35%；银100.89×10^{-6}，最高607.00×10^{-6}；Cu 0.91%，单样最高4.02%。矿体东西两侧（32、40线）覆盖区出现宽度较大的高激低阻异常，推测矿体向东、西方向延伸长大于200m，且物探异常强度、矿化强度明显有增大、增高趋势。

矿石结构主要为他形粒状结构、碎屑结构、自形—半自形晶粒状结构、乳滴状结构、变余结构、变余交代结构等。矿石构造主要有浸染状构造、细脉—网脉状构造、块状构造、似层状构造等，且以前两种为主。

近矿围岩总体上蚀变微弱，主要以硅化、碳酸盐化为主，次为重晶石化、绢云母化、黄铁矿化等。Ⅵ号铜矿体硅化、碳酸盐化较强，并与成矿关系密切。

主要矿石矿物为菱铁矿、磁铁矿、黄铜矿、方铅矿、闪锌矿、赤铁矿、黄铁矿、黝铜矿、褐铁矿等。

根据矿石矿物共生组合关系，矿石类型以原生矿为主，可进一步划分为5种类型：即菱铁矿矿石、黄铜矿菱铁矿磁铁矿矿石、闪锌矿方铅矿菱铁矿矿石、闪锌矿方铅矿矿石、黄铜矿矿石。前二者为Ⅰ、Ⅱ矿群的主要矿石类型，其中以黄铜矿菱铁矿磁铁矿矿石为主，而菱铁矿矿石仅产在矿体边部局部地段；后二者为Ⅲ、Ⅴ矿群的主要矿石类型，其中以方铅矿菱铁矿矿石为主，而闪锌矿方铅矿矿石仅在Ⅴ矿群边部（QJ23浅井中）可见；Ⅵ矿群以铜矿石为主；Ⅶ矿群则以黄铜矿及磁铁矿矿石为主。

矿床成因属喷气沉积型。

5. 开采技术条件

矿区第四系堆积物主要由石灰岩、砂岩、板岩碎石组成，孔隙度较大，透水性良好，加之地形切割深，坡度大，表层潜水排泄通畅。由于地表3m以下即为永冻层，表层潜水难以下渗迁移，与深部地下水不发生动力循环。表层潜水量的大小主要受气温、降水量的变化而变化，夏季降水量大，地表潜流量大，每年3～5月气温上升，冰雪融化，潜水量增大。矿区位于卓阿陇沟和改宰弄沟之间，改宰弄沟仅5～10月有水，卓阿陇沟常年有水。河水水源来源于冰雪融化和大气降水，河流水量大小受气温、降水量的影响，变化较大。水质无色、无嗅、无味，可以饮用。井内涌水量受季节变化而变化，主要源于地表潜水。钻孔内岩性主要为砂板岩和硅质岩，主要为岩石裂隙潜水。除 ZK0701 号孔内 25.7 ～350m 之间存在大量涌水，水头高度（高出钻孔套管）1 ～5cm，终孔静止水位埋深在 19m 处外，其他钻孔均无涌水和漏水现象，钻孔静止水位在 3 ～25m。矿区侵蚀基准面标高 4660m，已知矿体地表出露标高均高于侵蚀基准面。矿区汇水面积不大，岩石透水性弱，山势陡峻，自然排水条件好，水文地质条件简单。

矿区出露岩性为粉砂岩、板岩、安山岩、含铁硅质岩、白云岩、灰岩、硅化灰岩等，岩石呈致密块状，蚀变微弱，裂隙不甚发育，岩石较为完整，稳固性好。但除在 ZK3602 孔中埋深自 66.2 ～82.8m 为砂层（砂粒主要成分为炭质板岩、炭质灰岩，其内见有少量黄铁矿、黄铜矿颗粒），ZKV36 -1 中 125.9m 埋深附近出现断层破碎带（构造角砾及断层泥）、ZK0701 中自 400 ～410m 出现斜厚约 10m 断层泥，在 15 线、8 线钻孔中偶见厚度不大的破碎岩心外，其他钻孔中岩心较完整，基本有利于坑探施工，个别地段需少量支护。但由于深部地质调查程度不高，是否有利于大规模探、采坑道等工程施工，还需进行调查后方可得出结论。

矿区地处三江北段，矿区周围为草甸区，矿体分布地段多为碎石流覆盖区。矿石及围岩中有害元素含量极低，但雨雪及反复冻融可能会浸出极微量有害元素，在探采过程中必须合理堆放废石，并采取相应措施。

6. 资源勘查潜力

本区存在 1∶5 万水系沉积物综合异常 5 个，其中甲类综合异常 1 个，乙类两个、丙类两个。总体上各元素异常套合性较好，具浓集中心和浓度分带。异常分布于上三叠统上部碎屑岩夹火山岩组和上部碳酸盐岩岩组中，异常长轴方向呈 NW—SE 向，与 1∶10 万异常相比重显性好。其中Ⅲ号异常（赵卡隆）位于中南部，为 Ag、Pb、Zn、Mn、Au、Sb、Mo、As、Hg、Cu 等元素组合，异常呈不规则状分布。异常规模较大，属甲类异常。Ag、Pb、Zn、Mn、Au、Mo、As、Cu 元素异常有明显的浓集中心，且浓度分带为内、中、外带或中、外带。异常内 Pb、Zn 元素峰值大于 1000×10^{-6}；Cu 峰值为 162×10^{-6}；Ag 峰值为 1.57×10^{-6}；As 峰值为 142×10^{-6}；Mn 峰值达到 13040×10^{-6}，与赵卡隆 Fe-CuPbZnAg 多金属矿床相吻合，其他异常尚未能得到有效查证。

赵卡隆矿区一号矿化带内新发现的矿体均为单工程控制，沿走向及深部尚有找矿潜力。V 矿群产状不明，矿体深部延伸及品位变化情况不清；Ⅲ矿群深部尚未控制与评价。Ⅰ、Ⅱ矿群仅有 1 个钻孔控制，04、00 线以往施工的钻孔未控制住 $Ⅰ_3$、$Ⅰ_4$隐伏矿体，矿区规模尚有较大提升潜力。

截至 2007 年年底，矿区估算 332 +333 +334 资源量：铁矿石量 3055.73 万 t，铜金属量 10.55 万 t，铅金属量 6.76 万 t，锌金属量 2.4 万 t，银金属量 190.61t。其中 332 铁矿石量 1039.987 万 t，铜金属量 30588.581t，铅金属量 14374.04t，锌金属量 3301.86t，银金属量 51.72t，但未评审上表。从目前工作程度分析，本矿床完全有潜力发展为大型规模。

7. 勘查开发工作建议

（1）对Ⅵ号矿群新发现的矿体利用槽、钻探工程进行系统控制，扩大矿体规模。

（2）加大Ⅰ、Ⅱ矿群及Ⅴ矿群的深部勘查力度，查明深部铁铜矿的规模、形态、产状及质量，探求高类别资源量。

（3）对于Ⅲ矿群西段，以坑钻相结合，进行浅部、深部评价，了解矿体空间变化情况。

（4）对Ⅶ矿群、Ⅳ矿群进行深部评价，大致了解矿体深部变化情况，评价资源远景。

（5）对一号矿化带沿走向进行系统控制，扩大远景规模。

（6）对矿石加工技术性能进行评价。

（7）加强综合研究工作，研究控矿因素、找矿标志，总结成矿规律，探讨矿床成因，建立适合本区特点的成矿模式和找矿模式，指导后续找矿工作的开展。

（8）在上述工作的基础上，开展可行性研究和环境影响评价工作，确定合理的开发方案和开发规模，进行整体开发。

五、资源接替区矿产资源经济效益评价

（一）矿产资源储量潜在价值

区内矿产资源潜在价值的计算公式等均与大浪滩—昆特依钾盐锶矿开发接替区的计算公式等一致，矿产品价格见表5－5；接替区内已查明主要矿产资源储量的潜在价值为441.81亿元，其中上表资源储量的潜在价值为308.93亿元，未上表资源储量的潜在价值为132.88亿元，详见表5－28。

表5－28　矿产资源潜在价值测算结果表

接替区名称	矿种	矿区	资源量/万t	工作程度	品位/%	资源量可信度系数	价格/（元/t）	品位系数	潜在价值/元	上表状态	合计/亿元
纳日贡玛—赵卡隆铁铜钼铅锌银矿勘查开发接替区	铜矿	纳日贡玛	17.12	普查		0.6	41250	1	4237200000	上表	308.93
		尕龙格码	1.1364	普查		0.6	41250	1	281259000		
	钼矿	纳日贡玛	8.72	普查		0.6	423000	1	22131360000		
	铅	赵卡隆	11.1076	普查		0.6	11062	1	737233627		
		尕龙格码	1.6342	普查		0.6	11062	1	108465122		
	锌	赵卡隆	2.2671	普查		0.6	17676	1	240439558		
		尕龙格码	0.9672	普查		0.6	17676	1	102577363		
	铁矿	赵卡隆	1068	普查	39.27	0.6	789	0.60	3054548681		
	铜矿	纳日贡玛	9.45	普查		0.6	41250	1	2338875000	未上表	132.88
	钼矿	纳日贡玛	1.91	普查		0.6	423000	1	4847580000		
	铅	东莫扎抓	5.66	普查		0.6	11062	1	375665520		
	锌	东莫扎抓	53.99	普查		0.6	17676	1	5725963440		

（二）年矿业产值增量预测

2005年，接替区内各矿床均未开发，矿业产值为零。

预测到2010年，接替区内各主要单矿种年产金属量分别为：铜0.25万t，钼0.055万t。

预测到2015年，接替区内各主要单矿种年产金属量分别为：铜0.25万t，钼0.055万t，铅1.2万t，锌2.0万t，铁15万t。

2010年矿业产值 $Gm = \sum$（预测单个矿种年产量×该矿种价格）＝铜0.25万t×41250元/t＋钼0.055万t×423000元/t＝10312.5万元＋23265万元＝33577.5万元≈3.36亿元。

2015年矿业产值 $Gm = \sum$（预测单个矿种年产量×该矿种价格）＝铜0.25万t×41250元/t＋钼0.055万t×423000元/t＋铅1.2万t×11062元/t＋锌2.0万t×17676元/t＋铁15万t×1214元/t＝10312.5万元＋23265万元＋13274.4万元＋35352万元＋18210万元＝100413.9万元≈10.04亿元。

2010年较2005年的年矿业产值增量＝3.36亿元。

2015年较2010年的年矿业产值增量＝10.04亿元－3.36亿元＝6.68亿元。

（三）矿产资源开发利用的社会效益评价

1. 矿产资源开发对地区经济发展的贡献

开发接替区位于玉树州境内，根据《青海省玉树州国民经济和社会发展“十一五”规划纲要》统

计及预测，玉树州2005年地区生产总值12.96亿元；预测2010年地区生产总值18.18亿元，较2005年增加5.22亿元；2015年地区生产总值25.50亿元，较2010年增加7.32亿元。

2010年矿业对经济发展的贡献率＝接替区矿业产值增量/接替区所在区域国内生产总值增量＝3.36亿元/5.22亿元＝64.37%。

2015年矿业对经济发展的贡献率＝接替区矿业产值增量/接替区所在区域国内生产总值增量＝6.68亿元/7.32亿元＝91.26%。

2. *矿产资源开发对经济增长速度的贡献*

2010年接替区矿业产值占接替区所在区域国内生产总值的比重＝3.36亿元/18.18亿元＝18.48%。

2010年与2005年比较，由于2005年接替区矿业产值为零，因而接替区矿业产值增长率无意义。

2010年与2005年比较，接替区所在区域国内生产总值增长率＝5.22亿元/12.96亿元＝40.28%。

2015年接替区矿业产值占接替区所在区域国内生产总值的比重＝10.04亿元/25.50亿元＝39.37%。

2015年与2010年比较，接替区矿业产值增长率＝6.68亿元/3.36亿元＝198.81%。

2015年与2010年比较，接替区所在区域国内生产总值增长率＝7.32亿元/18.18亿元＝40.26%。

由于2010年与2005年比较，接替区矿业产值增长率无意义，因而2010年矿业经济增长贡献率也无法计算。

2015年矿业经济增长贡献率＝接替区矿业产值占接替区所在区域国内生产总值的比重×接替区矿业产值增长率/接替区所在区域国内生产总值增长率＝39.37%×198.81%/40.26%＝197.38%。

（四）矿产资源开发技术经济评价

（1）从成矿条件、资源储量、资源前景、矿床规模、矿石品位、采选性能、潜在价值、矿业贡献等8个方面，聘请7位专家对开发接替区内部开发条件分别评分，经汇总平均，纳日贡玛—赵卡隆铜钼铅锌矿勘查开发接替区内部开发条件综合评分结果为81.57分（表5－29），在6个勘查开发接替区中排名第二。

表5－29　纳日贡玛—赵卡隆铁铜钼铅锌银矿勘查开发接替区内部开发条件评分表

评价指标	评分1	评分2	评分3	评分4	评分5	评分6	评分7	合计	平均
成矿条件（10分）	7	9	10	8	10	10	10	64	
资源储量（20分）	12	16	17	15	16	16	18	110	
资源前景（15分）	12	14	15	12	14	14	15	96	
矿床规模（15分）	12	15	14	8	14	14	14	91	
矿石品位（10分）	3	8	6	4	7	8	9	45	81.57
采选性能（10分）	6	8	10	5	7	8	9	53	
潜在价值（15分）	7	14	11	6	15	14	14	81	
矿业贡献（5分）	5	5	4	3	5	4	5	31	
合计	64	89	87	61	88	88	94	571	

（2）从市场需求、交通条件、供水条件、供电条件、自然条件、区域经济等6个方面，聘请7位专家对开发接替区外部开发条件分别评分，经汇总平均，纳日贡玛—赵卡隆铜钼铅锌矿勘查开发接替区外部开发条件综合评分结果为47.14分（表5－30），在6个勘查开发接替区中排名第四。

表5-30　纳日贡玛—赵卡隆铁铜钼铅锌银矿勘查开发接替区外部开发条件评分表

评价指标	评分1	评分2	评分3	评分4	评分5	评分6	评分7	合计	平均
市场需求（20分）	9	17	17	17	18	20	20	118	47.14
交通条件（16分）	8	9	6	6	7	5	2	43	
供水条件（16分）	6	16	15	12	12	9	15	85	
供电条件（16分）	2	2	4	2	4	4	1	19	
自然条件（16分）	8	3	4	2	5	4	4	30	
区域经济（16分）	6	7	4	2	6	4	6	35	
合计	39	54	50	41	52	46	48	330	

六、资源接替区勘查开发环境影响评价

（一）环境影响分析评价

1. 政策环境影响分析

随着我国经济社会发展对铜、铅锌的需求量不断增加，国内铜、铅锌矿石供应缺口越来越大。预测2010年和2020年我国国内铜矿的保证程度分别仅为28%和18%。铅、锌矿的保证程度分别仅为55%、47%和48%、31%。因此，加快沱沱河地区铜、铅锌矿勘查，发现和查明一批可供开发的铅锌矿产地，对于缓解国家铅锌资源紧缺的局面，具有十分重要的意义。

纳日贡玛—赵卡隆地区位于玉树州杂多县、玉树县，几个矿床均不在三江源自然保护区内。铜、铅、锌是鼓励开采的矿种。青海省矿产资源总体规划将本区列为纳日贡玛—赵卡隆重点勘查区，通过勘查丰富的铜、铅、锌、金等矿产，带动铜铅锌开发利用，力争使本地区成为全省重要的有色金属开发基地。

对矿山环境保护的要求是：矿产开发要求矿山环境保护要贯穿于矿产资源开发的全过程，遵循"谁开发谁保护，谁污染谁治理，谁破坏谁恢复，谁使用谁补偿"的原则，实行矿山建设与生态环境保护设施的"三同时"制度，足额缴纳矿山环境恢复治理保证金，做好矿山环境的恢复治理，最大限度地减轻矿业活动对生态环境造成的污染和破坏。

2. 自然环境影响分析

本区属寒冷气候带湿润气候区。受高空西风气流影响，气候多变，温差大，冰冻期长，全年除6～9月份外，基本都为冰冻期。四季不分，仅有寒暖两季，6～9月为暖季，气温0.7℃～16.7℃，10月至次年5月为寒季，气温-23.4℃～-2.0℃，最大冻土深度可达180cm。日温差一般15℃，年极端温差39℃。相对湿度平均55%。年均降水量427.8mm左右，7～8月以降雨为主夹雪及冰雹，其余时段以降雪为主。总的来看，本地区生态环境承载力不高，在矿产开发中要加强生态环境保护措施和恢复治理，争取将开发对生态环境的影响降到最低。

矿区自然景观属藏东青南川西北半湿润高山亚高山草甸区—青藏高山草甸亚带，植被、土矿区主要发育多年冻土区地下水和融区地下水。冰蚀地貌发育。海拔4500～5800m，矿区附近均有河水通过，水质良好，可作为生产生活用水，电力需自备。

矿体埋深在地表-350m，除个别地段可露天开采外，余者皆需地下开采。大部分矿体位于当地侵蚀基准面之上。矿区水文地质条件简单—中等，天然排水条件良好。矿区工程地质条件简单—中等，顶底板围岩较稳定。岩石抗拉、抗压强度均较大。区内在距离地表1.5～2m以下存在冰冻层，随季节变化和反复交替的冻融作用，产生一系列冻胀—融陷地质现象，往往破坏地基（冻胀融沉）、形成边坡失稳（融冻滑塌）等不良地质现象。

青海省已开采的有色金属类矿山，环境地质问题主要为废渣、尾矿压占荒漠型草地、不合理堆放、选矿废渣废水污染水源等。因此各矿山在建设初期就必须进行环境影响评价工作，并按评价要求落实环保措施；同时改革生产工艺、构建尾矿库、尽可能减少污染物排放总量；严格按要求开展矿山环境恢复治理工作，使矿山环境地质问题的影响程度降到最低。

3. 社会环境影响分析

截至“十五”末，玉树州总人口 29.7 万人；地区生产总值 140126.8 万元，其中第一产业 101849.8 万元，第二产业 16434 万元，第三产业 21843 万元；财政总收入 43188 万元，其中地方财政一般预算收入 2512 万元；工业总产值 3845.4 万元；固定资产投资完成 102560 万元。2007 年实现地区生产总值 15.94 亿元。

纳日贡玛—赵卡隆地区通过纳日贡玛、东莫扎抓、赵卡隆、尕龙格玛等铜、铅、锌矿的开发，预测到 2010 年，接替区内各主要单矿年产金属量分别为铜 0.25 万 t，钼 0.055 万 t；预测到 2015 年，接替区内各主要单矿种年产金属量分别为铜 0.25 万 t，钼 0.055 万 t，铅 1.2 万 t，锌 2.0 万 t，铁 15 万 t。矿业产值可分别增加 3.36 亿元和 6.68 亿元，矿业产值分别占地区生产总值的 18.48% 和 39.37%，并将带动千余人就业，对地区经济社会发展将产生极大的推动作用。

另外，当江、陆日格、众根涌、打古贡卡、哼赛青、莫海拉亨、众根涌、乌葱察别、东脚涌、然者涌、吉龙等矿点，目前开展的预查工作发现其找矿潜力巨大，有望成为大中型以上远景规模的矿床。

4. 矿产资源开发的环境保护和恢复程度

地质勘查工作只是临时性占用土地，而且只是在部分点段上进行勘探施工或路线穿越，也不会对生态环境造成严重破坏。因此只要在地质勘查工作中加强对环境的保护，对一些槽探、硐探、钻探场所进行适当填平、恢复，合理堆放废渣，就能够最大限度地降低对生态环境的影响，做到地质勘查与生态环境的保护协调进行。

在矿产资源开发中，主要会产生废气和粉尘、废水、废渣、噪声等环境污染因素，预测通过一定的环境保护措施及恢复治理工作，对环境的影响是有限的。

（1）大气污染物：露天采场大气污染物主要是凿岩爆破粉尘和自卸汽车运输的道路扬尘，均为无组织短时间排放。凿岩粉尘采用湿式凿岩或干式捕尘器作业。爆破后采用喷雾洒水降尘，运输道路的扬尘采用洒水车定期洒水降尘。厂区采暖锅炉房烟囱排放的烟尘采用旋风除尘器收尘，使排放达标。

（2）废水：根据现有地质资料所反映的矿区水文地质情况，在矿山露天开采揭露矿体后，水质将会有所变化。但该地区水资源匮乏，应充分利用采场地下涌水，将采场内涌水全部泵送到选矿厂水处理系统经处理后再用于选矿生产用水。生活废水均采用生化处理达标后外排。

（3）固体废弃物：矿山所产生的固体废弃物主要是露天开采剥离排弃的岩土及生活垃圾等，岩土由自卸汽车运到排土场堆存，生活垃圾就地掩埋。在露天开采结束后，采坑应按要求进行植草、恢复植被，保护水土不流失。锅炉产生的煤渣可作为建筑材料使用或厂区铺路，不会造成环境污染。

（4）噪声：噪声源主要为凿岩机、电铲作业时产生的机械噪声，操作人员佩戴耳塞进行个人防护。由于露天采场周围无居民区、不会对居民产生影响。

综上所述，在矿山生产过程中，只要采取较有效的环境保护措施，预测矿山开发对该地区的大气环境、水环境、声环境以及生态环境不会产生明显的影响。

5. 环境影响综合指标评估排序

根据上述四方面的影响分析，采取因子分析方法，制定环境影响预测评价方案，再根据选区实际，对选区进行权重计算，进行环境影响综合指标评估排序。

根据环境影响预测评价要求，聘请 7 位专家分别评分，经汇总平均，纳日贡玛—赵卡隆铜钼铅锌矿勘查开发接替区环境影响综合评分结果为 68.43 分（表 5－31），在 6 个开发接替区中排名第四。

表5-31 纳日贡玛—赵卡隆铁铜钼铅锌银矿勘查开发接替区环境影响综合评分表

规划评价要素（权重/%）	评价指标	评分1	评分2	评分3	评分4	评分5	评分6	评分7	合计	平均
矿产资源开发利用与保护的目标和方针-政策环境（25）	符合政策（10）	10	10	4	10	9	10	9	62	68.43
	当地经济需求（10）	10	10	10	10	9	10	10	69	
	与当地其他产业的协调一致性（5）	5	4	5	5	5	4	5	33	
矿产资源开发利用布局-自然环境（25）	降雨量（8）	6	7	4	8	4	3	5	37	
	地形地貌—坡度（8）	7	2	4	4	4	4	3	28	
	构造和岩性（9）	8	4	5	4	3	4	6	34	
矿产资源开发利用的规模-社会经济环境（25）	矿业产值占总经济产值的比率（6）	6	6	6	6	6	6	2	38	
	人口密度（6）	6	4	3	6	5	0	2	26	
	交通密度（6）	6	2	2	6	5	1	1	23	
	技术开发条件（7）	7	4	4	7	5	3	6	36	
矿山环境保护恢复治理-难易程度（25）	恢复治理率（7）	0	3	4	3	6	4	3	23	
	三废综合利用率（6）	0	3	5	4	5	3	1	21	
	尾矿综合利用率（6）	0	3	5	4	4	3	1	20	
	万元产值GDP环保投资额（6）	6	3	5	4	5	2	4	29	
累计		77	65	66	81	75	57	58	479	

（二）减轻资源开发对环境影响建议

1. 政策法规建议

本区不属于自然保护区，是国家省确定的重点勘查区。在矿产资源勘查中，要充分考虑环境因素，对生态环境脆弱地段和生态环境保护地段尽量不布置或者少布置勘查工作。矿产资源开发中，要认真贯彻国家关于环境保护的方针、政策，矿山环境保护贯穿于矿产资源开发的全过程，必须坚持“在保护中开发、在开发中保护”和“事前预防、事中治理、事后恢复”的原则，把矿产资源开发活动对环境的影响和破坏减少到最低限度。坚持“预防为主、防治结合”、“全面规划、合理开发、充分利用、化害为利、变废为宝”及“谁开发谁保护”，“谁污染谁治理”，“谁破坏谁恢复”，“谁使用谁补偿”的方针。明确矿山环境评估、监测、恢复治理、保护等各个环节的法律责任制。实行矿山环境保护的相关法规和政策、制度，力争把矿业开发对环境的影响降到最低点。

2. 行政管理建议

努力做好矿山环境保护的宣传教育，使各级领导干部和广大群众全面认识发展与环境的关系，树立矿业可持续发展的战略目标。

（1）新建（扩建）矿山必须符合环境保护准入条件。实行环境保护一票否决制，对于采矿活动对环境影响和破坏较大或难以恢复治理的采矿权申请，一律不批准。签订矿山环境保护责任书，足额缴纳矿山环境恢复治理保证金，加强矿山环境恢复治理和被破坏土地的复垦。

（2）生产矿山必须严格按照批准的开发利用方案、矿山环境保护与综合治理方案和土地复垦方案的要求，从事采掘活动和矿山环境保护与恢复治理，切实履行矿山环境保护与土地复垦义务。

(3) 闭坑矿山要提交矿山环境恢复治理计划。做好闭坑、关停前的土地复垦、生态修复、尾矿库保护、废渣堆填、废水处理等环境保护工作。并按规定提交相关报告。

3. 技术方法建议

加强矿山环境的监测及预测、预报，掌握矿山环境的动态，及时采取有效的防治措施。

努力发展矿产资源领域的循环经济。将“减量化、再利用、资源化”应用到矿产资源勘查、开采中。提高矿山固体废弃物综合利用水平，实现矿山固体废弃物的资源化。

加强与矿山环境保护有密切关系的矿山环境地质调查评价及研究。研究矿业开发过程中引起的地质环境的各种变化，提出对矿山环境的影响及防治技术，研究、推广矿业三废的处理和废弃物回收与综合利用技术、装备。

加强人才培训，学习矿山环境保护的先进技术和经验，提高矿山环境保护工作的能力和水平。

4. 经济手段建议

完善经济刺激手段。对环境保护工作做得好的矿山企业实行减税或免税，对破坏与污染严重的实行加税，提高矿产资源废弃物综合利用的利润留成率，以及征收排污费及罚款等。

建立矿山环境保护与恢复治理保证金制度。保证金专项用于因开采矿产资源引发的矿山环境恢复治理。对逾期没有按要求治理或治理达不到要求的矿山，由国土资源主管部门使用该矿山缴纳的保证金，组织矿山环境恢复治理。

5. 公众参与的方式和跟踪监测评估的内容和方法建议

一是加强防灾减灾和保护环境的宣传教育，提高政府部门、企业、职工和全民的环境保护意识与防灾减灾意识。二是加强矿山环境的监测及预测、预报，掌握矿山环境的动态，及时采取有效的防治措施。三是加强执法检查并加大行政监察力度，建立矿山环境保护与治理工作的行政监督管理机制和行政、法律责任追究机制。限期整顿污染环境、破坏环境的矿山企业。

七、资源接替区勘查开发评述

（一）资源潜力分析

该区位于三江成矿带北段近SN向向近EW向转折部位，青藏高原晚古生代以来具有独特演化历程的一个多岛弧碰撞造山带。印支晚期－喜山期的火山岩、与俯冲－碰撞作用有关的重熔、同熔型钙碱性岩浆岩广泛分布，尤其是喜山期含矿斑岩分布广泛，NW向、NE向构造纵横交错，拥有独特的成矿地质背景。区内金属矿产资源极为丰富，其中铜、钼、铅、锌、银、铁矿等具有突出的优势。有望通过新一轮矿产勘查工作后，成为国家级有色金属矿产资源接替基地之一。

该区北部的尕龙格玛、当江铜铅锌铁等已具有一定规模，工作程度低，其成矿类型为火山－喷流型，可与邻区呷村多金属矿相类比。当江地区铜、铅、锌、银、钡等元素异常显示好，矿化信息丰富，可作为寻找呷村式多金属矿床的重要靶区。赵卡隆喷流－沉积型铁铜铅锌银矿近两年找矿有重大进展，特别是发现了厚大铜矿体，显示出巨大的找矿潜力。赵卡隆矿床外围经化探扫面，圈出呈带状分布的赵卡隆、格亥拉、想恩大增和章卜等以Cu、Pb、Zn、Mn为主的异常带，具有较大的找矿前景。预测尕龙格玛－赵卡隆地区资源总量为铜150万t，铅锌150万t，银2000t。而目前本地区资源查明率很低，因此找矿潜力巨大。

接替区中部成矿类型一是以斑岩型铜钼矿及其共生的矽卡岩型、热液型为特点，形成一个完整的斑岩成矿系列，典型矿床有纳日贡玛、陆日格、众根涌、打古贡卡等。纳日贡玛斑岩铜钼矿床深部和外围还有很大的找矿潜力，通过进一步工作，矿床有望达到超大型规模。外围的纳日俄玛、打古贡卡、陆日格、哼赛青、众根涌及乌葱察别、东脚涌等地区的成矿地质环境、物化探异常特征与纳日贡玛一致，已经发现了花岗斑岩及铜钼矿体，展示了本区进一步寻找斑岩型铜钼矿的良好前景。二是以与火山活动有关的火山—喷流型或喷流—沉积型铅锌银矿为特点，典型矿床有然者涌、东莫扎抓、莫海拉亨等。其中然者涌、东莫扎抓已经具有超大型铅锌银矿床的潜力，但矿床工作程度很低，通过进一步工作，有望成为大型、超大型矿床。与之成矿条件相似的莫海拉亨、卜忽卡、东角涌等地区初步工作已经发现含矿带及铅锌银矿体，且1∶5万水系沉积物异常Pb、Zn、Cd、Ag元素强度高，规模较大，连续性好，各元素套合好，且各元素密切相关伴生，目前的勘查工作仅限于地表和异常的局部，异常的大部分地段没有完成检查工作，该区具有很好的找矿前景。预测纳日贡玛—东莫扎抓地区资源总量为铜400万t，铅锌300万t，银3000t，钼80万t。而目前本地区资源查明率很低，因此找矿潜力巨大。

（二）勘查工作建议

本区在开发前，首先需对纳日贡玛和东莫扎抓、尕龙格玛和赵卡隆四个成型矿床的已知矿体进行系统加密控制，尽快完成普查工作，查明资源远景；其次择优开展详查工作，查明可供开发利用的基础储量，尽快提供开发。

加大对当江、陆日格、众根涌、打古贡卡、乌葱察别、东脚涌、然者涌、莫海拉亨、卜忽卡等地区的普查工作力度，查明区内资源远景规模，为开发提供后备资源；对物、化探异常要加大查证力度，评价找矿远景，提供新的找矿靶区和矿产资源勘查基地。

在上述工作的基础上，开展可行性研究和环境影响评价工作，确定合理的开发方案和开发规模，进行整体开发。

第六节　旦荣—解嘎铜铅锌银矿勘查开发接替区

一、资源接替区外部条件

（一）资源接替区外部建设条件

勘查开发接替区位于玉树藏族自治州南部，行政区划隶属玉树藏族自治州杂多县和囊谦县管辖，面积5251km^2（附图16）。

接替区处于唐古拉山脉东延部分，海拔3900～5300m左右，相对一般在100～1600m，区内河流属澜沧江水系，最大河流为扎那曲和吉曲。

接替区地处于高寒山区，空气稀薄，气候属高原大陆性气候，寒冷干旱多变，四季不明，温差大，冰冻期长，除6～9月份皆为冰冻期，年平均温度在零度以下，7～8月份最高温度为18℃，1～2月份最低温度为－23℃，年极端温差为39℃，日温差一般在15℃左右，极端日温差为35℃。

西宁至玉树县、囊谦县均有214国道相连，距离西宁分别为813km、1000km；玉树县结古镇向西到杂多县有省级公路相通（240km），囊谦县到东坝乡有县级公路相通（90km）。接替区西部的旦荣一带西距杂多县城170km，有简易公路相通，但路况较差，行车不甚方便；接替区南部解嘎一带西距囊谦县城约160km，交通不便。

区内最大河流吉曲河属澜沧江水系，水资源丰富，水质良好，完全能够满足生产、生活用水。电力需自备，煤炭需从杂多县城运入。劳动力资源需依赖省内东部地区才能解决。

区内人口稀少，居民多为藏族、以游牧为生。经济以牧业为主，农业不发达，仅在吉曲河沿岸海拔3500m以下种植有青稞等农作物，且数量很少。工业十分落后，仅在尕羊乡有一处盐矿开发。劳动力不足，居民生产、生活物资均依赖西宁市供给。本区是一个亟待开发的少数民族贫困地区，科学、合理、有序开发矿产资源是推动当地经济社会发展的必由之路。

（二）矿产资源供需形势

我国铜矿可供储量和矿产铜可供能力有增加潜力，但由于需求旺盛，铜矿供需矛盾将进一步加剧，国内供应能力仅能满足消费的25%～30%。2010年国内精炼铜消费量为520～540万t，而可供储量的保证程度只有28%，展望2020年，预计我国精炼铜的需求量将进一步增加到730万～760万t，而可供储量的保证程度只有18%，国内铜资源形势更为严峻，我国已经成为世界上最大的铜原料与产品进口国。

我国铅锌查明资源储量相对不足，难以满足未来需求，从资源保障看，以2005年的产量和基础储量分析，铅锌矿的静态保证年限分别只有12年和16年，资源形势不容乐观，现有基础储量是难以满足未来15年对铅锌矿产的需求。2010年我国铅锌需求分别为150万t和420万t，而可供储量的保证程度分别只有55%、47%；到2020年的需求分别为150万t和490万t，而可供储量的保证程度分别只有48%和31%。

因此，加快旦荣—解嘎地区的铜铅锌银矿勘查，发现和查明一批可供开发的铜铅锌矿产地，对于缓解国家铜铅锌资源紧缺的局面，具有十分重要的意义。

（三）经济社会发展状况

“十五”期间，玉树州经济社会发展取得了大幅进展。截至“十五”末，玉树州辖区内总人口29.7万人；2005年地区生产总值140126.8万元，其中第一产业101849.8万元，第二产业16434万元，第三产业21843万元；财政总收入43188万元，其中地方财政一般预算收入2512万元；工业总产值3845.4万元；固定资产投资完成102560万元；参加失业保险人数5372人，参加最低生活保障人数21833人，参加农村合作医疗人数211895人。2007年实现地区生产总值15.94亿元。

“十一五”期间全州经济社会发展的主要目标是：国民经济持续快速增长，效益提高。2010年全州地区生产总值达到18.18亿元以上，年均增长7%以上，人均5770元以上；地方财政一般预算收入2573.7万元，年均增长4%；全社会固定资产投资五年累计完成52亿元以上，比“十五”累计增长一倍。城乡居民收入增加，人民生活明显改善，贫困人口基本解决温饱。

对矿产资源勘查、开发的规划是：加强矿产资源勘查力度，为发展地区经济提供资源保障。坚持在保护中开发，在开发中保护的原则，正确处理好经济社会发展与生态环境保护的关系，有序开发利用优势矿产资源，积极争取国家和省上加大对玉树州矿产资源的勘查力度，重点做好优势成矿带的详查工作，为经济建设和社会发展提供资源保障，加大煤炭资源勘查力度，以改变玉树州能源紧缺的状况。可以看出，玉树州“十一五”规划对矿产资源勘查、开发寄予厚望。

二、矿产资源勘查开发现状

区内共发现各类矿产地26处，由于投入工作少，工作程度低，仅在局部地段投入不多的勘查工作，主要有：

（一）旦荣铜矿

1997～1998年，在旦荣地区开展铜金矿普查工作，完成1:5万路线地质调查56km^2，1:5万地质草测30km^2，1:5万地质土壤磁测剖面25km，坑道41.1m，槽探7408.3m^3，浅井109.3m，发现圈定铜矿体26条，提交334铜资源量5万t。但由于地质勘查资金严重不足，工作方法单一，工作程度不高，工作范围局限于红金沟—大熊沟地段，工作重点放在第三岩性段中，对四、五岩性段的玄武岩含矿性未调查，对矿区成矿规律认识不足，圈定的矿体较为零乱。大熊沟PD1坑道对Cu1矿体边界未控制，浅部变化不明；综合研究程度低，控矿因素、成矿类型不清，尽管如此，本区仍有较大的找矿空间。矿区第三岩性段蚀变玄武岩长大于10km，宽150～800m，找矿空间大，矿区矿体控制深度最大仅为30m，矿体由地表向下品位增高，厚度增大，初步显示深部有较好的前景。

2001～2002年，在该区运用综合手段，开展铜矿普查工作，发现了三个含铜层位，其中位于三岩性段的含矿带长达10km，并对1997～1998年所发现的矿体进行了重新圈定，三个含矿层中共圈定25条铜矿体，铜矿体均分布于下二叠统开心岭群玄武岩中，严格受玄武岩层的控制。矿体形态呈层状、似层状、透镜状，与围岩产状一致，矿体层控特征明显。通过浅部及深部工程控制，地表矿体下部或深部发现了含自然铜的玄武岩，自然铜分布于玄武岩原生裂隙中，显示同喷溢沉积成矿特点。外围通过1∶5万分散流扫面，圈出四处综合异常，其中AS1综合异常分布面积较大、元素组合齐全，各元素异常套合性好，并且异常峰值高、衬度大，有一定的浓集中心及浓度分带，找矿信息明确清晰。由于综合研究程度低，玄武岩—自然铜型铜矿属青海省新发现的铜矿类型，对这一类型矿床成矿特征、控制因素及成因类型认识不足，一定程度上影响了矿产勘查工作的速度和成果的取得。

2002～2006年对旦荣铜矿外围的扎查琼地区开展了预查—普查工作，圈出两个含矿带，17条矿体。

（二）阿涌铜矿

2006年从基础地质工作入手，仔细分析全区地质特征，深化找矿条件、找矿标志的研究和认识，进而对全区找矿前景进行评价；开展的主要工作有：1∶5万水系沉积物测量及路线地质调查，进行1∶1万地质草测，对矿化地段采用1∶2000、1∶5000、1∶1万激电剖面进行检查；并采用槽探工程进行揭露。初步查明地表矿体的分布、规模、品位等变化情况。

（三）解嘎银多金属矿

1988年省区调二队对解嘎矿点进行了普查工作，投入工作量有：槽探5214m^3，浅井21m，1∶2000地质草测0.8km^2，1∶2.5万地质草测24km^2，1∶2.5万土壤测量24km^2。

2002～2004年，青海省地质调查院对该矿开展了普查工作，2004年4月提交了青海省囊谦县解嘎银多金属矿及外围普查报告，2005年3月10日通过了省国土资源厅评审。

三、选区依据

该区处于沱沱河—杂多成矿带东段南部。区内主要成矿类型有：与华力西期海底火山喷发活动有关的多金属矿，与燕山期海底火山喷气活动有关的沉积型银多金属矿，以及与燕山期中酸性侵入活动有关的锡多金属矿。主要找矿标志为强大的化探异常，环形、线型构造，下二叠统火山岩系，侏罗纪碎屑岩系，以及已知矿产信息相互扣合地段是找矿的最有利部位。区内下二叠统玄武岩分布广泛，有地幔柱和地幔流体迹象存在，玄武岩中已发现自然铜型矿石，成矿环境与国外同类矿床具较强的可比性，有找到大型、超大型矿床的成矿条件。

阿涌—扎查琼地区化探异常面积约300km^2，主要元素为金、银、铜、铅、锌、钴、钼、锑、铋，异常峰值高、强度大，各元素异常套合性好，有明显的浓集中心和浓度分带现象，显示该区具较好找矿潜力。

扎查琼地区已控制一条矿化蚀变带，长约4km，矿化带宽250～600m，共圈定矿体16条，具有喷流—沉积特征，经钻探对矿带西段地表圈定的铅锌铜矿体进行深部控制，见铅锌矿5层，各层视厚1.5～4.4m,品位2%～3%；说明矿体向深部延伸稳定，矿带向西仍有延续，有较大的找矿空间。

旦荣地区圈出一条矿化蚀变带，矿带长约10km，宽150～800m，共圈定铜矿体26条；其中Ⅰ矿带长达3.2km，成矿类型为火山—喷流型，坑探、钻探在深部均见矿，厚度、品位均有增大变富的趋势，若系统控制将可能达到大型规模。

阿涌地区水系沉积物异常面积约98km^2，主要元素为Au、Ag、Cu、Pb、Zn、Co、Mo、Sb、Bi，在该异常的东部发现了长度大于2km的南、北两条含矿带，北矿带已圈定铜、铅、银多金属矿体27条，南矿带圈出铜、铅矿体3条。该区成矿类型为火山喷流型及热液型。从目前地表工作来看，矿体有向西北方向延伸的趋势，找矿空间广阔。

解嘎地区分布的1∶20万化探（As45wPb、Mo、Sb）异常已分解出AS1、AS2等两处1∶5万水系沉积物综合异常，异常区内也圈定了一定数量的银多金属矿体，所以区内广泛分布的1∶20万化探异常具有较大的找矿潜力。外围尚有日啊吓嘎锡铅锌矿点、郎龙拉铜矿点、灯虽卡银铜矿点、刚能铅矿点、尕吉铜矿点、日啊恰切银铜矿点、姜作口银铜铅矿点、侧群铁矿点等，找矿潜力大。

本区工作程度低，通过初步异常检查即发现解嘎银多金属矿、旦荣铜矿、阿涌和扎查琼多金属矿，其中火山－喷流型旦荣铜矿、喷流－沉积型阿涌、扎查琼多金属矿、解嘎银多金属矿的找矿前景看好，外围新圈定的一批物化探异常尚未进行检查评价，找矿成果突破的空间极大。

预测本区铜铅锌资源量远景规模将达200万t以上，银资源量在1000t以上，具有形成大型铜铅锌银矿床的地质条件。

四、典型矿床特征

（一）旦荣铜矿床

1. 地理位置、交通、能源、水源条件

矿区位于唐古拉山脉东延部位，行政区划隶属杂多县旦荣乡管辖。

工作区处于唐古拉山脉东延部分，最高海拔5346m，平均海拔4800m左右，相对高差不大，一般在100～200m，区内河流属澜沧江水系，最大河流为扎那曲。

工作区地处于高寒山区，空气稀薄，气候属高原大陆性气候，寒冷干旱多变，四季不明，温差大，冰冻期长，除6～9月份皆为冰冻期，年平均温度在零度以下，7～8月份最高为18℃，1～2月份最低为－23℃，年极端温差为39℃，日温差一般在15℃左右，极端日温差为35℃。

旦荣矿区距杂多县城170km，虽有简易公路相通，但途经泛浆、沼泽路段，且需涉水过河，交通不便。区内水资源丰富，水质良好，完全能够满足生产、生活用水。电力需自备，煤炭需从杂多县城运入，劳动力资源需依赖省内东部地区才能解决。

区内无任何工、农业，人口稀少，藏族居民过着半定居的游牧生活，生产、生活物资均需从杂多县城运入。

2. 勘查工作程度

由于受交通及自然条件限制，工作区以往地质工作程度低。

1996年省有色地勘局七队在“三江”北段调研时发现该矿，1997～1998年开展普查工作，共圈定26条铜矿体。完成主要工作量为：1∶5万地质草测56km^2，1∶1万地质草测30km^2，1∶1000地质草测1km^2，槽探7408.3m^3，硐探41.1m，浅井109.3m，化学样399个，化探次生晕样720个，光薄片101块。2001～2002年该队在矿区及外围开展铜矿普查工作，完成1∶1万地质草测30km^2，1∶5000地质草测8km^2，1∶5万水系沉积物测量313km^2，1∶1万地物化剖面27.89km，槽探5739.98m^3，钻探623.32m，坑探186.5m，浅井28.6m，化学样1806件，化探样125件。

3. 查明资源储量（333及以上）

由于工作程度低，未能探获333及以上资源量。

4. 矿床地质特征

大地构造位置属唐古拉准地台，乌丽—囊谦台隆。出露地层主要为下二叠统开心岭群上岩组，受构造控制呈NW—SE向展布，为一套陆相基性火山岩—碎屑岩建造。按岩性组合与火山喷发韵律可划分为五个岩性段。下二叠统火山岩呈NW向延伸，岩性为碱性—钙碱性的中基性熔岩，并发育较多的火山碎屑岩。第三岩性段玄武岩中Cu含量一般在（150～2000）$\times 10^{-6}$，玄武岩中见有自然铜。另在河谷和地形平缓底凹处有较大面积的第四系冲洪积、冰水堆积与沼泽堆积。矿区构造以断层为主，褶皱构造不发育，地层为倾向北东，倾角40°～60°的单斜构造。本区NW向F_1断层对铜矿体的控制作用明显。断层带局部发育破碎带（宽10～20m），破碎带中硅化、碳酸盐化强烈。区内岩浆岩不发育，岩浆活动以喷发为主，仅在东南边缘出露印支期花岗岩脉、斑状花岗岩脉及喜山期花岗斑岩、碱性岩脉。

矿区圈出两个含矿层，分别位于开心岭群上岩组的第三、第四岩性段的底部，岩性均为蚀变玄武岩。第四岩性段底部含矿层投入工作较少，仅发现一条铜矿化体，规模小，不具工业意义，其余所见铜矿体均赋存于第三岩性段底部蚀变玄武岩的中、上部。矿体沿北西方向断续分布，形成长达10km，宽150～800m的矿化蚀变带。矿体产状基本与地层一致，受玄武岩层间断裂破碎带控制，倾向NE，倾角45°～60°，矿体以层状、透镜状为主，似层状次之。单个矿体长40～3600m，宽0.5～9.8m，Ⅲ1-1矿体沿倾斜延深控制30m。铜矿体品位一般为0.21%～6.87%，含金一般为0.09g/t。以≥0.3%的边界品位圈定铜矿体26条，矿体均赋存于玄武岩中。其中Cu1矿体长3200m，平均厚0.86m，平均品位1.63%；Cu2矿体长3600m，平均厚1.62m，平均品位0.68%；Cu6矿体长710m，平均厚2.45m，平均品位3.98%；Cu3矿体长400m，平均厚2.74m，平均品位1.35%。矿体氧化程度不高，矿石可分为硫化矿，混合矿和氧化矿。金属矿物主要为斑铜矿、辉铜矿、黄铜矿、铜蓝、孔雀石、蓝铜矿及自然铜。矿石具他形粒状结构，包含结构和交代结构，构造有稀疏浸染状、角砾状、脉状、网脉状、块状和放射状构造。围岩蚀变为伊丁石化、硅化、碳酸盐化、绿泥石化、绿帘石化、蛇纹石化等。

矿床成因属火山喷流沉积—后期热液叠加改造型。

5. 开采技术条件

矿床出露于地表，铜品位较富，厚度中等，地形条件较好，矿体产状稳定，顶底板围岩稳固，水文地质条件简单，可采用露采和坑采。参照有关矿山的实践经验，结合本区实际该矿拟采用重选和浮选联合选矿方法比较适合。

6. 资源勘查潜力

旦荣铜矿圈出二条矿化蚀变带，长约10km，宽150～800m，共圈定铜矿体26条；其中Ⅰ矿带长达3.2km，成矿类型为火山喷流—沉积型，坑探、钻探在深部均见矿，厚度、品位均有增大变富的趋势。但多数矿体多为单工程控制，对部分矿体的地表规模、形态、产状尚未查清；多数激电异常尚未进行验证，若系统控制将可能达到大型规模，找矿潜力大。

根据目前工作程度，估算334资源量4.35万t。

矿区累计长达4.3km的矿化蚀变带仅控制了三段，三段之间长约3km的矿化蚀变带没有控制，三段之间含矿地层、控矿构造相同，矿体可能是连续的，通过工程控制，按原推测深度不变估算，远景金属储量有望达14.2万t。若矿体倾斜延深按扩大一倍推定，储量有望达28.4万t。

矿区东西两端物化探异常显示良好，推测矿体并没有尖灭。矿区东南地段存在两个磁异常高峰值，分别为1380nT和3270nT；另有一个次生晕异常高蜂值，峰值大于300×10^{-6}。物化探异常值比矿区含矿蚀变带异常值要高，是存在盲矿体的间接找矿标志。第二含矿层目前已圈定了一条铜矿化体，并发现几处铜矿化及含铜破碎带，具有较好的物、化探异常显示，该含矿层内也有可能找到工业矿体。

7. 勘查开发工作建议

（1）加大矿区普查工作力度，对矿化蚀变带控制矿段之间长约3km的范围进行系统控制，查明资源远景；对已知矿体沿走向进行追索、控制，查明矿体的分布、规模、形态、产状及矿石质量等特征。利用浅、深部工程，查明区内矿体浅、深部变化情况，扩大资源远景，提高控制程度，查明资源储量，提供可供开发利用的基础储量。

（2）加大激电异常以及磁异常、化探次生晕异常高值地段的验证力度，扩大资源远景规模。区内未验证的物化探异常值比矿区含矿蚀变带异常值要高，是否存在盲矿体尚待探索。

（3）加强综合研究工作，研究控矿因素、找矿标志，总结成矿规律，探讨矿床成因，建立适合本区特点的成矿模式和找矿模式，指导后续找矿工作的开展。

（4）在上述工作的基础上，开展可行性研究和环境影响评价工作，确定合理的开发方案和开发规模，进行整体开发。

（二）扎查琼多金属矿床

1. 地理位置、交通、能源、水源条件

矿区位于旦荣矿区西约11km的扎查琼一带，面积约25km^2，行政区划隶属青海省玉树州杂多县旦荣乡管辖。

工作区地处唐古拉山脉东延部分，最高海拔 5346m，平均海拔 4800m 左右，相对高差不大，一般在 100～200m，区内河流属澜沧江水系，最大河流为扎那曲。工作区地处于高寒山区，空气稀薄，气候属高原大陆性气候，寒冷干旱多变，四季不明，温差大，冰冻期长，除 6～8 月份皆为冰冻期，年平均温度在零度以下，7～8 月份最高为 18℃，1～2 月份最低为 -23℃，年极端温差为 39℃，日温差一般在 15℃左右，极端日温差为 35℃。

矿区距杂多县城 180km，虽有简易公路相通，但途经泛浆、沼泽路段，且需涉水过河，交通不便。区内水资源丰富，水质良好，完全能够满足生产、生活用水。电力需自备，煤炭须从杂多县城运入。劳动力资源须依赖省内东部地区才能解决。

区内无任何工、农业，人口稀少，藏族居民过着半定居的游牧生活，生产、生活物资均需从杂多县城运入。

2. 勘查工作程度

2002 年圈出 1∶5 万水系沉积物异常，2003～2004 年开展预查工作，2005～2006 年开展普查工作。

3. 查明资源储量（333 及以上）

由于工作程度低，未能探获 333 及以上资源量。

4. 矿床地质特征

目前矿区圈出两个含矿带，走向长约 4km，带宽 250～600m。

Ⅰ号含矿带赋存于石英砂岩中，长约 2.9km，宽 50～130m，呈 NW 向展布。圈定矿体 13 条，其中铜矿体 3 条、铅矿体 1 条、锌矿体 6 条、铅锌矿体两条、金矿体 1 条。

铜矿体长 100～600m，厚 1.35～2.46m，矿体平均品位 0.33%～1.19%，单样最高 2.68%；锌矿体长 200～400m，最长 1000m，厚 1.03～6.27m，锌平均品位 0.55%～1.34%，单样最高 2.42%；铅锌矿体长 225m，厚 2.5m，平均品位：铅 0.35%～0.44%，锌 0.66%～0.8%；金矿体长 100m，厚 1.02m，金品位 4.01g/t；铅矿体长 100m，厚 1.1m，铅品位 0.55%。

Ⅱ号含矿带赋存于硅质板岩层的中、下部，含矿带长 700m，宽 90～110m，呈 NW 向展布。在该含矿带内地表共圈定矿体 4 条，分布于 88～110 线之间，其中铅矿体两条，锌矿体两条。

铅矿体长 110～350m，厚 1.01～2.17m，铅平均品位 0.45%～23.14%、单样最高 45.51%；锌矿体长 110～430m，厚 1.09～1.25m，锌平均品位 0.53～1.77%，单样最高 6.28%。少数矿体含银，平均品位 635.12g/t，单样最高 912g/t。

采用钻孔 ZK0701 对 SJ-2 激电异常进行验证，在深部见有两条 Cu 矿体和 1 条锌矿体，铜矿体可与地表铜矿体相连。Cu 矿体长 600m，厚 0.79～1.64m，倾斜延深 100m，平均品位 0.33%～0.86%。Zn 矿体长 200m，厚 1.59m，平均品位 0.75%。表明该异常为矿致异常。其余异常尚未进行深部验证，表明矿区深部有较好的找矿前景。

通过 2007 年工作，地表新发现矿体 6 条，其中铅矿体 1 条、铅锌矿体 1 条、锌矿体两条、铜矿体两条。除Ⅰ-3 铜矿体分布于Ⅰ矿带外，其余矿体均位于Ⅱ矿带北岩体接触带部位。

Ⅰ-3 铜矿体，长 100m，厚 1.68m，平均品位为 2.57%，单样最高为 2.68%，矿体为似层状。

岩体接触带部位的矿体呈层状、脉状产出，且平行排列，矿体长 140～480m，平均厚为 0.83～2.19m，平均品位铅 0.46%～1.28%，锌 0.54%～1.47%，铜 0.35%～1.00%，单样最高品位分别为：铅 1.28%，锌 3.17%，铜 1.37%。

经采用钻探工程对Ⅰ矿带西段 40～15 线进行深部控制，发现一个锌的盲矿体群，共 8 条矿体（其中 6 条锌矿体和两条铅锌矿体），控制长 200～1000m，厚度 1.03～6.27m。其中ⅠM-2 锌矿体为主矿体，长 1000m，平均厚度为 3.57m，平均品位为 0.85%。

矿石矿物成分为孔雀石、蓝铜矿、黄铜矿、方铅矿、闪锌矿。脉石矿物成分为石英、方解石、长石。

矿石结构主要为他形粒状结构。矿石构造主要为细粒浸染状构造、稠密浸染状构造、块状构造。

原生矿石按矿物组合分为黄铁矿—黄铜矿矿石、黄铁矿—方铅矿—闪锌矿矿石、黄铁矿—闪锌矿矿石，混合矿为孔雀石蓝铜矿—褐铁矿—黄铁矿—黄铜矿矿石。

矿床成因初步认为属热水—沉积（改造）型。

5. 开采技术条件

矿床出露于地表，品位较富，厚度中等，地形条件较好，矿体产状稳定，顶底板围岩稳固，水文地质条件简单，可采用露采和坑采。参照有关矿山的实践经验，结合本区实际该矿拟采用重选和浮选联合选矿方法比较适合。

6. 资源勘查潜力

扎查琼地区化探异常面积约300km^2，主要元素为金、银、铜、铅、锌、钴、钼、锑、铋，异常峰值高、强度大，各元素异常套合性好，有明显的浓集中心和浓度分带，显示该区具较好找矿潜力。

扎查琼地区共圈定10个1∶1万土壤测量异常和7个1∶1万激电异常，目前只对D2、D3、D4、AP17土壤测量综合异常和Ⅱ号激电异常进行了检查验证，已有的成矿事实表明本区具有良好的找矿前景。

目前仅仅对化探异常局部进行了查证，矿体深部也仅对局部进行了控制，矿区地表也未系统揭露，具备寻找大型矿床的潜力。

矿区尚圈出编号为SJ-1、SJ-2、SJ-3、SJ-4、SJ-5、SJ-6六个激电异常带。异常带长800～1700m，宽10～410m。部分异常经查证，均发现了矿体；还有部分异常尚未检查。

根据现有工作程度，矿区估算铜+铅+锌334资源量13.74万t。

7. 勘查开发工作建议

（1）加大矿区普查工作力度，对Ⅰ矿带已知矿体和岩体接触带部位所发现的矿体采用钻探工程进行走向及深部控制，了解矿体深部变化情况，对深部远景进行评价，查明资源远景；择优查明浅、深部矿体的变化情况，扩大资源远景，提高控制程度，提供可供开发利用的基础储量。

（2）加大1∶1万土壤异常、激电异常的验证力度，采用槽工程对1∶1万土壤异常及1∶1万激电异常进行检查，以期发现新矿体；当槽探工程达不到地质目的时，采用钻探工程进行验证，了解异常地段的含矿性，寻找新的矿化富集地段。同时对已发现的矿体沿走向采用槽探工程进行追索、控制，以扩大资源远景规模。

（3）在上述工作的基础上，开展可行性研究和环境影响评价工作，确定合理的开发方案和开发规模，进行整体开发。

（三）阿涌多金属矿床

1. 地理位置、交通、能源、水源条件

矿区位于杂多县城西部的阿涌一带，行政区划隶属于青海省杂多县阿多乡管辖。矿区范围：南北长约22km，东西宽约4.5km，面积约100km^2。

工作区地处唐古拉山脉东延部分，最高海拔5346m，平均海拔4800m左右，相对高差不大，一般在100～200m，区内河流属澜沧江水系，最大河流为扎那曲。工作区地处于高寒山区，空气稀薄，气候属高原大陆性气候，寒冷干旱多变，四季不明，温差大，冰冻期长，除6～9月份皆为冰冻期，年平均温度在零度以下，7～8月份最高为18℃，1～2月份最低为23℃，年极端温差为39℃，日温差一般为15℃，极端日温差为35℃。

矿区距杂多县城88km，有简易公路相通，交通尚属方便。区内水资源丰富，水质良好，完全能够满足生产、生活用水。电力需自备，煤炭须从杂多县城运入，劳动力资源须依赖外地才能解决。

区内无任何工、农业，人口稀少，藏族居民过着半定居的游牧生活，生产、生活物资均需从杂多县城运入。

2. 勘查工作程度

2005年由省有色地勘局七队发现，2006年开始开展普查工作，总体上是投入工作量极少，工作程度很低。

3. 查明资源储量（333 及以上）

由于工作程度低，未能探获333及以上资源量。

4. 矿床地质特征

区内圈出3条矿（化）带，共圈定铜、铅、锌矿体45条。

Ⅰ矿（化）带（火山热液型）长1700m，宽1600m，圈定矿体27条，其中铜矿体12条，铅矿体9条，铜铅矿体两条，铅银矿体两条，铜铅银矿体两条。铜矿体长20～100m，厚0.48～3.37m，最厚10m，平均品位0.31%～1.12%，单矿体最高品位2.78%，单样最高品位6.66%；铅矿体长100～320m，最长1050m，厚0.88～2.19m，平均品位1.05%～5.16%，单矿体最高品位10.79%，单样最高品位24.3%；铜铅矿体长100～265m，厚0.82～0.92m，平均品位：铜0.25%，铅0.4%～0.58%；铅银矿体长95～100m，厚0.7～1.8m，平均品位：铅1.98%～6.66%，银55.8～118.5g/t；铜铅银矿体长100m，厚0.57～1.23m，平均品位：铜0.63%～0.73%，铅0.39%～0.95%，银41.1～89.9g/t。

2007年在Ⅰ矿带（火山热液型）地表新发现矿体7条，铜矿体长100m，厚071～1.42m，平均品位为0.49%～0.82%；铅矿体长100m，厚0.59～4.31m，平均品位为1.68%～5.16%，单样最高为19.40%。

Ⅱ矿（化）带（喷气－沉积型）赋存于纹层状灰岩中，长大于2400m，宽750m，圈定矿体11条，其中铜矿体5条，铅矿体4条，铅锌矿体1条，铜铅矿体1条。铜矿体长100m，厚0.6～4.68m，矿体平均品位0.33%、单样最高2.20%；铅矿体长80～100m，厚0.67～4.68m，矿体平均品位0.3%～1.58%，单样最高9.78%；铜铅矿体长100m，厚7.0m，矿体平均品位铜1.35%，铅1.47%，单样最高铜7.13%、铅5.49%；铅锌矿体推测长1000m，平均厚3.67m，矿体平均品位铅1.04%，锌5.2%，单样最高铅5.99%，锌35.67%。

Ⅲ号矿带（岩浆热液型）长大于2km，宽0.2～1.8km，赋存于辉长岩中。该带共圈出两条铜矿体和1条铜铅锌银矿体。铜矿体长360～370m，宽2.13～3.02m，品位为0.6%～0.87%，单样最高品位3.32%。铜铅锌银矿体长为100m，宽0.5m，品位铜为0.24%，铅为1.15%，锌为0.83%，银为59.1g/t。

矿石矿物有黄铜矿、黄铁矿、方铅矿、孔雀石、蓝铜矿等。脉石矿物有石英、方解石、重晶石、绿泥石、斜长石等。

矿石自然类型可分为混合矿和原生矿，以原生矿为主。原生矿可进一步划分为黄铜矿矿石、黄铜矿—方铅矿矿石、方铅矿矿石三种类型。

矿床成因初步认为属火山沉积—改造型。

5. 开采技术条件

矿床出露于地表，品位较富，厚度中等，地形条件较好，矿体产状稳定，顶底板围岩稳固，水文地质条件简单，可采用露采和坑采。参照有关矿山的实践经验，结合本区实际该矿拟采用重选和浮选联合选矿方法比较适合。

6. 资源勘查潜力

阿涌地区水系沉积物异常面积约98km^2，主要组合元素为金、银、铜、铅、锌、钴、钼、锑、铋。在该异常的东部发现了长度在2km左右的三条含矿带，其中Ⅰ矿带已圈定铜、铅、银多金属矿体27条，Ⅱ矿带圈定铜、铅、银多金属矿体11条，Ⅲ矿带圈出铜、铅矿体3条。该区成矿类型为火山喷流型及热液型。从目前地表工作来看，矿体有向西北方向延伸的趋势，找矿空间广阔。

本区开展1∶5万水系沉积物测量时，圈出综合异常6处，异常面积大、套合好，元素组合好，有明显浓度分带和浓集中心，与1∶20万水系沉积物、重砂异常基本吻合。其中对一个异常进行了查证，确定为矿质异常；其余异常均未进行检查，尚有大的找矿潜力。

矿区存在三处激电异常，其中 JD1 异常经槽探揭露发现多条铜铅矿体，为矿致异常；其余两个异常尚未验证。

阿涌地区矿化现象分布广泛，找矿信息明朗，已有的成矿事实及发现的矿化信息表明普查区内成矿作用具有多期性和多样性，具有多个赋矿层位，成矿元素复杂，表明成矿物质来源丰富、成矿作用强烈，成矿条件优越，具有很好的找矿前景。

另外，在扎查琼矿区东部近外围分布有却舍龙铜铅矿点。经地表采样控制铜矿体两条，铜铅矿体1条。铜矿体出露长 100m，宽约 3.5～4.5m，品位 0.26%～0.56%。铜铅矿体出露长 50m，宽 1.6m，铜品位 0.63%～1.30%，铅品位 0.30%～0.46%。围岩蚀变主要有硅化、碳酸盐化、矽卡岩化、大理岩化等。矿体与围岩界限呈渐变过渡。主要金属矿物为方铅矿、黄铜矿、孔雀石等，另在转石中见有菱锌矿。矿石呈中、细粒结构，块状、角砾状、浸染状构造、层纹状构造。带内铜、铅、锌矿化转石分布较广，经拣块分析锌品位最高为 11.4%，铜品位最高为 27%。

总体来看，该区化探异常强度高、规模大，矿化范围大、分布广，已知矿体具一定规模且控制程度很低，具备大型矿床找矿潜力。

根据现有工作程度，矿区估算铜 + 铅 + 锌 334 资源量 11.24 万 t，详见表 5 - 32。

表 5 - 32　主要资源量一览表

元素	矿石量/万 t	金属量/万 t	平均品位/%
铜	98.09093	0.6703	0.68
铅	233.90907	7.40	3.12
锌	63.3435	3.169098	5.00
合计	395.3435	11.24	

7. 勘查开发工作建议

（1）加大矿区普查工作力度，对地表发现的规模较大、品位较高的矿体进行浅部控制，了解矿体浅部延深、厚度、产状、品位等变化情况，查明资源远景；择优查明深部矿体的变化情况，扩大资源远景，提高控制程度，提供可供开发利用的基础储量。

（2）加大水系沉积物异常的查证力度，选择规模较大及异常值较高的 1∶5 万水系沉积物综合异常，采用激电剖面进行检查，并配合槽探工程对确定的异常地段进行揭露验证，寻找新的找矿靶区或成矿有利地段，扩大找矿远景。同时对所发现的矿化转石地段进行揭露控制，寻找新矿体。

（3）在上述工作的基础上，开展可行性研究和环境影响评价工作，确定合理的开发方案和开发规模，进行整体开发。

（四）解嘎银多金属矿床

1. 地理位置、交通、能源、水源条件

矿区位于青海省囊谦县尕羊乡、东坝乡与吉尼赛乡交界处，行政区划隶属囊谦县管辖。

该区属三江流域西北端唐古拉山脉的东延北坡，海拔 3900～5300m，最高 5516m，平均 4750m，比高 800～1600m，地形切割十分强烈，山势险恶，山谷多呈"V"字形，山脊较为平缓。区内植被发育，一般海拔 4000m 以下为灌木林带，4000～5000m 之间为高山草甸区，5000m 以上多为基岩裸露区，少部分地段有植物生长。本区属高原大陆性气候区，具有空气稀薄、年温差与日温差变化大等特点。年平均温度 4℃，6～7 月份气温最高达 26.8℃，1 月份最低为 -24.4℃；每年 9 月开始结冰，翌年 5 月解冻，永冻层较发育；大气降水多集中在 6～8 月，以雨雪和冰雹为主，年降水量 500mm 左右。

区内交通不便，仅有214国道通过囊谦县城，往北至西宁近1000km^2。县城至东坝乡、吉尼赛乡有简易公路可通汽车，从东坝乡至解嘎矿区有40余km山路，全靠牛马驮运，单程需2～3天。区内最大河流吉曲河属澜沧江水系，流向东南，最大流量500～600m^3/s，最大流速2m/s。其他地表径流均汇入其中，每年6～8月为洪水期。区内无电源，仅在县城附近有小型水电站，供县城使用。矿区东部有小煤矿，可满足生产、生活用煤。

区内人口稀少，居民多为藏族、以游牧为生，国民经济以牧业为主，农业不发达，仅在吉曲河沿岸海拔3500m以下种植有青稞等农作物，且数量很少。工业十分落后，仅在尕羊乡有一处盐矿开发。劳动力不足，居民生产、生活物资均依赖外援，属国定贫困县。

2. 勘查工作程度

1988年省区调二队对解嘎矿点进行了普查，投入主要工作量有：槽探5214m^3，浅井21m，1∶2000地质草测0.8km^2，1∶2.5万地质草测24km^2，1∶2.5万土壤测量24km^2。通过工作，初步查明了矿点地质背景，圈定了以银为主的土壤综合异常8处。经地表工程揭露，在Ag3～Ag4号异常之间共圈定了4条以Ag为主的矿体，确定矿床类型为破碎带中的热液型，求得Ag金属储量129.27t，Zn金属储量5725.76t，Cu金属储量3411.28t，Pb金属储量59834.28t。1988年11月提交了青海省囊谦县解嘎银多金属矿点普查报告，1989年6月24日通过了省地矿局评审。

2002～2004年，青海省地质调查院对该矿开展了普查工作，2004年4月提交了青海省囊谦县解嘎银多金属矿及外围普查报告，2005年3月10日通过了省国土资源厅评审。

3. 查明资源储量（333及以上）

由于勘查工作程度低，未能探获333资源量。

4. 矿床地质特征

包括解嘎和下日阿千碑两个矿区。

解嘎矿区已圈定4条含矿破碎带，9条矿体。

（1）Sbl含矿破碎带：长约840m，宽约25～45m，呈不规则条带状赋存于中侏罗统雁石坪群中岩组上岩段中，为层间破碎带。其产状严格受断裂构造控制，呈NW～SE向展布，倾向SW，倾角65°～70°。主要金属矿物有孔雀石、铜蓝、方铅矿、闪锌矿等。总体上看，矿化带中矿化分布不均匀，中部矿化较强，向两侧逐步减弱，Ag元素因局部富集而形成矿体，矿体围岩Ag品位也多在1×10^{-6}左右。该破碎带中共圈定4条银多金属矿体。

（2）Sb2含矿破碎带：长约580m，宽约10～25m，呈透镜状赋存于中侏罗统雁石坪群中岩组上岩段中，为层间破碎带。其产状严格受断裂构造控制，呈NW～SE向展布，倾向SW，倾角70°～75°。矿化以氧化铜矿物和方铅矿、闪锌矿为主，矿化分布不均匀，纵向上NW段以铜、银矿为主，SE段则以银、铜、铅、锌矿为主，横向上矿化较为均匀，仅在局部地段表现为Ag元素较富集。自矿化带中心向两侧蚀变依次为：硅化（绢云母、绿泥石化）→碳酸盐化→高岭土化等，矿化带中银多金属元素含量均达工业品位，即使是围岩中Ag元素也可达（3～38.5）$\times10^{-6}$，因此推测该矿化带向两侧仍有进一步工作的价值。该矿化带中圈定矿体1条。

（3）Sb3含矿破碎带：长1580m，宽10～22m，呈条带状赋存于中侏罗统雁石坪群中岩组上岩段中，呈NW—SE向展布，倾向SW，倾角70°～75°。矿化主要以氧化铜矿物及少量方铅矿、闪锌矿、辰砂为主，且分布不均匀，纵向上以F_{13}为界，以北矿化较弱，主要以铜元素为主，最高含量仅为0.14%～0.25%；以南矿化较强，Cu元素在局部地段富集可形成矿体，银、铅、锌含量较低。该矿化带已初步圈定铜矿体3条，但规模相对较小。

（4）Sb4含矿破碎带：是解嘎矿区唯一在赋矿岩性方面与其他含矿破碎带有区别的一条矿化带，为中侏罗统燕石坪群中岩组上岩段中的泥灰岩夹层，长130m，宽1～2m，矿化范围与该夹层一致，呈NW—SE向展布，倾向SW，倾角65°～70°，矿化以氧化铜矿物为主，原生铜矿物及铅、锌矿物少见，矿化分布均匀，矿化带与围岩界限明显，北西端延伸方向被第三系覆盖，南东端已延伸出控制范围，矿化带中银、铜均达工业品位，可圈定为矿体。

目前已圈定的9条矿体中，V号矿体是目前区内最具规模的矿体，为银、铜、铅、锌的复合矿体，长约475m，平均宽度7.45m。呈透镜状赋存于锑2中，含矿岩性为黄褐色长石石英硬砂岩，产状225°∠75°。根据化学样分析结果，将矿体进一步分解为以下3个组合矿体：

V-1（Ag、Cu）矿体：长475m，平均宽7.45m，控矿工程为TCll、TC3、TC3-1；银品位最高5806×10^{-6}，最低41.6×10^{-6}；Cu品位最高6.74×10^{-2}，最低0.34×10^{-2}；平均品位Ag 601.56×10^{-6}、Cu 1.28×10^{-2}；Pb、Zn在局部地段富集，可达到工业要求。

V-2（Pb、Zn）矿体：长315m，平均宽2.94m，控矿工程为TC3、TC3-1；Pb品位最高1.32×10^{-2}，最低0.5×10^{-2}，平均0.81×10^{-2}；Zn品位最高1.34×10^{-2}，最低0.88×10^{-2}，平均1.11×10^{-2}。

V-3（Pb、Zn）矿体：长315m，平均宽2.94m，控矿工程为TC3、TC3-1；Pb品位最高1.26×10^{-2}，最低0.36×10^{-2}，平均0.7×10^{-2}；Zn品位最高1.06×10^{-2}，最低0.78×10^{-2}，平均0.91×10^{-2}。

此外，解嘎Ag8号异常通过探槽揭露，尚圈出3条Cu矿（化）体，最高品位0.88×10^{-2}，已达到工业要求。矿（化）体赋存于中侏罗统雁石坪群中岩组中，含矿岩性为长石石英（硬）砂岩，矿化主要以氧化铜矿物、褐铁矿为主，未见原生铜矿物。因工作程度低，矿体特征尚待进一步查明。

矿石矿物主要有黄铜矿、辉铜矿、黄铁矿、闪锌矿、方铅矿、孔雀石、蓝铜矿、铜蓝、针铁矿、褐铁矿；脉石矿物有石英、方解石等。

下日阿千碑矿区已初步圈定4条含矿破碎带，6条Ag矿体，7条Pb矿体和3条Zn矿体。

（1）Sbl含矿破碎带：长约2200m，宽15～25m，呈条带状赋存于上石炭统中岩组中，其产状严格受断层控制，纵向上自TC9～TCll一线呈NW—SE向展布，并具有顺层产出的特点，倾向NE，倾角60°～70°；自TC11～TCl4一线，破碎带产态特征有所变化，呈近南北向展布，并有穿层现象，其走向与岩层走向间夹角约70°左右，倾向NEE，倾角60°～65°。该破碎带在横向上均具有强弱不同的褐铁矿化现象，水平分带明显，自SW—NE，矿化蚀变特征依次为：弱褐铁矿化、大理岩化、硅化带→强褐铁矿化、方铅矿化、闪锌矿化、重晶石化、大理岩化、硅化带→弱褐铁矿化、硅化、绢云母化带；在纵向上，该破碎带矿化特征也有明显的分段现象，其一为TC9～F_9一线，其二为F_9～Tcl4一线，矿石矿物如方铅矿等无论是从矿物晶体的大小、自形晶程度上，还是从其含量上，均有不同之处：TC9～F_9一线，方铅矿晶体大小约在1～3mm之间，为半自形粒状，含量约为3%～5%；F_9～Tcl4一线，方铅矿晶体粒径大约在1～2cm之间，为自形晶粒状，含量约为5%～10%。该破碎带中暂圈定Ag矿体3条，Pb矿体3条，Zn矿体1条。

（2）Sb2含矿破碎带：长约1000m，宽20～30m，呈条带状产于上石炭统中岩组中，其产状严格受断层控制，呈NW—SE向展布，倾向NE，倾角60°～70°。破碎带普遍具褐铁矿化蚀变，水平分带现象明显，自SW—NE，矿化蚀变特征依次为：绢云母化、硅化、大理岩化、弱褐铁矿化带→强褐铁矿化、方铅矿化、闪锌矿化、孔雀石化、铜蓝矿化、重晶石化、大理岩化、硅化带→大理化、硅化、弱褐铁矿化带；纵向上，自TC9～TCl6一线为矿化较为集中分布地段，但从TCl6以西，矿化变弱，仅在TCl7中见有零星孔雀石化和弱褐铁矿化蚀变现象。该破碎带南东端与Sbl交汇于TC9中，目前圈定Ag、Zn矿体各1条，Pb矿体两条。

（3）Sb3含矿破碎带：长约230m，宽10～35m，呈透镜状赋存于上石炭统中岩组中，其产状严格受断层控制，呈NW—SE向展布，具有穿层现象，其走向与岩层走向之间的夹角为70°～80°之间，倾向NE，倾角60°左右。破碎带矿化蚀变特征具水平分带现象，呈SW—NE向分布，有大理岩化、弱褐铁矿化、硅化带→方铅矿化、闪锌矿化、强褐铁矿化、大理岩化、硅化带→大理岩化、硅化、弱褐铁矿化带；该含矿破碎带由于工作程度尚低，其规模和纵向上的变化特征还有待进一步查清。破碎带中目前圈定 Ag、Pb、Zn 矿体各有 1 条。

(4) Sb4 含矿破碎带：长约 150m，宽 3～15m，呈透镜状赋存于上石炭统中岩组中，产状严格受 F_5断裂旁侧的裂隙控制，展布方向为 SW—NE 向（235°～55°），倾向 SSE（145°～150°），倾角 70°左右。破碎带矿化蚀变特征与 Sb3 极为相似，水平分带现象也很明显，但因工作程度尚低，其规模和走向上的变化特征还有待进一步查清。该破碎带中目前圈定 Ag、Pb 矿体各 1 条。

上述 4 条含矿破碎带已圈定 Ag、Pb、Zn 矿体 16 条。主要矿体有：

AgI 矿体呈条带状赋存于 SbI 中，长 374m，平均宽 1.76m，含矿岩性为大理岩化、硅化灰岩，产状 86°∠60°，控矿工程为 TCl4、TCl5、QJ3。Ag 品位最高 216×10^{-6}，最低 66.9×10^{-6}，平均 108.76×10^{-6}；另据 QJ3 化学样分析结果，该矿体 Ag 含量有随深度增加而增加的趋势。

PbI 矿体呈条带状赋存于 SbI 中，长 680m，平均宽 2.47m，含矿岩性为大理岩化、硅化灰岩，产状（30°～86°）∠（60°～75°），控矿工程为 T014、TCl5、QJ3、TCl1、TCl2。矿体品位 Pb 最高 32.91×10^{-2}，最低 0.36×10^{-2}，平均 9.15×10^{-2}。

ZnI 矿体呈条带状赋存于 SbI 中，长 300m，平均宽度 2.07m，含矿岩性为大理岩化、硅化灰岩，产状 30°∠（65°～70°），控矿工程为 TCl1、TCl2。Zn 品位最高 8.78×10^{-2}，最低 0.82×10^{-2}，平均 4.35×10^{-2}。

此外通过探槽揭露，在 Asl－2 号异常浓集中心发现两条铅矿体，宽分别为 3.2m 和 1.4m，Pb 品位最高达 25.3×10^{-2}，Zn 品位最高 0.48×10^{-2}，矿体赋存于中侏罗统雁石坪群中岩组中，含矿岩性为长石石英砂岩，与解嘎矿区类似。由于控制程度低，矿体规模、形态、产状等还未查清，有待今后进一步追索控制。

矿石矿物主要为方铅矿、闪锌矿、黄铁矿、褐铁矿、磁铁矿；脉石矿物有事英、方解石、绢云母等。

5. 开采技术条件

区内矿体位于当地侵蚀基准面之上的破碎带中，地下径流条件较好；矿体围岩多为砂板岩、泥岩等构成，一定程度上阻挡了地表、地下水的加入，因此矿体地下水的来源主要由大气降水补给，并很快通过地下径流得到排泄。所以形成了区内较为简单的地下水补给—径流—排泄的水文地质特征。

区内矿体顶、底板岩石多为砂岩、灰岩、砂板岩、泥岩等，由于受热液蚀变作用，岩石普遍具强烈硅化，结构紧密，抗水性强，孔隙率低，抗压强度高等特点，因此在矿床开采过程中不易于发生边坡崩塌事故。

矿体产于构造破碎带中，矿石多呈角砾状，地表部分受风化作用而松散破碎；矿体深部硅化较强，力学强度也较大，工程地质条件简单，有利于开采。但是，由于矿石裂隙、节理较发育，透水性较好，所以在开采过程中，一定要注意边坡的稳定性，从上到下，由浅入深缓坡进行开采，切不可盲目开采富矿，造成边坡失重，发生事故。

区内属典型高山山丘地貌，相对高差 600～800m，地形切割强烈，形成了高山构造冰蚀区、高山冰蚀剥蚀区、山前堆积区等地貌单元；高而稳定的山体，良好的排水条件，冰蚀地貌及冻结带的广泛发育，又是区内保持稳定的有力保障。因此区内发生崩塌、滑坡、泥石流等地质灾害的可能性较小。

总之，本区水文地质条件、工程地质条件较简单，只要在开采过程中注意安全问题，防患于未然，并做好有害物质的保护工作，矿床开采是可行的。

6. 资源勘查潜力

从区内地表矿体的控制程度，矿体的规模、品位和资源量来看，As8 异常区（解嘎矿区）新圈定的Ⅴ号矿体银品位高，规模也较大，估算资源量 Ag 达中型矿床规模，1∶2.5 万土壤异常仍具有进一步工作的价值，尤其是 Agl 异常与 1∶5 万水系沉积物 As7 异常相吻合，水系沉积物采样过程中亦发现该异常中有较好的铜矿化转石。As2 异常区矿体的控制程度相对较低，矿产主要以 Ag、Pb、Zn 矿为主，且矿石品位也较高，但由于部分控矿工程未达地质目的，从而影响矿（床）体的远景评价。若对已知矿体进行系统追索控制，矿体规模将会大幅扩大。另外，As2 异常西侧未圈闭，说明矿体向西有继续延伸的可能；Apl 异常的南西部灰岩中见矿化转石分布，转石中有大量乳白色石英、重晶石等脉石矿物充填，预示着该地段可能有矿体存在；Ap2 异常中已发现两条 Pb 矿体，矿石品位较高，为单工程控制，矿体规模还未查清，尚具备进一步找矿潜力。

另外，区内分布的 1∶20 万化探（AS45W、Pb、M0、Sb）异常已分解出 AS1、As2 两处 1∶5 万水系沉积物综合异常，异常区内也圈定了一定数量的银多金属矿体，所以区内广泛分布的 1∶20 万化探异常具有较大的找矿潜力。

外围尚有日啊吓嘎锡铅锌矿点、郎龙拉铜矿点、灯虽卡银铜矿点、刚能铅矿点、尕吉铜矿点、日啊恰切银铜矿点、姜作口银铜铅矿点、侧群铁矿点等，目前工作程度很低，找矿潜力大。

矿区已估算 334 资源量银 450.44t，铜 9944.39t，铅 102291.51t，锌 13993.47t。

本区已初步显现出广阔的找矿前景，加之地质背景有利，矿区及外围均有发现大型多金属矿床的可能性，因此针对区内已有成矿事实，加大地勘投入，扩大远景规模，同时开展外围区域矿调工作，检查 1∶20 万地化异常，进一步浓缩找矿目标靶区，那么整个地区势必成为青海省银多金属矿产基地。

7. 勘查开发工作建议

（1）矿区地质找矿工作仅局限于地表，且对矿体的控制程度很低，加之矿体在地表的展布特征与 1：1 万土壤异常的关系也明显反映了其具有进一步扩大规模的可能性（比如：AS2 号异常的 APl 北西端未封闭，表明了含矿破碎带有可能延伸至 AS1－1 号异常、AS8 异常区串珠状土壤异常带）。因此，除以现有矿体为依托，开展“就矿找矿”工作，沿构造破碎带或土壤地球化学异常带除继续进行地表工程控制外，还应配合重型山地工程，对矿体的深部进行控制，以了解矿体深部的变化特征，查明资源量。

（2）借鉴区内以往找矿工作经验，加大矿区外围已化探异常的查证力度，对已发现的矿化信息和线索进行揭露、追索和控制，寻找新的找矿靶区，扩大找矿远景。

（3）从区域上看，1∶5 万水系沉积物测量范围较小，且异常有未封闭的现象，特别是 1∶20 万化探异常分布区域，还未进行过任何性质的检查工作。因此针对解嘎地区外围，利用合理的找矿手段和方法，针对 1∶20 万化探异常，特别是分布于燕山期花岗（斑）岩侵入体附近或岩体中的 1∶20 万化探异常，应先进行 1∶5 万水系沉积物测量工作，然后在此基础之上，再对各水系综合异常进行解剖，从而带动整个区域的找矿工作。

（4）加强综合研究工作，研究控矿因素、找矿标志，总结成矿规律，探讨矿床成因，建立适合本区特点的成矿模式和找矿模式，指导后续找矿工作的开展。

（5）在上述工作的基础上，开展可行性研究和环境影响评价工作，确定合理的开发方案和开发规模，进行整体开发。

五、资源接替区矿产资源经济效益评价

（一）矿产资源储量潜在价值

区内矿产资源潜在价值的计算公式等均与元石山—拉水峡铁铜镍磷矿勘查开发接替区的计算公式等一致，矿产品价格见表 5－5；接替区内已查明主要矿产资源储量的潜在价值为 61.57 亿元，全部为未上表资源储量的潜在价值，详见表 5－33。

由于本区工作程度偏低，估算的资源储量级别也偏低，资料查询也存在困难，矿产资源储量数据是合量，如旦荣、扎查琼、阿涌矿床的铜铅锌等无法具体分开单矿种的资源储量，因此这些矿床潜在价值估算中矿产品的价格采用各矿种价格的平均值。

（二）年矿业产值增量预测

2005 年，接替区内各矿床均未开发，矿业产值为零。

预测到 2010 年，接替区内年产铜金属量 0.1 万 t。

预测到2015年，接替区内各主要单矿种年产金属量分别为：铜0.5万t，铅1.0万t，锌0.8万t。

2010年矿业产值 $Gm=\sum$（预测单个矿种年产量×该矿种价格）＝铜0.1万t×41250元/t＝4125万元≈0.41亿元。

表5－33　矿产资源潜在价值测算结果表

接替区名称	矿种	矿区	资源量/t	工作程度	资源量可信度系数	价格/(元/t)	品位系数	潜在价值/元	上表状态	合计/亿元
旦荣—解嘎铜铅锌银矿勘查开发接替区	铜铅锌	旦荣	4.35×10^4	普查	0.6	23329	1	608886900	未上表	61.57
		扎查琼	13.74×10^4	普查	0.6	23329	1	1923242760		
		阿涌	11.24×10^4	普查	0.6	23329	1	1573307760		
	银矿	解嘎	450.44	普查	0.6	3620	1	978355680		
	铜	解嘎	9944.39	普查	0.6	41250	1	246123653		
	铅	解嘎	102291.51	普查	0.6	11062	1	678929210		
	锌	解嘎	13993.47	普查	0.6	17676	1	148409145		

2015年矿业产值 $Gm=\sum$（预测单个矿种年产量×该矿种价格）＝铜0.5万t×41250元/t＋铅1.0万t×11062元/t＋锌0.8万t×17676元/t＝20625万元＋11062万元＋14141万元＝45828万元≈4.58亿元。

2010年较2005年的年矿业产值增量＝0.41亿元。

2015年较2010年的年矿业产值增量＝4.58亿元－0.41亿元＝4.17亿元。

（三）矿产资源开发利用的社会效益评价

1. 矿产资源开发对地区经济发展的贡献

开发接替区位于玉树州境内，根据《青海省玉树州国民经济和社会发展“十一五”规划纲要》统计及预测，玉树州2005年地区生产总值12.96亿元；预测2010年地区生产总值18.18亿元，较2005年增加5.22亿元；2015年地区生产总值25.50亿元，较2010年增加7.32亿元。

2010年矿业对经济发展的贡献率＝接替区矿业产值增量/接替区所在区域国内生产总值增量＝0.41亿元/5.22亿元＝7.85%。

2015年矿业对经济发展的贡献率＝接替区矿业产值增量/接替区所在区域国内生产总值增量＝4.17亿元/7.32亿元＝56.97%。

2. 矿产资源开发对经济增长速度的贡献

2010年接替区矿业产值占接替区所在区域国内生产总值的比重＝0.41亿元/18.18亿元＝2.26%。

2010年与2005年比较，由于2005年接替区矿业产值为零，因而接替区矿业产值增长率无意义。

2010年与2005年比较，接替区所在区域国内生产总值增长率＝5.22亿元/12.96亿元＝40.28%。

2015年接替区矿业产值占接替区所在区域国内生产总值的比重＝4.58亿元/25.50亿元＝17.96%。

2015年与2010年比较，接替区矿业产值增长率＝4.17亿元/0.41亿元＝1017.07%。

2015年与2010年比较，接替区所在区域国内生产总值增长率＝7.32亿元/18.18亿元＝40.26%。

由于2010年与2005年比较，接替区矿业产值增长率无意义，因而2010年矿业经济增长贡献率也无法计算。

2015年矿业经济增长贡献率＝接替区矿业产值占接替区所在区域国内生产总值的比重×接替区矿业产值增长率/接替区所在区域国内生产总值增长率＝17.96%×1017.07%/40.26%＝453.72%。

（四）矿产资源开发技术经济评价

（1）从成矿条件、资源储量、资源前景、矿床规模、矿石品位、采选性能、潜在价值、矿业贡献等8个方面，聘请7位专家对开发接替区内部开发条件分别评分，经汇总平均，旦荣—解嘎铜铅锌银矿勘查开发接替区内部开发条件综合评分结果为62.00分（表5-34），在六个勘查开发接替区中排名第五。

表5-34　旦荣—解嘎铜铅锌银矿勘查开发接替区内部开发条件评分表

评价指标	评分1	评分2	评分3	评分4	评分5	评分6	评分7	合计	平均
成矿条件（10分）	5	7	9	6	7	8	10	52	62.00
资源储量（20分）	10	8	7	8	11	10	16	70	
资源前景（15分）	12	8	12	6	10	7	12	67	
矿床规模（15分）	11	8	4	6	9	7	13	58	
矿石品位（10分）	5	7	8	6	8	4	8	46	
采选性能（10分）	8	6	9	5	8	7	9	52	
潜在价值（15分）	8	13	7	6	9	8	12	63	
矿业贡献（5分）	4	3	5	2	3	4	5	26	
合计	63	60	61	45	65	55	85	434	

（2）从市场需求、交通条件、供水条件、供电条件、自然条件、区域经济等6个方面，聘请7位专家对开发接替区外部开发条件分别评分，经汇总平均，旦荣—解嘎铜铅锌矿勘查开发接替区外部开发条件综合评分结果为80.29分（表5-35），在六个勘查开发接替区中排名第六。

表5-35　旦荣—解嘎铜铅锌银矿勘查开发接替区外部开发条件评分表

评价指标	评分1	评分2	评分3	评分4	评分5	评分6	评分7	合计	平均
市场需求（20分）	15	16	17	17	18	20	20	123	46.00
交通条件（16分）	8	6	6	6	6	5	2	39	
供水条件（16分）	10	15	15	12	12	5	15	84	
供电条件（16分）	4	1	4	2	3	3	1	18	
自然条件（16分）	10	3	4	2	5	4	2	30	
区域经济（16分）	5	6	4	2	5	1	5	28	
合计	52	47	50	41	49	38	45	322	

六、资源接替区勘查开发环境影响评价

（一）环境影响分析评价

1. 政策环境影响分析

随着我国经济社会发展对铜、铅锌的需求量不断增加，国内铜、铅锌矿石供应缺口越来越大。预测2010年和2020年我国国内铜矿的保证程度分别仅为28%和18%。铅、锌矿的保证程度分别仅为55%、47%和48%、31%。因此，加快沱沱河地区铜、铅锌矿勘查，发现和查明一批可供开发的铅锌

矿产地，对于缓解国家铅锌资源紧缺的局面，具有十分重要的意义。

本区隶属玉树藏族自治州杂多县和囊谦县管辖，几个矿床均不在三江源自然保护区内。铜、铅、锌是鼓励开采的矿种。青海省矿产资源总体规划将本区列重点勘查区，通过勘查丰富的铜、铅、锌、金等矿产，带动铜铅锌矿产的开发利用，力争使本地区成为全省重要的有色金属矿产开发基地。

对矿山环境保护的要求是：矿产开发要求矿山环境保护要贯穿于矿产资源开发的全过程，遵循“谁开发谁保护，谁污染谁治理，谁破坏谁恢复，谁使用谁补偿”的原则，实行矿山建设与生态环境保护设施的“三同时”制度，足额缴纳矿山环境恢复治理保证金，做好矿山环境的恢复治理，最大限度地减轻矿业活动对生态环境造成的污染和破坏。

2. 自然环境影响分析

接替区西部旦荣一带西距杂多县城 170km，有简易公路相通，但路况较差，行车不甚方便；接替区南部解嘎一带西距囊谦县城约 160km，交通不便。区内无任何工、农业生产，人口稀少，藏族居民过着半定居的游牧生活。

接替区处于唐古拉山脉东延部分，海拔 3900～5300m 左右，相对一般在 100～1600m，区内河流属澜沧江水系，最大河流为扎那曲和吉曲。接替区地处于高寒山区，空气稀薄，气候属高原大陆性气候，寒冷干旱多变，四季不明，温差大，冰冻期长，除 6～9 月份皆为冰冻期，年平均温度在零度以下，7～8 月份最高温度为 18℃，1～2 月份最低温度为 −23℃，年极端温差为 39℃，日温差一般在 15℃左右，极端日温差为 35℃。总的来看，本地区生态环境承载力不高，在矿产开发中要加强生态环境保护措施和恢复治理，争取将开发对生态环境的影响降到最低。

区内矿体位于当地侵蚀基准面之上，矿体地下水的来源主要由大气降水补给，并很快通过地下径流得到排泄。矿体围岩较为稳固，工程地质条件简单，在矿床开采过程中不易于发生边坡崩塌事故。区内地形切割强烈，高而稳定的山体，良好的排水条件，冰蚀地貌及冻结带的广泛发育，因此区内发生崩塌、滑坡、泥石流等地质灾害的可能性极小。

青海省已开采的有色金属类矿山，环境地质问题主要为废渣、尾矿压占荒漠型草地、不合理堆放、选矿废渣废水污染水源等。因此各矿山在建设初期就必须进行环境影响评价工作，并按评价要求落实环保措施；同时改革生产工艺、构建尾矿库、尽可能减少污染物排放总量；严格按要求开展矿山环境恢复治理工作，使矿山环境地质问题的影响程度降到最低。

3. 社会环境影响分析

“十五”期间，玉树州经济社会发展取得了大幅进展。截至“十五”末，玉树州辖区内总人口 29.7 万人；2005 年地区生产总值 140126.8 万元，其中第一产业 101849.8 万元，第二产业 16434 万元，第三产业 21843 万元；财政总收入 43188 万元，其中地方财政一般预算收入 2512 万元；工业总产值 3845.4 万元；固定资产投资完成 102560 万元。2007 年实现地区生产总值 15.94 亿元。

旦荣—解嘎地区通过解嘎银多金属矿、旦荣铜矿、阿涌多金属矿和扎查琼多金属矿的开发，预测到 2010 年，接替区内年产铜金属量 0.1 万 t；预测到 2015 年，接替区内各主要单矿种年产金属量分别为：铜 0.5 万 t，铅 1.0 万 t，锌 0.8 万 t。届时矿业产值可分别增加 0.41 万元和 4.17 万元，矿业产值分别占当时地区生产总值的 2.26% 和 16.35%，并将带动近千人的就业，对地区经济社会发展将产生极大的推动作用。

4. 矿产资源开发的环境保护和恢复程度

地质勘查工作只是临时性占用土地，而且只是在部分点段上进行勘探施工或路线穿越，也不会对生态环境造成严重破坏。因此只要在地质勘查工作中加强对环境的保护，对一些槽探、硐探、钻探场所进行适当填平、恢复，合理堆放废渣，就能够最大限度地降低对生态环境的影响，做到地质勘查与生态环境的保护协调进行。

在矿产资源开发中，主要会产生废气和粉尘、废水、废渣、噪声等环境污染因素，预测通过一定的环境保护措施及恢复治理工作，对环境的影响是有限的。

（1）大气污染物：露天采场大气污染物主要是凿岩爆破粉尘和自卸汽车运输的道路扬尘，均为无组织短时间排放。凿岩粉尘采用湿式凿岩或干式捕尘器作业。爆破后采用喷雾洒水降尘，运输道路的扬尘采用洒水车定期洒水降尘。厂区采暖锅炉房烟囱排放的烟尘采用旋风除尘器收尘，使排放达标。

（2）废水：根据现有地质资料所反映的矿区水文地质情况，在矿山露天开采揭露矿体后，水质将会有所变化。但该地区水资源匮乏，应充分利用采场地下涌水，将采场内涌水全部泵送到选矿厂水处理系统经处理后再用于选矿生产用水。生活废水均采用生化处理达标后外排。

（3）固体废弃物：矿山所产生的固体废弃物主要是露天开采剥离排弃的岩土及生活垃圾等，岩土由自卸汽车运到排土场堆存，生活垃圾就地掩埋。在露天开采结束后，采坑应按要求进行植草、恢复植被，保护水土不流失。锅炉产生的煤渣可作为建筑材料使用或厂区铺路，不会造成环境污染。

（4）噪声：噪声源主要为凿岩机、电铲作业时产生的机械噪声，操作人员配带耳塞进行个人防护。由于露天采场周围无居民区、不会对居民产生影响。

综上所述，在矿山生产过程中，只要采取较有效的环境保护措施，预测矿山开发对该地区的大气环境、水环境、声环境以及生态环境不会产生明显的影响。

5. 环境影响综合指标评估排序

根据上述四方面的影响分析，采取因子分析方法，制定环境影响预测评价方案，再根据选区实际，对选区进行权重计算，进行环境影响综合指标评估排序。

根据环境影响预测评价要求，聘请7位专家分别评分，经汇总平均，旦荣—解嘎铜铅锌银矿勘查开发接替区环境影响综合评分结果为65.71分（表5－36），在6个开发接替区中排名第六。

表5－36　旦荣—解嘎铜铅锌银矿勘查开发接替区环境影响综合评分表

规划评价要素（权重/%）	评价指标	评分1	评分2	评分3	评分4	评分5	评分6	评分7	合计	平均
矿产资源开发利用与保护的目标和方针－政策环境（25）	符合政策（10）	9	9	4	10	8	10	6	56	65.71
	当地经济需求（10）	9	8	10	10	8	10	10	65	
	与当地其他产业的协调一致性（5）	5	4	5	5	4	4	5	32	
矿产资源开发利用布局－自然环境（25）	降雨量（8）	5	7	4	8	3	5	5	37	
	地形地貌—坡度（8）	6	1	4	4	3	4	6	28	
	构造和岩性（9）	6	3	5	4	3	4	6	31	
矿产资源开发利用的规模－社会经济环境（25）	矿业产值占总经济产值的比率（6）	5	6	6	6	5	4	2	34	
	人口密度（6）	5	3	3	6	5	3	1	26	
	交通密度（6）	2	1	2	6	5	2	1	19	
	技术开发条件（7）	6	3	4	7	5	6	6	37	
矿山环境保护恢复治理－难易程度（25）	恢复治理率（7）	0	3	4	3	6	5	3	24	
	三废综合利用率（6）	0	3	5	4	5	3	1	21	
	尾矿综合利用率（6）	0	3	5	4	4	3	1	20	
	万元产值GDP环保投资额（6）	6	3	5	4	6	2	4	30	
累计		64	57	66	81	70	65	57	460	

（二）减轻资源开发对环境影响建议

1. 政策法规建议

本区不属于自然保护区，是国家省确定的重点勘查区。在矿产资源勘查中，要充分考虑环境因素，对生态环境脆弱地段和生态环境保护地段尽量不布置或者少布置勘查工作。矿产资源开发中，要认真贯彻国家关于环境保护的方针、政策，矿山环境保护贯穿于矿产资源开发的全过程，必须坚持“在保护中开发、在开发中保护”和“事前预防、事中治理、事后恢复”的原则，把矿产资源开发活动对环境的影响和破坏减少到最低限度。坚持“预防为主、防治结合”、“全面规划、合理开发、充分利用、化害为利、变废为宝”及“谁开发谁保护，谁污染谁治理，谁破坏谁恢复，谁使用谁补偿”的方针。明确矿山环境评估、监测、恢复治理、保护等各个环节的法律责任制。实行矿山环境保护的相关法规和政策、制度，力争把矿业开发对环境的影响降到最低点。

2. 行政管理建议

努力做好矿山环境保护的宣传教育，使各级领导干部和广大群众全面认识发展与环境的关系，树立矿业可持续发展的战略目标。

（1）新建（扩建）矿山必须符合环境保护准入条件。实行环境保护一票否决制，对于采矿活动对环境影响和破坏较大或难以恢复治理的采矿权申请，一律不批准。签订矿山环境保护责任书，足额缴纳矿山环境恢复治理保证金，加强矿山环境恢复治理和被破坏土地的复垦。

（2）生产矿山必须严格按照批准的开发利用方案、矿山环境保护与综合治理方案和土地复垦方案的要求，从事采掘活动和矿山环境保护与恢复治理，切实履行矿山环境保护与土地复垦义务。

（3）闭坑矿山要提交矿山环境恢复治理计划。做好闭坑、关停前的土地复垦、生态修复、尾矿库保护、废渣堆填、废水处理等环境保护工作。并按规定提交相关报告。

3. 技术方法建议

加强矿山环境的监测及预测、预报，掌握矿山环境的动态，及时采取有效的防治措施。

努力发展矿产资源领域的循环经济。将“减量化、再利用、资源化”应用到矿产资源勘查、开采中。提高矿山固体废弃物综合利用水平，实现矿山固体废弃物的资源化。

加强与矿山环境保护有密切关系的矿山环境地质调查评价及研究。研究矿业开发过程中引起的地质环境的各种变化，提出对矿山环境的影响及防治技术，研究、推广矿业三废的处理和废弃物回收与综合利用技术、装备。

加强人才培训，学习矿山环境保护的先进技术和经验，提高矿山环境保护工作的能力和水平。

4. 经济手段建议

完善经济刺激手段。对环境保护工作做得好的矿山企业实行减税或免税，对破坏与污染严重的实行加税，提高矿产资源废弃物综合利用的利润留成率，以及征收排污费及罚款等。

建立矿山环境保护与恢复治理保证金制度。保证金专项用于因开采矿产资源引发的矿山环境恢复治理。对逾期没有按要求治理或治理达不到要求的矿山，由国土资源主管部门使用该矿山缴纳的保证金，组织矿山环境恢复治理。

5. 公众参与的方式和跟踪监测评估的内容和方法建议

一是加强防减灾和保护环境的宣传教育。提高政府部门、企业、职工和全民的环境保护意识与防灾减灾意识，二是加强矿山环境的监测及预测、预报，掌握矿山环境的动态，及时采取有效的防治措施。三是加强执法检查并加大行政监察力度，建立矿山环境保护与治理工作的行政监督管理机制和行政、法律责任追究机制。限期整顿污染环境、破坏环境的矿山企业。

七、资源接替区勘查开发评述

（一）资源潜力分析

本地区通过初步工作，即发现解嘎银多金属矿、旦荣、阿涌铜矿。其中火山－喷流型旦荣、喷流

-沉积型扎查琼铜矿的找矿前景看好，外围新圈定的一批物化探异常尚未进行检查评价，找矿成果突破的空间极大。

阿涌—扎查琼地区化探异常峰值高、强度大，各元素异常套合性好，有明显的浓集中心和浓度分带现象，显示该区具较好找矿潜力。扎查琼地区发现的矿化蚀变带具有喷流—沉积特征，经钻探矿体向深部延伸稳定，矿带向西仍有延续，有较大的找矿空间。旦荣地区矿化蚀变带的成矿类型为火山—喷流型，矿体在深部的厚度、品位均有增大变富的趋势，若系统控制将可能达到大型规模。阿涌地区水系沉积物异常东部发现了两条含矿带，均已圈定铜、铅、银多金属矿体，成矿类型为火山喷流型及热液型，从目前地表工作来看，矿体有向西北方向延伸的趋势，找矿空间广阔。东坝—谢嘎地区铜多金属矿床点分布众多，化探异常规模大、强度高，但以往工作程度低，该地区寻找与早二叠世玄武岩有关的自然铜型和喷流沉积型矿床的潜力巨大。

预测本区资源总量为：铜 50 万 t，铅锌 50 万 t，银 1000t。而目前本地区资源查明率很低，因此找矿潜力巨大。

（二）勘查工作建议

（1）加大旦荣铜矿床、扎查琼多金属矿床、阿涌多金属矿床和解嘎银多金属矿床等已知矿床的勘查工作力度，尽快完成矿区普查工作，查明资源远景；在此基础上择优详查，提高控制程度，提供可供开发利用的基础储量。

（2）加大已知矿区外围物化探异常及矿点的查证、评价力度，寻找新的找矿靶区和勘查基地，扩大找矿前景，为区内矿产资源开发提供后备资源。

（3）在上述两方面工作的基础上，开展可行性研究和环境影响评价工作，确定合理的开发规模和开发方案，进行整体开发。

第七节　综合排序

通过资源禀赋、开发的外部条件、环境影响因素等的综合研究、综合评价，科学拟定各类统计与分析指标，对厘定的资源接替选区进行综合统计和系统分析。在此基础上，根据每个接替区的分值高低，确定其排序。

一、考虑的主要因素及赋分标准

考虑的因素主要为接替区内部开发条件（包括成矿条件、资源储量、资源前景、矿床规模、矿石品位、采选性能、潜在价值、矿业贡献等 8 个方面），接替区外部开发条件（包括市场需求、交通条件、供水条件、供电条件、自然条件、区域经济等 6 个方面）和接替区环境影响评价（包括矿产资源开发利用与保护的目标和方针—政策环境，矿产资源开发利用布局—自然环境，矿产资源开发利用的规模—社会经济环境，矿山环境保护恢复治理—难易程度等四项评价要素的 14 项评价指标）三个方面。上述三方面因素和指标，首先每项按 100 分赋分，具体标准如下：

（一）内部开发条件

在内部开发条件的八项评价指标中，资源储量是开发的首要条件，占 20 分；资源前景、矿床规模、潜在价值是开发的次要条件，各占 15 分；矿石品位、采选性能主要受技术条件和市场价格的影响，成矿条件在矿产资源开发过程中的作用不显著，因而这三项指标各占 15 分；矿业贡献的影响因素较多，随机变化大，仅占 5 分。每项指标分为好、较好、中等、差 4 个档次，每个档次分别赋予不同的分值，具体如下：

（1）成矿条件 10 分，其中好 8～10 分、较好 5～7 分、一般 3～4 分、差 1～2 分。

（2）资源储量 20 分，其中好 16～20 分、较好 11～15 分、一般 6～10 分、差 1～5 分。

（3）资源前景 15 分，其中好 12～15 分、较好 8～11 分、一般 4～7 分、差 1～3 分。

（4）矿床规模 15 分，其中好 12～15 分、较好 8～11 分、一般 4～7 分、差 1～3 分。

（5）矿石品位 10 分，其中好 8～10 分、较好 5～7 分、一般 3～4 分、差 1～2 分。

（6）采选性能 10 分，其中好 8～10 分、较好 5～7 分、一般 3～4 分、差 1～2 分。

（7）潜在价值 15 分，其中好 12～15 分、较好 8～11 分、一般 4～7 分、差 1～3 分。

（8）矿业贡献 5 分，其中好 4～5 分、较好 3 分、一般 2 分、差 1 分。

（二）外部开发条件

在外部开发条件的六项评价指标中，市场需求是第一位的，占 20 分；其余 5 项是可以逐步改善的，各占 16 分。每项指标分为好、较好、中等、差 4 个档次，每个档次分别赋予不同的分值，具体如下：

（1）市场需求 20 分，其中好 16～20 分、较好 11～15 分、一般 6～10 分、差 1～5 分。

（2）交通条件 16 分，其中好 13～16 分、较好 9～12 分、一般 5～8 分、差 1～4 分。

（3）供水条件 16 分，其中好 13～16 分、较好 9～12 分、一般 5～8 分、差 1～4 分。

（4）供电条件 16 分，其中好 13～16 分、较好 9～12 分、一般 5～8 分、差 1～4 分。

（5）自然条件 16 分，其中好 13～16 分、较好 9～12 分、一般 5～8 分、差 1～4 分。

（6）区域经济 16 分，其中好 13～16 分、较好 9～12 分、一般 5～8 分、差 1～4 分。

（三）环境影响评价

环境影响评价有 4 个评价要素，每个要素分值均为 25 分，由 3～5 项指标构成，每项指标分有利、不明显、不利三个档次，每个档次分别赋予不同的分值，具体如下：

（1）矿产资源开发利用与保护的目标和方针—政策环境 25 分，其中符合政策 10 分，当地经济需求 10 分，与当地其他产业的协调一致性 5 分。

（2）矿产资源开发利用布局—自然环境 25 分，其中降雨量 8 分，地形地貌—坡度 8 分，构造和岩性 9 分。

（3）矿产资源开发利用的规模—社会经济环境 25 分，其中矿业产值占总经济产值的比率 6 分，人口密度 6 分，交通密度 6 分，技术开发条件 7 分。

（4）矿山环境保护恢复治理—难易程度 25 分，其中恢复治理率 7 分，三废综合利用率 6 分，尾矿综合利用率 6 分，万元产值 GDP 环保投资额 6 分。

每项评价要素总分不超过 25 分，每项评价指标赋分标准为：

满分 10 分时，有利 5～10 分；不明显 3～4 分；不利 0～2 分。

满分 9 分时，有利 5～9 分；不明显 3～4 分；不利 0～2 分。

满分 8 分时，有利 5～8 分；不明显 3～4 分；不利 0～2 分。

满分 7 分时，有利 5～7 分；不明显 3～4 分；不利 0～2 分。

满分 6 分时，有利 5～6 分；不明显 3～4 分；不利 0～2 分。

满分 5 分时，有利 5 分；不明显 3～4 分；不利 0～2 分。

二、具体方法

根据上述考虑的因素及赋分标准，聘请 7 位专家，首先对确定的开发接替区各自进行打分；然后对 7 位专家的打分结果进行汇总、统计，计算出每个接替区的总分值及平均值；最后对汇总结果分别按一定比例统计，其中内部开发条件占 60%，外部开发条件和环境影响评价分别占 20%，汇总得出每一个接替区的分值，再按分值高低确定选区排序。

三、排序结果

青海省未来10～15年重要矿产资源勘查开发接替选区排序见表5－37～5－40。

6个勘查开发接替区的综合排序分别依次为：

加给龙洼—大场金矿勘查开发接替区；

纳日贡玛—赵卡隆铁铜钼铅锌银矿勘查开发接替区；

沱沱河地区铅锌矿勘查开发接替区；

元石山—拉水峡铁镍铜磷矿勘查开发接替区；

瓦勒根—恰冬金铜矿勘查开发接替区；

旦荣—解嘎铜铅锌银矿勘查开发接替区。

表5－37　勘查开发接替区内部开发条件评分排序表

选区	评分1	评分2	评分3	评分4	评分5	评分6	评分7	合计	平均	排序
元石山—拉水峡铁镍铜磷矿勘查开发接替区	91	31	72	53	69	34	73	423	60.43	6
沱沱河地区铅锌矿勘查开发接替区	86	67	66	66	86	68	70	509	72.71	3
加给龙洼—大场金矿勘查开发接替区	92	83	87	83	90	70	89	594	84.86	1
瓦勒根—恰冬金铜矿勘查开发接替区	74	56	68	65	68	60	62	453	64.71	4
纳日贡玛—赵卡隆铁铜钼铅锌银矿勘查开发接替区	94	88	89	61	88	64	87	571	81.57	2
旦荣—解嘎铜铅锌银矿勘查开发接替区	85	55	60	45	65	63	61	434	62	5

表5－38　勘查开发接替区外部开发条件评分排序表

选区	评分1	评分2	评分3	评分4	评分5	评分6	评分7	合计	平均	排序
元石山—拉水峡铁镍铜磷矿勘查开发接替区	96	68	74	97	83	70	84	572	81.71	1
沱沱河地区铅锌矿勘查开发接替区	82	69	62	48	67	78	72	478	68.29	2
加给龙洼—大场金矿勘查开发接替区	49	62	55	54	69	78	61	428	61.14	3
瓦勒根—恰冬金铜矿勘查开发接替区	44	42	50	38	45	60	50	329	47	5
纳日贡玛—赵卡隆铁铜钼铅锌银矿勘查开发接替区	48	46	54	41	52	39	50	330	47.14	4
旦荣—解嘎铜铅锌银矿勘查开发接替区	45	38	47	41	49	52	50	322	46	6

表 5－39　勘查开发接替区矿产资源环境影响预测评价评分排序表

选区	评分 1	评分 2	评分 3	评分 4	评分 5	评分 6	评分 7	合计	平均	排序
元石山—拉水峡铁镍铜磷矿勘查开发接替区	78	72	78	67	69	39	81	484	69.14	3
沱沱河地区铅锌矿勘查开发接替区	74	74	82	75	59	57	81	502	71.71	1
加给龙洼—大场金矿勘查开发接替区	62	73	76	78	60	64	81	494	70.57	2
瓦勒根—恰冬金铜矿勘查开发接替区	52	75	71	72	61	61	81	473	67.57	5
纳日贡玛—赵卡隆铁铜钼铅锌银矿勘查开发接替区	58	77	75	66	65	57	81	479	68.43	4
旦荣—解嘎铜铅锌银矿勘查开发接替区	57	64	70	66	57	65	81	460	65.71	6

表 5－40　勘查开发接替区综合评分排序表

选区	内部开发条件平均分	60%	外部开发条件平均分	20%	环境影响预测评价平均分	20%	总分	排序
加给龙洼—大场金矿勘查开发接替区	84.86	50.916	61.14	12.228	70.57	14.114	77.26	1
纳日贡玛—赵卡隆铁铜钼铅锌银矿勘查开发接替区	81.57	48.942	47.14	9.428	68.43	13.686	72.06	2
沱沱河地区铅锌矿勘查开发接替区	72.71	43.626	68.29	13.658	71.71	14.342	71.63	3
元石山—拉水峡铁镍铜磷矿勘查开发接替区	60.43	36.258	81.71	16.342	69.14	13.828	66.43	4
瓦勒根—恰冬金铜矿勘查开发接替区	64.71	38.826	47.00	9.40	67.57	13.514	61.74	5
旦荣—解嘎铜铅锌银矿勘查开发接替区	62.00	37.2	46.00	9.20	65.71	13.142	59.54	6

第六章　开发接替选区分析

第一节　大浪滩—昆特依钾盐锶矿开发接替区

一、矿产资源开发的外部条件

（一）接替区外部建设条件

开发接替区位于柴达木盆地西部，行政区划隶属海西蒙古族藏族自治州茫崖行委及冷湖行委管辖，面积16251km^2（附图9）。

区内干旱少雨，属高原大陆性气候，气候寒冷，盐湖区温差大，日照时间长，光能资源丰富。盐湖中心区均为盐壳覆盖，向边部过渡为盐碱地，山前为戈壁滩，植被稀疏。南部的昆仑山和西部的阿尔金山植被稀疏。区内居民以蒙古族、藏族为主，主要从事畜牧业。

通过几十年的建设发展，柴达木盆地的基础设施条件大为改善，青藏铁路纵贯全区，随着青藏铁路格拉段复线及电气化改造，区内铁路运输能力大为提高，冷湖—茫崖公路横贯东西，从公路至各矿区均有简易公路可以通达，区内交通条件对矿产资源的开发支持力度大幅提高。区内已形成330kVA南北双回路电网，为资源开发提供了良好的电力保障。格尔木机场经扩能改建，已开通拉萨、北京、西安、成都及西宁的定期航班，形成了便捷的陆空交通网络。

区内无生活用水及生产用水，需要从西端的茫崖、东端的冷湖地区供给。燃料要从大柴旦鱼卡地区供给。生产、生活物资及劳动力需要从西宁、格尔木和甘肃敦煌供给。

（二）矿产资源供需形势

我国钾盐资源潜力有限，可供储量难以增长，经分析钾盐可供储量对2020年需求的保障程度小于30%。预测2020年我国钾盐的生产能力有可能突破200万t，达到210万t，而需求为1717万t，仅能保障12%，供需形势十分严峻。

目前碳酸锶世界年需求量大约为40万t，目前尚有缺口10万t，因此，发展锶矿工业，具有十分广阔的前景。生产碳酸锶的矿石——天青石在青海省柴达木地区的资源储量占全国的57%，而且主要集中在大风山、尖顶山和碱山地区，可以为规模开发提供足够的资源保障。

世界和我国锂产品的需求与消费也在不断增长。碳酸锂全球年需求约10万t，目前国内年需求锂盐约7700t，缺口较大。硼也部分依赖进口，随着固体硼矿资源的枯竭，盐湖硼矿的开发越发紧迫，加速区内盐湖矿产的开发无疑具有十分重要的意义。

盐湖卤水镁资源生产的主要产品有二氯化镁、无水氯化镁、硫酸镁、碱式碳酸镁、轻质氧化镁、氢氧化镁、高纯镁砂等几十个品种，其中，无水氯化镁、氢氧化镁、高纯镁砂纯度高，用途特殊、需求量大。镁系列产品的应用越来越广泛，优越性已受到越来越多的重视。因此，综合开发利用区内丰富的镁盐资源，意义尤其重大。

（三）经济社会发展状况

“十五”期间，柴达木盆地及周边经济社会发展取得了良好的成就。截至“十五”末，该地区生产总值达到134.34亿元，年均增长16.2%，超过“十五”目标1.2个百分点；人均生产总值达到4000美元；财政收入快速增长，财政一般预算收入达到20.15亿元，年均增长29.5%，其中地方财政一般预算收入达到6.16亿元，年均增长22.9%；固定资产投资规模扩大，五年累计完成固定资产投资343亿元，是“九五”时期123.8亿元的2.8倍，超过预期目标约43亿元。2007年实现地区生产总值200.81亿元。经济结构调整顺利推进，特色经济框架初步形成。资源开发逐步由低水平、小规模向高水平、大规模方向转变，由单品种开发和原材料输出型向综合开发精深精加工型转变，盐湖化工、石油天然气化工和有色金属等特色产业进一步发展壮大，一批新的经济增长点加快形成，工业经济总量不断扩大，效益显著提高，对全州经济的支撑作用增强。

“十一五”期间，地区经济发展目标是：地区生产总值比2005年翻一番以上，年均增长16%。工业增加值比2005年翻一番以上，年均增长20%。全地区和地方财政一般预算收入均比2005年翻一番以上，年均增长16%。五年全地区固定资产投资累计达到700亿元，比“十五”翻一番。

“十一五”期间的工业发展主要依托矿产资源开发。以柴达木循环经济试验区为平台，以特色优势资源和现有工业基础为依托，加快推进资源的综合开发、有效配置和循环利用，推动资源开发向提高规模扩总量、综合利用上水平、精深加工上档次、产业聚集相融合方向发展，实现工业经济由资源粗加工型向精深加工和循环型转变，努力走出一条低投入、高产出，低消耗、少排放，能循环、可持续的工业化道路，在推进新型工业化进程中走在全省前列。重点建设油气、盐湖、煤化工三大化工产业基地。加快培育发展以格尔木油气盐化工业带、大盐滩马海湖和大浪滩盐化工业带、德令哈盐碱化工工业带、锡铁山铅锌工业带、天峻乌兰煤焦化工业带、大柴旦硼酸工业带、都兰金属工业带为重点的循环经济产业群。力争到2010年，初步建成柴达木循环经济试验区，并使其成为全省重要的工业基地。

二、勘查开发现状

（一）勘查现状

接替区内经过近50年的地质工作，共发现各类矿产地36处，查明的矿床主要有6个，其中三个矿床主要为钾盐，它们分别是大浪滩大型钾镁盐矿床、昆特依大型钾镁盐矿床、察汗斯拉图大型芒硝中型钾盐矿床；另三个矿床主要为天青石，它们分别是尖顶山大型锶矿床、大风山大型锶矿床、碱山中型锶矿床。

上述6个矿床的勘查程度总体不高，只有大浪滩和大风山达到详查程度（其中大风山锶矿床Ⅳ矿带达到勘探程度），其余4个矿床仅达到普查程度。

6个矿床累计查明的主要矿产资源储量有：固体氯化钾2655.0万t，其中基础储量765.1万t；液体氯化钾31039.7万t，其中基础储量7123.3万t；天青石2681.8万t，其中基础储量1777.6万t；芒硝674865.8万t，其中基础储量521900.5万t。保有的主要矿产资源储量有：固体氯化钾2614.4万t，其中基础储量724.5万t；液体氯化钾31039.7万t，其中基础储量7123.3万t；天青石2664.4万t，其中基础储量1760.3万t；芒硝674830.7万t，其中基础储量521865.4万t。详见表6-1。

此外察汗斯拉图尚有玉龙湾矿段芒硝矿石量14058.89万t，Na_2SO_4 6877.36万t，全为资源量，未上表。

（二）开发现状

上述6个矿床中的大浪滩、昆特依、大风山、察汗斯拉图4个矿床已经办理采矿许可证，正在进行开发工艺试验研究和其他前期准备工作。但尚未规模开发，其中察汗斯拉图仅在局部矿段小规模开采芒硝和石盐；尖顶山和碱山两个矿床尚未进行开发。

表 6－1　主要矿床查明、保有(上表)主要矿产资源储量一览表

矿种	矿区名称	资源储量单位	查明资源储量				保有资源储量			
			资源储量		基础储量		资源储量		基础储量	
			矿石(卤水)量	矿物量	矿石(卤水)量	矿物量	矿石(卤水)量	矿物量	矿石(卤水)量	矿物量
固体钾盐	大浪滩	万 t	66557.6	2451.4	7930.9	716.3	66191.6	2414.2	7564.9	679.1
	昆特依		1725.2	97.7	580.9	48.8	1665.6	94.3	521.3	45.4
	察汗斯拉图		2186.5	105.9			2186.5	105.9		
	合计		70469.3	2655.0	8511.8	765.1	70043.7	2614.4	8086.2	724.5
液体钾盐	大浪滩	氯化钾:万 t;卤水量:万 m^3	1900196.4	19949.4	313825.4	5024.8	1900196.4	19949.4	313825.4	5024.8
	昆特依		893967.8	10163.0	138978.2	2098.5	893967.8	10163.0	138978.2	2098.5
	察汗斯拉图		76884.1	927.3			76884.1	927.3		
	合计		2871048.3	31039.7	452803.6	7123.3	2871048.3	31039.7	452803.6	7123.3
固体 NaCl	大浪滩	万 t	20166088.8	14512421.5	13873861.4	1168608.1	20166088.8	14512421.5	13873861.4	1168608.1
	昆特依		11966475.7	8405048.6	9495.1	7039.6	11966429.3	8405015.3	9448.7	7006.3
	合计		32132564.5	22917470.1	13883356.5	1175647.7	32132518.1	22917436.8	13883310.1	1175614.4
液体 NaCl	大浪滩	氯化钠:万 t;卤水量:万 m^3	1892178.2	448461.9	1733260.9	405969.0	1892178.2	448461.9	1733260.9	405969.0
	昆特依		893967.8	173285.5	138978.2	33272.6	893967.8	173285.5	138978.2	33272.6
	合计		2786146.0	621747.4	1872239.1	439241.6	2786146	621747.4	1872239.1	439241.6
固体 $MgSO_4$	大浪滩	万 t	10724.0	2660.2	7607.3	2153.6	10724.0	2660.2	7607.3	2153.6
LiCl	大浪滩	万 t/t	28579.9	72898.0	25176.7	68722.0	28579.9	72898.0	25176.7	68722.0
液体 $MgSO_4$	大浪滩	氯化钠:万 t;卤水量:万 m^3	1798310.9	114460.7	1713433.3	112633.3	1798310.9	114460.7	1713433.3	112633.3
	昆特依		890761.4	34922.4	138978.2	6320.9	890761.4	34922.4	138978.2	6320.9
	合计		2689072.0	149383.1	1852412.0	118954.2	2689072.0	149383.1	1852412.0	118954.2
固体 $MgCl_2$	大浪滩	万 t	313.2	48.7	165.3	32.3	313.2	48.7	165.3	32.3
	昆特依		210.7	19.2	197.0	18.7	202.9	18.3	189.2	17.8
	合计		523.9	67.9	362.3	51.0	516.1	67	354.5	50.1
液体 $MgCl_2$	大浪滩	氯化钠:万 t;卤水量:万 m^3	1803620.0	57793.3	1646482.4	54213.5	1803620.0	57793.3	1646482.4	54213.5
	昆特依		893967.8	24654.2	138978.2	5378.2	893967.8	24654.2	138978.2	5378.2
	合计		2697587.8	82447.5	1785460.6	59591.7	2697587.8	82447.5	1785460.6	59591.7
芒硝	大浪滩	万 t	1204611.1	534091.1	1168608.1	519405.3	1204611.1	534091.1	1168608.1	534091.1
	昆特依		131476.6	40674.3			131476.6	40674.3		
	察汗斯拉图		365304.2	100100.4	5356.3	2495.2	365236.9	100065.3	5289.0	2460.1
	合计		1701391.9	674865.8	1173964.4	521900.5	1701324.6	674830.7	1173897.1	521865.4
天青石	大风山	万 t	11883.6	2475.4	5621.7	1777.6	11830.0	2458.0	5568.1	1760.3
	尖顶山		706.2	199.2			706.2	199.2		
	碱山		24.7	7.2			24.7	7.2		
	合计		12614.5	2681.8	5621.7	1777.6	12560.9	2664.4	5568.1	1760.3

三、矿产资源开发选区依据

接替区位于柴达木中新生代油气盐类区成矿带中，内主要优势矿种为石油、钾盐、镁盐、湖盐、锶矿、芒硝等。目前区内主要资源均有程度不同的开发，其中石油、天然气、钾盐开发具有一定的规模，在青海省矿业开发业中占有举足轻重的地位。区内盐湖矿床由于受基础设施条件的制约和市场影响，开发力度不大。随着基础设施条件的改善和经济社会发展对矿物原材料需求的增加，区内盐湖矿产的开发条件已经成熟。区内主要矿床有大浪滩大型钾镁盐矿床，昆特依大型钾镁盐矿床、察汗斯拉图大型芒硝中型钾盐矿床，尖顶山大型锶矿床、大风山大型锶矿床、碱山中型锶矿床。

上述6个矿床均位于柴达木盆地中—新生代油气、盐类成矿带中的西部新生代硼、锶、芒硝、钾镁盐、油气成矿亚带中，是柴达木盆地最早发生成盐作用的地区。盆地中几个不同的成盐阶段在这里都有发育：渐新世有湖盐和石膏，主要分布于狮子沟一带；上新世有石膏、湖盐、锶矿，分布于南翼山、小梁山、油墩子、大风山、尖顶山、凤凰台、大沙坪等地；早—中更新世有芒硝、湖盐、钾镁盐，主要分布在大浪滩、察汗斯拉图、昆特依等凹陷中；晚更新世—全新世有芒硝、湖盐、硼矿、钾镁盐等矿产。

锶矿和芒硝是本区具有特色的盐类矿产，锶矿集中分布在大风山、尖顶山一带，成因类型属内陆湖泊化学沉积型，少数为盐湖卤水型，成矿时代为晚第三纪。芒硝赋存于更新世干涸盐湖和全新世卤水湖中，以固体芒硝为主，多与其他盐类矿产共（伴）生。本区的硼矿以油田水沉积型为特征，主要分布在开特米里克、油泉子等地。

目前大浪滩、昆特依钾盐矿和大风山锶矿开发利用条件已经成熟，正处于开发前期工作之中，察汗斯拉图钾矿在局部矿段开采芒硝和石盐，尖顶山锶矿和碱山锶矿矿尚未进行开发，其资源储量均达到大、中型规模，加快上述矿床的开发，不仅对地区经济社会发展起到举足轻重的作用，而且也对缓解全国钾盐、锶矿的供需形势起到非常重要的推动作用。6个矿床经可行性评价和环境影响评价后，均认为矿山开发后能取得较好的经济效益，是经济可行的；在环保方面采取一定措施后，不会对矿山及其周围的环境产生大的影响。因此将该区列为矿产资源开发接替选区，是非常必要的，也是十分充分的。

四、典型矿床特征

（一）大风山锶矿床

1. 地理位置、交通、能源、水源条件

矿床位于柴达木盆地西北部，行政区划隶属海西州茫崖行委管辖。

矿区属风蚀夷平的低山丘陵地形，最大高差30m。气候干旱，具有降水稀少、蒸发量大、日照强、气温低、温差大、多大风等特点；年降水量在20mm以下，年蒸发量2929～3212mm；冻土最大深度2.2m；年平均风速2.9～3m/s。区内地表为厚0.3～1m的盐壳覆盖，草木不生，无人烟。

矿区西距花土沟166km，东北距冷湖镇128km，当（金山）—茫（崖）公路从矿区中部通过，向南西经黄瓜梁与青（海）—新（疆）公路相接，东至青藏铁路饮马峡站468km，交通较方便。

矿区附近无淡水，但从自备水源地到矿山建有专用输水管道。电力需自备，燃料及其他生产、生活物资均需由德令哈市或格尔木市或西宁市等物资集散地远距离运入。

2. 勘查工作程度

1956年，省石油勘探局进行1∶2.5万构造细测时，首先发现次生白色天青石。翌年，中国科学院兰州地质所、盐湖科调队又进行概略调查，发现了原生天青石矿层，并编写了《大风山天青石矿调查报告》。1958～1959年省地质局石油普查大队进行了初查，圈出矿体85个，估算天青石表外矿物量1.97万t。1987年，省地质矿产局第五地质队对矿床重新踏勘检查，认为其远景可观。继而于1988年受地方人民政府委托，选择Ⅳ矿带进行详细勘探，于1989年3月提交了《青海省花土沟镇大风山天青石矿田Ⅳ矿区地质勘探报告》，报告通过了省储委评审。1989年该队又对Ⅰ、Ⅱ、Ⅲ矿带进行详查，1993年提交了《青海省花土沟镇大风山锶矿田Ⅰ—Ⅲ矿区详查报告》，报告通过了省地矿局评审。

3. 查明资源储量（333及以上）

累计探明资源储量为：矿石量11883.6万t，天青石矿物量24753544t，其中基础储量17776438t，见表5-41。

4. 矿床地质特征

矿区东西长约13km，南北宽约5km，由四个矿区组成。含矿地层为上第三系上新统狮子沟组，有三个含矿层位，主要含矿层位是狮子沟组下岩段的上层位，次要含矿层位是狮子沟组上岩段的下层位和狮子沟组下岩段的下部层位。构造为一轴向290°的舒缓复式短轴背斜，两翼倾角平缓，多在5°～15°间。背斜北翼基本为单斜层，Ⅲ矿区位于其中；南翼呈波状起伏，地层重复出现，自西向东分布有Ⅳ、Ⅰ、Ⅱ矿区。断裂构造不发育，主要为一些成矿期后的平移小断层。天青石矿赋存于狮子沟组下岩段上部的泥晶石灰岩和上岩段底部石膏质泥晶石灰岩、泥晶灰岩质石膏岩中，矿层产状与围岩一致。在地表常见到几十厘米厚的脉状次生天青石。

Ⅰ矿区长900m，宽700m。圈出矿体两个，Ⅰ2-1长径100m，短径50余米，厚度>17.50m，平均品位50.80%；Ⅰ2-2长1010m，一般厚2～3m，平均品位36.46%。

Ⅱ矿区长近2000m，形态不规则。主要含矿层出露长2000余米，圈出矿体1个，长1620m，最大延伸200m，一般延深50m，最厚6.74m，平均厚1.82m，平均品位31.36%。次要含矿层位圈出Ⅱ2-1、Ⅱ2-2、Ⅱ2-3矿体3个，其中Ⅱ2-1长370m，平均宽70m，平均厚10.09m，平均品位50.30%；Ⅱ2-3长600m，宽100～150m，平均120m，平均厚8.46m，平均品位47.29%。

Ⅲ矿区长16000m，西段宽300～700m，东段宽1000余米。Ⅲ矿区主要含矿层长16.4km，圈定矿体16个，其中Ⅲ1-1长12100m，平均延深287m，平均厚度3.65m，平均品位32.98%；Ⅲ1-2长3600m，平均宽度396m，平均厚度2.56m，表内矿体平均品位32.61%，表外矿体平均品位14.38%。次要含矿层位圈出矿体12个，其中Ⅲ2-2长700m，平均宽65m，平均厚4009m，以次生矿石为主的地段品位50%～60%，原生矿石地段品位30%～40%；Ⅲ2-3长800m，平均出露宽度97m，平均厚度6.90m，平均品位43.56%。

Ⅰ、Ⅱ、Ⅳ矿区矿石类型分为天青石矿石及菱锶矿矿石。天青石矿石又分为原生和次生天青石矿石两大类，原生天青石矿石主要由天青石、碳酸盐及少量砂屑、铁屑组成。据矿石构造又可分为块状、角砾状、糖粒状、土状、鲕状、碎屑状矿石。次生天青石矿石又可分为假层纹状、钟乳状、同心圆状、笛管状、纤维状、脉状矿石。菱锶矿矿石中菱锶矿属钙菱锶矿，一般由95%以上的钙菱锶矿及少量天青石、不透明矿物组成。矿石中有益组分是锶、有害组分有钡、氧化钙、氟，本矿田中有害组分含量均很低。

Ⅳ矿区共探明工业矿体有Ⅳ1、3、4、5、7五个，从属小矿体13个，矿体均赋存于泥晶灰岩中，无论走向或倾向均呈透镜状产出。主要矿体特征如下：Ⅳ1长598m，宽2～108m，平均厚5.56m，平均品位$SrSO_4$ 33.5%；Ⅳ3长495m，宽2.5～73.5m，平均厚5.29m，平均品位$SrSO_4$ 33.71%；Ⅳ4长90m，宽70m，平均厚1.9～11m，平均品位$SrSO_4$ 23.00%，其余矿体较小。矿石类型简单，有原生天青石矿石和次生天青石矿石，各类天青石矿石成分基本一致，仅结构构造不同含量变化不同。成分均由天青石、碳酸盐和少量碎屑、铁质组成，个别地段含重晶石、石膏。次生天青石矿石一般含$SrSO_4$ 80%以上，原生天青石矿石，经选矿可获回收率72%～80%，$SrSO_4$含量>80%的精矿产品。

矿床成因为第三纪内陆湖泊化学沉积型。

5. 开发现状

在20世纪90年代，只有地方小型开采活动，直接出售原矿。“十五”期间，青海金瑞矿业发展股份有限公司于2005年底建成30万t/a采选规模的矿山和选矿厂，年产含硫酸锶71%、精矿10万t的选厂，并在德令哈配套建成一期年产碳酸锶3万t的德令哈碳酸锶厂，但一直处于试生产阶段，尚未规模开发。

6. 开采技术条件及矿石加工技术性能

矿田无地表水体存在，地下48m以内无含水层存在，工业矿体（层）均埋藏在潜水面之上，水文地质条件简单。

矿体及矿体顶、底板岩石稳固性较差，但矿体（层）产状平缓，适宜露采，可采用较小的露采边坡角开采，硐采部分的矿体必须采取支护加固措施后方能采掘。断裂不发育，对矿体及围岩的稳定性影响不大。

抗压、抗拉、抗剪强度均很低，矿石松散系数1.564，矿石安息角为38°，围岩岩石安息角为36°。

矿区平均剥离系数4.04。

矿石加工技术性能：采用经济合理技术可行的重力选矿方法，其回收率在70%以上，有害杂质成分含量均在制取碳酸锶允许含量以内，可作矿床评价的依据。

实验室可选性试验表明，属易选矿石，不论富矿、贫矿，无论采用何种方法，均可获得$SrSO_4$品位为80%以上的天青石精矿，回收率67%，若品位控制在76%，则除全浮选流程外，回收率均可达到80%左右。

矿区及附近无生活用水和工业用水及电源，水需从60km的老茫崖供给。

7. 开发利用建议

大风山超大型矿床保有天青石矿物资源储量24580236t，其中基础储量17603130t，能够保证的开发规模为：在60年服务年限内采选矿石139万t/年，可以年产天青石矿物量18万t，理论上可转化为碳酸锶14.49万t，详见附表4。规划开发规模大幅高于可行性研究时确定的设计生产规模，若按设计生产规模计算，矿山服务年限明显过长。建议实施开发时，酌情扩大生产规模见表6-2。

表6-2　大风山锶矿保有资源储量及开发规划表

矿床名称	规模	基础储量	资源量	可利用储量	资源储量能够保证的开发规模		规划开发规模
					开发规模	服务年限	
大风山	特大型	$\frac{1760}{5568.1}$	$\frac{698}{6261.9}$	$\frac{2179}{9325}$	$\frac{18}{139}$	60	$\frac{18}{139}$

注：①资源量可信度60%，开采回采率90%，选矿回收率60%，硫酸锶精矿含硫酸锶71%。

②表格横线上方数字为金属量，线下为矿石量，单位为万t。

③开发规模单位为万t/a。

该区开发利用的问题一是如何有效利用低品位矿石，二是如何提高选矿技术工艺水平，降低成本。

（二）尖顶山锶矿床

1. 地理位置、交通、能源、水源条件

矿床位于柴达木盆地西北部，大风山锶矿田北西约50km处，行政区划隶属海西州茫崖行委管辖。

尖顶山为两个北西向斜列式背斜构成的低山丘，长约30km，宽7.0～10.0km，主脊海拔2800m以上，最高峰是黑梁子三角点，海拔2822m，两侧大滩海拔2720m，为高原型低山丘陵区。区内属荒漠大陆性气候，年降雨量不足20mm，年蒸发量在3100mm左右。区内地表草木不生，无人烟。

当（金山）茫（崖）公路里程碑239km处有汽车便道可通行至矿区，行程50余km。矿区至冷湖、茫崖、大柴旦、甘肃敦煌等地均可通行汽车，交通方便。矿区附近无淡水。电力需自备，燃料及其他生产、生活物资均需由外地远距离运入。矿区附近无永久性居民点，冷湖镇和花土沟镇是距矿区最近的城镇，两镇也可提供简单的生产、生活物资，老茫崖可提供生活用水，高泉煤矿可提供生活用煤。

2. 勘查工作程度

1956年石油局在测制1:2.5万构造细测图时发现大风山地区次生天青石。1957～1958年中科院兰州分院地质室对大风山、尖顶山地区进行工作。1958～1959年石油普查大队对大风山、尖顶山矿点检查。1987～1988年地质五队对尖顶山天青石矿踏勘检查。1990～1991年地质五队进行普查。1992年，地质一大队提交了《青海省花土沟镇尖顶山锶矿区普查地质报告》，于1993年通过了省地矿局的评审。

3. 查明资源储量（333及以上）

累计查明资源量为：矿石量706.2万t，天青石矿物量1992351t，全部为资源量，无探明的基础储量，见附表4。

4. 矿床地质特征

大地构造位置属柴达木准地台之柴达木盆地台坳。矿区地层有：上第三系上新统油砂山组上段，岩性为土褐色—灰绿色不同色调互层状泥岩，偶夹灰岩、白云岩及砾岩、砂岩薄层；上新统狮子沟组下段以灰绿色、黄褐色泥岩、粉砂质泥岩为主，夹砂岩、砾岩、鲕状白云岩薄层等，局部具天青石矿化，上段以鲕状白云岩、碎屑白云岩、白云岩为主，普遍具天青石矿化。底部构成了3～9m厚的天青石矿层，是区内最主要的含矿层位；第四系中下更新统七个泉组下段岩性为石膏质砂砾岩夹薄层鲕状白云岩、透镜状白云岩、石膏泥岩、白云岩与石膏泥岩互层，石膏泥岩、含石膏泥岩，夹薄层白云岩、鲕状白云岩、薄层砂砾岩、白云岩夹石膏泥岩、石膏泥岩、白云岩、鲕状白云岩互层；上段含石膏或石膏质泥岩为主，夹少量白云岩、鲕状白云岩，底部为石膏胶结的砾岩；上更新统由灰白色厚层砾岩组成。褶皱构造不发育，矿区属黑梁子—尖顶山短轴背斜北东翼，使地层表现为向北东倾的单斜构造。区内发育一组逆断层，走向290°～310°，一般对矿体破坏不大。

天青石矿体主要产于狮子沟组上段，狮子沟组下段及七个泉组下部地层也有矿化及小矿体存在。矿体上盘围岩以白云岩、鲕状白云岩、碎屑白云岩、石膏泥岩为主，下盘以泥岩、砂岩、白云岩及砂砾岩为主。矿床由8个矿体构成，即G1、G1-1、G1-2、G1-3、G2、G3、G4、G5。其中G1矿体规模最大，在其顶底部普遍存在着戴帽穿鞋式表外矿，分别编为G1-1、G1-3，又具分支现象，中部夹含着带状表外矿体G1-2，次有G2、G3沿倾向具尖灭再现特征，G4、G5为小盲矿体。G1长度>2000m，斜深470～735m，最大厚度7.89m，平均厚度3.80m，平均品位32.92%；G1-1长400～1300m，斜深210～600m，最大厚度2.00～4.03m，平均厚度1.71～1.88m，平均品位11.97%～12.60%；G1-2长400m，斜深542.5m，最大厚度4.88m，平均厚度2.73m，平均品位11.45%；G1-3长度>2000m，斜深162～865m，最大厚度5.79m，平均厚度2.11m，平均品位13.46%；G2长800m，斜深103.50～590m，最大厚度1.94m，平均厚度1.30m，平均品位13.11%；G3长约400m，斜深765m，最大厚度2.76m，平均厚度1.92m，平均品位14.27%～23.79%；G4长400m，斜深200m，最大厚度0.97m，平均厚度0.49m，平均品位19.45%；G5长400m，斜深72m，最大厚度0.97m，平均厚度0.49m，平均品位10.02%。矿体形态简单，呈层状、似层状、透镜状，上部多裸露地表，产状平缓，向深部逐渐变陡。矿体连续性好，厚度变化小，G1、G3为表内矿体，其余为表外矿体。

矿石分为原生天青石矿石和次生天青石矿石两大类，以原生为主，占95%。原生矿石按矿物成分分为三种：钙镁质矿石，以白云石为主（40%～70%），天青石10%～40%，石膏2%～20%，砂粒2%～15%；砂砾质矿石，砂砾为主（50%～70%），天青石、白云石各占10%～15%，石膏10%；泥质矿石，黏土矿物取代砂砾成分。矿体平均品位33.49%。

矿床成因属内陆湖泊化学沉积型。

5. 开发现状

矿山尚未开发利用。

6. 开采技术条件

矿床主矿体规模大，连续性好，倾角小，埋藏浅，相当一部分可直接露采，经计算露采表内D级天青石矿物量199.24万t，其体积平均剥离比为4.58。

矿床构造简单，为一单斜层，虽有几条小断裂使矿体错位，对开采无大影响。

水文地质条件简单，矿体与地下水无联系，开采时不会发生涌水。

矿石选矿加工技术性能良好，据大风山锶矿田选矿试验结果，不论贫矿或中品位矿石，经选矿后精矿品位可达80%以上，回收率72.81%～82.76%。选矿成本每t原矿20元左右，精矿易转换成为工业利用的碳酸锶。

7. 开发利用建议

尖顶山大型矿床保有天青石矿物资源量1992351t，能够保证的开发规模为：在40年服务年限内，可以年产天青石矿物量1.5万t，理论上可转化为碳酸锶1.21万t，详见表6-3。

表6-3 尖顶山锶矿保有资源储量及开发规划表

矿床名称	规模	资源量	可利用储量	资源储量能够保证的开发规模		规划开发规模
				开发规模	服务年限	
尖顶山	大型	$\frac{199}{706.2}$	$\frac{119}{423.7}$	$\frac{1.5}{9.5}$	40	$\frac{1.5}{9.5}$

注：①资源量可信度60%，开采回采率90%，选矿回收率60%，硫酸锶精矿含硫酸锶71%。

②表格横线上方数字为金属量，线下为矿石量，单位为万t。

③开发规模单位为万t/a。

该区开发利用的前提是首先要开展矿区详查工作，提高工作程度，探明可供开发利用的基础储量，在此基础上，投入规模开发。

（三）碱山锶矿床

1. 地理位置、交通、能源、水源条件

位于柴达木盆地西部、冷湖与茫崖两地交界的碱山地区，行政区划隶属海西州茫崖镇管辖。

区内海拔在2700～2900m之间，地理景观为盐渍平原—盆缘低山丘陵，风蚀地貌发育。气候属典型内陆高原干旱荒漠大陆性气候，寒冷、干旱、少雨、多风沙、温差大，年降水量在20mm以下。区内基本无植被，无永久性居民点。

冷湖—茫崖公路从普查区中通过，矿区东距冷湖镇108km，西距花土沟镇186km，交通方便。老茫崖可提供生产、生活用水，高泉煤矿可提供生产、生活用煤，冷湖、花土沟镇可提供生产、生活物资。

2. 勘查工作程度

1992～1994年，青海省第一地质矿产勘查大队与青海省科技情报所联合进行柴达木盆地西北部锶矿资源评价综合研究，发现碱山和油泉子天青石矿点。调查面积3580km^2。2001～2002年青海省地质矿产勘查院对碱山一带锶矿开展了普查评价工作，于2002年12月提交了《青海省柴达木盆地西部碱山锶矿普查报告》，2003年11月12日通过了省国土资源厅评审。

3. 查明资源储量（333及以上）

累计查明资源量为：矿石量24.7万t，天青石72359t，全部为资源量，无探明的基础储量。

4. 矿床地质特征

矿区大地构造位置属柴达木准地台之柴达木盆地台坳。区内地表全为第四系，主要有下更新统七个泉组（钙质泥岩夹灰岩，钙质泥岩夹泥岩、灰岩、天青石矿层，含石膏钙质泥岩、碎屑灰岩、含石膏鲕粒泥灰岩，石膏泥岩夹灰岩）；中更新统、上更新统分布于矿区外围；全新统在普查区内较发育，主要为化学沉积的盐壳，由石盐、芒硝、风成砂及岩屑组成。该区自上而下地层为：下更新统七个泉组，上新统狮子沟组，上新统油砂山组，中新统下油沙山组，中新统上干柴沟组，渐新统下干柴沟组，始—古新统路乐河组。区内褶皱构造为碱1井—碱山平缓背斜，轴向130°～310°，平面上呈反“S”形。断裂主要为斜向及横向断裂，碱1井地区以斜向断裂为主，编为F_1～F_4，碱山地区以横向断裂为主，编为F_5～F_7，断层对矿体起到破坏作用。此外还有数量少，规模小的平移断层。

矿体产于第四系下更新统七个泉组第三岩性段中。天青石以胶结物的形式存在于鲕状灰岩中或以团块状、薄层状与泥质混合在一起形成矿体，次生天青石充填于鲕状灰岩矿石裂隙中。自上而下可分为三个含矿层：上部角砾状、鲕状灰岩含矿层，厚0.2～1.25m，品位30%～45%；中部杂色泥岩、泥灰岩含矿层，品位一般10%～20%；底部棕色泥岩含矿层，品位10%～25%。共圈出两个矿体，分别编为Ⅰ号、Ⅱ号。

Ⅰ号矿体长793.5m，平均宽147m，厚0.8～2.0m。含矿岩系为钙质泥岩夹鲕粒状灰岩、角砾状灰岩。矿体平均品位：表内29.35%，表外11.93%，矿体与围岩界线不清，只能通过化学分析圈定。

Ⅱ号矿体断续出露长约2.5km，厚度0.8～5.0m。含矿岩性为钙质泥岩、鲕状灰岩、泥灰岩及棕色钙质泥岩。矿体平均品位：表内30.90%，表外15.92%。该矿体剥蚀严重，因受F_5、F_6、F_7断裂破坏，分别圈出7个小矿体，编号为Ⅱ-1～Ⅱ-7，其中主要矿体Ⅱ-6长约280m，厚2.8m。矿石矿物以原生天青石、次生天青石为主，脉石矿物由石英、石盐、石膏、碳酸盐、黏土矿物和粉砂质碎屑物组成。

矿床成因属内陆湖泊化学沉积型—次生富集型。

5. 开发现状

矿山尚未开发利用。

6. 开采技术条件

区内矿石与大风山矿石具相似的组分和结构构造，可选性应大体相当。大风山矿石经重选和浮选，可得到$SrSO_4$品位为80%以上的天青石精矿，回收率达67%以上，具良好可选性，为易选矿石。

矿床规模大、埋藏浅、产状平缓、剥采比小、极易露天开采，地下水对矿体开采影响小，表内、外矿体分布相对集中，采矿条件极佳。

矿石中有害组分主要为BaO（平均0.09%）、CaO（平均0.21%）、F（平均0.08%），含量少，能满足工业要求。

Ⅰ号矿体距当茫公路仅2～3km，Ⅱ号矿体20余km，Ⅱ号矿体往南距315国道约10km，交通十分方便，矿区距老茫崖仅70km，水、电就近可以解决。

7. 开发利用建议

碱山中型矿床保有天青石矿物资源量72359t，能够保证的开发规模为：在10年服务年限内，可以年产天青石矿物量0.2万t，理论上可转化为碳酸锶0.16万t，详见表6-4。由于该矿床资源储量规模相对较小，控制程度相对较低，目前尚无控制的可供开发利用的基础储量，建议与大风山锶矿床进行统筹考虑，协调开发。

表6-4 碱山锶矿保有资源储量及开发规划表

矿床名称	规模	资源量	可利用储量	资源储量能够保证的开发规模		规划开发规模
				开发规模	服务年限	
碱山	大型	$\frac{7.24}{24.7}$	$\frac{4.34}{14.82}$	$\frac{0.2}{1.3}$	10	$\frac{0.2}{1.3}$

注：①资源量可信度60%，开采回采率90%，选矿回收率60%，硫酸锶精矿含硫酸锶71%。

②表格横线上方数字为金属量，线下为矿石量，单位为万t。

③开发规模单位为万t/a。

该区开发利用的前提是首先要开展矿区详查工作，提高工作程度，探明可供开发的基础储量，在此基础上，与大风山锶矿床统筹规划，投入整体开发。

（四）大浪滩钾盐矿床

1. 地理位置、交通、能源、水源条件

矿床位于柴达木盆地西北部，行政区划隶属海西州茫崖行委管辖。

矿田为干涸的盐湖盆地，海拔 2700～2900m，地形平坦。属内陆沙漠性气候，每年的 11 月至翌年 3 月日均气温在零度以下，日温差 20℃左右；年降水量 16.7mm，年蒸发量 3023.2mm；多风少雨，风向西北，最大风速为 40m/s。每年 8 级以上大风日最多可达 50 天。

当茫公路和青新公路从矿田东部通过，区内大风山至老茫崖约 80km，大风山东至格尔木市 520km，各主要矿床之间均有便道相通，交通较方便。区内无人烟，无植被，无淡水、无电、无燃料，矿山所需能源和生产、生活物资均需远距离拉运，淡水需从 80km 外的老茫崖附近用汽车运入。

2. 勘查工作程度

1958 年省地质局石油普查大队对小梁山至油敦子区段进行过踏勘，指出本区石盐、芒硝、钠镁矾矿产分布范围大，建议进一步工作。1959 年省地质局柴达木地质队在柴达木盆地西部开展以硼为主的普查时发现钾矿，同年 7 月至次年 4 月对梁中矿床 74.3km^2范围内进行了初查评价，提交表内 C + D 级 KCl 储量 1208 万 t。1982～1986 年，省地质矿产局第一地质水文地质大队对全矿田进行了以钾为主的详查，于 1987 年 11 月提交了《青海省茫崖镇大浪滩钾矿田详细普查地质报告》，1988 年通过了省地矿局的审查。矿床勘查程度为详查，C 级储量比例小，勘查程度较低。

3. 查明资源储量（333 及以上）

大浪滩盐湖是一个以钾镁为主，共生有湖盐、芒硝和锂的综合性大矿田，探明盐类总资源储量 1569.23 亿 t，其中固体 KCl 2451.4 万 t，基础储量 716.3 万 t；液体 KCl 19949.4 万 t，基础储量 5024.8 万 t；$MgSO_4$ 117120.9 万 t，基础储量 114786.9 万 t；$MgCl_2$ 57842.0 万 t，基础储量 54245.8 万 t；氯化锂 72898t，基础储量 68722t；芒硝（Na_2SO_4）534091.1 万 t，基础储量 519405.3 万 t；固体 NaCl 14512421.5 万 t，基础储量 13873861.4 万 t；液体 NaCl 448461.9 万 t，基础储量 405969.0 万 t，详见表 6 - 5。

4. 矿床地质特征

矿田处于柴达木盆地西北部第三纪褶皱带中，呈 NW 向延伸，长约 100km，宽约 50km，面积约 5000km^2。第三系地层受构造运动的影响形成大风山、尖顶山、小梁山、油泉子及南翼山等一系列 NWW 向背斜，将矿田分割成若干个大小不等的凹地；第四系地层则广泛沉积于各凹地和背斜边缘，在地表形成较坚硬的含砂石盐壳。钾镁盐矿主要赋存于第四系上更新统至全新统的盐类沉积层及其晶间卤水中。卤水化学类型以硫酸盐型为主，其次为氯化物型。共生矿产有石盐及芒硝等。

矿田由梁中、黄瓜梁、双泉及风南 4 个矿床和黑北、风北两个矿点组成，以梁中矿床规模最大。

矿床中固、液体矿并存。液体钾矿有潜水型卤水和承压型卤水两种，共分五大层（W_1～W_5），主要赋存于石盐层中。第一层为第三纪卤水层，埋深大，控制少，仅在个别钻孔见到；第二层主要分布于梁中矿床，面积 117km^2，含水层厚 82.9m，孔隙度 9.7%，给水度 6.5%，卤水密度 1.23，KCl 平均品位 1.2%；第三层分布最为广泛，是本矿田的主要矿层，面积 13～284km^2，埋深 11～120m，含水层厚 2～35.54m，孔隙度 8.6%～13.4%，给水度 4.9%～6.6%，卤水密度 1.22～1.23，KCl 品位 1.5%～3.8%；第四层在各矿床均有分布，但范围小于第三层，面积 8～194km^2，含水层厚度 6.5～37.9m，孔隙度 7.7%～16.5%，给水度 4.6%～9.7%，卤水密度 1.23～1.24，KCl 品位 1.12%～2.55%；第五层以潜水型卤水为主，品位相对较高，含水层面积 1.9～25.1km^2，厚度 0.8～32.2m，孔隙度 17.2%～36.9%，给水度 6.5%～32.5%，卤水密度 1.21～1.25，KCl 品位 1.28%～2.10%，主要分布在梁中矿床。全矿田卤水 KCl 平均品位 1.3%，$MgCl_2$ 2.7%。

表6-5　大浪滩钾盐矿床查明资源储量一览表

矿种		梁中		黄瓜梁		双泉	风南		黑北		风北		合计	
		资源储量	基础储量	资源储量	基础储量	资源储量	资源储量	基础储量	资源储量	基础储量	资源储量	基础储量	资源储量	基础储量
LiCl	矿物量:t	72898.0	68722.0										72898.0	68722.0
	卤水量:万 m^3	28579.9	25176.7										28579.9	25176.7
Na_2SO_4	矿物量:万 t	516553.7	516553.7	2851.6	2851.6	14171.7			514.1				534091.1	519405.3
	矿石量:万 t	1160490.9	1160490.9	8117.2	8117.2	34768.4			1234.6				1204611.1	1168608.1
固体 NaCl	矿物量:万 t	13684045.6	13659187.8	182335.0	182335.0	613702.3	5498.0	5498.0	26840.6	26840.6			14512421.5	13873861.4
	矿石量:万 t	18991192.3	18932833.5	269886.9	269886.9	858540.3	8209.7	8209.7	38259.4	38259.4			20166088.6	19249189.5
液体 NaCl	矿物量:万 t	398061.3	398061.3	7327.0	7327.0	41721.4	771.5		404.7	404.7	176.0	176.0	448461.9	405969
	卤水量:万 m^3	1703527.2	1703527.2	27536.1	27536.1	155653.7	3263.6		1514.9	1514.9	682.7	682.7	1892178.2	1733260.9
固体 $MgSO_4$	矿物量:万 t	2660.2	2153.6										2660.2	2153.6
	矿石量:万 t	10724.0	7607.3										10724.0	7607.3
液体 $MgSO_4$	矿物量:万 t	111684.6	111684.6	871.4	871.4	1669.8	157.6		58.9	58.9	18.4	18.4	114460.7	112633.3
	卤水量:万 m^3	1689322.4	1689322.4	21913.3	21913.3	81614.0	3263.6		1514.9	1514.9	682.7	682.7	1798310.9	1713433.3
固体 $MgCl_2$	矿物量:万 t	48.7	32.3										48.7	32.3
	矿石量:万 t	313.2	165.3										313.2	165.3
液体 $MgCl_2$	矿物量:万 t	53671.0	53671.0	526.8	526.8	3455.2	124.6				15.7	15.7	57793.3	54213.5
	卤水量:万 m^3	1623886.4	1623886.4	21913.3	21913.3	153874.0	3263.6				682.7	682.7	1803620.0	1646482.4
固体 KCl	矿物量:万 t	2152.4	716.3				299.0						2451.4	716.3
	矿石量:万 t	61090.6	7930.9				5467.0						66557.6	7930.9
液体 KCl	矿物量:万 t	17754.7	4581.0	419.9	367.8	1618.1	80.7		44.2	44.2	31.8	31.8	19949.4	5024.8
	卤水量:万 m^3	1717902.3	289714.5	27447.3	21913.3	149385.6	3263.6		1514.9	1514.9	682.7	682.7	1900196.4	313825.4

固体钾盐矿仅分布于梁中矿床，共7层（K_1～K_7），其中表内矿3层（K_3、K_6、K_7）。主矿层（K_6、K_7）又可分为贫富两级。富矿面积3.3km^2，平均厚度4.5m，KCl品位12.5%～18.6%；贫矿面积9.8km^2，平均厚度1.6m，KCl品位6.4%～11.5%。含钾矿物K_6层以钾石盐为主，K_7层为光卤石。镁盐矿除地表与钾盐共生外，其他三层矿与钾盐无明显的依存关系。含镁矿物为白钠镁矾、泻利盐，顶部为光卤石、水氯镁石。工业矿体含Mg一般为6.0%～7.5%，个别为19.51%；非工业矿体含Mg 3.0%～4.5%，局部为5.3%～8.7%。

杂卤石矿在上新统至全新统含盐层中均有分布，以中、上更新统最好，分布于矿田各凹陷沉积区。含矿11～25层，最多30层，单层厚0.5～3.4m，K_2SO_4含量一般3.03%～6.90%，最高24.51%，最低2.34%。

芒硝矿共4大层（M_1～M_4），与淤泥、含淤泥石盐构成互层。矿层面积374～560km^2，平均厚度3.8～5.7m。其中M_4矿层分布最广，规模最大，累计最大厚度28.7m，一般厚2～10m。全区芒硝矿石Na_2SO_4平均品位55.89%。矿石呈块状构造，中—粗粒结构，含有黏土、淤泥、石盐、粉砂等杂质，部分含杂卤石。

石盐矿共5大层（S_1～S_5），分布面积78～885km^2，单矿层最大厚度28.6m，累计最大厚度190m，矿层平均厚度18.7～55.8m。NaCl品位53%～81%，平均72.1%。矿石呈块状构造，中—粗粒结构，含有黏土、淤泥、芒硝、石膏、白钠镁矾及杂卤石等杂质。

矿床成因属内陆湖泊化学沉积型。

5. 开发现状

1989年茫崖行委在梁中矿床开采过光卤石矿，并进行简单的浮选粗加工，生产钾肥700t，因成本太高，外部条件差，当年即停产。

在“十五”期间区内钾盐资源开始开发，目前在大浪滩梁中矿床设有采矿权，2005年实际采选卤水量150万t，目前处于试生产阶段，尚未规模开发。

6. 开采技术条件

地表水系（体）极不发育，大浪滩凹地中心局部最低凹地段在雨季偶有地表积水。

矿田基本形状为一封闭—半封闭的盆地，没有任何与外界可联系的地表水体，最直接的补给就是大气降水及其所引起的周边洪流，此外基岩裂隙水或多或少地从侧向对矿田补给，断裂带深部地下水很可能补给矿田较浅部的含水层。

矿区内地下水主要为卤水、咸水、以承压水为主。

矿区内进行了低品位氯化钾利用试验研究，用冷分解—浮选—洗涤方案，最终精矿含KCl 94.5%，NaCl 2.14%，$MgCl_2$ 1.56%，符合轻工部标准一级品要求，精矿KCl回收率72.61%，总回收率64.88%。若对其浮选母液进一步蒸发结晶，可得含KCl 95.33%，NaCl 0.41%，$MgCl_2$ 0.27%的精矿，使总回收率由64.88%提高到77.97%，若按冷溶—冷结晶方案，KCl可达97.24%，回收率96.5%，总回收率86.22%。

7. 开发利用建议

大浪滩钾镁矿田由梁中、黄瓜梁、双泉、风南、黑北、风北6个矿床构成；全区累计保有固体KCl资源储量2414.2万t，其中基础储量679.1万t，资源量1735.1万t；液体KCl资源储量19949.4万t，其中基础储量为5024.8万t，资源量14924.6万t，详见表6-6。

区内主要矿床（中型规模以上）资源储量能够保证的开发规模和规划开发规模见表6-7。矿产可行性研究确定的开发规模为年产氯化钾10万t，明显偏小。

建议对矿床实施开发时适当扩大生产规模，以获取更好的经济效益，为当地经济社会发展做出更大贡献。

目前大浪滩钾镁矿田的风南、黑北、风北三个矿床（点）开发利用条件尚不成熟。由于区内无淡水，目前难以利用固体钾矿，只能利用液体钾矿。现以中型规模以上矿床的氯化钾资源储量进行理论计算，在40年服务年限内，资源储量能够保证133万t/a的开发规模。

表 6-6　大浪滩钾盐矿床保有资源储量一览表

矿种		梁中		黄瓜梁		双泉	风南		黑北		风北		合计	
		资源储量	基础储量	资源储量	基础储量	资源储量	资源储量	基础储量	资源储量	基础储量	资源储量	基础储量	资源储量	基础储量
LiCl	矿物量:t	72898.0	68722.0										72898.0	68722.0
	卤水量:万 m^3	28579.9	25176.7										28579.9	25176.7
Na_2SO_4	矿物量:万 t	516553.7	516553.7	2851.6	2851.6	14171.7			514.1				534091.1	519405.3
	矿石量:万 t	1160490.9	1160490.9	8117.2	8117.2	34768.4			1234.6				1204611.1	1168608.1
固体 NaCl	矿物量:万 t	13684045.6	13659187.8	182335.0	182335.0	613702.3	5498.0	5498.0	26840.6	26840.6			14512421.5	13873861.4
	矿石量:万 t	18991192.3	18932833.5	269886.9	269886.9	858540.3	8209.7	8209.7	38259.4	38259.4			20166088.6	19249189.5
液体 NaCl	矿物量:万 t	398061.3	398061.3	7327.0	7327.0	41721.4	771.5		404.7	404.7	176.0	176.0	448461.9	405969
	卤水量:万 m^3	1703527.2	1703527.2	27536.1	27536.1	155653.7	3263.6		1514.9	1514.9	682.7	682.7	1892178.2	1733260.9
固体 $MgSO_4$	矿物量:万 t	2660.2	2153.6										2660.2	2153.6
	矿石量:万 t	10724.0	7607.3										10724	7607.3
液体 $MgSO_4$	矿物量:万 t	111684.6	111684.6	871.4	871.4	1669.8	157.6		58.9	58.9	18.4	18.4	114460.7	112633.3
	卤水量:万 m^3	1689322.4	1689322.4	21913.3	21913.3	81614.0	3263.6		1514.9	1514.9	682.7	682.7	1798310.9	1713433.3
固体 $MgCl_2$	矿物量:万 t	48.7	32.3										48.7	32.3
	矿石量:万 t	313.2	165.3										313.2	165.3
液体 $MgCl_2$	矿物量:万 t	53671.0	53671.0	526.8	526.8	3455.2	124.6				15.7	15.7	57793.3	54213.5
	卤水量:万 m^3	1623886.4	1623886.4	21913.3	21913.3	153874.0	3263.6				682.7	682.7	1803620	1646482.4
固体 KCl	矿物量:万 t	2115.2	679.1				299.0						2414.2	679.1
	矿石量:万 t	60724.6	7564.9				5467.0						66191.6	7564.9
液体 KCl	矿物量:万 t	17754.7	4581.0	419.9	367.8	1618.1	80.7		44.2	44.2	31.8	31.8	19949.4	5024.8
	卤水量:万 m^3	1717902.3	289714.5	27447.3	21913.3	149385.6	3263.6		1514.9	1514.9	682.7	682.7	1900196.4	313825.4

表 6－7　大浪滩钾盐矿保有资源储量及开发规划表

矿床	矿床规模	基础储量	资源量	可利用储量	资源储量能够保证的开发规模		规划开发规模	开发条件
					开发规模	服务年限		
梁中	大型	4581	13173.7	12485	120	40	40	缺水、缺电，资源量多，需要开展进一步的补充勘查工作后，才能投入规模开发
黄瓜梁	中型	367.8	52.1	399.1	4	40	4	
双泉	中型		1618.1	970.9	9	40	6	

注：资源量单位：万 t，开发规模：万 t/年，资源量可信度 60%，回采率 40%。

该区固液体钾盐资源储量虽然丰富，有规模开发的前提条件。但目前资源开发利用条件较差，主要表现在：一是该区勘探程度低，基础储量少，需进一步提高钾盐资源的勘查程度。二是该区的矿床普遍存在给水度小、液体矿资源利用条件不好、固体矿品位低等开发制约因素，近期较难利用。三是区内的交通、电力等基础设施条件较差，不能满足矿产资源开发的需要，而且该区盐湖资源开发中的淡水资源供给十分困难。因此，该区总体的开发利用外部条件较差，目前不宜进行大规模开发。

受基础设施条件、勘查工作程度及水电资源的制约，目前仅具备规划液体钾矿资源开发的条件；若基础设施条件在现有基础上得到明显改善、矿床勘查程度得到提高、水电资源得到解决后，即可进行其他盐类矿产的开发。

（五）昆特依钾盐矿床

1. 地理位置、交通、能源、水源条件

矿田位于柴达木盆地西北缘，行政区划隶属海西州冷湖行委管辖。

区内海拔 2750m 左右。气候干旱，属内陆沙漠性气候，年降水量 15.1mm，年蒸发量 3019.2mm；全年最高气温 32℃，最低气温 －3℃；11 月至次年 3 月为冰冻期。

矿田地处柴达木盆地西北部，东南距格尔木市 500km，距冷湖镇 30km，距大柴旦镇 300km，茶冷公路、当茫公路分别从矿田东侧和中部通过，交通较方便。但盐滩内部盐壳起伏，坎坷不平，汽车行走十分困难。矿区内无淡水，但在钾湖矿床北部山前洪积扇有淡水，可作为生产及生活用水。附近有小型火电厂，但电力能源主要由国家电网供给，煤炭资源就近可以解决。区内人烟稀少，劳力和物资均需冷湖镇或甘肃敦煌等地供给。

2. 勘查工作程度

1956 年，地质部石油普查大队在 1∶20 万路线地质普查中，对昆特依盐类沉积区进行了踏勘。1959 年省地质局柴达木地质队开展了以硼为主的盐类矿产普查，提交了《青海省冷湖镇昆特依盐类沉积区地质普查报告》。1985～1988 年省地质矿产局柴达木综合地质大队、第一水文地质大队与第一探矿工程大队及地球物理勘查队相互配合，对该区进行了以钾为主的盐类矿产普查工作，于 1989 年 11 月提交了《青海省冷湖镇昆特依钾矿田普查报告》，1990 年 12 月 18 日通过了省地矿局的评审。

经普查，矿田的分布范围、盐矿层和卤水钾矿的空间分布、数量与质量已基本查清，矿床规模无显著扩大的可能。矿床勘查程度为普查，资源量所占比例较大，勘查程度不高。

3. 查明资源储量（333 及以上）

昆特依盐湖是一个以钾镁盐为主，共生有湖盐和芒硝，且固液相并存的大型矿田，探明盐类矿产总储量 851.56 亿 t，其中固体 KCl 97.7 万 t，基础储量 48.8 万 t；液体 KCl 10163 万 t，基础储量 2098.5 万 t；$MgSO_4$ 34922.4 万 t，基础储量 6320.9 万 t；$MgCl_2$ 24673.4 万 t，基础储量 5396.9 万 t；芒硝（Na_2SO_4）40674.3 万 t，全部为资源量；NaCl 8578334.1 万 t，基础储量 40312.2 万 t，详见表 6－8。

表 6－8　昆特依钾盐矿床查明资源储量一览表

矿种		北部新盐带		钾湖		俄博梁	大盐滩		大熊滩	合计	
		资源储量	基础储量	资源储量	基础储量	资源储量	资源储量	基础储量	资源储量	资源储量	基础储量
Na_2SO_4	矿物量:万 t						40674.3			40674.3	
	矿石量:万 t						131476.6			131476.6	
固体 NaCl	矿物量:万 t	33484.9	2913.9	5720.8	4125.7	785212.6	7494253.0		86377.3	8405048.6	7039.6
	矿石量:万 t	46697.6	3862.6	7969.0	5632.5	1082888.8	10706561.6		122358.7	11966475.7	9495.1
液体 NaCl	矿物量:万 t	660.4		104.1	61.4	23607.0	148652.2	33211.2	261.8	173285.5	33272.6
	卤水量:万 m^3	3206.4		871.2	494.0	95815.4	793084.6	138484.2	990.2	893967.8	138978.2
液体 $MgSO_4$	矿物量:万 t			6.2	3.7	1520.1	33372.1	6317.2	24.0	34922.4	6320.9
	卤水量:万 m^3			871.2	494.0	95815.4	793084.6	138484.2	990.2	890761.4	138978.2
固体 $MgCl_2$	矿物量:万 t			19.2	18.7					19.2	18.7
	矿石量:万 t			210.7	197.0					210.7	197
液体 $MgCl_2$	矿物量:万 t	208.1		158.3	92.3	2968.8	21296.9	5285.9	22.1	24654.2	5378.2
	卤水量:万 m^3	3206.4		871.2	494.0	95815.4	793084.6	138484.2	990.2	893967.8	138978.2
固体 KCl	矿物量:万 t			10.7	10.7		87.0	38.1		97.7	48.8
	矿石量:万 t			197.0	197.0		1528.2	383.9		1725.2	580.9
液体 KCl	矿物量:万 t	34.8		12.7	7.3	1032.3	9061.8	2091.2	21.4	10163	2098.5
	卤水量:万 m^3	3206.4		871.2	494.0	95815.4	793084.6	138484.2	990.2	893967.8	138978.2

注:卤水量单位万 m^3,矿物量单位为万 t。

4. 矿床地质特征

昆特依钾镁盐矿床地处柴达木盆地西北部的一个次级盆地，是一个以液体矿为主的大型矿田，南北长70km，东西宽40km，总面积2800多平方千米。第四系含盐地层广泛分布，主要沉积在第三系背斜两翼的向斜凹地中，产状近于水平，为一套湖积和化学沉积的含盐地层，矿田内的固液体矿产均赋存于其中。矿床固液并存，在平面上具明显偏心牛眼式沉积分带，沉积中心紧靠断陷一侧。

液体矿产主要有KCl、NaCl、$MgCl_2$及$MgSO_4$等；固体矿产以石盐为主，芒硝、杂卤石和可溶性钾矿次之。根据构造、地层及水文地质条件等，该矿田可分为5个矿床，由北向南依次为：北部新盐带、钾湖、俄博滩、大盐滩和大熊滩矿床。液体矿产自上而下分为5大层，其中1～2层为晶间潜卤水，3～5层为层间承压卤水。卤水中除主矿种KCl外，尚共生有NaCl、MgCl及$MgSO_4$等。5个矿床中以大盐滩矿床规模最大，是矿田主要的卤水钾矿床，探明储量占全矿田钾矿总量的95%，其次为俄博滩矿床。大盐滩矿床5层卤水矿层面积为422～810km^2，含卤水层厚度为4.7～21.4m，埋深2.2～115.4m。卤水以硫酸镁亚型为主，品位：KCl 1.04%～1.3%，NaCl 21.3%～22.5%，$MgCl_2$ 1.2%～2.1%，$MgSO_4$ 1.7%～2.9%。俄博滩矿床上部第一层矿缺失，矿层面积为29～137km^2，厚度9.9～22.5m，埋深2.6～85.4m。卤水以硫酸镁亚型为主，品位KCl 0.73%～1.0%，NaCl 19.9%～23.4%，$MgCl_2$ 0.8%～3.3%，$MgSO_4$ 0.6%～2.3%。卤水中还伴生有LiCl 36.7～158.8mg/L，B_2O_3 131.2～402.4mg/L，Br 7.8～70.9mg/L，I 0.0～3.7mg/L，均低于工业品位，只能作为伴生矿产在生产过程中综合利用。北部的钾湖矿床，处于洪积扇前泉水溢出带的前沿，是本区最新的第四纪湖泊化学沉积矿床，虽矿层面积和储量均很小，但固液体矿品位富，是当前开采的主要对象。固体钾矿赋存于全新统化学沉积和湖积层内，仅分布于大盐滩和钾湖两个矿床中。其中，大盐滩矿床圈定固体矿层面积为6.6km^2，厚度不稳定，平均厚度1.7m，多呈扁豆体产出，KCl品位3.09%～20.02%；矿石自然类型为含光卤石、钾石盐的石盐和含粉砂钾石盐的石盐两种。钾湖矿床固体矿层层位较稳定，多出露地表，最大埋深8.3m，一般小于0.5m；矿层厚度一般1.0～1.5m，最大厚度3m；KCl品位一般6%～10%，最高25.78%。矿石自然类型主要为含石盐的光卤石粉砂和石盐粉砂光卤石矿，并在湖水岸边见到结晶完好的光卤石晶体。

昆特依矿田石盐和芒硝矿两者常常共生，层位基本相当，共分6层。石盐矿层在各矿床均有产出，厚度大，品位变化小，尤以大盐滩矿床分布最广，矿层厚1.2～21.1m，NaCl品位68.7%～85.0%。芒硝矿仅分布于大盐滩和俄博滩矿床中，矿层厚0.8～2.4m，Na_2SO_4品位为45.7%～53.5%。矿石结构以结晶粒状及粉砂状为主，构造以块状及层状为主。

主要杂卤石矿多产于石盐层中，局部产于芒硝、淤泥和黏土层中呈薄层状、似层状或透镜体状，连续性差或不连续。杂卤石矿分布于大熊滩、大盐滩和俄博滩3个矿床中，以大盐滩为主。矿层厚度小，层数多，单层厚度一般1m左右，最大厚度5.4m，最小0.3m，K_2SO_4品位2.5%～9.7%。

钾镁盐矿物以光卤石为主，次为钾石盐和少量的软钾镁矾等，另有水不溶钾矿物杂卤石等，并有少量泻利盐。

矿床成因为内陆湖泊化学沉积型。

5. 开发现状

1958年4月开始，冷湖镇昆特依盐厂在北部新盐带矿床边部进行石盐开采，生产食用盐。采用沟槽法生产再生盐，最高年产量13万t，最低5万t，平均10万t左右。该厂生产潜力较大，但由于盐业专营，不可能有更大的发展。

20世纪80年代后期和90年代初，海西州冷湖化工总厂对钾湖光卤石和卤水钾矿进行了小规模开采，采用冷分解—浮选法，年产钾肥0.3万～1万t，共产钾肥约6万～8万t，现已停产。

目前在昆特依钾镁盐矿田钾湖、牛郎织女湖有小规模开发活动，昆特依大盐滩矿床、北部新盐带矿床设有采矿权，但开发规模均较小，至2005年底共生产钾肥（氯化钾）14.67万t。

6. 开采技术条件

承压水水头一般埋深较小，便于卤水抽取，有利开采；汇水中心地势低洼，排水较困难，易在含水层、抽水设备、孔壁发生结盐。

岩石类型简单，地表为坚硬盐壳，可满足盐田及小型建筑物的建设要求。矿层直接围岩为湖积淤泥，隔水性能好，有利分段开采。开采地段地势低洼，对尾卤排放有困难。

矿区（田）构造复杂，隐伏断裂发育，对现代成矿十分有利，开采时应充分研究断裂带补给量、保持补采平衡。

开采方式简单，人工、机械开采均可，埋深较大时可用水溶法，液体矿可用盐田法。

7. 开发利用建议

昆特依钾矿田由北部新盐带、钾湖、俄博滩、大盐滩、大熊滩5个矿床构成。全区累计保有固体KCl资源储量为94.3万t，其中基础储量45.4万t，资源量48.9万t；液体KCl资源储量10163万t，其中基础储量为2098.5万t，资源量8064.5万t，详见表6-9。

以区内中型规模以上矿床的氯化钾资源储量进行理论计算，在30年服务年限内，资源储量能够保证88万t/a的开发规模。

昆特依钾矿田的开发利用条件虽然稍好于大浪滩矿田，但勘探程度仍然偏低，需进一步提高钾盐资源的勘查程度；矿床给水度小，液体矿资源利用条件不好，固体矿品位低；交通、电力等基础设施条件较差，尚不能完全保证钾盐资源的规模开发。

区内主要矿床（中型规模以上）资源储量能够保证的开发规模和规划开发规模见表6-10。

本矿区大盐滩矿床规划开采规模为年产氯化钾80万t，矿山服务年限30年；矿山在开展可行性研究时确定的生产规模为年产氯化钾10万t，规模明显偏小，矿山服务年限过长，不符合当前产业经济发展的需要。建议实施开发时适当扩大生产规模，以取得更好的经济效益，为当地经济社会发展做出更大贡献。

受基础设施条件、勘查工作程度及水电资源的制约，区内目前仅具备规划液体钾矿资源开发的条件，若基础设施条件在现有基础上得到明显改善、矿床勘查程度得到提高、水电资源得到解决后，即可进行其他盐类矿产的开发。

（六）察汗斯拉图芒硝钾盐矿床

1. 地理位置、交通、能源、水源条件

察汗斯拉图为柴达木盆地的次级小盆地，位于柴达木盆地西北部，冷湖镇西南侧。芒硝矿区位于察汗斯拉图盆地的中部和南部，面积742.5km^2，行政区划隶属海西州冷湖行委管辖。

矿区地势平坦，海拔2696～2718m。属内陆沙漠性气候，干燥寒冷，多风少雨。

冷大公路穿越矿区中部，南侧有茶芒公路，北、西侧有冷茫公路，交通方便。矿区距冷湖镇约80km，矿区内部盐壳起伏，汽车通行比较困难。生产、生活用水需由冷湖镇或茫崖镇拉运，煤需由350km外的大柴旦附近煤矿供应，冷湖、花土沟有炼油厂，可供动力燃料。区内无居民点，无淡水，无燃料，一切生产、生活物资，劳力均靠区外供应。

2. 勘查工作程度

1957年柴达木地质队曾在察汗斯拉图进行过石膏矿点检查。1981年第一地质队盐湖分队在该区进行以钾为主的盐类矿产路线踏勘工作，发现芒硝矿。1983年第一地质水文地质大队在该区进行以钾为主的路线地质踏勘，1984年进行1∶10万以钾为主的盐类地质初查，1985年进行芒硝矿玉龙湾矿段的初勘，1986～1987年进行芒硝矿的详查。

第一地质水文地质大队于1985年11月、1986年8月和1987年9月，先后提交了《青海省海西州察汗斯拉图盐类沉积区钾盐初步普查报告》、《青海省海西州察汗斯拉图芒硝矿床玉龙湾矿段初步勘探地质报告》、《青海省茫崖镇察汗斯拉图芒硝矿区详细普查地质报告》，均通过了第一地质水文地质大队的审查。

表 6－9　昆特依钾盐矿床保有资源储量一览表

矿种		北部新盐带		钾湖		俄博梁	大盐滩		大熊滩	合计	
		资源储量	基础储量	资源储量	基础储量	资源储量	资源储量	基础储量	资源储量	资源储量	基础储量
Na_2SO_4	矿物量:万 t						40674. 3			40674. 3	
	矿石量:万 t						131476. 6			131476. 6	
固体 NaCl	矿物量:万 t	33457. 3	2886. 3	5715. 1	4120. 0	785212. 6	7494253. 0		86377. 3	8405015. 3	7006. 3
	矿石量:万 t	46659. 0	3824. 0	7961. 2	5624. 7	1082888. 8	10706561. 6		122358. 7	11966429. 3	9448. 7
液体 NaCl	矿物量:万 t	660. 4		104. 1	61. 4	23607. 0	148652. 2	33211. 2	261. 8	173285. 5	33272. 6
	卤水量:万 m^3	3206. 4		871. 2	494. 0	95815. 4	793084. 6	138484. 2	990. 2	893967. 8	138978. 2
液体 $MgSO_4$	矿物量:万 t			6. 2	3. 7	1520. 1	33372. 1	6317. 2	24. 0	34922. 4	6320. 9
	卤水量:万 m^3			871. 2	494. 0	95815. 4	793084. 6	138484. 2	990. 2	890761. 4	138978. 2
固体 $MgCl_2$	矿物量:万 t			18. 3	17. 8					18. 3	17. 8
	矿石量:万 t			202. 9	189. 2					202. 9	189. 2
液体 $MgCl_2$	矿物量:万 t	208. 1		158. 3	92. 3	2968. 8	21296. 9	5285. 9	22. 1	24654. 2	5378. 2
	卤水量:万 m^3	3206. 4		871. 2	494. 0	95815. 4	793084. 6	138484. 2	990. 2	893967. 8	138978. 2
固体 KCl	矿物量:万 t			7. 3	7. 3		87. 0	38. 1		94. 3	45. 4
	矿石量:万 t			137. 4	137. 4		1528. 2	383. 9		1665. 6	521. 3
液体 KCl	矿物量:万 t	34. 8		12. 7	7. 3	1032. 3	9061. 8	2091. 2	21. 4	10163	2098. 5
	卤水量:万 m^3	3206. 4		871. 2	494. 0	95815. 4	793084. 6	138484. 2	990. 2	893967. 8	138978. 2

注:卤水量单位万 m^3,矿物量单位万 t。

表 6－10　昆特依钾盐矿保有资源储量及开发规划表

矿床	矿床规模	基础储量	资源量	可利用储量	资源储量能够保证的开发规模		规划开发规模	开发条件
					开发规模	服务年限		
俄博滩	中型		1032.3	619.4	8	30	8	无淡水资源，缺电，生产、生活物资运距远
大盐滩	大型	2091.2	6970.6	6273.6	80	30	40	

注：资源量单位万 t，开发规模：万 t/a，资源量可信度 60%，回采率 40%。

3. *查明资源储量（333 及以上）*

探明盐类矿产总资源储量 102.1 亿 t，其中芒硝资源储量矿石量 365304.2 万 t，Na_2SO_4 100100.4 万 t，基础储量矿石量 5356.3 万 t，Na_2SO_4 2495.2 万 t；钾盐（全部为资源量）：固体矿石量 2186.5 万 t，KCl 105.9 万 t；液体卤水量 76884.1 万 m^3，KCl 927.3 万 t；盐矿（全部为资源量）：固体矿石量 1288094.6 万 t，NaCl 898951.6 万 t；液体卤水量 76884.1 万 m^3，NaCl 20895.8 万 t。上述三类矿产已上表，见表 6－11。

表 6－11　察汗斯拉图芒硝钾盐矿床查明（上表）资源储量一览表

矿种		资源储量	基础储量
Na_2SO_4	矿石量	365304.2	5356.3
	矿物量	100100.4	2495.2
固体 KCl	矿石量	2186.5	
	矿物量	105.9	
液体 KCl	卤水量	76884.1	
	矿物量	927.3	
固体 NaCl	矿石量	1288094.6	
	矿物量	898951.6	
液体 NaCl	卤水量	76884.1	
	矿物量	20895.8	

注：卤水量单位万 m^3，矿物量单位万 t。

此外尚有玉龙湾矿段芒硝矿石量 14058.89 万 t，Na_2SO_4 6877.36 万 t，全为资源量，未上表。

4. *矿床地质特征*

位于柴达木准地台之柴达木盆地台坳。察汗斯拉图是一个四周为下—中更新统下部地层所围绕的中更新世晚期至全新世的沉积—剥蚀盆地。

出露地层为第四系，自老至新为：下更新统（Q_1）为粉砂黏土及淤泥，夹芒硝、石盐；中更新统分为下部中更新统（Q_{21}），岩性为含粉砂、石膏的淤泥、芒硝石盐、淤泥黏土夹石盐层，石盐芒硝层，粉砂黏土及淤泥夹芒硝石盐层，芒硝及石盐层；上部中更新统（Q_{22}）为黏土、淤泥层，含芒硝、淤泥的石盐层，含粉砂、石膏、石盐的淤泥层，含芒硝、淤泥的石盐层，淤泥、黏土、粉砂层；上更新统

（Q_3）下部为含石盐、石膏的粉砂、黏土层，粉砂石盐层；上更新统—全新统（Q_{3-4}）岩性为含砂的石盐层，粉砂石盐、石盐粉砂层。构造有中央拱起及拱东、拱西褶皱构造，碱北凹地向斜构造，断裂不发育。

（1）芒硝矿

①下部中更新统芒硝矿，有两层，下层面积 163.29km²，平均厚 2.93m，品位 Na_2SO_4 平均 56.50%，NaCl 一般 4%～12%，$MgSO_4$ 一般 2%～3%，$CaSO_4$ 一般 7%～12%，淤泥一般 10%～15%；上层面积 374.30km²，平均厚 2.11m，品位：Na_2SO_4 平均 54.50%，NaCl 24.78%，$MgSO_4$ 1.58%，$CaSO_4$ 6.07%。

②上部中更新统芒硝矿，有四层：第一层面积 521.82km²，平均厚度 1.31m，品位：Na_2SO_4 平均 51.0%，NaCl 22.19%～34.52%，$MgSO_4$ 1.24%～2.59%，$CaSO_4$ 4.74%～7.67%，$CaSO_4$ 2.12%～2.19%，K_2SO_4 1.05%～1.27%。第二层面积 215.23km²（东）和 72.52km²（西），东矿体平均厚 0.86m，西矿体平均厚 0.88m，东矿体 Na_2SO_4 平均 74.05%，西矿体平均 71.4%，此外有 NaCl、$MgSO_4$、$CaSO_4$、K_2SO_4、$CaCO_3$ 等。第三层面积 2.78km²，平均厚 0.29m，Na_2SO_4 平均 90%。第四层面积 213.39km²，平均厚 0.95m，Na_2SO_4 平均 76.99%。位于芒硝矿西北端的玉龙湾矿段，1985 年曾进行初勘，面积 86.4km²，仅限于深度 3m 以上的三层矿，上层面积 42.73km²，平均厚 1.04m，平均品位 Na_2SO_4 89.14%；中层面积 50.68km²，平均厚 0.25m，品位 Na_2SO_4 98.54%；下层面积 60.13km²，平均厚 0.79m，平均品位 Na_2SO_4 91.25%。

（2）钾盐矿

①固体钾矿，产于碱北凹地，平均厚数十厘米，总面积 15.90km²，以光卤石为主，次为钾石盐，K^+ 最高含量 7.58%。

②液体钾矿，分三层，上层面积 83.8km²，卤水层厚度平均 5.62m，KCl 平均 1.23%，NaCl 22.37%，$MgCl_2$ 1.27%；中层面积 217.6km²，卤水层平均厚 6.15m，KCl 含量平均 1.03%，NaCl 22.17%，$MgCl_2$ 1.05%，下层面积 715.3km²，卤水层平均厚 4.15m，KCl 平均含量 0.95%。

（3）石盐矿，据 1985 年普查报告，工程控制的上部中更新统和上更新统的固相石盐矿层有 7 层，平均厚度 1.32～3.55m，NaCl 平均 61.30%～82.46%。此外卤水中 NaCl 含量也较高。

矿床成因为内陆湖泊化学沉积型。

5. 开发现状

矿区目前已办理三个采矿许可证，在局部矿段开采芒硝和石盐，但不会影响未来矿山整装开发。

6. 开采技术条件

浅埋的矿层顶板岩性多数具胶结性，凿掘难度较大；深埋的矿层顶底板岩性均具可塑性、压缩性和膨胀性，掘进容易。

该矿床属水文地质条件简单的孔隙充水矿床，适宜露天开采。浅部首期开采，考虑矿层顶底板岩层的稳定性差，会导致采矿场边坡不稳固，应加以支护。

7. 开发利用建议

矿区保有芒硝 Na_2SO_4 100065.3 万 t，其中基础储量 2460.1 万 t；钾盐：固体 KCl 105.9 万 t；液体 KCl 927.3 万 t。由于区内无淡水，目前难以利用固体钾矿，只能利用液体钾矿。其资源储量能够保证的开发规模为：芒硝在 360 年服务年限内，年产元明粉 100 万 t；液体 KCl 在 20 年服务年限内，年产钾肥（KCl）10 万 t。

矿床资源储量能够保证的开发规模和规划开发规模见表 6－12。

表6－12　察汗斯拉图芒硝矿保有资源储量及开发规划表

矿床	矿种	基础储量	资源量	可利用储量	资源储量能够保证的开发规模		规划开发规模	开发条件
					开发规模	服务年限		
察汗斯拉图	芒硝	2460.1	97605.2	61023.2	100	360	50	无淡水资源，缺电，生产、生活物资运距远
	KCl		927.3	556.4	10	20	10	

注：资源量单位：万t，开发规模：万t/a，资源量可信度60%，回采率40%。

区内芒硝矿的开发受交通、电源、水源等基础设施条件和市场需求的制约，很难形成大的规模。液体KCl资源的开发可与昆特依钾盐矿床统筹考虑，整体开发。盐矿需待区内基础设施条件在现有基础上得到明显改善、矿床勘查程度得到提高、水电资源得到解决并有市场需求后，方可进行规模开发。

五、资源接替区矿产资源经济效益评价

（一）矿产资源潜在价值

区内矿产资源潜在价值的计算公式等均与元石山—拉水峡铁镍铜磷矿勘查开发接替区的计算公式等一致，矿产品价格见表5－5；接替区内已查明主要矿产资源储量的潜在价值为311786.81亿元，其中上表资源储量的潜在价值为311663.02亿元，未上表资源储量的潜在价值为123.79亿元，详见表6－13。

（二）年矿业产值增量预测

2005年，接替区内各主要单矿种年产量分别为：氯化钾2.66万t，芒硝0.3万t，硫酸锶1.46万t，实现产值3.49亿元。

预测到2010年，接替区内各主要单矿种年产量分别为：氯化钾5.0万t，芒硝1.5万t，硫酸锶3.0万t。

预测到2015年，接替区内各主要单矿种年产量分别为：氯化钾10.0万t，芒硝3.0万t，硫酸锶6.0万t。

2010年矿业产值$Gm=\sum$（预测单个矿种年产量×该矿种价格）＝氯化钾5.0万t×2700元/t＋芒硝1.5万t×300元/t＋硫酸锶3.0万t×19652元/t＝13500万元＋450万元＋58956万元＝72906万元≈7.29亿元。

2015年矿业产值$Gm=\sum$（预测单个矿种年产量×该矿种价格）＝氯化钾10.0万t×2700元/t＋芒硝3.0万t×300元/t＋硫酸锶6.0万t×19652元/t＝27000万元＋900万元＋117912万元＝145812万元≈14.58亿元。

2010年较2005年的年矿业产值增量＝7.29亿元－3.49亿元＝3.80亿元。

2015年较2010年的年矿业产值增量＝14.58亿元－7.29亿元＝7.29亿元。

（三）矿产资源开发利用的社会效益评价

1. 矿产资源开发对地区经济发展的贡献

开发接替区位于海西州境内，根据《青海省海西州国民经济和社会发展“十一五”规划纲要》统计及预测，海西州2005年地区生产总值134.34亿元；预测2010年地区生产总值280亿元，较2005年增加145.66亿元；2015年地区生产总值560亿元，较2010年增加280亿元。

2010年矿业对经济发展的贡献率＝接替区矿业产值增量/接替区所在区域国内生产总值增量＝3.80亿元/145.66亿元＝2.61%。

表 6－13　矿产资源潜在价值测算结果表

接替区名称	矿种	矿区	基础储量/万 t	资源量/万 t	工作程度	资源量可信度系数	价格（元/t）	品位系数	潜在价值/元	上表状态	合计/亿元
大浪滩—昆特依钾盐锶矿开发接替区	固体钾盐	大浪滩	679. 1	1735. 1	详查	0. 7	2700	1	51129090000	上表	311663. 02
		昆特依	45. 4	48. 9	普查	0. 6	2700	1	2017980000		
		察汗斯拉图		105. 9	普查	0. 6	2700	1	1715580000		
	液体钾盐	大浪滩	5024. 8	14924. 6	详查	0. 7	2700	1	417744540000		
		昆特依	2098. 5	8064. 5	普查	0. 6	2700	1	187304400000		
		察汗斯拉图		927. 3	普查	0. 6	2700	1	15022260000		
	固体 NaCl	大浪滩	1168608. 1	13343813. 4	详查	0. 7	168	1	17655586166400		
		昆特依	7006. 3	8398009	普查	0. 6	168	1	8476963656000		
	液体 NaCl	大浪滩	405969	42492. 9	详查	0. 7	168	1	731999570400		
		昆特依	33272. 6	140012. 9	普查	0. 6	168	1	197030971200		
	固体 $MgSO_4$	大浪滩	2153. 6	506. 6	详查	0. 7	410	1	10283702000		
	LiCl	大浪滩	68722×10^{-4}	4176×10^{-4}	详查	0. 7	7832	1	561125206		
	液体 $MgSO_4$	大浪滩	112633. 3	1827. 4	详查	0. 7	410	1	467041168000		
		昆特依	6320. 9	28601. 5	普查	0. 6	410	1	96275380000		
	固体 $MgCl_2$	大浪滩	32. 3	16. 4	详查	0. 7	720	1	315216000		
		昆特依	17. 8	0. 5	普查	0. 6	720	1	130320000		
	液体 $MgCl_2$	大浪滩	54213. 5	3579. 8	详查	0. 7	720	1	408379392000		
		昆特依	5378. 2	19276	普查	0. 6	720	1	121995360000		
	芒硝	大浪滩	534091. 1		详查	0. 7	300	1	1602273300000		
		昆特依		40674. 3	普查	0. 6	300	1	73213740000		
		察汗斯拉图	2460. 1	97605. 2	普查	0. 6	300	1	183069660000		
	天青石	大风山	1760. 3	697. 7	详查	0. 7	19652	1	441912558800		
		尖顶山		199. 2	普查	0. 6	19652	1	23488070400		
		碱山		7. 2	普查	0. 6	19652	1	848966400		
	芒硝	察汗斯拉图		6877. 36	普查	0. 6	300	1	12379248000	未上表	123. 79

2015 年矿业对经济发展的贡献率 = 接替区矿业产值增量/接替区所在区域国内生产总值增量 = 7.29 亿元/280 亿元 = 2.60%。

2. *矿产资源开发对经济增长速度的贡献*

2010 年接替区矿业产值占接替区所在区域国内生产总值的比重 = 7.29 亿元/280 亿元 = 2.60%。

2010 年与 2005 年比较，接替区矿业产值增长率 = 3.80 亿元/3.49 亿元 = 108.88%。

2010 年与 2005 年比较，接替区所在区域国内生产总值增长率 = 145.66 亿元/134.34 亿元 = 108.43%。

2015 年接替区矿业产值占接替区所在区域国内生产总值的比重 = 14.58 亿元/560 亿元 = 2.60%。

2015 年与 2010 年比较，接替区矿业产值增长率 7.29 亿元/7.29 亿元 = 100%。

2015 年与 2010 年比较，接替区所在区域国内生产总值增长率 = 280 亿元/280 亿元 = 100%。

2010 年矿业经济增长贡献率 = 接替区矿业产值占接替区所在区域国内生产总值的比重 × 接替区矿业产值增长率/接替区所在区域国内生产总值增长率 = 2.60% ×108.88%/108.43% = 2.61%。

2015 年矿业经济增长贡献率 = 接替区矿业产值占接替区所在区域国内生产总值的比重 × 接替区矿业产值增长率/接替区所在区域国内生产总值增长率 = 2.60% ×100%/100% = 2.60%。

（四）矿产资源开发技术经济评价

（1）从成矿条件、资源储量、资源前景、矿床规模、矿石品位、采选性能、潜在价值、矿业贡献等 8 个方面，聘请 7 位专家对开发接替区内部开发条件分别评分，经汇总平均，大浪滩—昆特依钾盐锶矿开发接替区内部开发条件综合评分结果为 85.86 分（表 6－14），在 4 个开发接替区中排名第一。

表 6－14　大浪滩—昆特依钾盐锶矿开发接替区内部开发条件评分表

评价指标	评分 1	评分 2	评分 3	评分 4	评分 5	评分 6	评分 7	合计	平均
成矿条件（10 分）	8	8	10	9	10	10	8	63	85.86
资源储量（20 分）	18	17	17	20	19	20	20	131	
资源前景（15 分）	11	14	9	6	14	12	13	79	
矿床规模（15 分）	13	12	15	15	14	15	15	99	
矿石品位（10 分）	5	6	10	8	8	8	9	54	
采选性能（10 分）	4	4	6	9	10	8	7	48	
潜在价值（15 分）	14	14	14	15	15	15	15	102	
矿业贡献（5 分）	1	3	4	5	5	5	2	25	
合计	74	78	85	87	95	93	89	601	

（2）从市场需求、交通条件、供水条件、供电条件、自然条件、区域经济等 6 个方面，聘请 7 位专家对开发接替区外部开发条件分别评分，经汇总平均，大浪滩—昆特依钾盐锶矿开发接替区外部开发条件综合评分结果为 56.71 分（表 6－15），在 4 个开发接替区中排名第四。

表 6－15　大浪滩—昆特依钾盐锶矿开发接替区外部开发条件评分表

评价指标	评分 1	评分 2	评分 3	评分 4	评分 5	评分 6	评分 7	合计	平均
市场需求（20 分）	11	16	20	18	20	20	20	125	56.71
交通条件（16 分）	9	10	10	12	11	9	5	66	
供水条件（16 分）	8	4	7	6	8	4	2	39	
供电条件（16 分）	11	9	4	6	12	4	2	48	
自然条件（16 分）	14	14	10	6	12	4	1	61	
区域经济（16 分）	10	9	11	9	14	4	1	58	
合计	63	62	62	57	77	45	31	397	

六、资源接替区开发环境影响评价

（一）环境影响分析评价

1. 政策环境影响分析

我国钾盐资源潜力有限，可供储量难以增长，目前钾盐可供储量对 2020 年需求的保障程度小于 30%，供需形势十分严峻。碳酸锶、碳酸锂、镁盐、硼酸的系列产品的应用越来越广泛，需求与消费也在不断增长。因此，加速区内天青石、盐湖矿产的开发，对国家缓解资源瓶颈压力，无疑具有十分重要的意义。

大浪滩—昆特依地区主要在柴达木盆地，柴达木地区被列为国家级循环经济实验区，本区不属于自然保护区或国家、省限制开发区，青海省经济社会发展规划、青海省工业发展规划中，将柴达木地区列为青海省重点开发区之一。钾、镁、锂、锶、硼是鼓励开采的矿种，青海省矿产资源总体规划将本区列为柴达木国家级矿业经济区，将大浪滩—昆特依地区列为钾盐、锶矿重点开采区，力争通过加大本地区优势矿产的开发力度，使柴达木盆地及其周边地区成为国家级的矿业经济区和我国 21 世纪重要的矿产资源供应基地。

对矿山环境保护的要求是：矿产开发要求矿山环境保护要贯穿于矿产资源开发的全过程，遵循“谁开发谁保护，谁污染谁治理，谁破坏谁恢复，谁使用谁补偿”的原则，实行矿山建设与生态环境保护设施的“三同时”制度，足额缴纳矿山环境恢复治理保证金，做好矿山环境的恢复治理，最大限度地减轻矿业活动对生态环境造成的污染和破坏。

2. 自然环境影响分析

本矿区地处戈壁沙漠边缘。区内气候属内陆高原沙漠型，干寒多风。环境受污染程度较轻，大气环境良好。地下水均是含盐很高的卤水，主要成分为 K^+、Na^+、Mg^{2+}、Cl^-、SO_4^{2-}等。土壤为盐渍土，土壤中各种微量元素含量均比较正常。矿山所在区域地形较为平坦，周围尚无工业企业，车辆较少，区域声学环境质量良好。矿区地表覆盖一层盐壳，草木不生，动物绝迹，渺无人烟。总的来看，本地区生态环境承载力较强，在矿产开发中通过一定的环境保护措施和恢复治理，对生态环境不会产生太大的影响。

大风山、尖顶山、碱山锶矿区无地表水体存在，地下 48m 以内无含水层存在，工业矿体均埋藏在潜水面之上，水文地质条件简单。矿体及矿体顶、底板岩石稳固性较差，但矿体产状平缓，适宜露采，可采用较小的露采边坡角开采。硐采部分的矿体必须采取支护加固措施后方能采掘。断裂不发育，对矿体及围岩的稳定性影响不大。

大浪滩—昆特依矿区岩石类型简单，地表为坚硬盐壳，可满足盐田及小型建筑物的建设要求。矿层直接围岩为湖积淤泥，隔水性能好，有利分段开采。开采地段地势低洼，对尾卤排放有困难。地表水系极不发育，凹地中心局部最低凹地段在雨季偶有地表积水。矿田基本形状为一封闭—半封闭的盆地，没有任何与外界可联系的地表水体，最直接的补给就是大气降水及其所引起的周边洪流，此外基岩裂隙水或多或少地从侧向对矿田补给，断裂带深部地下水很可能补给矿田较浅部的含水层。矿区内地下水主要为卤水、咸水，以承压水为主。

在以往盐湖开发中，一般会存在以下环境问题：单一提取氯化钾，大量珍贵的镁、硼、锂等元素随老卤排放，造成资源严重浪费。开发中盲目扩大规模和速度，致使首采区出现晶间卤水水位持续下降，降落漏斗扩大，大量固体氯化钾无法向液体转化，资源不能得到充分利用。尾卤排放无理想场地，既污染钾矿床，又造成资源浪费。卤水动态监测工作滞后，资源情况变化不清等等问题。

因此在大浪滩—昆特依地区钾盐锶矿开发中，一是要坚持钾、镁、锂、锶、硼等多种有益组分的综合开发利用，严禁单一提钾；二是要适度生产，不能盲目扩大开采规模，严禁过量开采；三是要合理规划尾卤排放的理想场地，严禁老卤就地排放污染原卤的现象；四是通过矿山环境的恢复治理来消除开发对环境的影响，尽量把矿山开采对环境的影响降到最低点。

3. *社会环境影响分析*

截至“十五”末，茫崖、冷湖两行委辖区内总人口5.1万人；地区生产总值458415.8万元，其中第二产业448761万元，地方财政一般预算收入3591万元；固定资产投资完成25502万元。2007年实现地区生产总值61.34亿元。

大浪滩—昆特依地区通过大浪滩、昆特依钾盐矿区和大风山、尖顶山、碱山锶矿及察汗斯拉图芒硝矿的开发，主要矿种资源储量能够保证的开发规模可以达到：氯化钾231万t/a、碳酸锶15.83万t/a、芒硝100万t/a。预测到2010年，接替区内各主要单矿种年产量分别为：氯化钾5.0万t，芒硝1.5万t，硫酸锶3.0万t；矿业产值可增加3.80亿元，矿业产值占地区生产总值的2.60%，并将带动上千人就业，对地区经济社会发展将产生极大的推动作用。

4. *矿产资源开发的环境保护和恢复程度*

矿山建设和生产过程中产生工业废水、粉尘、废气、废渣、噪声等环境污染因素，预测通过一定的预防、保护和防治措施，矿业开发对未来环境的影响有限。

（1）废水：各矿区在生产过程中无工艺废水排放，产生的废水包括化验用水、锅炉房排放废水、生活污水。主要污染物：化验排水含少量K^+、Na^+、Mg^{2+}、Cl^-、SO_4^{2-}等离子的母液及化验药剂；锅炉房排水含少量Na^+、Cl^-等离子；生活污水钴D固体不溶物。矿区废水主要排入场地天然渗入和蒸发，加之周围地区无水体，因此，废水不会污染环境。

（2）固体排放物：产生的固体废弃物包括：原卤进入钠盐池后析出的氯化钠、进入泻利盐池析出的泻利盐以及兑卤母液进入二段钾混盐池后析出的二段钾混盐，浮选钾镁肥装置排出的尾盐，锅炉房干燥车间排出的煤渣，生活垃圾等。矿区生产后每年产出岩土，在内、外部排土场、分层堆放。因区内无暴雨，排土场不会产生泥石流。选矿分厂每年排放有尾矿，为防止尾矿溢流，在选厂的下方设置尾矿场，筑坝形成，容积能满足整个生产期堆存全部尾矿。值得注意的是防止尾矿水渗入地下污染水源，但由于水源地在尾矿场上方，中间有分水岭相隔，加上本地气候特点，尾矿排至尾矿库内贮存，可能因气温较低，逐年形成冰层，相对来说有利于隔绝和减少尾矿水的下渗。也由于尾矿冰冻可能相对减少尾矿扬尘的可能性：浮选工艺中添加的浮选药剂，无毒无害，对周边环境无不利影响。选矿分厂破碎工序产生的粉尘、设置相应的通风除尘设施。生产工序中在保证精矿产品合格的前提下，须采取措施尽量提高生产回水利用率，不仅能减少污染，且能在一定程度上降低生产成本。

（3）废气：产生的废气包括生产废气（氯化钾干燥尾气、钾镁肥干燥尾气、氯化钾包装尾气、钾镁肥包装尾气）和燃烧废气，主要污染物为颗粒物、SO_2、NO_X等。生产废气主要是柴油设备产生的烟气，但柴油设备数量有限，这些烟气部分通过设备本身净化，另一部分排入大气中自然净化。爆破废气及粉尘均能在短期内自然扩散。本区严重缺水，凿岩钻孔采取干式捕尘器，抑制粉尘飞扬，并对个人采取带防尘口罩进行个体防护。以燃油作动力的设备，要求尽可能装上尾气净化设施。大电网通达矿区后，采场应改柴油发电为电力网上供电，停开柴油发电机组，从而相对减少尾气排放。

（4）噪声：主要是筛分机、破碎机、真空泵、离心机、风机、汽轮机、搅拌设备等在运行过程中所产生的较高噪声，是连续噪声源。生产的噪声一般均在 90dB 以内，而工业场地及生活区均远离采场，加上个体防护，带上安全耳塞，即可达到防范噪音要求。选矿分厂厂房应设置围护结构，将设备运转时的大部分噪声隔绝于厂内，加上生活区居民点有相当的距离，噪声危害不大。对于噪声较大的机旁操作人员，则采取个体防护。

综上所述，因矿区地处沙漠地带，在广袤荒凉的大漠上建设矿山，在各工序环节上只要重视环保并采取相应措施，不会恶化原有环境。

5. *环境影响综合指标评估排序*

根据上述 4 方面的影响分析，采取因子分析方法，制定环境影响预测评价方案，再根据选区实际，对选区进行权重计算，进行环境影响综合指标评估排序。

根据环境影响预测评价要求，聘请 7 位专家分别评分，经汇总平均，大浪滩—昆特依钾盐锶矿开发接替区环境影响综合评分结果为 77.43 分（表 6－16），在 4 个开发接替区中排名第二。

表 6－16　大浪滩—昆特依钾盐锶矿开发接替区环境影响综合评分表

规划评价要素（权重/%）	评价指标	评分 1	评分 2	评分 3	评分 4	评分 5	评分 6	评分 7	合计	平均
矿产资源开发利用与保护的目标和方针－政策环境（25）	符合政策（10）	10	9	9	10	9	10	10	67	77.43
	当地经济需求（10）	10	9	10	10	9	8	10	66	
	与当地其他产业的协调一致性（5）	5	4	5	5	5	5	5	34	
矿产资源开发利用布局－自然环境（25）	降雨量（8）	8	1	6	8	6	4	0	33	
	地形地貌—坡度（8）	8	8	8	4	5	4	7	44	
	构造和岩性（9）	9	8	6	4	7	4	8	46	
矿产资源开发利用的规模－社会经济环境（25）	矿业产值占总经济产值的比率（6）	6	5	6	6	5	5	5	38	
	人口密度（6）	6	6	3	6	5	3	2	31	
	交通密度（6）	6	3	2	6	5	3	1	26	
	技术开发条件（7）	7	6	6	7	5	4	2	37	
矿山环境保护恢复治理－难易程度（25）	恢复治理率（7）	3	5	6	7	6	6	5	38	
	三废综合利用率（6）	3	3	5	6	5	3	2	27	
	尾矿综合利用率（6）	0	3	4	6	4	2	1	20	
	万元产值 GDP 环保投资额（6）	6	3	6	6	5	4	5	35	
累计		87	73	82	91	81	65	63	542	

（二）减轻资源开发对环境影响建议

1. 政策法规建议

本区不属于自然保护区，是国家省确定的重点勘查区。在矿产资源勘查中，要充分考虑环境因素，对生态环境脆弱地段和生态环境保护地段尽量不布置或者少布置勘查工作。矿产资源开发中，要认真贯彻国家关于环境保护的方针、政策，矿山环境保护贯穿于矿产资源开发的全过程，必须坚持“在保护中开发，在开发中保护”和“事前预防，事中治理，事后恢复”的原则，把矿产资源开发活动对环境的影响和破坏减少到最低限度。坚持“预防为主，防治结合”、“全面规划，合理开发，充分利用，化害为利，变废为宝”及“谁开发谁保护，谁污染谁治理，谁破坏谁恢复，谁使用谁补偿”的方针。明确矿山环境评估、监测、恢复治理、保护等各个环节的法律责任制。实行矿山环境保护的相关法规和政策、制度，力争把矿业开发对环境的影响降到最低点。

2. 行政管理建议

努力做好矿山环境保护的宣传教育，使各级领导干部和广大群众全面认识发展与环境的关系，树立矿业可持续发展的战略目标。

建立健全矿山环境保护的法规体系，明确矿山环境评估、监测、恢复治理、保护等各个环节的法律责任制。建立矿山环境保护的行政首长责任制，实行矿山环境保护的行政部门负责制和考核制。

（1）新建（扩建）矿山必须符合环境保护准入条件。实行环境保护一票否决制，对于采矿活动对环境影响和破坏较大或难以恢复治理的采矿权申请，一律不批准。签订矿山环境保护责任书，足额缴纳矿山环境恢复治理保证金，加强矿山环境恢复治理和被破坏土地的复垦。

（2）生产矿山必须严格按照批准的开发利用方案、矿山环境保护与综合治理方案和土地复垦方案的要求，从事采掘活动和矿山环境保护与恢复治理，切实履行矿山环境保护与土地复垦义务。

（3）闭坑矿山要提交矿山环境恢复治理计划。做好闭坑、关停前的土地复垦、生态修复、尾矿库保护、废渣堆填、废水处理等环境保护工作。并按规定提交相关报告。

3. 技术方法建议

加强矿山环境的监测及预测、预报，掌握矿山环境的动态，及时采取有效的防治措施。

努力发展矿产资源领域的循环经济。将“减量化、再利用、资源化”应用到矿产资源勘查、开采中。提高矿山固体废弃物综合利用水平，实现矿山固体废弃物的资源化。

加强与矿山环境保护有密切关系的矿山环境地质调查评价及研究。研究矿业开发过程中引起的地质环境的各种变化，提出对矿山环境的影响及防治技术，研究、推广矿业三废的处理和废弃物回收与综合利用技术、装备。

加强人才培训，学习矿山环境保护的先进技术和经验，提高矿山环境保护工作的能力和水平。

4. 经济手段建议

完善经济刺激手段。对环境保护工作做得好的矿山企业实行减税或免税，对破坏与污染严重的实行加税，提高矿产资源废弃物综合利用的利润留成率，以及征收排污费及罚款等。

建立矿山环境保护与恢复治理保证金制度。保证金专项用于因开采矿产资源引发的矿山环境恢复治理。对逾期没有按要求治理或治理达不到要求的矿山，由国土资源主管部门使用该矿山缴纳的保证金，组织矿山环境恢复治理。

5. 公众参与的方式和跟踪监测评估的内容和方法建议

一是加强防减灾和保护环境的宣传教育，提高政府部门、企业、职工和全民的环境保护意识与防灾减灾意识。二是加强矿山环境的监测及预测、预报，掌握矿山环境的动态，及时采取有效的防治措施。三是加强执法检查并加大行政监察力度，建立矿山环境保护与治理工作的行政监督管理机制和行政、法律责任追究机制。限期整顿污染环境、破坏环境的矿山企业。

七、资源接替区开发利用评述

（一）保有资源储量

开发接替区内保有资源储量有：锶矿 $SrSO_4$ 2664.4 万 t，其中基础储量 1760.3 万 t；芒硝 Na_2SO_4 674830.7 万 t，其中基础储量 521865.4 万 t；液体 KCl 31039.7 万 t，其中基础储量 7123.3 万 t；镁盐（固、液体 $MgSO_4$、$MgCl_2$）234557.8 万 t，其中基础储量 180749.6 万 t；钠盐（固、液体 NaCl）23539184.2 万 t，其中基础储量 1614856 万 t；LiCl 72898t，其中基础储量 68722t，附表 4。

区内有较丰富的锶矿、钾盐、镁盐、芒硝、锂矿资源，为资源开发奠定了良好基础。目前几个矿床均处于开发前期准备阶段或试生产阶段，尚未规模开发。随着区内资源开发力度的加大，必将成为青海省继察尔汗后又一个盐湖资源开发及盐化工工业基地，将为缓解我国钾盐资源供求矛盾和锶矿资源可持续开发做出积极贡献。

（二）资源储量能够保证的开发规模

（1）锶矿：在 10 年服务年限内，可以年产天青石矿物量 19.7 万 t，理论上可转化为碳酸锶 15.86 万 t；在 11～40 年服务年限内，可以年产天青石矿物量 19.5 万 t，理论上可转化为碳酸锶 15.70 万 t；在 41～60 年服务年限内，可以年产天青石矿物量 18.0 万 t，理论上可转化为碳酸锶 14.49 万 t。

（2）液体 KCl：在 20 年服务年限内，资源储量能够保证 231 万 t/a 的开发规模；在 21～30 年服务年限内，资源储量能够保证 221 万 t/a 的开发规模；在 31～40 年服务年限内，资源储量能够保证 133 万 t/a 的开发规模。

（3）芒硝 Na_2SO_4：仅考虑品位较高的察汗斯拉图矿床的芒硝矿开发，若开发规模为 100 万 t/a，则可保证生产 360 年。

区内资源具有较高的保证程度，在合理的服务年限内可以保证规模开发，但应遵循循序渐进原则，在规模开发的同时，应进一步加强重要矿床的勘查工作，做到成熟一个，开发一个；还应加强开发利用工艺研究和基础设施建设，使区内资源优势早日变成经济优势。

（三）开发利用条件

（1）开发接替区内已查明数千亿 t 各类盐湖矿产资源，主要有钾盐、镁盐、钠盐、芒硝、锶矿、锂矿等，可进行规模开发。

（2）区内交通方便，各矿床均有公路可通汽车。

（3）本区地处戈壁荒漠，无人烟、无植被，矿床均适宜露天开采，不会对周围环境产生大的影响。

（4）本区西部是青海省油气矿产资源勘查、开发的重点区域，由此建成的花土沟镇、冷湖镇将有力推动区内的矿产资源开发活动。

（四）经济技术可行性

上述 6 个矿床经可行性评价或经济可行性分析，均获得了矿山开发后能取得较好的经济效益的结论，是经济可行的。

（五）资源潜力分析

在开发接替区的第四纪现代盐湖的深部，广泛分布有第三纪地层，其中存在有含钾硼锂碘等多种有益组分的卤水。初步调查评价工作预测，其中潜在的氯化钾资源总量达 11 亿 t，氯化锂 1.21 亿 t，三氧化二硼 4.05 亿 t，碘 4880 万 t，显示出开发接替区深部有极大的找矿潜力。

（六）存在问题

（1）区内矿床普遍勘查投入不足，勘查程度较低，提交的基础储量较少，需要开展进一步的补充勘查工作。

（2）区内寒冷、干旱、蒸发量极大，而矿床的液体矿给水度普遍偏小，又缺乏淡水补给，增大了开发利用难度，成为制约开发利用的瓶颈；固体矿大多品位不高，受开发工艺的制约，目前较难利用。

(3) 区内基础设施条件较差，缺乏电源，难以大力支持矿产资源开发。本区区位条件欠佳，生产、生活所需各类物资均须远距离运输，增大了开发成本。

(七) 工作建议

(1) 提高矿床勘查工作程度，增加可供开发利用的基础储量。首先扩大梁中矿床的开发规模，为区内其他矿山的开发积累经验；加快其他矿床的勘查进程，使其早日得到开发。

开展开发接替区内富钾硼锂碘卤水调查评价与勘查，为避免对油气勘查开发的影响，首先优选现代盐湖区开展工作，在此基础上，逐步推进更大范围的找矿工作。

(2) 加强低品位矿可供开发利用工艺研究，提高综合利用水平。

(3) 加强水文地质勘查工作，力争就近解决淡水资源。

综上所述，本区作为重要钾盐资源开发基地之一，具有良好的资源条件，只要加强开发工艺研究和基础设施建设，一定能够成为我国新的钾盐资源开发基地。

第二节 一里坪—东西台钾盐锂矿开发接替区

一、接替区开发的外部条件

(一) 接替区外部建设条件

开发接替区位于柴达木盆地中部，行政区划隶属海西蒙古族藏族自治州冷湖行委、大柴旦行委和格尔木市管辖，面积4973km^2（附图18）。

接替区内干旱少雨，属高原大陆性气候，气候寒冷，盐湖区温差大，日照时间长，光能资源丰富。盐湖中心区均为盐壳覆盖，向边部过渡为盐碱地。南部的昆仑山、西部的阿尔金山、北东部的赛什腾山和欧龙布鲁克山植被稀疏。区内居民以蒙古族、藏族为主，主要从事畜牧业。

通过几十年的建设发展，柴达木盆地的基础设施条件大大改善，青藏铁路纵贯全区，随着青藏铁路格拉段复线及电气化改造，区内铁路运输能力大大提高，冷湖—茫崖公路横贯接替区北部，从公路到矿区都有简易公路相通，一里坪还有到青新公路的简易公路，区内交通条件对矿产资源的开发支持力度大幅提高。区内已形成330kV·A南北双回路电网，为资源开发提供了良好的电力保障。格尔木机场经扩能改建，已开通拉萨、北京、西安、成都及西宁的定期航班，形成了便捷的陆空交通网络。

区内生活用水及生产用水，可以从南侧的东台吉乃尔河、那陵格勒河供给，也可以从北侧的马海农场或格尔木市供给。燃料要从大柴旦鱼卡地区供给。生产、生活物资及劳动力需要从西宁、格尔木和甘肃敦煌供给。

(二) 矿产资源供需形势分析

我国钾盐资源可供储量对2020年需求的保障程度小于30%。预测到2010年我国钾肥需求量为640万t，缺口钾肥约540万t。2020年我国钾盐的需求为1717万t，生产能力仅能保障12%。青海省钾盐资源储量占全国的80%以上，但目前只有察尔汗在规模开发，一里坪、西台吉乃尔、东台吉乃尔正在做开发前期工作，因此加快这些矿床的开发进程是十分必要的。

我国硼酸生产能力约为8万t/a，远不能满足新兴产业和高科技产业快速发展的需求，近几年的进口数量每年以8%～9%的速度递增，每年需进口硼酸3万多t。据统计，硼矿资源2005年缺口22万t，预计到2010年和2020年缺口将更大，分别达到50万t和200万t。届时，国内市场以硼为主要原料的硼酸供给也将出现一定的缺口。

目前，全球每年锂（折合碳酸锂）的需求量约为10万t，总产量仅6万～8万t，国内年需求锂盐约7700t，存在较大的缺口。我国国内每年需要碳酸锂在2万t以上，基本依赖进口。而卤水锂储量丰富和提取成本低廉，区内盐湖锂资源的开发将具有良好的前景。青海省锂盐资源储量占全国的85%以上，主要集中在一里坪、西台吉乃尔湖、东台吉乃尔湖等几个矿床，目前这几个矿床已经基本解决了盐湖卤水提锂的工艺，正在做开发前期工作，有必要加快这些矿床的开发进程。

（三）经济社会发展状况

"十五"期间，柴达木盆地及周边经济社会发展取得了良好的成就。截至"十五"末，生产总值达到134.34亿元，年均增长16.2%，超过"十五"目标1.2个百分点；人均生产总值达到4000美元；财政收入快速增长，财政一般预算收入达到20.15亿元，年均增长29.5%，其中地方财政一般预算收入达到6.16亿元，年均增长22.9%；固定资产投资规模扩大，五年累计完成固定资产投资343亿元，是"九五"时期123.8亿元的2.8倍，超过预期目标约43亿元。2007年实现地区生产总值200.81亿元。经济结构调整顺利推进，特色经济框架初步形成。资源开发逐步由低水平、小规模向高水平、大规模方向转变，由单品种开发和原材料输出型向综合开发精深精加工型转变，盐湖化工、石油天然气化工和有色金属等特色产业进一步发展壮大，一批新的经济增长点加快形成，工业经济总量不断扩大，效益显著提高，对全州经济的支撑作用增强。

"十一五"期间的地区经济发展目标是：地区生产总值比2005年翻一番以上，年均增长16%。工业增加值比2005年翻一番以上，年均增长20%。全地区和地方财政一般预算收入均比2005年翻一番以上，年均增长16%。五年全地区固定资产投资累计达到700亿元，比"十五"翻一番。

"十一五"期间的工业发展主要依托矿产资源的开发。以柴达木循环经济试验区为平台，以特色优势资源和现有工业基础为依托，加快推进资源的综合开发、有效配置和循环利用，推动资源开发向提高规模扩总量、综合利用上水平、精深加工上档次、产业聚集相融合方向发展，实现工业经济由资源粗加工型向精深加工和循环型转变，努力走出一条低投入、高产出，低消耗、少排放，能循环、可持续的工业化道路，在推进新型工业化进程中走在全省前列。重点建设油气、盐湖、煤化工三大化工产业基地。加快培育发展以格尔木油气盐化工业带、大盐滩马海湖和大浪滩盐化工业带、德令哈盐碱化工工业带、锡铁山铅锌工业带、天峻乌兰煤焦化工业带、大柴旦硼酸工业带、都兰金属工业带为重点的循环经济产业群。力争到2010年，初步建成柴达木循环经济试验区，并使其成为全省重要的工业基地。

二、勘查开发现状

（一）勘查现状

接替区内共发现各类矿产地7处，查明且尚未形成规模开发的矿床主要有三个，它们分别是一里坪大型锂盐矿床、西台吉乃尔湖大型锂矿床、东台吉乃尔湖大型锂矿床。

上述三个矿床均达到了勘探程度，勘查程度较高。

三个矿床查明的盐类总资源量115.25亿t，查明的主要矿产资源储量有：氯化锂7731193t，其中基础储量7266679t；固体氯化钾2126万t，全部为资源量；液体氯化钾6118.3万t，其中基础储量5883.8万t；B_2O_5 418.7万t，其中基础储量406.4万t。保有的主要矿产资源储量有：氯化锂7626296t，其中基础储量7161782t；固体氯化钾2126万t，全部为资源量；液体氯化钾6068.7万t，其中基础储量5834.2万t；B_2O_5 413.2万t，其中基础储量400.9万t，详见表6-17。

（二）开发现状

上述三个矿床，西台吉乃尔湖锂矿床已办理采矿许可证，正在进行开发前期试验研究和其他准备工作。东台吉乃尔湖锂矿床近年来由中信国安建成年产碳酸锂500t、硼酸1000t的试验车间，并计划在"十一五"建成年产碳酸锂和硼酸各3.5万t的生产线；青海锂业也已建成面积410万m^2的盐田，计划建设年产碳酸锂3000t，硫酸钾2.5万t，硼酸2500t的生产线。只有一里坪锂盐矿床尚未开展开发工作。

表 6－17　主要矿床查明、保有（上表）主要矿产资源储量一览表

矿种	矿区名称	资源储量单位	查明资源储量				保有资源储量			
			资源储量		基础储量		资源储量		基础储量	
			矿石（卤水）量	矿物量	矿石（卤水）量	矿物量	矿石（卤水）量	矿物量	矿石（卤水）量	矿物量
氯化锂	一里坪	氯化锂：t；卤水量：万 m^3	84352.4	1799420	60382	1334906	84352.4	1799420	60382	1334906
	西台		140074.5	3084000	140074.5	3084000	135495.1	2979103	135495.1	2979103
	东台		98187.8	2847773	98187.8	2847773	98187.8	2847773	98187.8	2847773
	合计		322614.7	7731193	298644.3	7266679	318035.3	7626296	294064.9	7161782
固体氯化钾	一里坪	万 t								
	西台		113239.7	2126			113239.7	2126		
	东台									
	合计		113239.7	2126			113239.7	212		
液体氯化钾	一里坪	氯化钾：万 t；卤水量：万 m^3	83686.3	1680.5	72135.4	1546.1	83686.3	1680.5	72135.4	1546.1
	西台		135470.5	2608.9	135470.5	2608.9	130891.1	2559.3	130891.1	2559.3
	东台		98187.8	1828.9	83230.5	1728.8	98187.8	1828.9	83230.5	1728.8
	合计		317344.6	6118.3	290836.4	5883.8	312765.2	6068.7	286257	5834.2
B_2O_5	一里坪	B_2O_5：万 t；卤水量：万 m^3	82638.1	91.6	73532.9	86.5	82638.1	91.6	73532.9	86.5
	西台		134623.8	163.3	134623.8	163.3	130044.4	157.8	130044.4	157.8
	东台		98187.8	163.8	83230.5	156.6	98187.8	163.8	83230.5	156.6
	合计		315449.7	418.7	291387.2	406.4	310870.3	413.2	286807.8	400.9
固体 NaCl	一里坪	万 t	447648.4	297730.6	292644.2	195260.0	447648.4	297730.6	292644.2	195260.0
	西台		810762.3	466806.9			810762.3	466806.9		
	东台		460222.3	299081.8			460222.3	299081.8		
	合计		1718633.0	1063619.3	292644.2	195260.0	1718633.0	1063619.3	292644.2	195260.0
液体 NaCl	一里坪	氯化钾：万 t；卤水量：万 m^3								
	西台		140074.5	24591.0			135495.1	23789.1		
	东台		98187.8	18698.3	98187.8	18698.3	98187.8	18698.3	98187.8	18698.3
	合计		238262.3	43289.3	98187.8	18698.3	233682.9	42487.4	98187.8	18698.3
固体 $MgCl_2$	一里坪	万 t								
	西台		34104.0	2325.3			34104.0	2325.3		
	东台									
	合计		34104.0	2325.3			34104.0	2325.3		
液体 $MgCl_2$	一里坪	氯化钾：万 t；卤水量：万 m^3	82823.2	8911.3	66384.0	7283.5	82823.2	8911.3	66384.0	7283.5
	西台		140074.5	18598.0			135485.1	18036.2		
	东台		98187.8	6283.9	98187.8	6283.9	98187.8	6283.9	98187.8	6283.9
	合计		321085.5	33793.2	164571.8	13567.4	316506.1	33231.4	164571.8	13567.4

三、矿产资源开发选区依据

该区位于盆地中部，区内及其北东部和南东部是第四纪盐湖分布比较集中的地区（除东、西台吉乃尔湖，大、小别勒滩，达布逊湖，南、北霍布逊湖等卤水湖之外，还包括分布在柴北缘的大、小柴旦湖）。成盐期主要为晚更新世—全新世，盐类沉积主要有硼、锂、湖盐和钾镁盐。硼矿集中分布在两个地区：一是盆地中部一里坪—察尔汗一带的盐湖区（为液体硼矿），二是柴北缘的大、小柴旦湖区（以固体硼矿为主，固液相并存），成因类型多为湖泊（或湖沼）沉积型。锂矿主要分布在一里坪及东、西台吉乃尔盐湖区，为液体矿，与其他盐类矿产共生。察尔汗盐湖是钾、镁盐的富集区，液体矿和固体矿均有产出，其液体矿可分为晶间卤水、孔隙卤水及地表卤水（湖水）三种，以前者为主。钾盐和锂、硼同属于全国和青海省供需缺口大，开发前景好，有一定保证程度，但开发规模有限，不能满足市场需要的矿种。

该区比较重要的盐类矿床有一里坪锂盐矿床（大型）、西台吉乃尔湖锂矿床（大型）、东台吉乃尔湖锂矿床（大型）、察尔汗钾镁盐矿床（大型）、大柴旦湖硼矿床（大型）、小柴旦湖硼矿床（大型）等。其中察尔汗、大柴旦均已开发，一里坪、西台吉乃尔、东台吉乃尔三个矿床的开发条件已基本成熟，正在开展开发前期工作。上述三个矿床经可行性评价和环境影响评价后，均认为矿山开发后能取得较好的经济效益，是经济可行的；在环保方面采取一定措施后，不会对矿山及其周围的环境产生大的影响。因此，加快这三个矿床的开发，不仅对地区经济社会发展起到举足轻重的促进作用，而且也对缓解全国钾盐、锂矿的供需形势起到非常重要的推动作用。因此将该区列为矿产资源开发接替资源选区，是非常必要的，也是十分充分的。

四、典型矿床特征

（一）一里坪锂矿床

1. 地理位置、交通、能源、水源条件

矿区位于柴达木盆地中部，行政区划隶属海西州冷湖行委管辖。

矿区为一狭长的四周被丘陵地形环绕的半封闭状小型盆地，呈 NWW 向带状分布。地形平坦，海拔2681m。地表无水流，盐湖已干涸，并被风砂覆盖，向砂下湖过渡，深部未发现淡水及埋藏较深的承压水。气候干旱，多风少雨，日温变化悬殊。年最高气温 301℃左右，年降水量 20. 8mm，年蒸发量 3063mm。

矿区东距大柴旦镇 230km，向东至青藏铁路饮马峡站 310km，西距茫崖行委 180km，青新公路纵贯矿区，交通较方便。区内荒无人烟，用水、用电、劳动力以及生产、生活物资均需从外地运入。

2. 勘查工作程度

1958 年 10 月省地质局 632 地质队在湖区进行详查工作，指出该区含锂值得注意。1959 年 7 ～9 月，省地质局柴达木地质队对矿区进行了初步勘探，于 1960 年 3 月提交了《柴达木一里坪锂矿区初步勘探总结报告》，1961 年通过了省地矿局评审。

3. 查明资源储量（333 及以上）

一里坪为大型锂矿床，共生有大型硼矿、镁盐和湖盐矿各 1 个，中型钾盐矿 1 个。探明盐类总储量 30. 86 亿 t，其中 LiCl 179. 94 万 t，基础储量 133. 49 万 t；液体 KCl 1680. 5 万 t，其中基础储量1546. 1 万 t；固体 NaCl 297730. 6 万 t，其中基础储量 192560. 0 万 t；液体 $MgCl_2$ 8911. 3 万 t，其中基础储量 7283. 5 万 t；B_2O_3 91. 6 万 t，其中基础储量 86. 5 万 t，详见表 6 – 18。

4. 矿床地质特征

矿区地处柴达木盆地中部盐湖带的中西部，面积 360km²。矿区内地层为第四系上更新统和全新统的风积、湖沼沉积及化学沉积。上更新统下部为含盐的细砂、粉砂层，上部为砂层及石盐层，总体构成矿区的第Ⅱ含水层，水量较小。全新统以石盐为主，夹有薄层的细砂、粉砂，为第Ⅰ含水层，水量丰富。两大含水层间无明显的隔水层分开，但孔隙度、涌水量有明显差别。锂矿以卤水形式赋存于以上两大含水层中。第Ⅰ含水层中石盐孔隙度大，含矿品位高，且分布较均匀；第Ⅱ含水层孔隙度小，品位较低，变化较大。

表6-18　一里坪—东西台钾盐锂矿开发接替区各矿床资源储量一览表

矿种	资源储量类型		资源储量单位	一里坪	西台吉乃尔湖	东台吉乃尔湖	合计
LiCl	查明	资源储量	矿物量：t	1799420.00	3084000.00	2847773.00	7731193.00
			卤水量：万 m^3	84352.40	140074.50	98187.80	322614.70
		基础储量	矿物量：t	1334906.00	3084000.00	2847773.00	7266679.00
			卤水量：万 m^3	60382.00	140074.50	98187.80	298644.30
	保有	资源储量	矿物量：t	1799420.00	2979103.00	2847773.00	7626296.00
			卤水量：万 m^3	84352.40	135495.10	98187.80	318035.30
		基础储量	矿物量：t	1334906.00	2979103.00	2847773.00	7161782.00
			卤水量：万 m^3	60382.00	135495.10	98187.80	294064.90
固体 NaCl	查明	资源储量	矿物量：万 t	297730.60	466806.90	299081.80	1063619.30
			矿石量：万 t	447648.40	810762.30	460222.30	1718633.00
		基础储量	矿物量：万 t	195260.00			195260.00
			矿石量：万 t	292644.20			292644.20
	保有	资源储量	矿物量：万 t	297730.60	466806.90	299081.80	1063619.30
			矿石量：万 t	447648.40	810762.30	460222.30	1718633.00
		基础储量	矿物量：万 t	297730.60			297730.60
			矿石量：万 t	447648.40			447648.40
液体 NaCl	查明	资源储量	矿物量：t		24591.00	18698.30	43289.30
			卤水量：万 m^3		140074.50	98187.80	238262.30
		基础储量	矿物量：万 t			18698.30	18698.30
			卤水量：万 m^3			98187.80	98187.80
	保有	资源储量	矿物量：万 t		23789.10	18698.30	42487.40
			卤水量：万 m^3		135495.10	98187.80	233682.90
		基础储量	矿物量：万 t			18698.30	18698.30
			卤水量：万 m^3			98187.80	98187.80
固体 $MgCl_2$	查明	资源储量	矿物量：万 t		2325.30		2325.30
			矿石量：万 t		34104.00		34104.00
		基础储量	矿物量：万 t				
			矿石量：万 t				
	保有	资源储量	矿物量：万 t		2325.30		2325.30
			矿石量：万 t		34104.00		34104.00
		基础储量	矿物量：万 t				
			矿石量：万 t				

续表

矿种	资源储量类型		资源储量单位	一里坪	西台吉乃尔湖	东台吉乃尔湖	合计
液体 $MgCl_2$	查明	资源储量	矿物量：万 t	8911.30	18598.00	6283.90	33793.20
			卤水量：万 m^3	82823.20	140074.50	98187.80	321085.50
		基础储量	矿物量：万 t	7283.50		6283.90	13567.40
			卤水量：万 m^3	66384.00		98187.80	164571.80
	保有	资源储量	矿物量：万 t	8911.30	18036.20	6283.90	33231.40
			卤水量：万 m^3	82823.20	135495.10	98187.80	316506.10
		基础储量	矿物量：万 t	7283.50		6283.90	13567.40
			卤水量：万 m^3	66384.00		98187.80	164571.80
固体 KCl	查明	资源储量	矿物量：万 t		2126.00		2126.00
			矿石量：万 t		113239.70		113239.70
		基础储量	矿物量：万 t				
			矿石量：万 t				
	保有	资源储量	矿物量：万 t		2126.00		2126.00
			矿石量：万 t		113239.70		113239.70
		基础储量	矿物量：万 t				
			矿石量：万 t				
液体 KCl	查明	资源储量	矿物量：万 t	1680.50	2608.90	1828.90	6118.30
			卤水量：万 m^3	83686.30	135470.50	98187.80	317344.60
		基础储量	矿物量：万 t	1546.10	2608.90	1728.80	5883.80
			卤水量：万 m^3	72135.40	135470.50	83230.50	290836.40
	保有	资源储量	矿物量：万 t	1680.50	2559.30	1828.90	6068.70
			卤水量：万 m^3	83686.30	130891.10	98187.80	312765.20
		基础储量	矿物量：万 t	1546.10	2559.30	1728.80	5834.20
			卤水量：万 m^3	72135.40	130891.10	83230.50	286257.00
B_2O_3	查明	资源储量	矿物量：万 t	91.60	163.30	163.80	418.70
			卤水量：万 m^3	82638.10	134623.80	98187.80	315449.70
		基础储量	矿物量：万 t	86.50	163.30	156.60	406.40
			卤水量：万 m^3	73532.90	134623.80	83230.50	291387.20
	保有	资源储量	矿物量：万 t	91.60	157.80	163.80	413.20
			卤水量：万 m^3	82638.10	130044.40	98187.80	310870.30
		基础储量	矿物量：万 t	86.50	157.80	156.60	400.90
			卤水量：万 m^3	73532.90	130044.40	83230.50	286807.80

含矿卤水层呈层状，产状水平。卤水中除锂外，共生有硼、钾、镁等有益元素和固体石盐。

第Ⅰ含水（矿）层分布面积202.5km^2，潜水埋深0.6～0.8m，最浅0.48m，最深3.55m，含水层厚度4～6m，纯卤水层平均厚度0.91m，孔隙度30%左右，单位涌水量13.9～114L/s·m。含矿品位：LiCl一般1.5～3.0g/L，平均2.2g/L；B_2O_3一般0.5～1.5g/L；KCl一般12～25g/L；$MgCl_2$一般70～150g/L。第Ⅱ含水（矿）层分布面积250km²，埋藏深度6～16m，厚度一般10～20m，最厚31m，孔隙度15%～20%，单位涌水量0.2L/s·m。含矿品位：LiCl一般1.5～2.0g/L，B_2O_3一般0.5～1.2g/L，KCl一般10～25g/L，$MgCl_2$一般50～150g/L。

共生固体石盐矿体东西长32km，南北宽10km，盐层厚度3～20m，含矿品位NaCl一般65%左右，变化不大。

矿床成因属内陆湖泊化学沉积型。

5. 开发现状

该矿床尚未开采。

6. 开采技术条件

矿层顶板埋深60～80cm，底板40.95m，分布面积广，孔隙度大，涌水量400～600m³/d，因此露天开采最为有利，由于盐类的易溶性、潮解性，开采卤水疏干必须考虑边坡角的稳定。

矿层底板稳定性好，尚未发现承压水及涌水现象。

最好在开采主要液体矿产时，卤水边疏干边开采固体矿产。

7. 开发利用建议

一里坪锂矿床保有锂资源储量180万t，其资源储量能够保证的开发规模为：在40年服务年限内，可以年产氯化锂1.5万t；保有硼资源储量91.6万t，其资源储量能够保证的开发规模为：在40年服务年限内，可以年产硼酸1.7万t，折合$B_2O_3$1万t；保有氯化钾资源储量1680.5万t，其资源储量能够保证的开发规模为：在40年服务年限内，可以年产氯化钾15万t。

矿床资源储量能够保证的开发规模和规划开发规模见表6-19。

表6-19　一里坪锂矿保有资源储量及开发规划表

矿床名称	矿种	规模	勘查程度	基础储量	资源量	可利用储量	资源储量保证的开发规模		规划开发规模
							服务年限	开发规模	
一里坪	锂	大型	勘探	133	46	161	40	1.5	1.5
	硼	大型	勘探	86.5	5.1	90	40	1	1
	钾	中型	勘探	1546.1	134.4	1627	40	15	15

注：资源储量单位万t，资源可信度60%；综合回收率40%，产品为LiCl：万t；开发规模单位为万t/a。

镁盐、钠盐资源需待区内基础设施条件在现有基础上得到明显改善、水电资源得到解决后，才可进行规模开发。

（二）西台吉乃尔湖锂矿床

1. 地理位置、交通、能源、水源条件

矿区位于柴达木盆地中部，一里坪矿区南30km处，行政区划隶属海西州大柴旦行委管辖。

区内地形平坦，海拔2681m左右。属内陆干旱气候，干燥多风，降雨稀少，蒸发强烈，昼夜温差大，年平均气温4.47℃。

青新公路由矿区北部通过，由一里坪有便道可通矿区，东距大柴旦镇210km，西距茫崖镇200km，交通尚方便。矿区地表有西台河和分流河，均为那棱格勒河下游的季节河，洪水时有水注入湖区。生活用水需从马海农场或格尔木市运输供给。北部20km有天然气管道通过，向东有鱼卡煤矿，东部有涩北—台南气田，已建有生产生活基地。矿区内无电网分布。矿区植被稀少，缺少淡水，远离城镇，无居民点。一切生产、生活物资均需从外部供应。

2. 勘查工作程度

矿床勘查阶段属初勘。1957 年，地质部青海办事处大柴旦地质队对盆地开展以硼为主的盐类矿产普查时，在卤水样中发现富含锂元素，1958 年省地质局石油普查大队又对该区进行了调查，认为西台吉乃尔湖含有丰富的锂、硼、钾元素，建议进一步工作。1959 年，省地质局柴达木地质队对该区进行了勘探，于 1965 年提交了《柴达木西、东台吉乃尔湖锂矿区初步勘探普查检查报告》，进行了综合评价。1988～1990 年青海省柴达木综合地质勘查大队开展了西台吉乃尔地区锂、硼、钾综合普查工作。2000 年 12 月至 2002 年 6 月青海省柴达木地质勘查大队受青海省金星矿业有限公司的委托开展西台吉乃尔湖锂矿矿区勘探，于 2002 年 6 月提交了《青海省大柴旦镇西台吉乃尔湖锂矿矿区勘探报告》，并通过了省国土资源厅的评审。

3. 查明资源储量（333 及以上）

西台吉乃尔湖为特大型锂矿床，共生有大型矿床 3 个（硼、镁盐、湖盐），中型矿床 1 个（钾盐），探明盐类总储量 51.75 亿 t，其中 LiCl 308.4 万 t，全部为基础储量；固体 KCl 2126.0 万 t，全部为资源量；液体 KCl 2608.9 万 t，全部为基础储量；B_2O_3 163.3 万 t，全部为基础储量；固体 $MgCl_2$ 2325.3 万 t，液体 $MgCl_2$ 18598.0 万 t，全部为资源量；固体 NaCl 466806.9 万 t，液体 NaCl 24591.0 万 t，全部为资源量，详见表 6 - 17。

4. 矿床地质特征

矿区大地构造位置属柴达木准地台之柴达木盆地台坳。出露地层主要为第四系全新统和上更新统，中下更新统仅在矿区深孔中见到，地表未出露，盐类矿产主要赋存于上更新统上部和全新统的化学沉积层中。上更新统按成因分为湖积、化学沉积及湖沼沉积三种类型，划分为四个岩性段。第一岩性段为湖泊机械碎屑层，岩性以含黏土的粉砂、灰绿色黏土为主，夹薄层淤泥，地表未出露；第二岩性段为湖泊机械碎屑层，岩性为含粉砂的淤泥，淤泥夹含粉砂淤泥黏土、黏土淤泥，地表未出露；第三岩性段为湖泊机械碎屑层，岩性为含黏土的粉砂、黏土粉砂、粉砂黏土互层；第四岩性段为机械碎屑沉积与化学沉积互层，机械碎屑沉积为含黏土的粉砂、黏土粉砂、粉砂黏土、中粗砂、含石盐的黏土粉砂、含石盐的粉砂黏土夹石盐薄层和含粉砂的石盐透镜体；化学沉积主要为含粉砂、黏土、芒硝、石膏、白钠镁矾的石盐层。全新统可分为风积、化学沉积、冲积、湖积四种，划分为上下两个岩性段，下岩性段为碎屑岩段，岩性以湖积棕红色黏土及含黏土的粉细砂为主；上岩性段为化学岩段，细分为四个沉积层，主要为含粉砂、芒硝等的石盐层。矿区及周边地区第四纪褶皱和断裂构造十分发育。矿区主要为西台湖凹地（向斜），长轴 32km，短轴 26km，西南翼缓，东南翼陡，面积 $570km^2$，呈不对称椭圆状；矿区内重要断裂有两条，一是一里坪—东台吉乃尔湖正断层，二是矿区西北角隐伏逆断层。

（1）固体矿。

①石盐矿，分为上、下两矿层，上部矿层属全新统化学沉积，分布于西台湖湖底及其周边化学沉积层，主矿体面积约 $150km^2$，厚度 0.3～2m，NaCl 97.0%，一般为 60%～70%；次要矿体一般长 2～5km，最宽 200～800m，厚 0.1～0.5m，NaCl 品位 75%～80%。下部矿层属上更新统，埋深 6～35m 不等，厚度一般 15～20m，最大 31.25m，分布面积 480 余平方千米，NaCl 一般在 80%～90% 之间，平均 57.77%。

②钾盐矿，主要产于上更新统化学沉积盐层中，第一层（K1）埋深 0.00～0.94m，厚 0.5～1m，KCl 1.5% 左右，个别达 8.98%，分布面积 2～$8km^2$。第二层埋深 12.97～25.74m，局部为 2.12～12.44m，集中分布达 $188km^2$，一般厚 2～5m，KCl 在 1.5%～3% 之间，主要为含光卤石石盐、含钾石盐粉砂之石盐。

③镁盐矿，第一矿层赋存于全新统和上更新统中，品位 5%～6.5% 之间，厚度 0.5～1m，分布星散，无工业意义；第二矿层产于上更新统白钠镁矾层中，埋深 25m 以下，单个矿体厚 0.5～1.5m，$MgCl_2$ 6%～13%，面积 $104km^2$，岩性为含白钠镁矾的石盐等。

④固体锂矿化，在盐类沉积层和碎屑层中普遍含锂，一般底部 LiCl 多在 0.1% 以下，上部 0.1% 以

上，最高0.27%，经统计大于0.1%的矿化层最厚18.58m，一般只有1～5m。

（2）液体矿。

①地表（湖水）卤水矿，湖水均为高矿化度卤水，矿化度326.2～345.2g/L，锂、硼、钾等组分含量远高于最低工业品位或边界品位要求，已构成可利用矿层。

②晶间潜卤水矿层，面积30.85km^2，平均厚0.19m，矿化度350～360g/L，LiCl平均3.85g/L，B_2O_3平均3.49g/L，K^+平均17.56g/L，Mg^{2+}平均41.13g/L，Na^+平均54.17g/L。

③孔隙潜卤水矿层，分布面积131km^2，主要赋存于上更新统的中粗砂和含砂石盐互层等岩层中，分为上、下两岩段，埋深0.30～3.13m，矿化度一般320～350g/L，LiCl平均3.60g/L，B_2O_3平均0.93g/L，K^+平均12.58g/L，Mg^{2+}平均42.86g/L，Na^+平均64.28g/L。

④晶间承压卤水矿层，面积370余平方千米，岩性为含砂石盐和含白钠镁矾、粉细砂石盐，矿化度320～330g/L，LiCl平均1.88g/L，B_2O_3平均1.29g/L，K^+平均9.51g/L，Mg^{2+}平均31.89g/L，Na^+平均70.21g/L。

矿床成因属内陆湖泊化学沉积型。

5. 开发现状

青海中信国安科技发展有限公司已经于2005年办理了采矿权证，正在进行开发前期试验和研究工作，尚未规模开发。

6. 开采技术条件

矿床以液体矿为主，固体钾镁盐矿品位较低，不具单独开采价值。

矿区地下水均为卤水，分为孔隙潜卤水和承压卤水层，地下水的补给方式主要是地表水的渗入。

矿区附近没有可供饮用和工业用的淡水，未来可开发那棱格勒河Ⅰ级冲洪积扇中的地下水资源。

矿区内主要岩土类型为粉砂、细砂、砂质黏土及盐层，均属盐渍土，经试验，盐田建设、厂房建设可选在黏土层上。但盐渍土为强腐蚀性土，应注意防腐。

卤水开采建议浅部卤水（埋深5～10m）用渠采，深部卤水（埋深>10m）用井采。

矿区进行了氯化物型和硫酸盐型两类卤水钾硼锂综合利用工艺流程实验室小型试验，在此基础上进行了扩大的盐田蒸发试验和钾硼锂的提取试验，卤水矿工业利用的性能已获得肯定性的结论，基本技术路线也已得到优化和确定。

7. 开发利用建议

西台吉乃尔湖锂矿床保有锂资源储量298万t，其资源储量能够保证的开发规模为：在40年服务年限内，可以年产氯化锂3.0万t；保有硼资源储量157.8万t，其资源储量能够保证的开发规模为：在40年服务年限内，可以年产硼酸2.65万t，折合B_2O_3 1.5万t；保有钾资源储量2559.3万t，其资源储量能够保证的开发规模为：在40年服务年限内，可以年产氯化钾25万t。

矿床资源储量能够保证的开发规模和规划开发规模见表6－20。该规模明显小于开发利用方案确定的设计生产规模。若按设计生产规模计算，服务年限明显偏短，有悖于国家产业政策。建议实施开发的同时要加强矿区外围的勘查工作，提供后备资源。

表6－20　西台吉乃尔湖锂矿保有资源储量及开发规划表

矿床名称	矿种	规模	勘查程度	基础储量	可利用储量	资源储量保证的开发规模		规划开发规模
						服务年限	开发规模	
西台吉乃尔湖	锂	大型	勘探	298	298	40	3.0	3.0
	硼	大型	勘探	157.8	157.8	40	1.5	1.5
	钾	中型	勘探	2559.3	2559.3	40	25	25

注：资源储量单位万t，资源可信度60%；综合回收率40%，产品为LiCl：万t；开发规模单位为万t/a。

镁盐、钠盐和固体钾盐资源需待区内基础设施条件在现有基础上得到明显改善、水电资源得到解决后，才可进行规模开发。

（三）东台吉乃尔湖锂矿床

1. 地理位置、交通、能源、水源条件

矿区位于柴达木盆地中部，与西台吉乃尔湖相距30km，行政区划隶属海西州格尔木市管辖。范围：93°40′00″E～94°08′00″E、37°20′00″N～37°26′00″N，中心地理坐标为93°54′00″E；37°23′00″N。

矿区地形平坦，海拔2661～2681m；最高气温30℃。矿区为盆地内陆干旱气候，温差大，气候干旱寒冷，多风少雨，年蒸发量大于降水量，前者大于后者160倍以上。

从青新公路584km处向南有汽车便道可直通矿区，行程约80km，交通尚方便。其他基本与西台吉乃尔湖锂矿床相同。由于该矿邻近涩北气田，交通及能源供应条件相对较好。区内荒无人烟，生产及生活物资均需由外地供给。

2. 勘查工作程度

1957～1962年大柴旦地质队进行1∶5万普查，最终提交了Li、B_2O_3、KCl等C+D级储量数百万t。1970～1980年期间，水文、物探及石油局等在此带进行不同专业的勘查及盐类科研工作。1986～1990继续进行诸如《柴达木盆地第四纪钾盐矿床形成条件及找矿方向综合研究》等课题。1998～2001年省矿勘院进行勘探工作并提交《东台吉乃尔湖（锂、硼、钾矿床勘探报告）》，并通过了国土资源厅的评审。

3. 查明资源储量（333及以上）

东台吉乃尔湖属大型锂矿床，共生有硼、镁盐及湖盐3个中型矿床，1个小型钾盐矿床。探明盐类总储量32.63亿t，其中LiCl 284.78万t，全部为基础储量；液体KCl 1828.9万t，基础储量1728.8万t；B_2O_3 163.8万t，其中基础储量156.6万t；液体$MgCl_2$ 6283.9万t，全部为资源量；固体NaCl 299081.8万t，全部为资源量；液体NaCl 18698.3万t，全部为基础储量，详见表6－17。

4. 矿床地质特征

矿区的东北及东南有第三纪构造隆起，西南为台吉乃尔河冲洪积扇，矿区处于低洼地带中。

矿区出露地层为第四系，由矿区周边至沉积中心，沉积物由粗至细、由机械沉积的碎屑物到湖泊化学沉积的盐类物质。锂矿主要赋存于地表卤水（湖水）和地下晶间卤水（盐层）与孔隙（细砂）卤水中，并共生有丰富的硼、钾、镁、钠等有益元素。固体矿产除石盐外，仅见少量芒硝及石膏矿化。

地表卤水（湖水）锂矿呈NWW—SEE向分布，长约23km，宽8km，丰水期湖水面积201.64km^2，枯水期湖水面积191.76km^2，一般水深0.6m，最深1.01m，密度1.21，浓度东大西小。卤水含矿品位LiCl一般1.8～2.0g/L，B_2O_5一般1.2～1.4g/L，KCl一般12～14g/L，$MgCl_2$一般45～50g/L。在洪水季节，由于河水补给量的增加，湖水面积增大到173km^2，最深达1.27m，湖水变淡，含矿品位降低。

地下卤水锂矿由上至下分为两个含矿层。Ⅰ含矿层赋存于全新统中，其底板为棕红色砂质黏土层，向上至地表为石盐及含黏土的粉砂、细砂等。分布面积76km^2，厚度2～3m，孔隙度平均25.66%，最高38.99%。含矿品位LiCl一般4g/L，$B_2O_3$2.5g/L，KCl一般20～30g/L，$MgCl_2$一般80～100g/L，NaCl一般200g/L。Ⅱ含矿层分布于Ⅰ含矿层之下，距地表6～35m，主要赋存于上更新统上部石盐层晶间和细砂层孔隙中，分布面积109km^2，以晶间卤水为主，含水层厚15～20m，孔隙度15%～20%，含矿品位LiCl一般4～6g/L，B_2O_3一般2～3g/L，KCl一般20～30g/L，$MgCl_2$一般60～120g/L，NaCl一般200g/L。

固体矿产主要为石盐，分布于上更新统和全新统地层中，面积分别为76km^2和91km^2，厚度分别为2～3m和10～15m，NaCl品位分别为80%～95%和65%～75%。

矿床成因属内陆湖泊化学沉积型。

5. 开发现状

中信国安近年来在东台建成年产碳酸锂500t，硼酸1000t的试验车间，并计划在“十一五”建成年产碳酸锂和硼酸各3.5万t的生产线。青海锂业已在东台建成面积410万m^2的盐田，计划建设年产碳酸锂3000t，硫酸钾2.5万t，硼酸2500t的生产线。目前中信国安、青海锂业均处于开发前期试验阶段，尚未规模开发。

6. 开采技术条件

开采方法可采取集卤明渠，以挖至潜水层底板合适，北部大厚度区集卤渠深应达卤水层厚的2/3，可保证卤源充裕，卤质稳定。承压卤水采卤采用抽卤井，输卤管网并结合集卤明渠联采工艺是可行的。矿区无淡水，供水问题应据实际环境，应选的供水点在南部约50km的那陵郭勒河与东台吉乃尔河交汇之折北拐弯处为佳，保留一定水点坡度，以便自流输供。

7. 开发利用建议

东台吉乃尔湖锂矿床保有锂基础储量285万t，能够保证的开发规模为：在40年服务年限内，可以年产氯化锂2.8万t；保有硼资源储量163.8万t，其资源储量能够保证的开发规模为：在40年服务年限内，可以年产硼酸2.65万t，折合B_2O_3 1.5万t；保有钾资源储量1828.9万t，其资源储量能够保证的开发规模为：在40年服务年限内，可以年产氯化钾15万t。

矿床资源储量能够保证的开发规模和规划开发规模见表6－21。该规模明显小于开发利用方案确定的设计生产规模。因此在实施开发的同时要加强矿区外围的勘查工作，提供后备资源，延长矿山服务年限。

表6－21 东台吉乃尔湖锂矿保有资源储量及开发规划表

矿床名称	矿种	规模	勘查程度	基础储量	资源量	可利用储量	资源储量保证的开发规模		规划开发规模
							服务年限	开发规模	
东台吉乃尔湖	锂	大型	普查	285		285	40	2.8	2.8
	硼	大型	普查	156.6	7.2	161	40	1.5	1.5
	钾	中型	普查	1728.8	100.1	1789	40	15	15

注：资源储量单位万t，资源可信度60%；综合回收率40%，产品为LiCl：万t；开发规模单位为万t/a。

镁盐、钠盐资源需待区内基础设施条件在现有基础上得到明显改善、水电资源得到解决后，才可进行规模开发。

五、资源接替区矿产资源经济效益评价

（一）矿产资源潜在价值

区内矿产资源潜在价值的计算公式等均与元石山—拉水峡铁镍铜磷矿勘查开发接替区的计算公式等一致，矿产品价格见表5－5；接替区内已查明主要矿产资源储量的潜在价值为20630.86亿元，全为上表资源储量的潜在价值，详见表6－22。

（二）年矿业产值增量预测

2005年，接替区内各主要单矿种年产量分别为：氯化锂0.27万t，氯化钾1.72万t，氧化硼0.19万t。

预测到2010年，接替区内各主要单矿种年产量分别为：氯化锂1.0万t，氯化钾6.4万t，氧化硼0.7万t。

表 6-22 矿产资源潜在价值测算结果表

接替区名称	矿种	矿区	基础储量/万 t	资源量/万 t	工作程度	资源量可信度系数	价格（元/t）	品位系数	潜在价值/元	上表状态	合计/亿元
一里坪—东西台钾盐锂矿开发接替区	氯化锂	一里坪	1334906×10^{-4}	464514×10^{-4}	勘探	0.8	7832	1	13365442710	上表	20630.86
		西台	2979103×10^{-4}		勘探	0.8	7832	1	23332334696		
		东台	2847773×10^{-4}		勘探	0.8	7832	1	22303758136		
	固体氯化钾	西台		2126	勘探	0.8	2700	1	45921600000		
	液体氯化钾	一里坪	1546.1	134.4	勘探	0.8	2700	1	44647740000		
		西台	2559.3		勘探	0.8	2700	1	69101100000		
		东台	1728.8	100.1	勘探	0.8	2700	1	48839760000		
	B_2O_5	一里坪	86.5	5.1	勘探	0.8	3100	1	2807980000		
		西台	157.8		勘探	0.8	3100	1	4891800000		
		东台	156.6	7.2	勘探	0.8	3100	1	5033160000		
	固体 NaCl	一里坪	195260	102470.6	勘探	0.8	168	1	465757286400		
		西台		466806.9	勘探	0.8	168	1	627388473600		
		东台		299081.8	勘探	0.8	168	1	401965939200		
	液体 NaCl	西台		23789.1	勘探	0.8	168	1	31972550400		
		东台	18698.3		勘探	0.8	168	1	31413144000		
	固体 $MgCl_2$	西台		2325.3	勘探	0.8	720	1	13393728000		
	液体 $MgCl_2$	一里坪	7283.5	1627.8	勘探	0.8	720	1	61817328000		
		西台		18036.2	勘探	0.8	720	1	103888512000		
		东台	6283.9		勘探	0.8	720	1	45244080000		

预测到2015年，接替区内各单矿种年产量分别为：氯化锂7.3万t，氯化钾55万t，氧化硼4.0万t。

2005年矿业产值$Gm=\sum$（预测单个矿种年产量×该矿种价格）=氯化锂0.27万t×7832元/t+氯化钾1.72万t×2700元/t+氧化硼0.19万t×3100元/t=2115万元+4644万元+589万元=7348万元≈0.73亿元。

2010年矿业产值$Gm=\sum$（预测单个矿种年产量×该矿种价格）=氯化锂1.0万t×7832元/t+氯化钾6.4万t×2700元/t+氧化硼0.7万t×3100000元/t=7832万元+17280万元+2170万元=27282万元≈2.73亿元。

2015年矿业产值$Gm=\sum$（预测单个矿种年产量×该矿种价格）=氯化锂7.3万t×7832元/t+氯化钾55.0万t×2700元/t+氧化硼4.0万t×3100元/t=57174万元+148500万元+12400万元=218074万元≈21.81亿元。

2010年较2005年的年矿业产值增量=2.73亿元-0.73亿元=2.00亿元。

2015年较2010年的年矿业产值增量=21.81亿元-2.73亿元=19.08亿元。

（三）矿产资源开发利用的社会效益评价

1. 矿产资源开发对地区经济发展的贡献

开发接替区位于海西州境内，根据《青海省海西州国民经济和社会发展“十一五”规划纲要》统计及预测，海西州2005年地区生产总值134.34亿元；预测2010年地区生产总值280亿元，较2005年增加145.66亿元；2015年地区生产总值560亿元，较2010年增加280亿元。

2010年矿业对经济发展的贡献率=接替区矿业产值增量/接替区所在区域国内生产总值增量=0.73亿元/145.66亿元=0.50%。

2015年矿业对经济发展的贡献率=接替区矿业产值增量/接替区所在区域国内生产总值增量=19.08亿元/280亿元=6.81%。

2. 矿产资源开发对经济增长速度的贡献

2010年接替区矿业产值占接替区所在区域国内生产总值的比重=2.73亿元/280亿元=0.98%。

2010年与2005年比较，接替区矿业产值增长率=2.00亿元/0.73亿元=273.97%。

2010年与2005年比较，接替区所在区域国内生产总值增长率=145.66亿元/134.34亿元=108.43%。

2015年接替区矿业产值占接替区所在区域国内生产总值的比重=21.81亿元/560亿元=3.89%。

2015年与2010年比较，接替区矿业产值增长率=19.08亿元/2.73亿元=698.90%。

2015年与2010年比较，接替区所在区域国内生产总值增长率=280亿元/280亿元=100%。

2010年矿业经济增长贡献率=接替区矿业产值占接替区所在区域国内生产总值的比重×接替区矿业产值增长率/接替区所在区域国内生产总值增长率=0.98%×273.97%/108.43%=2.48%。

2015年矿业经济增长贡献率=接替区矿业产值占接替区所在区域国内生产总值的比重×接替区矿业产值增长率/接替区所在区域国内生产总值增长率=3.89%×698.90%/100%=27.19%。

（四）矿产资源开发技术经济评价

（1）从成矿条件、资源储量、资源前景、矿床规模、矿石品位、采选性能、潜在价值、矿业贡献等8个方面，聘请7位专家对开发接替区内部开发条件分别评分，经汇总平均，一里坪—东西台钾盐锂矿开发接替区内部开发条件综合评分结果为83.86分（表6-23），在四个开发接替区中排名第三。

表6－23 一里坪—东西台钾盐锂矿开发接替区内部开发条件评分表

评价指标	评分1	评分2	评分3	评分4	评分5	评分6	评分7	合计	平均
成矿条件（10分）	9	8	10	9	10	10	8	64	83.86
资源储量（20分）	18	18	19	20	19	20	20	134	
资源前景（15分）	11	11	9	5	14	12	13	75	
矿床规模（15分）	13	13	15	15	15	15	15	101	
矿石品位（10分）	5	7	10	8	9	7	8	54	
采选性能（10分）	4	5	7	4	7	8	6	41	
潜在价值（15分）	12	12	13	15	15	15	13	95	
矿业贡献（5分）	1	3	4	3	4	5	3	23	
合计	73	77	87	79	93	92	86	587	

（2）从市场需求、交通条件、供水条件、供电条件、自然条件、区域经济等6个方面，聘请7位专家对开发接替区外部开发条件分别评分，经汇总平均，一里坪—东西台钾盐锂矿开发接替区外部开发条件综合评分结果为60.86分（表6－24），在4个开发接替区中排名第二。

表6－24 一里坪—东西台钾盐锂矿开发接替区外部开发条件评分表

评价指标	评分1	评分2	评分3	评分4	评分5	评分6	评分7	合计	平均
市场需求（20分）	11	16	20	16	19	20	20	122	60.86
交通条件（16分）	9	11	11	12	11	9	6	69	
供水条件（16分）	8	8	15	10	8	4	4	57	
供电条件（16分）	11	9	4	8	14	4	3	53	
自然条件（16分）	14	14	10	9	13	4	2	66	
区域经济（16分）	10	9	11	10	14	4	1	59	
合计	63	67	71	65	79	45	36	426	

六、资源接替区开发环境影响评价

（一）环境影响分析评价

1. 政策环境影响分析

我国钾盐资源可供储量对2020年需求的保障程度小于30%，供需形势十分严峻。碳酸锶、碳酸锂、镁盐、硼酸的系列产品的需求与消费也在不断增长。因此，加速区内钾盐、锂矿的开发，对国家缓解资源瓶颈压力，无疑具有十分重要的意义。

接替区位处柴达木盆地国家级循环经济实验区内，不属于自然保护区或国家、省限制开发区。青海省经济社会发展规划、青海省工业发展规划中，将柴达木地区列为青海省重点开发区之一，钾、镁、锂、锶、硼是鼓励开采的矿种。青海省矿产资源总体规划将本区列为柴达木国家级矿业经济区，将一里坪—东西台地区列为钾盐、锶矿重点开采区，力争通过加大本地区优势矿产的开发力度，使柴达木盆地及其周边地区成为国家级的矿业经济区和我国21世纪重要的矿产资源供应基地。

对矿山环境保护的要求是：矿产开发要求矿山环境保护要贯穿于矿产资源开发的全过程，遵循

“谁开发谁保护，谁污染谁治理，谁破坏谁恢复，谁使用谁补偿”的原则，实行矿山建设与生态环境保护设施的“三同时”制度，足额缴纳矿山环境恢复治理保证金，做好矿山环境的恢复治理，最大限度地减轻矿业活动对生态环境造成的污染和破坏。

2. 自然环境影响分析

区内地形平坦，海拔2681m左右。属内陆干旱气候，干燥多风，降雨稀少，蒸发强烈，昼夜温差大，年平均气温4.47℃。矿区多为一狭长的四周被丘陵地形环绕的半封闭状小型盆地，呈NWW向带状分布。地表无水流，盐湖已干涸，并被风砂覆盖，向砂下湖过渡，深部未发现淡水及埋藏较深的承压水。气候干旱，多风少雨，日温变化悬殊。年最高气温30l℃左右，年降水量20.8mm，年蒸发量3063mm。缺乏地表水及地下水水源的补给，对开采极为有利。总的来看，本地区生态环境承载力较强，开矿产开发中通过一定的环境保护措施和恢复治理，对生态环境不会产生太大的影响。

矿区地下水均为卤水，分为孔隙潜卤水和承压卤水层，地下水的补给方式主要是地表水的渗入。矿床以液体矿为主，固体钾镁盐矿品位较低，不具有单独开采的价值。矿层顶板埋深60～80cm，底板40.95m，分布面积广，孔隙度大，涌水量400～600m^3/d，因此露天开采最为有利，由于盐类的易溶性、潮解性，开采卤水疏干必须考虑边坡角的稳定。

矿区内主要岩土类型为粉砂、细砂、砂质黏土及盐层，均属盐渍土，经试验，盐田建设、厂房建设可选在黏土层上。但盐渍土为强腐蚀性土，应注意防腐。矿层底板稳定性好，尚未发现承压水及涌水现象。

矿区附近没有可供饮用和工业用的淡水，未来可开发那棱格勒河Ⅰ级冲洪积扇的地下水资源。

在区内其他盐湖开发中，往往存在单一提取氯化钾或提锂现象，大量镁、硼等元素随老卤排放，造成资源严重浪费。开发中盲目扩大规模和速度，致使首采区出现晶间卤水水位持续下降，降落漏斗扩大，大量固体矿无法向液体转化，资源不能得到充分利用。尾卤排放无理想场地，既污染钾锂矿床，又造成资源浪费，卤水动态监测工作滞后，资源情况变化不清。

因此在一里坪—东西台锂矿开发中，一是要坚持钾、镁、锂、锶、硼等多种有益组分的综合开发利用，严禁单一提钾；二是要适度生产，不能盲目扩大开采规模，严禁过量开采；三是要合理规划尾卤排放的理想场地，严禁老卤就地排放污染原卤的现象；四是通过矿山环境的恢复治理来消除开发对环境的影响。这样就能够把矿山开采对环境的影响降到到最低点。

3. 社会环境影响分析

本地区隶属冷湖行委、大柴旦行委、格尔木市辖区内。截至“十五”末，辖区内总人口14.5万人；地区生产总值65626.98万元，其中第一产业6648.8万元，第二产业473824万元，第三产业175797万元；财政总收入170009万元，其中地方财政一般预算收入29253万元；固定资产投资完成233616万元。2007年实现地区生产总值110.08亿元。

一里坪—东西台接替区通过一里坪、东台、西台锂矿矿区的开发，主要矿种资源储量能够保证的开发规模可以达到：氯化锂7.3万t/a，氯化钾55万t/a，氧化硼4万t/a。预测到2010年，接替区内各主要单矿种年产量分别为：氯化锂1.0万t，氯化钾5.0万t，氧化硼0.7万t；矿业产值可增加2.0亿元，矿业产值占地区生产总值的0.98%，并将带动五百余人就业，对地区经济社会发展将产生极大的推动作用。

4. 矿产资源开发的环境保护和恢复程度

矿山建设和生产过程中产生工业废水、粉尘、废气、废渣、噪声等环境污染因素，预测对未来环境的影响有限。

施工过程产生的污染物主要是施工人员生活污水，排放量较小。土建施工、材料运输过程中产生的杨尘和施工机械、运输车辆排放的废气数量较小，不会对地质环境造成危害。

运行期污染及处理措施：资源开采产生的尾矿，如石盐、硫镁盐等就地存放，不会对资源产生危害；盐田水氯镁石用水溶解后排入矿区北部洼地，不会对矿区卤水资源产生影响；加工厂生产废水

（地面冲洗水）、生活污水经处理后达标排入北部洼地；加工厂产生的干燥废气、天然气发电机废气处理后高空排放，不会对大气产生影响。生活垃圾集中焚烧或填埋处理。加工厂产生的机械设备噪声不会对外界产生影响。

矿床开发需要生产、生活用水，取自西台吉乃尔河地表水或那陵格勒河洪积扇地下水，日需求量不超过 1.0×10^4t，仅占那陵格勒河流域径流量的极小部分，不会对区域水资源产生不利影响；矿床开发的修路、天然气管道铺设、通信电缆架设会小范围地影响地表环境，对区域地质条件影响不大；产品运输过程中会产生一些运输车辆尾气和少量废弃物，但是不会对区域地质环境产生明显影响。

总的来看，三个矿区地处荒漠戈壁，地势平坦，人烟稀少，基本没有植被。矿山为露天开采，且主要开采卤水矿，产生次生地质灾害的可能性较小，对生态环境所产生的影响甚微。对生产过程中所产生的某些污染，如废气、废水、固体排放物、噪声等，要严格按国家有关规定进行处理。只要在各工序环节上只要重视环保并采取相应措施，不会恶化原有环境。

5. 环境影响综合指标评估排序

根据上述四方面的影响分析，采取因子分析方法，制定环境影响预测评价方案，再根据选区实际，对选区进行权重计算，进行环境影响综合指标评估排序。

根据环境影响预测评价要求，聘请7位专家分别评分，经汇总平均，一里坪—东西台钾盐锂矿开发接替区环境影响综合评分结果为77.71分（表6－25），在4个开发接替区中排名第一。

表6－25　一里坪—东西台钾盐锂矿开发接替区环境影响综合评分表

规划评价要素（权重/%）	评价指标	评分1	评分2	评分3	评分4	评分5	评分6	评分7	合计	平均
矿产资源开发利用与保护的目标和方针－政策环境（25）	符合政策（10）	9	10	9	10	8	10	10	66	77.71
	当地经济需求（10）	10	8	10	10	9	8	10	65	
	与当地其他产业的协调一致性（5）	5	4	5	5	5	5	5	34	
矿产资源开发利用布局－自然环境（25）	降雨量（8）	8	1	6	8	6	4	1	34	
	地形地貌—坡度（8）	8	8	8	4	5	4	8	45	
	构造和岩性（9）	9	8	6	4	7	4	9	47	
矿产资源开发利用的规模－社会经济环境（25）	矿业产值占总经济产值的比率（6）	6	5	5	6	5	4	6	37	
	人口密度（6）	6	6	3	6	5	3	1	30	
	交通密度（6）	6	4	2	6	5	3	2	28	
	技术开发条件（7）	7	6	3	7	5	4	4	36	
矿山环境保护恢复治理－难易程度（25）	恢复治理率（7）	3	5	6	7	6	5	5	37	
	三废综合利用率（6）	3	3	5	6	5	4	1	27	
	尾矿综合利用率（6）	0	3	4	6	4	4	1	22	
	万元产值GDP环保投资额（6）	6	3	6	6	5	4	6	36	
累计		86	74	78	91	80	66	69	544	

（二）减轻资源开发对环境影响建议

1. 政策法规建议

本区不属于自然保护区，是国家省确定的重点勘查区。在矿产资源勘查中，要充分考虑环境因素，对生态环境脆弱地段和生态环境保护地段尽量不布置或者少布置勘查工作。矿产资源开发中，要认真贯彻国家关于环境保护的方针、政策，矿山环境保护贯穿于矿产资源开发的全过程，必须坚持“在保护中开发、在开发中保护”和“事前预防、事中治理、事后恢复”的原则，把矿产资源开发活动对环境的影响和破坏减少到最低限度。坚持“预防为主、防治结合”、“全面规划、合理开发、充分利用、化害为利、变废为宝”及“谁开发谁保护，谁污染谁治理，谁破坏谁恢复，谁使用谁补偿”的方针。明确矿山环境评估、监测、恢复治理、保护等各个环节的法律责任制。实行矿山环境保护的相关法规和政策、制度，力争把矿业开发对环境的影响降到最低点。

2. 行政管理建议

努力做好矿山环境保护的宣传教育，使各级领导干部和广大群众全面认识发展与环境的关系，树立矿业可持续发展的战略目标。

建立健全矿山环境保护的法规体系，明确矿山环境评估、监测、恢复治理、保护等各个环节的法律责任制。建立矿山环境保护的行政首长责任制，实行矿山环境保护的行政部门负责制和考核制。

（1）新建（扩建）矿山必须符合环境保护准入条件。实行环境保护一票否决制，对于采矿活动对环境影响和破坏较大或难以恢复治理的采矿权申请，一律不批准。签订矿山环境保护责任书，足额缴纳矿山环境恢复治理保证金，加强矿山环境恢复治理和被破坏土地的复垦。

（2）生产矿山必须严格按照批准的开发利用方案、矿山环境保护与综合治理方案和土地复垦方案的要求，从事采掘活动和矿山环境保护与恢复治理，切实履行矿山环境保护与土地复垦义务。

（3）闭坑矿山要提交矿山环境恢复治理计划。做好闭坑、关停前的土地复垦、生态修复、尾矿库保护、废渣堆填、废水处理等环境保护工作。并按规定提交相关报告。

3. 技术方法建议

加强矿山环境的监测及预测、预报，掌握矿山环境的动态，及时采取有效的防治措施。

努力发展矿产资源领域的循环经济。将“减量化、再利用、资源化”应用到矿产资源勘查、开采中。提高矿山固体废弃物综合利用水平，实现矿山固体废弃物的资源化。

加强与矿山环境保护有密切关系的矿山环境地质调查评价及研究。研究矿业开发过程中引起的地质环境的各种变化，提出对矿山环境的影响及防治技术，研究、推广矿业三废的处理和废弃物回收与综合利用技术、装备。

加强人才培训，学习矿山环境保护的先进技术和经验，提高矿山环境保护工作的能力和水平。

4. 经济手段建议

完善经济刺激手段。对环境保护工作做得好的矿山企业实行减税或免税，对破坏与污染严重的实行加税，提高矿产资源废弃物综合利用的利润留成率，以及征收排污费及罚款等。

建立矿山环境保护与恢复治理保证金制度。保证金专项用于因开采矿产资源引发的矿山环境恢复治理。对逾期没有按要求治理或治理达不到要求的矿山，由国土资源主管部门使用该矿山缴纳的保证金，组织矿山环境恢复治理。

5. 公众参与的方式和跟踪监测评估的内容和方法建议

一是加强防减灾和保护环境的宣传教育。提高政府部门、企业、职工和全民的环境保护意识与防灾减灾意识，二是加强矿山环境的监测及预测、预报，掌握矿山环境的动态，及时采取有效的防治措施。三是加强执法检查并加大行政监察力度，建立矿山环境保护与治理工作的行政监督管理机制和行政、法律责任追究机制。限期整顿污染环境、破坏环境的矿山企业。

七、资源接替区开发利用评述

（一）保有资源储量

开发接替区内保有资源储量有：LiCl 7626296.0t，其中基础储量 7161782.0t；固体 KCl 2126.0 万 t，全部为资源量；液体 KCl 6068.7 万 t，其中基础储量 5834.2 万 t；B_2O_3 413.2 万 t，其中基础储量 400.9 万 t；镁盐（固、液体 $MgCl_2$）35556.7 万 t，其中基础储量 13567.4 万 t；钠盐（固、液体 NaCl）1106106.7 万 t，其中基础储量 316428.6 万 t；详见附表 4。

区内锂、硼、钾、镁盐资源储量丰富，特别是三个主要矿床均是以锂为主的大型矿床，且分布集中，便于统筹规划，集约利用。该区作为我国 21 世纪锂制品产业的矿产资源开发接替区，具有良好的资源储量基础。

（二）资源储量能够保证的开发规模

（1）LiCl：在 40 年服务年限内，资源储量能够保证年产氯化锂 7.3 万 t。

（2）液体 KCl：在 40 年服务年限内，资源储量能够保证 55 万 t/a 的开发规模。

（3）B_2O_3：在 40 年服务年限内，资源储量能够保证 4 万 t/a 的开发规模。

但若考虑市场需求和开发条件，本着集约利用、有效保护的方针，区内一里坪锂矿床在近期不宜开发，而东、西台两个矿床则先期规模开发，在近期先形成 5.8 万 t 左右的氯化锂产能，再视实际条件进行进一步开发。

区内钾盐在提锂过程中，应进行综合回收，以提高资源效益。但在增加钾肥产量时，也仅能利用东、西台两个矿床的资源，规划两个矿床的开发规模为 40 万 t/a。

应加大开发区内丰富的液体硼矿资源的力度，以弥补大柴旦湖硼矿资源枯竭后，硼矿产品供应能力出现的缺口。东、西台两个矿床硼矿的规划开发规模为 B_2O_3 3 万 t/a，年产硼酸 5.3 万 t。

（三）开发利用条件

（1）开发接替区内已查明 115.25 亿 t 各类盐湖矿产资源，且勘查程度相对较高，所提交的基础储量所占的比重较大。矿种主要有钾盐、镁盐、钠盐、硼矿、锂矿等，具备进行规模开发的前提条件。

（2）区内交通方便，各矿床均有公路可通汽车。

（3）本区地处戈壁荒漠，无人烟、无植被，且主要开采液体矿，不会对周围环境产生大的影响。

（4）本区西部是青海省油气矿产资源勘查、开发的重点区域，由此建成的位于开发接替区西部的花土沟镇和东部的冷湖镇将有力推动区内的矿产资源开发活动。

（四）经济技术可行性

上述三个矿床经可行性评价或经济可行性分析，均获得了矿山开发后能取得较好的经济效益的结论，是经济可行的。

（五）资源潜力分析

根据《青海省第三轮成矿远景区划研究及找矿靶区预测》预测，本区内氯化锂资源总量达 2263 万 t。而目前查明的氯化锂资源储量为 773.12 万 t，因此本区仍然有较大的找矿潜力。主要勘查思路是根据盐湖矿产具有固液转化、液体矿的水力联系和动态变化特点，按照新的勘查理念和方法进行补充勘查评价，摸清和估算全部资源量。

（六）存在问题

卤水提锂工艺研究“十一五”初期才取得较大进展，目前尚不成熟。

区内基础设施条件较差，缺乏电源，一里坪尚缺乏淡水资源，难以大力支持矿产资源开发。本区区位条件欠佳，生产、生活所需各类物资均须远距离运输，增大了开发成本。

（七）工作建议

（1）加强卤水提锂工艺研究，并尽快投入生产。加强共、伴生元素的综合利用研究，提高开发经济效益。

（2）加强一里坪地区的水文地质勘查工作，力争就近解决淡水资源。

（3）按照新的勘查理念和方法，对几个盐湖矿区进行补充勘查评价，摸清和估算全部资源量。

综上所述，本区作为青海省乃至全国锂、硼、钾盐资源开发接替区，具有较高的资源保证程度；矿区位于内陆盐湖腹地，具有较大的环境承载能力。受东南部察尔汗盐湖开发的带动，区内资源开发的水、电、路条件已基本具备，基本可以进行规模开发。

第三节　肯德可克—尕林格铁多金属矿开发接替区

一、资源接替区开发外部条件

（一）开发接替区外部建设条件

开发接替区位于柴达木盆地西南缘，行政区划隶属海西蒙古族藏族自治州格尔木市管辖，面积 $2561km^2$（附图 11）。

接替区内干旱少雨，属高原大陆性气候，气候寒冷，温差大，日照时间长，光能资源丰富。接替区北部为戈壁荒漠，南部的昆仑山植被稀疏。区内居民以蒙古族、藏族为主，主要从事畜牧业。

通过几十年的建设发展，柴达木盆地的基础设施条件大大改善，青藏铁路纵贯全区，随着青藏铁路格拉段复线及电气化改造，区内铁路运输能力大大提高，青新公路横贯接替区北部，从公路到矿区都有简易公路相通，使得区内交通条件对矿产资源的开发支持力大幅提高。盆地内已形成 330kV 南北双回路电网，为资源开发提供了良好的电力保障。格尔木机场经扩能改建，已开通拉萨、北京、西安、成都及西宁的定期航班，形成了便捷的陆空交通网络。

区内生活用水及生产用水，可以从附近的巴音郭勒河、那陵格勒河供给，也可以从北侧的老茫崖供给。燃料要从大柴旦鱼卡地区供给。生产、生活物资及劳动力需要从西宁、格尔木和甘肃敦煌供给。

（二）矿产资源供需形势

目前，我国铁矿石自给率仅达 47.42%。今后国内铁矿石的供应缺口仍然较大，对进口铁矿石的依赖程度逐年提高。预测未来 5～10 年间，我国铁矿石供需矛盾将日益加剧，铁矿可供储量和可供能力增长十分有限，难以保障需求，且保障程度逐年下降，需长期依靠进口以弥补不足，预测 2010 年和 2020 年我国需要铁矿石（品位 35%）分别为 13.83 亿 t 和 12.51 亿 t，而国内铁矿石的保证程度分别仅为 65% 和 72%。因此加快该区铁矿床的勘查开发进程，对于缓解我国铁矿石紧缺局面具有一定的作用。

2010 年国内精炼铜消费量为 520～540 万 t，而可供储量的保证程度只有 28%，展望 2020 年，预计我国精炼铜的需求量将增加到 730～760 万 t，而可供储量的保证程度只有 18%。2010 年我国需要铅锌分别为 150 万 t 和 420 万 t，而可供储量的保证程度分别只有 55%、47%，2020 年分别为 150 万 t 和 490 万 t，而可供储量的保证程度分别只有 48%、31%。因此加快该区铜铅锌矿床的开发十分必要，可在一定程度上缓解青海省乃至全国铜铅锌资源短缺局面，而对于少数民族地区的经济发展更是具有重要的现实意义。

（三）经济社会发展状况

“十五”期间，柴达木盆地及周边经济社会发展取得了良好的成就。据统计，截至“十五”末，生产总值达到 134.34 亿元，年均增长 16.2%，超过“十五”目标 1.2 个百分点；人均生产总值达到 4000 美元；财政收入快速增长，全地区财政一般预算收入达到 20.15 亿元，年均增长 29.5%，其中地方财政一般预算收入达到 6.16 亿元，年均增长 22.9%；固定资产投资规模扩大，五年累计完成固定资产投资343亿元，是“九五”时期123.8亿元的2.8倍，超过预期目标约43亿元。2007年实现地区生产总值200.81亿元。经济结构调整顺利推进，特色经济框架初步形成。资源开发逐步由低水平、小规模向高水平、大规模方向转变，由单品种开发和原材料输出型向综合开发精深精加工型转变，盐湖化工、石油天然气化工和有色金属等特色产业进一步发展壮大，一批新的经济增长点加快形成，工业经济总量不断扩大，经济效益显著提高，对全州经济的支撑作用显著增强。

“十一五”期间，地区经济发展目标是：地区生产总值比2005年翻一番以上，年均增长16%。工业增加值比2005年翻一番以上，年均增长20%。全地区和地方财政一般预算收入均比2005年翻一番以上，年均增长16%。五年全地区固定资产投资累计达到700亿元，比“十五”翻一番。

“十一五”期间的工业发展主要依托矿产资源开发。以柴达木循环经济试验区为平台，以特色优势资源和现有工业基础为依托，加快推进资源的综合开发、有效配置和循环利用，推动资源开发向提高规模扩总量、综合利用上水平、精深加工上档次、产业聚集相融合方向发展，实现工业经济由资源粗加工型向精深加工和循环型转变，努力走出一条低投入、高产出，低消耗、少排放，能循环、可持续的工业化道路，在推进新型工业化进程中走在全省前列。重点建设油气、盐湖、煤化工三大化工产业基地。加快培育发展以格尔木油气盐化工业带、大盐滩马海湖和大浪滩盐化工业带、德令哈盐碱化工工业带、锡铁山铅锌工业带、天峻乌兰煤焦化工业带、大柴旦硼酸工业带、都兰金属工业带为重点的循环经济产业群。力争到2010年，初步建成柴达木循环经济试验区，并使其成为全省重要的工业基地。

二、勘查开发现状

（一）勘查现状

该区位于柴达木盆地西南缘的东昆仑西段祁漫塔格地区，共发现各类矿产地23处，查明的矿床主要有：肯德可克铁多金属矿床、野马泉铁锌矿床、尕林格铁矿床、群力铁矿床、五一河铁矿床、虎头崖铅锌铜矿床、四角羊—牛苦头多金属矿床等；主要查明的矿产为铁、铅、锌等，另有查明的金、锡、钨、钼、铋、钴等未上表，详见表6-26和表6-27。区内分布有青海省最大的铁矿床，肯德可克和尕林格铁矿床查明的铁矿资源储量占青海省总量的52.72%。

表6-26 主要矿床查明、保有（上表）主要矿产资源储量一览表

矿种	矿区名称	资源储量单位	查明资源储量			保有资源储量		
			资源储量		基础储量	资源储量		基础储量
			矿石量	金属量	矿石量	矿石量	金属量	矿石量
铁矿	肯德可克	万t	7199.1			7199.1		
	野马泉		877.8		259.9	877.8		259.9
	尕林格		3954.8		1071.7	3954.8		1071.7
	五一河		265.3			265.3		
	群力		101			101		
	合计		12398		1331.6	12398		1331.6
铜矿	虎头崖	万t	13.1	0.1235		13.1	0.1235	
铅矿	肯德可克	万t	597.8	5.8188		597.8	5.8188	
	虎头崖		75.6	4.3076		75.6	4.3076	
	合计		673.4	10.1264		673.4	10.1264	

续表

矿种	矿区名称	资源储量单位	查明资源储量			保有资源储量		
			资源储量		基础储量	资源储量		基础储量
			矿石量	金属量	矿石量	矿石量	金属量	矿石量
锌矿	肯德可克	万 t	922.5	14.4085		922.5	14.4085	
	野马泉		265.2	7.1		265.2	7.1	
	虎头崖		79.3	3.9792		79.3	3.9792	
	合计		1267.0	25.4817		1267.0	25.4817	
银矿	虎头崖	t	407000	53		407000	53	
硫铁矿	肯德可克	万 t	123.8	23.8		123.8	23.8	
	尕林格		211	42		211	42	
	合计		334.8	65.8		334.8	65.8	
钴矿	肯德可克	金属量：t，矿石量：万 t	44.5	426		44.5	426	
铋矿			83.4	4229		83.4	4229	
金矿			207.2	5.71		207.2	5.71	

表 6－27 四角羊—牛苦头查明（未上表）主要资源量一览表

矿种	资源量单位	查明资源储量			保有资源储量			备注
		矿石量	金属量	平均品位/%	矿石量	金属量	平均品位/%	
铁	万 t	726		34.27	726		34.27	均未评审上表
铜		734	4.9	0.67	734	4.9	0.67	
铅		2445	55.15	2.26	2445	55.15	2.26	
锌		2445	62.43	2.56	2445	62.43	2.56	
硫		5563		30.89	5563		30.89	
镉	t		464.06			464.06		
银			50.12			50.12		

该区在“十五”期间加大了勘查力度，许多矿产资源已经查明但未上表，主要有铁、铜、铅、锌、钴、铋、金、钼、锡等。对于已知矿床，“十五”期间通过加大投入，工作程度有所提高，但仍未反映到储量简表上。因此，该区的勘查开发潜力很大。

（二）开发现状

区内只有肯德可克和野马泉二个矿床已办理采矿许可证，正在开展开发前期准备工作，其余矿床尚未开展开发工作。

三、矿产资源开发选区依据

开发接替区位于祁漫塔格—都兰华力西期铁、钴、铜、铅、锌、锡、硅灰石（锑、铋）成矿带西端，地质构造位置也位于祁漫塔格—都兰造山亚带西端。

本成矿带内生金属矿产比较丰富，是省内重要的铁、多金属成矿带之一。本区已发现的金属矿产有铁、铜、铅、锌、锡、钨、钼、铋、金、银、钴等，共有金属矿产地88处，已经发现大型矿床一处，即四角羊—牛苦头多金属矿床，中型矿床四处，分别是肯德可克铁钴铋金多金属矿、尕林格富铁矿、虎头崖铜多金属矿（该矿床经近几年的勘查工作，资源量增加较多，现已接近大型规模）、卡尔却卡铜矿。

本区中部的断裂坳陷带是寻找矽卡岩型铁、多金属矿床的有利地区。在景忍东—野马泉—全红山一线，上奥陶统铁石达斯群及石炭系碳酸盐岩均有出露，中酸性侵入岩分布广泛，褶皱及断裂构造发育，成矿地质条件十分有利。该地区目前已发现众多的矽卡岩型铁、铜、多金属矿点，与磁铁矿体伴生的金、钴矿在肯德可克、巴克特沟、尕林格等矿区均有发现，在该区进一步寻找野马泉式及肯德可克式铁、钴多金属矿床是有较大潜力的。

从“十五”地质勘查工作的进展和本区的资源现状分析，该区是青海最大的铁矿资源集中区，这种结论不但反映在已上表资源储量中，同时也反映在勘查潜力上，该区通过“十五”勘查工作，又发现四角羊—牛苦头铅锌矿、卡而却卡铁铜矿床，同时通过对野马泉、尕林格等铁矿的进一步勘查，资源储量均有程度不同的增加。因此，该区将建设一个以铁、铜、铅锌矿开发为主的矿业开发基地，依托四角羊—牛苦头大型矿床和肯德可克，尕林格两个中型铁矿、野马泉小型铁矿进行规模开发，在“十一五”期间将建成省内最大的铁、铜、铅锌矿开发基地。

经过近年来的工作，区内矿产资源开发条件已经成熟。四角羊—牛苦头、肯德可克、尕林格和野马泉四个矿床，经可行性评价和环境影响评价后，均认为矿山开发后能取得较好的经济效益，是经济可行的；在环保方面采取一定措施后，不会对矿山及其周围的环境产生大的影响。目前，这四个矿床正在开展开发前期工作。

四、典型矿床特征

（一）肯德可克铁铅锌矿床

1. 地理位置、交通、能源、水源条件

肯德可克矿区位于柴达木盆地南缘西段，行政区划隶属海西州格尔木市乌图美仁乡管辖。

矿区地处内陆高原，地形闭塞，具高寒、多风、少雨、蒸发量大、昼夜温差悬殊等典型内陆高原干旱寒冷气候特征。年平均气温-1.5～-3.8℃，最高气温约21.2℃，最低气温约零下30℃。矿区内年降水量约140mm，降水集中在5～9月；年蒸发量为1660mm。风向暖季多东风、寒季多西风，基本上为东、西风交替；冰冻期为每年10月至翌年4月。

矿区东距西宁市1185km，距格尔木市385km；西距花土沟镇约280km。有简易公路从矿区直通格尔木市。矿区西北有巴音郭勒河流经，距矿区约5km，为区内唯一的常年地表水体，丰水期流量为15万m^3/d，枯水期流量约8万m^3/d，水质、水量可满足生活、生产之需。区内用电可以从其北部的甘森泵站供给，距离约80km；燃料从大柴旦镇的绿草山、大头羊煤矿拉运，运距约500km。矿区及外围近200km范围内人烟稀少，除乌图美仁乡以外无固定的居民点，仅有少数季节性流动放牧点零星散布。矿区生活及生产物资的供应，均靠汽车从格尔木市或花土沟镇运入。

2. 勘查工作程度

该矿床的地质勘查工作大致可分为两个阶段：

第一阶段为1977～1981年由原省地质局第一地质队进行的以铁为主的勘查工作。1968～1970年第一地质队在开展五一河铁矿、野马泉等铁矿普查时，在肯德可克地区发现地表矿化及磁异常，并进行概略检查。1977年对该异常进行1∶5万磁法详查，并利用钻探工程进行验证，确定为矿致异常。1979～1981年，第一地质队在肯德可克矿区开展了铁矿详查工作，1982年提交了《青海省格尔木市肯德可克矿区铁矿详细普查地质报告》并通过了省地矿局的评审；此后利用少量的钻探工程对发现的金矿化线索进行了初步控制。

第二阶段为1995年开始的由青海省有色地勘局地质矿产勘查院开展的以金、钴、铋为主的多金属矿产勘查工作。1995～1997年期间，先后对地表含矿蚀变带进行揭露和控制，于1998年发现了钴矿线索，1999年利用浅钻、坑探等工程对含矿蚀变带进行了揭露和控制，圈出数条金钴铋矿体，2000～2003年利用物探电法测量、坑探及钻探工程等方法手段对该区开展了普查工作。2004年提交了《青海省格尔木市肯德可克矿区铁多金属矿资源储量估算报告》并通过了青海省矿产资源储量评审中心的评审。

3. 查明资源储量（333及以上）

累计查明资源储量为：铁矿石量7199.1万t；铅金属量58188t，矿石量597.8万t；锌金属量144085t，矿石量922.5万t；金金属量5.71t，矿石量207.2万t；钴金属量426t，矿石量44.5万t；铋金属量4229t，矿石量83.4万t；全部为资源量，未能提交基础储量，见表6-25。

4. 矿床地质特征

矿床赋存于上奥陶统和石炭系地层中。有南、北两个矿带，均呈EW向展布，矿化范围长约2200m，宽约650m。

南矿带为主要矿带，以铁矿体和铅锌矿体为主，多分布于石炭系底部的矽卡岩中，共圈定铁矿体53个，其中磁铁矿体41个，硫铁矿体10个，铁硫矿体两个。铁矿体规模相差悬殊，其中58号铁矿体长1650m，最厚处113.02m，是矿区规模最大的矿体；规模最小的矿体（未编号）长40m，真厚1.40m；铁矿石平均品位TFe 33.35%，其中磁铁矿石为33.65%（332资源量36.76%、333资源量33.07%）；锌铁矿石TFe 29.99%，Zn 1.55%；铁硫矿石TFe 39.44%、S 9.2%；铅矿石Pb 0.98%（工业1.42%，低品位0.48%）；锌矿石Zn 1.28%（工业1.95%，低品位0.84%）；铜矿石Cu 0.91%；硫铁矿石S 15.14%；伴生镉Cd 0.028%；伴生银Ag 8.7g/t。

北矿带矿体较少，主要为铜矿体及低品位铅锌（金、银）矿体。金、钴、铋矿体分布在北矿带中，含矿围岩为上奥陶统层矽卡岩。共圈出35条矿体，其中金矿体17条，钴矿体3条，铋矿体1条，金钴矿体8条，金铋矿体4条，金钴铋矿体2条。矿体分布于东西长1100余米范围内，单条矿体呈似层状、条带状、透镜状产出，长30～525m，厚0.82～10.9m，一般2～5m；平均品位金（1.10～9.89）$\times10^{-6}$，最高32.05×10^{-6}，单样最高54.53%；钴0.022%～0.30%，单样最高1.10%，铋0.212%～1.198%，单样最高3.63%。

矿体类型较多，有铁矿体、硫铁矿体、铅矿体、锌矿体、铜矿体、金矿体、钴矿体、铋矿体以及复合矿体。矿体大小悬殊，大者长1650m，厚113m；小者长百余米，厚不足1m。矿体形态多呈似层状，透镜状、扁豆状，个别为束状。矿体产状与地层产状基本一致。

矿体空间分布自下而上为磁铁矿体—锌铁矿体—硫铁矿体—锌矿体、铜矿体—铅矿体，分带较明显。

矿床成因有矽卡岩型和喷气—沉积型两种观点。

5. 开发现状

1997年，有色矿勘院在地表0线附近采集金矿石3000余t进行了堆浸试验，入堆品位约3.5g/t，综合回收率约20%，试验效果不理想。目前，青海庆华矿业有限责任公司正在进行矿山建设。

6. 开采技术条件

（1）水文地质：多年冻土下的碳酸盐岩类的裂隙溶化，将影响矿石开采，随着采深增加将增大矿坑涌水量，增加开采难度。铁矿床大部分位于当地侵蚀基准面主要含水层以下，但含水层富水性较弱，矿区水文地质属简单类型。

（2）工程地质：矿区灰岩、大理岩为矿层顶底板，其裂隙及岩溶并不发育，而且顶底板围岩层厚，坚硬、致密、抗压性好，一般超过500kg/cm^2，不易发生冒顶、变形、脱落现象，但据钻孔资料发现有多层构造破碎带及粉末状岩心，开采时可能产生变形等，应预先采取相关措施。

经矿石初步可选性试验结果，各项选矿指标符合部颁规范要求。各类矿石中主要伴生有益组分可随相应精矿富集，试验目的主要针对铁、锌、铅、硫的可选性，对于矿石中伴生的银、镉、金等有益组分，仅了解它们分别随铅、锌精矿富集，对它们的回收途径未投入研究工作。

7. 开发利用建议

肯德可克矿床保有铁资源储量7199.1万t，其资源储量能够保证的开发规模为：在30年服务年限内，可以年产铁矿石110万t，见表6-28。本开发规模是较为合理的，但开发方案确定的设计生产规模为年采选矿石250万t，服务年限仅有15年左右，不符合国家产业政策的要求。因此在实施开发时，要加大矿区外围的找矿力度，提供后备资源。

表6-28　肯德可克铁矿保有资源储量及开发规划表

矿床	规模	勘查程度	资源量	可利用储量	资源储量能够保证的开发规模		规划开发规模		备注
					服务年限	开发规模	矿石	产品	
肯德可克	中型	详查	7199.1	4319.46	30	110	110	精矿粉55	

注：资源量单位：万t，资源量可信度60%，回采率80%；开发规模单位：万t/a。

本矿床由于工作程度低，未探明基础储量，尚需提高控制程度后才能进行规模开发，同时应加强共、伴生元素的综合利用研究，提高铅、锌、钴、铋、镉、金、银等矿产的综合利用水平。

（二）野马泉铁锌矿床

1. 地理位置、交通、能源、水源条件

矿区位于格尔木市西约285°方向直距约280km处，行政区划隶属海西州格尔木市乌图美仁乡管辖。

矿区位于柴达木盆地西南缘东昆仑山脉西段半干旱荒漠化草原区，地势平坦，总体南高北低，平均海拔3740m，风成沙厚度达35～70m。气候属典型的高寒、干旱的内陆高原盆地气候，多风、少雨，蒸发强烈，冬长夏短，昼夜温差悬殊，年平均降水量138.77mm，蒸发量达2941.3mm，最低气温-30℃，最高气温31.2℃，平均气温1.58℃。

沿格（格尔木）—茫（茫崖）公路从格尔木向西行驶270km至甘森泵站后，沿2005年青海庆华有限责任公司新修公路向南行驶约60km，下便道向东行驶约15km即抵达矿区。格—茫公路为青海省三级公路，2005年庆华公司新修公路为砂石路面，路面宽阔平坦。电力需自备，煤炭须从大柴旦的鱼卡、大头羊、大煤沟等煤矿区运入。区内有野马泉泉水，昼夜涌水量约71.52～392.16t。此外，距矿区20km处有五一河常年流水。区内只有青海庆华矿业有限责任公司拟在区内从事矿业开发，目前已完成矿业开发前生活、交通设施和通讯设施建设。目前区内除矿业开发外，夏季有少量的牧民从事牧业工作，但无常住人口，所需物资均从格尔木市供给。

2. 勘查工作程度

1968～1970年，青海省地质局物探队在那棱郭勒河至巴音郭勒河山前覆盖区进行1∶50000、1∶25000地磁测量时，在野马泉地区圈出地磁异常14处，并对野马泉M4、M5、M9、M10地磁异常开展了1∶2000磁法详查，对M1、M3、M6、M7地磁异常开展了1∶5000磁法详查，认为异常多由磁铁矿引起。

1968～1970年，青海省地质局地质一队对野马泉地区M1、M3、M4、M5、M13进行了检查评价。野马泉矿区内共投入14个钻孔，累计工作量4352m。并于1971年提交了《青海省格尔木县野马泉铁地区铁矿地质普查报告》。提交C_2级铁矿石资源量1489万t，其中M4磁异常区229万t，M5异常区924万t。

1976～1977年，青海省地质局地质一队采用钻探等手段，对M5异常进行了普查评价，并于1978年提交了《青海省格尔木县野马泉铁矿区M5磁异常普查评价报告》。提交C_2级铁矿石量516.38万t，锌金属量7.07万t，C_2级锌表外金属量0.03万t。

2005～2006年，青海庆华矿业有限责任公司委托青海省地质调查院于对野马泉铁矿开展了详查，于2006年12月提交了《青海省格尔木市野马泉M4、M5磁异常区铁锌矿详查报告》2007年10月通过了青海省矿产资源储量评审中心评审。

3. 查明资源储量（333及以上）

累计查明铁矿石资源量877.8万t，平均品位39.32%，其中332资源量259.9万t，333资源量617.9万t；锌金属量50760t，见表6-25。

4. 矿床地质特征

野马泉地磁异常分南、北两个磁异常带，与之相对应有南、北两个矿带。北矿带包括的磁异常有M3、M4、M5、M7、M8、M11、M12、M13、M14，仅对其中部分异常进行了验证，其总体特征是：矿体多而小，矿体厚度、品位变化大，铁矿体及锌矿体密切伴生，铁矿体形成在先，呈层状；锌矿体形成在后，常呈脉状。南矿带包括的磁异常有M1、M2、M6、M9、M10，工作程度很低。

北矿带M4、M5异常内累计发现铁矿、铁锌矿、锌矿体57条，其中M4异常内18条，M5-1异常内33条，M5-2异常内6条，铁矿体主要赋存于接触带之矽卡岩中，以浸染状矿石居多，块状较少，靠近接触带的矿体和矽卡岩均较厚大，远离接触带者则较薄并呈似层状、扁豆状，与地层整合产出；部分矿体产于硅质岩和条带状大理岩中。主要矿石类型中不同程度地伴生有铜、铅、钴、钼等矿化，尤其是锌矿、铁锌矿体中多数伴生有铅矿。

M5-1Ⅲ、M5-2Ⅱ、M5-2Ⅲ、M4Ⅰ号矿体为M4、M5异常区主矿体。矿体长25～325m，厚1.00～121.69m，深21～170m；平均品位：TFe 21.04%～47.32%，Zn 0.52%～10.04%，伴生Pb 0.32%～1.39%，Cu 0.25%～1.13%。

矿石矿物主要有磁铁矿，磁黄铁矿、黄铁矿，闪铁矿、黄铜矿、方铅矿、赤铁矿、褐铁矿、白铁矿等。脉石矿物主要有透辉石、石榴石、矽灰石，绿泥石、绿帘石、方解石、石英、符山石、金云母、白云母、萤石等。

矿石主要呈他形—半自形、部分呈半自形—自形粒状结构，次有斑状结构、交代残留结构、叶片结构、包含乳滴状结构、镶嵌结构；构造以浸染状构造为主，次为致密块状构造、条带状构造、斑杂状构造、团块状构造、草束状构造、团块状构造、放射状及不规则脉状构造，局部受构造破坏见角砾状构造。

矿石类型主要有磁铁矿矿石、闪锌矿矿石、闪锌矿—磁铁矿矿石。

矿床成因属矽卡岩型。

5. 开发现状

青海庆华矿业有限责任公司已经办理采矿权，正在进行开发前期准备工作。

6. 开采技术条件

矿区矿体位于当地侵蚀基准面以下，附近无常年地表水体，矿体主要充水含水层和构造破碎带富水性弱。矿体顶低板以裂隙水和溶隙水为主要充水类型，矿体本身不透水。因矿区第四系覆盖较厚，排水较困难，水文地质条件中等。

矿体顶底板以坚硬—半坚硬的层状角岩、大理岩、硅质岩为主体，稳定性好，对开采不会带来不良工程地质问题。

矿区开采可产生局部地形变形，应注意防患。区内无重大污染源，无热害及放射性元素，无可燃性和自燃性气体。地下水水质良好，矿坑排水对附近地表水体无污染，矿石和废渣成分基本稳定，矿区环境地质条件中等。

7. 开发利用建议

野马泉矿床保有铁资源储量877.8万t，其资源储量能够保证的开发规模为：在20年服务年限内，可以年产铁矿石25万t，见表6-29。

表 6－29　野马泉铁矿保有资源储量及开发规划表

矿床	规模	勘查程度	基础储量	资源量	可利用储量	资源储量能够保证的开发规模		规划开发规模		备注
						服务年限	开发规模	矿石	产品	
野马泉	小型	普查	259.9	617.9	630.6	20	25	25	精矿粉 12.5	

注：资源量单位：万 t，资源量可信度 60%，回采率 80%；开发规模单位：万 t/a。

本矿床虽开展了详查工作，但控制程度偏低，特别是除 M5 异常外的其他异常，工作程度更低，资源储量规模未完全查清，尚需加大勘查力度、提高控制程度后才能投入开发。

（三）尕林格铁矿床

1. 地理位置、交通、能源、水源条件

矿区位于格尔木市北西直距 247km，行政区划隶属格尔木市乌图美仁乡管辖。

矿区地处戈壁荒漠，地势平坦，海拔 3230～3290m。气候属高原沙漠性气候，多风少雨，年降水量 13.5～31.7mm，年蒸发量 2941.3～3077.5mm。昼夜温差悬殊，气温最高 31.21℃，最低 -34.21℃，年均气温 1.61℃。矿区向东经乌图美仁至格尔木，行程 318km，有便道勉强可通汽车，交通不方便。矿区及其附近无人烟、无燃料、无电源。所需生活及生产物资供应全靠外地长途运输解决。矿区附近无地表水体，仅有泉水两处，即野马泉（昼夜涌水量约 70t）及红柳泉，可供饮用及小规模生产用水，距矿区 50km 的巴音郭勒河枯水期流量 0.94m^3/s，可满足生活及生产用水需要。

2. 勘查工作程度

1975 年，地质部 902 地质队发现航磁异常，编号为 M512。1976～1977 年，省地质局物探队进行了地面磁法检查，推断属矿致异常。1981 年 9 月提交了《青海省格尔木县尕林格（M512）铁矿区物探工作总结报告》。

1978 年省地质局第一地质队对 M512－2 号和 5 号异常进行了钻探验证，见工业矿体。

1979～1981 年，尕林格铁矿区以 98 勘探线为界分为东西两段，分别由原青海省地质局八队和六队进行铁矿普查工作。矿区西段 C1、C2、C3 三处地磁异常区，原青海省地质局八队 1981 年 4 月提交了《青海省格尔木县尕林格磁铁矿区Ⅰ、Ⅱ、Ⅲ号矿群普查地质报告》，1982 年 10 月 6 日，原青海省地质局下达《青地审字［1982］1 号》文，评审通过，批准表内 D 级储量：磁铁矿矿石 17.24 万 t；含硫磁铁矿矿石 1206.44 万 t。矿区东段包括 C4、C5、C6、C7 四处地磁异常区，原青海省地质局六队 1982 年 10 月提交了《青海省格尔木县尕林格铁矿区东段详细普查地质报告》，同时，原青海省地质局对该报告评审通过，批准了对Ⅳ－Ⅶ矿群的矿体提交的 D 级储量，其中Ⅴ矿群共圈出 8 个矿体，D 级储量：氧化铁矿石 1756111t，磁铁矿矿石 6253726t，高硫磁铁矿矿石 13605235t，铁硫混合矿石 4647914t，硫矿石 1594443t。

青海省有色地勘局地质矿产勘查院于 2005 年，对尕林格铁矿区Ⅴ矿群富铁矿开展了为期 1 年的详查工作，投入主要工作量：钻探 1814.28m、基本分析样 90 件、小体重样 11 件、岩石光谱样两件、抗压强度样 3 件、薄片 36 件、光片 6 件。2007 年 7 月提交《青海省格尔木市尕林格铁矿区Ⅴ矿群富铁矿详查地质报告》，于 2008 年 1 月 29 日通过青海省矿产资源储量评审中心评审。

3. 查明资源储量（333 及以上）

矿区探明铁矿石 D 级储量 3967.1 万 t，平均品位 45.37%，其中基础储量 1071.7 万 t，为中型铁矿床。其探明储量在省内位居第 2 位。此外还探明伴生硫资源量 42 万 t，未上表的银金属量 5565kg、铅金属量 5798t、锌金属量 23303t、铜金属量 952t。其中东矿段探明富铁矿石量 2743.4 万 t，是省内规模最大的富铁矿段；西矿段探明铁矿石量 1223.7 万 t，见表 6－25。

4. 矿床地质特征

矿床位处祁漫塔格断褶带北缘，矿体产于燕山期花岗岩、花岗闪长岩与上奥陶统铁石达斯群大理岩接触带的矽卡岩内。

全矿区分东、西两个矿段，共7个矿群。西矿段包括1～3矿群，东矿段包括4～7矿群。区内以5矿群规模最大，其次是2矿群。5矿群已控制矿体8个，其中两个主矿体长分别为1000m及1066m，厚分别为50m及14m，延深分别为300m及325m。2、5矿群探明储量分别占全矿区总储量的21.5%及60.8%。全区共见矿体47个，单个矿体长100～1066m，厚3～60m，延深38～360m。矿体形态为透镜状及不规则状，走向近EW，倾向南，倾角60°～70°，局部近直立。

矿石矿物主要为磁铁矿、磁黄铁矿，次为黄铁矿、闪锌矿、方铅矿、毒砂、白铁矿、硼镁铁矿、褐铁矿、赤铁矿及少量孔雀石等；脉石矿物主要为透辉石、镁橄榄石、蛇纹石、石榴石、绿泥石、方解石，次为绿帘石、阳起石、角闪石、黑云母及少量葡萄石、滑石、透闪石、斜长石、石英、重晶石及磷灰石。

矿石工业类型可划分为硫铁矿石、含硫磁铁矿石、磁铁矿石及铅锌矿石四种类型。

矿石化学成分：Fe_2O_3 14.42%～59.24%，SiO_2 5.22%～31.28%，Al_2O_3 0.30%～3.79%，CaO 0.79%～14.81%，MgO 1.09%～22.83%，FeO 5.01%～24.68%，TiO_2 0.01%～0.41%，Mn 0.13%～0.6%，Cu 0.002%～0.03%，Pb 0.005%～0.02%，Zn 0.01%～0.04%。

矿石品位一般TFe 30%～50%，最高66.04%。区内东矿段矿石品位最高，平均含TFe 51.73%，是省内最富的铁矿石，达高炉富矿要求；含硫较低，平均0.55%。西矿段品位较低，平均含TFe 32.90%；含硫较高，平均2.08%。矿石的伴生组分有铜、铅、锌、银等，其中锌、铜可达综合利用指标。矿石中主要有害组分为S和锌，但均可通过选矿回收，变害为利。其他如P、Cu、Pb及As等均低于允许含量。

矿区矿体普遍有钴伴生，并通过2007年的工作得到了进一步证实，且品位较富。其中：

Ⅱ矿群4线ZK0404中见三层钴矿体，累计视厚度40.30m，品位0.023%～0.700%。另在12线ZK1201中见低品位钴矿体，视厚度3m，品位0.020%～0.029%。

Ⅰ矿群167线ZH16702中见32.80m的钴矿体，平均品位0.39%，最高品位1.36%，最低品位0.045%。

预测矿区钴总资源储量在2万t以上。

矿床成因属接触交代型。

5. 开发现状

尚未开发利用。

6. 开采技术条件及矿石加工技术性能

矿区内地下水水位标高具西高东低，南高北低的特点。矿区漏水孔的漏浆位置都在矿层顶板附近，因此矿层顶板充水是将来开采时应考虑的主要危险因素。

矿体顶底板工程岩组以坚硬的层状透辉石岩，透辉石硅质岩为主体，呈致密块状、硬度大，抗风化能力强，抗压强度大，属坚硬岩石，稳定性好。在断层破碎带及两盘岩性强度降低，岩体稳固性差，应注意防患。

矿区无任何居住及工业建筑类型，非旅游区、文物保护区及自然保护区，无人类居住。附近无地表水体，植被稀疏。无滑坡、崩塌及灾害性泥石流现象。矿山开采不会对周围环境产生大的不良影响。

矿石可选性探索试验选择了浮选—磁选联合流程，浮选使硫回收，磁选铁精矿。

选矿试验：

（1）探索试验：选择浮选—磁选联合流程，浮选使硫回收，磁选铁精矿。

（2）正交试验：设计三因素，粗选硫酸、硫酸铜、扫选硫酸、最佳条件A3B3C2。

（3）最终流程试验：采用A3B3C1（C2不加硫酸），最终铁精矿品位TFe 67.95%，回收率73.05%；TFe 67.89%，回收率82.24%；S 0.10%，SiO_2 1.82%，达到平炉Ⅰ级品，接近等级品，精矿S 30.78%，回收率76.91%（三级品）。

7. 开发利用建议

尕林格矿床保有铁资源储量 3654. 8 万 t，其资源储量能够保证的开发规模为：在 30 年服务年限内，可以年产铁矿石 65 万 t，见表 6－30。

表 6－30　尕林格铁矿保有资源储量及开发规划表

矿床	规模	勘查程度	基础储量	资源量	可利用储量	资源储量能够保证的开发规模		规划开发规模		备注
						服务年限	开发规模	矿石	产品	
野马泉	小型	普查	1071. 7	2883. 1	2801. 2	30	65	65	精矿粉 32. 5	

注：资源量单位：万 t，资源量可信度 60%，回采率 80%；开发规模单位：万 t/a。

（四）四角羊—牛苦头多金属矿床

1. 地理位置、交通、能源、水源条件

矿区位于祁漫塔格山北坡，行政区划隶属海西蒙古族藏族自治州格尔木市乌图美仁乡管辖。

矿区地处柴达木盆地西南缘山前地段，区内地势南高北低，平均海拔 3800m 左右，最高为 3860m，最低 3760m，相对高差 50～100m，属盆地边部浅—中切割高山区，气候以高寒、温差大、多风少雨、蒸发强烈为特点，属高寒、干旱的典型内陆性气候。区内水系不发育，牛苦头沟、半个呆沟等均为干沟，仅在 7～8 月份雨季时局部小支沟中见间歇性流水。

由格尔木市沿格茫公路行 250km 至甘森下便道，向西南方向再行驶 110km 至野马泉，由野马泉向东 20km 即达矿区，交通尚属方便。矿区及其附近无人烟、无燃料、无电源，经济落后，仅在夏季 6～9 月份有哈萨克族、蒙古族游牧。近年来在矿区东南约 5km 处有个体业主对铅、锌、铜矿进行小规模开采，具较好的经济效益。区内无其他工、农业生产，生产、生活物资均需从格尔木市运入。矿区内可为矿山开发服务的地下水主要为分布在牛苦头沟和半个呆沟的松散岩类孔隙水，水质矿化度和硬度较高，味微咸，主要离子含量均大于饮用水标准，需经适当处理后才可做生活饮用水使用。

2. 勘查工作程度

1968 年以来，涉及矿区的地质工作有十余次，采用的工作手段有地质填图、物探、化探、地质工程等：

1977 年，青海省地质局原第一地质队在 M23 磁异常中心部位做过部分 1∶5000 地质调查，圈定了含矿带大致范围。同年该队物探组在磁异常东段进行了 1∶5000 磁、电法测量工作，并进一步圈定了矿化范围，但对矿体深部特征缺乏地质工程验证。

1980～1981 年，青海省地质局原第一地质队对牛苦头多金属矿区 M23 磁异常进行了检查评价，并在磁异常区中心开展了 1∶5000 地质填图（1. 6km^2）和钻探工程（工作量 2357m）验证，大致了解了矿体空间展布形态、产状，确定该磁异常具有向东收敛、向西扩散的特征。但对矿体空间展布规模未进行圈定控制。最终提交地质储量：Pb 1. 92 万 t（表内 1. 86 万 t），Zn 2. 78 万 t（表内 2. 71 万 t），Cu 0. 22 万 t（表内 0. 15 万 t）。

1987 年，青海省地球物理勘查大队在 M23 磁异常区进行了 1∶1 万激电测量和化探扫面，同时在 35 线、19 线、4 线做了磁、电法剖面，确定该异常为地下磁性体所引起。

2002 年，青海省柴达木综合地质勘查大队使用地、物、化综合手段对四角羊—牛苦头沟中间地段进行了普查找矿工作，取得的主要成果为：

（1）圈定不同规模的地磁异常 5 处，并结合区内矿体的空间展布规律对磁异常做出了定性解释。

（2）在 C3 磁异常区内圈定铜铅锌镉多金属矿（化）体 4 条。

（3）对矿区内 Cu、Pb、Zn、Cd 等做了重新评价，提交 334 资源量 Co 2133. 15t，Cd 600 多 t，Cu＋Pb＋Zn 10 万多 t。

2005～2007年青海省柴达木综合地质勘查大队对矿区继续进行普查，其中2007年在局部地段开展了详查工作。根据目前工作成果，预测全矿区可望提交铜铅锌资源储量达150万t以上。

3. 查明资源储量（333及以上）

截至2007年底，对43条矿体进行了资源量估算，累计查明资源量为：铁矿石量726万t；铅锌矿石量2445万t，铅金属量55.15万t，锌金属量62.43万t；铜矿石量734万t，金属量4.9万t。伴生资源量：镉金属量464.06t、银金属量50.12t，硫5563万t，详见表6-31。

表6-31　四角羊—牛苦头查明（未上表）主要资源量一览表

矿种	资源量单位	查明资源储量			保有资源储量			备注
		矿石量	金属量	平均品位/%	矿石量	金属量	平均品位/%	
铁	万t	726		34.27	726		34.27	均未评审上表
铜		734	4.9	0.67	734	4.9	0.67	
铅		2445	55.15	2.26	2445	55.15	2.26	
锌		2445	62.43	2.56	2445	62.43	2.56	
硫		5563		30.89	5563		30.89	
镉	t		464.06			464.06		
银			50.12			50.12		

4. 矿床地质特征

矿区共圈定铁多金属矿体49条，其中铜矿体16条，铅锌矿体19条，磁铁矿体8条，硫铁矿体6条；以隐伏矿体为主，地表仅在15勘探线附近见16和17号矿体的少量露头；矿区内大致可划分出上、下两个铁多金属矿层：上部近地表矿体一般埋深在200m以上，最浅出露于地表，以铅锌矿为主，多向北倾；深部矿体一般埋深在200m以下，最深达560m，以铜矿为主，多向南倾。17号和6号矿体为矿区主要矿体。

17号铅锌矿体：主要分布在15和07勘探线之间，走向NWW—SEE，倾向NNE，倾角20°～30°，由ZK1501、ZK1502、ZK1503、ZK1101、ZK1102、ZK1103、ZK0903、ZK0703共8个钻孔控制，矿体长375m，工程控制矿体厚度在1.18～28.51m之间，平均10.97m，厚度变化系数101.08%；矿石中主要金属矿物有方铅矿、闪锌矿，少量黄铜矿、黄铁矿等；品位一般Pb在0.10%～4.70%之间，Zn在0.10%～6.73%之间，平均Pb为1.43%，Zn为2.39%，品位变化系数Pb为129.45%，Zn为98.19%。矿石具半自形—自形中细粒结构，团块状、稀疏—稠密浸染状构造。矿体赋存于矽卡岩中，成因为矽卡岩型。

6号铜矿体：该矿体是区内的主要矿体，矿体长达1200m，从35勘探线一直延伸到04勘探线，走向NWW，倾向北，倾角约20°～30°，由ZK3501、ZKL3502、ZK3101、ZK2703、ZK2301、ZK1904、ZK1502、ZK1101、ZK1102、ZK0901、ZK0902、ZK0903、ZK0701、ZK0702、ZK0703、ZK0501、ZK0502、ZK0503、ZK0301、ZK0302、ZK0303、ZK0001、ZK0002、ZK0003、ZK0401、ZK0403共26个钻孔控制，工程控制矿体厚度在1.50～64.4lm之间，平均8.83m，厚度变化系数146.61%；矿石中主要金属矿物为黄铜矿，少量方铅矿、闪锌矿、黄铁矿、磁黄铁矿、磁铁矿等；铜品位一般在0.13%～4.39%之间，平均0.60%，品位变化系数为358.37%。矿石具半白形—自形中细粒结构，细脉状、稀疏—稠密浸染状构造。矿体赋存于矽卡岩中，成因为矽卡岩型。

矿石类型有磁铁矿石、硫铁矿石、铜矿石、铅锌矿石等。矿石矿物有磁铁矿、磁黄铁矿、黄铁矿、黄铜矿、闪锌矿、方铅矿、白铁矿等。脉石矿物有透辉石、蛇纹石、方解石及石榴石、绿泥石、透闪石、绿帘石、斜长石、石英等。

矿石中主要有益组分有 Fe、Cu、S、Pb、Zn。磁铁矿石中 TFe 含量一般为 20.00%～47.1%，最高 54.19%，平均 30.40%；铜矿石中 Cu 含量一般为 0.01%～2.04%，最高达 4.49%，平均 0.42%；硫铁矿石中 S 含量一般为 0.71%～24.76%，最高达 28.96%，平均 18.23%；铅锌矿石中 Pb 含量一般为 0.004%～6.04%，最高达 14.40%，平均 1.49%；Zn 含量一般为 0.01%～5.15%，最高达 10.69%，平均 2.22%。

矿石中具有综合回收利用价值的有益伴生组分主要为镉和银。矿区镉平均含量为 0.0044%，银平均含量为 4.73g/t。

矿石结构主要有粒状结构、填隙结构、胶结结构，尚可见乳滴状结构、交代结构、镶嵌结构、放射状或束状结构。矿石构造主要有星点状构造、稀疏—稠密浸染状构造、细脉状构造、团块状构造等。

矿床成因属矽卡岩型。

5. 开发现状

矿床尚未开发，目前正在开展普查（局部详查）工作。

6. 开采技术条件

区内主要含水层位为第四系砂砾石层和上石炭统四角羊沟组碳酸盐岩。第四系砂砾石层主要分布在牛苦头沟 23—43 勘探线和半个呆沟 12—36 勘探线之间，厚度一般数十米，为矿区内主要含水层，水量丰富，单井涌水量大于 $500m^3/d$，补给源主要来自大气降水和高山区冰雪（冻土层）融水。深部尚存在碳酸盐岩类岩溶裂隙水，但该类型含水层的富水性较小。区内地形复杂，不利于自然排水。矿区属于水文地质条件中等的岩溶裂隙充水矿床类型。

区内岩石工程地质类型可划分为坚硬的酸性侵入岩组（岩石质量极好，岩体完整，具有较好的稳定性）、较坚硬的碳酸盐岩组（岩石质量较好，岩体较完整，具有较好的稳定性）、较坚硬—较软的矽卡岩组（岩石质量中等，岩体的完整性中等，局部稳定性相对较差）、较坚硬—较软的铁多金属矿石岩组（岩石质量中等，矿体的完整性中等，局部稳定性相对较差）、软质的碎裂岩组（岩石破碎）等；土体可划分为残坡积砂砾石土、冲积洪积砂砾石土、风积砂质土等。

矿区位于昆仑地槽系祁漫塔格褶皱带东端，西域系和秦昆系接合部位。在漫长的地质年代里，本区曾历经多期次强烈的构造变动，发育有数量众多的区域性大断裂，区域上属不稳定区。

7. 开发利用建议

矿山由于工作程度低，目前暂不能投入开发。建议在提高控制程度和研究程度后，开展预可行性或可行性评价工作，根据评价成果，制定矿山合理开发规模和服务年限，进行整体开发。同时应加强伴生有益组分的综合回收利用，提高矿产资源开发的经济效益。

此外，本接替开发区内铜铅锌矿资源能够进行单独开发的目前还有虎头崖多金属矿，但规模较小。区内在进行铁矿开发时要注意有色金属矿产资源的综合利用，对铁矿床中伴生有益组分要通过采用先进的选冶技术加以回收利用。区内已有的小型矿床及各类矿点，通过提高勘查工作程度后，在符合最低开采规模等相关条件的基础上，可适时进行开发。

五、资源接替区矿产资源经济效益评价

（一）矿产资源潜在价值

区内矿产资源潜在价值的计算公式等均与元石山—拉水峡铁镍铜磷矿勘查开发接替区的计算公式等一致，矿产品价格见表 5-5；接替区内已查明主要矿产资源储量的潜在价值为 1014.29 亿元，其中上表资源储量的潜在价值为 436.06 亿元，未上表资源储量的潜在价值为 578.23 亿元，详见表 6-32。

表 6－32　矿产资源潜在价值测算结果表

接替区名称	矿种	矿区	基础储量/万 t	资源量/万 t	工作程度	品位/%	资源量可信度系数	价格（元/t）	品位系数	潜在价值/元	上表状态	合计/亿元
肯德可克—尕林格铁多金属矿开发接替区	铁矿	肯德可克		7199.1	普查	34.12	0.6	789	0.52	17889661605	上表	436.06
		野马泉	259.9	617.9	详查	33.98	0.7	789	0.52	2856030867		
		尕林格	1071.7	2883.1	详查	45.92	0.7	789	0.71	17222878336		
		五一河		265.3	普查	30.3	0.6	789	0.47	585456693		
		群力		101	普查	46.75	0.6	789	0.72	343888685		
	铜矿	虎头崖		0.1235	普查		0.6	41250	1	30566250		
	铅矿	肯德可克		5.8188	普查		0.6	11062	1	386205394		
		虎头崖		4.3076	普查		0.6	11062	1	285904027		
	锌矿	肯德可克		14.4085	普查		0.6	17676	1	1528107876		
		野马泉		7.1	详查		0.7	17676	1	878497200		
		虎头崖		3.9792	普查		0.6	17676	1	422018035		
	银矿	虎头崖		53×10^{-4}	普查		0.6	3620	1	115116000		
	硫铁矿	肯德可克		23.8	普查		0.6	400	1	57120000		
		尕林格		42	详查		0.7	400	1	117600000		
	钴矿	肯德可克		426×10^{-4}	普查		0.6	763890	1	195250384		
	铋矿			4229×10^{-4}	普查		0.6	95807	1	243100682		
	金矿			5.71×10^{-4}	普查		0.6	131000	1	448806000		
	铁	四角羊—牛苦头		726	普查	34.27	0.6	789	0.53	1812030995	未上表	578.23
	铜			4.9			0.6	41250	1	1212750000		
	铅			55.15			0.6	11062	1	3660415800		
	锌			62.43			0.6	17676	1	6621076080		
	硫			5563			0.6	1330	1	44392740000		
	镉			464.06×10^{-4}			0.6	55000	1	15313980		
	银			50.12×10^{-4}			0.6	3620	1	108860640		

（二）年矿业产值增量预测

2005 年，接替区内各矿床均未开发，矿业产值为零。

预测到 2010 年，接替区内主要各单矿种年产金属量分别为：铁 35 万 t，铅 0.10 万 t，锌 0.25 万 t。

预测到 2015 年，接替区内各主要单矿种年产金属量分别为：铁 80 万 t，铅 2.00 万 t，锌 2.48 万 t，铜 0.21 万 t，银 3.43t，镉 15.37t。

2005 年矿业产值 $Gm = \sum$（预测单个矿种年产量 × 该矿种价格）＝0。

2010 年矿业产值 $Gm = \sum$（预测单个矿种年产量 × 该矿种价格）＝铁 35 万 t × 1214 元/t ＋ 铅 0.10 万 t × 11062 元/t ＋ 锌 0.25 万 t × 17676 元/t ＝ 42490 万元 ＋ 1106.2 万元 ＋ 4419 万元 ＝ 48015.2 万元 ≈ 4.80 亿元。

2015 年矿业产值 $Gm = \sum$（预测单个矿种年产量 × 该矿种价格）＝铁 80 万 t × 1214 元/t ＋ 铅 2.00 万 t × 11062 元/t ＋ 锌 2.48 万 t × 17676 元/t ＋ 铜 0.21 万 t × 41250 元/t ＋ 银 3.43t × 326 万元/t ＋ 镉 15.37t × 5.5 万元/t ＝ 97120 万元 ＋ 22124 万元 ＋ 43836.48 万元 ＋ 8662.5 万元 ＋ 1118.18 万元 ＋ 84.535 万元 ＝ 172945.695 万元 ≈ 17.29 亿元。

2010 年较 2005 年的年矿业产值增量 ＝ 4.80 亿元。

2015 年较 2010 年的年矿业产值增量 ＝ 17.29 亿元 － 4.80 亿元 ＝ 12.49 亿元。

（三）矿产资源开发利用的社会效益评价

1. *矿产资源开发对地区经济发展的贡献*

开发接替区位于海西州境内，根据《青海省海西州国民经济和社会发展“十一五”规划纲要》统计及预测，海西州 2005 年地区生产总值 134.34 亿元；预测 2010 年地区生产总值 280 亿元，较 2005 年增加 145.66 亿元；2015 年地区生产总值 560 亿元，较 2010 年增加 280 亿元。

2010 年矿业对经济发展的贡献率 ＝ 接替区矿业产值增量/接替区所在区域国内生产总值增量 ＝ 4.80 亿元/145.66 亿元 ＝ 3.30%。

2015 年矿业对经济发展的贡献率 ＝ 接替区矿业产值增量/接替区所在区域国内生产总值增量 ＝ 12.49 亿元/280 亿元 ＝ 4.46%。

2. 矿产资源开发对经济增长速度的贡献

2010 年接替区矿业产值占接替区所在区域国内生产总值的比重 ＝ 4.80 亿元/280 亿元 ＝ 1.71%。

2010 年与 2005 年比较，由于 2005 年接替区矿业产值为零，因而接替区矿业产值增长率无意义。

2010 年与 2005 年比较，接替区所在区域国内生产总值增长率 ＝ 145.66 亿元/134.34 亿元 ＝ 108.43%。

2015 年接替区矿业产值占接替区所在区域国内生产总值的比重 ＝ 17.29 亿元/560 亿元 ＝ 3.09%。

2015 年与 2010 年比较，接替区矿业产值增长率 12.49 亿元/4.80 亿元 ＝ 260.21%。

2015 年与 2010 年比较，接替区所在区域国内生产总值增长率 ＝ 280 亿元/280 亿元 ＝ 100%。

由于 2010 年与 2005 年比较，接替区矿业产值增长率无意义，因而 2010 年矿业经济增长贡献率也无法计算。

2015 年矿业经济增长贡献率 ＝ 接替区矿业产值占接替区所在区域国内生产总值的比重 × 接替区矿业产值增长率/接替区所在区域国内生产总值增长率 ＝ 3.09% × 260.21%/100% ＝ 8.04%。

（四）矿产资源开发技术经济评价

（1）从成矿条件、资源储量、资源前景、矿床规模、矿石品位、采选性能、潜在价值、矿业贡献等 8 个方面，聘请 7 位专家对开发接替区内部开发条件分别评分，经汇总平均，肯德可克—尕林格铁多金属矿开发接替区内部开发条件综合评分结果为 77.43 分（表 6－33），在 4 个开发接替区中排名第四。

表 6-33　肯德可克—尕林格铁多金属矿开发接替区内部开发条件评分表

评价指标	评分 1	评分 2	评分 3	评分 4	评分 5	评分 6	评分 7	合计	平均
成矿条件（10 分）	8	9	10	9	8	10	9	63	
资源储量（20 分）	16	11	18	15	14	18	19	111	
资源前景（15 分）	11	13	13	10	12	12	14	85	
矿床规模（15 分）	11	8	13	10	10	8	14	74	
矿石品位（10 分）	6	8	9	7	9	7	8	54	77.43
采选性能（10 分）	5	6	10	8	10	5	9	53	
潜在价值（15 分）	5	11	12	7	14	15	13	77	
矿业贡献（5 分）	1	4	3	4	4	5	4	25	
合计	63	70	88	70	81	80	90	542	

（2）从市场需求、交通条件、供水条件、供电条件、自然条件、区域经济等 6 个方面，聘请 7 位专家对开发接替区外部开发条件分别评分，经汇总平均，肯德可克—尕林格铁多金属矿开发接替区外部开发条件综合评分结果为 57.57 分（表 6-34），在 4 个开发接替区中排名第三。

表 6-34　肯德可克—尕林格铁多金属矿开发接替区外部开发条件评分表

评价指标	评分 1	评分 2	评分 3	评分 4	评分 5	评分 6	评分 7	合计	平均
市场需求（20 分）	15	17	17	15	18	20	20	122	
交通条件（16 分）	5	12	11	12	10	8	4	62	
供水条件（16 分）	9	9	13	8	8	8	6	61	
供电条件（16 分）	7	8	4	2	12	4	1	38	57.57
自然条件（16 分）	14	13	10	6	11	5	4	63	
区域经济（16 分）	10	9	11	6	14	4	3	57	
合计	60	68	66	49	73	49	38	403	

六、资源接替区开发环境影响评价

（一）环境影响分析评价

1. 政策环境影响分析

我国目前铁矿石自给率仅达 47.42%。预测未来 5～10 年间，我国铁矿石供需矛盾将日益加剧，需长期依靠进口以弥补不足，预测 2010 年和 2020 年我国国内铁矿石的保证程度分别仅为 65% 和 72%。铜、铅锌也是我国的紧缺矿种，预测 2010 年和 2020 年我国国内铜矿的保证程度分别仅为 28% 和 18%。铅、锌矿的保证程度分别仅为 55%、47% 和 48%、31%。因此加快该区铁、铜、铅锌矿床的开发，对于缓解我国铁矿石、铜、铅锌资源的紧缺局面，具有十分重要的意义。

肯德可克—尕林格地区主要在柴达木盆地西南缘，不属于自然保护区或国家、省限制开发区，属于国家级循环经济实验区内。青海省经济社会发展规划、青海省工业发展规划中，将柴达木地区列为青海省重点开发区之一，是未来矿产资源开发的重点区域。铁、铜、铅、锌是鼓励开采的矿种。青海省矿产资源总体规划将本区列为柴达木国家级矿业经济区，将肯德可克—尕林格地区列为铁、铜、铅、锌矿重点开采区，力争通过加大本地区优势矿产的开发力度，使柴达木盆地及其周边地区成为国家级的矿业经济区和我国重要的矿产资源供应基地。

对矿山环境保护的要求是：矿产开发要求矿山环境保护要贯穿于矿产资源开发的全过程，遵循“谁开发谁保护，谁污染谁治理，谁破坏谁恢复，谁使用谁补偿”的原则，实行矿山建设与生态环境保护设施的“三同时”制度，足额缴纳矿山环境恢复治理保证金，做好矿山环境的恢复治理，最大限度地减轻矿业活动对生态环境造成的污染和破坏。

2. 自然环境影响分析

矿区地处内陆高原，地形闭塞，具高寒、多风、少雨、蒸发量大、昼夜温差悬殊等典型内陆高原干旱寒冷气候特征。年平均气温 -1.5～-3.8℃，最高气温约 21.2℃，最低气温约零下 30℃。矿区内年降水量约 140mm，降水集中在 5～9 月；年蒸发量为 1660mm。风向暖季多东风、寒季多西风，基本上为东、西风交替；冰冻期为每年 10 至翌年 4 月。总的来看，本地区生态环境承载力较强，开矿产开发中通过一定的环境保护措施和恢复治理，对生态环境不会产生太大的影响。

铁矿床大部分位于当地侵蚀基准面以下，但含水层富水性较弱，附近无常年向地表水体，水文地质条件属简单—中等类型。矿体顶底板以坚硬—半坚硬的层状角岩、大理岩、硅质岩为主体，稳定性好对开采不会带来不良工程地质问题。矿区开采可产生局部地形变形，应注意防患。区内无重大污染源，无热害及放射性元素，无可燃性和自燃性气体。地下水水质良好，矿坑排水对附近地表水体无污染，矿石和废渣成分基本稳定，矿区环境地质条件中等。

青海省已开采的有色金属类矿山，环境地质问题主要为废渣、尾矿压占荒漠型草地、不合理堆放、选矿废渣废水污染水源等。因此各矿山在建设初期就必须进行环境影响评价工作，并按评价要求落实环保措施；同时改革生产工艺、构建尾矿库、尽可能减少污染物排放总量；严格按要求开展矿山环境恢复治理工作，使矿山环境地质问题的影响程度降到最低。

3. 社会环境影响分析

截至“十五”末，格尔木市辖区内总人口 11.4 万人；地区生产总值 567250.5 万元，其中第一产业 6097.5 万元，第二产业 396291 万元，第三产业 164862 万元；财政总收入 149408 万元，其中地方财政一般预算收入 25365 万元；工业总产值 325964.7 万元；固定资产投资完成 179948 万元。2007 年实现地区生产总值 90.20 亿元。

肯德可克—尕林格接替区通过四角羊—牛苦头、肯德可克、野马泉、尕林格铁、铜、铅、锌矿的开发，主要矿种资源储量能够保证的开发规模可以达到：铁矿石 200 万 t/a、铅矿石 2 万 t/a、锌矿石 3 万 t/a。预测到 2010 年，接替区内各主要单矿种年产量分别为：铁矿石 30 万 t，铅 0.1 万 t，锌 0.25 万 t;矿业产值可增加 4.80 亿元，矿业产值占地区生产总值的 1.71%，并将带动近 800 人就业，对地区经济社会发展将产生极大的推动作用。

4. 矿产资源开发的环境保护和恢复程度

矿区地处荒漠戈壁边缘，人烟、植被稀少。矿山为井下开采，产生次生地质灾害的可能性较小，对生态环境所产生的影响甚微。对生产过程中所产生的某些污染，如废气、废水、固体排放物、噪声等，严格按国家有关规定进行处理后，不会对生态环境产生太大的影响。

从污染角度来看，接替区内的空气、水、噪声等环境质量基本能满足对应功能区的要求，矿山生产后对周围环境的影响不大；同时矿山建成投产，可以带动当地经济发展。根据《产业结构调整指导目录（2005 年）》，区内建设矿山不违反国家产业政策。接替区距格尔木市市区 385km 左右，与格尔木市总体规划、环境规划并无矛盾。矿山排污对周边环境的影响不大，对生态环境的影响程度可以通过生态保护措施和水土保持措施降到最低。矿山建设能够做到污染源达标排放，符合污染物总量控制的原则，可达到《清洁生产技术标准——铁矿采选行为》三级标准要求，清洁生产水平为“国内清洁生产基本水平”，基本符合清洁生产要求。矿产资源开发得到区内绝大多数公众的支持，从公众参与角度分析完全是可行的。

5. 环境影响综合指标评估排序

根据上述四方面的影响分析，采取因子分析方法，制定环境影响预测评价方案，再根据选区实际，对选区进行权重计算，进行环境影响综合指标评估排序。

根据环境影响预测评价要求，聘请7位专家分别评分，经汇总平均，肯德可克—尕林格铁多金属矿开发接替区环境影响综合评分结果为77.29分（表6-35），在4个开发接替区中排名第三。

表6-35 肯德可克—尕林格铁多金属矿开发接替区环境影响综合评分表

规划评价要素（权重/%）	评价指标	评分1	评分2	评分3	评分4	评分5	评分6	评分7	合计	平均
矿产资源开发利用与保护的目标和方针-政策环境（25）	符合政策（10）	8	9	9	10	9	10	10	65	76.29
	当地经济需求（10）	8	8	10	10	9	10	10	65	
	与当地其他产业的协调一致性（5）	5	3	5	5	5	5	5	33	
矿产资源开发利用布局-自然环境（25）	降雨量（8）	8	1	6	8	7	4	2	36	
	地形地貌—坡度（8）	8	6	5	4	6	0	4	33	
	构造和岩性（9）	9	6	6	4	8	0	7	40	
矿产资源开发利用的规模-社会经济环境（25）	矿业产值占总经济产值的比率（6）	6	5	5	6	5	1	6	34	
	人口密度（6）	6	6	3	6	5	3	2	31	
	交通密度（6）	6	2	2	6	5	4	2	27	
	技术开发条件（7）	7	5	6	7	6	4	7	42	
矿山环境保护恢复治理-难易程度（25）	恢复治理率（7）	4	4	6	7	6	4	6	37	
	三废综合利用率（6）	4	3	5	6	5	2	4	29	
	尾矿综合利用率（6）	4	3	4	6	4	2	4	27	
	万元产值GDP环保投资额（6）	6	3	5	6	6	4	5	35	
累计		89	64	77	91	86	53	74	534	

（二）减轻资源开发对环境影响建议

1. 政策法规建议

本区不属于自然保护区，是国家和省确定的重点勘查区。在矿产资源勘查中，要充分考虑环境因素，对生态环境脆弱地段和生态环境保护地段尽量不布置或者少布置勘查工作。矿产资源开发中，要认真贯彻国家关于环境保护的方针、政策，矿山环境保护贯穿于矿产资源开发的全过程，必须坚持“在保护中开发、在开发中保护”和“事前预防、事中治理、事后恢复”的原则，把矿产资源开发活动对环境的影响和破坏减少到最低限度。坚持“预防为主、防治结合”、“全面规划、合理开发、充分利用、化害为利、变废为宝”及“谁开发谁保护，谁污染谁治理，谁破坏谁恢复，谁使用谁补偿”的方针。明确矿山环境评估、监测、恢复治理、保护等各个环节的法律责任制。实行矿山环境保护的相关法规和政策、制度，力争把矿业开发对环境的影响降到最低点。

2. 行政管理建议

努力做好矿山环境保护的宣传教育，使各级领导干部和广大群众全面认识发展与环境的关系，树立矿业可持续发展的战略目标。

建立健全矿山环境保护的法规体系，明确矿山环境评估、监测、恢复治理、保护等各个环节的法律责任制。建立矿山环境保护的行政首长责任制，实行矿山环境保护的行政部门负责制和考核制。

（1）新建（扩建）矿山必须符合环境保护准入条件。实行环境保护一票否决制，对于采矿活动对环境影响和破坏较大或难以恢复治理的采矿权申请，一律不批准。签订矿山环境保护责任书，足额缴纳矿山环境恢复治理保证金，加强矿山环境恢复治理和被破坏土地的复垦。

（2）生产矿山必须严格按照批准的开发利用方案、矿山环境保护与综合治理方案和土地复垦方案的要求，从事采掘活动和矿山环境保护与恢复治理，切实履行矿山环境保护与土地复垦义务。

（3）闭坑矿山要提交矿山环境恢复治理计划。做好闭坑、关停前的土地复垦、生态修复、尾矿库保护、废渣堆填、废水处理等环境保护工作。并按规定提交相关报告。

3. 技术方法建议

加强矿山环境的监测及预测、预报，掌握矿山环境的动态，及时采取有效的防治措施。

努力发展矿产资源领域的循环经济。将“减量化、再利用、资源化”应用到矿产资源勘查、开采中。提高矿山固体废弃物综合利用水平，实现矿山固体废弃物的资源化。

加强与矿山环境保护有密切关系的矿山环境地质调查评价及研究。研究矿业开发过程中引起的地质环境的各种变化，提出对矿山环境的影响及防治技术，研究、推广矿业三废的处理和废弃物回收与综合利用技术、装备。

加强人才培训，学习矿山环境保护的先进技术和经验，提高矿山环境保护工作的能力和水平。

4. 经济手段建议

完善经济刺激手段。对环境保护工作做得好的矿山企业实行减税或免税，对破坏与污染严重的实行加税，提高矿产资源废弃物综合利用的利润留成率，以及征收排污费及罚款等。

建立矿山环境保护与恢复治理保证金制度。保证金专项用于因开采矿产资源引发的矿山环境恢复治理。对逾期没有按要求治理或治理达不到要求的矿山，由国土资源主管部门使用该矿山缴纳的保证金，组织矿山环境恢复治理。

5. 公众参与的方式和跟踪监测评估的内容和方法建议

一是加强防减灾和保护环境的宣传教育。提高政府部门、企业、职工和全民的环境保护意识与防灾减灾意识，二是加强矿山环境的监测及预测、预报，掌握矿山环境的动态，及时采取有效的防治措施。三是加强执法检查并加大行政监察力度，建立矿山环境保护与治理工作的行政监督管理机制和行政、法律责任追究机制。限期整顿污染环境、破坏环境的矿山企业。

七、资源接替区开发利用评述

（一）保有资源储量

本区是青海省目前查明的最大的铁矿资源富集区，肯德可克、野马泉、尕林格三个矿床保有铁矿石资源量 12031.7 万 t，其中基础储量 1331.6 万 t。由于以往受交通条件等开发条件的制约，区内矿床均未进行开发利用，从而为规划合理开发奠定了良好基础，且区内具有较大的铁矿找矿潜力，若加大勘查投入，必将显现出良好找矿前景。四角羊—牛苦头多金属矿床正在勘查之中，预计可提交铜铅锌资源储量 150 万 t。

（二）资源储量能够保证的开发规模

上述三个铁矿床的勘查程度相对较高，可以提供先期开发，四角羊—牛苦头多金属矿床等其他矿产地需待“十一五”内提高勘查程度后方可投入开发。三个铁矿床保有铁矿石资源量能够保证的开发规模为：在 20 年服务年限内能够保证 200 万 t/a 的开发规模；在第 21～30 年服务年限内能够保证 175 万 t/a 的开发规模。

区内尚需加大选矿试验研究，切实有效对共、伴生组分进行综合回收利用，以缓解青海省有色金属矿产的供求矛盾。

（三）开发利用条件

（1）开发接替区内已查明 12031.7 万 t 铁矿石资源储量，其中基础储量 1331.6 万 t，品位相对较高，且伴生有铅、锌、钴、银、铜、硫等矿产，具备开发利用的前提条件。

（2）区内交通方便，各矿床均有简易公路可通汽车。

（3）本区地处柴达木盆地西缘山前洼地，人烟稀少、植被不发育，开采方式主要为坑采，不会对周围环境产生大的影响。

（四）经济技术可行性

上述四个矿床经可行性评价或经济可行性分析，均获得了矿山开发后能取得较好的经济效益的结论，是经济可行的。特别是随着交通等基础设施条件的逐步改善，矿业开发的经济效益将会进一步提高。

（五）资源潜力分析

本地区根据《青海省第三轮成矿远景区划研究及找矿靶区预测》预测，预测资源总量为：铁 5 亿 t，铜 100 万 t，铅锌 200 万 t，钼 20 万 t。而目前该区已经发现的资源储量为：铁 1.25 亿 t，铜 3.02 万 t，铅锌 23.12 万 t。由于资源查明率很低，资源潜力大，因此找矿前景较为乐观。

（六）存在问题

（1）本区工作程度偏低，所探明的基础储量偏少，部分矿床的资源量尚未完全查明。尚需加大勘查力度，提高控制程度后才能投入开发，同时应加强共、伴生元素的综合利用研究，提高铅、锌、钴、铋、银、铜、硫、镉、金等矿产的综合利用水平。

（2）区内缺乏电源，且区位条件欠佳，生产、生活物资均需从外地长距离运入，增大了开发成本。

（七）工作建议

（1）加大已知矿区的补充勘查力度，提高控制程度，提交可供开发利用的基础储量；同时加强共、伴生元素的综合利用研究，切实提高铅、锌、钴、铋、银、铜、镉、金、硫等矿产的综合利用水平和矿山开发的经济效益。为开发提供可靠的依据。

（2）加大本地区的勘查力度，寻找新的矿产地，查明资源量。为进一步规模开发提供新的资源基地。

第四节 赛什塘—德尔尼铜铅锌钴矿开发接替区

一、资源接替区开发外部条件

（一）资源接替区开发外部建设条件

开发接替区位于青海省中南部，行政区划隶属海南藏族自治州兴海县、果洛州玛沁县管辖，面积 8828km^2（附图 12）。

该区北部属黄河流域，区内山岭纵横，山川谷滩相间，地形以高原山地为主，赛什塘铜矿一带地形切割强烈；区内气候较湿润、寒冷，降水量多于青海北部地区，气候明显分为干、湿两季，干季为严寒冬季（10～4 月），湿季为温暖季节（5～9 月），属典型的高原气候，四季不明，无绝对无霜期，年平均气温 -1.2℃。南部地处玛积雪山的德尔尼山南坡，区内山岭纵横地形以高原山地为主，地形切割强烈；区内气候较湿润、寒冷，降水量多于青海北部地区，气候明显分为干湿两季，干季为严寒冬季，湿季为相对温暖季节，属典型的高原气候，四季不明；年平均气温低于北部地区，年平均降水量 733mm，蒸发量 1103mm。

区内的基础设施条件相对较好。北部的赛什塘地区有等级较低的矿区简易公路 60km 与兴海县相通后连接省道，距最近的铁路车站湟源火车站 400km，公路运距偏远。区内水系较发育，属黄河水系，主要河流雪青沟和丁科沟，年均流量在 1.16m^3/s 以上，可满足生产和生活用水需要。龙羊峡水电站距矿区约140km，该电站至兴海县城有110kV·A输电线路，距矿区40km的曲什安河口的水电站业已建成，另外三个梯级小电站也正在建设之中。区内的资源开发条件已具备。

南部的德尔尼地区距州府所在地大武镇直距约20km，大武至西宁公路里程435km（宁果公路），均为三级公路，公路运距远。110kV·A输供电线路已达大武镇，大武镇建有110kV·A变电所。矿区用电从大武镇变电所接线，以35kV·A线路向矿山供电，输电线路距离28km，外部供电可靠。德尔尼河在接替区南侧自西向东流过，最大流量6.84m^3/s，最小流量0.237m^3/s，水量充沛，水质良好，完全能够满足生产、生活用水。

区域范围内无中心城镇，属纯牧业区，主要民族为藏族，以放牧牛羊为生，工农业基本是一片空白，粮食、蔬菜等生活物资以及生产物资均需从西宁购买运入，经济较为落后。燃料要从西宁、海北地区供给。劳动力匮乏，需要从西宁、海东地区供给。

（二）矿产资源供需形势

随着经济社会发展对铜的需求量不断增加，国内铜矿石供应缺口越来越大。预测2010年我国国内铜供应能力约为150万t/a，而国内精炼铜消费量为520万～540万t，国内供应能力仅能满足消费的25%～30%。2020年预计我国精炼铜的需求量将增加到730万～760万t，国内铜资源形势更为严峻。因此加快铜峪沟、赛什塘、德尔尼等铜矿的开发建设，有利于缓解青海省乃至全国铜精矿供应紧张的局面，为发展我国的铜工业，缓解我国铜金属的供需矛盾起到重要作用。

我国钴矿床规模较小，矿区储量大于2万t的只有甘肃金川和青海德尔尼两处。主要为共（伴）生矿，产量受主矿产量制约。目前钴产量不能满足国内需求，约有半数需进口。2000年以后每年需用钴1200t左右。全国年产钴仅700t左右，每年仍将进口以弥补不足。因此，德尔尼铜钴矿的开发，将有效缓解我国钴金属的供需矛盾。

（三）经济社会发展状况

“十五”期间，海南州经济社会发展取得了明显进步。截至“十五”末，海南州辖区内总人口39.8万人；2005年地区生产总值290529.2万元，其中第一产业86599.2万元，第二产业117760万元，第三产业86170万元；财政总收入17586万元，其中地方财政一般预算收入10117万元；工业总产值37262.4万元；固定资产投资完成271667万元；参加失业保险人数8021人，参加最低生活保障人数28725人，参加农村合作医疗人数167952人。2007年实现地区生产总值40.87亿元。

“十五”期间，果洛州经济社会发展取得了长足进步。截至“十五”末，果洛州辖区内总人口15.0万人；2005年地区生产总值134352.7万元，其中第一产业32818.7万元，第二产业23765万元，第三产业77769万元；财政总收入98752万元，其中地方财政一般预算收入3382万元；工业总产值2274.2万元；固定资产投资完成106903万元；参加失业保险人数4863人，参加最低生活保障人数5120人，参加农村合作医疗人数69965人。2007年实现地区生产总值10.13亿元。

“十一五”期间，海南州、果洛州立足资源优势和产业基础，坚持以节约能源，综合利用为重点，大力发展循环经济，构建起依托优势资源，发展培育壮大优势产业体系，全面推进新型工业化进程。到2010年，海南州地区生产总值年均增长10%，到2010年达到46.8亿元，充分利用矿产资源优势，重点开发铜金银铅锌等矿产，力争成为全省矿产资源资源开发基地。果洛州地区生产总值达到11亿元以上，年均增长7%以上，目前正积极争取国家和省上加大对矿产资源的勘查投入力度，力争发现一批经济建设急需的矿产地和矿种，为实施优势资源转换提供资源保障。可以看出，两州对矿产资源的勘查、开发十分重视，矿产资源勘查、开发将成为拉动地区经济发展的支柱产业。

二、勘查开发现状

（一）勘查现状

1. 赛什塘地区

经过数十年的地质调查和矿产勘查工作，接替区及外围发现了一系列矿床、矿点、矿化信息及找矿线索，为进一步矿产勘查和矿业开发奠定了基础、提供了依据。区内共发现各类矿产地102处，查明的矿床主要有四个，它们分别是赛什塘铜矿床、铜峪沟铜矿床、日龙沟锡矿床和索拉沟铜铅锌矿床。

上述四个主要矿床的勘查程度不高，赛什塘铜矿床虽进行了勘探，但仅首采区达到勘探程度，总体仅达到详查程度；铜峪沟铜矿床的勘查程度虽为详查，实际仅达到普查程度；日龙沟锡矿床为普查程度；索拉沟铜铅锌矿床开展了详查工作。

四个主要矿床累计查明的主要矿产资源储量有：铜金属量79.5419万t，其中基础储量20.494万t；锡金属量2.4954万t，全部为资源量；铅金属量11.6772万t，其中基础储量0.5548万t；锌金属量19.7198万t，其中基础储量0.7394万t，详见表6－36和表6－37。

表6－36　主要矿床查明、保有（上表）主要矿产资源储量一览表

矿种	矿区名称	资源储量单位	查明资源储量				保有资源储量			
			资源储量		基础储量		资源储量		基础储量	
			矿石量	金属量	矿石量	金属量	矿石量	金属量	矿石量	金属量
铜矿	赛什塘	万t	3997.6	43.4808	1292.3	14.991	3873.4	42.1854	1168.1	13.6956
	铜峪沟		2857.9	29.8901	395.6	3.7863	2857.9	29.8901	395.6	3.7863
	日龙沟		46.6	0.3133			46.6	0.3133		
	索拉沟		956.1	5.8577	270.5	1.7167	956.1	5.8577	270.5	1.7167
	德尔尼		4698.7	57.8487	2620.5	33.8152	4698.7	57.8487	2620.5	33.8152
	合计		12556.9	137.3906	4579.9	54.3092	12432.7	136.0952	4454.7	53.0138
锡矿	日龙沟	万t	437	1.6516			437	1.6516		
	铜峪沟		1005.3	0.8438			1005.3	0.8438		
	合计		1442.3	2.4954			1442.3	2.4954		
铅矿	赛什塘	万t	460.7	3.6423			460.7	3.6423		
	铜峪沟		140.5	4.8858			140.5	4.8858		
	日龙沟		51.4	1.1211			51.4	1.1211		
	索拉沟		369.4	2.0280	83.0	0.5548	369.4	2.0280	83.0	0.5548
	鄂拉山口		35.1	0.6580			35.1	0.6580		
	合计		1057.1	12.3352	83.0	0.5548	1057.1	12.3352	83.0	0.5548
锌矿	赛什塘	万t	466.1	10.0457			466.1	10.0457		
	铜峪沟		140.5	3.6407			140.5	3.6407		
	日龙沟		75.5	2.2879			75.5	2.2879		
	索拉沟		377.5	3.7455	80.9	0.7394	377.5	3.7455	80.9	0.7394
	德尔尼		1540.2	16.2156			1540.2	16.2156		
	鄂拉山口		35.1	0.2810			35.1	0.2810		
	合计		2634.9	36.2164	80.9	0.7394	2634.9	36.2164	80.9	0.7394

续表

矿种	矿区名称	资源储量单位	查明资源储量				保有资源储量			
			资源储量		基础储量		资源储量		基础储量	
			矿石量	金属量	矿石量	金属量	矿石量	金属量	矿石量	金属量
金矿	赛什塘	矿石量：万 t；金属量：t	4368. 2	13. 36	1193. 9	3. 82	4244. 0	12. 85	1168. 0	3. 61
	铜峪沟		1330. 1	3. 05			1330. 1	3. 05		
	德尔尼		5123. 4	29. 29			5123. 4	29. 29		
	合计		10821. 7	45. 7	1193. 9	3. 82	10697. 5	45. 19	1168. 0	3. 61
钴矿	德尔尼	矿石量：万 t；金属量：t	3173. 9	28367			3173. 9	28367		
银矿	赛什塘		4368. 2	572. 0	1193. 9	196. 0	4244. 0	558. 0	1168. 0	192. 0
	铜峪沟		1490. 1	415. 0			1490. 1	415. 0		
	索拉沟		1628. 3	403. 3	431. 4	110. 8	1628. 3	403. 3	431. 4	110. 8
	德尔尼		5123. 4	275. 0			5123. 4	275. 0		
	鄂拉山口		35. 1	33. 7			35. 1	33. 7		
	合计		12645. 1	1699. 0	1625. 3	306. 8	12520. 9	1685. 0	1599. 4	302. 8
硫	赛什塘	万 t	4801. 4	380. 9	98. 3	7. 8	4677. 2	370. 9		
	铜峪沟		2939. 1	168. 1			2939. 1	168. 1		
	德尔尼		4884. 4	1510. 3	2617. 8	887. 3	4884. 4	1510. 3	2617. 8	887. 3
	合计		12624. 9	2059. 3	2716. 1	895. 1	12500. 7	2049. 3	2617. 8	887. 3
铁矿	赛什塘		683. 4				683. 4			
砷矿	赛什塘	矿石量：万 t；金属量：t	271. 1	6506. 0			271. 1	6506. 0		
硒矿	铜峪沟		567. 9	122. 0			567. 9	122. 0		
	德尔尼		4748. 7	1247. 0			4748. 7	1247. 0		
	合计		5587. 7	7875. 0			5587. 7	7875. 0		
镉	赛什塘		4483. 9	2004. 0			4458. 0	1992. 0		
	铜峪沟		922. 7	2219. 0			922. 7	2219. 0		
	索拉沟		1333. 6	1289. 0			1333. 6	1289. 0		
	合计		6740. 2	5512. 0			6740. 2	5512. 0		
镓	赛什塘	矿石量：万 t；金属量：t	3609. 4	361. 0			3583. 5	359. 0		
	铜峪沟		1426. 6	190. 0			1426. 6	190. 0		
	索拉沟		1628. 3	313. 2			1628. 3	313. 2		
	合计		6664. 3	864. 2			6664. 3	864. 2		
锗矿	铜峪沟		1334. 4	160. 0			1334. 4	160. 0		

表6－37　主要矿床查明、保有（未上表）主要矿产资源储量一览表

矿种	矿区名称	资源储量单位	查明资源储量		保有资源储量	
			矿石量	金属量	矿石量	金属量
铜矿	尕科合	t	2784561	11138.24	2784561	11138.24
	吉浪滩		312500	1404.32	312500	1404.32
	合计		3097061	12542.56	3097061	12542.56
砷矿	尕科合	t	1348811	102086.59	1348811	102086.59
	吉浪滩		248513.6	30144.74	248513.6	30144.74
	合计		1597325	130251.3	1597325	130251.3
铅矿	尕科合	t	2784561	6961.40	2784561	6961.40
	鄂拉山口		2148287	31147	2148287	31147
	合计		4932848	38108.4	4932848	38108.4
锌矿	鄂拉山口	t	2000048	25225	2000048	25225
金矿	尕科合	t	2784561	2.20	2784561	2.20
银矿	尕科合	t	2784561	348.74	2784561	348.74
	鄂拉山口		2057255	69.827	2057255	69.827
	合计		4841816	418.567	4841816	418.567
硒矿	赛什塘	t		114.0		114.0
锡矿	尕科合	t	2784561	2065.57	2784561	2065.57

2. 德尔尼地区

自20世纪50年代后期开始，接替区及外围除德尔尼铜钴矿床外，尚发现一系列矿点和矿化线索，如阿甫税锑砷矿化点、纳晴锑金矿化点、扎喜拉让西铜矿点、昌马河铜矿点、江青沟铜矿化点、友后青铜矿化点、化石沟铜钴矿化点、祁楼沟铜矿化点、德尔尼人果山铜汞矿化点、咋布得Ⅰ号铜矿点、咋布得山梁铜钴矿点、咋布得沟脑铜矿点、咋布得西支沟铜矿化点、德尔尼自电铜矿化点、德尔尼西铜矿点、多嗖郎日金矿点、哈仔里沟钴矿点、甲里哥铜矿化点、蛙格玛铜钴矿化点、康藏铜矿化点、特合土金矿点、加羊玛金矿化点、阳靠金矿化点等，但由于投入工作量少，勘查程度低，目前查明的矿床只有德尔尼铜钴矿床一个，勘查程度为详查，查明铜金属量578487t，其中基础储量338152t；钴金属量28367t，全部为基础储量，详见表6－36。

（二）开发现状

赛什塘铜矿床已于2003年投入试生产，设计开发规模为50万t/a，2005年实际生产规模为45.7万t；铜峪沟铜矿床和日龙沟锡矿床已办理采矿许可证，正在开展开发前期工作，索拉沟铜铅锌矿床正在申请办理采矿权。

德尔尼铜钴矿床已办理采矿许可证，设计生产规模为Ⅰ期采、选矿石30万t/a；目前正在开展开发前期准备工作。

三、矿产资源开发选区依据

赛什塘地区位于鄂拉山华力西期—印支期铜、铅、锌、锡、金、银、铁、（钨、铋）、煤、饰面用花岗岩成矿带中的智益—铜峪沟华力西期铜、铅、锌、锡、煤成矿亚带中。已知主要矿种有铜、铅、

锌、锡、铂（族）、金、银、铁、铬、砷及饰面用大理岩、萤石、煤等13种，各类矿产地34处，其中主要矿床有赛什塘铜矿、铜峪沟铜矿、日龙沟锡矿以及尕科合砷银铜矿，矿床均产于下二叠统碎屑岩夹灰岩、火山岩、砾岩层中，其成因类型均为华力西期海相火山岩型铜、锡、铅、锌、银成矿系列和火山喷流（气）沉积成矿系统层控型矿床 Sn - Cu 多金属成矿系列。上三叠统酸—中酸性陆相火山岩发育，其中已发现西岭秋喝接触交代型铅锌金矿点、水塔拉热液脉型铜矿化点，鄂拉山口陆相火山岩型铅锌铜矿点等，具形成层控、接触交代—热液型多金属、金矿床的条件。

铜峪沟铜锡矿田的四个矿床均分布于兴海县曲什安河以北，资源集中，是青海省最大的以铜为主的有色金属矿集区，基地建设的水电路条件均已具备。四个主要矿床中铜矿资源储量占全省保有量的36.96%，锡矿资源储量占全省的68.75%，并均形成独立矿床，共伴生的铅、锌、金、银、镓、镉等矿产则可通过综合利用来加以回收利用。四个矿床评价后从未进行过小规模开发，为合理规划开发创造了条件。“十五”期间，西部矿业集团取得了三个矿床的探矿权和采矿权，先期对赛什塘铜矿进行了开发，对铜峪沟铜矿床、日龙沟锡矿床进行补充勘查，计划“十一五”投入开发；青海启源矿业开发有限公司正在申请办理索拉沟铜铅锌矿床的开采许可证，也计划“十一五”投入开发。预计到“十一五”末，赛什塘—铜峪沟地区的铜矿采选能力将达到119万t/a，将有效缓解我国铜矿资源紧缺的局面。

在赛什塘铜矿、铜峪沟铜矿和日龙沟锡铜矿的深部及矿床间仍有找矿潜力，赛什塘铜矿床深部有可能存在沿主矿体走向及倾向断续存在呈雁列式排列的新矿体；赛什塘铜矿与铜峪沟铜矿之间的锡矿沟口北侧，含矿的下二叠统中铅锌矿化露头、石英闪长岩脉和化探异常显示，此段为成矿有利地段，可能见矿深度距地表200m左右；铜峪沟与赛什塘两矿区均处于雪青沟复式背斜两翼，该复式背斜中段枢纽下伏，故含矿层应是连续的，应进行探索；加强这些地区的勘查工作有望找到新的铜矿床。

德尔尼地区位于布喀达坂峰—阿尼玛卿山华力西期铜、钴、金（锑）、煤、蛇纹岩成矿带中的布青山—积石山华力西期铜、钴、锌、（金、汞、锑）、蛇纹岩、燕山期煤成矿亚带中。带内主要矿产是以超镁质岩石及混入其中的下二叠统碎屑岩夹火山岩—灰岩为容矿岩石的铜、钴、锌、金等多元素共（伴）生矿床为主，已知矿床（点）为玛沁县德尔尼大型铜钴矿床1处，玛多县牧羊山小型铜矿床1处，有色金属及贵金属矿点12处、矿化点22处及煤矿点4处，以上矿产地共计40处。成因类型有海相火山岩型（火山喷流喷气成矿系统），如德尔尼铜钴矿床属该系统的块状硫化物矿床；矿化与基性、超基性岩密切相关的矿点有德尔尼西铜矿、恰格弄统铜钴、扎喜拉让东铜钴等矿点，属岩浆型矿床（镁铁质—超镁质成矿系统的岩浆熔离型）。在德尔尼铜钴矿床外围仍然有较大的找矿潜力。特别是德尔尼西铜矿、恰格弄统铜钴、扎喜拉让东铜钴等矿点，进一步找矿的空间较大。

赛什塘铜矿、铜峪沟铜矿和日龙沟锡铜矿、德尔尼铜钴矿经可行性评价和环境影响评价后，认为矿山开发后能取得较好的经济效益，是经济可行的；在环保方面采取一定措施后，不会对矿山及周围的环境产生大的影响。

四、典型矿床

（一）赛什塘铜矿床

1. 地理位置、交通、能源、水源条件

矿床位于兴海县城西南195°方向直距39km处，行政区划隶属兴海县温泉乡管辖。

矿区海拔3350～3750m，属高原大陆性气候。年均气温1.0℃，年降水量389mm，6～8月为无霜期，10月至翌年4月为冰冻期。

兴海县城至矿区有68km的简易公路可通汽车，交通较方便。区内水系较发育，属黄河水系，主要河流雪青沟和丁科沟，年均流量在1.16m^3/s以上，可满足生产和生活用水需要。龙羊峡水电站距矿区约140km，该电站至兴海县城有110kV·A输电线路。距矿区40km的曲什安河口的水电站业已建成，另外三个梯级小电站也正在建设之中。区内人烟稀少，多从事游牧业，矿区周围无工业，劳动力必须从外地引进，生产及生活物资均需从外地运入。

2. 勘查工作程度

1955 年地质部西北地质局根据群众报矿发现。1956～1961 年间先后由地质部西北地质局 637 地质队、省地质局海南地质队及物探队等单位进行地表勘查工作。1961 年由海南地质队提交了检查评价报告，估算了铜金属储量。1967～1970 年，省地质局第十地质队和物探队协作，发现地面磁异常是由隐伏矿体引起，并找到较好的工业矿体。从 1971 年起，第十地质队转入矿区勘探，并于 1985 年提交了《青海省兴海县赛什塘铜矿初步勘探地质报告》，1985 年 3 月 10 日青海省储委以第 18 号文批准了该报告，求得铜金属储量 40 万 t 和其他多种伴生矿产储量。1990～1992 年，省地质矿产局第三地质队（原第十地质队）再次对矿区及外围进行普查，新增铜金属储量 4.4 万 t，最终确定了该矿床的现有规模。为了促进该矿的开发，1992～1994 年期间省地质矿产局第三地局队对首采区进行勘查，提交了《青海省兴海县赛什塘矿区铜矿一期勘探报告》，1995 年 6 月 26 日省储委以青储决字（1995）03 号批准了报告及提交的储量，作为矿山建设设计的依据，求得首采区铜金属储量 23.1 万 t，其中 B 级 2.7 万 t，C 级 9.8 万 t，同时提交了伴生有益组分铅、锌、硫、金、银等矿产的储量。赛什塘铜矿区的勘查程度达初勘要求。

3. 查明资源储量（333 及以上）

全矿床共探明铜金属资源储量 434808t，其中基础储量 136956t；铅金属资源量 36423t；锌金属资源量 100457t；硫资源储量 380.9 万 t，其中基础储量 7.8 万 t；铁矿石资源量 683.4 万 t；金资源储量 13.36t，其中基础储量 12.85t；银 572t，其中基础储量 558t；砷资源量 6506t；镉资源量 2004t；镓资源量 361t；此外，尚有未上表硒资源量 114t，详见表 6－38。

表 6－38　赛什塘铜矿床查明、保有资源储量一览表

矿种	资源储量类型	查明资源储量		保有资源储量	
		金属量/t	矿石量/万 t	金属量/t	矿石量/万 t
铜（主要矿产）	资源储量	434808	3997.6	421854	3873.4
	基础储量	149910	1292.3	136956	1168.1
铅（共生矿产）	资源量	36423	460.7	36423	460.7
锌（共生矿产）	资源量	100457	466.1	100457	466.1
铁（共生矿产）	资源量		683.4		683.4
砷（共生矿产）	资源量	6506	271.1	6506	271.1
金（伴生矿产）	资源储量	13.36	4368.2	3.82	1193.9
	基础储量	12.85	4244.0	3.61	1168.0
银（伴生矿产）	资源储量	572	4368.2	196	1193.9
	基础储量	558	4244.0	192	1168.0
镓（伴生矿产）	资源量	361	3609.4	359	3583.5
镉（伴生矿产）	资源量	2004	4483.9	1992	4458.0
硒（伴生，未上表）	资源量	114			
硫（伴生矿产）	资源储量	3809000	4801.4	78000	98.3
	基础储量	3709000	4677.2		

4. 矿床地质特征

矿床位处青海南山冒地槽带，属巴颜喀拉成矿区昆南成矿带，矿床赋存于下二叠统的大理岩、变质（泥质）粉砂岩、黑云母千枚岩和石英闪长岩中。

整个矿区是一个以M2号矿体为主体的矿体群，共176个矿体，其中铜硫矿体116个，硫矿体26个，铅锌矿体32个，铁矿体两个。除M1、M2、M4号矿体在地表有局部出露外，余者皆为盲矿体。矿体总体走向为NW—SE，倾向南。矿体形态多为似层状和透镜状，局部有分枝复合现象。M2号矿体规模最大，M1、M193和M4矿体次之。M2矿体总长2650m，沿倾斜延深196～600m，厚5～20m，倾角25°～50°，铜平均品位1.23%，资源储量占首采区总资源储量的75.11%；M1矿体长2175m，沿倾斜延深58～490m，厚1～10m，倾角10°～40°，铜平均品位1.35%；M193矿体长350m，沿倾斜延深108～294m，厚1.2～10m，倾角18°～25°，铜平均品位1.0%；M4矿体长675m，沿倾斜延深27～100m，厚1～53.5m，倾角10°～50°，铜平均品位0.69%。

矿石自然类型以硫化矿石为主（占总资源储量的99.52%），氧化矿石（占0.18%）和混合矿石（占0.29%）只分布在地表或浅部。矿石工业类型主要为铜矿石和铜硫矿石，其次为铁铜矿石、铁硫铜矿石、铅锌矿石、硫矿石和铁矿石，前两种矿石遍布每个矿体。矿石中除主成分铜外，尚含有硫、铅、锌、铁、金、银、硒、镉、镓、钨、锡、铋、钼等伴生有益元素和砷、镁、氟等有害元素。铜主要为黄铜矿，另有少量斑铜矿，偶见方黄铜矿、辉铜矿、孔雀石、铜蓝和自然铜。硫主要为磁黄铁矿，其次为黄铁矿。铅为方铅矿，锌为闪锌矿，铁为磁铁矿。银矿物有自然银、深红银矿、淡红银矿等，但多以分散状态存在于方铅矿中。金主要赋存于黄铜矿中，多以微细或超微包体存在。脉石矿物有辉石、石榴石、阳起石、绿泥石、石英、方解石、金云母和黏土。矿石结构以半自形粒状、他形粒状、乳浊状、交代溶蚀、交代残余及填隙结构为主；矿石构造以致密块状、浸染状、条带（纹）状为主，次为少量细脉状构造。

矿床中各类工业矿石的平均品位为：Cu 1.21%，Pb 1.38%，Zn 2.45%，S 12.13%，TFe 27.31%；伴生Au 0.30克/t，Ag 15.47克/t。

对该矿床的成因有多种认识，最早认为属矽卡岩型，后来有人认为是斑岩型和矽卡岩型共存；一期勘探报告认为该矿床主要在变质作用中形成，属热液沉积—变质、岩浆叠加改造型铜矿床；《青海省区域矿产总结》认为应属海相火山型以碎屑岩容矿的矿床。

5. 开发现状

赛什塘铜矿于2003年投入试生产，2005年实际采选矿石45.7万t，铜精矿含铜3684t，实现销售收入9203.7万元，占海南州矿业总产值（采选业）10691.87万元的86.08%，可见其开发对地区经济发展的作用。赛什塘铜矿在开采过程中对伴生铅、锌矿未进行综合利用，冶炼过程中综合回收伴生的金、银，2005年共回收金25kg，银3500kg，但回收率较低，金、银综合回收率仅分别达到27.3%和46.7%。

赛什塘铜矿开发利用"三率"指标相对较高，其采矿回采率达到84%，选矿回收率（铜）达到84.2%，铜的综合回收率达70.73%。

6. 开采技术条件

矿体埋深在150～350m，大部分矿体位于当地侵蚀基准面之上，但地形不利于自然排水。矿区水文地质条件简单，局部中等，矿区工程地质条件简单，岩石抗拉、抗压强度均较大，硐室一般稳定，局部破碎地段需支护。

经多次矿石可选性试验，均认为可选性良好。其中铜锌铅多金属矿石采用混合—优先浮选流程获精矿品位为：Cu 15.92%，Pb 42.7%，Zn36.86%，S 32.02%；回收率Cu 74.30%，Pb 34.93%，Zn 37.31%，S（全硫计）36.07%。

7. 开发利用建议

赛什塘铜矿床保有铜资源储量42.19万t，其资源储量能够保证的开发规模为：在40年服务年限内，可以年产铜矿石60万t，铜金属量5950t，见表6－39。

表6－39　赛什塘铜矿开发规划表

矿床名称	基础储量	资源量	可利用储量	资源储量保证的开发规模	
				服务年限	开发规模
赛什塘铜矿床	136956/1168.1	284898/2705.3	307895/2791	40	5950/60

注：①资源量可信度为60%，矿石回采率85%，选矿回收率75%。
②横线上方数字为金属量，单位t；线下数字为矿石量，单位万t。
③开发规模单位：金属量为t/a，矿石为万t/a。

该区在进行资源开发时，应大力开展共伴生组分的综合利用研究，在目前综合利用金、银的基础上，开展铁、铅、锌、镓、镉、硒等有益组分的综合回收利用，提高矿产资源开发的经济效益，减少重金属元素对环境的防染。

（二）铜峪沟铜矿床

1. 地理位置、交通、能源、水源条件

矿床位于兴海县城西南220°方向直距39km处，行政区划隶属兴海县温泉乡管辖。

区内海拔3700～4500m，谷窄坡陡。气候属高原大陆性气候，年最高气温20℃，最低－20℃；年降水量约400mm，5～8月为雨季；多西北风，一般2～5级。

兴海县城至矿区有约90km的简易公路相通，交通较方便。龙羊峡水电站距矿区约155km，该电站至兴海县城有110kV. A输电线路。距矿区55km的曲什安河口的水电站业已建成，另外三个梯级小电站也正在建设之中。距矿区1km处的雪青沟，5～11月的河水流量为1.85m^3/s，属重碳酸钙型水，水质良好，可作为生产和生活用水。枯水季节可用夏季储水或距矿区16km的曲什安河水。区内人烟稀少，多从事游牧业，矿区周围无工业，劳动力必须从外地引进，生产及生活物资均需从外地运入。

2. 勘查工作程度

1958年由省地质局海南地质队普查发现，后来该队在地质部204地质队配合下进行了一些初步地质工作，并于1961年提交了相应的地质报告，估算了铜金属储量。1967～1971年，省地质局第十地质队和物探队一起，再次进行检查，发现一些深部物探异常，确认有进一步开展深部地质工作之必要。1979～1984年，该队在新的成矿理论指导下，通过深部勘查，于1985年提交了《青海省兴海县铜峪沟矿区详细普查地质报告》，初步查明了各种矿产资源量。该矿床的勘查程度虽为详查，实际仅达到普查程度。

2003～2004年，青海赛什塘铜业有限责任公司委托青海省地质调查院对矿区0—16线、11—19线间的首采地段投入了勘探工作，2005年2月提交了《青海省兴海县铜峪沟矿区24—27线地质勘探报告》，并于2006年12月26日通过了国土资源部矿产资源储量评审中心的评审。

3. 查明资源储量（333及以上）

全矿床已探明各类金属资源量为：铜298901t，铅48856t，锌36407t，硫168.1万t，银415t，金3.05t，镉2219t，锗160t，锡8438t，硒122t，镓190t，详见表6－40。

4. 矿床地质特征

矿床位处青海南山冒地槽带，与赛什塘铜矿同属巴颜喀拉成矿区昆南成矿带。矿床赋存于下二叠统海相碎屑岩系的钙质千枚岩、钙质粉砂岩、大理岩及黑云母千枚岩中。

表6-40　铜峪沟铜矿床查明、保有资源量一览表

矿种		资源量类型	查明资源量		保有资源量	
			金属量/t	矿石量/万t	金属量/t	矿石量/万t
铜（主要矿产）	≥1%	2S22	7531	205.8	7531	205.8
		331	11623	96.0	11623	96.0
		332	23894	238.7	23894	238.7
		333	243210	1968.3	243210	1968.3
		小计	286258	2508.8	286258	2508.8
	<1%	331	370	10.0	370	10.0
		332	1976	50.9	1976	50.9
		333	10297	288.2	10297	288.2
		小计	12643	349.1	12643	349.1
	总计	2S22	7531	205.8	7531	205.8
		331	11993	106.0	11993	106.0
		332	25870	289.6	25870	289.6
		333	253507	2256.5	253507	2256.5
		合计	298901	2857.9	298901	2857.9
铅（共生矿产）		333	48858	140.5	48858	140.5
锌（共生矿产）		333	36407	140.5	36407	140.5
锡（伴生矿产）		333	8438	1005.5	8438	1005.5
金（伴生矿产）		333	3.05	1330.1	3.05	1330.1
银（伴生矿产）		333	415	1490.1	415	1490.1
锗（伴生矿产）		333	160	1334.4	160	1334.4
镓（伴生矿产）		333	190	1426.6	190	1426.6
镉（伴生矿产）		333	2219	922.7	2219	922.7
硒（伴生矿产）		333	122	567.9	122	567.9
硫（伴生矿产）		333	1681000	2939.1	1681000	2939.1

矿区内共查明16个矿带、63个矿体，其中60个为铜矿体、3个为硫矿体。矿体形态简单，多呈层状、似层状和透镜状，个别矿体有分枝复合现象。矿体产状与地层产状基本一致，总体走向EW，倾向南；少部分走向NW，倾向SW；倾角10°～25°。单个矿体一般长300～1710m，沿倾斜延深100～780m，厚0.4～14.8m。规模最大的为M1、M4和M2矿带，探明资源量占矿床总资源量的70%。M1矿带平均含铜1.37%，由4个矿体组成；最大的矿体长1210m，倾斜延深780m，一般厚度4～7m。M4矿带平均含铜0.89%，由9个矿体组成；最大的矿体长1710m，倾斜延深600m，一般厚度3～4m。M2矿带平均含铜1.32%，由13个矿体组成；最大的矿体长1310m，倾斜延深500m，一般厚度2～4m。

矿石自然类型以硫化矿石为主，氧化矿石和混合矿石仅在局部地段出现。工业类型主要为铜矿石、铜硫矿石、硫矿石，其次为铅锌矿石、铜锌矿石、铅锌硫矿石。主要成分铜含量为0.30%～9.33%，一般0.89%～1.37%。主要共（伴）生元素除铅、锌、硫外，还有金、银、镓、锗、镉、硒、锡等；有害组分为砷、氟和镁。金属矿物中，铜主要为黄铜矿，另有少量斑铜矿、孔雀石、蓝铜矿和铜蓝。硫主要为磁黄铁矿，并有少量黄铁矿和白铁矿。铅为方铅矿。锌为闪锌矿。锡为黄锡矿和少量锡石。另外还发现有辉铋矿、辉钼矿、毒砂等。银矿物见有深红银矿和淡红银矿。镉主要赋存于闪锌矿中。脉石矿物主要为透辉石、钾长石、石英、黑云母和方解石，其次为斜长石、阳起石、绿泥石和绢云母等。矿石结构以他形—半自形粒状为主，填隙结构和交代结构为次；矿石构造以条带状、脉状和网脉状为主，浸染状和块状次之。

矿床中各类矿石的平均品位为：Cu 1.25%，Pb 3.48%，Zn 2.59%和S 4.93%。

对矿床成因有几种不同认识，早年的地质报告中笼统地将其划归为矽卡岩型；1986年省地质矿产局第三地质队在《铜峪沟铜矿床地质研究》中认为属沉积—变质改造层控型矿床；《青海省区域矿产总结》则认为和赛什塘铜矿一样，属海相火山型以碎屑岩容矿的矿床。

5. 开发现状

目前，西部矿业已经办理采矿证，正在进行开发前期工作。

6. 开采技术条件

矿床为层控矿床，顶底板岩石都较为坚硬致密，岩性较为单一，为矽卡岩、大理岩和变质粉砂岩。

矿体倾向与地形坡度相反，初步认为较适用平巷开采。

矿区内断裂构造发育。F_{14}断裂对工程地质条件有影响与破坏作用，而且该断裂经多次活动，钻孔中见构造角砾岩厚达130m，本断裂含较强的承压水，所以在开展进一步工作时应对工程地质条件数据进行收集。

地表冻土层分布广、厚度较大，一般厚4～5m，最厚可达18～20m左右，对地面建筑和浅部矿坑有一定影响。

7. 开发利用建议

铜峪沟铜矿床保有铜资源储量29.89万t，其资源储量能够保证的开发规模为：在40年服务年限内，可以年产铜矿石37万t，铜金属量3560t，见表6－41。

表6－41　铜峪沟铜矿开发规划表

矿床名称	基础储量	资源量	可利用储量	资源储量保证的开发规模	
				服务年限	开发规模
铜峪沟	$\frac{37863}{395.6}$	$\frac{253507}{2256.5}$	$\frac{189967}{1749.5}$	40	$\frac{3560}{37}$

注：①资源量可信度为60%，矿石回采率85%，选矿回收率75%。
②横线上方数字为金属量，单位t；线下数字为矿石量，单位万t。
③开发规模单位：金属量为t/a，矿石为万t/a。

该区在进行资源开发时，应大力开展铅、锌、锡、金、银、镉、锗、镓、硒等有益组分的综合回收利用研究，提高矿产资源开发的经济效益，减少重金属元素对环境的防染。

（三）日龙沟锡矿床

1. 地理位置、交通、能源、水源条件

矿床位于兴海县楠木塘乡日龙沟沟脑，行政区划隶属兴海县楠木塘乡管辖。

区内海拔高，谷窄坡陡，属高原大陆性气候。年最高气温20℃，最低－20℃；年降水量约400mm，5～8月为雨季；多西北风，一般2～5级。

倒—帮公路221km处有便道，经薄荷沁，西岭秋喝可达矿区，多数地段可通行汽车，交通总体较方便。龙羊峡水电站距矿区约 150km，该电站至兴海县城有 110kV. A 输电线路。距矿区 50km 的曲什安河口的水电站业已建成，另外三个梯级小电站也正在建设之中。距矿区 1km 左右的雪青沟，5～11 月的河水流量为 1.85m^3/s，属重碳酸钙型水，水质良好，可作为生产和生活用水。枯水季节可用夏季储水或距矿区约 20km 的曲什安河水。区内人烟稀少，多从事游牧业，矿区周围无工业，劳动力必须从外地引进，生产及生活物资均需从外地运入。

2. 勘查工作程度

1958 年海南地质队在铜峪沟外围普查时发现。1980～1981 年、1984 年第十地质队多次对该点进行了地表评价工作。1985～1986 年青海省第三地质队对该点以钻探为主要手段进行了普查，1988 年提交《青海省兴海县日龙沟矿区锡—多金属矿普查地质报告》，1989 年 4 月 10 日，青海省地质矿产局以青地地审字（1989）85 号批准了该报告，由于未进行矿石物质成分研究和可选性试验，对伴生有益元素金、银、锗、镉的赋存状态及其冶炼回收性能不明，因此对报告中上述四种伴生元素的储量未予批准。1992 年青海省第三地质队开展了日龙沟—吉浪滩多金属矿普查工作，并提交了《青海省兴海县日龙沟—吉浪滩多金属矿产普查报告》。

3. 查明资源储量（333 及以上）

累计查明资源量为：Sn 16516t，矿石量 437.0 万 t；Pb 11211t，矿石量 51.4 万 t；Zn 22879t，矿石量 75.5 万 t；Cu 3133t，矿石量 46.6 万 t。

4. 矿床地质特征

区内所处大地构造位置为松潘—甘孜印支褶皱系青海南山冒地槽带。成矿区划属鄂拉山多金属成矿带的赛什塘—日龙沟成矿亚带西部。矿区出露地层为下二叠统中岩组上部的三个岩性段，各岩性段之间为整合接触。由下而上为：第一岩性段为黑云母石英片岩夹透镜状大理岩，其顶部以炭质千枚岩夹透镜状大理岩为界，厚度大于 550m，为主要含矿层位；第二岩性段为绿泥绢云石英千枚岩、绢云石英千枚岩夹变质粉砂岩及透镜状大理岩，厚度大于 656m。第三岩性段为细、中粒变砂岩夹绢云母千枚岩，厚度大于 323m。第四系广泛发育，约占矿区面积的三分之二，主要为残积层，冲洪积层，厚 5～35m。构造：矿区日龙沟背斜呈 NNW 向，向 SSE 倾伏、延伸约 5km。地表矿体多见于背斜东翼，西翼为隐伏矿体赋存部位。厂龙—日龙沟断裂先张后压，走向 NNW 向，断面西倾，长约 7km。该断裂次级分支断裂发育，与地层走向一致，分支断裂中铜、铅、锌矿化普遍，但未见较大的矿体。矿区仅见闪长玢岩脉一条，长 100m，宽 30m。矿区外围北部约 2.5km 处为英云闪长岩体，岩浆活动为矿化迁移富集提供了热动力。

地表及深部矿体均产于变质粉砂岩、黑云石英片岩及不同岩石的接触部位，矿体具顺层产出特征。地表矿体多沿厂龙—日龙沟断裂的分支断裂及派生裂隙分布。地下盲矿体产于变质粉砂岩中，与围岩呈整合产出。共 6 个矿点见 23 个矿体，盲矿体 3 个（其中 ZK3201 中见 1 个、ZK3202 中见 1 个、ZK3203 中见 1 个）。单个矿体长 100～345m，厚 2～8m，盲矿体厚 0.96～5.86m。矿石品位：锡表内矿平均品位 0.378%，表外矿平均品位 0.113%；共生和伴生有益组分平均品位：Cu 0.13%，Zn 0.71%，Pb 0.37%，Sn（伴生于铜、锌矿石中）0.087%，Au 0.11g/t、Ag 12.59g/t、Ga 0.001%、Cd 0.016%。

矿石类型以原生硫化物矿石为主，有锡石闪锌黄铜方铅矿石，锡石黄铜矿石、黄铁黄铜矿石、锡矿石等四种，各类矿石均含有较多的磁黄铁矿、黄铁矿。围岩蚀变有矽卡岩化、硅化、阳起石化、褐铁矿化、碳酸盐化、绢云母化等与矿化关系密切。矿石结构有他形粒状结构、填隙结构、交代乳浊状结构、胶状结构、反映边结构、交代残余结构；构造有浸染状构造、细脉浸染状构造、块状构造、条带状构造。

矿床成因属沉积变质热液改造型。

5. 开发现状

矿床已由西部矿业办理采矿权，目前正在进行开发前期准备工作。

6. 开采技术条件

本矿区矿体均在当地侵蚀基准面之上，地表水及大气降水对矿床充水无甚影响，属水文地质条件简单的裂隙充水矿床。

矿体顶板岩石主要是大理岩，其次为变质粉砂岩、构造角砾岩、绿帘阳起片岩，矿休底板有变质粉砂岩、千枚岩等，岩石较坚硬，岩层较稳固，属工程地质条件简单的矿区。但应引起注意的是矿区断裂构造较发育，不过规模较小，对未来矿坑工程地质有一定影响。矿区北面的赛什科龙洼，汇水面积 300km^2，平均流量 1.88m^3/s，旱季最小流量 0.23～0.43m^3/s，为 HCO_3^-—Ca^{2+} 型水，矿化度为 0.161g/L，pH 值 7.7，为弱碱性水，水质良好，可作生活和生产用水。

7. 开发利用建议

日龙沟锡矿床保有锡资源量 16516t，资源量能够保证的开发规模为：在 30 年服务年限内，可以年采锡矿石 7.5 万 t，锡金属量 210t，见表 6-42。

表 6-42　日龙沟锡铜矿开发规划表

矿床名称	基础储量	资源量	可利用储量	资源储量保证的开发规模	
				服务年限	开发规模
日龙沟		16516/437	9910/262	30	210/7.5

注：①资源量可信度为 60%，矿石回采率 85%，选矿回收率 75%。
②横线上方数字为金属量，单位 t；线下数字为矿石量，单位万 t。
③开发规模单位：金属量为 t/a，矿石为万 t/a。

该区在进行资源开发时，应大力开展铅、锌、铜等有益组分的综合回收利用研究工作，提高矿产资源开发的经济效益。

（四）索拉沟铜铅锌矿床

1. 地理位置、交通、能源、水源条件

矿区位于兴海县西北部的索拉沟中游，行政区划隶属海南藏族自治州兴海县大河坝乡管辖。

矿区自然地理位置属昆仑山系支脉鄂拉山脉的南部中段，海拔高程 4000～4700m，相对高差 700 余米，属中高山区。矿区内地形切割较为强烈，坡陡谷深，坡度一般 30°～45°，地势较险峻。海拔 4200m 以上发育石块地，施工条件差，增加了勘查工作的难度。本区属高原大陆型气候区，以干燥寒冷、降雨量少、无霜期短、年温差和昼夜温差大为特征。每年 5～9 月是融冻期，气候相对温暖湿润，最高气温可达 22℃。10 月至翌年 4 月为封冻期，干燥寒冷，最低气温 -25℃。每年 9 月至翌年 6 月多西北风，风力可达 6～7 级。7～8 月为雨季，降水多以暴雨、冰雹形式出现。

矿区距兴海县 80km，距西宁市 298km。倒邦公路从矿区东约 7km 处通过，从倒邦公路 206km 里程碑至矿区有便道可通汽车，交通比较方便。区内水系较发育，属黄河水系，索拉沟（全称索拉藏秋毫）与格尔沟（地格尔）由西向东流经矿区北部，汇入索妥曲，经水塔拉河、大河坝河，在兴海县东南唐乃亥附近流入黄河。区内水系流量受季节控制较明显，融冰期和雨季水流量较大，旱季流量明显变小。水质类型为 HCO_3—Ca 型，矿化度 0.164g/L，pH 值 8.0，显弱碱性，水质良好，可作为生活和生产用水。矿区东约 7km 沿倒邦公路有高压输电线路通过，煤炭资源需到西宁地区才能坚决。

矿区附近人烟稀少，居民为藏族，多从事游牧业，无工业和农业，经济落后。矿区生产、生活物资及所需劳动力均靠外地输入。

2. 勘查工作程度

1968 年原地质十队发现。1972 年区调一队在 1∶20 万填图时进行了检查，同年物探队在青根河—

鄂拉山进行了磁法和水系沉积物测量。1985 年地质三队三分队对矿点进行检查。1987 年又进行了地表揭露和深部了解。1990～1993 年第三地质队对该矿进行了详查并提交了《青海省兴海县大河坝乡索拉沟矿区多金属矿详查地质报告》，1993 年通过了青海省地矿局评审。2001～2002 年青海省地质矿产勘查院对索拉沟—在日沟地区进行银多金属矿普查并提交了《青海省兴海县索拉沟地区银多金属矿普查报告》，2002 年 9 月 27 日通过了青海省地质矿产开发局评审。2007 年 5～12 月，青海启源矿业开发有限公司开展了补充详查工作，并提交了《青海省兴海县索拉沟铜多金属矿补充详查地质报告》，于 2008 年 1 月通过青海省国土规划研究院矿产资源储量评审中心评审。

3. 查明资源储量（333 及以上）

累计查明资源储量为：铜 5.8577 万 t，矿石量 956.1 万 t；其中基础储量 1.7167 万 t，矿石量 270.5 万 t。铅 2.028 万 t，矿石量 369.4 万 t；其中基础储量 0.5548 万 t，矿石量 83.0 万 t。锌 3.7455 万 t，矿石量 377.5 万 t；其中基础储量 0.7394 万 t，矿石量 80.9 万 t。银 403.3t，矿石量 1628.3 万 t；其中基础储量 110.8t，矿石量 431.4 万 t。镉 1289.0t，矿石量 1333.6 万 t；其中基础储量 312.0t，矿石量 351.4 万 t。镓 313.2 万 t，矿石量 1628.3 万 t；其中基础储量 83.0t，矿石量 431.4 万 t，详见表 6－43。

表 6－43　索拉沟铜铅锌矿床查明、保有资源储量一览表

矿种	资源储量单位	查明资源储量				保有资源储量			
		资源储量		基础储量		资源储量		基础储量	
		矿石量	金属量	矿石量	金属量	矿石量	金属量	矿石量	金属量
铜	万 t	956.1	5.8577	270.5	1.7167	956.1	5.8577	270.5	1.7167
铅		369.4	2.0280	83.0	0.5548	369.4	2.0280	83.0	0.5548
锌		377.5	3.7455	80.9	0.7394	377.5	3.7455	80.9	0.7394
银	矿石量：万 t，金属量：t	1628.3	403.3	431.4	110.8	1628.3	403.3	431.4	110.8
镉		1333.6	1289.0	351.4	312.0	1333.6	1289.0	351.4	312.0
镓		1628.3	313.2	431.4	83.0	1628.3	313.2	431.4	83.0

4. 矿床地质特征

本区大地构造位置属西秦岭印支地槽褶皱带西缘，西与东昆仑海西地槽褶皱带相衔接。区内出露地层为三叠系中统（T_2）及第三系、第四系。中三叠统 b 岩组是本区地层的主体，为一套滨－浅海相含火山物质的碎屑岩沉积建造，根据岩性组合、沉积韵律进一步划分为 3 个岩性段，6 个岩性层。区内褶皱构造比较简单，中三叠统基本为一向东倾斜的单斜构造。含矿地层中三叠统 b 岩组总体呈“S”形展布，索拉沟矿床正处于“S”形的拱背部位。区内断裂构造不甚发育，具有近 SN 向、NNW 向、NW 向及 NNE 向几组断裂。断裂规模一般不大，形成时间较晚。矿区岩浆活动比较强烈，上三叠统陆相火山岩与印支期侵入岩较为发育，中三叠统 b 岩组海相沉积地层中也见有不少凝灰岩及含火山碎屑的不纯硅质岩。火山岩岩性主要有晶屑玻屑凝灰岩、凝灰岩、含火山角砾凝灰岩、不纯硅质岩；侵入岩岩性主要有细粒闪长岩、花岗闪长岩、花岗岩和斑状花岗岩。

本矿床矿体主要产于中三叠统 b 岩组第二岩性段第一岩性层的中部，矿体形态简单，大都呈似层状或透镜状，与地层产状基本一致。矿区内工程所控制的 18 个矿体，分别归为 5 个矿体群，编号为 MⅠ～MⅤ。

（1）MI 矿体群。

MI 矿体群由两个矿体组成，编号为 MI－1、MI－2。MI－1 矿体是本矿群的主矿体。

MI－1 矿体：赋存于中三叠统 b 岩组第二岩性段第一岩性层下部，呈透镜状，倾向 60°～90°，倾角40°～50°。长400m，沿倾向均为单工程控制，控制延深95～185m。视厚度1.40～6.00m，平均视厚度3.04m。Zn品位0.59%～2.51%，平均品位1.20%；Cu品位0.58%～2.17%，平均品位1.40%。矿体沿走向，其北部为Zn，南部为Cu。

（2）MII矿体群。

MII矿体群由5个矿体组成，编号为MII-1～MII-5。MII-3、MII-4矿体是本矿群的主矿体。

MII-3矿体：赋存于中三叠统b岩组第二岩性段第一岩性层中部，呈似层状。倾向80°～100°，倾角35°～50°，矿体沿走向地表及深部均具收缩、膨大尖灭再现特征。矿体规模较大，长300m，控制延深120～440m，视厚度1.17～26.80m，平均视厚度6.83m。为Cu、Zn复合矿体，Cu品位0.30%～0.79%，平均品位0.54%；Zn品位0.54%～1.01%，平均品位0.69%；Pb品位0.60%。

MII-4矿体：赋存于中三叠统b岩组第二岩性段第一岩性层中部，呈似层状。倾向80°～100°，倾角35°～50°。矿体规模较大，深部矿体控制长600m，控制延深100～650m，为Cu、Pb、Zn复合矿体，矿体沿走向、沿倾向均存在膨大收缩尖灭再现特征。矿体厚度变化较大，最小视厚度1.06m，最大视厚度34.31m，平均视厚度9.10m。Cu品位0.30%～1.49%，平均品位0.51%；Pb品位0.32%～1.87%，平均品位0.64%；Zn品位0.50%～2.06%，平均品位0.93%。

（3）MIII矿体群。

MIII矿体群由5个矿体组成，为MIII-1～MIII-5矿体。MIII-3、MIII-4矿体是本矿群的主矿体。

MIII-3矿体：赋存于中三叠统b岩组第二岩性段第一岩性层中上部，呈似层状，深部矿体控制长800m，控制延深45～680m，倾向60°～115°，倾角40°～50°。矿体为Cu、Pb、Zn复合矿体，厚度变化较大，最小视厚度1.48m，最大视厚度16.20m，平均视厚度5.42m。Cu品位0.31%～0.78%，平均品位0.45%；Pb品位0.30%～1.18%，平均品位0.66%；Zn品位0.59%～2.58%，平均品位0.94%。

MIII-4矿体：赋存于中三叠统b岩组第二岩性段第一岩性层中上部，呈似层状产出，矿体规模较大，长800m，控制延深50～440m。倾向60°～115°，倾角40°～50°。视厚度0.94～16.29m，平均视厚度3.93m。矿体以铜为主，铜品位0.32%～0.90%，铜平均品位0.68%。矿体深部沿走向及倾向均具膨大收缩现象。

（4）MIV矿体群。

由MIV-1～MIV-3三个矿体组成。MIV-1、MIV-2矿体是本矿群的主矿体。

MIV-1矿体：赋存于中三叠统b岩组第二岩性段第一岩性层中上部，呈似层状。矿体规模较大，长600m，控制延深100～480m。倾向80°～115°，倾角40°～50°。矿体沿走向，北端以Pb、Zn为主，中部和南端以Cu为主，视厚度1.50～16.47m，平均视厚度5.51m。Pb品位0.35%～0.88%，平均品位0.55%；Zn品位0.50%～1.18%，平均品位0.69%；Cu品位0.30%～3.46%，平均品位0.59%。

MIV-2矿体：赋存于中三叠统b岩组第二岩性段第一岩性层中上部，呈似层状产出。矿体规模较大，长600m，控制延深115～480m，倾向80°～115°，倾角40°～50°。视厚度0.67～34.30m。平均视厚度9.35m。Pb品位0.30%～1.83%，平均品位0.64%；Zn品位0.51%～1.48%，平均品位0.93%；Cu品位0.34%～1.35%，平均品位0.82%。

（5）MV矿体群。

由MV-1～MV-3三个矿体组成。MV-2矿体是本矿群的主矿体。

MV-2矿体：赋存于中三叠统b岩组第二岩性段第一岩性层上部，呈透镜状。长500m，控制延深45～635m。倾向80°～120°，倾角40°～60°。厚度变化大，最小视厚度0.67m，最大视厚度14.15m，平均视厚度5.30m。沿走向北部为Pb、Zn，南部为Cu。Pb品位0.40%～1.08%，平均品位0.78%；Zn品位0.50%～1.96%，平均品位0.67%；Cu品位0.31%～0.83%，平均品位0.54%。

索拉沟矿床矿石类型较简单，工业类型以铜矿石为主，次为锌矿石、铅矿石、铅锌矿石及少量锌铜矿石。矿石中金属矿物成分主要有磁黄铁矿、黄铁矿、黄铜矿、闪锌矿、方铅矿，其次有白铁矿、胶状黄铁矿，偶见有黝铜矿、毒砂、白铅矿、自然秘等；脉石矿物主要有黏土矿物，隐晶硅质，微粒石英、长石、方解石、绿泥石、绿帘石，次为绢云母、黑云母、阳起石、沸石及少量透辉石、葡萄石、萤石等。矿石结构比较简单，以他形粒状结构、交代残留结构为主，其次有半自形—自形粒状结构、胶状结构、固溶体分离结构等；矿石构造主要有条带（纹）状构造，星散浸染状构造，其次有充填脉状构造和角砾状构造等。

矿床成因属火山沉积—热液改造型层控矿床。

5. 开发现状

矿床拟于“十一五”末期投入开发，正由青海启源矿业开发有限公司申办采矿许可证。

6. 开采技术条件及矿石加工技术性能

矿体顶底板主要是条带状不纯硅质岩与变粉砂质泥岩，坚硬致密。地表及浅部裂隙发育，稳固性相对较差，需支护。风化带以下稳固性良好，断裂构造不甚发育，属工程地质条件简单矿区。主要矿体位于当地侵蚀基准面以上，地形有利于自然排水。主要含水层和构造破碎带富水性弱，属水文地质条件简单的裂隙充水矿床。索拉沟和水塔拉两河水可作为生产生活用水，电力需自备。总之矿床开发条件一般。

1991 年详查时在矿区 0 勘探线和 8 勘探线地表工程中，分别采集铜矿石 397 公斤、铅锌矿石 203kg 和部分备用矿石，委托地矿部青海中心实验室配矿后进行实验室可选性试验研究。选矿试验采用混合浮选，粗精矿再分离的工艺流程，获得了较好的选矿效果。获得铜品位 24.67%、回收率 85.18% 的铜精矿；锌品位 50.00%、回收率 68.62% 的锌精矿；硫品位 36.17%、回收率 49.85% 的硫精矿。由于配矿后铅的品位较低（0.42%），又有相当部分铅以氧化铅（白铅矿）形式存在（矿石中铅的氧化率为 42.86%），致使选矿过程中未获得铅的单独产品。

2001 年青海省矿勘院在索拉沟银矿体上采集试验样进行柱浸试验，浸出效果较好。浸出率为 81%，相应 NaCN 耗 2.2g/kg，NaOH 耗 1g/kg。

7. 开发利用建议

索拉沟铜铅锌矿床以往未曾开采，保有资源储量能够保证的开发规模为：在 30 年服务年限内，可以年采铜矿石 19 万 t，年产金属铜 1050t；年采铅矿石 7 万 t，年产金属铅 360t；年采锌矿石 7 万 t，年产金属锌 635t，见表 6-44。

表 6-44 索拉沟铜铅锌银矿床开发规划表

矿床名称	基础储量	资源量	可利用储量	资源储量保证的开发规模	
				服务年限	开发规模
索拉沟	17167/270.5	41410/685.6	42013/681.9	30	1050/19
	5548/83	14732/286.4	14387/254.8	30	360/7.0
	7394/80.9	30061/296.6	25431/258.9	30	635/7.0

注：①资源量可信度为 60%，矿石回采率 85%，选矿回收率 75%。
②横线上方数字为金属量，单位 t；线下数字为矿石量，单位万 t。
③开发规模单位：金属量为 t/a，矿石量为万 t/a。

在进行区内资源开发时，应大力开展镉、镓等伴生有益组分的综合回收利用，以提高矿产资源开发的经济效益。

（五）德尔尼铜钴矿床

1. 地理位置、交通、能源、水源条件

矿床位于大武镇西南直距20km处，行政区划隶属玛沁县大武乡管辖。

矿区海拔3700～4370m，属高原大陆性气候，年均气温-1.2℃，年降水量733mm，年蒸发量1100mm，每年10月至翌年4月称“干季”，降水量仅占全年的20%，且溪流封冻，冰上可通行汽车。矿区多山谷风，月均风速1.7～3.8m/s，最大可达24m/s。矿区地表为高山草甸，无木本植物，自然条件较差。

矿区至大武镇有35km的简易公路可通行汽车，大武至西宁435km的宁果公路全为油面公路，交通较为方便。龙羊峡水电站至大武有高压输电线路，矿区用电较易解决。矿区内除少量矿化度较高（最高达6730mg/L、pH值2.5～5.0）的酸性水外，其他均为低矿化度、低硬度的淡水，可供生产用水。距矿区1.5km的德尔尼河，年均流量0.61m^3/s，可供生活用水。

区内人烟稀少，多从事游牧业，矿区周围无工业，劳动力必须从外地引进，生产及生活物资均需从外地运入。

2. 勘查工作程度

1958年，省地质局果洛地质队根据群众报矿发现了I号矿体露头，并编有踏勘报告。1959～1961年间，该队在省地质局物探队的配合下，发现一些新异常和新露头，认为矿床具有一定规模，需继续深入工作。1965～1970年，省地质局第三地质队和地质部第八物探大队806地质队一起，对该矿进行了大规模的勘查，取得了新的突破，基本上奠定了大型铜钴矿床的基础；1972年提交了《青海省玛沁县德尔尼铜钴矿储量报告》，1993年10月省储委对以青储审字（1993）第17号意见书批准了该报告。1988年，省有色地质勘查局八队进行复查，发现3个小矿体，估算铜金属储量3.96万t。1990～1992年，省地质矿产局第一地质大队本着“拾遗补漏”的原则，对未工作过的物探异常进行验证，估算新增铜金属储量约5万t，但均未上表。矿床勘查程度为详查。

3. 查明资源储量（333及以上）

全区累计探明铜金属资源储量578487t，其中基础储量338152t；钴资源量28367t；锌资源量162156t；硫1510.3万t，其中基础储量887.3万t；金资源量29.29t；银资源量275t；硒资源量1247t（详见表6-45），为省内潜在价值最大的金属矿床，是一个以铜、钴为主的大型综合矿床；此外还估算了铜资源量126683t、钴资源量6246t、锌资源量48256t、硫资源量295.66万t、金资源量4601kg、银资源量32675kg、硒资源量152.46t、镉资源量704t、镓资源量237t、铟资源量115t、表外铜资源量2093t、钴资源量16.3t、锌资源量1376t等未上表资源量。

表6-45　德尔尼铜钴矿床查明资源储量（上表）一览表

矿种	累计查明资源储量		其中基础储量	
	矿石量/万t	金属量/t	矿石量/万t	金属量/t
铜	4698.7	578487	2620.5	338152
钴	3173.9	28367		
锌	1540.2	162156		
金	5123.4	29.29		
银	5123.4	275		
伴生硫	4884	1510.3×10^4	2617.8	887.3×10^4
硒	4748.7	1247		

4. 矿床地质特征

矿床位处阿尼玛卿优地槽带东段、德尔尼超基性岩体的中部，属巴颜喀拉成矿带阿尼玛卿山成矿亚带。超基性岩体顺层侵入于下二叠统中，矿体赋存于超基性岩体内及其上部边缘。

矿区共探明Ⅰ、Ⅱ、Ⅴ、Ⅶ4个主矿体，含22个小矿体。除Ⅰ、Ⅴ号矿体局部出露外，余者皆为盲矿体。Ⅰ号矿体规模最大，长1040m，最宽206m，最厚74.3m，地下埋深15～150m，平均含Cu 1.18%，含Co 0.092%，附两个小矿体；Ⅱ号矿体长760m，最宽309m，最厚25.57m，平均含Cu 1.21%，含Co 0.054%，附3个小矿体；Ⅴ号矿体长1270m，最宽323m，最厚61.36m，平均含Cu 1.48%，含Co 0.111%，附11个小矿体；Ⅶ号矿体长935m，最宽117m，最厚35.08m，平均含Cu 1.03%，含Co 0.082%，附6个小矿体。矿体一般呈透镜状或似层状，总体走向NW，倾向SW，因受后期构造影响常呈现褶皱形态。

矿石自然类型以原生硫化矿石为主，仅在Ⅰ、Ⅴ号矿体的露头见到少量氧化矿石。另在氧化矿石的下部和成矿后的构造带附近发现少量轻微氧化矿石。矿石工业类型主要为铜锌钴硫矿、铜锌硫矿、铜钴硫矿、铜硫矿和硫矿石，其次为铜矿石和铜钴矿石。矿石主要有益组分为铜、钴、锌、硫，金及银，其次为硒、碲、镓及铟。金属矿物中，铜主要为黄铜矿，另有少量黑铜矿、斑铜矿、铜蓝、孔雀石和蓝铜矿。钴主要呈类质同象分布在黄铁矿和磁黄铁矿中，见少量钴镍黄铁矿和硫铁镍钴矿。锌为含铁较高的闪锌矿。硫主要为黄铁矿，其次为白铁矿和磁黄铁矿。金、银在氧化带和铁帽中含量较高，并形成一定规模，可圈出独立的金、银矿体；原生矿中的金、银主要赋存于黄铜矿和黄铁矿中，自然金和自然银的占有率很低。硒主要赋存于黄铜矿中。脉石矿物主要为方解石、白云石，其次为石英、滑石、蛇纹石及绿泥石等。矿石结构以半自形和自形粒状为主，另有少量充填、溶蚀交代、压碎和变晶结构。构造主要为块状，其次为浸染状和条带状，另有少量角砾状和揉皱状构造。

全矿床各种矿石平均品位为：Cu 1.27%，Co 0.089%，Zn 1.05%，S 31.92%。伴生矿产品位为：Au 0.53g/t，Ag 6.7g/t，Se 0.0025%。

关于矿床成因有多种观点，主要有岩浆矿床说、沉积矿床说或火山沉积矿床说，海底热泉硫化物矿床说、深部熔离－贯入矿床说等。《青海省区域矿产总结》将其划归为海相火山型以超镁铁质岩容矿的矿床。

5. 开发现状

威斯特铜业有限公司已经办理采矿许可证，目前正在开展矿山开发前期准备工作。

6. 开采技术条件

矿体一般埋深15～150m，除个别地段可露天开采外，余者皆需地下开采。近矿围岩为砂板岩较稳定。顶底板为疏松的薄片状蛇纹岩，强度较低，必须支护。矿区地下水类型以基岩裂隙潜水为主，多为微弱含水体。矿体处于当地侵蚀基准面以上80～120m，具有良好的天然排水条件。矿体及主要围岩的富水性弱，水文地质条件简单。

先后进行过5个矿样的可选性试验，经浮选回收率为Cu 80.45%和83.71%；Zn 40.43%和57.14%；采用混合－优先浮选得：Cu回收率80.34%；S回收率90.11%；Co回收率86.57%。

7. 开发利用建议

德尔尼铜钴矿床铜、钴均达大型矿床规模，并伴生有锌、硫、金、银。矿床保有资源储量见表6－46。

德尔尼铜钴矿床具有共、伴生组分多，综合利用潜在价值大的特点。同时也由于共伴生组分多，使得开发利用难度加大。针对上述难题，先后多次对矿床矿石综合利用工艺技术进行了研究，1993年郑州矿产综合利用研究所编制了《青海省德尔尼铜钴综合利用研究报告》，北京矿冶研究总院于1995年编制了《德尔尼工号矿原生矿选矿试验报告》等，但终因硫钴分离工业化试验指标不理想尚未实施开发。“十一五”期间青海省科技厅组织实施了《青海德尔尼铜矿钴硫精矿综合回收技术》科技攻关项目取得了突破性进展，从而为德尔尼铜钴矿床在“十一五”开发创造了条件。

表 6－46　德尔尼铜钴矿床保有资源储量一览表

勘查程度	矿种	品位	资源储量单位	保有资源储量			备注
				基础储量	资源量	资源储量	
详查	铜矿	铜：1.268%	铜：t	338152	240335	578487	主要矿产
	锌矿	锌：1.05%	锌：t		162165	162165	共生矿产
	钴矿	钴：0.089%	钴：t		28367	28367	共生矿产
	金矿	金：0.53g/t	金：kg		29290	29290	伴生矿产
	银矿	银：6.7g/t	银：t		275	275	伴生矿产
	硫铁矿	硫：31.912%	硫：万 t	887.3	623	623	伴生矿产

"十一五"期间德尔尼铜钴矿开采规模本着大矿大开，规模开发，科学合理，可持续利用的原则，根据上表资源储量对德尔尼铜钴矿床的开发规模进行了规划，规划情况见表 6－47。

表 6－47　德尔尼铜钴矿开发规划表

矿种	基础储量	资源量	可利用储量	资源储量保证的开发规模	
				服务年限	开采规模
铜矿	338152/2620.5	240335/2078.2	482353/3867	40	80
钴矿		28367/3137.9	17020/1904	40	40

注：①资源量可信度 60%，矿石回采率 85%，选矿回收率 75%。
②横线上方数字为金属量，单位 t；线下数字为矿石量，单位万 t。
③开发规模单位：金属量为 t/a，矿石为万 t/a。

区内资源经理论计算，在 40 年服务年限内能够保证的开发规模为年采选矿石 80 万 t，同时综合回收有益组分，矿山将获得较好的经济效益和社会效益，并能有效促进当地经济社会快速发展。需要指出的是，目前青海威斯特铜业有限责任公司规划二期工程将产能由 80 万 t/a 提高到 120 万 t/a，大幅缩短了矿山服务年限。因此，建议本矿床在资源开发的同时，加强矿区深部及外围的勘查工作，寻找后备资源，以保证区内铜矿资源能够在合理的服务年限内能够持续开发。

由于青南地区地处偏远，开发条件差，环境保护要求高，在开发过程中，为确保矿山利润空间，必须加大有益组分的综合利用研究，提高采选工艺水平，以节约、综合利用资源，增加效益，减少环境污染。但该区远离矿产资源加工消费区，矿产品加工需到西宁市才能进行，既加大了生产（运输）成本，又会造成异地重复污染，因此建议区内建设与矿山采选能力相配套的铜冶炼厂，对矿产品进行深加工。

（六）尕科合砷银矿床

1. 地理位置、交通、能源、水源条件

矿区位于鄂拉山地区尕曲河下游，距尕曲河与曲什安河交汇处约 1.5km，行政区划隶属青海省海南藏族自治州兴海县龙藏乡管辖。

区内地势南高北低，海拔两度 3100～3600m，相列高差 300～400m，尕科合河谷深而窄，属狭窄"V"形谷，沟谷两侧坡陡 40°～60°，局部 80 多度，多悬崖峭壁及东西同尖顶小山脊、沟谷。纵观全区属高高山峡谷深切割区。区内气候属高原大陆性干旱气候，以寒冷、降雨量少、日照长、昼夜温差大（平均气温 0.6℃，最高 27.2℃，最低 -33.5℃）、无霜期短（36 天）、多风为特征。降雨量多集中于 6～9 月份，约占全年降雨量的 80%，年均降雨量为 353mm。一般 10 月初开始霜冻，翌年 5 月中旬开始解冻，农民开始耕作、种植。

矿床位于兴海县龙藏乡，汽车沿简易公路可达矿区，交通较方便。矿区位于尕科合下游河床附近，海拔高程约 3300m，矿区生产生活用水没有问题。曲什安河梯级电站距矿区较近，电力供应有较好保证。

2. 勘查程度

本区为 1970 年区调队据群众报矿发现，并进行了 1/1 万地质草测。1971 年第十地质队矿点检查，明确有进一步工作价值。1989～1990 年局三队对该矿作了检查。1989 年青海地质局化勘院在该区进行 1∶5 万水系沉积物测量，在尕科合矿区圈出砷、银、锡、金、锑、锌、铅水沉地化 1 号异常。1989～1990 年局物探队在该区开展 1∶2.5 万磁法和 1∶1 万 ΔT 高磁变频偶极测量。1991 年第三地质队作系统普查，提交砷、银、铜储量。2002～2007 年，省第一地质大队对矿区开展了进一步的普查，目前工作正在进行中。

3. 查明资源储量

矿床工作程度低，所提交的各矿种资源量均未评审上表。

1991 年第三地质队在矿区开展普查工作后，提交 D 级表内：砷 104870.75t，银 267.16t，伴生组分铜 6886.20t，金 1.36t，铅 4303.88t，锡 1273.95t；D 级表外：银 12.72t，砷 2950.40t。

2004 年第一地质大队对矿区开展普查工作后，仅估算了 M19 矿体的资源量，提交 2S22 + 333 银 348.74t，砷 94325.91t，333 + 334 砷 7760.68t，伴生金 2.2t，铜 11138.24t，铅 6961.4t，锡 2065.57t，见表 6 - 36。

4. 矿床地质特征

矿区所处大地构造位置为松潘—甘孜印支褶皱系青海南山冒地槽带。出露三叠纪池塘组三段地层，据其岩性组合可分为 5 个岩性单位：

（1）灰黑色薄层状炭质千枚岩，局部夹细粒石英砂岩。

（2）浅灰色厚层状变长石石英砂岩、条带状变粉砂岩夹薄层状泥钙质板岩。

（3）灰色巨厚层状—厚层状中细粒变长石石英砂岩。

（4）灰白色厚层状不纯大理岩。

（5）灰黑色条带状角岩夹大理岩透镜体，大理岩具角岩化。

矿区附近 NE 和近 EW 向两组压扭性断层发育，NEE 向断裂为矿区主控矿容矿构造。矿区侵入岩较发育，以石英闪长岩为主。岩体北部与围岩接触界线规整南部与围岩呈不规则接触。接触带附近围岩蚀变为热液接触变质，多形成黑云母角岩，局部为接触交代变质、发育透辉石矽卡岩。另见几条花岗斑岩脉，脉厚约 3.85m。

矿床位于尕科合—拉届亥石英闪长岩体南东端，围岩为三叠系中统古浪堤组 a 岩段变质长石石英砂岩、钙质石英砂岩夹板岩、大理岩。矿区共圈定大小矿体 19 条，多分布在南矿化带。规模最大的为 M19 矿体，其他皆为小矿体。M19 矿体分布在 F_7 断裂内。控制矿体长 570m，沿倾向最大延伸 573m，最小 160m，呈板状。产状（340°～348°）∠（47°～65°）。矿体由银、砷、铜组成。银矿：长 570m，均为表内矿体，厚度最大 9.08m。矿石矿物主要为毒砂、黄铜矿、黄铁矿，次为方铅矿、闪锌矿、黝铜矿。脉石矿物主要为石英。矿石以原生硫化物矿石为主，主要有黄铜矿石、黄铜毒砂矿石、磁黄铁矿铜矿石、黄铁黄铜矿石等。按含矿围岩可分为构造角砾岩型矿石和石英脉型矿石。矿石有他形、半自形粒状结构、交代乳浊状结构、压碎结构等；矿石构造主要有角砾状构造，浸染状构造、斑杂状构造等。

根据矿体赋存于石英闪长岩体内、外接触带断裂之中，矿石矿物主要为热液作用形成的金属硫化物和非金属矿物，且具交代结构、角砾状构造等分析，尕科合银砷矿的成因应属岩浆期后热液型矿床。

5. 开采技术条件

矿区主矿体 M19 受断裂构造控制，矿体由构造破碎带组成。矿层顶、底板为碎屑岩，稳固性好。M19 矿体大部分位于当地侵蚀基准面以下，尕曲河纵贯矿区并切割矿体及主要赋矿层位和主要断裂构造，地表水通过断裂破碎带渗入矿坑，对矿床开采会带来一定影响。

尕科合砷银矿通过初步可选性试验，确定采用浮选方法作为该矿床矿石的选别工艺流程。即磨矿粒度 -200 目 80%～90% 条件下采用一次粗选、二次扫选和三次精选的工艺流程即可使银精矿品位大于 3000×10^{-6}，银回收率在 80% 以上的工艺指标。

6. 资源潜力预测

尕科合砷银矿床成因属岩浆期后热液矿床，矿体赋存于石英闪长岩体内、外接触带上，成矿物质来源于石英闪长岩。矿体严格受控于断裂构造，矿体大小、形态与断裂的规模、性质密切相关，长而宽的压性断裂，能形成规模较大、延伸稳定的矿体（M19），短而窄的扭性断裂，只能形成脉状小矿体或矿化石英脉。主要含矿地层为中三叠统古浪堤组 C 岩段第四岩性层的变质细碎屑岩，矿体的形成与该套地层岩石易发生断裂、裂隙构造的刚性物理性质有关。

尕科合砷银矿经两次普查证实，砷达到大型规模，银达到中型规模。由于矿区地形条件及勘查经费的限制，以及前期普查深部探矿工程施工中存在的问题，主矿体沿走向东、西端及矿体的延深仍未被圈闭，而从已取得的物探充电资料分析，其沿走向的延伸及厚度很具规模（自 20 线向东延伸 500m，视厚度约 5～7m）。总之，若在矿区内针对主矿体探边，资源量将会有大量增加，银有望达到大型矿床规模。

7. 勘查工作建议

（1）尕科合矿区砷银矿的矿体主要集中于南矿化带，北、中矿化带找矿工作程度较低，具有进一步找矿的潜力，今后工作中，建议适时开展北、中矿化带的找矿工作。

（2）M19 主矿体沿走向东、西端及矿体的延深仍未被圈闭，根据物、化探异常，建议沿主矿体走向东、西两端及矿体的深部开展找矿工作。

（3）区内有色金属矿床、点颇多，但工作程度很低，建议开展矿区外围的普查找矿工作。

8. 开发利用建议

尕科合砷银矿提交的资源储量为：2S22 + 333 银 348.74t，砷 94325.91t，333 + 334 砷 7760.68t。资源储量能够保证的开发规模为：在 10 年服务年限内，开采规模为 15 万 t/a；可以年产砷 3974t；金属银 14t；金属铜 450t。见表 6 - 48。

表 6 - 48 尕科合砷银矿床开发规划表

矿床名称	资源量	可利用储量	资源储量保证的开发规模	
			服务年限	开发规模
尕科合	$\frac{10.2}{134.88}$	$\frac{5.2}{68}$	10	6.8
	$\frac{348.74}{278.45}$	$\frac{177}{142}$	10	14.2
	$\frac{11138.24}{278.45}$	$\frac{5680}{142}$	10	14.2

注：①资源量可信度为 60%，矿石回采率 85%，选矿回收率 75%。

②横线上方数字为金属量，单位 t；线下数字为矿石量，单位万 t。

③开发规模单位：金属量为 t/a，矿石为万 t/a。

五、资源接替区矿产资源经济效益评价

（一）矿产资源储量潜在价值

区内矿产资源潜在价值的计算公式等均与元石山—拉水峡铁镍铜磷矿勘查开发接替区的计算公式等一致，矿产品价格见表5－5；接替区内已查明主要矿产资源储量的潜在价值为1142.46亿元，其中上表资源储量的潜在价值为1112.81亿元，未上表资源储量的潜在价值为29.65亿元，详见表6－49。

表6－49　矿产资源潜在价值测算结果表

接替区名称	矿种	矿区	单位	基础储量	资源量	工作程度	资源量可信度系数	价格/(元/t)	品位系数	潜在价值/元	上表状态	合计/亿元
赛什塘—德尔尼铜钴铅锌矿开发接替区	铜矿	赛什塘	万t	13.6956	28.4898	勘探	0.8	41250	1	15051069000	上表	1112.81
		铜峪沟	万t	3.7863	26.1038	勘探	0.8	41250	1	10176102750		
		日龙沟	万t		0.3133	普查	0.6	41250	1	77541750		
		索拉沟	万t	1.7167	4.141	详查	0.7	41250	1	1903852500		
		德尔尼	万t	33.8152	24.0335	勘探	0.8	41250	1	21879825000		
	锡矿	日龙沟	万t		1.6516	普查	0.6	85838	1	850620245		
		铜峪沟	万t		0.8438	勘探	0.8	85838	1	579440835		
	铅矿	赛什塘	万t		3.6423	勘探	0.8	11062	1	322328981		
		铜峪沟	万t		4.8858	勘探	0.8	11062	1	432373757		
		日龙沟	万t		1.1211	普查	0.6	11062	1	74409649		
		索拉沟	万t	0.5548	1.4732	详查	0.7	11062	1	175447745		
		鄂拉山口	万t		0.658	普查	0.6	11062	1	43672776		
	锌矿	赛什塘	万t		10.0457	勘探	0.8	17676	1	1420542346		
		铜峪沟	万t		3.6407	勘探	0.8	17676	1	514824106		
		日龙沟	万t		2.2879	普查	0.6	17676	1	242645522		
		索拉沟	万t	0.7394	3.0061	详查	0.7	17676	1	502647109		
		德尔尼	万t		16.2156	勘探	0.8	17676	1	2293015565		
		鄂拉山口	万t		0.281	普查	0.6	17676	1	29801736		
	金矿	赛什塘	t	3.61	9.24	勘探	0.8	131000	1	1441262000		
		铜峪沟	t		3.05	勘探	0.8	131000	1	319640000		
		德尔尼	t		29.29	勘探	0.8	131000	1	3069592000		
	钴矿	德尔尼	t		28367	勘探	0.8	763890	1	17335414104		
	银矿	赛什塘	t	192	366	勘探	0.8	3620	1	1754976000		
		铜峪沟	t		415	勘探	0.8	3620	1	1201840000		
		索拉沟	t		292.5	详查	0.7	3620	1	741195000		
		德尔尼	t		275	勘探	0.8	3620	1	796400000		
		鄂拉山口	t		33.7	普查	0.6	3620	1	73196400		

续表

接替区名称	矿种	矿区	单位	基础储量	资源量	工作程度	资源量可信度系数	价格/(元/t)	品位系数	潜在价值/元	上表状态	合计/亿元
	硫	赛什塘	万 t		370.9	勘探	0.8	1330	1	3946376000		
		铜峪沟	万 t		168.1	勘探	0.8	1330	1	1788584000		
		德尔尼	万 t	887.3	623	勘探	0.8	1330	1	18429810000		
	铁矿	赛什塘			683.4	勘探	0.8	789	0.57	2476018339		
	砷矿	赛什塘			6506	勘探	0.8	11000	1	57252800		
	硒矿	铜峪沟			122	勘探	0.8	800000	1	78080000		
		德尔尼			1247	勘探	0.8	800000	1	798080000		
	镉	赛什塘			1992	勘探	0.8	55000	1	87648000		
		铜峪沟			2219	勘探	0.8	55000	1	97636000		
		索拉沟			1289	详查	0.7	55000	1	49626500		
	镓	赛什塘			359	勘探	0.8	6900	1	1981680		
		铜峪沟			190	勘探	0.8	6900	1	1048800		
		索拉沟			313.2	详查	0.7	6900	1	1512756		
	锗矿	铜峪沟			160	勘探	0.8	1275	1	163200000		
	铜矿	尕科合			11138.24	普查	0.6	41250	1	275671440	未上表	29.65
		吉浪滩			1404.32	普查	0.6	41250	1	34756920		
	砷矿	尕科合			102086.59	普查	0.6	11000	1	673771494		
		吉浪滩			30144.74	普查	0.6	11000	1	198955284		
	铅矿	尕科合			6961.4	普查	0.6	11062	1	46204204		
		鄂拉山口			31147	普查	0.6	11062	1	206728868		
	锌矿	鄂拉山口			25225	普查	0.6	17676	1	267526260		
	金矿	尕科合			2.2	普查	0.6	131000	1	172920000		
	银矿	尕科合			348.74	普查	0.6	3620	1	757463280		
		鄂拉山口			69.827	普查	0.6	3620	1	151664244		
	硒矿	赛什塘			114	勘探	0.8	800000	1	72960000		
	锡矿	尕科合			2065.57	普查	0.6	85838	1	106382639		

（二）年矿业产值增量预测

2005 年，接替区内仅有赛什塘铜矿投入开发，年产金属铜 0.37 万 t，实现产值 0.92 亿元。

预测到 2010 年，接替区内各主要单矿种年产金属量分别为：铜 1.5 万 t，钴 270t，铅 0.2 万 t，锌 0.7 万 t，金 0.60t，银 30t。

预测到 2015 年，接替区内各主要单矿种年产金属量分别为：铜 2.5 万 t，钴 350t，铅 0.5 万 t，锌 1.5 万 t，锡 0.02 万 t，金 1.0t，银 60t。

2010 年矿业产值 $Gm = \sum$（预测单个矿种年产量 × 该矿种价格）= 铜 1.5 万 t × 41250 元/t + 钴

270t×76.389 万元/t + 铅 0.2 万 t×11062 元/t + 锌 0.7 万 t×17676 元/t + 金 0.60t×13100 万元/t + 银 30t×362 万元/t = 61875 万元 + 20625.03 万元 + 2212.4 万元 + 12373.2 万元 + 7860 万元 + 10860 万元 = 115805.63 万元≈11.58 亿元。

2015 年矿业产值 Gm = Σ（预测单个矿种年产量×该矿种价格）= 铜 2.5 万 t×41250 元/t + 钴 350t×76.389 万元/t + 铅 0.5 万 t×11062 元/t + 锌 1.5 万 t×17676 元/t + 锡 0.02 万 t×85838 元/t + 金 1.0t×13100 万元/t + 银 60t×362 万元/t = 103125 万元 + 26736.15 万元 + 5531 万元 + 26514 万元 + 1716.76 万元 + 13100 万元 + 21720 万元 = 198442.91 万元≈20.66 亿元。2010 年较 2005 年的年矿业产值增量 = 15.02 亿元 - 0.92 亿元 = 14.10 亿元。

2015 年较 2010 年的年矿业产值增量 = 26.21 亿元 - 15.02 亿元 = 11.19 亿元。

（三）矿产资源开发利用的社会效益评价

1. 矿产资源开发对地区经济发展的贡献

开发接替区位于海南州和果洛州境内，根据《青海省海南州国民经济和社会发展“十一五”规划纲要》和《青海省果洛州国民经济和社会发展“十一五”规划纲要》统计及预测，海南州 2005 年地区生产总值 29.05 亿元，预测 2010 年地区生产总值 46.4 亿元，较 2005 年增加 17.35 亿元；2015 年地区生产总值 74.7 亿元，较 2010 年增加 28.3 亿元。果洛州 2005 年地区生产总值 7.84 亿元，预测 2010 年地区生产总值 11 亿元，较 2005 年增加 3.16 亿元；2015 年地区生产总值 15.43 亿元，较 2010 年增加 4.43 亿元。接替区内 2005 年合计生产总值 36.89 亿元；预测 2010 年地区生产总值 57.40 亿元，较 2005 年增加 20.51 亿元；2015 年地区生产总值 90.13 亿元，较 2010 年增加 32.73 亿元。

2010 年矿业对经济发展的贡献率 = 接替区矿业产值增量/接替区所在区域国内生产总值增量 = 10.66 亿元/20.51 亿元 = 51.97%。

2015 年矿业对经济发展的贡献率 = 接替区矿业产值增量/接替区所在区域国内生产总值增量 = 8.26 亿元/32.73 亿元 = 25.24%。

2. 矿产资源开发对经济增长速度的贡献

2010 年接替区矿业产值占接替区所在区域国内生产总值的比重 = 11.58 亿元/57.40 亿元 = 20.17%。

2010 年与 2005 年比较，接替区矿业产值增长率 = 10.66 亿元/0.92 亿元 = 1158.70%。

2010 年与 2005 年比较，接替区所在区域国内生产总值增长率 = 20.51 亿元/36.89 亿元 = 55.60%。

2015 年接替区矿业产值占接替区所在区域国内生产总值的比重 = 19.84 亿元/90.13 亿元 = 22.01%。

2015 年与 2010 年比较，接替区矿业产值增长率 8.26 亿元/11.58 亿元 = 71.33%。

2015 年与 2010 年比较，接替区所在区域国内生产总值增长率 = 32.73 亿元/57.40 亿元 = 57.02%。

2010 年矿业经济增长贡献率 = 接替区矿业产值占接替区所在区域国内生产总值的比重×接替区矿业产值增长率/接替区所在区域国内生产总值增长率 = 20.17%×1158.70%/55.60% = 420.34%。

2015 年矿业经济增长贡献率 = 接替区矿业产值占接替区所在区域国内生产总值的比重×接替区矿业产值增长率/接替区所在区域国内生产总值增长率 = 22.01%×71.33%/57.02% = 27.53%。

（四）矿产资源开发技术经济评价

（1）从成矿条件、资源储量、资源前景、矿床规模、矿石品位、采选性能、潜在价值、矿业贡献等 8 个方面，聘请 7 位专家对开发接替区内部开发条件分别评分，经汇总平均，赛什塘—德尔尼铜铅锌钴矿开发接替区内部开发条件综合评分结果为 84.14 分（表 6-50），在四个开发接替区中排名第二。

表6-50　赛什塘—德尔尼铜铅锌钴矿开发接替区内部开发条件评分表

评价指标	评分1	评分2	评分3	评分4	评分5	评分6	评分7	合计	平均
成矿条件（10分）	8	7	10	9	8	10	9	61	84.14
资源储量（20分）	16	16	19	18	16	20	20	125	
资源前景（15分）	11	10	13	10	14	12	14	84	
矿床规模（15分）	12	14	12	12	13	15	15	93	
矿石品位（10分）	8	9	10	7	8	9	9	60	
采选性能（10分）	8	9	8	6	8	9	10	58	
潜在价值（15分）	4	10	13	8	13	15	12	75	
矿业贡献（5分）	3	5	5	5	5	5	5	33	
合计	70	80	90	75	85	95	94	589	

（2）从市场需求、交通条件、供水条件、供电条件、自然条件、区域经济等6个方面，聘请7位专家对开发接替区外部开发条件分别评分，经汇总平均，赛什塘—德尔尼铜铅锌钴矿开发接替区外部开发条件综合评分结果为75.71分（表6-51），在4个开发接替区中排名第一。

表6-51　赛什塘—德尔尼铜铅锌钴矿开发接替区外部开发条件评分表

评价指标	评分1	评分2	评分3	评分4	评分5	评分6	评分7	合计	平均
市场需求（20分）	16	18	20	18	20	20	20	132	75.71
交通条件（16分）	12	14	12	14	10	8	10	80	
供水条件（16分）	16	13	16	12	15	15	14	101	
供电条件（16分）	15	10	12	11	14	6	12	80	
自然条件（16分）	15	11	12	10	11	6	6	71	
区域经济（16分）	12	8	11	10	12	5	8	66	
合计	86	74	83	75	82	60	70	530	

六、资源接替区开发环境影响评价

（一）环境影响分析评价

1. 政策环境影响分析

随着经济社会发展对铜、铅锌的需求量不断增加，国内铜、铅锌矿石供应缺口越来越大。预测2010年和2020年我国国内铜矿的保证程度分别仅为28%和18%。铅、锌矿的保证程度分别仅为55%、47%和48%、31%。因此加快该区铁、铜、铅锌矿床的开发，对于缓解我国铁矿石、铜、铅锌资源的紧缺局面，具有十分重要的意义。

赛什塘—德尔尼地区位于海南州、果洛州境内，几个矿床均不在三江源自然保护区内。青海省经济社会发展规划和青海省工业发展规划均将本地区列为青海省重点开发区之一，铜、铅、锌是鼓励开采的矿种。青海省矿产资源总体规划将本区列为赛什塘—德尔尼有色金属开发带，通过开发丰富的铜、铅、锌、金等矿产，带动铜铅锌冶炼、加工业的发展，力争使本地区成为全省重要的有色金属矿产开发带。

对矿山环境保护的要求是：矿产开发要求矿山环境保护要贯穿于矿产资源开发的全过程，遵循“谁开发谁保护，谁污染谁治理，谁破坏谁恢复，谁使用谁补偿”的原则，实行矿山建设与生态环境保护设施的“三同时”制度，足额缴纳矿山环境恢复治理保证金，做好矿山环境的恢复治理，最大限度地减轻矿业活动对生态环境造成的污染和破坏。

2. 自然环境影响分析

区内海拔一般 3350～4370m，属高原大陆性气候。年均气温 -1.2～1.0℃，年降水量 389～733mm，6～8 月为无霜期，10 月至翌年 4 月为冰冻期。区内多山谷风，月均风速 1.7～3.8m/s，最大可达 24m/s。区内地表多为高山草甸，无木本植物，自然条件较差。总的来看，本地区生态环境承载力一般，在矿产开发中要加强生态环境保护措施和恢复治理，争取将开发对生态环境的影响程度降到最低。

矿体埋深一般在 15～350m，除个别地段可露天开采外，余者皆需地下开采。大部分矿体位于当地侵蚀基准面之上。矿区水文地质条件均较为简单，局部中等，天然排水条件良好。矿区工程地质条件简单，顶底板围岩较稳定。岩石抗拉、抗压强度均较大，硐室一般稳定，局部破碎地段需支护。

矿区附近均有河水通过，水质良好，可作为生产生活用水，电力需自备。总之矿床开发条件一般。

青海省已开采的有色金属类矿山，环境地质问题主要为废渣、尾矿压占荒漠型草地、不合理堆放、选矿废渣废水污染水源等。因此各矿山在建设初期就必须进行环境影响评价工作，并按评价要求落实环保措施；同时改革生产工艺、构建尾矿库、尽可能减少污染物排放总量；严格按要求开展矿山环境恢复治理工作，使矿山环境地质问题的影响程度降到最低。

3. 社会环境影响分析

截至“十五”末，兴海县、玛沁县辖区内总人口 10.2 万人；地区生产总值 47617.3 万元，其中第一产业 23568.3 万元，第二产业 975.9 万元，第三产业 14452 万元；财政总收入 7095 万元，其中地方财政一般预算收入 991 万元；工业总产值 12794.4 万元；固定资产投资完成 42956 万元。2007 年实现地区生产总值 12.03 亿元。

赛什塘—德尔尼接替区通过赛什塘、铜峪沟、索拉沟、日龙沟、尕科合、德尔尼等铜、铅、锌矿的开发，主要矿种资源储量能够保证的开发规模可以达到：铜 200 万 t/a，锡 7.5 万 t/a，钴 40 万 t/a。预测到 2010 年，接替区内各主要单矿种年产金属量分别为：铜 1.5 万 t，钴 270t，铅 0.2 万 t，锌 0.7 万 t，金 0.60t，银 30t；矿业产值可增加 10.66 亿元，矿业产值占地区生产总值的 22.97%，并将带动上千人就业，对地区经济社会发展将产生极大的推动作用。

4. 矿产资源开发的环境保护和恢复程度

（1）粉尘、废气的产生及治理：地下采场以凿岩、爆破为主要产尘源，应采取湿式凿岩，喷雾洒水，洗壁等除尘措施，并设置机械通风，对地下采场进行通风换气。选矿厂的破碎，筛分等场地是主要产尘点，均应设除尘设备，除尘效率要求在 99% 以上，除尘后达标排放。选矿厂的药剂间，化验室、磨浮车间等产生的少量有害气体，通过机械通风排出。

（2）固体废弃物的产生及治理：矿山产生的固体废弃物主要有采矿废石，选矿后的尾矿。采矿废石按要求运至废石场堆放。选矿每天排出尾矿用汽车输送至尾矿库堆存。

（3）废、污水的产生及治理：采矿废水主要是坑内涌水和凿岩、喷雾、洗壁废水，均不含有害物质，经沉淀满足采矿用水后，其余输送至选厂回水高位水池供选矿工艺使用。对选矿厂生产废水，选矿工艺采用闭路循环供水，尾矿含水经陶瓷过滤、脱水后，返回工艺使用，其余自然蒸发，无废水向外界排放。生活污水采用污水处理设备处理，经处理达标后排放。

（4）噪声：采矿机械、爆破产生的噪声，声源强度在 90～115dB 之间，由于是地下开采，噪声受围岩及矿体的屏蔽，对环境影响甚微。选矿生产中的破碎、磨矿、筛分等过程均采取一定的防振减噪措施，产生的噪声约 100～120dB，对操作人员有一定的影响，应在各车间设隔音操作间，改善操作人员的工作环境。

（5）厂区绿化：结合当地的自然条件，对厂区道路两边、房屋前后等空地种草。对尾矿库及时覆土后种草，恢复植被，以防产生扬尘。通过有效的绿化措施，改善矿区小气候，美化矿区工作、生活环境。

（6）环境管理与监测：环境管理与监测应纳入一期工程范围内，统一管理，统一检测，保证检测设备，工作人员及时到位。

综上所述，从污染角度来看，评价区域内的空气、水、噪声等环境质量基本能满足对应功能区的要求。对采选工艺污染物必须采取有效的治理措施。矿山开采为地下式开采，废石在废石场堆放，对自然环境破坏不大。选矿工艺采用闭路循环供水，尾矿无废水外排，生活污水处理后达标排放，噪声采取减振防噪及隔音措施，同时设置环保监测，矿山投产后对周围环境的影响不大。同时建设工程的建成投产，可以带动当地经济发展。因此，矿山在生产过程中不会对环境造成明显危害。

5. 环境影响综合指标评估排序

根据上述四方面的影响分析，采取因子分析方法，制定环境影响预测评价方案，再根据选区实际，对选区进行权重计算，进行环境影响综合指标评估排序。

根据环境影响预测评价要求，聘请 7 位专家分别评分，经汇总平均，铜峪沟—德尔尼铜铅锌钴矿开发接替区环境影响综合评分结果为 75.14 分（表 6－52），在四个开发接替区中排名第四。

表 6－52　赛什塘—德尔尼铜铅锌钴矿开发接替区环境影响综合评分表

规划评价要素（权重%）	评价指标	评分 1	评分 2	评分 3	评分 4	评分 5	评分 6	评分 7	合计	平均
矿产资源开发利用与保护的目标和方针 － 政策环境（25）	符合政策（10）	9	10	9	10	9	9	10	66	75.14
	当地经济需求（10）	10	10	10	10	9	10	10	69	
	与当地其他产业的协调一致性（5）	5	5	5	5	5	3	5	33	
矿产资源开发利用布局 － 自然环境（25）	降雨量（8）	7	4	6	8	4	4	4	37	
	地形地貌—坡度（8）	7	2	5	4	3	2	7	30	
	构造和岩性（9）	8	4	5	4	4	3	6	34	
矿产资源开发利用的规模 － 社会经济环境（25）	矿业产值占总经济产值的比率（6）	6	5	6	6	6	1	6	36	
	人口密度（6）	6	7	4	6	6	3	4	36	
	交通密度（6）	6	3	3	6	6	3	6	33	
	技术开发条件（7）	7	5	6	7	7	4	7	43	
矿山环境保护恢复治理 － 难易程度（25）	恢复治理率（7）	0	3	6	4	5	6	5	29	
	三废综合利用率（6）	0	3	5	4	5	3	5	25	
	尾矿综合利用率（6）	1	3	3	4	4	2	5	22	
	万元产值 GDP 环保投资额（6）	6	3	5	4	6	3	6	33	
累计		78	67	78	82	79	56	86	526	

（二）减轻资源开发对环境影响建议

1. 政策法规建议

本区不属于自然保护区，是国家和省确定的重点勘查区。在矿产资源勘查中，要充分考虑环境因素，对生态环境脆弱地段和生态环境保护地段尽量不布置或者少布置勘查工作。矿产资源开发中，要认真贯彻国家关于环境保护的方针、政策，矿山环境保护贯穿于矿产资源开发的全过程，必须坚持“在保护中开发、在开发中保护”和“事前预防、事中治理、事后恢复”的原则，把矿产资源开发活动对环境的影响和破坏减少到最低限度。坚持“预防为主、防治结合”、“全面规划、合理开发、充分利用、化害为利、变废为宝”及“谁开发谁保护，谁污染谁治理，谁破坏谁恢复，谁使用谁补偿”的方针。明确矿山环境评估、监测、恢复治理、保护等各个环节的法律责任制。实行矿山环境保护的相关法规和政策、制度，力争把矿业开发对环境的影响降到最低点。

2. 行政管理建议

努力做好矿山环境保护的宣传教育，使各级领导干部和广大群众全面认识发展与环境的关系，树立矿业可持续发展的战略目标。

建立健全矿山环境保护的法规体系，明确矿山环境评估、监测、恢复治理、保护等各个环节的法律责任制。建立矿山环境保护的行政首长责任制，实行矿山环境保护的行政部门负责制和考核制。

（1）新建（扩建）矿山必须符合环境保护准入条件。实行环境保护一票否决制，对于采矿活动对环境影响和破坏较大或难以恢复治理的采矿权申请，一律不批准。签订矿山环境保护责任书，足额缴纳矿山环境恢复治理保证金，加强矿山环境恢复治理和被破坏土地的复垦。

（2）生产矿山必须严格按照批准的开发利用方案、矿山环境保护与综合治理方案和土地复垦方案的要求，从事采掘活动和矿山环境保护与恢复治理，切实履行矿山环境保护与土地复垦义务。

（3）闭坑矿山要提交矿山环境恢复治理计划。做好闭坑、关停前的土地复垦、生态修复、尾矿库保护、废渣堆填、废水处理等环境保护工作。并按规定提交相关报告。

3. 技术方法建议

加强矿山环境的监测及预测、预报，掌握矿山环境的动态，及时采取有效的防治措施。

努力发展矿产资源领域的循环经济。将“减量化、再利用、资源化”应用到矿产资源勘查、开采中。提高矿山固体废弃物综合利用水平，实现矿山固体废弃物的资源化。

加强与矿山环境保护有密切关系的矿山环境地质调查评价及研究。研究矿业开发过程中引起的地质环境的各种变化，提出对矿山环境的影响及防治技术，研究、推广矿业三废的处理和废弃物回收与综合利用技术、装备。

加强人才培训，学习矿山环境保护的先进技术和经验，提高矿山环境保护工作的能力和水平。

4. 经济手段建议

完善经济刺激手段。对环境保护工作做得好的矿山企业实行减税或免税，对破坏与污染严重的实行加税，提高矿产资源废弃物综合利用的利润留成率，以及征收排污费及罚款等。

建立矿山环境保护与恢复治理保证金制度。保证金专项用于因开采矿产资源引发的矿山环境恢复治理。对逾期没有按要求治理或治理达不到要求的矿山，由国土资源主管部门使用该矿山缴纳的保证金，组织矿山环境恢复治理。

5. 公众参与的方式和跟踪监测评估的内容和方法建议

一是加强防灾减灾和保护环境的宣传教育。提高政府部门、企业、职工和全民的环境保护意识与防灾减灾意识，二是加强矿山环境的监测及预测、预报，掌握矿山环境的动态，及时采取有效的防治措施。三是加强执法检查并加大行政监察力度，建立矿山环境保护与治理工作的行政监督管理机制和行政、法律责任追究机制。限期整顿污染环境、破坏环境的矿山企业。

七、资源接替区开发利用评述

（一）保有资源储量

开发接替区内主要矿产保有资源储量为：铜金属量1360952t，其中基础储量530138t；锡金属量24954t，全部为资源量，其中8438t为伴生矿产，只能综合利用；铅金属量11.6772万t，其中基础储量0.5548万t；锌金属量35.9363万t，其中基础储量0.7394万t，钴金属量28367t，全部为资源量。银348.74t，砷94325.91t，全部为资源量。详见附表4。

本区是青海省境内最大的铜资源矿集区。德尔尼铜钴矿床铜、钴均达大型矿床规模，并伴生有锌、硫、金、银。赛什塘的铜资源已接近大型，近年企业投入了新的工作，资源储量有所增加，但未经评审上表。铜峪沟经20世纪80年代的详细普查，提交铜资源量54.4983万t，达大型矿床规模；西部矿业有限责任公司于2002～2005年对该矿床进行了勘探工作，但工作范围仅为24—27线间、未覆盖全区，由于工程加密后矿体形态等方面发生了较大变化，导致24—27线间的资源储量仅有245008.75t，比原报告减少了23.42万t，矿床规模由大型降为中型。尽管如此，区内现有的两个中型铜矿床及其他矿床的铜矿资源仍在省内占有43.16%的比重，具有良好的开发前景。另外，区内的尕科合砷银铜矿床（砷达大型规模）和其他矿床外围仍具有进一步找矿潜力，可为该区矿产开发提供后备资源。

（二）资源储量能够保证的开发规模

（1）区内铜矿保有资源储量在30年服务年限内，能够保证采选矿石200万t/a的开发规模，理论上年产铜金属量19560t。在31～40年服务年限内，能够保证采选矿石180万t/a的开发规模，理论上年产铜金属量18150t。

（2）区内锡矿保有资源储量在30年服务年限内，能够保证矿石7.5万t/a的开发规模，理论上年产锡金属量210t。

（3）区内钴矿保有资源储量在40年服务年限内，能够保证矿石40万t/a的开发规模，理论上年产钴金属量320t。

赛什塘铜矿已由西部矿业有限责任公司进行开发，生产规模为采选矿石50万t/a。通过新的工作后，由于资源量有所增加，企业决定将采选产能由50万t/a扩大至75万t/a。铜峪沟铜矿依据勘探成果，规划建设年采选矿石能力为25万t的矿山。索拉沟铜铅锌矿根据已有规模，在30年服务年限内可保证年采选矿石19万t。届时，区内铜矿采选能力将达到119万t/a。

日龙沟锡铜矿床的资源量，按理论计算可满足建设年采选矿石能力7.5万t的矿山；目前西部矿业有限责任公司正在开展进一步勘查工作，预计矿床规模有所扩大，规划建设25万～50万t/a采选能力的矿山。根据现有资源及调研成果，最终建成年采选矿石能力25万t的矿山的可能性较大。

德尔尼铜钴矿床，具有伴生组分多，综合利用潜在价值大的特点。同时，由于共伴生组分多，使得开发利用难度较大。针对上述难题，先后多次对矿床矿石综合利用工艺技术进行了研究，1993年郑州矿产综合利用研究所编制了《青海省德尔尼铜钴综合利用研究报告》，北京矿冶研究总院于1995年编制了《德尔尼工号矿原生矿选矿试验报告》等，但终因硫钴分离工业化试验指标不理想尚未实施开发。“十一五”期间青海省科技厅组织实施的《青海德尔尼铜矿钴硫精矿综合回收技术》科技攻关项目取得了突破性进展，从而为德尔尼铜钴矿床在“十一五”开发创造了条件。目前青海威斯特铜业有限责任公司正在进行开发前期工作。

（三）开发利用条件

（1）开发接替区内查明主要矿产资源储量已经具备进行规模开发的前提条件。

（2）区内资源集中，是青海省最大的以铜为主的有色金属矿集区，基地建设的水、电、路等条件均已具备。

（3）区内已建成采选矿石能力130万t/a的矿山，为铜矿资源的开发提供了经验，能在一定程度上起到示范作用。

（四）经济技术可行性

上述6个矿床经可行性评价或经济可行性分析，均获得了矿山开发后能取得较好的经济效益的结论，是经济可行的。

（五）资源潜力分析

本地区德尔尼铜钴矿床、赛什塘和铜峪沟铜矿床、尕科合银砷矿床外围和深部，具有进一步找矿的潜力，预测资源总量为：铜400万t，铅锌150万t，锡10万t，钴3.5万t。而目前该区资源查明率很低，因此进一步找矿的潜力巨大。

（六）存在问题

（1）区内四个主要矿床的共、伴生矿产较多，德尔尼铜钴矿床、赛什塘和铜峪沟的共、伴生矿产均达10种之多，日龙沟的共、伴生矿产也达到了7种（其中金、银、锗、镉的资源量未予批准），索拉沟的共、伴生矿产也在6种以上，若要全部综合回收利用，尚存在较大的难度。

（2）日龙沟锡矿床未进行矿石物质成分研究和可选性试验，伴生有益元素金、银、锗、镉的赋存状态及其冶炼回收性能不明。

（3）尕科合砷银矿床在开发利用中必须解决砷的综合利用问题和环境保护问题，不能简单地只回收银。

（4）德尔尼铜钴矿床目前由青海威斯特铜业有限责任公司实施开发，其规划二期工程将产能由80万t/a提高到120万t/a，大幅缩短了矿山服务年限。因此，建议本区在资源开发的同时，加强矿区深部及外围的勘查工作，寻找后备资源，以保证区内铜矿资源能够在合理的服务年限内能够持续开发。

（七）工作建议

（1）进一步加大德尔尼铜钴矿床、赛什塘和铜峪沟铜矿床、尕科合银砷矿床深部及外围勘查工作力度，寻找新的矿产地，扩大区内铜铅锌矿产资源储量规模，为可持续开发提供资源保障。

（2）该区在进行资源开发时，应加大金、银、砷、镉、锗、镓、硒、硫等有益组分的综合回收利用研究力度，提高矿产资源开发的综合回收水平和经济效益，减少重金属元素对环境的防染。

（3）开展日龙沟锡矿床矿石物质成分研究和可选性试验，查明伴生有益元素金、银、锗、镉的赋存状态及其冶炼回收性能，为综合利用提供依据。

（4）进一步开展尕科合砷银矿床矿石物质成分研究和可选性试验，查明砷的赋存状态及其选、冶回收性能，为综合利用提供依据。

（5）由于本地区地理位置相对偏远，开发条件差，环境保护要求高，在开发过程中，为确保矿山利润空间，必须加大有益组分的综合利用研究，提高采选工艺水平，以节约、综合利用资源，增加效益，减少环境污染。但该区远离矿产资源加工消费区，矿产品加工需到西宁市才能进行，既加大了生产（运输）成本，又会造成异地重复污染，因此建议区内建设与矿山采选能力相配套的铜冶炼厂，对矿产品进行深加工。

第五节　综合排序

一、考虑的主要因素及赋分标准

开发接替区评分排序考虑的主要因素、赋分标准及方法与勘查开发接替区一致，此处不再赘述。

二、具体方法

根据上述考虑的因素及赋分标准，聘请7位专家，首先对确定的开发接替区各自进行打分；然后对7位专家的打分结果进行汇总、统计，计算出每个接替区的总分值及平均值；最后对汇总结果分别按一定比例统计，其中内部开发条件占40%，外部开发条件和环境影响评价分别占30%，汇总得出每一个接替区的分值，再按分值高低确定选区排序。

三、排序结果

青海省未来10～15年重要矿产资源开发接替选区排序见表6－53～6－56。4个开发接替区的综合排序分别依次为：赛什塘—德尔尼铜铅锌钴矿开发接替区，一里坪—东西台钾盐锂矿开发接替区，大浪滩—昆特依钾盐锶矿开发接替区，肯德可克—尕林格铁多金属矿开发接替区。

表6－53　开发接替区内部开发条件评分排序表

选区	评分1	评分2	评分3	评分4	评分5	评分6	评分7	合计	平均	排序
大浪滩—昆特依钾盐锶矿开发接替区	89	93	78	87	95	74	85	601	85.86	1
一里坪—东西台钾盐锂矿开发接替区	86	92	77	79	93	73	87	587	83.86	3
肯德可克—尕林格铁多金属矿开发接替区	90	80	70	70	81	63	88	542	77.43	4
赛什塘—德尔尼铜铅锌钴矿开发接替区	94	95	80	75	85	70	90	589	84.14	2

表6－54　开发接替区外部开发条件评分排序表

选区	评分1	评分2	评分3	评分4	评分5	评分6	评分7	合计	平均	排序
大浪滩—昆特依钾盐锶矿开发接替区	70	60	74	75	82	86	83	530	75.71	1
一里坪—东西台钾盐锂矿开发接替区	36	45	67	65	79	63	71	426	60.86	2
肯德可克—尕林格铁多金属矿开发接替区	38	49	68	49	73	60	66	403	57.57	3
赛什塘—德尔尼铜铅锌钴矿开发接替区	31	45	62	57	77	63	62	397	56.71	4

表6－55　开发接替区矿产资源环境影响预测评价评分排序表

选区	评分1	评分2	评分3	评分4	评分5	评分6	评分7	合计	平均	排序
大浪滩—昆特依钾盐锶矿开发接替区	69	86	80	78	74	66	91	544	77.71	1
一里坪—东西台钾盐锂矿开发接替区	63	87	81	82	73	65	91	542	77.43	2
肯德可克—尕林格铁多金属矿开发接替区	74	89	86	77	64	53	91	534	76.29	3
赛什塘—德尔尼铜铅锌钴矿开发接替区	86	78	79	78	67	56	82	526	75.14	4

表 6-56　开发接替区综合评分排序表

选区	内部开发条件平均分	40%	外部开发条件平均分	30%	环境影响预测评价平均分	30%	总分	排序
赛什塘—德尔尼铜铅锌钴矿开发接替区	84.14	33.66	75.71	22.71	75.14	22.54	78.91	1
一里坪—东西台钾盐锂矿开发接替区	83.86	33.54	60.86	18.26	77.71	23.31	75.11	2
大浪滩—昆特依钾盐锶矿开发接替区	85.86	34.34	56.71	17.01	77.43	23.23	74.58	3
肯德可克—尕林格铁多金属矿开发接替区	77.43	30.97	57.57	17.27	76.29	22.89	71.13	4

第七章　政策建议

第一节　勘查政策建议

一、将6片勘查开发接替选区列为青海省重点勘查区

根据矿产资源潜力、勘查工作程度等，将6片勘查开发接替选区列为青海省“十一五”乃至更长一个时期内的重点勘查区，见表7－1。其中加给龙洼—大场、纳日贡玛—赵卡隆、沱沱河地区和旦荣—解嘎四个勘查开发接替区已列入国家重点勘查区。

对重点勘查开发区，要统一规划部署矿产资源勘查工作。矿产勘查要符合政府的勘查要求和环境保护要求，以免造成具有大型远景规模的矿产地被分段勘查、开发，以及勘查秩序混乱、生态环境破坏等现象。

编制重点勘查区的矿产资源勘查规划。在全面研究分析重点勘查区的成矿地质条件、成矿规律和找矿潜力与方向的基础上，根据当前地质矿产勘查面临的各类问题，作好地质矿产勘查工作战略部署，合理设置探矿权，制定相关的地质矿产勘查政策和措施，应用政策法规及措施规范地质矿产勘查工作，促进地质矿产勘查工作科学、合理、有序、健康发展，努力实现重点勘查区找矿工作的重大突破。

表7－1　勘查开发接替区勘查开发进程一览表

序号	勘查开发接替区名称	勘查工作程度	探明资源量及矿产资源潜力	勘查开发进程
1	元石山—拉水峡铁镍铜磷矿开发接替区	区内两个矿床，一个为勘探程度，一个为详查程度	铁矿石701.1万t，其中基础储量329.9万t，占47.05%；镍156126t，其中基础储量30017t，占19.23%；磷矿石51128万t，其中基础储量6045.1万t，占30.91%；轻稀土346136t，其中基础储量58350t，占16.87%。预测区内镍资源潜力68万t	若选矿工艺成熟，则“十一五”规模开发，否则“十二五”开发
2	瓦勒根—恰冬金铜矿勘查开发接替区	区内三个矿床，两个为普查，老藏沟虽为详查，实际仅达普查	初步估算333资源量：铅80763t，锌49785t，金13.5t，铜10.84万t。预测区内资源潜力：金50t，铜50万t	“十一五”至“十二五”前期勘查，“十二五”后期开发

续表

序号	勘查开发接替区名称	勘查工作程度	探明资源量及矿产资源潜力	勘查开发进程
3	加给龙洼—大场金矿勘查开发接替区	加给龙洼为普查，大场总体为普查、局部达详查	初步估算金资源量 91.39t，其中 122b 8.97t，333 14.56t。预测区内金资源潜力 500t	“十一五”至“十二五”前期勘查，“十二五”后期开发
4	沱沱河地区铅锌矿勘查开发接替区	均为预查	初步估算铅锌资源量 42 万 t。预测区内资源潜力：铅锌 400 万 t，银 2000t	“十一五”至“十二五”勘查，“十二五”后期开发
5	纳日贡玛—赵卡隆铁铜钼铅锌银矿勘查开发接替区	纳日贡玛总体为普查，2007 年局部详查；东莫扎抓总体为预查，局部达普查	探获 333 资源量：纳日贡玛铜 17.12 万 t，钼 8.72 万 t，远景达大型；东莫扎抓锌 19.74 万 t，远景大于 100 万 t；莫海拉亨锌 35 万 t，远景达大型；赵卡隆铅锌 13 万 t。预测区内资源潜力：铜 600 万 t，铅锌 300 万 t，钼 60 万 t，银 5000t	“十一五”勘查，“十二五”前期开发
6	旦荣—解尕铜铅锌银矿勘查开发接替区	三个矿床虽均为普查，但实际均仅达预查	初步估算铜铅锌资源量 41 万 t。预测区内铜铅锌远景规模大于 200 万 t	“十一五”至“十二五”勘查，“十二五”后期开发

二、拓宽投资渠道，加大重点勘查区的地质矿产勘查的投入

重点勘查区的地勘工作能否得到较大的发展，使巨大的找矿潜力尽快转化成为资源优势，勘查资金投入是关键，必须采取多种措施，拓宽地质矿产勘查的投资渠道，努力形成多元化投资格局。

（1）积极争取国家对青海省公益性地质矿产调查评价的资金投入，努力争取国土资源大调查资金，保证完成重点勘查区内部署的公益性、基础性、战略性地质调查评价工作。积极争取财政部矿产勘查专项经费及国土资源补偿费用用于地质矿产勘查的专项经费，对重点勘查区开展勘查评价，提高地质矿产工作程度，为开发提供依据。

（2）争取加大青海省矿产资源补偿费及省财政专项经费，用于重点勘查区的矿产资源勘查评价的投入，支持重点勘查区内矿产资源开发利用前期的风险勘查，提高工作程度，减少商业性勘查的风险，为商业性矿产勘查，开发打好基础，提供依据。

（3）制定优惠政策措施，吸引多元资金投入重点勘查区的矿产资源勘查评价。加大公益性、战略性地质资料的公开力度，支持商业性勘查的开展。及时通过各种媒体将公益性、基础性地质矿产成果向社会公布，一方面吸引投资意向者的目光，另一方面可以减少投资者盲目性、节约资金、降低投资成本和风险。

制定优惠的政策措施，鼓励省外、国外投资者开展重点勘查区的商业性矿产勘查，在产业政策、信贷政策、税费政策等方面给予大力支持。依法保护矿业权人的合法权益，维护正常的矿产资源管理秩序，保护探矿权人的勘查、开采活动正常进行。

（4）大力培育和发展矿业权市场及矿业资本市场，进一步探索探矿权管理中的市场配置方式，继续做好探矿权的有序流转交易工作。引导探矿权人转变观念，提高矿权意识，积极参与到探矿权市场

中。规范、扶持和引导合法的探矿权转让行为，支持和引导地勘单位进行合法的探矿权转让。对于成功的矿业权流转范例要进行宣传，激发全社会对矿业权市场的关注，吸引社会各种经济力量参与矿业权市场投资和交易，适时组织开展矿业权交易和招商引资活动，活跃矿业权市场。

建立和完善矿业权市场的运行规则，制定相应的规章，规范矿业权市场行为。建立和完善矿产资源储量评审、矿业权评估及咨询、代理等中介机构和市场信息服务机构，为矿业权的流转提供完善的服务。

大力培育和发展矿业资本市场，鼓励和支持勘查单位、矿山企业，通过股市融资、基金融资、吸引外资、贷款等筹资方式，扩大资本，开展商业性地质矿产勘查。支持和引导探矿权人通过资产重组、股份制改造、吸收职工、社会和企业法人资本，增强经济实力，开展商业性矿产勘查工作。

三、统筹规划，科学、合理部署重点勘查区内的公益性地质工作

建立和完善中央与地方各负其责、互相协调的地质工作管理体制，协调、处理好中央、省财政专项资金开展的公益性地质工作，作到宏观布局科学合理，项目设置不交叉、不重复，使中央、省财政专项等的公益性地质勘查工作相互配合、衔接，发挥资金的整体效益，提高公益性地质勘查工作的程度和水平。

四、加强对商业性矿产资源勘查的监督管理

积极培育矿产勘查市场，鼓励、引导社会资金投资开展商业性矿产勘查。确立企业在商业性矿产勘查中的主体地位，吸引综合实力强、技术条件优越的大中型企业集团参与青海省的矿产勘查。

完善商业性矿产勘查市场准入制度，建立商业性矿产勘查的合理退出机制。按照市场机制运作商业性矿产勘查活动。依法规范地质勘查行业准入，建立健全地质勘查单位资质管理制度，加强探矿权人履行汇交资料、最低投入等法定义务。依法保护勘查投资者的合法权益，为商业性矿产勘查创造良好的外部环境。强化监督管理，严厉打击无证探矿、以采代探、越界探矿、圈而不探、非法转让矿业权、炒作矿权的行为。

针对部分商业性矿产勘查项目不按设计执行，非法转让探矿权、以采代探、无证探矿、越界探矿以及“圈矿”、占矿、炒作矿权等现象时有发生的现象。要进一步加强地质勘查宏观调控力度，进一步治理和规范地质勘查秩序。对地质勘查工作实行统一规划部署、统筹协调和规范管理，避免地勘项目多渠道投资、各行其是、重复勘查的现象普遍。要让有实力、有资质、负责任的勘查单位和业主投入矿产资源勘查工作。对各勘查阶段，要明确勘查周期，以杜绝圈而不探、以采代探，影响资源评价和勘查进展的行为。对发现有商业价值矿产地的探矿权人，依法维护其继续勘查、探矿权转让、采矿权取得等权利。

实行积极的产业诱导政策，创造更加开放、宽松的环境，维护地质勘查的正常秩序，吸引投资者来青海省开展商业性矿产勘查工作。坚决摒弃保护主义，依法保护探矿权人的合法权益，对于侵害探矿权人，扰乱正常的地勘工作秩序的行为，要坚决打击，依法查处。

五、加大科技创新力度，提高找矿效率

学习、引进新的地学理论和成矿理论，指导矿产勘查工作的深入进行。加大综合研究力度，开展地质资料的二次开发，寻找和挖掘新的成矿信息。应用新理论，分析、研究重点勘查区的矿产资源潜力，提出新的认识，为进一步的地质矿产工作提供依据。

大力推广全球定位技术（GPS）、地理信息技术（GIS）、遥感技术（RS）在地质矿产勘查中的应用。引进新的勘查技术、方法及设备，使用综合地质、物理、遥感等多种方法开展勘查工作。

加快信息化步伐，努力推进信息技术的应用，运用基于GIS平台的综合信息评价体系建设多元地学信息系统和各类地学专业数据库，为地质矿产工作提供信息服务。逐步实现地质矿产勘查的现代化，

提高青海省的地勘工作水平和找矿效果。

六、改善投资环境，制定优惠政策，保证地勘工作的顺利开展

各级地方政府要充分认识到地勘工作的重要性，不仅要保障好本地区重点勘查区的各类地质矿产工作的顺利进行，还要积极改善投资环境，制定优惠政策措施，创造条件，吸引、鼓励、支持各类投资者开展地勘工作。

积极争取资金，加大重点勘查区的基础设施建设投入力度，特别在交通、电力、水资源、通讯、基础设施等方面应超前建设，为地质矿产勘查开发打下良好的基础。

加大宣传教育力度，宣传青海省的省情、矿情及矿产资源法律、法规、规划，树立矿产资源属国家所有的观念，提高全社会对地质矿产工作重要性的认识，从而支持重点勘查区的地勘工作顺利进行。积极转变工作作风，提高工作效率，主动为地勘工作服务，使探矿权人在良好的人文环境中工作。

七、加强对地勘工作的监督，提高地质工作质量

近年来，地勘行业专业技术人员严重不足，加上地勘单位企业化进程加快等原因，出现了地勘单位现状与地质市场需求不相适应的矛盾，地勘工作质量有下滑趋势，因此必须加强对重点勘查区地勘工作的监管力度，提高工作质量和找矿效率。

抓好重点勘查区的地勘项目立项论证及设计工作，一个地勘项目能否出成果，立项论证是关键，目前普遍存在立项论证不充分，项目依据不充分的现象，因此要加大立项认证的投入，重点以寻找大型、超大型矿矿床为目标，组织专家认真分析，研究论证项目的地质依据和可行性，通过认真筛选和充分讨论，精选出依据充分、找矿前景好，具有进一步工作价值的项目，为下一步勘查工作打下坚实的基础，为野外工作提供最优勘查方案。

根据国家颁布的新的《固体矿产资源储量分类》以及相应的各类固体矿产勘查规范，要组织有关人员认真学习新规范、规程，制定相应的工作细则，使地勘工作进一步规范化、标准化，地质工作有章可循、有据可查。实际工作中严格按规范、规程操作和执行；及时掌握、了解新的地学知识、成矿理论及找矿技术和方法，拓展找矿的新思路和引进新的找矿方法和手段，开展勘查找矿工作，加大“3S”技术在地勘工作中的应用，提高工作效率和质量，加大资料的二次开发和综合研究力度，逐步实现从经验找矿与理论找矿的结合。

加强对重点勘查区地勘项目的监督、检查工作，质量管理要贯穿于地质工作的始终，严格实行单位、分队、小组、个人四级质量检查、验收制度，严格执行ISO—9000质量体系，及时检查指导野外工作，监督检查地勘项目严格按设计和有关规范、规程开展工作，保证地质工作质量，圆满完成设计下达的目标任务，力争有新的突破。对于地质工作质量差，找矿效果不佳者应督促项目组进行补充工作，有重大质量问题的项目不予验收，成果不予评审和登记。

保证重点勘查区的地勘经费落实到位，地勘项目经费除留适当管理费和项目保证金外，其余经费应全部投入到项目中去，以保证项目的正常开展，项目承担单位要配足技术人员和完善技术装备，抓好地质工作的安全生产工作，解决好生产一线人员的后顾之忧，使他们能全身心的投入到工作中，力争使项目有所突破和进展。

在综合分析各勘查开发接替区成矿远景的基础上，要把区内矿产资源勘查工作上升到国家资源可持续供应的战略高度，统一部署，快速评价；对有潜力的矿床和优选出的找矿靶区，应整体勘查、整装成果、整体开发。

第二节　开发政策建议

一、将4片开发接替区列选为青海省重点开采区

根据矿床勘查工作程度、资源储量类型、开发建设条件等，将4片开发接替选区列为青海省“十一五”乃至更长一个时期内的重点开采区，见表7-2。其中赛什塘—德尔尼、肯德可克—尕林格两个开发接替区已列入国家重点开采区，大浪滩—昆特依开发接替区列入了国家重点勘查区。

表7-2　开发接替区开发进程一览表

序号	开发接替区名称	勘查工作程度	保有资源储量及其类型	开发建设条件	开发进程
1	大浪滩—昆特依钾盐锶矿开发接替区	区内6个矿床，两个为详查程度，4个为普查程度	天青石矿物量26644946t，其中基础储量17603130t，占66.07%；氯化钾33654.1万t，其中基础储量7847.8万t，占23.32%	交通方便，石油、天然气资源丰富；缺淡水资源	基础设施条件许可时，“十一五”规模开发，否则“十二五”开发
2	一里坪—东西台钾盐锂矿开发接替区	区内3个矿床，均为勘探程度	氯化锂7626296t，其中基础储量7161782t，占93.91%；氯化钾8194.7万t，其中基础储量5834.2万t，占71.19%	交通方便，但运距远；石油、天然气、煤炭资源丰富；缺淡水	基础设施条件许可时，“十一五”规模开发，否则“十二五”开发
3	肯德可克—尕林格铁多金属矿开发接替区	区内4个矿床，两个为详查，两个为普查	铁矿石资源储量12031.7万t，其中基础储量1331.6万t，占11.07%；铅锌资源量153万t	交通方便，但运距远；石油、天然气资源丰富	“十一五”规模开发
4	赛什塘—德尔尼铜铅锌钴矿开发接替区	区内8个矿床，两个为勘探、两个为详查、4个为普查	铜1373495t，其中基础储量530138t，占38.60%；锡资源量16516t；钴资源量28367t；铅资源量161460t；锌资源量387389t	交通、水源、电源方便，基础设施建设基本完成。运距较远	“十一五”规模开发

重点开采区内，由政府统一编制规划开采区块，科学合理地设置矿业权，优化和调整矿产资源开发结构和布局，调控矿产资源的开发总量，规范矿产资源开发秩序，使矿产资源开发符合政府的开发要求以及环境保护等要求，做到科学、合理、有序、有效地开发矿产资源，保障经济发展对重要矿产资源中长期的需求，以免造成大中型矿产地被分段开发、资源浪费、开发秩序混乱、生态环境遭到破坏等现象。对于已设置采矿权，要根据开发规划和矿业权设置方案进行重点整合。

根据4个开发接替选区的开发规模、开发前景，结合其中重点矿床开发预期对全国和区域经济产生的经济效益和社会效益，建议将赛什塘—德尔尼铜铅锌钴矿开发接替区、一里坪—东西台钾盐锂矿开发接替区、大浪滩—昆特依钾盐锶矿开发接替区、肯德可克—尕林格铁多金属矿开发接替区列为国家级矿产资源开发接替选区。

二、严格按法定权限颁发勘查许可证、采矿许可证

重点开采区内的大中型矿床，原则上一个矿区只设置一个矿业权。实行最低开采规模准入制度，严格按照矿产资源规划所确定的矿山最低开采规模进行审批，严禁大矿小开、一矿多开，不符合最低开采规模标准的采矿权不予审批，引导矿产资源开发向集约化、规模经营方向发展。加强对勘查方案、开采规模、矿区范围、服务年限、资质条件、共伴生组分的综合回收、贫富矿的兼顾开采、采选矿方案、矿山生态环境保护等方面的审查，做到科学、合理地勘查和开采矿产资源。

严格矿山准入条件，加大发证审查力度。在对新建矿山进行发证审查时，除必备的资源储量、地质资料、开采范围等基本要件外，还应提供如下资料：

（1）采矿人的资质、信用、经历、业绩，实际拥有或聘用的技术人员状况。

（2）矿山开发方案：包括对拟建矿山规模和服务年限的论证，产品方案，开拓方式和开采方法，主要采选设备，设计的“三率”指标和综合利用方案等。

（3）矿山环境保护和恢复治理方案：包括植被破坏的恢复治理计划，废石和尾矿的处理方案，尾液净化和排放措施，以及对可能引发的其他环境危害的治理办法等。

（4）加强矿山安全的制度和措施。

三、大力培育和完善矿业权市场，加大宏观调控力度，引导矿产资源开发向合理、有序方向发展

针对部分业主在获得采矿权后，有的不珍惜资源，乱采滥挖、掠夺式、破坏性开采，浪费和破坏资源非常严重；有的不积极进行资源开发，却热衷于采矿权炒作、牟取暴利等行为。在重点开采区内，一是要健全和完善采矿权合理有偿使用制度，促使采矿权人自觉地、主动地珍惜矿产资源。最终从源头上消除利用采矿权炒作、牟取暴利以及破坏和浪费资源的土壤；二是应严格采矿权转让的法定程序和审批办法，明文禁止利用采矿权转让牟取暴利的投机行为；三是逐步建立并实行矿山产权流转申报制度，加强对矿权流转的督察，防止国有资产的流失。

对于重点开采区内的小矿山开发，首先，应在充分论证的基础上制定专门的政策。一方面，不能采富弃贫、采浅弃深，破坏和浪费资源，并影响环境造；另一方面，对地方经济发展的贡献极其有限、但又滥采乱挖和破坏环境的矿山一律关闭，将资源封存起来。其次，要通过宏观调控和政策引导，合理调整采选冶比例。小型及小型以下的矿床、点的开发，要进行统筹规划，在重点开采区设置若干选厂，做到分散开采，集中选冶，中型以上矿山应在矿山就地选矿，有条件的要考虑冶炼，以免矿石、精矿长途运输影响资源开发效益。对以前盲目建设的多余选厂应关停并转。冶炼能力的增长应与精矿供应量的增长速度相适应。通过调整，逐步做到采选配套，选冶大体平衡。

四、加强对矿产资源开发的监督管理

建立健全矿山开发利用方案审批制度、矿山督察制度、统计年报制度、年度报告和年检制度、矿山资源储量动态监督管理制度、矿山闭坑审查制度。加强对矿产资源开发利用方案的审查、采选回收率以及综合利用指标的考核、闭坑地质报告的审查。加强监管力量，充分发挥执法监察队伍和矿产督察员队伍的作用，维护矿产资源勘查、开采正常秩序。对违法勘查和开采矿产资源、严重浪费资源以及破坏矿山生态环境者要坚决查处，依法追究责任。

加强矿产资源勘查、开采的巡查和监管，严厉打击无证勘查和开采。排查矿业权人的勘查投入、数据汇交情况。清理和整顿违规出让、越权出让矿业权、越界勘查开采、以采代探、圈而不探、炒卖矿权、非法转让矿权等行为，加大对违法违规行为的惩处力度。依法保护矿业权人的合法权益，为探矿权采矿权市场建设营造有利的条件和良好的环境。

五、加强矿产资源采选总回收率的监督管理

（一）提高矿产资源采选总回收率

组织科技攻关，针对采、选中的实际问题，不断探索、改进、完善或更新采、选工艺。加强采、选生产各个环节的全面质量管理，切实做到精心组织、严格管理、科学生产。通过严格准入条件、矿山督察和年检等手段，做到有计划、有设计开采，逐步提高“三率”水平，力争到2010年，“三率”水平基本接近省内同类大中型矿山目前的水平。

（二）提高矿产资源综合利用水平

在重点开采区内，矿产资源大多数具有多元素共伴生的特点，主要矿产资源共生系列如大浪滩、昆特依、东西台、一里坪等盐湖的钾、锂、硼、钠、镁，德尔尼的铜、钴、锌，赛什塘、铜峪沟的铜、锌、铅，以及元石山中的铁、镍等；主要矿产资源伴生系列如察尔汗等盐湖中的碘、溴、铷，铅锌矿中普遍存在的银、金、镉、锗、镓，铜矿中的金、银、钴等。但目前对共伴生组分的综合回收利用水平普遍较低，盐湖矿产开发长期以来是单一提钾，近年来综合回收利用锂、硼、镁等共伴生组分才刚刚起步。铅锌矿除锡铁山在开发中注意回收金、银等伴生矿产以外，其余矿山对伴生组分的综合回收利用还处于初级阶段。

作为提高矿产资源开发利用水平的一个重要方面，在重点开采区内，矿产资源的综合开发利用，要作为一项硬性规定贯穿于矿政管理的全过程。

（1）建议明文规定：对于重点开采区内的大中型新建矿山，凡是共生矿产资源必须同时开发、同时利用，严禁单打一的开发方式；凡共生矿产不能综合利用的，一律不予颁发采矿证。对已经开发或正在筹建的矿山，其重要共生矿产综合利用问题暂不能解决的，如德尔尼的钴资源，必须设定时间表，加速提取工艺的研究完善，然后才可以规模开发。

盐湖矿产开发有一定特殊性，在开发某种主元素后，其余元素仍残留在老卤中，一般不会流失、破坏，因此可适当放宽限制，也就是可以允许在综合利用上有适当的时间差。

对因市场需求很少而不能规模开发的共生矿产资源，如盐湖中的湖盐、镁盐、芒硝等，应在钾锂硼等主元素矿产的开发中制订妥善的保护措施。

（2）对伴生矿产资源要逐步进行回收利用，并按照难易程度分别先后，制定出明确的时间表，组织科技攻关。对共伴生综合性矿床在目前技术条件下不能解决的，应作出切实可行的保护方案，否则不能开发。对于目前还不能比较经济地开发利用的大中型、多组分共伴生、低品位、难选冶矿床，选矿提取工艺不过关，近期开发会造成资源严重浪费的矿产资源以及近期开发会造成生态破坏或环境污染的矿产资源，要采取特殊措施实行战略保护性封存。积极执行国家矿产资源战略储备的要求和安排，对重要矿产资源进行战略性储备。

钾盐是青海省特有的优势矿产，应对钾盐资源的开发与保护进行专门研究，根据钾盐资源的分布特征、资源储量、资源赋存状态、水动力平衡的条件。在总结以往开发经验和存在问题的基础上，确定合理的开发规模和保护措施。

（三）加强监督管理，依法督促矿业权人节约、保护和合理利用矿产资源

重点对矿产资源开发利用方案的审查、采选回收率以及综合利用指标的考核、动用矿产资源储量的审批核销、闭坑地质报告审查等方面进行监督、检查；逐步建立和完善矿山开发利用方案审批制度、矿山督察制度、统计年报、年度报告和年检制度、资源储量损失报批制度、矿山闭坑审查制度。对违法勘查和开采矿产、严重浪费资源以及破坏矿山生态环境者要坚决查处，依法追究责任。

（四）积极开展重点开采区内的矿产资源开发利用的关键技术研发，促进资源早日利用

引进、研发盐湖矿产资源综合利用的关键技术，努力实现钾、镁、锂、硼等多种有益组分的综合开发利用；加快镁盐的开发利用技术攻关及产业化研究，力争在“十一五”末实现规模开发；加大铅锌、铜矿开发中的科技进步与创新，努力实现金属矿产共伴生有益组分的综合回收利用，提高资源利

用水平；积极开展难选冶、低品位岩金矿以及低品位天青石的采、选、冶工艺技术和方法试验与研究，拓展开发的空间和规模，实现资源的科学、合理利用。

六、延伸矿产品产业链，提高经济效益

根据重点勘查开发区、重点开发区的分布和特点，围绕青海省“四区、两带、一线”区域经济发展格局对矿产资源的需要，以优势矿产为依托，以中心城镇和矿产资源加工产业为纽带，以科技进步和创新为动力，调整和优化矿产资源开发的区域布局。力争到“十一五”末，形成柴达木、东部两大大矿产品加工基地。

东部矿产品加工基地要作为全省最重要的矿产品加工、贸易基地，以甘河滩、北川等工业园区为基地，全面发展矿产品的精、深加工产业，特别是积极发展钢铁、有色金属、煤焦化、硅系列等青海省有优势资源的矿产品精、深加工，原则上不允许原矿外运，尽量延长产业链。其主要依托的重点勘查开发区是瓦勒根—恰冬金铜矿勘查开发接替区。重点开发区是元石山—拉水峡铁镍铜磷矿开发接替区、赛什塘—德尔尼铜铅锌钴矿开发接替区。

柴达木矿产资源经济区由于远离矿产品主消费区，加上交通运输运力的限制，所以，应必须考虑在格尔木、德令哈两个中心城市建设矿产品加工基地。目前格尔木市的石油、天然气、盐湖矿产以及德令哈市的纯碱、碳酸锶等矿产品的加工已经初具规模，下一步可以考虑建设铁、铜、铅、锌等金属矿产的加工，延长产业链，提高矿产品的附加值。由于青海省中心城市和矿产品集散中心分布稀少，大中型矿区一般远离中心城镇，在开发过程中，应尽量减少运输量，大中型矿山开发的采、选、冶应集中于矿区进行，一是减少异地重复污染，二是减少资源开发中运输带来的人力、物力的消耗。其主要依托的重点勘查开发区是加给龙洼—大场金矿勘查开发接替区、沱沱河地区铅锌矿勘查开发接替区、纳日贡玛—赵卡隆铁铜钼铅锌银矿勘查开发接替区、旦荣—解尕铜铅锌银矿勘查开发接替区。重点开发区是大浪滩—昆特依钾盐锶矿开发接替区、一里坪—东西台钾盐锂矿开发接替区、肯德可克—尕林格铁多金属矿开发接替区。

七、矿产资源开发中的环境保护政策措施建议

（一）积极争取国家专项资金，开展历史遗留矿山的环境恢复治理工作

截至2005年，青海省境内因开发矿业占用和破坏的土地（包括尾矿库、采场、固体废弃物以及地面塌陷区等占用和破坏的土地），总面积为366.67万亩。而青海省通过复坑、覆土、种草、网围栏等措施，全省已恢复治理矿山占用破坏国土面积1.45万亩，矿山环境恢复治理率只有0.4%，《青海省矿山环境保护与治理规划》中确定到2010年恢复治理矿山占用和破坏国土面积15万亩，到2020年恢复治理矿山占用和破坏国土面积11万亩的目标，要靠本省的财政力量恐难以实现。“十一五”期间需要争取国家资金7亿元才能完成。因此，要积极争取国家专项资金，对青海省遗留矿山的环境进行恢复治理。

（二）严格执行矿山环境保护与恢复治理法定义务保证金制度

严格执行矿山环境保护与恢复治理保证金制度。按照“企业所有、政府监管、专户储存、专款专用”的原则，由企业在地方财政部门指定的银行开设保证金账户，并按规定使用资金。保证金专项用于因开采矿产资源引发的矿山环境恢复治理。对逾期没有按要求治理或治理达不到要求的矿山，由国土资源主管部门使用该矿山缴纳的保证金，组织矿山环境恢复治理，治理资金不足部分由采矿权人承担。

（三）建立重点开发区的矿产资源开发利用环境准入制度

在重点开发区内，新建（扩建）矿山必须符合生态环境保护准入条件，申请人在申请办理采矿许可证时，应向国土资源主管部门提交矿山环境保护与综合治理方案或建设项目地质灾害危险性评估报告以及环境影响评价报告，水土保持方案，土地复垦方案等，经备案后方可发证。

生产矿山要规范矿山生产操作规程，完善开发利用方案与生态环境保护治理方案，减轻矿业活动对生态环境的破坏和影响；针对不同矿种、不同开采方式、矿山生态环境特点，落实保护与治理任务；加强矿山环境保护工作的监督和管理；对不符合国家法律法规和政策规定的，没有按方案进行环境保护与综合治理的，危害群众健康，影响社会稳定和环境安全的责令限期整改达标，逾期不能达标的，实行停产或关闭。

矿山闭坑前，要提交包括土地复垦、生态及次生地质灾害治理等内容的闭坑报告；矿山闭坑、关停前，要严格按有关规定，做好土地复垦、生态治理、尾矿库保护、废渣回填、废水处理等环境保护工作。

自然保护区的缓冲区、实验区限制商业性矿产资源勘查、开发，核心区禁止商业性矿产资源勘查、开发。

在青南地区的自然保护区的缓冲区、实验区禁止小型以下的矿产资源勘查、开发。其余地区可以允许小型以下的矿产资源勘查、开发。

（四）加大执法检察力度，严厉打击破坏环境、掠夺式开采矿产资源的行为

加强执法检察并加大行政监察力度，遏制地方保护主义，建立矿山环境保护与治理工作的行政监督管理机制和行政、法律责任追究机制。限期整顿乱采滥挖、破坏和浪费资源的矿山企业。

附表 1　矿产资源勘查开发接替区基本情况一览表

序号	接替区名称	地理位置	面积/km^2	代表性矿床	主要矿种	资源储量单位	基础储量	资源量	可利用储量	资源储量能够保证的开发规模：服务年限	资源储量能够保证的开发规模：开发规模	规划开发规模	经济社会发展现状	勘查、开发工作建议
1	元石山—拉水峡铁镍铜磷矿勘查开发接替区	位于青海省东北部的海东地区	1693	元石山铁镍矿	镍	镍：t/矿石：万t	30017/388.7	126109/2629.7	105682/1966	30	2640/55	2640/55	开发接替区所在的西宁、海东地区，2005 年实现国内生产总值达 311.75 亿元，经济社会发展及基础设施建设在全省处于领先地位，通过“九五”特别是“十五”期间投资力度加大，基础设施条件大为改善，构成以省会为中心辐射各州、地、市、县的公路交通网络，货运能力进一步提高，目前正在加速建设青藏铁路兰青线复线工程，为青海东部地区的资源开发提供了便利条件	元石山铁镍矿以镍为主，共伴生铁、钴，其中镍矿资源储量已达大型矿床规模。该矿床经勘查后一直因铁镍分离及钴资源综合利用回收难以解决而一直未能开发。“十五”期间，通过技术攻关，铁镍分离技术取得了很大进展，目前矿床开发的工艺技术研究工作已经完成，将在“十一五”投入开发
					钴	钴：t/矿石：万t	1841/388.7	3631/781.4	4019/857	30	100/25	综合回收钴、铁		
					铁	矿石：万t	329.9	371.2	552	20	20			
				上庄磷矿	磷	矿石：万t	6045.1	45082.9	33095	60	380	矿石：150 万t/a		上庄磷矿资源储量规模较大，但与铁、稀土、透灰石共伴生，磷矿品位较低，单一开采经济上不合算，但全部综合回收利用，其工艺和技术尚存在一定困难，在“十一五”需要加大技术攻关力度，尽快对经济可行的工艺进行研究，并逐步产业化，使资源能够早日得到开发
					轻稀土	轻稀土氯化物：t	58350	287786	231020	60	2695	综合回收		
					透灰石	矿物量：万t	—	401.7	240	60	3	3		
				拉水峡铜镍矿	镍	本区域有拉水峡铜镍矿、关藏沟铜镍矿、乙什春铜镍矿点、沙家铜镍矿点等共 19 处矿（化）点，其中拉水峡矿区及外围有铜镍矿（化）点 14 处，形成东西两个矿带，东矿带有拉水峡、关藏沟、雅恰尔、小窑沟；西矿带自沙家—加家等，共有 10 个铜镍矿点。 1961 年《青海省化隆县拉水峡铜镍矿区最终地质勘报告》提交 C_1+C_2 级表内矿石总量：44.98 万 t，其中硫化矿石 36.15 万 t，平均品位 4.21%，金属量 15230t；氧化矿石 8.83 万 t，平均品位 2.56%，镍金属量 2255.94t。 该矿已开发利用数十年，资源储量已基本消耗殆尽。但矿区深部及外围尚有较大的找矿潜力。 经对资源潜力预测，镍总资源潜力 36.3697 万 t。预测区主要有 3 个：一是采矿权矿区范围内的矿区深、边部资源潜力预测，预测镍金属资源量为 21.3 万 t；二是矿区近外围的资源潜力预测，矿区近外围沙路湾Ⅲ号区和关藏沟已知矿点可预测 333 镍金属量 10.3 万 t；三是矿区远外围的资源潜力预测。目前正加紧对预测成果进行工程验证								①运用地质、地气测量方法，以拉水峡矿区为突破口，寻找盲矿体。重新分析研究成矿特征，建立成矿模式，开展矿区深、边部找矿工作。②在矿区近外围展开地气测量和磁法测量，选择异常地段进行工程验证，以期发现新的铜镍矿体。③在矿区大外围开展 1:2.5 万地气和磁法普查，选择重点异常区和成矿有利地段进行1:5000地气和磁法普查，并以适量工程进行验证，发现矿体后，进行大比例尺地质测量，查明成矿规律及条件

续表

序号	接替区名称	地理位置	面积/km^2	代表性矿床	主要矿种	资源量单位	查明资源量	选区依据及勘查工作建议	经济社会发展现状
2	瓦勒根—恰冬金铜矿勘查开发接替区	位于黄南藏族自治州境内	3395	老藏沟多金属矿床	铅	t	80763	接替区位于泽库弧后前陆盆地，为中－下三叠统滨海－浅海相类复理石碎屑岩夹少量碳酸盐岩建造，印支期侵入岩十分发育。靶区以夏布楞、曲库乎岩体为界，可划分为南西、北东两部分： 接替区南西段是金、砷富集地段，瓦勒根构造蚀变岩型金矿就产于其中。瓦勒根金矿区地层属隆务河群中部层位，岩性为砂板岩互层夹灰岩，矿体受近东西向构造破碎带及北西向次级构造控制，沿破碎带断续有石英斑岩脉侵入，金矿化与石英斑岩关系密切。目前圈定出7条金矿化带28个金矿体，矿化带长300～1800m，宽50～400m。矿体一般长80～610m，最长1700m，普查工作正在进行，矿体在地表和深部均未完全控制，初步估算金资源量20t。矿区西部和南部化探异常经初步检查，发现数条金矿体和较多的矿化线索，显示了该区在面上还具有很大的找矿空间。 接替区北东段是铜、铜金富集地段，恰冬喷流沉积—改造型铜矿就产于其中。恰冬铜矿赋存于隆务河群凝灰质砂板岩中、次为大理岩与凝灰质砂板岩交界处。矿床内已圈出4个较大的含矿层；目前已控制主要矿体8条，矿体长225～1000m，延深58～320m。据已控制的7个矿体，计算铜资源量10.84万t，矿床成因类型应为产于早三叠世含火山物质的碎屑岩、灰岩夹安山岩层中的喷流沉积—改造型铜矿床。在矿区北西恰冬同一层位发现欠隆铜矿点，已控制矿带长300m，宽13～30m，初步圈定4个矿体，平均含铜1.06%～1.56%，此外，兰采、古浪堤一带地质环境相似，有多处铜（金）矿点、矿化点及重砂、化探异常出现，待进一步工作后，很有可能成为青海省另一具规模的铜（金）矿田。 另外，该区印支期花岗岩、花岗闪长岩十分发育，岩体内、外接触带硅卡岩化、角岩化、硅化十分强烈，与此相应的铜矿化、铜金矿化、铜铁矿化也十分普遍，大小矿点、矿化点星罗棋布，化探异常紧紧相随。因此，该区是寻找硅卡岩型、热液型和斑岩型矿床的有利地区。 预测区内资源潜力：金50t，铜50万t。 区内今后勘查工作的主要任务是加大勘查工作力度，尽快查明资源远景；提高勘查工作程度，提交可供开发的基础储量。 主攻矿种：金、铜。主攻类型：构造蚀变岩型、喷流沉积—改造型	区内无大中型工矿企业，主要以林业、牧业生产为主，有零星耕地分布。区内人口稀少，以游牧为主的藏民族散居于区内，只有在乡、县政府驻地有少量汉、回族人口分布。区内发现的矿产地较多，但工作程度低，大部分未进行系统评价和深入工作，致使全州的矿产资源开发规模、效益均很低。 截至2005年底，黄南州辖区内总人口22.0万人；2005年地区生产总值227459万元，其中第一产业63808万元，第二产业103613万元，第三产业60038万元；财政总收入12274万元，其中地方财政一般预算收入5165万元；工业总产值11451.1万元；固定资产投资完成72536万元。参加失业保险人数7687人，参加最低生活保障人数6828人，参加农村合作医疗人数153018人
					锌	t	49785		
				瓦勒根金矿床	金	t	13.5		
				恰冬铜矿床	铜	万t	10.84		

续表

序号	接替区名称	地理位置	面积/km^2	代表性矿床	主要矿种	资源量单位	查明资源量	选区依据及勘查工作建议	经济社会发展现状
3	加给龙洼—大场金矿勘查开发接替区	位于玉树藏族自治州曲麻莱县大场河北侧	3888	加给龙洼金矿床	金	t	3.65	区内1:20万水系异常经1:5万水系加密后重现性较好，对部分1:5万水系异常经查证、普查或初步检查后发现了矿床、矿点或矿化信息，矿与异常非常吻合。但目前多数异常尚未查证，或查证力度不够，异常的找矿前景不明，若对所有异常进行检查查证，将会扩大整个成矿带的规模和找矿远景。 大场矿区截至目前已圈定矿体27条，估算金资源量117t，矿体规模大，最长者达3240m，矿体集中分布于1:1万土壤异常中，而该异常两端均未圈闭。近年来在异常西段已发现极具规模的金矿体，该异常东端很有可能与大东沟、扎家同那的矿致异常相连，大场矿区主矿带东西长可达10km。另外在大场以北扎拉依还有金异常和金矿体存在，在大场河以南近几年工作也发现了具有价值的金矿化体，使该矿区找矿面积扩大，也显示出矿区找矿的巨大潜力。 大场矿区外围还有规模较大、峰值较高的金、砷、锑1:5万水系沉积物综合异常5处，异常区成矿条件与大场和加给龙洼类似，目前投入的工作量有限。其找矿潜力也不可低估。 加给龙洼矿区：已控制6条含金蚀变带，长3.5～5km，宽2～35m。圈定矿体17条，估算资源量11.94t，其矿石类型与大场矿区类似，为金属硫化物矿化蚀变碎裂岩型金矿石，已知矿体与土壤异常相扣合。矿体长度一般在100～1200m之间，最长为1162m；厚度一般在1.0～5.0m之间，最厚达7.26m；品位一般在1.0～15g/t之间，最高18.4g/t；目前控制矿体斜深一般在50～150m之间，最深达312.5m，金矿体向深部仍有延深。矿体集中分布于土壤异常北带和中带，而土壤异常南带还未进行检查。尤其土壤异常中带和北带东西两端均未圈闭，从其成矿条件分析还具有一定的找矿潜力。另外，分布于大场矿区北侧的Au2号异常，位处复式背斜北翼，玛多—甘德断裂北侧，从异常的走向趋势看有可能与加给龙洼矿床相连，如此推断矿化带延长约15km，找矿空间巨大，有找到大型矿床的可能。 该区外围的西藏大沟、盖寺由池、错尼、扎塔风地区已发现含金矿化蚀变带，矿化蚀变特征以及成矿条件与大场、加给龙洼类似，目前工作程度底，所取得的找矿成果与化探异常规模极不相称，为此认为上述地区仍具有一定的找矿潜力，应选择成矿有利地段重新开展找矿工作。 区内今后勘查工作的主要任务是加大勘查工作力度，尽快查明资源远景；提高勘查工作程度，提交可供开发的基础储量。 主攻矿种：金。主攻类型：构造蚀变岩型	近年来，随着玉树州禁采砂金后，矿业经济在全省最不发达，2005年全州矿业产值仅686.09万元，2005年底拥有的14个矿山，全部为小型，主要开采砂石、盐矿及铅锌等。曲麻莱县在“九五”期间是青海省砂金开采规模最大的县，曾经有上万人在县域内开采砂金，在全省属矿业经济强县，砂金开采曾为当地经济做出了很大的贡献。到2005年，曲麻莱县仅有小煤矿一座，年产原煤0.2万t，年产值仅16万元。该区农业发展受气候影响无法向规模化产业化方向发展，畜牧业因过度放牧，草原退化严重，牧业生产停滞不前，而该区因人口稀少，工商业及服务业发展受到制约。截至2005年底，玉树州辖区内总人口29.7万人；2005年地区生产总值140126.8万元，其中第一产业101849.8万元，第二产业16434万元，第三产业21843万元；财政总收入43188万元，其中地方财政一般预算收入2512万元；工业总产值3845.4万元；固定资产投资完成102560万元
				大场金矿床	金	t	19.88		

续表

序号	接替区名称	地理位置	面积/km^2	代表性矿床	主要矿种	资源量单位	查明资源量	选区依据及勘查工作建议	经济社会发展现状
4	沱沱河地区铅锌矿勘查开发接替区	位于青海省西南部的长江上游沱沱河一带	5312	孔莫陇 茶曲怕查 多彩玛 纳保扎陇 那日尼亚 宗陇巴	铅锌 铅锌 铅锌 铅锌 铅 锌			1:20万化探扫面在区内圈定了15处高强度、大规模的多元素综合异常，异常呈近东西向密集分布，构成了巨大的地球化学块体。化探异常元素组合以锌、铅、银、镉、钡为主，伴生有钼、锰、铜、镧、P等，主要异常自东向西有开心岭、宗陇巴、多才玛－茶曲怕查、那日尼亚、纳不才金、萨保、仓龙错切玛、雀莫错异常等。特别是沱沱河地球化学块体中的铅1、锌2块体规模大、浓集趋势显著，铅1面积$18621km^2$、锌2块体面积为$11548km^2$，这些块体内初步工作均已发现铅锌矿体。 沱沱河南圈出西、中、东三个矿段，其中西矿段：即孔莫陇铅锌矿，已圈出MI铅矿体和MI－1、MI－2、MI－3锌矿体；中矿段：即茶曲怕查铅锌矿，初步圈定出矿化蚀变破碎带两条；东矿段：即多彩玛铅锌矿，目前仅见广泛分布的铅锌矿砖石，尚未进行揭露和控制，未能圈出矿体。从化探异常特征反映和铅锌矿砖石的分布情况判断，其找矿前景明显优于中、西矿段。 纳保扎陇砷4异常区圈定三条矿化蚀变带：近南北走向铅矿化带长约2km，宽度2～30m，最宽处约50m左右；北东向褐铁矿化带长约2.5km，宽60m左右；东西向褐铁矿化蚀变带宽约9m，推测长度400m。经探槽揭露，在TC1中见矿视厚度大于50m，TC5中见矿6层，累计视厚度58.5m，单层宽4～18m，在纳保扎陇铅锌矿南侧，尚发现一条铜矿化带，铜矿化带受构造控制，带内褐铁矿化、孔雀石化、铜兰矿化强烈，且局部伴随有铅锌矿化。矿化带呈近南北向延伸，带宽约20m，延长大约为3km。本区工作程度很低，找矿潜力巨大。 在周琼玛鲁发现了3处铁锌矿化带：第一条矿化带呈南北向展布，带宽20m，长300m；锌品位1%～2%，铁品位30%～34%。第二条矿化带呈NW－SE向展布，带宽20～30m，长400m，锌品位0.5%～2%。该区具有形成矽卡岩型铁锌铅矿的良好地质条件，进一步工作后，有望取得重大找矿突破。 在桑玛日地区，初步发现1条铁锰帽带，地表呈不规则状分布，长1000m左右，宽300～400m。铁品位45.27%，锰品位54.7%。 在那日尼亚地区发现了多条矿化程度不同的破碎蚀变带，初步圈定4条矿体。类型有沉积－热液叠加型、硅卡岩型、次火山热液型等。矿化蚀变带及矿体沿走向、倾向均未控制，找矿前景看好。 宗陇巴目前已圈定含锌构造破碎蚀变带两条。其中Sb1长约1km，宽约30m，Sb2长约6000m，宽约100m。初步圈定了五条锌矿体，多为单工程控制，一般长100～800m，厚度0.95～36.42m，锌矿体最高品位为16.3%。 预测区内资源潜力：铅锌400万t，银2000t。 区内今后勘查工作的主要任务是加大勘查工作力度，尽快查明资源远景；提高勘查工作程度，提交可供开发的基础储量。 主攻矿种：铅、锌、银。主攻类型：沉积－热液叠加型、矽卡岩型	区内为少数民族游牧区，没有工、农业生产，商业也极不发达，经济十分落后。青藏铁路、青藏公路从接替区东部通过，与以往相比，交通已大为改善，从而为本区矿产资源的勘查开发提供了极为便利的条件。 截至2005年底，格尔木市辖区内总人口11.4万人；地区生产总值567250.5万元，其中第一产业6097.5万元，第二产业396291万元，第三产业164862万元；财政总收入149408万元，其中地方财政一般预算收入25365万元；工业总产值325964.7万元；固定资产投资完成179948万元；参加失业保险人数12399人，参加最低生活保障人数10255人，但尚未开展农村合作医疗工作

续表

序号	接替区名称	地理位置	面积/km^2	代表性矿床	主要矿种	资源量单位	查明资源量	选区依据及勘查工作建议	经济社会发展现状
5	纳日贡玛—赵卡隆铁铜钼铅锌银矿勘查开发接替区	位于玉树藏族自治州中东部	15747	尕龙格玛	铜	万t	1.1364	本区位于三江成矿带北段，该区北部的尕龙格玛、当江铜铅锌铁等已具有一定规模，工作程度低，其成矿类型为火山－喷流型，可与邻区呷村多金属矿相类比。当江地区铜、铅、锌、银、钡等元素异常显示好，矿化信息丰富，可作为寻找呷村式多金属矿床的重要靶区。赵卡隆喷流—沉积型铁铜铅锌银矿近两年找矿有重大进展，特别是发现了厚大铜矿体，显示其巨大的找矿潜力。当江地区目前已发现尕龙格玛多金属矿及其他多金属矿化点多处，矿床类型主要为海相火山岩型，显示出海相火山块状硫化物矿床的特征，目前由于工作程度低，加之以往的主导思想过多偏重于霏细岩中的热液矿，没有重视霏细岩与火山岩接触带、火山岩与含炭板岩的接触面或旁侧的沉积岩中的层状矿的寻找。2007年钻孔中发现厚度较大的富铜矿，品位5%～10%，显示其巨大的找矿潜力。尕龙格玛—拉迪欧玛铜、铅、锌、银化探异常面积较大，并且矿区外围已有成矿事实，其找矿潜力很大，应扩大范围进行找矿。 尕龙格玛矿区已圈出长6.7km（两端未控制）、宽20～150m的矿化蚀变带和两个长度大于2km、宽100～200m激电异常带。在拉迪欧玛地区发现了3条具褐铁矿化、黄铁矿化的构造蚀变带，长约7km，宽10～20m。在蚀变带西段发现了黄铜矿化，并在地表拣块样中发现了金矿化线索。通过新一轮铜多金属矿普查工作，取得了较好的找矿成果，不仅在尕龙格玛矿区深部的找矿工作中取得了重要进展，发现矿体无论在规模还是品位上往深部均有变大变富的趋势，而且还发现了多种金属相共伴生的现象，且发现了较好的金银矿体。其中在ZK3901钻孔中发现Ⅳ号矿体深部厚达39.62m，初步估算333+334铜金属资源量8.7万t；同时在拉迪欧玛矿区也发现了较好的锌铅矿体，显示出该区具有巨大的找矿潜力，并为今后的勘查工作指明了方向。 赵卡隆矿床产于弧后前陆盆地之中，原为铁铅锌银矿床，近年来，通过地表揭露和深部钻探工程，矿床规模进一步扩大，特别是发现了厚大的铜矿体，为该区寻找喷流－沉积型铁、铜、铅锌矿提供了依据。矿床工作程度还很低，目前还在工作。另外在赵卡隆矿床东西两侧经化探扫面，圈出长57km、呈带状分布的赵卡隆、格亥拉、想恩大增和章卜等以铜、铅、锌、锰为主的异常带，除赵卡隆异常外，其余异常均未检查、评价，其找矿前景广阔。近年来赵卡隆矿床深部找矿成果显著，显示出较大的找矿潜力。 预测区内资源潜力：铅锌400万t，银2000t。 区内今后勘查工作的主要任务是加大勘查工作力度，尽快查明资源远景；提高勘查工作程度，提交可供开发的基础储量。 主攻矿种：铅、锌、银。主攻类型：沉积－热液叠加型、矽卡岩型	接替区内有玉（树）—治（多）、玉（树）—治（多）、玉（树）—治（多）公路通过，交通相对较为方便，但至主要矿床（点）均仅有简易公路或便道，且途经泛浆、沼泽路段，常需涉水过河，可勉强到达，但雨季经常塌方或洪水阻隔，造成交通经常中断。 截至2005年底，玉树州辖区内总人口29.7万人；2005年地区生产总值140126.8万元，其中第一产业101849.8万元，第二产业16434万元，第三产业21843万元；财政总收入43188万元，其中地方财政一般预算收入2512万元；工业总产值3845.4万元；固定资产投资完成102560万元；参加失业保险人数5372人，参加最低生活保障人数21833人，参加农村合作医疗人数211895人
					铅	万t	1.6342		
					锌	万t	0.9762		
				当江	铜	万t			
					铅	万t			
					锌	万t			
				赵卡隆	铁	万t	1068		
					铅	万t			
					锌	万t			

续表

序号	接替区名称	地理位置	面积/km^2	代表性矿床	主要矿种	资源量单位	查明资源量	选区依据及勘查工作建议	经济社会发展现状
5	纳日贡玛—赵卡隆铁铜钼铅锌银矿勘查开发接替区	位于玉树藏族自治州中东部	15747	纳日贡玛铜钼矿床	铜	万 t	17.12	那日贡玛地区 1:20 万化探扫面在纳日贡玛—众根涌—东角涌一带圈出以 Cu、Mo 为主，Au、Ag、Pb、Zn、Co、Ni、W、Sn、Bi、Mn 等多元素组合异常面积达 1000km^2，异常强度高，浓集中心明显，元素组合复杂，具有典型斑岩铜、钼矿床化探异常组合特点。经初步工作，发现了纳日贡玛、众根涌、陆日格、打古贡卡等数处矿床（点）。 高精度磁测表明，纳日贡玛斑岩体在深部有向西、向北延伸的趋势，近年对矿区西侧－纳日俄玛地区的工程施工发现其含矿与矿区相当，在矿区西段隐伏岩体地表出露的小岩枝中发现有较好的钼矿化线索；西侧纳日俄玛沟中亦发现斑岩体及铜钼矿化，表明矿区内还有很大的找矿潜力。通过进一步工作，矿床有望达到超大型规模。 陆日格地区的成矿地质环境、物化探异常特征与纳日贡玛一致。地表圈定的花岗斑岩中已圈出两个铜矿化带和纳日贡玛铜钼矿床特征相似的厚大铜钼矿体，本区相对于纳日贡玛铜钼矿区其剥蚀程度较浅，主要斑岩体没有出露地表，显示了本区进一步寻找斑岩型铜矿的找矿前景。 众根涌及乌葱察别地区围绕色的日岩体有众多的矿点、矿化点及物化探异常密集分布，成矿类型以矽卡岩型为主，斑岩型铜矿体亦有分布，反映出斑岩型成矿系列的两个重要端员共存的特点。地球化学异常存在从色的日似斑状花岗岩体向南东呈 Cu、Mo－Pb、Zn、Ag、Cu 水平分带趋势。除了众根涌矿点目前正在进行浅部硐探工程验证外，其余矿点工作及研究程度均较低，找矿潜力很大。 东脚涌地区也发现了热液交代矽卡岩型铜矿（化）体和花岗斑岩脉，从蚀变—矿化分带上看，认为该区深部有一隐伏的矿源体存在，矽卡岩化作为寻找斑岩型铜钼矿床的重要标志，推测在矽卡岩带的两侧或深部有发现斑岩型铜钼矿床的可能性。 主攻矿种：铜、钼。主攻类型：以寻找斑岩型矿体为主，兼顾硅卡岩型及热液型。 然者涌地区已圈定铅锌银含矿带 7km，控制矿体地表长 3000 余米，初步判断矿床成因类型为沉积－热液叠加改造型。矿体深部尚未控制，物探异常显示其深部的金属硫化物富集程度要比浅部高。矿区东、西两段处于同一含矿层位，中间尚未进行查证评价。南侧尚有吉那铜矿点分布，显示该区深部、东段及外围具有极大的找矿潜力，通过进一步工作有可能成为大型以上的矿床勘查基地。 东莫扎抓主元素异常为 Pb、Zn、Ag、As、Sb、Hg 等，元素组合复杂，浓度梯度变化明显，异常规模大、强度高，展布总体与构造线方向一致，形态完整，条带清晰，已圈定铅锌矿化带五条，铅锌矿体 12 条，矿体向深部延伸稳定（已控制 320m 斜深），铅锌资源量达大型远景规模。近年来的勘查工作显示，MI 矿化带向东还有较大的延伸。 莫海拉亨地区共圈定 3 条矿带、10 个铅锌矿体，沿矿带和矿体走向、倾向均未控制，有较大的找矿前景，1:5 万水系沉积物异常主要为 Pb、Cd、Zn、Ag、Sb、Au、Hg 等，各元素均具三级浓度分带，其中 Pb、Zn、Cd、Ag 元素强度高，规模较大，连续性好，各元素套合好，目前的勘查工作仅限于地表和异常的局部，异常的大部分地段没有完成检查工作，该区具有很好的找矿前景。 区内预测资源潜力：铜 600 万 t，铅锌 300 万 t，银 5000t，钼 60 万 t。 区内今后勘查工作的主要任务是加大勘查工作力度，尽快查明资源远景；提高勘查工作程度，提交可供开发的基础储量。 主攻矿种：铅、锌、银。主攻类型：喷流沉积型	本地区远离交通干线，交通不甚方便。无工、农业生产，经济十分落后。 截至 2005 年底，杂多县辖区内总人口 4.7 万人；地区生产总值 35781.8 万元，其中第一产业 31597.8 万元，第二产业 1773 万元，第三产业 2411 万元；财政总收入 151 万元，全部为地方财政一般预算收入；工业总产值为零；固定资产投资完成 6893 万元
					钼	万 t	8.72		
				东莫扎抓铅锌银矿床	铅	万 t	0.85		
					锌	万 t	19.74		
				陆日格钼矿	钼				
				莫海拉亨锌铅矿	锌铅				
				众根涌铜矿	铜				
				东脚涌铜矿	铜				
				然者涌铅锌银矿	铅锌银				
				吉龙铜矿	铜				

续表

序号	接替区名称	地理位置	面积/km^2	代表性矿床	主要矿种	资源量单位	查明资源量	选区依据及勘查工作建议	经济社会发展现状
6	旦荣—扎查琼铜铅锌银矿勘查开发接替区	位于杂多县西部的旦荣地区	5251	旦荣铜矿床	铜	万 t	4.35	阿涌—扎查琼地区化探异常面积约 300km^2，主要元素为 Au、Ag、Cu、Pb、Zn、Co、Mo、Sb、Bi，异常峰值高、强度大，各元素异常套合性好，有明显的浓集中心和浓度分带，显示该区具较好找矿潜力。 扎查琼地区共圈定 10 个 1∶1 万土壤测量异常和 7 个 1∶1 万激电异常，目前只对 D2、D3、D4、AP17 土壤测量综合异常和Ⅱ号激电异常进行了检查验证，圈出两个含矿带，其中Ⅰ号含矿带长约 2.9km，宽 50～130m，圈定矿体 13 条；Ⅱ号含矿带长 700m，宽 90～110m，圈定矿体 4 条。矿体具喷流—沉积特征，经钻探对矿带西段地表圈定的铅锌铜矿体进行深部控制，见铅锌矿 5 层，各层视厚 1.5～4.4m，品位 2%～3%；说明矿体向深部延伸稳定，矿带向西仍有延续，有较大的找矿空间。 旦荣地区圈出两条矿化蚀变带，长约 10km，宽 800m，共圈定铜矿体 26 条；其中Ⅰ矿带长达 3.2km，成矿类型为火山喷流—沉积型，坑探、钻探在深部均见矿，厚度、品位均有增大变富的趋势，若系统控制将可能达到大型规模。 阿涌地区水系沉积物异常面积约 98km^2，主要组合元素为 Au、Ag、Cu、Pb、Zn、Co、Mo、Sb、Bi。在该异常的东部发现了长度在 2km 左右的三条含矿带，其中Ⅰ矿带已圈定铜、铅、银多金属矿体 27 条，Ⅱ圈定铜、铅、银多金属矿体 11 条，Ⅲ矿带圈出铜、铅矿体 3 条。该区成矿类型为火山喷流型及热液型。从目前地表工作来看，矿体有向西北方向延伸的趋势，找矿空间广阔。 解嘎地区分布的 1∶20 万化探（AS45W、Pb、M0、Sb）异常已分解出 Asl、As2 等两处 1∶5 万水系沉积物综合异常，异常区内也圈定了一定数量的银多金属矿体，所以区内广泛分布的 1∶20 万化探异常具有较大的找矿潜力。外围尚有日啊吓嘎锡铅锌矿点、郎龙拉铜矿点、灯虽卡银铜矿点、刚能铅矿点、尕吉铜矿点、日啊恰切银铜矿点、姜作口银铜铅矿点、侧群铁矿点等，目前工作程度很低，找矿潜力大。解嘎已圈定 4 条含矿破碎带，9 条矿体；下日阿千碑初步圈定 4 条含矿破碎带，6 条银矿体，7 条铅矿体和 3 条锌矿体。 预测区内铜 + 铅 + 锌资源量远景规模将达 200 万 t 以上，具有形成大型铜铅锌矿的地质条件。 区内今后勘查工作的主要任务是加大勘查工作力度，尽快查明资源远景；提高勘查工作程度，提交可供开发的基础储量。主攻矿种：铜、铅、锌、银。主攻类型：火山喷流型，喷流 - 沉积型	接替区西距杂多县城 170km，有简易公路相通，但行车不甚方便。区内无任何工、农业生产，人口稀少，藏族居民过着半定居的游牧生活。 截至 2005 年底，杂多县辖区内总人口 4.7 万人；地区生产总值 35781.8 万元，其中第一产业 31597.8 万元，第二产业 1773 万元，第三产业 2411 万元；财政总收入 151 万元，全部为地方财政一般预算收入；工业总产值为零（无工业企业）；固定资产投资完成 6893 万元；参加失业保险人数 332 人，参加最低生活保障人数 4719 人，参加农村合作医疗人数 36100 人
				扎查琼多金属矿	铜铅锌	万 t	13.74		
				阿涌多金属矿	铜铅锌	万 t	11.24		
				解嘎银多金属	银铜铅锌	t	银 450t、铜 9944t、铅 102292t、锌 13993t		

注：横线上方数字为金属量，线下数字为矿石量；开发规模单位相应为 t/a，万 t/a。

附表 2 矿产资源开发接替区基本情况一览表

序号	接替区名称	地理位置	面积/km^2	代表性矿床	主要矿种	资源储量单位	基础储量	资源量	可利用储量	资源储量能够保证的开发规模：开发规模	资源储量能够保证的开发规模：服务年限	规划开发规模	经济社会发展现状	开发工作建议
1	大浪滩—昆特依钾盐锶矿开发接替区	位于柴达木盆地西部	16251	大浪滩钾矿梁中矿床	氯化钾	万 t	4948.8	14843.9	13855	133	40	50	开发接替区所在的柴达木盆地，基础设施条件已大为改善，青藏铁路、青藏公路、青新公路贯通盆地四周；已形成330kV·A南北双回路电网；格尔木机场已开通许多城市的定期航班；经济结构调整顺利推进，特色经济框架初步形成；农牧业结构进一步优化；资源开发由低水平、小规模向高水平、大规模方向转变，由单品种开发和原材料输出型向综合开发精深精加工型转变	区内盐湖钾盐资源储量较大，但该区开发利用条件不佳：一是该区勘探程度低，基础储量较少，需进一步提高钾盐资源的勘查程度；二是该区的矿床普遍存在给水度小，液体矿资源利用条件不好，固体矿田品位低等原因，近期较难利用；三是区内的交通、电力等基础设施条件相对较差，不能支持矿产资源的开发，而且该区盐湖资源开发中的淡水资源供给十分困难。因此，需要在解决该区总开发利用内、外部条件的基础上实施规模开发
				昆特依钾矿	氯化钾	万 t	2091.2	8002.9	6893	88	30	48		
				察汗斯拉图芒硝钾盐矿	氯化钾	万 t	—	927.3	556.4	10	20	10		
				尖顶山锶矿	天青石	万 t	—	199/706.2	199/423.7	1.5/9.5	40	1.5/9.5		锶矿在“十一五”的开发规模将达到60万t/a，选场处理能力将达到60万t/a，年生产精矿20万t/a，德令哈碳酸锶厂的生产能力也将扩能到6万t/a
				大风山锶矿	天青石	万 t	1760/5568.1	698/6261.9	2179/9325	18/139	60	18/139		
				碱山锶矿	天青石	万 t	—	7.24/24.7	4.34/14.8	0.2/1.3	10	0.2/1.3		

续表

序号	接替区名称	地理位置	面积/km^2	代表性矿床	主要矿种	资源储量单位	基础储量	资源量	可利用储量	资源储量能够保证的开发规模		规划开发规模	经济社会发展现状	开发工作建议
										服务年限	开发规模			
2	一里坪—东西台钾盐锂矿开发接替区	位于柴达木盆地中部	4973	一里坪锂矿	氯化锂	万 t	133	47	161	40	1.5	1.5	开发接替区所在的柴达木盆地，基础设施条件已大为改善，青藏铁路、青藏公路、青新公路贯通盆地四周；已形成330kV·A南北双回路电网；格尔木机场已开通许多城市的定期航班；经济结构调整顺利推进，特色经济框架初步形成；农牧业结构进一步优化；资源开发由低水平、小规模向高水平、大规模方向转变，由单品种开发和原材料输出型向综合开发精深精加工型转变	区内可供开发的主要矿产资源有锂盐及钾镁盐、硼矿等。卤水锂矿提锂工艺研究在“十一五”期间已取得较大进展，区内拥有丰富的锂矿资源，钾镁盐矿资源，为该区开发提供了资源条件和工艺条件。从目前的资源现状分析，结合开发利用前景，区内可形成两大重要开发资源：一是锂矿资源开发，区内可形成 LiCl 7.3 万 t/a 的生产规模；二是钾、硼资源开发，区内可形成 KCl 55 万 t/a、B_2O_3 4 万 t/a、硼酸 7 万 t/a 的生产规模
				西台钾盐锂矿		万 t	298	—	298	40	3.0	3.0		
				东台钾盐锂矿		万 t	285	—	285	40	2.8	2.8		
				一里坪锂矿	氯化钾	万 t	1546.1	134.4	1627	40	15	15		
				西台钾盐锂矿		万 t	2559.3	—	2559.3	40	25	软钾镁钒 100 万 t，折合氯化钾 25 万 t		
				东台钾盐锂矿		万 t	1728.8	100.1	1789	40	15	15		
				一里坪锂矿	硼矿	t	86.5	5.1	90	40	1	1.7 硼酸 B_2O_3：1 万 t		
				西台钾盐锂矿		万 t	157.8	—	157.8	40	1.5	2.65（硼酸）B_2O_3：1.5 万 t		
				东台钾盐锂矿		万 t	156.6	7.2	161	40	1.5	2.65（硼酸）B_2O_3：1.5 万 t		

续表

序号	接替区名称	地理位置	面积/km^2	代表性矿床	主要矿种	资源储量单位	基础储量	资源量	可利用储量	资源储量能够保证的开发规模		规划开发规模	经济社会发展现状	开发工作建议
										服务年限	开发规模			
3	肯德可克—尕林格铁多金属矿开发接替区	位于柴达木盆地西南缘	2561	肯德可克铁钴多金属矿	铁矿	万 t	—	7199.1	4319	30	110	110	开发接替区所在的柴达木盆地，基础设施条件已大为改善，青藏铁路、青藏公路、青新公路贯通盆地四周；已形成330kV·A南北双回路电网；格尔木机场已开通许多城市的定期航班；经济结构调整顺利推进，特色经济框架初步形成；农牧业结构进一步优化；资源开发由低水平、小规模向高水平、大规模方向转变，由单品种开发和原材料输出型向综合开发精深精加工型转变	该区是青海最大的铁矿资源集中区，不但反映在已上表资源储量中，同时也反映在资源潜力上。该区通过“十五”勘查工作，又发现有卡而却卡等铁矿床，同时通过对野马泉、尕林格等铁矿的进一步勘查，资源储量均有进一步增加。因此，该区将建设一个以铁矿开发为主的矿业开发基地，依托肯德可克，尕林格两个中型铁矿进行规模开发。在“十一五”期间将建成青海省最大的铁矿开发基地
				野马泉铁锌矿	铁矿	万 t	259.9	617.9	630.6	20	25	25		
				尕林格铁矿	铁矿	万 t	1071.7	2883.1	2801.2	30	65	65		
				四角羊—牛苦头多金属矿床	铁矿			726（未上表）						
					铜矿			4.9（未上表）						
					铅矿			55.15（未上表）						
					锌矿			62.43（未上表）						

续表

序号	接替区名称	地理位置	面积/km²	代表性矿床	主要矿种	资源储量单位	基础储量	资源量	可利用储量	资源储量能够保证的开发规模		规划开发规模	经济社会发展现状	开发工作建议
										服务年限	开发规模			
4	赛什塘—德尔尼铜铅锌钴矿开发接替区	位于青海省海南州和玉树州境内	8828	赛什塘铜矿床	铜	铜：t/矿石：万t	136956/1168.1	284898/2705.3	307895/2791	40	5950/60	60	开发接替区北部所在的海南州，经济社会发展程度仅次于西宁、海东地区，区内的基础设施条件相对较好，赛什塘资源集中区有等级较低的矿区简易公路60km与兴海县相通后连接省道，距最近的铁路车站湟源火车站400km，公路运距偏远，水资源供应便利，电网已覆盖矿区，区内的资源开发条件已基本具备	赛什塘地区主要开发利用的矿产为铜、锡。“十一五”期间，扩大赛什塘铜矿的采选能力，使什塘铜矿的采选能力达到75万t/a，铜峪沟的勘探工作已近尾声，在“十一五”末，赛什塘—铜峪沟铜开发基地的铜矿采选能力可以达到100万t/a。日龙沟锡矿目前正在进行勘查，根椐资源规模确定开发规模可为25万～50万t/a之间的矿石采选能力。 区内在进行铜矿资源开发时，应大力开展共伴生组分的综合利用研究，在目前综合利用金、银的基础上，开展铅、锌、镓、镉等有益组分的综合回收利用，提高矿产资源开发的经济效益，减少或尽量避免重金属对环境的防染
					铅	金属：t	—	20168	12101			综合回收		
					锌	金属：t	—	37087	22252					
				铜峪沟铜矿床	铜	铜：t/矿石：万t	37863/395.6	253507/2256.5	189967/1749.5	40	3560/37	37		
					铅	金属：t	—	48858	29315			综合回收		
					锌	金属：t	—	36407	21844					
				日龙沟锡矿床	锡	锡：t/矿石：万t	—	16516/437	9910/262	30	210/7.5	7.5		
					铅	金属：t	—	11211	6727			综合回收		
					锌	金属：t	—	22879	13727					
				索拉沟铜铅锌矿床	铜	金属：t	17167/270.5	41410/685.6	42013/681.9	30	42013/681.9	42013/681.9		
					铅	金属：t	5548/83	14732/286.4	14387/254.8	30	14387/254.8	14387/254.8		
					锌	金属：t	7394/80.9	30061/296.6	25431/258.9	30	25431/258.9	25431/258.9		

续表

序号	接替区名称	地理位置	面积/km^2	代表性矿床	主要矿种	资源储量单位	基础储量	资源量	可利用储量	资源储量能够保证的开发规模		规划开发规模	经济社会发展现状	开发工作建议
										服务年限	开发规模			
4	赛什塘—德尔尼铜铅锌钴矿开发接替区	位于青海省海南州和玉树州境内	8828	德尔尼铜矿床	铜矿	铜：t / 矿石：万t	338152/2620.5	240335/2078.2	482353/3867	40	80	9000/80	开发接替区南部所在的果洛州，经济以牧业为主，居民几乎全为藏族，依靠游牧为生，基本没有工、农业生产，劳动力必须从外地引进，生产及生活物资均需从外地运入，经济较为落后。开发接替区距州府所在地大武镇直距约20km，大武至西宁公路里程435km（宁果公路），均为三级公路，公路运距远。110kV·A输供电线路已达大武镇，大武镇有110kV·A变电所。矿区用电从大武镇变电所接线，以35kV·A线路向矿山供电，输电线路距离28km，外部供电可靠	德尔尼铜钴矿床，具有伴生组分多，综合利用潜在价值大的特点。同时，由于共伴生组分多，使得开发利用程度较大。针对上述难题，先后多次对矿床矿石综合利用工艺技术进行了研究，但终因硫钴分离工业化试验指标不理想尚未实施开发。“十一五”期间青海省科技厅组织了《青海德尔尼铜矿钴硫精矿综合回收技术》科技攻关项目取得了突破性进展，从而为德尔尼铜钴矿床在“十一五”开发创造了条件
					钴矿	钴：t / 矿石：万t	—	28367/3137.9	17020/1904	40	40	320/40		
					锌矿	金属量：t	—	162165	97299			综合回收		
					金矿	金属量：kg	—	29290	17574					

注：横线上方数字为金属量，线下数字为矿石量；开发规模单位相应为t/a，万t/a。

附表 3　矿产资源开发接替区代表性矿床基本情况一览表

矿床名称	地理位置	矿体特征及矿石质量	资源储量	勘查工作程度	交通、能源、水源概况	自然生态环境特点	开采技术条件	开发利用经济技术可行性
大风山锶矿床	矿床位于柴达木盆地西北部，行政区划隶属海西州茫崖行委管辖	矿床由四个矿区组成： Ⅰ矿区圈出矿体两个，Ⅰ2－1 长径 100m，短径 50 余米，厚度 >17.50m，平均品位 50.80%；Ⅰ2－2 长 1010m，一般厚 2～3m，平均品位 36.46%。 Ⅱ矿区主要含矿层圈出矿体 1 个，长 1620m，最大延伸 200m，一般延深 50m，最厚 6.74m，平均厚 1.82m，平均品位 31.36%。次要含矿层位圈出Ⅱ2－1、Ⅱ2－2、Ⅱ2－3 矿体 3 个，其中Ⅱ2－1 长 370m，平均宽 70m，平均厚 10.09m，平均品位 50.30%；Ⅱ2－3 长 600m，宽 100～150m，平均 120m，平均厚 8.46m，平均品位 47.29%。 Ⅲ矿区主要含矿层圈定矿体 16 个，其中Ⅲ1－1 长 12100m，平均延伸 287m，平均厚度 3.65m，平均品位 32.98%；Ⅲ1－2 长 3600m，平均宽度 396m，平均厚度 2.56m，表内矿体平均品位 32.61%，表外矿体平均品位 14.38%。次要含矿层位圈出矿体 12 个，其中Ⅲ2－2 长 700m，平均宽 65m，平均厚 4009m，以次生矿石为主的地段品位 50%～60%，原生矿石地段品位 30%～40%；Ⅲ2－3 长 800m，平均出露宽度 97m，平均厚度 6.90m，平均品位 43.56%。 Ⅳ矿区共探明工业矿体有Ⅳ1、3、4、5、7 五个，从属小矿体 13 个，其中Ⅳ1 长 598m，宽 2～108m，平均厚 5.56m，平均品位 $SrSO_4$ 33.5%；Ⅳ3 长 495m，宽 2.5～73.5m，平均厚 5.29m，平均品位 $SrSO_4$ 33.71%；Ⅳ4 长 90m，宽 70m，平均厚 1.9～11m，平均品位 $SrSO_4$ 23.00%，其余矿体较小。 矿石类型分为天青石矿石及菱锶矿矿石。天青石矿石又分为原生和次生天青石矿石两大类，原生天青石矿石主要由天青石、碳酸盐及少量砂屑、铁屑组成。次生天青石矿石又可分为假层纹状、钟乳状、同心圆状、笛管状、纤维状、脉状矿石。菱锶矿矿石中菱锶矿属钙菱锶矿，一般由 95% 以上的钙菱锶矿及少量天青石、不透明矿物组成。矿石中有益组分是锶、有害组分有钡、氧化钙、氟，本矿田中有害组分含量均很低。 矿床成因属内陆湖泊化学沉积型	累计探明资源储量为：矿石量 11883.6 万 t，天青石矿物量 24753544t，其中基础储量 17776438t	1956 年，省石油勘探局进行 1∶2.5 万构造细测时，首先发现次生白色天青石。翌年，中国科学院兰州地质所、盐湖科调队又进行概略调查，发现了原生天青石矿层，并编写了《大风山天青石矿调查报告》。1958～1959 年省地质局石油普查大队进行了初查，圈出矿体 85 个，估算天青石表外矿物量 1.97 万 t。1987 年，省地质矿产局第五地质队对矿床重新踏勘检查，认为其远景可观。继而于 1988 年受地方人民政府委托，选择Ⅳ矿带进行详细勘探，于 1989 年 3 月提交了《青海省花土沟镇大风山天青石矿田Ⅳ矿区地质勘探报告》。1989 年该队又对Ⅰ、Ⅱ、Ⅲ矿带进行详查，并编写了《青海省花土沟镇大风山锶矿田Ⅰ～Ⅲ矿区详查报告》	矿区西距花土沟 166km，东北距冷湖镇 128km，当茫公路从矿区中部通过，向南西经黄瓜梁与青新公路相接，东至青藏铁路饮马峡站 468km，交通较方便。 矿区附近无淡水。电力需自备，燃料及其他生产、生活物资均需由外地远距离运入	矿区属风蚀夷平的低山丘陵地形，最大高差 30m。气候干旱，具有降水稀少、蒸发量大、日照强、气温低、温差大、多大风等特点；年降水量在 20mm 以下，年蒸发量 2929～3212mm；冻土最大深度 2.2m；年平均风速 2.9～3m/s	矿田无地表水体存在，地下 48m 以内无含水层存在，工业矿体（层）均埋藏在潜水面之上，水文地质条件简单。 矿体及矿体顶、底板岩石稳固性较差，但矿体（层）产状平缓，适宜露采，可采用较小的露采边坡角开采，硐采部分的矿体必须采取支护加固措施后方能采掘。断裂不发育，对矿体及围岩的稳定性影响不大。 抗压、抗拉、抗剪强度均很低，矿石松散系数 1.564，矿石安息角为 38°，围岩岩石安息角为 36°	受青海省金星矿业基金有限公司青海省锶业科技有限责任公司的委托，中冶集团长沙冶金设计研究总院对大风山锶矿 30 万 t/a 采选工程的可行性进行了研究，于 2001 年 8 月提交了《青海省大风山天青石矿 30 万 t/d 规模采选工程可行性研究报告》，认为矿山开发建设具有较好的财务效益。在矿产品价格大幅上涨的目前，经济效益将会更好

续表

矿床名称	地理位置	矿体特征及矿石质量	资源储量	勘查工作程度	交通、能源、水源概况	自然生态环境特点	开采技术条件	开发利用经济技术可行性
尖顶山锶矿床	矿床位于柴达木盆地西北部，大风山锶矿田北西约50km处，行政区划隶属海西州茫崖行委管辖	矿床由8个矿体构成，即G1、G1－1、G1－2、G1－3、G2、G3、G4、G5。其中G1矿体规模最大，在其顶底部普遍存在着戴帽穿鞋式表外矿，分别编为G1－1、G1－3，又具分支现象，中部夹含着带状表外矿体G1－2，次有G2、G3沿倾向具尖灭再现特征，G4、G5为小盲矿体。G1长＞2000m，斜深470～735m，最大厚度7.89m，平均厚度3.80m，平均品位32.92%；G1－1长400～1300m，斜深210～600m，最大厚度2.00～4.03m，平均厚度1.71～1.88m，平均品位11.97%～12.60%；G1－2长400m，斜深542.5m，最大厚度4.88m，平均厚度2.73m，平均品位11.45%；G1－3长＞2000m，斜深162～865m，最大厚度5.79m，平均厚度2.11m，平均品位13.46%；G2长800m，斜深103.50～590m，最大厚度1.94m，平均厚度1.30m，平均品位13.11%；G3长约400m，斜深765m，最大厚度2.76m，平均厚度1.92m，平均品位14.27%～23.79%；G4长400m，斜深200m，最大厚度0.97m，平均厚度0.49m，平均品位19.45%；G5长400m，斜深72m，最大厚度0.97m，平均厚度0.49m，平均品位10.02%。矿体形态简单，呈层状、似层状、透镜状，上部多裸露地表，产状平缓，向深部逐渐变陡。矿体连续性好，厚度变化小，G1、G3为表内矿体，其余为表外矿体。 矿石分为原生天青石矿石和次生天青石矿石两大类，以原生为主，占95%。原生矿石按矿物成分分为三种：钙镁质矿石，以白云石为主40%～70%，天青石10%～40%，石膏2%～20%，砂粒2%～15%；砂砾质矿石，砂砾为主50%～70%，天青石、白云石各占10%～15%，石膏10%；泥质矿石，黏土矿物取代砂砾成分。矿体平均品位33.49%。 矿床成因属内陆湖泊化学沉积型	累计查明资源量为：矿石量706.2万t，天青石矿物量1992351t，全部为资源量，未探明基础储量	1956年石油局在测制1:2.5万构造细测图时发现大风山地区次生天青石。1957～1958年中科院兰州分院地质室对大风山、尖顶山地区进行工作。1958～1959年石油普查大队对大风山、尖顶山矿点检查。1987～1988年地质五队对尖顶山天青石矿踏勘检查。1990～1991年地质五队进行普查	当（金山）茫（崖）公路里程碑239km处有汽车便道可通行至矿区，行程50余千米。矿区至冷湖、茫崖、大柴旦、甘肃敦煌等地均可通行汽车，交通方便。 矿区附近无淡水。电力需自备，燃料及其他生产、生活物资均需由外地远距离运入	尖顶山为两个NW向斜列式背斜构成的低山丘，长约30km，宽7.0～10.0km，主脊海拔2800m以上，最高峰是黑梁子三角点，海拔2822m，两侧大滩海拔2720m，为高原型低山丘陵区。区内属荒漠大陆性气候，年降雨量不足20mm，年蒸发量在3100mm左右	矿床主矿体规模大，连续性好，倾角小，埋藏浅，相当一部分可直接露采，经计算露采表内D级天青石矿物量199.24万t，其体积平均剥离比为4.58。 矿床构造简单，为一单斜层，虽有几条小断裂使矿体错位，对开采无大影响。 水文地质条件简单，矿体与地下水无联系，开采时不会发生涌水。 矿石选矿加工技术性能良好，据大风山锶矿田选矿试验结果，不论贫矿或中品位矿石，经选矿后精矿品位可达80%以上，回收率72.81%～82.76%。选矿成本每t原矿20元左右，精矿易转换成为工业利用的碳酸锶	尖顶山锶矿床未开展过可行性研究工作，根据建议开发规模及相关评价参数对拟建矿山的经济状况进行概略估算。从概略估算结果看，矿山开发在经济上是可行的

续表

矿床名称	地理位置	矿体特征及矿石质量	资源储量	勘查工作程度	交通、能源、水源概况	自然生态环境特点	开采技术条件	开发利用经济技术可行性
碱山锶矿床	位于柴达木盆地西部、冷湖与茫崖两地交界的碱山地区，行政区划隶属海西州茫崖镇管辖	天青石以胶结物的形式存在于鲕状灰岩中或以团块状、薄层状与泥质混合在一起形成矿体，次生天青石充填于鲕状灰岩矿石裂隙中。自上而下可分为三个含矿层：上部角砾状、鲕状灰岩含矿层，厚0.2～1.25m，品位30%～45%；中部杂色泥岩、泥灰岩含矿层，品位一般10%～20%；底部棕色泥岩含矿层，品位10%～25%。共圈出两个矿体，分别编为Ⅰ号、Ⅱ号。 Ⅰ号矿体长793.5m，平均宽147m，厚0.8～2.0m。含矿岩系为钙质泥岩夹鲕粒状灰岩、角砾状灰岩。矿体平均品位：表内29.35%，表外11.93%，矿体与围岩界线不清，只能通过化学分析圈定。 Ⅱ号矿体断续出露长约2.5km，厚度0.8～5.0m。含矿岩性为钙质泥岩、鲕状灰岩、泥灰岩及棕色钙质泥岩。矿体平均品位：表内30.90%，表外15.92%。该矿体剥蚀严重，因受F_5、F_6、F_7断裂破坏，分别圈出7个小矿体，编号为Ⅱ-1～Ⅱ-7，其中主要矿体Ⅱ-6长约280m，厚2.8m。矿石矿物以原生天青石、次生天青石为主，脉石矿物由石英、石盐、石膏、碳酸盐、黏土矿物和粉砂质碎屑物组成。 矿床成因属内陆湖泊化学沉积型—次生富集型	累计查明资源量为：矿石量24.7万t，天青石72359t，全部为资源量，未探明基础储量	1992～1994年，青海省第一地质矿产勘查大队与青海省科技情报所联合进行柴达木盆地西北部锶矿资源评价综合研究，发现碱山和油泉子天青石矿点。调查面积3580km^2。2001～2002年青海省地质矿产勘查院对碱山一带锶矿开展了普查评价工作	冷湖—茫崖公路从普查区中通过，矿区东距冷湖镇108km，西距花土沟镇186km，交通方便。 老茫崖可提供生产、生活用水，高泉煤矿可提供生产、生活用煤，冷湖、花土沟镇可提供生产、生活物资	区内海拔在2700～2900m之间，地理景观为盐渍平原—盆缘低山丘陵，风蚀地貌发育。气候属典型内陆高原干旱荒漠大陆性气候，寒冷、干旱、少雨、多风沙、温差大，年降水量在20mm以下	区内矿石与大风山矿石具相似的组分和结构构造，可选性应大体相当。大风山矿石经重选和浮选，可得到$SrSO_4$品位为80%以上的天青石精矿，回收率达67%以上，具良好可选性，为易选矿石。 矿床规模大、埋藏浅、产状平缓、剥采比小、极易露天开采，地下水对矿体开采影响小，表内、外矿体分布相对集中，采矿条件极佳。 矿石中有害组分主要为钡O（平均0.09%）、CaO（平均0.21%）、F（平均0.08%），含量少，能满足工业要求	碱山锶矿床未开展过可行性研究工作，根据建议开发规模及相关评价参数对拟建矿山的经济状况进行概略估算。从概略估算结果看，虽然矿山开发在经济上是可行的，但利润较低，因而本矿山开发必须与大风山锶矿床的开发统筹考虑，协调进行

续表

矿床名称	地理位置	矿体特征及矿石质量	资源储量	勘查工作程度	交通、能源、水源概况	自然生态环境特点	开采技术条件	开发利用经济技术可行性
大浪滩钾盐矿床	矿床位于柴达木盆地西北部，行政区划隶属海西州茫崖行委管辖	矿田由梁中、黄瓜梁、双泉及风南4个矿床和黑北、风北两个矿点组成，以梁中矿床规模最大。 矿床中固液体矿并存。液体钾矿有潜水型卤水和承压型卤水两种，共分五大层（W_1～W_5），主要赋存于石盐层中。第一层为第三纪卤水层，埋深大，控制少，仅在个别钻孔见到；第二层主要分布于梁中矿床，面积117km^2，含水层厚82.9m，孔隙度9.7%，给水度6.5%，卤水密度1.23，KCl平均品位1.2%；第三层分布最为广泛，面积13～284km^2，埋深11～120m，含水层厚2～35.54m，孔隙度8.6%～13.4%，给水度4.9%～6.6%，卤水密度1.22～1.23，KCl品位1.5%～3.8%；第四层在各矿床均有分布，面积8～194km^2，含水层厚度6.5～37.9m，孔隙度7.7%～16.5%，给水度4.6%～9.7%，卤水密度1.23～1.24，KCl品位1.12%～2.55%；第五层以潜水型卤水为主，品位相对较高，含水层面积1.9～25.1km^2，厚度0.8～32.2m，孔隙度17.2%～36.9%，给水度6.5%～32.5%，卤水密度1.21～1.25，KCl品位1.28%～2.10%，主要分布在梁中矿床。全矿田卤水KCl平均品位1.3%，$MgCl_2$2.7%。 固体钾盐矿仅分布于梁中矿床，共7层（K_1～K_7）。主矿层（K_6、K_7）又可分为贫富两级。富矿面积3.3km^2，平均厚度4.5m，KCl品位12.5%～18.6%；贫矿面积9.8km^2，平均厚度1.6m，KCl品位6.4%～11.5%。含钾矿物K_6层以钾石盐为主，K_7层为光卤石。 镁盐矿除地表与钾盐共生外，其他三层矿与钾盐无明显的依存关系。含镁矿物为白钠镁矾、泻利盐，顶部为光卤石、水氯镁石。工业矿体含Mg一般为6.0%～7.5%，个别为19.51%；非工业矿体含Mg3.0%～4.5%，局部为5.3%～8.7%。 杂卤石矿分布于矿田各凹陷沉积区。含矿11～25层，最多30层，单层厚0.5～3.4m，K_2SO_4含量一般3.03%～6.90%，最高24.51%，最低2.34%。 芒硝矿共4大层（M_1～M_4），矿层面积374～560km^2，平均厚度3.8～5.7m。其中M_4矿层分布最广，规模最大，累计最大厚度28.7m，一般厚2～10m。全区芒硝矿石Na_2SO_4平均品位55.89%。矿石呈块状构造，中—粗粒结构，含有黏土、淤泥、石盐、粉砂等杂质，部分含杂卤石。 石盐矿共5大层（S_1～S_5），分布面积78～885km^2，单矿层最大厚度28.6m，累计最大厚度190m，矿层平均厚度18.7～55.8m。NaCl品位53%～81%，平均72.1%。矿石呈块状构造，中粗粒结构，含有黏土、淤泥、芒硝、石膏、白钠镁矾及杂卤石等杂质。 矿床成因属内陆湖泊化学沉积型	大浪滩盐湖是一个以钾镁为主，共生有湖盐、芒硝和锂的综合性大矿田，包括3个特大型矿床（镁盐、湖盐、芒硝），1个大型钾盐矿床和1个小型锂矿床，探明盐类总储量1565.06亿t，其中固体KCl 2451.4万t，基础储量716.3万t；液体KCl 15368.4万t，基础储量4948.8万t	1958年省地质局石油普查大队对小梁山至油敦子区段进行过踏勘，指出本区石盐、芒硝、钠镁矾矿产分布范围大，建议进一步工作。1959年省地质局柴达木地质队在柴达木盆地西部开展以硼为主的普查时发现钾矿，同年7月至次年4月对梁中矿床74.3km^{2}范围内进行了初查评价，提交表内C+D级KCl储量1208万t。1982～1986年，省地质矿产局第一地质水文地质大队对全矿田进行了以钾为主的详查，于1987年11月提交了《青海省茫崖镇大浪滩钾矿田详细普查地质报告》。矿床勘查程度为详查，C级储量比例小，勘查程度较低	当茫公路和青新公路从矿田东部通过，区内大风山至老茫崖约80km，大风山东至格尔木市520km，各主要矿床之间均有便道相通，交通较方便。 区内无淡水、无电、无燃料，矿山所需能源和生产、生活物资均需远距离拉运，淡水需从80km外的老茫崖附近用汽车运入	矿田为干涸的盐盆地，海拔2700m～2900m，地形平坦。属内陆沙漠性气候，每年的11月至翌年3月日均气温在零度以下，日温差20℃左右；年降水量16.7mm，年蒸发量3023.2mm；多风少雨，风向西北，最大风速为40m/s。每年8级以上大风日最多可达50天	地表水系极不发育，大浪滩凹地中心局部最低凹地段在雨季偶有地表积水。 矿田基本形状为一封闭—半封闭的盆地，没有任何与外界可联系的地表水体，最直接的补给就是大气降水及其所引起的周边洪流，此外基岩裂隙水或多或少地从侧向对矿田补给，断裂带深部地下水很可能补给矿田较浅部的含水层。矿区内地下水主要为卤水、咸水、油田水，以承压水为主	受青海茫崖海丰钾肥开发有限责任公司的委托，中国石油天然气集团公司工程技术研究院对利用大浪滩卤水生产氯化钾进行了可行性研究，于2001年12月提交了《利用大浪滩卤水年产10万t氯化钾项目可行性研究报告》，认为矿山开发是经济可行的

续表

矿床名称	地理位置	矿体特征及矿石质量	资源储量	勘查工作程度	交通、能源、水源概况	自然生态环境特点	开采技术条件	开发利用经济技术可行性
昆特依钾盐矿床	矿田位于柴达木盆地西北缘，行政区划隶属海西州冷湖行委管辖	矿田分为5个矿床，由北向南依次为：北部新盐带、钾湖、俄博滩、大盐滩和大熊滩矿床。液体矿产自上而下分为五大层，其中1～2层为晶间潜卤水，3～5层为层间承压卤水。卤水中除主矿种KCl外，尚共生有NaCl、MgCl及$MgSO_4$等。五个矿床中以大盐滩矿床规模最大，探明储量占全矿田钾矿总量的95%，其次为俄博滩矿床。大盐滩矿床五层卤水矿层面积为422～810km^2，厚4.7～21.4m，埋深2.2～115.4m。卤水以硫酸镁亚型为主，品位KCl 1.04%～1.3%，NaCl 21.3%～22.5%，$MgCl_2$ 1.2%～2.1%，$MgSO_4$ 1.7%～2.9%。俄博滩矿床上部第一层矿缺失，矿层面积为29～137km^2，厚度9.9～22.5m，埋深2.6～85.4m。卤水以硫酸镁亚型为主，品位KCl 0.73%～1.0%，NaCl 19.9%～23.4%，$MgCl_2$ 0.8%～3.3%，$MgSO_4$ 0.6%～2.3%。卤水中还伴生有LiCl 36.7～158.8mg/L，B_2O_3 131.2～402.4mg/L，Br 7.8～70.9mg/L，I 0.0～3.7mg/L。北部的钾湖矿床，处于洪积扇前泉水溢出带的前沿，是本区最新的第四纪湖泊化学沉积矿床，虽矿层面积和储量均很小，但品位富。 固体钾矿仅分布于大盐滩和钾湖两个矿床中。其中，大盐滩矿床矿层面积为6.6km^2，厚度不稳定，平均厚度1.7m，多呈扁豆体产出，KCl品位3.09%～20.02%；矿石自然类型为含光卤石钾石盐的石盐和含粉砂钾石盐的石盐两种。钾湖矿床固体矿层位较稳定，最大埋深8.3m，一般小于0.5m；矿层厚度一般1.0～1.5m，最大3m；KCl品位一般6%～10%，最高25.78%。矿石自然类型主要为含石盐的光卤石粉砂和石盐粉砂光卤石矿。 昆特依矿田石盐和芒硝矿两者常常共生，层位基本相当，共分6层。石盐矿层在各矿床均有产出，厚度大，品位变化小，尤以大盐滩矿床分布最广，矿层厚1.2～21.1m，NaCl品位68.7%～85.0%。芒硝矿仅分布于大盐滩和俄博滩矿床中，矿层厚0.8～2.4m，Na_2SO_4品位为45.7%～53.5%。矿石结构以结晶粒状及粉砂状为主，构造以块状及层状为主。 杂卤石矿多产于石盐层中，局部产于芒硝、淤泥和黏土层中，呈薄层状、似层状或透镜体状，连续性差或不连续。杂卤石矿分布于大熊滩、大盐滩和俄博滩3个矿床中，以大盐滩为主。矿层厚度小，层数多，单层厚度一般1m左右，最大厚度5.4m，最小0.3m，K_2SO_4品位2.5%～9.7%。 钾镁盐矿物以光卤石为主，次为钾石盐和少量的软钾镁矾等，另有水不溶钾矿物杂卤石等，并有少量泻利盐。 矿床成因为内陆湖泊化学沉积型	昆特依盐湖是一个以钾镁盐为主，共生有湖盐和芒硝，且固液相并存的大矿田，包括两个特大型矿床（镁盐、湖盐）和两个大型矿床（钾盐、芒硝），探明盐类矿产总储量870.1亿t，其中固体KCl 59.6万t，基础储量48.8万t；液体KCl 10163万t，基础储量2098.5万t	1956年，地质部石油普查大队在1:20万路线地质普查中，对昆特依盐类沉积区进行了踏勘。1959年省地质局柴达木地质队开展了以硼为主的盐类矿产普查，提交了《青海省冷湖镇昆特依盐类沉积区地质普查报告》。1985～1988年省地质矿产局柴达木综合地质大队、第一水文地质大队与第一探矿工程大队及地球物理勘查队相互配合，对该区进行了以钾为主的盐类矿产普查工作，于1989年11月提交了《青海省冷湖镇昆特依钾矿田普查报告》。经普查，矿田的分布范围、盐矿层和卤水钾矿的空间分布、数量与质量已基本查清，矿床规模无显著扩大的可能，近期不宜再开展地质工作。矿床勘查程度为初查，C级储量所占比例极小（多<1%），绝大部分为D级储量，勘查程度不高	矿田地处柴达木盆地西北部，东南距格尔木市500km，距冷湖镇30km，距大柴旦镇300km，茶冷公路、当茫公路分别从矿田东侧和中部通过，交通较方便。但盐滩内部盐壳起伏，坎坷不平，汽车行走十分困难。 矿区内无淡水，但在钾湖矿床北部山前洪积扇有淡水，可作为生产及生活用水。 附近有小型火电厂，但电力能源主要由国家电网供给，煤炭资源就近可以解决	区内海拔2750m左右。气候干旱，属内陆沙漠性气候，年降水量15.1mm，年蒸发量3019.2mm；全年最高气温32℃，最低气温－3℃；11月至次年3月为冰冻期	承压水水头一般埋深较小，便于卤水抽取，有利开采；汇水中心地势低洼，排水较困难，易在含水层、抽水设备、孔壁发生结盐。 岩石类型简单，地表为坚硬盐壳，可满足盐田及小型建筑物的建设要求。 矿层直接围岩为湖积淤泥，隔水性能好，有利分段开采。 开采地段地势低洼，对尾卤排放有困难。 矿区（田）构造复杂，隐伏断裂发育，对现代成矿十分有利，开采时应充分研究断裂带补给量、保持补采平衡。 开采方式简单，人工、机械开采均可，埋深较大时可用水溶法，液体矿可用盐田法	受冷湖滨地钾肥有限责任公司的委托，化学工业部连云港设计研究院和上海中昊钾盐工程技术中心联合对昆特依矿田大盐滩钾矿床钾、镁盐资源的开发利用进行了可行性研究，于2004年7月提交了《青海省冷湖镇大盐滩钾矿10万t/a氯化钾及20万t/a钾镁肥项目可行性研究报告》，认为矿山开发经济效益较好

续表

矿床名称	地理位置	矿体特征及矿石质量	资源储量	勘查工作程度	交通、能源、水源概况	自然生态环境特点	开采技术条件	开发利用经济技术可行性
察汗斯拉图芒硝钾盐矿床	察汗斯拉图为柴达木盆地的次级小盆地，位于柴达木盆地西北部，冷湖镇西南侧。芒硝矿区位于察汗斯拉图盆地的中部和南部，面积742.5 km^2，行政区划隶属海西州冷湖行委管辖	1. 芒硝矿 （1）下部中更新统芒硝矿有两层，下层面积163.29km^2，平均厚2.93m，品位 Na_2SO_4 平均56.50%，NaCl 一般4%～12%，$MgSO_4$ 一般2%～3%，$CaSO_4$ 一般7%～12%，淤泥一般10%～15%；上层面积374.30km^2，平均厚2.11m，品位：Na_2SO_4 平均54.50%，NaCl 24.78%，$MgSO_4$ 1.58%，$CaSO_4$ 6.07%。 （2）上部中更新统芒硝矿，有四层：第一层面积521.82 km^2，平均厚度1.31m，品位：Na_2SO_4 平均51.0%，NaCl 22.19%～34.52%，$MgSO_4$ 1.24%～2.59%，$CaSO_4$ 4.74%～7.67%，$CaSO_4$ 2.12%～2.19%，K_2SO_4 1.05%～1.27%。第二层面积215.23km^2（东）和72.52km^2（西），东矿体平均厚0.86m，西矿体平均厚0.88m，东矿体 Na_2SO_4 平均74.05%，西矿体平均71.4%，此外有 NaCl、$MgSO_4$、$CaSO_4$、K_2SO_4、$CaCo_3$ 等。第三层面积2.78 km^2，平均厚0.29m，Na_2SO_4 平均90%。第四层面积213.39 km^2，平均厚0.95m，Na_2SO_4 平均76.99%。位于芒硝矿西北端的玉龙湾矿段，1985年曾进行初勘，面积86.4km^2，仅限于深度3m以上的三层矿，上层面积42.73km^2，平均厚1.04m，平均品位 Na_2SO_4 89.14%；中层面积50.68km^2，平均厚0.25m，品位 Na_2SO_4 98.54%；下层面积60.13km^2，平均厚0.79m，平均品位 Na_2SO_4 91.25%。 2. 钾盐矿 （1）固体钾矿，产于碱北凹地，平均厚数十厘米，总面积15.90km^2，以光卤石为主，次为钾石盐，K^+ 最高含量7.58%。 （2）液体钾矿，分三层，上层面积83.8km^2，卤水层厚度平均5.62m，KCl 平均1.23%，NaCl 22.37%，$MgCl_2$ 1.27%；中层面积217.6km^2，卤水层平均厚6.15m，KCl 含量平均1.03%，NaCl 22.17%，$MgCl_2$ 1.05%，下层面积715.3km^2，卤水层平均厚4.15m，KCl 平均含量0.95%。 3. 石盐矿 据1985年普查报告，工程控制的上部中更新统和上更新统的固相石盐矿层有七层，平均厚度1.32～3.55m，NaCl 平均61.30%～82.46%。此外卤水中 NaCl 含量也较高。 矿床成因为内陆湖泊化学沉积型	芒硝：矿石量365304.2 万 t，Na_2SO_4 100100.4 万 t。 钾盐：固体矿石2186.5 万 t，KCl 105.9 万 t；液体76884.1 万 m^3，KCl 927.3 万 t。 盐矿：固体，矿石1288094.6 万 t，NaCl 898951.6 万 t；液体76884.1 万 m^3，NaCl 20895.8 万 t。 上述三类矿产全为资源量，已上表。 玉龙湾矿段芒硝矿石量14058.89 万 t，Na_2SO_4 6877.36 万 t，全为资源量，未上表	1957年柴达木地质队曾在察汗斯拉图进行过石膏矿点检查。1981年第一地质队盐湖分队在该区进行以钾为主的盐类矿产路线踏勘工作，发现芒硝矿。1983年第一地质水文地质大队在该区进行以钾为主的路线地质踏勘，1984年进行1∶10万以钾为主的盐类地质初查，1985年进行芒硝矿玉龙湾矿段的初勘，1986～1987年进行芒硝矿的详查	冷大公路穿越矿区中部，南侧有茶芒公路，北、西侧有冷茫公路，交通方便。矿区距冷湖镇约80km，矿区内部盐壳起伏，汽车通行比较困难。 生产生活用水需由冷湖镇或茫崖镇拉运，煤需由350km外的大柴旦附近煤矿供应，冷湖、花土沟有炼油厂，可供动力燃料	矿区地势平坦，海拔2696～2718m。属内陆沙漠性气候，干燥寒冷，多风少雨	浅埋的矿层顶板岩性多数具胶结性，凿掘难度较大；深埋的矿层顶底板岩性均具可塑性、压缩性和膨胀性，掘进容易。 该矿床属水文地质条件简单的孔隙充水矿床，适宜露天开采。浅部首期开采，考虑矿层顶底板岩层的稳定性差，会导致采矿场边坡不稳固，应加以支护	察汗斯拉图芒硝钾盐矿床未开展过可行性研究工作，根据建议开发规模及相关评价参数对拟建矿山的经济状况进行概略估算。从概略估算结果看，矿山开发在经济上是可行的

续表

矿床名称	地理位置	矿体特征及矿石质量	资源储量	勘查工作程度	交通、能源、水源概况	自然生态环境特点	开采技术条件	开发利用经济技术可行性
一里坪锂矿床	矿区位于柴达木盆地中部，行政区划隶属海西州冷湖行委管辖	矿区地处柴达木盆地中部盐湖带的中西部，面积 360km^2。矿区内地层为第四系上更新统和全新统的风积、湖沼沉积及化学沉积。上更新统下部为含盐的细砂、粉砂层，上部为砂层及石盐层，总体构成矿区的第Ⅱ含水层，水量较小。全新统以石盐为主，夹有薄层的细砂、粉砂，为第Ⅰ含水层，水量丰富。两大含水层间无明显的隔水层分开，但孔隙度、涌水量有明显差别。锂矿以卤水形式赋存于以上两大含水层中。第Ⅰ含水层中石盐孔隙度大，含矿品位高，且分布较均匀；第Ⅱ含水层孔隙度小，品位较低，变化较大。 含矿卤水层呈层状，产状水平。卤水中除锂外，共生有硼、钾、镁等有益元素和固体石盐。 第Ⅰ含水（矿）层分布面积 202.5km^2，潜水埋深 0.6～0.8m，最浅 0.48m，最深 3.55m，含水层厚度 4～6m，纯卤水层平均厚度 0.91m，孔隙度 30% 左右，单位涌水量 13.9～114L/（s·m）。含矿品位：LiCl 一般 1.5～3.0g/L，平均 2.2g/L；B_2O_3一般 0.5～1.5g/L；KCl 一般 12～25g/L；$MgCl_2$一般 70～150g/L。第Ⅱ含水（矿）层分布面积 250km^2，埋藏深度 6～16m，厚度一般 10～20m，最厚 31m，孔隙度 15%～20%，单位涌水量 0.2L/（s·m）。含矿品位：LiCl 一般 1.5～2.0g/L，B_2O_3一般 0.5～1.2g/L，KCl 一般 10～25g/L，$MgCl_2$一般 50～150g/L。 共生固体石盐矿体东西长 32km，南北宽 10km，盐层厚度 3～20m，含矿品位 NaCl 一般 65% 左右，变化不大。 矿床成因属内陆湖泊化学沉积型	一里坪为大型锂矿床，共生有大型硼矿、镁盐和湖盐矿各 1 个，中型钾盐矿 1 个。探明盐类总储量 30.78 亿 t，其中 LiCl 179.94 万 t，基础储量 133.49 万 t；KCl 1680.5 万 t，基础储量 1546.1 万 t	1958 年 10 月省地质局 632 地质队在湖区进行详查工作，指出该区含锂值得注意。1959 年 7～9 月，省地质局柴达木地质队对矿区进行了初步勘探，于 1960 年 3 月提交了《柴达木一里坪锂矿区初步勘探总结报告》	矿区东距大柴旦镇 230km，向东至青藏铁路饮马峡站 310km，西距茫崖行委 180km，青新公路纵贯矿区，交通较方便。 矿山用水、用电及劳力均需由外地供给	矿区为一狭长的四周被丘陵地形环绕的半封闭状小型盆地，呈 NWW 向带状分布。地形平坦，海拔 2681m。地表无水流，盐湖已干涸，并被风砂覆盖，向砂下湖过渡，深部未发现淡水及埋藏较深的承压水。气候干旱，多风少雨，日温变化悬殊。年最高气温 30℃ 左右，年降水量 20.8mm，年蒸发量 3063mm	本矿床缺乏地表水及地下水水源的补给，对开采极为有利。 矿层顶板埋深 60～80cm，底板 40.95m，分布面积广，孔隙度大，涌水量 400～600m^3/d，因此露天开采最为有利，由于盐类的易溶性、潮解性，开采卤水疏干必须考虑边坡角的稳定。 矿层底板稳定性好，尚未发现承压水及涌水现象。 最好在开采主要液体矿产时，卤水边疏干边开采固体矿产	一里坪锂矿床未开展可行性研究工作，根据建议开发规模及相关评价参数对拟建矿山的经济状况进行概略估算。从概略估算结果看，矿山开发在经济上是可行的

续表

矿床名称	地理位置	矿体特征及矿石质量	资源储量	勘查工作程度	交通、能源、水源概况	自然生态环境特点	开采技术条件	开发利用经济技术可行性
西台吉乃尔湖锂矿床	矿区位于柴达木盆地中部，一里坪矿区南30km处，行政区划隶属海西州大柴旦行委管辖	1. 固体矿 （1）石盐矿，分为上、下两矿层。主矿体面积约150km²，厚度0.3～2m，NaCl 97.0%，一般为60%～70%；次要矿体一般长2～5km，最宽200～800m，厚0.1～0.5m，NaCl品位75%～80%。下部矿层属上更新统，埋深6～35m不等，厚度一般15～20m，最大31.25m，分布面积480余km²，NaCl一般在80%～90%之间，平均57.77%。 （2）钾盐矿，主要产于上更新统化学沉积盐层中，第一层（K1）埋深0.00～0.94m，厚0.5～1m，KC 11.5%左右，个别达8.98%，分布面积2～8km²。第二层埋深12.97～25.74m，局部为2.12～12.44m，集中分布达188km²，一般厚2～5m，KCl在1.5%～3%之间。 （3）镁盐矿，第一矿层赋存于全新统和上更新统中，品位5%～6.5%之间，厚度0.5～1m，分布星散，无工业意义；第二矿层产于上更新统白钠镁矾层中，埋深25m以下，单个矿体厚0.5～1.5m，$MgCl_2$ 6%～13%，面积104km²。 （4）固体锂矿化，在盐类沉积层和碎屑层中普遍含锂，一般底部LiCl多在0.1%以下，上部0.1%以上，最高0.27%，经统计大于0.1%的矿化层最厚18.58m，一般只有1～5m。 2. 液体矿 （1）地表（湖水）卤水矿，湖水均为高矿化度卤水，矿化度326.2～345.2g/L，锂、硼、钾等组分含量远高于最低工业品位或边界品位要求，已构成可利用矿层。 （2）晶间潜卤水矿层，面积30.85km²，平均厚0.19m，矿化度350～360g/L，LiCl平均3.85g/L，B_2O_3平均3.49g/L，K^+平均17.56g/L，Mg^{2+}平均41.13g/L，Na^+平均54.17g/L。 （3）孔隙潜卤水矿层，分布面积131km²，主要赋存于上更新统的中粗砂和含砂石盐互层等岩层中，分为上、下两岩段，埋深0.30～3.13m，矿化度一般320～350 g/L，LiCl平均3.60 g/L，B_2O_3平均0.93 g/L，K^+平均12.58 g/L，Mg^{2+}平均42.86 g/L，Na^+平均64.28 g/L。 （4）晶间承压卤水矿层，面积370余km²，矿化度320～330 g/L，LiCl平均1.88 g/L，B_2O_3平均1.29 g/L，K^+平均9.51 g/L，Mg^{2+}平均31.89 g/L，Na^+平均70.21 g/L。 矿床成因属内陆湖泊化学沉积型	西台吉乃尔湖为特大型锂矿床，共生有大型矿床3个（硼、镁盐、湖盐），中型矿床1个（钾盐），探明盐类总储量33.26亿t，其中LiCl 308.4万t，全部为基础储量；KCl 4734.9万t，基础储量2068.9万t	矿床勘查阶段属初勘。1957年，地质部青海办事处大柴旦地质队对盆地开展以硼为主的盐类矿产普查时，在卤水样中发现富含锂元素，1958年省地质局石油普查大队又对该区进行了调查，认为西台吉乃尔湖含有丰富的锂、硼、钾元素，建议进一步工作。1959年，省地质局柴达木地质队对该区进行了勘探，于1965年提交了《柴达木西、东台吉乃尔湖锂矿区初步勘探普查检查报告》，进行了综合评价	青新公路由矿区北部通过，由一里坪有便道可通矿区，东距大柴旦镇210km，西距茫崖镇200km，交通尚方便。矿区地表有台河和分流河，均为那棱格勒河下游的季节河，洪水时有水注入湖区。生活用水需从马海农场或格尔木市运输供给。北部20km有天然气管道通过，向东有鱼卡煤矿，东部有涩北—台南气田，已建有生产生活基地。矿区内无电网分布	区内地形平坦，海拔2681m左右。属内陆干旱气候，干燥多风，降雨稀少，蒸发强烈，昼夜温差大，年平均气温4.47℃	矿床以液体矿为主，固体钾镁盐矿品位较低，不具有单独开采的价值。矿区地下水均为卤水，分为孔隙潜卤水和承压卤水层，地下水的补给方式主要是地表水的渗入。矿区附近没有可供饮用和工业用的淡水，未来可开发那棱格勒河Ⅰ级冲洪积扇的地下水资源。矿区内主要岩土类型为粉砂、细砂、砂质黏土及盐层，均属盐渍土，经试验，盐田建设、厂房建设可选在黏土层上。但盐渍土为强腐蚀性土，应注意防腐。卤水开采建议浅部卤水（埋深5～10m）用渠采，深部卤水（埋深>10m）用井采	青海中信国安科技发展有限公司对西台吉乃尔湖锂矿床的开发利用方案进行了研究，于2003年7月提交了《青海省西台吉乃尔湖锂矿床开发利用方案》，认为矿山开发建设具有明显的经济效益

续表

矿床名称	地理位置	矿体特征及矿石质量	资源储量	勘查工作程度	交通、能源、水源概况	自然生态环境特点	开采技术条件	开发利用经济技术可行性
东台吉乃尔湖锂矿床	矿区位于柴达木盆地中部，与西台吉乃尔湖相距30km，行政区划隶属海西州格尔木市管辖。	地表卤水（湖水）锂矿呈NWW—SEE向分布，长约23km，宽8km，丰水期湖水面积201.64km^2，枯水期湖水面积191.76km^2，一般水深0.6m，最深1.01m，密度1.21，浓度东大西小。卤水含矿品位LiCl一般1.8～2.0 g/L，B_2O_5一般1.2～1.4 g/L，KCl一般12～14 g/L，$MgCl_2$一般45～50 g/L。在洪水季节，由于河水补给量的增加，湖水面积增大到173km^2，最深达1.27m，湖水变淡，含矿品位降低。 地下卤水锂矿由上至下分为两个含矿层。Ⅰ含矿层赋存于全新统中，其底板为棕红色砂质黏土层，向上至地表为石盐及含黏土的粉砂、细砂等。分布面积76km^2，厚度2～3m，孔隙度平均25.66%，最高38.99%。含矿品位LiCl一般4 g/L，B_2O_3 2.5 g/L，KCl一般20～30 g/L，$MgCl_2$一般80～100 g/L，NaCl一般200 g/L。Ⅱ含矿层分布于Ⅰ含矿层之下，距地表6～35m，主要赋存于上更新统上部石盐层晶间和细砂层孔隙中，分布面积109km^2，以晶间卤水为主，含水层厚15～20m，孔隙度15%～20%，含矿品位LiCl一般4～6 g/L，B_2O_3一般2～3 g/L，KCl一般20～30 g/L，$MgCl_2$一般60～120 g/L，NaCl一般200 g/L。 固体矿产主要为石盐，分布于上更新统和全新统地层中，面积分别为76km^2和91km^2，厚度分别为2～3m和10～15m，NaCl品位分别为80%～95%和65%～75%。 矿床成因属内陆湖泊化学沉积型	东台吉乃尔湖属大型锂矿床，共生有硼、镁盐及湖盐3个中型矿床，1个小型钾盐矿床。探明盐类总储量5.25亿t，其中LiCl 284.78万t，全部为基础储量；KCl 1828.9万t，基础储量1728.8万t	1957～1962年大柴旦地质队进行1∶5万普查，最终提交了Li、B_2O_3、KCl等C+D级储量数百万t。1970～1980年期间，水文、物探及石油局等在此带进行不同专业的勘查及盐类科研工作。1986～1990继续进行诸如《柴达木盆地第四纪钾盐矿床形成条件及找矿方向综合研究》等课题。1998～2001年省矿勘院进行勘探工作并提交《东台吉乃尔湖（锂、硼、钾矿床勘探报告）》	从青新公路584km处向南有汽车便道可直通矿区，行程约80km，交通尚方便。其他基本与西台吉乃尔湖锂矿床相同。由于该矿邻近涩北气田，交通及能源供应条件相对较好	矿区地形平坦，海拔2661～2681m；最高气温30℃。矿区为盆地内陆干旱气候，温差大，气候干旱寒冷，多风少雨，年蒸发量大于降水量，前者大于后者160倍以上	开采方法可采取集卤明渠，以挖至潜水层底板合适，北部大厚度区集卤渠深应达卤水层厚的2/3，可保证卤源充裕，卤质稳定。承压卤水采卤采用抽卤井，输卤管网并结合集卤明渠联采工艺是可行的。矿区无淡水，供水问题应据实际环境，应选的供水点在南部约50km的那陵郭勒河与东台吉乃尔河交汇之折北拐弯处为佳，保留一定水点坡度，以便自流输供	受青海省国土资源厅的委托，青海省国土规划研究院与中国国土资源经济研究院联合对青海省优势矿产资源开展了经济技术评价研究。2007年10月提交了《青海省优势矿产资源经济技术评价》研究报告，并于2007年10月27日通过了青海省国土资源厅的评审。报告对东台吉乃尔湖锂矿床开发利用方案进行了研究，认为矿产资源开发能够获得较好的经济效益，是经济可行的。在矿产品价格大幅上涨的今天，经济效益将会更好

续表

矿床名称	地理位置	矿体特征及矿石质量	资源储量	勘查工作程度	交通、能源、水源概况	自然生态环境特点	开采技术条件	开发利用经济技术可行性
肯德可克铁钴多金属矿床	肯德可克矿区位于柴达木盆地南缘西段，行政区划隶属海西州格尔木市乌图美仁乡管辖	矿床赋存于上奥陶统和石炭系地层中。有南、北两个矿带，均呈东西向展布，矿化范围长约2200m，宽约650m。 南矿带为主要矿带，以铁矿体和铅锌矿体为主，多分布于石炭系底部的硅卡岩中，共圈定铁矿体53个，其中磁铁矿体41个，硫铁矿体10个，铁硫矿体2个。铁矿体规模相差悬殊，其中58号铁矿体长1650m，最厚处113.02m，是矿区规模最大的矿体；规模最小的矿体（未编号）长40m，真厚1.40m；铁矿石平均品位TFe 33.35%，其中磁铁矿石为33.65%（332资源量：36.76%，333资源量：33.07%）；锌铁矿石TFe 29.99%，Zn 1.55%；铁硫矿石TFe 39.44%，S 9.2%；铅矿石Pb 0.98%（工业1.42%，低品位0.48%）；锌矿石Zn 1.28%（工业1.95%，低品位0.84%）；铜矿石Cu 0.91%；硫铁矿石S 15.14%；伴生镉Cd 0.028%；伴生银Ag 8.7g/t。 北矿带矿体较少，主要为铜矿体及低品位铅锌（金、银）矿体。金、钴、铋矿体分布在北矿带中，含矿围岩为上奥陶统层硅卡岩。共圈出35条矿体，其中金矿体17条，钴矿体3条，铋矿体1条，金钴矿体8条，金铋矿体4条，金钴铋矿体两条。矿体分布于东西长1100余米范围内，单条矿体呈似层状、条带状、透镜状产出，长30～525m，厚0.82～10.9m，一般2～5m；平均品位Au（1.10～9.89）$\times10^{-6}$，最高32.05$\times10^{-6}$，单样最高54.53%；Co 0.022%～0.30%，单样最高1.10%；Bi 0.212%～1.198%，单样最高3.63%。 矿体类型较多，有铁矿体、硫铁矿体、铅矿体、锌矿体、铜矿体、金矿体、钴矿体、铋矿体以及复合矿体。矿体大小悬殊，大者长1650m，厚113m；小者长百余米，厚不足1m。矿体形态多呈似层状，透镜状、扁豆状，个别为束状。矿体产状与地层产状基本一致。 矿体空间分布自下而上为磁铁矿体—锌铁矿体—硫铁矿体—锌矿体、铜矿体—铅矿体，分带较明显。 矿床成因有硅卡岩型和喷气—沉积型两种观点	累计查明资源储量为：铁矿7199.1万t，铅金属量58188t，锌金属量144085t，金金属量5.71t，钴金属量426t，铋金属量4229t	该矿床的地质勘查工作大致可分为两个阶段： 第一阶段为1977～1981年由原省地质局第一地质队进行的以铁为主的勘查工作。1968～1970年第一地质队在肯德可克地区发现地表矿化及磁异常，并进行概略检查。1977年对该异常进行1:5万磁法详查，并利用钻探工程进行验证，确定为矿致异常。1979～1981年，第一地质队在肯德可克矿区开展了铁矿详查工作，提交了铁矿详查报告；并对发现的金矿化线索进行了初步控制。 第二阶段为1985年开始的由青海省有色地勘局地质矿产勘查院开展的以金、钴、铋为主的多金属矿产勘查工作。1995～1997年期间，先后对地表含矿蚀变带进行揭露和控制，于1998年发现了钴矿线索，1999年利用浅钻、坑探等工程对含矿蚀边带进行了揭露和控制，圈出数条金钴铋矿体，之后对该区开展了普查工作	矿区东距西宁市1185km，距格尔木市385km；西距花土沟镇约280km。 矿区西北有巴音郭勒河，距矿区约5km，为区内唯一的常年地表水体，丰水期流量为15万m^3/d，枯水期流量约8万m^3/d，水质、水量可满足生活、生产之需。区内用电可以从其北部的甘森泵站供给，距离约80km；燃料从大柴旦镇的绿草山、大头羊煤矿拉运，运距约500km	矿区地处内陆高原，地形闭塞，具高寒、多风、少雨、蒸发量大、昼夜温差悬殊等典型内陆高原干旱寒冷气候特征。年平均气温－1.5～－3.8℃，最高气温约21.2℃，最低气温约零下30℃。矿区内年降水量约140mm，降水集中在5～9月；年蒸发量为1660mm。风向暖季多东风、寒季多西风，基本上为东、西风交替；冰冻期为每年10月至翌年4月	水文地质：多年冻土下的碳酸盐岩类的裂隙溶化，将影响矿石开采，随着采深增加将增大矿坑漏水量，增加开采难度。铁矿床大部位于当地侵蚀基准面主要含水层以下，但含水层富水性较弱，矿区水文地质属简单类型。 工程地质：矿区灰岩、大理岩为矿层顶底板，其裂隙及岩溶并不发育，而且顶底板围岩层厚，坚硬、致密、抗压性好，一般超过500kg/cm^2，不易发生冒顶、变形、脱落现象，但据钻孔资料发现有多层构造破碎带及粉末状岩心，开采时可能产生变形等，应预先采取相关措施	受格尔木庆华矿业有限责任公司的委托，兰州有色冶金设计研究院有限公司对肯德可克铁多金属矿开发利用方案进行了研究，于2006年3月提交了《青海省格尔木市肯德可克铁金多金属矿资源开发利用方案》，认为矿山开发有较好的财务效益，是经济可行的

续表

矿床名称	地理位置	矿体特征及矿石质量	资源储量	勘查工作程度	交通、能源、水源概况	自然生态环境特点	开采技术条件	开发利用经济技术可行性
野马泉铁锌矿床	矿区位于格尔木市西约285°方向直距约280km处，行政区划隶属海西州格尔木市乌图美仁乡管辖	野马泉地磁异常分南、北两个磁异常带，与之相对应有南、北两个矿带。北矿带包括的磁异常有M3、M4、M5、M7、M8、M11、M12、M13、M14，仅对其中部分异常进行了验证，其总体特征是：矿体多而小，矿体厚度、品位变化大，铁矿体及锌矿体密切伴生，铁矿体形成在先，呈层状；锌矿体形成在后，常呈脉状。南矿带包括的磁异常有M1、M2、M6、M9、M10，工作程度很低。 北矿带M4、M5异常内累计发现铁矿、铁锌矿、锌矿体57条，其中M4异常内18条，M5－1异常内33条，M5－2异常内6条，铁矿体主要赋存于接触带之硅卡岩中，以浸染状矿石居多，块状较少，靠近接触带的矿体和硅卡岩均较厚大，远离接触带者则较薄并呈似层状、扁豆状，与地层整合产出；部分矿体产于硅质岩和条带状大理岩中。主要矿石类型中不同程度地伴生有铜、铅、钴、钼等矿化，尤其是锌矿、铁锌矿体中多数伴生有铅矿。 M5－1Ⅲ、M5－2Ⅱ、M5－2Ⅲ、M4Ⅰ号矿体为M4、M5异常区主矿体。矿体长25～325m，厚1.00～121.69m，深21～170m；平均品位：TFe 21.04%～47.32%，Zn 0.52%～10.04%，伴生Pb 0.32%～1.39%，Cu 0.25%～1.13%。 矿石类型主要有磁铁矿矿石、闪锌矿矿石、闪锌矿—磁铁矿矿石。 矿床成因属硅卡岩型	累计查明资源储量为：铁矿石量877.8万t，其中基础储量259.9万t；锌金属量50760t，全部为资源量	1968～1970年，青海省地质局物探队在那棱郭勒河至巴音郭勒河山前覆盖区进行1:50000、1:25000地磁测量时，在野马泉地区圈出地磁异常14处，并对野马泉M4、M5、M9、M10地磁异常开展了1:2000磁法详查，对M1、M3、M6、M7地磁异常开展了1:5000磁法详查，认为异常多由磁铁矿引起。 1968～1970年，青海省地质局地质一队对野马泉地区M1、M3、M4、M5、M13进行了进行了检查评价。野马泉矿区内共投入14个钻孔，累计工作量4352m。并于1971年提交了《青海省格尔木县野马泉铁地区铁矿地质普查报告》。 1976～1977年，青海省地质局地质一队对M5异常进行了普查评价，并于1978年提交了《青海省格尔木县野马泉铁矿区M5磁异常普查评价报告》	沿格（格尔木）—茫（茫崖）公路从格尔木向西行驶270km至甘森泵站后，沿2005年青海庆华有限责任公司新修公路向南行驶约60km，下便道向东行驶约15km即抵达矿区。格—茫公路为青海省三级公路，2005年庆华公司新修公路为砂石路面，路面宽阔平坦。 电力需自备，煤炭须从格尔木运入。 区内有野马泉泉水，昼夜涌水量约71.52～392.16t。此外，距矿区20km处有五一河常年流水	矿区位于柴达木盆地西南缘东昆仑山脉西段半干旱荒漠化草原区，地势平坦，总体南高北低，平均海拔3740m，风成砂厚度达35～70m。气候属典型的高寒、干旱的内陆高原盆地气候，多风、少雨，蒸发强烈，冬长夏短，昼夜温差悬殊，年平均降水量138.77mm，蒸发量达2941.3mm，最低气温－30℃，最高气温31.2℃，平均气温1.58℃	矿区矿体位于当地侵蚀基准面以下，附近无常年向地表水体，矿体主要充水含水层和构造破碎带富水性弱。矿体顶低板以裂隙水和溶隙水为主要充水类型，矿体本身不透水。因矿区第四系覆盖较厚，排水较困难，水文地质条件中等。 矿体顶底板以坚硬—半坚硬的层状角岩、大理岩、硅质岩为主体，稳定性好对开采不会带来不良工程地质问题。 矿区开采可产生局部地形变形，应注意防患。区内无重大污染源，无热害及放射性元素，无可燃性和自燃性气体。地下水水质良好，矿坑排水对附近地表水体无污染，矿石和废渣成分基本稳定，矿区环境地质条件中等	野马泉铁锌矿床尚未开展过可行性研究工作，根据建议开发规模及相关评价参数对拟建矿山的经济状况进行概略估算。从概略估算结果看，矿山建成后，在未考虑综合利用锌的情况下，矿山开发在经济上是可行的；如果考虑综合利用锌，经济效益将会显著提高

续表

矿床名称	地理位置	矿体特征及矿石质量	资源储量	勘查工作程度	交通、能源、水源概况	自然生态环境特点	开采技术条件	开发利用经济技术可行性
尕林格铁矿床	矿区位于格尔木市北西直距247km，行政区划隶属格尔木市乌图美仁乡管辖	全矿区分东、西两个矿段，共7个矿群。西矿段包括1～3矿群，东矿段包括4～7矿群。区内以5矿群规模最大，其次是2矿群。5矿群已控制矿体8个，其中两个主矿体长分别为1000m及1066m，厚分别为50m及14m，延深分别为300m及325m。2、5矿群探明储量分别占全矿区总储量的21.5%及60.8%。全区共见矿体47个，单个矿体长100～1066m，厚3～60m，延深38～360m。矿体形态为透镜状及不规则状，走向近EW，倾向南，倾角60°～70°，局部近直立。 矿石矿物主要为磁铁矿、磁黄铁矿，次为黄铁矿、闪锌矿、方铅矿、毒砂、白铁矿、硼镁铁矿、褐铁矿、赤铁矿及少量孔雀石等；脉石矿物主要为透辉石、镁橄榄石、蛇纹石、石榴石、绿泥石、方解石，次为绿帘石、阳起石、角闪石、黑云母及少量葡萄石、滑石、透闪石、斜长石、石英、重晶石及磷灰石。 矿石工业类型可划分为硫铁矿石、含硫磁铁矿石、磁铁矿石及铅锌矿石四种类型。 矿石化学成分：Fe_2O_3 14.42%～59.24%，SiO_2 5.22%～31.28%，Al_2O_3 0.30%～3.79%，CaO 0.79%～14.81%，MgO 1.09%～22.83%，FeO 5.01%～24.68%，TiO_2 0.01%～0.41%，Mn 0.13%～0.6%，Cu 0.002%～0.03%，Pb 0.005%～0.02%，Zn 0.01%～0.04%。 矿石品位一般TFe 30%～50%，最高66.04%。区内东矿段矿石品位最高，平均含TFe 51.73%，是省内最富的铁矿石，达高炉富矿要求；含硫较低，平均0.55%。西矿段品位较低，平均含TFe 32.90%；含硫较高，平均2.08%。矿石的伴生组分有铜、铅、锌、银等，其中锌、铜可达综合利用指标。矿石中主要有害组分为S和Zn，但均可通过选矿回收，变害为利。其他如P、Cu、Pb及As等均低于允许含量。 矿床成因属接触交代型	全区探明铁矿石D级储量3967.1万t，为中型铁矿床。其探明储量在省内位居第2位。此外还探明伴生硫资源量42万t，未上表的银金属量5565kg、铅金属量5798t、锌金属量23303t、铜金属量952t。其中东矿段探明富铁矿石量2743.4万t，是省内规模最大的富铁矿段；西矿段探明铁矿石量1223.7万t	1975年，地质部902地质队发现航磁异常，编号为M512。1976～1977年，省地质局物探队进行了地面磁法检查，推断属矿致异常。1978年省地质局第一地质队对M512－2号和5号异常进行了钻探验证，见工业矿体。1979～1980年由省地质局第六、第八地质队分别对该铁矿区东、西段进行详查评价，提交了储量。矿床勘查程度为详查	矿区向东经乌图美仁至格尔木，行程318km，有便道勉强可通汽车，交通不方便。 矿区及其附近无电源。所需物资供应全靠外地长途运输解决。 矿区附近无地表水体，仅有泉水两处，即野马泉（昼夜涌水量约70t）及红柳泉，可供饮用及小规模生产用水，距矿区50km的巴音郭勒河枯水期流量0.94m/s，可满足生活及生产用水需要	矿区地处戈壁荒漠，地势平坦，海拔3230～3290m。气候属高原沙漠性气候，多风少雨，年降水量13.5～31.7mm，年蒸发量2941.3～3077.5mm。昼夜温差悬殊，气温最高31.21℃，最低－34.21℃，年均气温1.61℃	矿区内地下水水位标高具西高东低，南高北低的特点。矿区漏水孔的漏浆位置都在矿层顶板附近，因此矿层顶板充水是将来开采时应考虑的主要危险因素。 矿体顶底板工程岩组以坚硬的层状透辉石岩，透辉石硅质岩为主体，呈致密块状、硬度大，抗风化能力强，抗压强度大，属坚硬岩石，稳定性好。在断层破碎带及两盘岩性强度降低，岩体稳固性差，应注意防患。 矿区无任何居住及工业建筑类型，非旅游区、文物保护区及自然保护区，无人类居住。附近无地表水体，植被稀疏。无滑坡、崩塌及灾害性泥石流现象。矿山开采不会对周围环境产生大的不良影响	尕林格铁矿床未开展过可行性研究工作，根据建议开发规模及相关评价参数对拟建矿山的经济状况进行概略估算。从概略估算结果看，矿山建成后，在未考虑综合利用铅、锌、银、铜的情况下，矿山开发在经济上是可行的；如果考虑综合利用铅、锌、银、铜等共、伴生矿产，经济效益将会显著提高

续表

矿床名称	地理位置	矿体特征及矿石质量	资源储量	勘查工作程度	交通、能源、水源概况	自然生态环境特点	开采技术条件	开发利用经济技术可行性
四角羊—牛苦头多金属矿床	矿区位于祁漫塔格山北坡，行政区划隶属海西蒙古族藏族自治州格尔木市乌图美仁乡管辖	矿区共圈定铁多金属矿体49条，其中铜矿体16条、铅锌矿体19条、磁铁矿体8条、硫铁矿体6条；以隐伏矿体为主，地表仅在15勘探线附近见16和17号矿体的少量露头；矿区内大致可划分出上、下两个铁多金属矿层：上部近地表矿体一般埋深在200m以上，最浅出露于地表，以铅锌矿为主，多向北倾；深部矿体一般埋深在200m以下，最深达560m，以铜矿为主，多向南倾。17号和6号矿体为矿区主要矿体。 17号铅锌矿体：主要分布在15和07勘探线之间，由8个钻孔控制，矿体长375m，工程控制矿体厚度在1.18～28.51m之间，平均10.97m，厚度变化系数101.08%；矿石中主要金属矿物有方铅矿、闪锌矿，少量黄铜矿、黄铁矿等；品位一般Pb在0.10%～4.70%之间、Zn在0.10%～6.73%之间，平均Pb为1.43%、Zn为2.39%。矿石具半自形—自形中细粒结构，团块状、稀疏—稠密浸染状构造。 6号铜矿体：该矿体是区内的主要矿体，矿体长达1200m，由26个钻孔控制，工程控制矿体厚度在1.50～64.4lm之间，平均8.83m；矿石中主要金属矿物为黄铜矿，少量方铅矿、闪锌矿、黄铁矿、磁黄铁矿、磁铁矿等；矿石具半白形—自形中细粒结构，细脉状、稀疏—稠密浸染状构造。 矿石类型有磁铁矿石、硫铁矿石、铜矿石、铅锌矿石等。矿石矿物有磁铁矿、磁黄铁矿、黄铁矿、黄铜矿、闪锌矿、方铅矿、白铁矿等。 矿石品位：TFe一般20.00%～47.1%，最高54.19%，平均30.40%；Cu一般0.01%～2.04%，最高4.49%，平均0.42%；S一般0.71%～24.76%，最高28.96%，平均18.23%；Pb一般0.004%～6.04%，最高14.40%，平均1.49%；Zn一般0.01%～5.15%，最高10.69%，平均2.22%。 矿石中有益伴生组分主要为Cd和Ag。矿区Cd平均含量为0.0044%，Ag平均含量为4.73g/t。 矿床成因属矽卡岩型	截至2007年底，对43条矿体进行了资源量估算，累计查明资源量为：铁726万t；铅锌矿石量2445万t，铅金属量55.15万t，锌金属量62.43万t；铜矿石量734万t，金属量4.9万t；但均未评审上表	1977年，青海省地质局原第一地质队在M23磁异常圈定了含矿带大致范围。 1980～1981年，青海省地质局原第一地质队对牛苦头多金属矿区M23磁异常进行了检查。 1987年，青海省地球物理勘查大队在M23磁异常区进行厂1:1万激电测量和化探扫面。 2002年，青海省柴达木综合地质勘查大队对四角羊—牛苦头沟中间地段进行了普查。 2005～2007年青海省柴达木综合地质勘查大队对继续矿区进行普查，其中2007年在局部地段开展了详查工作	由格尔木市沿格茫公路行250km至甘森下便道，向西南方向再行驶110km至野马泉，由野马泉向东20km即达矿区，交通尚属方便。 矿区及其附近无人烟、无燃料、无电源，经济落后。近年来在矿区东南约5km处有个体户对铅、锌、铜矿进行小规模开采，具较好的经济效益。区内无其他工、农业生产，生产、生活物资均需从格尔木市运入。 矿区地下水主要为分布在牛苦头沟和半个呆沟的松散岩类孔隙水，其水质矿化度和硬度较高，味微咸，主要离子含量均大于饮用水标准，需经适当处理才可做生活饮用水使用	矿区地处柴达木盆地西南缘山前地段，区内地势南高北低，平均海拔3800m左右，最高为3860m，最低3760m，相对高差50～100m，属盆地边部浅—中切割高山区，气候以高寒、多风少雨、蒸发强烈、昼夜温差大为特点，发育高寒荒漠土，属高寒、干旱的典型内陆性气候。区内水系不发育，牛苦头沟、半个呆沟等均为干沟，仅在7～8月份雨季局部小支沟中见间歇性流水	区内主要含水层位为第四系砂砾石层和上石炭统四角羊沟组碳酸盐岩。第四系砂砾石层主要分布在牛苦头沟23－43勘探线和半个呆沟12—36勘探线之间，厚度一般数十米，单井涌水量大于500m^3/d，补给源主要来自大气降水和高山区冰雪（冻土层）融水。深部尚存在碳酸盐岩类岩溶裂隙水，但富水性较小。区内地形复杂，不利于自然排水。矿区水文地质条件中等。 区内岩石工程地质类型可划分为坚硬的酸性侵入岩组、较坚硬的碳酸盐岩组、较坚硬—较软的矽卡岩组、较坚硬—较软的铁多金属矿石岩组、软质的碎裂岩组等。在漫长的地质年代里，本区曾历经多期次强烈的构造变动，发育有数最众多的区域性火断裂，区域上属不稳定区	矿区由于工作程度低，远景规模尚未查明，所探获的资源量尚未能评审上表，也未开展过可行性研究工作，仅根据已探获资源量对未来矿山的经济状况进行静态概略估算。从概略估算结果可以看，矿山建成后，在综合利用铁铜铅锌银五种矿产的情况下，矿山开发在经济上是完全可行的；若能综合利用镉等伴生矿产，经济效益将会显著提高

续表

矿床名称	地理位置	矿体特征及矿石质量	资源储量	勘查工作程度	交通、能源、水源概况	自然生态环境特点	开采技术条件	开发利用经济技术可行性
赛什塘铜矿床	矿床位于兴海县城西南195°方向直距39km处，行政区划隶属兴海县温泉乡管辖	矿区共176个矿体，其中铜硫矿体116个，硫矿体26个，铅锌矿体32个，铁矿体两个。除M1、M2、M4号矿体在地表有局部出露外，余者皆为盲矿体。矿体总体走向为NW—SE，倾向南。矿体形态多为似层状和透镜状，局部有分支复合现象。M2号矿体规模最大，M1、M193和M4矿体次之。M2矿体总长2650m，沿倾斜延深196～600m，厚5～20m，倾角25°～50°，铜平均品位1.23%，资源储量占首采区总资源储量的75.11%；M1矿体长2175m，沿倾斜延深58～490m，厚1～10m，倾角10°～40°，铜平均品位1.35%；M193矿体长350m，沿倾斜延深108～294m，厚1.2～10m，倾角18°～25°，铜平均品位1.0%；M4矿体长675m，沿倾斜延深27～100m，厚1～53.5m，倾角10°～50°，铜平均品位0.69%。 矿石自然类型以硫化矿石为主（占总资源储量的99.52%），氧化矿石（占0.18%）和混合矿石（占0.29%）只分布在地表或浅部。矿石工业类型主要为铜矿石和铜硫矿石，其次为铁铜矿石、铁硫铜矿石、铅锌矿石、硫矿石和铁矿石，前两种矿石遍布每个矿体。矿石中除主成分铜外，尚含有硫、铅、锌、铁、金、银、硒、镉、镓、钨、锡、铋、钼等伴生有益元素和砷、镁、氟等有害元素。铜主要为黄铜矿，另有少量斑铜矿，偶见方黄铜矿、辉铜矿、孔雀石、铜蓝和自然铜。硫主要为磁黄铁矿，其次为黄铁矿。铅为方铅矿，锌为闪锌矿，铁为磁铁矿。银矿物有自然银、深红银矿、淡红银矿等，但多以分散状态存在于方铅矿中。金主要赋存于黄铜矿中，多以微细或超微包体存在。脉石矿物有辉石、石榴石、阳起石、绿泥石、石英、方解石、金云母和黏土。矿石结构以半自形粒状、他形粒状、乳浊状、交代溶蚀、交代残余及填隙结构为主；矿石构造以致密块状、浸染状、条带（纹）状为主，次为少量细脉状构造。 矿床中各类工业矿石的平均品位为：Cu 1.21%，Pb 1.38%，Zn 2.45%，S 12.13%，Tfe 27.31%；伴生 Au 0.30g/t，Ag 15.47g/t。 对该矿床的成因有多种认识，最早认为属硅卡岩型，后来有人认为是斑岩型和硅卡岩型共存；一期勘探报告认为该矿床主要在变质作用中形成，属热液沉积—变质、岩浆叠加改造型铜矿床；《青海省区域矿产总结》认为应属海相火山型以碎屑岩容矿的矿床	共探明铜金属储量434808t，其中基础储量149910t；铅34623t；锌100457t；硫380.9万t，其中基础储量370.9万t；铁矿石量683.4万t；金113.36t，其中基础储量12.85t；银572t，其中基础储量558t，镉2004t。此外，尚有未上表资源量镓397t、硒114t、砷6506t	1955年地质部西北地质局根据群众报矿发现。1956～1961年间先后由地质部西北地质局637地质队、省地质局海南地质队及物探队等单位进行地表勘查工作。1961年由海南地质队提交了检查评价报告，估算了铜金属储量。1967～1970年，省地质局第十地质队和物探队协作，发现地面磁异常是由隐伏矿体引起，并找到较好的工业矿体。从1971年起，第十地质队转入矿区勘探，并于1985年提交了《青海省兴海县赛什塘铜矿初步勘探地质报告》。1990～1992年，省地质矿产局第三地质队（原第十地质队）再次对矿区及外围进行普查，新增铜金属储量4.4万t，最终确定了该矿床的现有规模。为了促进该矿的开发，1992～1994年期间省地质矿产局第三地质队对首采区进行勘查，提交了《青海省兴海县赛什塘矿区铜矿一期勘探报告》	兴海县城至矿区有68km的简易公路可通汽车，交通较方便。 区内水系较发育，属黄河水系，主要河流雪青沟和丁科沟，年均流量在 $1.16m^3/s$ 以上，可满足生产和生活用水需要。 龙羊峡水电站距矿区约140km，该电站至兴海县城有110kV.A输电线路。距矿区40km的曲什安河口的水电站业已建成，另外三个梯级小电站也正在建设之中	矿区海拔3350～3750m，属高原大陆性气候。年均气温1.0℃，年降水量389mm，6～8月为无霜期，10月至翌年4月为冰冻期	矿体埋深在150～350m，大部分矿体埋于当地侵蚀基准面之上，但地形不利于自然排水。矿区水文地质条件简单，局部中等，矿区工程地质条件简单，岩石抗拉、抗压强度均较大，硐室一般稳定，局部破碎地段需支护	受青海赛什塘铜业有限责任公司的委托，兰州有色冶金设计研究院有限公司在本院《青海省兴海县赛什塘铜矿可行性研究报告》和《青海省兴海县赛什塘铜矿扩建工程可行性研究报告》的基础上，对赛什塘铜矿开发利用方案进行了研究，于2006年10月提交了《青海省兴海县赛什塘铜矿扩建工程开发利用方案》，认为矿山开发建设具有较好的财务效益，是经济可行的

续表

矿床名称	地理位置	矿体特征及矿石质量	资源储量	勘查工作程度	交通、能源、水源概况	自然生态环境特点	开采技术条件	开发利用经济技术可行性
铜峪沟铜矿床	矿床位于兴海县城西南220°方向直距39km处，行政区划隶属兴海县温泉乡管辖	矿区共16个矿带、63个矿体，其中60个为铜矿体、3个为硫矿体。矿体形态简单，多呈层状、似层状和透镜状，个别矿体有分枝复合现象。矿体产状与地层产状基本一致，总体走向东西，倾向南；少部分走向北西，倾向南西；倾角10°～25°。单个矿体一般长300～1710m，沿倾斜延深100～780m，厚0.4～14.8m。规模最大的为M1、M4和M2矿带，探明资源量占矿床总资源量的70%。M1矿带平均含铜1.37%，由4个矿体组成；最大的矿体长1210m，倾斜延深780m，一般厚度4～7m。M4矿带平均含铜0.89%，由9个矿体组成；最大的矿体长1710m，倾斜延深600m，一般厚度3～4m。M2矿带平均含铜1.32%，由13个矿体组成；最大的矿体长1310m，倾斜延深500m，一般厚度2～4m。 矿石自然类型以硫化矿石为主，氧化矿石和混合矿石仅在局部地段出现。工业类型主要为铜矿石、铜硫矿石、硫矿石，其次为铅锌矿石、铜锌矿石、铅锌硫矿石。主要成分铜含量为0.30%～9.33%，一般0.89%～1.37%。主要共（伴）生元素除铅、锌、硫外，还有金、银、镓、锗、镉、硒、锡等；有害组分为砷、氟和镁。金属矿物中，铜主要为黄铜矿，另有少量斑铜矿、孔雀石、蓝铜矿和铜蓝。硫主要为磁黄铁矿，并有少量黄铁矿和白铁矿。铅为方铅矿。锌为闪锌矿。锡为黄锡矿和少量锡石。另外还发现有辉铋矿、辉钼矿、毒砂等。银矿物见有深红银矿和淡红银矿。镉主要赋存于闪锌矿中。脉石矿物主要为透辉石、钾长石、石英、黑云母和方解石，其次为斜长石、阳起石、绿泥石和绢云母等。矿石结构以他形—半自形粒状为主，填隙结构和交代结构为次；矿石构造以条带状、脉状和网脉状为主，浸染状和块状次之。 矿床中各类矿石的平均品位为：Cu 1.25%，Pb 3.48%，Zn 2.59%和S 4.93%。 对矿床成因有几种不同认识，早年的地质报告中笼统地将其划归为硅卡岩型；1986年省地质矿产局第三地质队在《铜峪沟铜矿床地质研究》中认为属沉积—变质改造层控型矿床；《青海省区域矿产总结》则认为和赛什塘铜矿一样，属海相火山型以碎屑岩容矿的矿床	全矿床已探明各类金属资源量为：铜298901t，铅48858t，锌36407t，硫268.1万t。未上表储量有银415t，金3.05t，镉2219t，锗160t，锡8438t，硒122t，镓190t	1958年由省地质局海南地质队普查发现，后来该队在地质部204地质队配合下进行了一些初步地质工作，并于1961年提交了相应的地质报告，估算了铜金属储量。1967～1971年，省地质局第十地质队和物探队一起，再次进行检查，发现一些深部物探异常，确认有进一步开展深部地质工作之必要。1979～1984年，该队在新的成矿理论指导下，通过深部勘查，于1985年提交了《青海省兴海县铜峪沟矿区详细普查地质报告》，初步查明了各种矿产资源量。该矿床的勘查程度虽为详查，实际仅达到普查程度	兴海县城至矿区有约90km的简易公路相通，交通较方便。 龙羊峡水电站距矿区约155km，该电站至兴海县城有110kV·A输电线路。距矿区55km的曲什安河口的水电站业已建成，另外三个梯级小电站也正在建设之中。 距矿区1km处的雪青沟，5～11月的河水流量为1.85m³/s，属重碳酸钙型水，水质良好，可作为生产和生活用水。枯水季节可用夏季储水或距矿区16km的曲什安河水	区内海拔3700～4500m，谷窄坡陡。气候属高原大陆性气候，年最高气温20℃，最低-20℃；年降水量约400mm，5～8月为雨季；多西北风，一般2～5级	矿床为层控矿床，顶底板岩石都较为坚硬致密，岩性较为单一，为硅卡岩、大理岩和变质粉砂岩。 矿体倾向与地形坡度相反，初步认为较适用平巷开采。 矿区内断裂构造发育。F_{14}断裂对工程地质条件有影响与破坏作用，而且该断裂经多次活动，钻孔中见构造角砾岩厚达130m，本断裂含较强的承压水，所以在开展进一步工作时应对工程地质条件数据进行收集。 地表冻土层分布广、厚度较大，一般厚4～5m，最厚可达18～20m左右，对地面建筑和浅部矿坑有一定影响	铜峪沟铜矿床未开展过可行性研究工作，根据建议开发规模及相关评价参数对拟建矿山达产后的年度经济状况进行概略估算。从概略估算结果看，矿山开发在经济上是可行的；如果考虑综合利用铅、锌、锡、金、银等共、伴生矿产，经济效益将会显著提高

续表

矿床名称	地理位置	矿体特征及矿石质量	资源储量	勘查工作程度	交通、能源、水源概况	自然生态环境特点	开采技术条件	开发利用经济技术可行性
日龙沟锡矿床	矿床位于兴海县楠木塘乡日龙沟沟脑，行政区划隶属兴海县楠木塘乡管辖	矿体产于变质粉砂岩、黑云石英片岩及不同岩石的接触部位，矿体具顺层产出特征。地表矿体多沿厂龙—日龙沟断裂的分支断裂及派生裂隙分布。地下盲矿体产于变质粉砂岩中，与围岩呈整合产出。共6个矿点见23个矿体，盲矿体3个（其中ZK3201中见1个、ZK3202中见1个、ZK3203中见1个）。单个矿体长100～345m，厚2～8m，盲矿体厚0.96～5.86m。矿石品位：Sn表内矿平均品位0.378%，表外矿平均品位0.113%；共生和伴生有益组分平均品位：Cu 0.13%、Zn 0.71%、Pb 0.37%、Sn（伴生于铜、锌矿石中）0.087%、Au 0.11g/t、Ag 12.59g/t、Ga 0.001%、Cd 0.016%。 矿石类型以原生硫化物矿石为主，有锡石闪锌黄铜方铅矿石，锡石黄铜矿石、黄铁黄铜矿石、锡矿石等四种，各类矿石均含有较多的磁黄铁矿、黄铁矿。围岩蚀变有硅卡岩化、硅化、阳起石化、褐铁矿化、碳酸盐化、绢云母化等与矿化关系密切。矿石结构有他形粒状结构、填隙结构、交代乳浊状结构、胶状结构、反映边结构、交代残余结构；构造有浸染状构造、细脉浸染状构造、块状构造、条带状构造。 矿床成因属沉积变质热液改造型	累计查明资源量为：Sn 16516t，Pb 11211t，Zn 22879t、Cu 3133	1958年海南地质队在铜峪沟外围普查时发现。1980～1981年、1984年第十地质队多次对该点进行了地表评价工作。1985～1986年第三地质队对该点以钻探为主要手段进行了普查。1992年第三地质队开展了日龙沟—吉浪滩多金属矿普查工作	倒—帮公路221km处有便道，经薄荷沁，西喝秋喝可达矿区，多数地段可通行汽车，交通总体较方便。 龙羊峡水电站距矿区约150km，该电站至兴海县城有110kV·A输电线路。距矿区50km的曲什安河口的水电站业已建成，另外三个梯级小电站也正在建设之中。 距矿区1km左右的雪青沟，5～11月的河水流量为$1.85m^3/s$，属重碳酸钙型水，水质良好，可作为生产和生活用水。枯水季节可用夏季储水或距矿区约20km的曲什安河水	区内海拔高，谷窄坡陡，属高原大陆性气候。年最高气温20℃，最低-20℃；年降水量约400mm，5～8月为雨季；多西北风，一般2～5级	本矿区矿体均在当地侵蚀基准面之上，地表水及大气降水对矿床充水无甚影响，属水文地质条件简单的裂隙充水矿床。 矿体顶板岩石主要是大理岩，其次为变质粉砂岩、构造角砾岩、绿帘阳起片岩，矿体底板有变质粉砂岩、千枚岩等，岩石较坚硬，岩层较稳固，属工程地质条件简单的矿区。但应引起注意的是矿区断裂构造较发育，不过规模较小，对未来矿坑工程地质有一定影响。 矿区北面的赛什科龙洼，汇水面积$300km^2$，平均流量$1.88m^3/s$，旱季最小流量0.23～$0.43m^3/s$，为HCO_3—Ca^+型水，矿化度为0.161g/L，pH值7.7，为弱碱性水，水质良好，可作生活和生产用水	日龙沟锡矿床未开展过可行性研究工作，根据建议开发规模及相关评价参数对拟建矿山的经济状况进行概略估算。从概略估算结果看，矿山建成后，在仅利用锡的情况下，虽然利润较低，但若考虑综合利用铜、铅、锌等共、伴生矿产，经济效益将会显著提高，因而矿山开发在经济上是可行的

续表

矿床名称	地理位置	矿体特征及矿石质量	资源储量	勘查工作程度	交通、能源、水源概况	自然生态环境特点	开采技术条件	开发利用经济技术可行性
索拉沟铜铅锌矿床	矿区位于兴海县西北部的索拉沟中游，行政区划隶属海南藏族自治州兴海县大河坝乡管辖	矿区圈定18个矿体，可归为五个矿体群： 1）MI矿体群：由两个矿体组成。MI－2矿体：呈透镜状，长400m，控制延深95～185m。视厚度平均3.04m。Zn平均1.20%；Cu平均1.40%。 2）MII矿体群：由五个矿体组成。MII－3矿体：呈似层状，长300m，控制延深120～440m，视厚度平均6.83m。Cu平均0.54%，Zn平均0.69%，Pb 0.60%。MII－4矿体：呈似层状。长600m，控制延深100～650m。视厚度平均9.10m。Cu平均0.51%，Pb平均0.64%，Zn平均0.93%。 3）MIII矿体群：由五个矿体组成。MIII－3矿体：呈似层状，长800m，控制延深45～680m。视厚度平均5.42m。Cu平均0.45%，Pb平均0.66%，Zn平均0.94%。MIII－4矿体：呈似层状产出，长800m，控制延深50～440m，视厚度平均3.93m。矿体以Cu为主，Cu平均0.68%。 4）MⅣ矿体群：由三个矿体组成。MⅣ－1矿体：呈似层状，长600m，控制延深100～480m。视厚度平均5.51m。Pb平均0.55%，Zn平均0.69%，Cu平均0.59%。MⅣ－2矿体：呈似层状产出。长600m，控制延深115～480m，视厚度平均9.35m。Pb平均0.64%，Zn平均0.93%，Cu平均0.82%。 5）MV矿体群：由三个矿体组成。MV－2矿体：呈透镜状，长500m，控制延深45～635m，视厚度平均5.30m。Pb平均0.78%，Zn平均0.67%，Cu平均0.54%。 矿石类型较简单，以铜矿石为主，次为锌矿石、铅矿石、铅锌矿石及少量锌铜矿石。矿石矿物主要有磁黄铁矿、黄铁矿、黄铜矿、闪锌矿、方铅矿，其次有白铁矿、胶状黄铁矿，偶见有黝铜矿、毒砂、白铅矿、自然铋等	累计查明资源储量为：铜5.8577万t，矿石量956.1万t，其中基础储量1.7167万t，矿石量270.5万t。铅2.028万t，矿石量369.4万t，其中基础储量0.5548万t，矿石量83.0万t。锌3.7455万t，矿石量377.5万t，其中基础储量0.7394万t，矿石量80.9万t。银403.3t，其中基础储量110.8t。 镉1289.0t，其中基础储量312.0t。镓313.2万t，其中基础储量83.0t	1968年原地质十队发现。1972年区调一队进行了检查，同年物探队进行了磁法和水系沉积物测量。1985年地质三队对矿点进行检查。1987年又进行了地表揭露和深部了解。1990～1993年第三地质队对该矿进行了详查。2001～2002年青海省地质矿产勘查院对索拉沟—在日沟地区进行银多金属矿普查并提交了《青海省兴海县索拉沟地区银多金属矿普查报告》。2007年5～12月，青海启源矿业开发有限公司开展了补充详查工作，并提交了《青海省兴海县索拉沟铜多金属矿补充详查地质报告》，通过了青海省矿产资源储量评审中心评审	矿区距兴海县80km，距西宁市298km。倒邦公路从矿区东约7km处通过，从倒邦公路206km里程碑至矿区有便道可通汽车，交通比较方便。 区内水系较发育，属黄河水系，索拉沟（全称索拉藏秋毫）与格尔沟（地格尔）由西向东流经矿区北部，汇入索妥曲，经水塔拉河、大河坝河，在兴海县东南唐乃亥附近流入黄河。区内水系流量受季节控制较明显，融冰期和雨季水流较大，旱季流量明显变小。水质类型为HCO_3—Ca型，矿化度0.164g/L。pH值8.0显弱碱性，水质良好，可作生活和生产用水。 矿区东约7km沿倒邦公路有高压输电线路通过，煤炭资源需到西宁地区才能坚决	矿区海拔高程4000～4700m，相对高差700余米，属中高山区。矿区内地形切割较为强烈，坡陡谷深，坡度一般30°～45°，地势较险峻。海拔4200m以上发育石块地．施工条件差，增加了勘查工作的难度。 矿区气候属高原干寒大陆型，以干燥寒冷、降雨量少、无霜期短、年温差和昼夜温差大为特征。每年5～9月是融冻期，气候相对温暖湿润，最高气温可达22℃。10月至翌年4月为封冻期，干燥寒冷，最低气温－25℃。每年9月至翌年6月多西北风。风力可达6～7级，7～8月为雨季，降水多以暴雨、冰雹形式出现	矿体顶底板主要是条带状不纯硅质岩与变粉砂质泥岩，坚硬致密。地表及浅部裂隙发育，稳固性较差，需支护。风化带以下稳固性良好，断裂构造不甚发育，属工程地质条件简单矿区。主要矿体位于当地侵蚀基准面以上，地形有利于自然排水。主要含水层和构造破碎带富水性弱，属水文地质条件简单的裂隙充水矿床。索拉沟和水塔拉两河水可作为生产生活用水，电力需自备。总之矿床开发条件一般	索拉沟铜铅锌矿床未开展过可行性研究工作，现仅根据建议开发规模及相关评价参数对拟建矿山的经济状况进行概略估算。从上述概略估算结果可以看出，矿山建成后，可年获利润13567973元，矿山开发在经济上是可行的。但如果不综合回收利用银，则矿山将每年亏损427万元左右

续表

矿床名称	地理位置	矿体特征及矿石质量	资源储量	勘查工作程度	交通、能源、水源概况	自然生态环境特点	开采技术条件	开发利用经济技术可行性
德尔尼铜矿床	矿床位于大武镇西南直距20km处，行政区划隶属玛沁县大武乡管辖	矿区共探明Ⅰ、Ⅱ、Ⅴ、Ⅶ4个主矿体，含22个小矿体。除Ⅰ、Ⅴ号矿体局部出露外，余者皆为盲矿体。Ⅰ号矿体规模最大，长1040m，最宽206m，最厚74.3m，地下埋深15～150m，平均含Cu 1.18%，含Co 0.092%，附两个小矿体。Ⅱ号矿体长760m，最宽309m，最厚25.57m，平均含Cu 1.21%，含Co 0.054%，附3个小矿体。Ⅴ号矿体长1270m，最宽323m，最厚61.36m，平均含Cu 1.48%，含Co 0.111%，附11个小矿体；Ⅶ号矿体长935m，最宽117m，最厚35.08m，平均含Cu 1.03%，含Co 0.082%，附6个小矿体。矿体一般呈透镜状或似层状，总体走向北西，倾向南西，因受后期构造影响常呈现褶皱形态。 矿石自然类型以原生硫化矿石为主，仅在Ⅰ、Ⅴ号矿体的露头见到少量氧化矿石。另在氧化矿石的下部和成矿后的构造带附近发现少量轻微氧化矿石。矿石工业类型主要为铜锌钴硫矿、铜锌硫矿、铜钴硫矿、铜硫矿和硫矿石，其次为铜矿石和铜钴矿石。矿石主要有益组分为铜、钴、锌、硫，金及银，其次为硒、碲、镓及铟。金属矿物中，铜主要为黄铜矿，另有少量黑铜矿、斑铜矿、铜蓝、孔雀石和蓝铜矿。钴主要呈类质同象分布在黄铁矿和磁黄铁矿中，见少量钴镍黄铁矿和硫铁镍钴矿。锌为含铁较高的闪锌矿。硫主要为黄铁矿，其次为白铁矿和磁黄铁矿。金、银在氧化带和铁帽中含量较高，并形成一定规模，可圈出独立的金、银矿体；原生矿中的金银主要赋存于黄铜矿和黄铁矿中，自然金和自然银的占有率很低。硒主要赋存于黄铜矿中。脉石矿物主要为方解石、白云石，其次为石英、滑石、蛇纹石及绿泥石等。矿石结构以半自形和自形粒状为主，另有少量充填、溶蚀交代、压碎和变晶结构。构造主要为块状，其次为浸染状和条带状，另有少量角砾状和揉皱状构造。 全矿床平均品位为：Cu 1.27%，Co 0.089%，Zn 1.05%，S 31.92%。伴生矿产品位为：Au 0.53g/t，Ag 6.7g/t，Se 0.0025%。 关于矿床成因有多种观点，主要有岩浆矿床说、沉积矿床说或火山沉积矿床说，海底热泉硫化物矿床说、深部熔离－贯入矿床说等。《青海省区域矿产总结》将其划归为海相火山型以超镁铁质岩容矿的矿床	全区累计探明铜金属储量578487t，其中基础储量338152t；钴28367t；锌162156t；硫1510.3万t，其中基础储量887.3万t；金29.29t；银275t；硒1247t。其潜在价值达110.8亿元，为省内潜在价值最大的金属矿床，是一个以铜、钴为主的大型综合矿床，包含5个大型矿床（铜、钴、硫、金、硒）和两个中型矿床（锌、银）。另外还计算了镉704t、镓237t、铟115t等未上表矿产储量	1958年，省地质局果洛地质队根据群众报告，发现了Ⅰ号矿体露头，并编有踏勘报告。1959～1961年间，该队在省地质局物探队的配合下，发现一些新异常和新露头，认为矿床具有一定规模，需继续深入工作。1965～1970年，省地质局第三地质队和地质部第八物探大队806地质队一起，对该矿进行勘查，取得了新的突破，基本上奠定了大型铜钴矿床的基础，1972年提交了《青海省玛沁县德尔尼铜钴矿储量报告》。1988年，省有色地质勘查局第八地质队进行复查，发现三个小矿体，估算铜金属储量3.96万t。1990～1992年，省地质矿产局第一地质大队本着“拾遗补漏”的原则，对未工作过的物探异常进行验证，估算新增铜金属储量约5万t，但均未上表	矿区至大武镇有35km的简易公路可通行汽车，大武至西宁435km的宁果公路全为油面公路，交通较为方便。 龙羊峡水电站至大武有高压输电线路，矿区用电较易解决。 矿区内除少量矿化度较高（最高达6730mg/L、pH值2.5～5.0）的酸性水外，其他均为低矿化度、低硬度的淡水，可供生产用水。距矿区1.5km的德尔尼河，年均流量0.61m³/s，可供生活用水	矿区海拔3700～4370m，属高原大陆性气候，年均气温－1.2℃，年降水量733mm，年蒸发量1100mm，每年10月至翌年4月称“干季”，降水量仅占全年的20%，且溪流封冻，冰上可通行汽车。矿区多山谷风，月均风速1.7～3.8m/s，最大可达24m/s。矿区地表为高山草甸，无木本植物，自然条件较差	矿体一般埋深15～150m，除个别地段可露天开采外，余者皆需地下开采。近矿围岩为砂板岩较稳定。顶底板为疏松的薄片状蛇纹岩，强度较低，必须支护。矿区地下水类型以基岩裂隙潜水为主，多为微弱含水体。矿体处于当地侵蚀基准面以上80～120m，具有良好的天然排水条件。矿体及主要围岩的富水性弱，水文地质条件简单	受青海省国土资源厅的委托，青海省国土规划研究院与中国国土资源经济研究院联合对青海省优势矿产资源开展了经济技术评价研究。2007年10月提交了《青海省优势矿产资源经济技术评价》研究报告，并于2007年10月27日通过了青海省国土资源厅的评审。报告对德尔尼铜钴矿开发利用方案进行了研究，认为矿产资源开发能够获得较好的经济效益，是经济可行的

续表

矿床名称	地理位置	矿体特征及矿石质量	资源储量	勘查工作程度	交通、能源、水源概况	自然生态环境特点	开采技术条件	开发利用经济技术可行性
元石山铁镍矿床	矿床位于拉脊山中段北麓，行政区划隶属平安县古城乡管辖	矿床由上、下两条含矿带组成，共有5个矿带34个矿体。上部含矿带分布在超基性岩体的中上部，仅赋存了由3个矿体组成的V号矿带。其中V_1矿体长472m，平均厚37m，平均延深295m，镍平均品位0.61%。镍、铁储量分别占全矿区的48%和36%，是全矿区规模最大的矿体。下部含矿带分布于岩体北部底缘，由Ⅰ、Ⅱ、Ⅲ、Ⅳ四个矿带31个矿体组成，各矿带矿体数分别为8个、2个、15个和6个。其中I_1矿体长481m，平均厚8.5m，平均延深145m，倾角上陡下缓，镍平均品位0.48%，镍、铁储量分别占全矿区的3%和11%。$Ⅲ_1$矿体长853m，平均厚13.5m，平均延深397m，镍平均品位0.46%，镍、铁储量分别占全矿区的39%和44%。 矿体呈似层状、透镜状及脉状，走向250°～290°，倾向南，倾角变化较大，一般为20°～60°。 矿石工业类型有铁镍矿石、硅镍矿石、镁镍矿石和铁矿石四种，各种镍矿石的选冶性能相差甚大。 铁镍矿石：呈黄褐—红棕色，具土状或土块状构造。矿石矿物以针铁矿、水针铁矿为主，赤铁矿、水赤铁矿次之；脉石矿物有石英、蛇纹石、高岭石、滑石等。镍平均含量为0.97%，TFe 31.52%，Co 0.075%，Cr_2O_3 2.66%，矿石量占全矿区的22%。 硅镍矿石：由含镍的硅化、褐铁矿化及碳酸盐化等蚀变超基性岩组成。矿物组合以含大量石英、蛋白石及玉髓为特点，并含有铁菱镁矿、菱镁矿、针铁矿及水针铁矿等。镍平均含量0.38%，TFe 9.72%，Co 0.02%，Cr_2O_3 <1%，矿石量占全矿区的41%。 镁镍矿石：由褐铁矿化、碳酸盐化及硅化蚀变超基性岩组成，以碳酸盐化发育为特点。矿石成分以铁菱镁矿、菱镁矿、方解石为主，其次为针铁矿、水针铁矿、赤铁矿、石英、蛋白石等。镍平均含量为0.41%，TFe 10.73%，Co 0.021%，Cr_2O_3 <1%，矿石量占全矿区的36%。 铁矿石：由针铁矿、水针铁矿、赤铁矿、水赤铁矿组成。脉石矿物由硅质和碳酸盐类矿物组成，与铁镍矿石的主要区别在于针铁矿、水针铁矿较少，不含镍的赤铁矿和水赤铁矿却显著增多。矿石品位低，镍平均品位0.29%，TFe 26.98%，Co 0.011%，Cr_2O_3 2.44%，矿石量占全矿区的1%。 全矿床矿石平均含Ni 0.83%，TFe 31.24%，Co 0.047%；铁矿石中伴生铬的含量为Cr_2O_3 2.65%。 矿床成因属热液交代叠加风化—淋滤型	累计查明资源储量为：镍金属量156126t，其中基础储量30017t；钴金属量5472t，其中基础储量1841t；铁矿石量701.1万t，其中基础储量329.9万t。此外，尚有铬金属量18.51t未上表	矿床于1958年大办钢铁期间经当地群众报矿发现，省地质局东部地质队于当年9月组织普查，年底即转入勘探，于1959年底提交了《湟中县元石山铁矿区地质勘探最终报告》，探明铁矿石储量182万t，伴生镍金属储量0.5万t，认为伴生镍应引起注意。1969～1973年间，省地质局第十三地质队对该矿进行铁矿补充勘探。工作过程中发现镍、钴含量较高，且可圈出单独镍矿体。1971年，根据物质成分研究及湿法选冶试验结果，认为该矿以氧化镍为主，镍、钴能被利用的可能性极大，且镍、钴价值远高于铁的价值，从而将矿区评价由以铁为主正式转为以镍为主，并对矿体围岩进行补充工作，以扩大储量。1973年野外地质工作全部结束，1977年提交了《青海省湟中县元石山铁镍矿区总结勘探报告》，1980年提交了补充说明书	临平公路自矿区东侧通过，北至平安驿火车站28km，交通方便。 平安附近有国家电网经过，用电较方便。 二淌河流经矿区东侧，能满足生产、生活用水需要	矿区地处拉脊山中段北麓，海拔2858～3256m，比高200～300m。具半干旱大陆性气候，年最高气温23℃～25℃，最低气温-26℃～-28℃，年均气温0℃，11月至翌年2月为冰冻期。年降水量738mm，5～9月为雨季，占全年降水量的80%	由于主矿体埋藏不深，倾角中等，故其浅—上部矿段以露采为宜；2900m标高以下的矿体尾部，以坑采为宜。 采用还原焙烧—氨浸法进行选矿试验结果：铁镍矿石镍浸出率>80%，伴生钴同时可回收，硅镍矿石镍浸出率75%～80%，钴浸出率60%～75%；镁镍矿石镍浸出率仅50%～60%，钴浸出率<50%，效果较差，采用离析—磁选法试验，镍钴回收率得到明显提高	受青海嘉华金属发展有限公司的委托，铜陵有色金属（集团）公司设计研究院对元石山铁镍矿开发进行了可行性研究，于2002年3月提交了《青海省平安县元石山铁镍矿采矿工程可行性研究报告》，认为矿山开发是经济可行的

续表

矿床名称	地理位置	矿体特征及矿石质量	资源储量	勘查工作程度	交通、能源、水源概况	自然生态环境特点	开采技术条件	开发利用经济技术可行性
上庄磷灰石矿床	矿床位于西宁市东南约35km的拉脊山北坡，行政区划隶属平安县石灰窑乡管辖	矿床产于黑云母单斜辉石岩体中，矿区内的两个单斜辉石岩体呈 NWW 向斜列分布，东西长 5075m，宽 25～700m（平均400m）。共划分五个矿带，51 条矿体。 西岩体矿带：带内共分布有 11 个矿体，存在矿区东段的矿体为41、42 两个，其中41 号矿体为全矿区最大的矿体。 东岩体中划分四个矿带： 上部矿带：位于岩体上部。西起 15 线西，东至西峡沟，南以 F_2 为界，其北包括 2 号矿体范围。呈 NWW 向分布，长 2260m，宽 30～155m。带内有 8 个矿体。 中部矿带：分布在岩体中部，上、下矿带之间，分布着 16 个矿体。 下部矿带：位于岩体下部。矿带南包括 15、14 号矿体范围，北至岩体底界，呈 NWW 向分布，长 1795m，宽 5～80m，分布有 6 个矿体。 西矿带：分布在岩体西部。南到岩体顶界，北至 F_2 南的 28 号矿体，东起 3 线，西至岩体西端，呈 NWW 向分布，长 920m，宽 90～280m。分布有 10 个矿体。 以上矿体中以矿区东段 1、2、5、6、41 号等 5 个矿体规模较大。 矿体多呈似层状及透镜状，少数呈扁豆状，产于黑云母次透辉石岩中。矿体走向 255°～320°，倾向南，倾角 40°～80°。 矿石的有用矿物为磷灰石、磁铁矿及蛭石化黑云母。其他矿物有次透辉石、角闪石、榍石、黄铁矿、长石、绿帘石、方解石等。矿石可划分为黑云母次透闪石磷灰石矿、角闪次透辉石磷灰石矿和黑云母次透辉石磷灰石矿等自然类型。矿石工业类型分为铁磷矿石和磷矿石两种。矿石主要呈半自形—他形粒状结构，块状构造。 有益组分除磷、铁外，尚伴有轻稀土元素（TR_2O_3）。 矿石有益组分：铁磷矿石：P_2O_5 3.39%、SFe 10.74%、TR_2O_3 0.106%、K_2O 2.28%。磷矿石：P_2O_5 3.54%、SFe 5.60%、TR_2O_3 0.033%、K_2O 3.15%；矿石有害组分：铁磷矿石：Fe_2O_3 11.57%、Al_2O_3 5.15%、TiO_2 1.61%、MgO 11.65%、Co_2 0.37%。磷矿石：Fe_2O_3 5.33%、Al_2O_3 6.37%、TiO_2 1.08%、MgO 13.68%、Co_2 0.046%。 矿石平均品位：东矿段 P_2O_5 3.46%，SFe 8.35%，R_2O_3 0.095%；西矿段 P_2O_5 3.03%，SFe 6.11%，TR_2O_3 0.0542%。 矿床成因属晚期岩浆分异矿床	累计查明资源储量为：磷矿石 51128 万 t，其中基础储量 6045.1 万 t；伴生轻稀土氧化物 34.61 万 t，其中基础储量 5.84 万 t。此外，尚查明透辉石资源量（矿石量）401.7 万 t	1970 年省地质局第十三地质队在验证物探队所发现的上庄磁异常时发现有磷灰石，1971～1975 年该队对矿区东矿段进行详勘；同期，省地质局第三地质队对矿区西矿段进行详查。东矿段 B＋C 级储量占总储量的 36.6%，勘查程度较高；西矿段全为 D 级储量，勘查程度较低	矿区位于西宁市南东约 34km 处，北距兰青铁路平安驿火车站 32km，有公路相接，交通方便。 矿山用水可就近从大沟溪流汲取，用煤也可就近解决，高压输电线路已架至矿区 1km 处	矿区海拔 3100～3800m，山势陡峻。属半干旱大陆性气候，年最高气温 25℃，最低气温 −28℃，平均气温 0℃，年降水量 738mm，年蒸发量 1126mm	区内水文地质条件比较简单。矿坑充水来源主要是大气降水、红墙峡溪流、第四系冲—洪积物孔隙水、含矿岩体及其顶、底板裂隙潜水与局部裂隙承压水，虽对矿坑充水有影响，但不至于产生较大的危害。 矿区主要矿体均出露地表，呈陡倾斜的似层状，矿体围岩主要为黑云母透辉石岩，节理裂隙较少，稳固性较好。对矿体稳固性有影响的断层主要为 NWW 向纵向断层 F_1、F_2、F_4、F_6 等，开采时应多加注意。对标高 3200m 以上的 1、2 号矿体适于露采，对坡角 53°～62°、坡长 12.8m 的人工露采破碎带应加强防护以避免塌方	上庄磷灰石矿床尚未开展过可行性研究工作，根据建议开发规模及相关评价参数对拟建矿山的经济状况进行概略估算。从概略估算结果看，矿山开发在经济上是可行的

续表

矿床名称	地理位置	矿体特征及矿石质量	资源储量	勘查工作程度	交通、能源、水源概况	自然生态环境特点	开采技术条件	开发利用经济技术可行性
拉水峡铜镍矿床	位于拉鸡山南坡，行政区划隶属化隆县巴燕镇管辖	拉水峡铜镍矿在地质构造上处于祁连褶皱系东南边缘的日月山—化隆晚元古代隆起带化隆地块中部，矿区出露地层为下元古界化隆（岩）群的关藏沟组中、下岩性段，岩性主要为片麻岩、斜长角闪岩、花岗质混合岩、各类片岩夹大理岩、石英岩。矿区中部为NW—SE走向，且为一NW倾伏的倒转背斜，背斜核部由石英岩构成，在背斜两翼的地层中次一级的褶皱和揉皱构造发育。矿体产于背斜近轴部的NE翼。 矿区侵入岩较发育，有早期侵入的基性—超基性岩脉，后期侵入的花岗岩及伟晶岩脉，但侵入体规模甚小，一般顺层贯入于关藏沟组片岩带内。其中晋宁早期基性—超基性岩与铜镍矿有关。晋宁早期基性—超基性侵入体，区内出露零星，规模小，呈透镜状、似层状，大致以顺层的方式，较集中地侵入在化隆（岩）群关藏沟组下岩段（Pt_1g^1）及中岩段（Pt_1g^2）底部。岩体（脉）规模一般长十余米至数十米，最长百余米，宽数米至十余米。岩体（脉）常与斜长角闪片岩在空间关系上十分密切。与围岩大多表现为构造接触关系，界线清楚，岩体（脉）边部显示片理化或强烈破碎。岩体（脉）蚀变强烈。 区域内有拉水峡铜镍矿、关藏沟铜镍矿、乙什春铜镍矿点、沙家铜镍矿点等共19处矿（化）点，其中拉水峡矿区及外围铜镍矿（化）点有14处。 矿区共有两个具工业价值的矿体（Ⅰ、Ⅱ号）及三个矿化蚀变带。主矿体Ⅰ号矿体赋存于拉水峡背斜北东翼。石英岩构成矿体底板。条纹状钾长混合岩构成矿体顶板。矿体长150m，平均宽10m左右，产状基本与地层一致。深部长68m，最厚22m，延深160m。为一上缓下陡，上窄下宽的规则板柱状体。矿体地表氧化成铁帽。氧化带深约70m。Ⅱ号矿体位于Ⅰ号矿体南西240m处，赋存于背斜南西翼关藏沟组第三岩层的角闪片岩中，矿体上宽下窄呈楔形，长40m，宽15m，延深63m。原生矿石矿物主要是紫硫镍铁矿、辉铁镍矿，次为镍黄铁矿、辉镍铁矿和针镍矿。其他金属矿物有黄铁矿、黄铜矿等。原生矿石主要是他形粒状结构、块状构造。据1981年在该山三个中段采集的14个光片，主要矿物紫硫镍矿2%～50%，平均27.4%；黄铁矿<50%，平均20.7%；黄铜矿0～38%，平均16%。次要矿物闪锌矿0～5%，平均1%。据57个光谱样分析在三个生产中段（高程）镍、铜平均品位分别为：2510m，镍1.88%、铜0.72%，Ni∶Cu＝2.6∶1；2456m，镍2.63%、铜0.56%，Ni∶Cu＝4.7∶1；2403m，镍3.65%、铜0.81%，Ni∶Cu＝4.5∶1。围岩蚀变主要为透闪石化、绿泥石化和碳酸盐化。主要找矿标志是铁帽。 矿床成因类型以“具热液特征的晚期岩浆贯入型”为主，风化壳型为次	1961年《青海省化隆县拉水峡铜镍矿区最终地质勘报告》提交 C_1+C_2 级表内矿石总量：44.98万t，其中硫化矿石36.15万t，Ni平均品位4.21%，镍金属量15230t；氧化矿石8.83万t，Ni平均品位2.56%，镍金属量2255.94t。铜资源储量仅查明矿石量54.4万t，金属量2832t	1959年青海省地质局东部地质队发现镍后，引起重视，1960年转入勘探，共投入钻探4839.49m，平峒619.8m。1961年12月提交《青海省化隆县拉水峡矿区最终地质勘探报告》。探明 C_1+C_2 级表内矿石储量44.98万t。 1989年，青海省地质九队对本区进行铜镍矿普查，提交了《青海省化隆县关藏沟及外围铜镍普查报告》。 1995年地矿部地球物理地球化学研究所和青海省地球化学勘查院，在拉水峡—关藏沟地区进行了1:2.5万地气地球化学测量和土壤中气汞测量，圈出铜、Ni等多元素综合异常6处。1996年再度合作进行了拉水峡地气地球化学找矿模式研究，在Ⅰ、Ⅱ号异常区进行1:5000地气测量详查，对关藏沟矿点进行了解，分别在Ⅰ、Ⅱ号异常区内进一步圈出Hg、Ni、钴、铜、锰、银、锌、铅元素异常，并通过筛选，选出找矿靶区三处	矿区位于化隆县城东南约11km处，西宁至循化公路经过矿区，交通方便。矿点海拔高程2550m，本地属农业区。矿区已开发，水、电供应条件良好	矿区地处拉脊山中段南麓，海拔2858～3256m，比高200～300m。具半干旱大陆性气候，年最高气温23℃～25℃，最低气温－26℃～－28℃，年均气温0℃，11月至翌年2月为冰冻期。年降水量738mm，5～9月为雨季，占全年降水量的80%。 矿点海拔高程2550m，本地属农业区。矿区已开发，自然、经济环境亦较好	矿体埋深大于200m，矿区内断裂发育，F_4 断层位于矿区中部，对矿体起着较大的破坏作用。矿床顶、底板较稳定，唯风化蚀变带及破碎带开采时需加注意。工业矿体主要是Ⅰ号矿体，其产状上缓下陡，并受断裂控制，适宜用井筒开拓，井位布于矿床下盘之尖灭处，并于沟侧较高处。氧化矿宜用充填法，原生矿石宜用留矿法。选矿方法为浮选法	矿床正在开采，经济效益较好

续表

矿床名称	地理位置	矿体特征及矿石质量	资源勘查潜力	勘查工作程度	交通、能源、水源概况	自然生态环境特点	开采技术条件
老藏沟多金属矿床	矿床位于泽库县北东直距约52km处，行政区划隶属泽库县多福顿乡管辖	矿床中主矿体产于老藏沟上三叠统中酸性火山岩内的浅成安山质隐爆角砾岩及电气石石英岩构成的火山机构东侧。矿床按产出地段自北向南有：瓦窑沟一带铜矿化、老藏沟斜长花岗斑岩及潜英安岩中的铜、锡多金属矿体、拨雾沟铅锌矿群、史赫郎卡矿段铅、锌、硫、锡矿群等，银未形成单独矿体，其他伴生元素有Sb、In、Cd、As等。大致以老藏河为界，河西以铜矿化为主，构成铜矿化带，河东为铅锌、硫、锡成矿带，构成铅锌（硫、锡）矿床。铜矿化带：瓦窑沟铜矿化，仅发现规模较小的铜矿化体，地表控制长90m，宽1.2～7.85m，含Cu 0.32%～0.58%，工程控制平均最高0.37%，深部控制矿化体视厚度1～5m，含Cu 0.3%～0.79%；老藏沟火山通道相斜长花岗斑岩及潜英安岩中铜、锡、铅锌矿，仅有微弱的黄铜矿化，局部形成一些铜矿体，规模小，不具工业意义，此外有G115锡矿体、G116铅锌矿体、G97铅锌矿体。铅锌（硫、锡）矿，分为拨雾沟和史赫郎卡两个矿体，拨雾沟矿段有矿体24个，其中主矿体8个，小矿体16个，均为盲矿体，称G2矿体群，规模最大的矿体G2-5长165m，倾斜沿深287m。主矿体品位：Pb 0.50%～2.68%，Zn 0.06%～1.47%。史赫郎卡矿段为矿区主要矿段，多为盲矿体，矿体一般长200～300m，斜深60～350m，由两个矿体群即G1-G3-G6矿体群（49个矿体）和G4-G5矿体群（23个矿体）组成。矿石品位Pb 0.66%～1.34%，Zn 0.03%～0.65%，Sn 0.1%～0.98%，S 6.17%～17.1%。矿体形态为透镜状、脉状、不规则状，并有分支复合尖灭再现现象。矿石中主要金属矿物有方铅矿、闪锌矿、砷硫锑铅矿、黄铁矿、白铁矿、锡石、毒砂、辉锑矿、黄铜矿、辉铜矿、斑铜矿等，脉石矿物主要有电气石、石英、绢云母、白云石等，矿石主要为原生硫化矿石。矿区平均品位Pb 1.27%、Zn 0.77%、S 9.01%、Sn 0.35%、As 0.40%、Ag 36.33g/t、Cd 0.012%。 据详查报告认为属火山型气液中低温锡石硫化物多金属矿床，三轮区划据其受陆相火山机构及其同生的环状隐伏断裂隙控制，将其划归为以铅锌（锡、银）为主的陆相火山岩型矿床	累计查明资源量：铅80763t、锌49785t；伴生银262t、锡432t、砷19771t、硫26.2万t、铟10t、镉191t。 矿区外围已发现有脉状铅锌矿体及铜铅锌化探异常以及锡石、辰砂等重砂异常多处；在矿区北部龙那合火山机构上亦有物化探异常显示。今后应对外围已发现的矿化线索及火山机构的含矿性进行研究，还应针对较多的尚未出露的“盲矿体”和火山机构特点进行研究并加大勘查力度	1958年黄南地质队在矿区外围护林点两侧发现方铅矿、闪锌矿细脉。1968～1969年第七地质队、物探队、地质部第三物探大队采用重砂、电法、岩石、土壤测量等方法圈定了异常区。1969～1970年地质七队、物探队进行物化探详查，对护林点西侧矿点进行检查。1976～1982年地质七队进行普查，1982～1986年地质七队进行详查	矿区东距麦秀林场7km，有简易公路相通，林场往北33km到达同仁县，向南65km到达泽库县，均有省级公路，交通方便。 矿区生产生活用水方便，用电需从林场引入，生产用煤需从180km外的西宁地区运入	矿区海拔3200～3600m，地形陡峻。属高原大陆性气候，年最高气温32℃，最低气温-24℃，年降水量385～590mm，年蒸发量1206～1667mm。矿区森林密布，植被广厚，覆盖率达80%	矿区位于老藏河的中游，F_1断裂带的以东地带。主要矿体群埋藏在史赫郎卡分水岭一带，绝大部分矿体位于当地侵蚀基准面之上，且远离地表水体，矿体与基岩裂隙水关系密切，而且与松散岩类孔隙水也有一定水力联系。总体为水文地质条件中等的断裂带充水型矿床。 矿区围岩主要为蚀变安山岩、安山质隐爆角砾岩和电英岩，属坚硬、半坚硬岩石。工程地质条件简单，但断裂发育，采矿需支护

续表

矿床名称	地理位置	矿体特征及矿石质量	资源勘查潜力	勘查工作程度	交通、能源、水源概况	自然生态环境特点	开采技术条件
瓦勒根金矿床	矿区位于泽库县北东直距约60km处的瓦勒根河北侧的卡拉莫一席地龙洋一带，东西长4.0km，南北宽0.9km，面积约3.6km^2，行政区划属泽库县麦秀镇管辖	矿区圈出了近东西向和北西向两组金矿化带，其中近东西向金矿化带根据矿体展布和空间位置又进一步划分出Ⅰ、Ⅱ、Ⅲ、Ⅳ号四个金矿化带，NW向金矿化带进一步划分出Ⅴ、Ⅵ、Ⅶ号3个金矿化带。 Ⅰ号金矿化带控制长600m，矿体赋存于近EW向层间破碎带及裂隙中，共圈出7个金矿体，其中Ⅰ$_2$号金矿体长78m，平均厚1.49m，最高品位4.82g/t，最低品位3.36g/t，平均品位3.77g/t；Ⅰ$_3$号金矿体长180m，平均厚1.89m，最高品位21.40g/t，最低品位2.95g/t，平均加权品位10.55g/t。 Ⅱ号金矿化带长近1800m，宽100～200m，圈定11个矿体，其中Ⅱ$_4$金矿体长90m，厚3.76m，平均品位4.88g/t；Ⅱ$_7$金矿体长320m，厚0.91～3.77m，金品位在1.01～25.2g/t之间，平均品位4.53g/t；Ⅱ$_8$金矿体长360m，平均厚4.48m，金品位在1.88～12.0g/t之间，平均品位4.86g/t。 Ⅲ号金矿化带长300余米，圈定1个金矿体，长320m，平均厚1.85m，金品位在1.0～4.84g/t之间。 Ⅳ号金矿化带长1800m，宽100～300m，圈定7个矿体，其中Ⅳ$_1$、Ⅳ$_2$、1V$_6$、Ⅳ$_7$号为主要矿体。Ⅳ$_1$矿体长165m，厚3.75m，平均品位2.05g/t；Ⅳ$_2$矿体长480m，厚3.74m，平均品位2.13g/t；Ⅳ$_6$矿体长610m，厚为3.40m，平均品位为4.33g/t；Ⅳ$_7$矿体长达1700m，地表规模较大的分支有4个，平均品位1.64～8.79g/t。 Ⅶ号金矿化带圈出两个金矿体，其中Ⅶ$_2$矿体产于北西向断裂破碎带中，赋矿岩石为黄铁矿化、毒砂化杂砂岩碎裂岩，长570m，平均厚度2.62m，平均品位3.94g/t。 矿物组分简单，主要金属矿物有黄铁矿、毒砂、辉锑矿、黄铜矿、磁黄铁矿、褐铁矿；脉石矿物主要有石英、斜长石、方解石、白云石、绢云母。 矿石类型划分为破碎蚀变砂板岩型金矿石、石英斑岩型金矿石、蚀变砂板岩型会矿石、辉锑矿脉型金矿石四类。 矿床成因属“地下（卤）水溶滤金矿床”中的亚类“芥屑岩系中的金矿床”。工业类型属微细粒浸染型金矿床	估算金资源量13.5t。 矿体向深部有厚度增大品位变富的趋势，矿床剥蚀程度低，深部尚未得到控制，AP2号金异常东、西两端及AP1、AP4、AP6号金异常尚未进行检查验证，具备大型矿床找矿潜力	1994年，青海省第九地质队在瓦勒根地区（$As_{乙1}$^{42}综合异常分解出的8个金子异常）进行异常Ⅱ级查证时，发现了瓦勒根金矿，于1995年4月提交了《青海省泽库县瓦勒根地区金异常Ⅱ级查证报告》。 2002～2006年，青海省第一地质矿产勘查大队一直在区内开展金矿普查工作	平安—扎毛沟口—麦秀镇有203国道（阿—赛公路）相通，扎毛沟口—矿区北东的席地龙洼沟口（距矿区东界4km）、麦秀镇—矿区南侧的尕让村（距矿区南界8km）均有简易公路通达，席地龙沣沟口至矿区有小汽车可通行的便道，矿区所处的山岳地带已修筑供运输的矿区简易公路。矿区距兰青铁路平安驿火车站220km，交通较为方便。 区内能源较为匮乏，煤炭需到180km以外的西宁地区才能解决。勘查区附近无电网通过，距最近电源地约20km，矿区的供电暂无法解决，矿山开发必须用自备发电机组供电。瓦勒根河是勘查区最大的常年流水河，是矿区主要的供水水源地，丰水期（6～8月）最大流量达50m^3/s，枯水期（11月至翌年5月）最小流量1m^3/s，年平均流量3～5m^3/s	勘查区最高海拔4635m，最低处的瓦勒根河道海拔为3320m，比高1300余米，属高山深切割区。本区气温属高原大陆性气候，以气温低、昼夜温差悬殊、冰冻期长、多风为特征。据泽库县气象站资料，年平均气温0℃左右，最高气温为29℃～34.3℃（6月下旬），最低气温为-19℃～-23.8℃（1月下旬）。年降水量为252.2～434.0mm。年平均风速1.4～2.4m/s，最大风力8级。雨季主要集中在6～8月，多雷雨和冰雹。霜冻期为8月中下旬至翌年6月上旬	矿区水文地质条件简单，工程地质条件简单一中等。矿区属草甸—岩石裸露区，地广人稀，人类工程活动主要是矿产勘查及开发，目前尚无规模性开采活动，因此地质环境基本处于天然状态。但矿区内滑坡、泥石流等地质灾害时有发生，对矿业开发有一定影响

续表

矿床名称	地理位置	矿体特征及矿石质量	资源勘查潜力	勘查工作程度	交通、能源、水源概况	自然生态环境特点	开采技术条件
恰冬铜矿床	矿区位于青、甘两省交界处西端7km，行政区划隶属同仁县瓜什则乡管辖	矿体（矿化）主要产于凝灰质砂岩中，其次产于大理岩与凝灰质砂岩、板岩交界处。共圈出4个大的含矿层（Ⅰ、Ⅱ、Ⅲ、Ⅳ），其中Ⅱ、Ⅲ含矿层为主要含矿层。Ⅱ、Ⅲ含矿层有主矿体7个（Ⅱ1、Ⅱ2-1-1、Ⅱ2-2-1、Ⅱ2-1-2、Ⅱ2-2-2、Ⅲ1、Ⅲ2），其中Ⅲ、Ⅱ1为规模较大的主矿体。单矿体走向长一般225～400m，控制倾斜延深250～320m，单矿体平均厚度一般为1.41～6.11m，单工程矿体最大厚度23.68m。矿区平均铜品位一般为0.67%～0.92%，最高为1.46%。矿体多呈似层状、透镜状产出，多相互平行分布于矿化层中并具多层性。 矿石自然类型划分为氧化矿、硫化矿两种。主要金属矿物为黄铁矿、磁黄铁矿、黄铜矿、自然铜、毒砂；氧化矿物有孔雀石、褐铁矿；脉石矿物有石英、长石、方解石、绿帘石、透闪石、石榴石等。硫化矿铜品位一般0.52%～1.75%，个别为3.56%，氧化矿铜品位一般为0.54%～2.00%，个别达4.08%，矿石银品位一般10～26g/t，个别50g/t，全矿铜平均品位0.92%，银平均品位12.78g/t。 成因类型属喷流沉积—改造型	对Ⅱ、Ⅲ含矿层中7个主矿体估算了铜资源量，铜金属量10.84万t，铜平均品位0.92%，伴生银金属量150t，银平均品位12.78g/t，均未上表。 部分激电异常尚未验证，矿体深部未完全控制，尚有一定找矿潜力	1987年由有色七队发现，1988年地表揭露，1989～1992年进行普查找矿。投入的主要工作量：钻探8188.82m、槽探13502.73m、1∶2000地形地质草测5.2km²、1∶5000地形地质草测2.3km²、各类样品2114个	矿区有简易公路至瓜什则接同仁至夏河主干公路，可达同仁、循化、夏河等地，往北约170km可达兰青铁路的平安驿车站，交通较为方便。矿区供水方便。东距瓜什则乡10km，可提供电源。能源匮乏，需到180km外的西宁地区才能解决煤炭资源	矿区地处高寒山区，附近海拔高程一般3800～4200m左右，最高4298m，矿区范围内海拔最高点3648m。矿区无大的溪流，气候属相对较好的高原性气候	矿体多呈透镜状、似层状产出，主矿体最大埋深250～270m，矿体倾角多在45°～50°左右，需采用小竖井进行坑采。 主矿体多分布于当地侵蚀基准面以上，矿区水文地质条件简单。 矿体顶底板围岩较为稳固，一般可不用支护。 交通方便，供水方便，东距瓜什则乡10km，可提供电源

续表

矿床名称	地理位置	矿体特征及矿石质量	资源勘查潜力	勘查工作程度	交通、能源、水源概况	自然生态环境特点	开采技术条件
加给龙洼金矿床	矿区地处北巴颜喀拉山中段，行政区划隶属曲麻莱县麻多乡管辖	矿区共圈定大小含矿破碎带20余条，其中具一定规模的含矿破碎带有9条，每条破碎带中均有矿化体存在，矿化体的规模和矿化程度差异较大。破碎带总体走向110°～130°，分布于甘德—玛多主断裂带北侧。破碎带空间展布间距200～250m，最大500m，基本呈等间距平行分布，长度3.5～5km不等，地表出露宽度一般在2～5m左右，最窄1m，最宽10m。深部岩石具糜棱岩化现象，与原岩间的界线划分较为困难，但通常具有毒砂矿化、黄铁矿化现象。 矿区共圈定矿体17条，矿体长度一般在100～1100m之间，最长为1162m；厚度一般在1.0～5.0m之间，最厚达7.26m，平均厚度为1.72m；品位一般在1.0～15.0g/t之间，最高18.40g/t，平均品位为3.97g/t；控制矿体斜深一般在50～150m之间，最深达到312.5m。矿体均赋存于巴颜喀拉山群变砂岩夹板岩组中，矿体严格受破碎蚀变带的控制，破碎蚀变带的规模框定了矿体的规模（破碎蚀变带的宽度一般大于矿体宽度，个别地段破碎蚀变带宽度与矿体宽度一致），这些控矿破碎蚀变带与甘德—玛多深大断裂平行展布，系深大断裂派生的次级断裂，矿体走向120°，倾向NE，倾角30°～70°。 金属矿物主要为毒砂和黄铁矿，另外见少量磁铁矿、针铁矿等。脉石矿物一般为石英、长石、方解石、绢云母、绿泥石、高岭土等。 矿石自然类型有氧化矿石，产于近地表，其下为原生矿石，未发现明显的混合矿石。原生矿石可划分为硫化物蚀变岩型金矿石和石英脉型金矿石两大类型。 矿床成因属中低温热液型	估算333资源量3.65t。 矿区只有8号和16号矿体工作程度较高达到普查阶段，其它16条矿体的工作程度相对较低（部分矿体只是单工程控制），资源量的提升还有一定的空间，扩大矿区资源量的潜力较大，通过进一步工作，有望达到大型规模，具有良好的找矿前景。 经估算，尚有334资源量8.29t	1998年省化勘院对加给龙洼Au3号异常进行II级查证，圈出土壤异常带3条，其中对中带浓集部位经工程验证，发现和圈定了金矿（化）体5条，辉锑矿体1条（Sb平均品位34%），提交金资源量1t，证实异常为矿致异常。 2002～2003年省地调院对加给龙洼金矿进行了普查工作，圈定金矿体14条，矿体长度大于1000m的有6条，小于1000m的有8条。矿体厚度一般在1～5m左右，最厚达6.8m；品位一般在3～10g/t之间，最高达18.4g/t。估算333+334金资源量10.54t。 2002～2006年，省地调院继续对加给龙洼金矿开展普查工作，估算333+334金资源量11.94t	矿区南距曲麻莱县城约280km，北西距格尔木市约300km，北东距都兰县香日德镇约260km，东距玛多县城约250km，均有便道到达工区。干旱季节交通尚属方便，雨季交通十分困难。 区内无电力、煤炭资源。区内水系不发育，多为季节性河流，一年中大部分时间处于断流状态，即使是在雨季，流水时间也只有4个月（6～9月）。河流由南往北汇入秀沟河，最终注入柴达木盆地，属盆地内陆水系。矿区西部有常年流水，水质和水量均能满足未来矿山生产、生活用水需要	矿区地处北巴颜喀拉山中段，黄河水系与柴达木盆地内陆水系的分水岭北侧。区内地形总体北高南低，西高东低，海拔4450～4800m，相对高差不大。区内气候属典型的内陆高寒山区气候。天气寒冷、年温差和日温差大，多风少雨、蒸发量大，年平均气温在0℃以下，霜冻期长，冻土发育（1.5m以下，属多年冻土层）。年降水量180～440mm，多集中于6～8月份，每年5～9月份为暖季，10月至翌年4月为冰冻期	普查区地处青藏高原腹地，高寒干旱，降雨少，地表及地下水的补给有限，地表水体不发育，仅平缓地带冻结层上水涌水较大（0.41m^3/s秒），其余地段地层涌水量很小，对开采影响甚微。 矿体顶底板岩石大多为软质—半坚硬岩石，完整性差，工程地质条件中等复杂，开采时需支护

续表

矿床名称	地理位置	矿体特征及矿石质量	资源勘查潜力	勘查工作程度	交通、能源、水源概况	自然生态环境特点	开采技术条件
大场金矿床	矿区地处北巴颜喀拉山中段，行政区划属曲麻莱县麻多乡管辖	矿体主要分布于大场河以北宽6km，长10km的范围内，呈NW向或NWW向展布，与区域构造线方向基本一致。矿体严格受破碎蚀变带控制，破碎蚀变带的规模框定着矿体的规模，破碎蚀变带中矿体的宽度与破碎带中岩石的矿化蚀变程度成正比，矿化蚀变宽度越大，矿体宽度越大。 区内共圈定金矿体45条。矿体长度70～2460m不等，平均530m，其中长度70～160m的有12条，170～320m的有11条，380～640m的有6条，700～1200m的有4条，1300～2460m的有5条，矿体厚度0.47～19.32m不等，沿倾向最大控制深度187m。矿体沿走向具分支复合、膨大缩小现象。矿体形态单一，多为薄层状或似板状。矿体含金品位单样最高110g/t，矿床平均品位4.79g/t，是目前省内最具前景的金矿床之一。 矿石以原生矿为主。据少数钻孔数据，氧化淋滤带深3～40m，氧化矿石中金以自然金形式赋存，砷、锑含量低并多流失。矿石矿物以黄铁矿、毒砂为主，其次有辉锑矿、褐铁矿、锑华等；脉石矿物有石英、长石、方解石等。自然金、黄铁矿、毒砂呈自形、半自形分散于脉石矿物中；矿石具碎裂、碎斑结构，浸染状、角砾状构造。矿石类型有碎裂岩型、（硫化物）石英脉型两大类。 围岩蚀变强烈，主要有硅化、绢云母化、黄铁矿化、褐铁矿化、碳酸盐化，其中绢云母化、硅化与金锑矿化关系密切，某些地段常形成黄铁矿化、绢英岩化蚀变碎裂岩型金锑矿石。 矿石工业类型单一，为硫化物碎裂蚀变岩型。目前石英脉型矿石尚不具规模，其工业意义不明。 矿床成因暂认为属于构造破碎蚀变岩型	估算122b基础储量8.97t，平均品位6.39g/t，333资源量10.91t，平均品位6.31g/t。 矿区经普查，取得了显著的找矿成果，但矿床规模尚未查明，部分金矿体两端未圈闭，通过进一步工作，矿体规模有望继续扩大。矿区除对9、10、11号矿体143线至39线间1200m作了系统控制外，其余矿体仅作了大间距或单工程控制，矿体沿倾向变化特征尚不完全清楚。已施工的钻探工程多数均不同程度地见矿，尤其详查区一带深部与地表见矿较为对应。因此，矿区开展深部找矿的前景较好。 从99线至56线间多处发现含明金石英脉，但由于埋深大，施工困难，一直没有做工作。如果采用有效的探矿手段，极有可能揭露并控制到富矿体，增加一种极具工业价值的矿石类型。 大场矿区以东至大东沟金矿点长达4km尚未开展普查工作，进一步工作后，完全有可能取得新的找矿突破。 经估算，尚有334资源量43.62t	1997年省第四地质队在1:5万水系沉积物测量的基础上，选择大场金1异常进行了II级查证，共圈出金矿体18条，求得金金属量8.88t。 1998年省第四地质队继续对大场金1异常进行普查，累计求得表内金金属量8.2t，矿床平均品位6.36g/t。 2001年省矿勘院开展了《青海省曲麻莱县大场—琼走金矿普查》项目，圈定金矿体33条。 2002～2003由省金星矿业责任有限公司投资，省地调院对大场金矿进行了普查和部分矿段的详查工作，圈定金矿体45条，估算资源储量63.5t，平均品位5.85g/t。 2004～2006年中国青海大场中加合作矿业有限公司对大场金矿区主带重新进行了详查外并在矿区外围开展工作，发现了金矿体12条，新增资源量18余t	矿区南距曲麻莱县城280km，东距玛多县城230km，北西距格尔木市320km，均有便道可达矿区。干旱季节交通尚属方便，雨雪季节交通十分困难。 区内无电力、煤炭资源。 区内水系不发育，多为季节性河流。但矿区南侧的大场河为常年流水，水质和水量均能满足未来矿山生产、生活用水需要	矿区地处北巴颜喀拉山中段，区内地形总体北高南低，西高东低，最低海拔高度大于4300m，但相对高差不大。区内气候属典型的内陆高寒山区气候。天气寒冷、年温差和日温差大，多风少雨、蒸发量大，年平均气温0℃以下，霜冻期长，冻土发育（1.5m以下，属多年冻土层）。年降水量180～440mm，多集中于6～8月份，每年5～9月份为暖季，10月至翌年4月为冰冻期	普查区地处青藏高原腹地，高寒干旱，降雨少，地表及地下水的补给有限，地表水体不发育，矿区开采基本不受影响。根据钻孔简易抽水试验，地层均呈干水状态，地下无明显的含水层存在，不会有大量涌水出现。由于层间断裂的影响，岩体稳定性差，工程地质条件相对复杂。在开采过程中，应注意层间弱夹层对边坡、坑道等稳定性的影响而引起崩塌、滑塌、等工程地质现象，需做好必要的支护工作

续表

矿床名称	矿体特征及矿石质量	资源勘查潜力
沱沱河南铅锌矿	化探异常主元素有 Pb、Zn、Ag、W、Mo 等，浓度、梯度变化明显，多具外、中、内浓度分带，以铅异常规模最大，其次为 Zn 异常，其他元素以多个分散的异常分布于 Pb 异常之中，各元素异常套合较好。异常呈东西向展布，由 8 个异常组成，构成了长达 20 余 km 的异常带。 近年来，在区内通过地表探槽揭露、追索和深部钻探工程验证，圈出一条规模较大的走向上呈波状弯曲的构造破碎蚀变带，该带产于二叠纪结晶灰岩、侏罗纪紫红色长石石英砂岩、灰黑色生物碎屑灰岩及第三纪砾岩中，长度约 17.4km，宽度为 80～230m，走向近 EW 向，倾向北，倾角 45°～65°。带内及两侧圈出西、中、东三个矿段，含矿岩性均为碎裂结晶灰岩。 （1）西矿段：即孔莫陇铅锌矿，已圈出 M1 铅矿体和 M1－1、MI－2、MI－3 锌矿体。 M1 铅矿体由地表工程 CWTC1～CWTC6 及深部 CWZK01 钻探工程控制。地表矿体长 761m，平均视厚度 91.91m，平均铅品位 1.38%。CWZK01 中见 4 层铅矿体，控制斜深 109.5m，累计视厚度 48.23m，平均品位 1.21%；见 3 层锌矿体，累计视厚度 16m，平均品位 3.69%。初步估算铅矿体资源量 24.48 万 t。 M1－1 锌矿体由地表工程 CWTC2－1、CWTC3、CWTC4、CWTC5 及深部 CWZK01 钻探工程控制，地表矿体长 660m，平均视厚度 11.88m，控制斜深 95m；最低品位 1.30%，最高品位 3.69%，平均品位 2.60%，初步估算锌资源量 9.49 万 t。 M1－2 锌矿体由地表工程 CWTC3、CWTC4、CWTC5 控制，地表矿体长 195m，平均视厚度 11.88m，平均品位 1.48%。 M1－3 锌矿体由地表工程 CWTC2－1、CWTC3、CWTC4 及深部工程 CWZK01 控制，地表矿体长 195m，矿体视厚度 2.6m，平均品位 1.22%，控制斜深 100m。 （2）中矿段：即茶曲帕查铅锌矿，初步圈定出矿化蚀变破碎带两条，初步估算铅锌资源量 24.5 万 t。。 锑Ⅰ号矿化带位于茶曲帕查西段，长 3500m，宽 80～300m，走向为近 EW 向，带内带内褐铁矿化、碳酸岩化、网脉状菱锌矿化、硅化、高岭土化等较强，圈出铅锌矿（化）体（M1、M4、M5）3 条，含矿岩性均为浅青灰色碎裂结晶灰岩；带内矿体长 100～730m，铅矿体厚度 3.44～32.52m，平均品位 0.74%～1.46%，锌矿体厚度 7.16～28.09m，平均品位 1.73%～4.12%。 SbⅡ号矿化带位于茶曲帕查东段，长约2600km，宽 50～200m，带内褐铁矿化、碳酸岩化、网脉状菱锌矿化等较强。因第四系覆盖，矿化带地表分布不连续，分为东、西两段。其中东段经探槽工程控制，圈出铅锌矿体（M8）和锌矿体（M9）各一条：铅锌矿体（M8）分别由一条锌矿体和四条铅矿体（M8－1、M8－2、M8－3、M8－4）组成。矿体长 100～450m，铅矿体厚度 1.2～17.59m，品位 0.56%～9.50%，锌矿体厚度 13.76～36.3m，品位 1.64%～5.27%；锌矿体（M9）规模相对较小，品位相对较低。 M8 矿体经钻探工程深部验证，结果在 16.40～35.99m 见矿，以铅、锌矿为主，其中铅矿体见矿视厚度 17.7m，平均品位 0.66%。锌矿体有两层，即 29.9～31.4m，见矿视厚度 1.5m，平均品位 1.55%；34.09～35.99m，见矿视厚度 1.9m，平均品位 8.66%。含矿岩性为泥晶灰岩、泥岩。 （3）东矿段：即多彩玛铅锌矿，目前仅见广泛分布的铅锌矿砖石，尚未进行揭露和控制，未能圈出矿体。从化探异常特征反映和铅锌矿砖石的分布情况判断，其找矿前景明显优于中、西矿段	化探异常尚未全面查证，已知矿体尚未系统控制，具备大型矿床远景规模

续表

矿床名称	矿体特征及矿石质量	资源勘查潜力
纳保扎陇铅锌矿	化探异常组合元素为Pb、Zn、Ag、Hg、Cu等，近EW向展布，异常主元素为Pb、Zn。各元素异常套合好、强度高，规模较大，异常范围内尚伴有规模较大的磁异常。 在纳保扎陇As4异常区圈定3条矿化蚀变带： （1）近SN走向铅矿化带长约2km，宽度2～30m，最宽处约50m左右，方铅矿呈致密块状、浸染状、星点状和细脉状分布在蚀变带中。 （2）NE向褐铁矿化带长约2.5km，宽60m左右，经探槽揭露，见有星点状、细脉状方铅矿富集于构造角砾岩和方解石脉中。 （3）EW向褐铁矿化蚀变带在TC21探槽褐黄—褐红色蚀变带中见有细脉状、星点状方铅矿，矿化带宽约9m，推测长度400m。 经探槽揭露，在TC1中见矿视厚度大于50m，铅平均品位2.36%，最高13.1%，其中有20m铅平均品位5.05%；锌平均品位0.61%～1.57%。 TC5中见矿6层，累计视厚度58.5m，单层宽4～18m，铅平均品位0.50%～2.60%，单样最高5.49%；锌平均品位0.81%～1.26%，单样最高2.21%。 在纳保扎陇铅锌矿南侧，尚发现1条铜矿化带，铜矿化带受构造控制，带内褐铁矿化、孔雀石化、铜兰矿化强烈，且局部伴随有铅锌矿化。矿化带呈近南北向延伸，带宽约20m，延长大约为3km。对铜矿化带采集了16个拣块样品控制，经野外快速分析，矿化带北部以铜矿化为主，且具有一定的规模，南部以铅锌矿化为主。从16个拣块化学快分结果，铜最高品位为10.85%，铅最高品位为39.34%，锌最高品位为17.2%，银最高品位为592.1g/t，初步表明该矿化带找矿前景广阔。 周琼玛鲁AS7异常组合元素为Pb、Zn、Ag、Hg、As，近EW向展布。异常主元素为Pb、Zn。Pb异常峰值为8980×10^{-6}、Zn异常峰值为1700×10^{-6}、Ag异常峰值为3200×10^{-9}。AS9异常组合元素为Zn、Pb、Sb、As、Cd等，呈NW向不规则状展布，异常主元素为Zn。已发现了3处铁锌矿化带：第一条矿化带呈SN向展布，带宽20m，长300m；锌品位1%～2%，铁品位30%～34%。第二条矿化带呈NW-SE向展布，带宽20～30m，长400m，锌品位0.5%～2%。锌铁矿化产出于闪长岩与灰岩、变钙质砂岩的外接触带。矿化表现为褐铁矿、赤铁矿、磁铁矿、菱铁矿矿物集合体呈胶结状、蜂窝状、条带状、似层状等形式集中分布于外接触带矽卡岩中，表现出该区具有形成矽卡岩型铁锌铅矿的良好地质条件，进一步工作后，有望取得重大找矿突破。 在桑玛日地区，AS5异常为W、Hg、Sb、Pb、As、Ag组合异常，呈NW向延伸，形态不规则，异常主元素为W、Sb，其中W异常规模最大。初步发现1条铁锰帽带，地表呈不规则状分布，长1000m左右，宽300～400m。铁品位45.27%，锰品位54.7%，探槽中有连续15个样品的锰品位在20%以上。矿石呈灰褐色，具角砾状、蜂窝状结构，块状、条带状构造。原岩岩性为碎裂角砾状次火山岩。矿石矿物成分为褐铁矿、软锰矿、白钨矿、黑钨矿等。初步分析其成因类型可能属次火山热液型	化探异常尚未全面查证，已知矿体尚未系统控制，具备大型矿床远景规模
那日尼亚铅锌矿	在2、4号异常范围内，发现了多条矿化程度不同的破碎蚀变带，这些矿化蚀变带的展布方向总体与区内的主构造线展布方向基本一致—近NEE向延伸，地表呈黄色、褐黄色和褐色，带内高岭土化、褐铁矿化、黄钾铁钒矿化强烈，并伴随有不同程度的锰矿化和重晶石化，局部可见铅锌矿化。 2号异常：经初步踏勘检查，发现1条含矿破碎蚀变带，地表呈黄色、褐黄色。含矿破碎蚀变带呈NW—SE向延伸，经探槽工程揭露，圈定出两条铅矿体，呈NW—SE向延伸，矿石矿物主要为方铅矿。Ⅰ1号矿体长200m，平均厚12.33m，铅平均品位0.55%。Ⅰ2号矿体长669m，平均厚16.29m，铅平均品位0.64%，单样最高2.80%。 4号异常：发现了3条破碎蚀变带（Ⅰ、Ⅱ、Ⅲ），带内普遍具褐铁矿化、高岭土化、锰矿化，局部地段可见零星的方铅矿化和镜铁矿化。其中对Ⅱ号破碎蚀变带进行了揭露，圈出了两条铅矿体，呈NW—SE向延伸，矿体地表呈褐黄色，方铅矿呈细脉状、星点状分布于蚀变碎裂英安岩中。Ⅱ1号矿体长200m，平均厚度15.70m，铅平均品位0.69%。Ⅱ2号矿体长623m，平均厚度14.02m，铅平均品位0.99%	化探异常尚未全面查证，已知矿体尚未系统控制，具备中—大型矿床远景规模
宗陇巴锌矿	位于沱沱河北侧，目前已圈定含锌构造破碎蚀变带2条。其中Sb1长约1km，宽约30m，Sb2长约6000m，宽约100m。两条构造破碎蚀变带在走向上延伸稳定，带内蚀变以碳酸盐化为主，伴随有高岭土化、褐铁矿化等，金属矿物以菱锌矿为主。 通过深部钻探验证，近地表14.51m的锌矿体，最高品位为16.3%，钻孔中所见与探槽中所见岩性比较吻合。 本区锌矿体主要产于构造破碎蚀变带中，初步圈定了5条锌矿体，多为单工程控制，一般长100～800m，厚度0.95～36.42m，锌品位变化较大，在1.85%～16.09%之间，其中Ⅳ-1矿体长度840m，厚度1.56～36.42m，锌平均品位1.93%～5.38%	化探异常尚未全面查证，已知矿体尚未系统控制，具备中—大型矿床远景规模

续表

矿床名称	地理位置	矿体特征及矿石质量	资源勘查潜力	勘查工作程度	交通、能源、水源概况	自然生态环境特点	开采技术条件
尕龙格玛铜铅锌矿床	矿床位于治多县多彩乡北西方向约15km处，行政区划隶属玉树藏族自治州治多县多彩乡管辖	目前在本矿区圈出了24条矿体，地表13条矿体，其余11条为盲矿体。矿体一般呈透镜状，单个矿体长50～1000m，厚2～15m，Cu品位：0.31%～2.34%。 其中Ⅳ号含锌铜矿体是矿区内规模最大的矿体，该矿体产于英安质凝灰岩（即前人所称的霏细岩）中，矿体走向NW，倾向NE，倾角65°～80°，矿体长：1000m，平均厚度：12.63m（其中TC1中控制地表最大厚度30.54m）。深部主要由ZK2702、ZK3101、ZK3502、ZK3901、ZK4302号钻孔控制，控制倾向延深分别为160m、80m、110m、160m、90m。矿体厚度：25线地表4.19m，深部未控制；27线地表厚0.94m，孔内0.5m；31线地表厚30.54m，2007年通过ZK3101钻孔控制，深部共发现5条矿化体，其中Ⅳ号矿体厚16.1m，加权平均品位Cu 0.56%、Zn 0.39%，另外有3条Zn矿体，1条AgPb矿体；35线地表厚13.89m，孔内3.34m；39线地表厚25m，2007年深部通过ZK3901钻孔控制矿体厚39.62m，为铜伴生铅锌金银矿体，控制倾向延伸160m，加权平均品位分别为：Cu 0.486%、Pb 0.105%、Zn 0.596%、Au 0.173g/t、Ag 5.498g/t，最高品位分别为：Cu 2.70%、Pb 1.49%、Zn 4.37%、Au 2.093g/t、Ag 47.55g/t。另外在钻孔底部新发现1条铜锌矿体，为单样控制，由于钻孔出现事故而未控制住矿体底板，视厚1.76m，品位Cu 0.76%、Pb 0.016%、Zn 2.21%、Au 0.11g/t、Ag 2.83g/t。（附图7）；43线（ZK4302）地表覆盖，厚度未能控制，孔内0.66m。矿体品位：Cu：0.26%～2.70%，平均0.40%；Zn：0.63%～4.37%，平均：1.79%；Pb：0.24%～1.49%。另在孔深26.30～57.60m为一锌矿体，矿体厚为10.7m，品位：0.33%～1.13%，平均品位：0.55%。 矿床成因属海相长英质火山岩容矿的火山喷气（沉积）加后期动力改造型矿床，成矿时代为印支晚期	矿区已圈出长6.7km（两端未控制）、宽20～150m的矿化蚀变带。在拉迪欧玛地区发现了3条具褐铁矿化、黄铁矿化的构造蚀变带，长约7km，宽10～20m。在蚀变带西段发现了黄铜矿化，并发现了金矿化线索。通过新一轮铜多金属矿普查工作，不仅在尕龙格玛矿区深部的找矿工作中取得了重要进展，发现矿体往深部均有变大变富的趋势，而且还发现了多种金属相共伴生的现象，且发现了较好的金银矿体。其中在钻孔中发现厚达39.62m的铜矿体，初步估算资源量8.7万t；同时在拉迪欧玛矿区也发现了较好的锌铅矿体，显示出该区具有巨大的找矿潜力	该矿于1959年据群众报矿发现。1960年玉树地质队进行东矿区的初步评价；1968年，第九地质队与物探队配合，圈出电法化探综合异常，推测含矿带。1976年8月至1978年10月青海省地质局第十五地质队初步普查，共提交D级储量铜表内16229t，表外2730t；铅表内17243t；锌表内19457t。 2003年青海省有色地质矿勘院对多彩地区铜及多金属矿进行了普查，对区内的尕龙格玛矿床作了重新分析和评价。 2007年青海省有色地质矿勘院多彩地区开展了新一轮的铜多金属矿普查工作，重点利用少量钻探工程对尕龙格玛矿床进行深部远景资源评价，同时利用地质修测、激电剖面、槽探工程等对尕龙格玛、拉迪欧玛矿区及外围的成矿有利地段进行查证	西宁到治多县程城有公路相通。矿区距西宁约1072km，治多县至多彩乡有三级公路相通（19km），多彩乡至矿区有简易公路相连（约30km），交通尚属方便。 区内水系发育。主要河流为多彩曲、日啊日曲等，属长江水系，流量随季节变化很大。区内水资源丰富，水质良好，完全能够满足生产、生活用水需要。电力需自备，煤炭须到杂多县城才能解决	矿区地形复杂，山势北低南高，海拔一般在4500～5300m，最高可达5600m，高差一般为700～900m。接近现代雪线，冰川地形发育，属侵蚀高山亚区。 区内降水主要集中于6～9月，降水方式以雨、雪、雹为主，年降水量400～600mm。全年无霜期短，年均气温0℃以下，干燥度1～1.5，径流系数40%～60%。区内气候多变，四季不明，温差大，冰冻期长。每年6～9月气候较好，宜于开展野外地质工作	矿区松散岩类冻结层上水的冲洪积层泉流量0.031L/s左右、残坡积层泉流量可达0.221L/s、冰川、冰水堆积物泉流量一般为1.046 L/s；基岩类冻结层上水富水性较差；基岩类冻结层下水主要赋存于各类侵入岩接触带的构造裂隙之中；构造融区地下水多富集在断裂的复合部位，涌水量为2.6 L/s。 矿区平均海拔4900m，为多年冻土区，冰蚀地貌发育，随季节变化和反复交替的冻融作用，产生一系列冻胀—融陷地质现象，往往破坏地基（冻胀融沉）、形成边坡失稳（融冻滑塌）等不良地质现象。矿体直接顶、底板多为绢英片岩（糜棱片岩，原岩为英安质凝灰岩即前人所称的霏细岩），稳定性较好

续表

矿床名称	地理位置	矿体特征及矿石质量	资源勘查潜力	勘查工作程度	交通、能源、水源概况	自然生态环境特点	开采技术条件
当江铜多金属矿	矿区位于治多县城东南部，行政区划隶属玉树藏族自治州治多县加吉博洛格镇管辖	矿区内共划分为4个矿带，Ⅰ、Ⅱ矿带位于牙涌背斜北翼，Ⅲ、Ⅳ矿带位于背斜南翼。现已圈定铁矿体27个，铁铜矿体4个，铜矿体3个。单个矿体长77.50～542.00m，平均厚度1.04～7.91m，呈似层状及透镜状沿NWW向顺层产出。 Ⅰ矿带分布于征毛涌矿点北部征毛涌东北侧，西段延伸至征毛涌西南侧。其中圈定铁矿体6个，均赋存于牙涌背斜北翼巴塘群第二岩组第二岩性段（T_3bt^{2-2}）中上部。矿带长大于3.5km，宽100～210m，岩性为板理化安山岩、凝灰质板岩、沉凝灰岩夹薄层泥灰岩。 Ⅱ矿带分布于征毛涌矿点北东部，东南段位于征毛涌北东侧，北西段位于征毛涌西南侧山坡。赋存于牙涌背斜北翼巴塘群第二岩组第一岩性段（T_3bt^{2-1}）中上部，长度大于800m，宽度110m～160m，主要岩性为安山岩夹安山质火山碎屑岩。该带圈出铜矿体4个。 Ⅲ矿带分布于征毛涌矿点中南部，位于牙涌背斜南翼巴塘群第二岩组第一岩性段（T_3bt^{2-1}）中上部，闪长岩体的西南侧。长度大于2.5km，宽约670m，主要岩性为安山岩夹安山质火山碎屑岩。该带中圈出6个铁矿体。 Ⅳ矿带分布于征毛涌矿点的南西部，牙涌背斜南西翼。赋矿地层为巴塘群第二岩组第二岩性段（T_3bt^{2-2}）中上部的板理化安山岩、沉凝灰岩夹安山质凝灰岩。矿带走向北西，矿带内产出$Ⅳ_{1-Fe}$、$Ⅳ_{2-Fe}$、$Ⅳ_{3-Fe}$三个铁矿体。 铁矿体矿石以磁铁矿为主，其次为赤铁矿及褐铁矿，含微量黄铁矿及黄铜矿；矿体平均品位TFe 20.52%～58.40%，部分矿体伴生少量金、银。铜矿体矿石矿物以黄铜矿、黄铁矿为主，其次为磁黄铁矿，矿体平均品位铜0.75%～4.86%。 围岩蚀变主要有青盘岩化、硅化、绿泥石化及黄铁矿化。 矿床成因为经后期含矿热液叠加改造的海相次火山—热液型	化探异常大多尚未进行查证，有可能成为新的找矿靶区。 矿区1:1万高精度磁测圈出两个面积较大的磁异常，异常部位均有致密磁铁矿出露，由此可判定两异常均由磁铁矿引起，根据异常特征判断深部有存在厚大盲矿体的可能性。由于磁测面积较小，上述磁异常向西尚未封闭，说明向西仍有找矿空间。 矿区在约4km²范围内已圈定34个矿体，其中铁矿体27个，铜矿体4个，铜铁矿体3个。仅对个别矿体的浅部进行了了解，证明矿体延深稳定，深部尚未验证	1967年，青海省区测队发现Ⅰ、Ⅱ、Ⅲ号露头，并对其做过检查，采取连续拣块化学样11个，称为征毛涌铁矿点。 1978年第二区测队二分队再度检查，新发现一含矿露头，编为Ⅳ号，并确认为含铜磁铁矿点。 2003～2005年，中化地质矿山总局陕西地质勘查院开展预查工作。 2005～2006年，青海省地质调查院在矿区西北开展了《青海省治多县当江地区铜矿预查》工作。 2006～2007年，中化地质矿山总局陕西地质勘查院开展当江一带铜多金属矿地质普查工作	矿区至S308省道三岔口约25km，有便道相通。从三岔口西至治多县58km，东南至玉树州约130km，均有省道相连。玉树州至西宁市有214国道相通，距离816km，交通尚属方便。 矿区水系属长江水系，水系流量随季节变化，水量较大，冬季水量较小。矿区地处松莫茸上游，有征毛涌、牙涌等主要支流，水质未受污染，可以满足生产、生活需求。普查区西北侧山顶有中国移动通迅信号。区内尚无电力供应。燃料由西宁经玉树或经青藏铁路不冻泉站运入，运距较大	矿区地处青藏高原中部、唐古拉山东段北坡，属高原中山区，地形复杂，山势陡峻，水系发育，气候寒冷，空气稀薄。海拔高度一般为4500～5200m，最高可达5327m，最低4450m，相对高差一般500～700m。 本区属寒冷气候带湿润气候区。受高空西风气流影响，气候多变，温差大，冰冻期长，全年除6～9月份外，基本都为冰冻期。四季不分，仅有寒暖两季，6～9月为暖季，气温0.7℃～16.7℃，十月至次年五月为寒季，气温-23.4℃～-2.0℃，最大冻土深度可达180cm。日温差一般15℃，年极端温差39℃。相对湿度平均55%。年均降水量427.8mm左右，7～8月以降雨为主夹雪及冰雹，其余时段以降雪为主	矿区水文地质条件简单，以裂隙充水为主。矿层及其顶底板岩石致密坚硬，稳固性较好。在硐采中靠近地表可能出现片帮冒顶等灾害，应采取相应的技术及安全措施

续表

矿床名称	地理位置	矿体特征及矿石质量	资源勘查潜力	勘查工作程度	交通、能源、水源概况	自然生态环境特点	开采技术条件
赵卡隆铁铜铅锌银矿床	矿区位于玉树县巴塘乡相古村南西约9.5km，行政区划隶属玉树县巴塘乡相古村管辖	矿区共圈定矿体47条（其中深隐伏矿体29条），分为7个矿群。 Ⅰ矿群地表圈出1条矿体（Ⅰ-1），深部圈出12条矿体（Ⅰ-2-Ⅰ-12）；Ⅱ矿群地表圈出1条矿体（Ⅱ-1、Ⅱ-2），深部则圈出12条矿体（Ⅱ-3-Ⅱ-14）；Ⅲ矿群地表圈出3条矿体（Ⅲ-1-Ⅲ-3）；Ⅳ矿群地表圈出1条矿体（Ⅳ-1）；Ⅴ矿群地表圈出3条矿体（Ⅴ-1Fe铅锌银、Ⅴ-1铜、Ⅴ-1铅锌）；Ⅶ矿群圈出6条矿体（Ⅶ-1-Ⅶ-6）。Ⅰ、Ⅱ、Ⅳ、Ⅵ和Ⅶ 4个矿群地表圈定的矿体赋存在黑色碎屑岩夹火山岩层内，Ⅲ、Ⅴ矿群地表圈定的矿体赋存于火山碎屑岩、白云岩夹黑色砂板岩层内。 目前控制单个矿体走向长一般135～450m，最长829m，控制倾斜延伸190～300m，单个矿体的平均厚度为6.33～16.92m，单项工程矿体的最大厚度大于45.1m（Ⅴ矿群出露宽度100m）。矿体呈层状、似层状、透镜体产出。铁矿体多呈层状、似层状；铜铅锌矿与铁矿共生者，多呈似层状、透镜体，矿体形态受岩性控制明显。矿体平均品位：Fe一般为20.52%～43.08%，单样最高为58.80%；Cu一般为0.3%～3.05%，单样最高为6.27%；Pb一般为1.02%～3.38%，单样最高为14.57%；Zn一般为0.55%～2.08%，单样最高为4.35%；Ag一般为（46.25～100.89）$\times10^{-6}$，单样最高为607×10^{-6}。 矿石结构主要为他形粒状结构、碎屑结构、自形—半自形晶粒状结构、乳滴状结构、变余结构、变余交代结构等。矿石构造主要有浸染状构造、细脉—网脉状构造、块状构造、似层状构造等，且以前两种为主。 主要矿石矿物为菱铁矿、磁铁矿、黄铜矿、方铅矿、闪锌矿、赤铁矿、黄铁矿、黝铜矿、褐铁矿等。 矿石类型以原生矿为主，进一步划分为5种类型：即菱铁矿矿石、黄铜矿菱铁矿磁铁矿矿石、闪锌矿方铅矿菱铁矿矿石、闪锌矿方铅矿矿石、黄铜矿矿石。 矿床成因属喷气沉积型	本区存在1∶5万水系沉积物综合异常5个，其中甲类综合异常1个，乙类两个、丙类两个。总体上各元素异常套合性较好，具浓集中心和浓度分带。其中Ⅲ号异常（赵卡隆）位于中南部，为Ag、Pb、Zn、Mn、Au、Sb、Mo、As、Hg、Cu等元素组合，异常呈不规则状分布。异常规模较大，属甲类异常。Ag、Pb、Zn、Mn、Au、Mo、As、Cu元素异常有明显的浓集中心，且浓度分带为内、中、外带或中、外带。与赵卡隆多金属矿床相吻合，其他异常尚未能得到有效查证。 赵卡隆矿区一号矿化带内新发现的矿体均为单工程控制，沿走向及深部尚有找矿潜力。Ⅴ矿群产状不明，矿体深部延伸及品位变化情况不清；Ⅲ矿群深部尚未控制与评介。Ⅰ、Ⅱ矿群仅有1个钻孔控制，04、00线以往施工的钻孔未控制住$Ⅰ_3$、$Ⅰ_4$隐伏矿体，矿区规模尚有较大提升潜力	赵卡隆矿床为原玉树地质队1959年发现，先后（1959～1960年、1967年，1979～1980年）原青海省地质局第九地质队、一区调队、物探队、十五队对矿床进行了不同程度的检查、普查评价评价工作。 2001～2005年12月青海有色地质勘查局七队在矿区开展以铜为主、兼顾Te、铅、锌、银等多金属的普查工作。 2006年探矿权转让青海诺贝尔矿业有限公司，矿产勘查工作仍由青海有色地质勘查局七队承担。2006年以来主要以钻探为主药要工作手段对Ⅰ、Ⅱ矿群进行详查，对区内的其他矿体开展普查工作	西宁至玉树县结古镇有214国道相连，距离813km；自结古镇至巴塘乡相古村距离50km，其中约20km为214国道，30km为简易公路；从相古村至矿区有15km便道，汽车可以通行，交通尚属方便。 区内水资源丰富，水质良好，完全能够满足生产、生活用水需要。电力需自备，煤炭须到玉树县城才能解决	矿区海拔4800～5139m，属侵蚀、冰蚀高山区。本区为高原大陆性气候，年平均气温3℃，年降雨量519.1mm。10月至翌年5月为冰冻期。矿区附近改宰弄沟5～10月有地表水体，距矿区1km的卓阿龙沟常年有水，水质尚好，可以饮用。 矿区用电需自备或从县电厂拉线解决，距离33km	矿区侵蚀基准面标高4660m，已知矿体地表出露标高均高于侵蚀基准面标高。本矿区所在地的汇水面积不大，山势陡峻，岩石透水性弱，自然排水条件好，水文地质条件简单。 矿区出露岩性为粉砂岩、板岩、安山岩、含铁硅质岩、白云岩、灰岩、硅化灰岩等，岩石呈致密块状，蚀变微弱，裂隙不甚发育，岩石较为完整，稳固性好。但由于深部地质调查程度不高，是否有利于大规模探、采坑道等工程施工，还需进行调查后方可得出结论。 矿石及围岩中有害元素含量极低，但雨雪及反复冻融可能会浸出极微量有害元素，在探采过程中必须合理堆放废石

续表

矿床名称	地理位置	矿体特征及矿石质量	资源勘查潜力	勘查工作程度	交通、能源、水源概况	自然生态环境特点	开采技术条件
纳日贡玛铜钼矿床	矿床位于青海省南部，唐古拉山脉东段，澜沧江源头，行政区划隶属杂多县扎青乡管辖	矿体赋存于岩体内部及其与围岩的接触带部位，共圈定4个矿带，13个铜矿体、13个钼矿体、两个铜钼共生矿体。 Ⅰ矿带分布在矿区西部斑岩体的西南分支与围岩接触带附近，长1000m，宽50～300m；目前圈出铜矿体两个、钼矿体两个。Ⅱ矿带分布在纳日贡玛斑岩体北东分支西侧的玄武岩中，长1200m，宽30～300m；共圈定4个铜矿体、两个钼矿体。Ⅲ矿带分布在纳日贡玛斑岩体北东分支的岩体内部，主体位于岩体的顶部靠近接触带部位，矿带长1500m，地表宽度100～400m；共圈出铜矿体3个，钼矿体4个，铜钼矿体1个；矿区工业钼矿石85%集中于主矿体MⅢ－2中，铜以共、伴生形式产出。Ⅳ矿带分布于斑岩体东接触带，主体在围岩中，地表出露规模较小，长500m，宽20～100m，在4线出露完整，向北、向南多呈隐伏状态；共圈定有4个铜矿体、5个钼矿体、1个铜钼矿体。 铜矿体长100～1200m，平均厚4.98～59.40m，控制延深50～460m，平均品位0.24%～0.56%。 钼矿体长100～1200m，平均厚3.07～50.94m，控制延深50～450m，平均品位0.034%～0.092%。 两条铜钼矿体分别为：长300m、700m，平均厚4.74m、39.65m，控制延深250m、490m；平均品位：Cu 0.26%、0.33%，Mo 0.042%、0.041%。 矿石中主要有益组分为钼、铜，伴生铅、锌、S、银、稀土等有用组分。矿石矿物主要为黄铁矿、辉钼矿、黄铜矿，局部见少量辉铜矿、兰辉铜矿、铜兰等次生硫化矿物，偶见钼华、孔雀石等氧化物。脉石矿物主要以石英、斜长石、黑云母、高岭土为主，次为角闪石、绿帘石、辉石、绿泥石等。矿石呈半自形—他形粒状结构，稀疏浸染状、微—细脉状构造。矿石的工业类型主要为辉钼矿矿石、黄铜矿矿石、含黄铜矿辉钼矿矿石、辉钼矿黄铜矿矿石，以前两种为主。矿床成因为斑岩型	累计估算出333资源量：铜矿石量5422.56万t，金属量17.12万t，平均品位0.32%；钼矿石量11675.49万t，金属量8.72万t，平均品位0.075%。 已知地球物理、地球化学异常尚未得到全面验证，矿体深部尚未得到系统控制；根据钻探工程验证，矿体向西部有厚度变大、品位变富趋势，矿区及外围尚有较大的找矿潜力。 根据现有工作程度尚估算出334资源量：铜矿石量2793.32万t，金属量9.45万t，平均品位0.34%；钼矿石量3122.20万t，金属量1.91万t，平均品位0.061%	纳日贡玛矿床于1965年由群众报矿发现，先后进行了矿点检查及矿产初步普查工作，主要有： 1967～1968年，省地质局第九地质队进行了踏勘检查，认为钼矿化较好。 1978～1980年，省地质局第十五地质队开展普查找矿，圈定钼矿体4个，铜矿体6个，估算铜金属量10.39万t，钼金属量7.53万t。 2001～2006年，青海省地质调查院以钼为主攻对象，以钻探工程为主要探矿手段，继续在矿区开展普查工作	矿区远离交通干线，交通极不方便，途经泛浆、沼泽路段，且需涉水过河，钻探设备可勉强运入矿区，但雨季经常塌方，洪水阻隔，造成交通中断。 区内水资源丰富，水质良好，完全能够满足生产、生活用水需要。电力需自备，煤炭须到杂多县城才能解决	矿区地处唐古拉山东段，属中浅切割的高山—极高山区，西部和西北部有现代冰川覆盖，最高海拔5800m，最低点托吉曲沟谷4600m，相对高差1200m，平均海拔5200m。 区内水系发育，均为澜沧江源头支流。 矿区属半湿润寒冻气候区。年平均气温－4℃～6℃，每年10月至翌年4月为冰冻期。年降水量600mm左右。地表1.5～2m以下存在冰冻层	矿区主要发育多年冻土区地下水和融区地下水。进一步划分为松散岩类冻结层上水、基岩类冻结层上水、基岩类冻结层下水和构造带融区地下水。其中松散岩类冻结层上水的冲洪积层泉流量0.033L/s左右、残坡积层泉流量可达0.221L/s、冰川、冰水堆积物泉流量一般为1.046L/s；基岩类冻结层上水富水性较差；基岩类冻结层下水主要赋存于构造裂隙之中；构造融区地下水多富集在断裂的复合部位，涌水量为2.6L/s。 矿区平均海拔5200m，冰蚀地貌发育，形成不良地质现象。矿体直接顶、底板多为玄武岩和花岗斑岩。其中玄武岩岩石较坚硬，花岗斑岩岩石坚硬，稳定性较好

续表

矿床名称	地理位置	矿体特征及矿石质量	资源勘查潜力	勘查工作程度	交通、能源、水源概况	自然生态环境特点	开采技术条件
东莫扎抓铅锌银矿床	矿区位于青海省南部，唐古拉山脉东段，澜沧江源头，子曲河食宿站北西东莫涌曲一带，行政区划隶属杂多县扎青乡管辖	共圈定五条矿化带，铅锌矿体12条，其中MⅠ矿化带中圈定矿体5条，MⅢ矿化带中圈定矿体4条，MⅡ、MⅣ、MⅤ矿化带中各圈定矿体1条。 MⅠ矿化带呈EW向长条带状赋存于上三叠统结扎群波里拉组（T_3b）灰岩中，长度大于8km，宽约20～300m，是目前区内规模最大的矿化带之一。矿化带倾向10°～25°，倾角40°～55°，具膨大缩小及波状弯曲现象。 Ⅱ矿化带呈透镜状赋存于下二叠统尕笛考组碎裂灰岩与玄武安山岩的接触带部位，长约400m，宽约50～100m，倾向10°，倾角43°。 Ⅲ矿化带呈透镜状赋存于下二叠统尕笛考组灰岩与长石石英砂岩的接触部位，长约850m，宽约120m，倾向约340°，倾角49°。矿化带在中部厚度大于140m，沿走向逐渐变薄并趋于尖灭。 MⅣ矿化带赋存于下二叠统尕笛考组灰岩中，由于部分地段残坡积覆盖大且厚，矿化带在地表展布特征不甚明显，根据槽、井、硐探及物探剖面资料分析，矿化带走向呈近EW向，长约550m，倾角50°，宽度变化较大。 单个矿体长200～1780m，厚度1.50～27.16m，控制延深40～235m；平均品位：Pb 1.84%～20.24%、Zn 1.22%～7.21%、Ag 51.0～83.8g/t。 矿石矿物主要为黄铁矿、闪锌矿、方铅矿，磁黄铁矿。矿石结构以半自形—他形晶粒状结构、交代假象结构、似斑状结构为主。矿石构造以脉状、稀疏浸染状、星点状为主，少数呈斑杂状、土状构造。矿石类型有黄铁矿化闪锌矿方铅矿矿石、黄铁矿化方铅矿矿石和黄铁矿化闪锌矿矿石三类。 初步推测成因类型属层控热液改造型	累计探获333资源量：Zn 19.74万t，Pb 0.85万t。区内尚有多处成矿地质条件与已知矿区成矿地质条件极为相似的土壤异常、激电异常没有查证，通过1∶1万地物化综合剖面测量，在征莫沟、甘藏沟、叶龙达等地区均发现了铅锌异常带，与地表发现的铅锌矿（化）体位置吻合，这些地区是进一步扩大该区找矿远景的靶区。 矿体深部控制程度较低，找矿潜力较大。 根据现有工作程度，累计探获334资源量锌：34.25万t，铅：4.81万t。远景资源量达100万t以上，具有大型铅锌矿床潜力	2002年青海省地质调查院通过1∶5万水系沉积物测量工作发现了东莫扎抓铅锌异常。 2003年青海省地质调查院开展了东莫扎抓1∶5万水系沉积物异常查证工作，初步了解了区内地层、构造、岩浆岩分布特征，在东莫扎抓异常区圈定了铅锌银矿体4条。 2004年青海省地质调查院开展了东莫扎抓地区铅锌银矿预查工作，通过1∶1万地质草测、1∶1万地物化综合剖面测制、槽（井）探、硐探工程揭露，初步查明了预查区内地质特征，含矿破碎带的分布范围及其含矿特征；确定了含矿层位、控矿因素、找矿标志等，取得了较好的找矿效果。 2005～2006年青海省地质调查院开展了东莫扎抓地区铅锌银矿普查工作，找矿成果显著	矿区距玉树州—杂多县公路约30km，距玉树州政府240km，距杂多县城70km。从公路有便道可抵达普查区，交通尚属方便。 区内水资源丰富，水质良好，完全能够满足生产、生活用水需要。电力需自备，煤炭须到杂多县城才能解决	普查区地处唐古拉山东段，属深切割的高山—极高山区，最高海拔5355m，最低子曲河4500m，相对高差800余米，平均海拔5000m。 普查区位于澜沧江流域高山深谷区，水系发育，主要有子曲河、东莫涌等，流量及水位受季节控制明显。 区内海拔高，属典型高寒大陆性气候，总的特点是寒冷干旱、气候多变、四季不明、温差大、冰冻期长。全年除6～8月份外，基本都为冰冻期，冻土层深度可达189m，年平均气温在0°以下，年极端温差达39℃，日极端温差达35°	矿区主要发育多年冻土区地下水和融区地下水。进一步划分为松散岩类冻结层上水、基岩类冻结层上水、基岩类冻结层下水和构造带融区地下水。其中松散岩类冻结层上水的冲洪积层泉流量0.033L/s左右，残坡积层泉流量0.221L/s、冰川、冰水堆积物泉流量1.046L/s；基岩类冻结层上水富水性较差；基岩类冻结层下水主要赋存于各类侵入岩接触带的构造裂隙中；构造融区地下水多富集在断裂复合部位，涌水量为2.6L/s。 矿区平均海拔5000m左右，为多年冻土区，冰蚀地貌发育，随季节变化和反复交替的冻融作用，产生不良地质现象。但矿体直接顶、底板岩石稳定性较好

续表

矿床名称	地理位置	矿体特征及矿石质量	资源勘查潜力	勘查工作程度	交通、能源、水源概况	自然生态环境特点	开采技术条件
旦荣铜矿	矿区位于唐古拉山脉东延部位，行政区划隶属杂多县旦荣乡管辖	矿区圈出两个含矿层，分别位于开心岭群上岩组的第三、第四岩性段的底部，岩性均为蚀变玄武岩。第四岩性段底部含矿层投入工作较少，仅发现一条铜矿化体，规模小，不具工业意义，其余所见铜矿体均赋存于第三岩性段底部蚀变玄武岩的中、上部。矿体沿 NW 方向断续分布，形成长达 10km，宽 150～800m 的矿化蚀变带。矿体产状基本与地层一致，受玄武岩层间断裂破碎带控制，倾向 NE，倾角 45°～60°，矿体以层状、透镜状为主，似层状次之。单个矿体长 40～3600m，宽 0.5～9.8m，Ⅲ1-1 矿体沿倾斜延深控制 30m。铜矿体品位一般为 0.21%～6.87%，含金一般为 0.09g/t。以≥0.3% 的边界品位圈定铜矿体 26 条，矿体均赋存于玄武岩中。其中 Cu1 矿体长 3200m，平均厚 0.86m，平均品位 1.63%；Cu2 矿体长 3600m，平均厚 1.62m，平均品位 0.68%；Cu6 矿体长 710m，平均厚 2.45m，平均品位 3.98%；Cu3 矿体长 400m，平均厚 2.74m，平均品位 1.35%。矿体氧化程度不高，矿石可分为硫化矿，混合矿和氧化矿。金属矿物主要为斑铜矿、辉铜矿、黄铜矿、铜蓝、孔雀石、蓝铜矿及自然铜。矿石具他形粒状结构，包含结构和交代结构，构造有稀疏浸染状、角砾状、脉状、网脉状、块状和放射状构造。围岩蚀变为伊丁石化、硅化、碳酸盐化、绿泥石化、绿帘石化、蛇纹石化等。 矿床成因属火山喷流沉积—后期热液叠加改造型	含矿带长约 10km，宽 800m，坑探、钻探在深部均见矿，厚度、品位均有增大变富的趋势，若系统控制将可能达到大型规模，找矿潜力大。 根据目前工作程度，估算 334 资源量 4.35 万 t	由于受交通及自然条件限制，工作区以往地质工作程度低。目前尚未开展 1∶20 万区域地质调查工作。 1996 年省有色地勘局七队在“三江”北段调研时发现该矿，1997～1998 年开展普查工作，共圈定 26 条铜矿体。 2001～2002 年该队在矿区及外围开展铜矿普查工作	旦荣矿区距杂多县城 170km，虽有简易公路相通，但途经泛浆、沼泽路段，且需涉水过河，交通不便。 区内水资源丰富，水质良好，完全能够满足生产、生活用水。电力需自备，煤炭须从杂多县城运入。劳动力资源须依赖省内东部地区才能解决	工作区处于唐古拉山脉东延部分，最高海拔 5346m，平均海拔 4800m 左右，相对高差不大，一般在 100～200m，区内河流属澜沧江水系，最大河流为扎那曲。 工作区地处于高寒山区，空气稀薄，气候属高原大陆性气候，寒冷干旱多变，四季不明，温差大，冰冻期长，除 6～9 月份皆为冰冻期，年平均温度在零度以下，7～8 月份最高为 18℃，1～2 月份最低为 -23℃，年极端温差为 39℃，日温差一般在 15℃左右，极端日温差为 35℃	矿床出露于地表，铜品位较富，厚度中等，地形条件较好，矿体产状稳定，顶底板围岩稳固，水文地质条件简单，可采用露采和坑采

续表

矿床名称	地理位置	矿体特征及矿石质量	资源勘查潜力	勘查工作程度	交通、能源、水源概况	自然生态环境特点	开采技术条件
扎查琼多金属矿	矿区位于旦荣矿区西约11km的扎查琼一带，面积约25km^2，行政区划隶属青海省玉树州杂多县旦荣乡管辖	矿区圈出两个含矿带。 Ⅰ号含矿带长约2.9km，宽50～130m。圈定矿体13条，其中铜矿体3条、铅矿体1条、锌矿体6条、铅锌矿体两条、金矿体1条。 铜矿体长100～600m，厚1.35～2.46m，矿体平均品位0.33%～1.19%，单样最高2.68%；锌矿体长200～400m、最长1000m，厚1.03～6.27m，锌平均品位0.55%～1.34%，单样最高2.42%；铅锌矿体长225m，厚2.5m，平均品位：铅0.35%～0.44%，锌0.66%～0.8%；金矿体长100m，厚1.02m，金品位4.01g/t；铅矿体长100m，厚1.1m，铅品位0.55%。 Ⅱ号含矿带长700m，宽90～110m，呈北西向展布。在该含矿带内地表共圈定矿体4条，分布于88线-110线之间，其中铅矿体两条，长110～350m，厚1.01～2.17m，平均品位0.45～23.14%，单样最高45.51%；锌矿体两条，长110～430m，厚1.09～1.25m，平均品位0.53%～1.77%，单样最高3.62%。 采用钻孔对SJ-2激电异常进行验证，在深部见有2条铜矿体和1条锌矿体。Cu矿体长600m，厚0.79～1.64m，倾斜延深100m，平均品位0.33%～0.86%。Zn矿体长200m，厚1.59m，平均品位0.75%。表明该异常为矿致异常。其余异常尚未进行深部验证，表明矿区深部有较好的找矿前景。 通过2007年工作，地表新发现矿体6条，其中铅矿体1条、锌矿体两条、铜矿体两条。除Ⅰ-3铜矿体位于Ⅰ矿带内，其余矿体均位于Ⅱ矿带北侧岩体接触带部位。 Ⅰ-3铜矿体，长100m，厚1.68m，平均品位为2.57%，单样最高为2.68%。 岩体接触带部位的矿体呈层状、脉状产出，且平行排列，矿体长140～315m，平均厚为0.88～2.19m，平均品位铅0.46%～1.28%，锌0.54%～1.47%，铜0.35%～1.00%，单样最高品位分别为：铅1.28%、锌3.17%、铜1.37%。 钻探工程在Ⅰ矿带西段40线—15线发现一个锌盲矿体群，共8条矿体（其中6条锌矿体和两条铅锌矿体），控制长200～1000m，厚1.03～6.27m。其中ⅠM-2锌矿体为主矿体，长1000m，平均厚度为3.57m，平均品位为0.85%。 矿石矿物成分为孔雀石、蓝铜矿、黄铜矿、方铅矿、闪锌矿。脉石矿物成分为石英、方解石、长石。矿石结构主要为他形粒状结构。矿石构造主要为细粒浸染状构造、稠密浸染状构造、块状构造。原生矿石按矿物组合分为黄铁矿黄铜矿矿石、黄铁矿方铅矿闪锌矿矿石、黄铁矿闪锌矿矿石，混合矿为孔雀石蓝铜矿褐铁矿黄铁矿黄铜矿矿石。矿床成因初步认为属热水—沉积（改造）型	仅对化探异常局部进行了查证，矿体深部也仅对局部进行了控制，矿区地表也未系统揭露，具备寻找大型矿床的潜力。 根据现有工作程度，估算铜+铅+锌 334资源量13.74万t	2002年圈出1:5万水系沉积物异常，2003～2004年开展预查工作，2005～2006年开展普查工作	矿区距杂多县城180km，虽有简易公路相通，但途经泛浆、沼泽路段，且需涉水过河，交通不便。 区内水资源丰富，水质良好，完全能够满足生产、生活用水。电力需自备，煤炭须从杂多县城运入。劳动力资源须依赖省内东部地区才能解决	工作区地处唐古拉山脉东延部分，最高海拔5346m，平均海拔4800m左右，相对高差不大，一般在100～200m，区内河流属澜沧江水系，最大河流为扎那曲。 工作区地处于高寒山区，空气稀薄，气候属高原大陆性气候，寒冷干旱多变，四季不明，温差大，冰冻期长，除6～8月份皆为冰冻期，年平均温度在零度以下，7～8月份最高为18℃，1～2月份最低为-23℃，年极端温差为39℃，日温差一般在15℃左右，极端日温差为35℃	矿床出露于地表，品位较富，厚度中等，地形条件较好，矿体产状稳定，顶底板围岩稳固，水文地质条件简单，可采用露采和坑采

续表

矿床名称	地理位置	矿体特征及矿石质量	资源勘查潜力	勘查工作程度	交通、能源、水源概况	自然生态环境特点	开采技术条件
阿涌多金属矿	矿区位于杂多县城西部的阿涌一带，行政区划隶属于青海省杂多县阿多乡管辖。矿区范围：南北长约22km，东西宽约4.5km，面积约100km²	区内圈出3条矿（化）带，共圈定铜、铅、锌矿体45条。 Ⅰ矿（化）带（火山热液型）长1700m，宽1600m，圈定矿体27条，其中铜矿体12条、铅矿体9条、铜铅矿体两条、铅银矿体两条、铜铅银矿体两条。铜矿体长20～100m，厚0.48～3.37m，最厚10m，平均品位0.31%～1.12%，单矿体最高品位2.78%，单样最高品位6.66%；铅矿体长100～320m，最长1050m，厚0.88～2.19m，平均品位1.05%～5.16%，单矿体最高品位10.79%，单样最高品位24.3%；铜铅矿体长100～265m，厚0.82～0.92m，平均品位：铜0.25%，铅0.4%～0.58%；铅银矿体长95～100m，厚0.7～1.8m，平均品位：铅1.98%～6.66%，银55.8～118.5g/t；铜铅银矿体长100m，厚0.57～1.23m，平均品位：铜0.63%～0.73%，铅0.39%～0.95%，银41.1～89.9g/t。 2007年在Ⅰ矿带地表新发现矿体7条，铜矿体长100m，厚0.71～1.42m，平均品位为0.49%～0.82%；铅矿体长100m，厚0.59～4.31m，平均品位为1.68%～5.16%，单样最高为19.40%。 Ⅱ矿带矿带赋存于纹层状灰岩中，长大于2400m，宽750m，圈定矿体11条，其中铜矿体5条、铅矿体4条、铅锌矿体1条、铜铅矿体1条。铜矿体长100m，厚0.6～4.68m，矿体平均品位0.33%，单样最高2.20%；铅矿体长80～100m，厚0.67～4.68m，矿体平均品位0.3%～1.58%，单样最高9.78%；铜铅矿体长100m，厚7.0m，矿体平均品位铜1.35%、铅1.47%，单样最高铜7.13%、铅5.49%；铅锌矿体推测长1000m，平均厚3.67m，矿体平均品位铅1.04%、锌5.2%，单样最高铅5.99%、锌35.67%。 Ⅲ号矿带长大于2km，宽0.2～1.8km，赋存于辉长岩中。该带内共圈出两条铜矿体和1条铜铅锌银矿体。铜矿体长360～370m，宽2.13～3.02m，品位为0.6%～0.87%，单样最高品位3.32%。铜铅锌银矿体长为100m，宽0.5m，品位铜为0.24%，铅为1.15%，锌为0.83%，银为59.1g/t。 矿石矿物有黄铜矿、黄铁矿、方铅矿、孔雀石、蓝铜矿等。脉石矿物有石英、方解石、重晶石、绿泥石、斜长石等。矿石自然类型可分为混合矿和原生矿，以原生矿为主。原生矿可进一步划分为黄铜矿矿石、黄铜矿—方铅矿矿石、方铅矿矿石三种类型。 矿床成因初步认为属火山沉积—改造型	化探异常强度高、规模大，矿化范围大、分布广，已知矿体具一定规模且控制程度很低，具备大型矿床找矿潜力	2005年由省有色地勘局七队发现，2006年开始开展普查工作，总体上是投入工作量极少，工作程度很低	矿区距杂多县城88km，有简易公路相通，交通尚属方便。 区内水资源丰富，水质良好，完全能够满足生产、生活用水。电力需自备，煤炭须从杂多县城运入，劳动力资源须依赖外地才能解决	工作区地处唐古拉山脉东延部分，最高海拔5346m，平均海拔4800m左右，相对高差不大，一般在100～200m，区内河流属澜沧江水系，最大河流为扎那曲。 工作区地处于高寒山区，空气稀薄，气候属高原大陆性气候，寒冷干旱多变，四季不明，温差大，冰冻期长，除6～9月份皆为冰冻期，年平均温度在零度以下，7～8月份最高为18℃，1～2月份最低为。23℃，年极端温差为39℃，日温差一般为15℃，极端日温差为35℃	矿床出露于地表，品位较富，厚度中等，地形条件较好，矿体产状稳定，顶底板围岩稳固，水文地质条件简单，露采和坑采均可

续表

矿床名称	地理位置	矿体特征及矿石质量	资源勘查潜力	勘查工作程度	交通、能源、水源概况	自然生态环境特点	开采技术条件
解嘎银多金属矿床	矿区位于青海省囊谦县尕羊乡、东坝乡与吉尼赛乡的交界处，行政区划隶属囊谦县管辖	包括解嘎和下日阿千碑两个矿区。 解嘎矿区已圈定4条含矿破碎带，9条矿体。目前已圈定的9条矿体中，V号矿体是目前区内最具规模的矿体，为Ag、Cu、Pb、Zn的复合矿体，长约475m，平均宽度7.45m。进一步分解为3个组合矿体： V－1（Ag、Cu）矿体：长475m，平均宽度7.45m，Ag品位最高5806×10^{-6}，最低41.6×10^{-6}；Cu品位最高6.74×10^{-2}，最低0.34×10^{-2}；平均品位Ag 601.56×10^{-6}，Cu 1.28×10^{-2}；Pb、Zn在局部地段富集，可达到工业要求。 V－2（Pb、Zn）矿体：长315m，平均宽度2.94m，Pb品位最高1.32×10^{-2}，最低0.5×10^{-2}，平均0.81×10^{-2}；Zn品位最高1.34×10^{-2}，最低0.88×10^{-2}，平均1.11×10^{-2}。 V－3（Pb、Zn）矿体：长315m，平均宽度2.94m，Pb最高品位1.26×10^{-2}，最低品位0.36×10^{-2}，平均品位0.7×10^{-2}；Zn最高品位1.06×10^{-2}，最低品位0.78×10^{-2}，平均品位0.91×10^{-2}。 此外，Ag8号异常通过探槽揭露，共发现3条Cu矿（化）体，最高品位0.88×10^{-2}。 矿石矿物主要有黄铜矿、辉铜矿、黄铁矿、闪锌矿、方铅矿、孔雀石、蓝铜矿、铜蓝、针铁矿、褐铁矿；脉石矿物有石英、方解石等。 下日阿千碑矿区初步圈定4条含矿破碎带，6条Ag矿体，7条Pb矿体和3条Zn矿体。主要矿体有： AgI矿体长374m，平均宽度1.76m，含矿岩性为大理岩化、硅化灰岩，产状86°∠60°，Ag最高品位216×10^{-6}，最低品位66.9×10^{-6}，平均品位108.76×10^{-6}。 PbI矿体长680m，平均宽度2.47m，Pb最高品位32.91×10^{-2}，最低品位0.36×10^{-2}，平均品位9.15×10^{-2}。 ZnI矿体长300m，平均宽度2.07m，Zn最高品位8.78×10^{-2}，最低品位0.82×10^{-2}，平均品位4.35×10^{-2}。 此外通过探槽揭露，在Asl－2号异常浓集中心发现两条Pb矿体，宽度分别为3.2m和1.4m，Pb品位最高达25.3×10^{-2}，Zn品位最高0.48×10^{-2}。 矿石矿物主要何方铅矿、闪锌矿、黄铁矿、褐铁矿、磁铁矿；脉石矿物有英、方解石、币晶石、绢云母等	化探异常未查证或查证力度不够，已知矿体具一定规模且控制程度很低，外围矿点多，投入工作少，具备大型矿床找矿潜力	1988年省区调二队对解嘎矿点进行了普查工作。2002～2003年，青海省地质调查院对该矿再度开展了普查工作，但工作程度仍然很低	区内交通不便，仅有214国道通过囊谦县城，往北至西宁近1000km。县城至东坝乡、吉尼赛乡有简易公路可通汽车，从东坝乡至解嘎矿点有40余千米山路，全靠牛马驮运，走河谷、绕山梁，单程就需2～3天。 区内最大河流吉曲河属澜沧江水系，流向东南，最大流量500～600m³/s，最大流速2m/s。其他地表径流均汇入其中，每年6～8月为洪水期。 区内无电源，仅在县城附近有小水电站，供县城使用。矿区东部有小煤矿，可满足生产、生活用煤。 区内人口稀少，居民多为藏族游牧民，农业不发达，仅在吉曲河沿岸种植有青稞等农作物，且数量很少。工业十分落后，仅在尕羊乡有一处盐矿开发。劳动力不足，居民生产、生活物资均依赖外援，属国定贫困县	该区属三江流域西北端唐古拉山脉的东延北坡，海拔3900～5300m之间，最高5516m，平均4750m，比高800～1600m，地形切割十分强烈，山势险恶，山谷多呈"V"字形，山脊较为平缓。 区内植被发育，一般海拔4000m以下为灌木林带，4000～5000m之间为高山草甸区，5000m以上多为基岩裸露，少部分地区仍有植物生长。 气候属高原大陆性气候，具有空气稀薄、年温差与日温差变化较大等特点。年平均温度4℃，6～7月份气温最高达26.8℃，1月份最低为－24.4℃；每年9月开始结冰，翌年5月解冻，永冻层较发育；大气降水多集中在6～8月，以雨雪和冰雹为主，年降水量500mm左右	区内矿体位于当地侵蚀基准面之上，矿体多为含矿破碎带组成，地下径流条件较好，矿体围岩多为砂板岩、泥岩等构成，起到了隔水层的作用。 区内矿体顶、底板岩石多为砂岩、灰岩、砂板岩、泥岩等，由于受热液蚀变作用，岩石普遍具强烈硅化，而表现得结构紧密，抗水性强，孔隙率低，抗压强度高等特点，因此在矿床开采过程中不易于发生边坡崩塌事故。 矿体产于构造破碎带中，矿石结构多为角砾状，地表部分受风化作用而松散破碎；矿体深部硅化较强，力学强度也较大，工程地质条件简单，有利于开采，但要注意边坡的稳定性